제3판

헌법학개론

박 승 호

박영사

제3판 머리말

개정판을 출간하고 2년이 지났다. 그 사이 무엇보다도, 경천동지할 비상계엄 선포가 있었고 윤석열 대통령이 파면되었다. 대한민국이 헌법이 지배하는 국가, 진정한 민주공화국의 위상을 확립할 수 있도록, 모든 공동체 구성원들의 노력이 새삼 강조된다.

그동안 많은 헌법재판소 판례들이 나왔고, 일부 법률이 개정되었다. 주요한 판례들과 법률 개정사항을 이번에 반영하였다. 또한 책을 조금이라도 더 쉽게 읽을 수 있도록, 책의 일부에서 목차를 수정하였고, 추가 설명을 달았다.

새로 반영한 헌법재판소 판례 중 주요한 몇 가지를 들면 다음과 같다. 첫째, 윤석열 대통령 탄핵사건에서, 계엄 선포가 고도의 정치적 결단을 요하는 행위라 하더라도 그 헌법 및 법률 위반 여부를 심사할 수 있고(즉 계엄선포가 이른바 통치행위라 하더라도 사법심사의 대상이 되고), 실체적·절차적 요건을 위반한 비상계엄선포, 국회에의 군경 투입, 일체의 정치활동 금지 등의 내용을 담은 포고령 발령, 중앙선관위 압수·수색, 법조인에 대한 위치 확인 시도 등, 피청구인의 법위반 행위가 피청구인을 파면할 만큼 중대한 법 위반행위에 해당한다고 판시한 것, 둘째, 태아의 성별 고지 제한 사건에서, 임신 32주 이전에 태아의 성별 고지를 금지하는 의료법 규정은, 더 이상 태아의 성별을 이유로 한 낙태를 방지하기 위한 목적을 달성하는 데에 적합하고 실효성 있는 수단이라고 보기 어렵다고 판시한 것, 셋째, 대체복무제 사건에서, 대체복무요원들을 교정시설에서 36개월 동안 합숙하여 복무하게 하는 것은, 지나치게 과도하여 양심적 병역거부자가 도저히 대체복무를 선택하기 어렵게 만드는 것으로 볼 수 없기 때문에, 과잉금지원칙을 위반하여 양심의 자유를 침해하지 않는다고 판시한 것, 넷째, 공직선거법상 허위사실공표죄 및 후보자비방죄에 관한 사건에서, 후보자비방죄 중 '후보자가 되고자 하는 자'에 관한 부분은, 후보자가 되고자 하는 자에 대한 비방행위가 진실한 사실이거나 허위사실로 증명되지 아니한 사실에 대한 것이라면, 후보자가 되고자 하는 자는 이러한 문제제기에 대해 스스로 반박을 하고, 이를 통해 유권자들이 후보자가 되고자 하는 자의 능력, 자질 및 도덕성 등 공직 적합성에 관한 정보를 얻어 선거의 공정성을 달성할 수 있어야 하기 때문에, 과잉금지원칙에 위배되어 정치적 표현의 자유를 침해한다고 판시한 것, 다섯째, 유류분 사건에서, 피상속인의 증여나 유증에 의한 자유로운 재산처분을 제한하고, 피상속인으로부터 증여나 유증을 받았다는 이유로 유류분반환청구의 상대방이 되는 자의 재산권을 역시 제한하는, 우리 민법상 유류분제도가, 유류분상실사유를 별도로 규정하지 않은 것, 피상속인의 형제자매에게까지 유류분을 인정하는 것, 기여분 규정을 유류분에 준용하는 규정을 두고 있지 않은 것은, 불합리하고 자의적이어서 기본권제한입법의 한계를 일탈하여 재산권을 침해한다고 판시한 것, 여섯째, 친족상도례(형 면제) 사건에서, 형법상 친족상도례 규정은 넓은 범위의 친족에 대해, 재산범죄의 불법성의 경중을 묻지 않고, 피해자의 의사에 관계없이 '일률적으로 형면제'를 함으로써, 형사피해자가 법관에게 적절한 형벌권을 행사하여 줄 것을 청구할 수 없도록 하는데, 이는 입법재량을 명백히 일탈하여 현저히 불합리하거나 불공정한 것으로서 형사피해자의 재판절차진술권을 침해한다고 판시한 것, 일곱째, 기후위기 대응을 위한 국가 온실가스 감축목표 사건에서, 탄소중립기본법 제8조 제1항은 2031년부터 2049년까지의 감축목표에 관하여 그 정량적 수준을 어떤 형태로도 제시하지 않았다는 점에서 과소보호금지원칙 및 (의회유보원칙을 포함하는)법률유보원칙에 반하여 기본권 보호의무를 위반하였으므로 환경권을 침해한다고 판시한 것, 여덟째, 국무총리(한덕수) 탄핵 사건에서, 대통령의 권한을 대행하는 국무총리에 대한 탄핵소추에는 본래의 신분상 지위에 따라 헌법 제65조 제2항 본문에 의한 의결정족수(재적과반수)를 적용함이 타당하다고 판시한 것, 아홉째, 대통령 권한대행의 국회 선출 재판관 임명부작위 사건에서, 대통령의 (국회 선출)재판관 임명권 행사는 그의 권한인 동시에 헌법기관인 헌법재판소가 구성되어 그 기능을 다할 수 있도록 할 헌법상 의무에 해당하기 때문에, 대통령 권한대행이 국회가 헌법재판소 재판관으로 선출한 마은혁을 헌법재판소 재판관으로 임명하지 아니한 부작위는 헌법에 의하여 부여된 국회의 헌법재판소 재판관 선출을 통한 헌법재판소 구성권을 침해한 것이라고 판시한 것, 열째, 효력정지가처분신청 사건에서, 즉 대통령 권한대행 국무총리(피신청인)가 임기만료로 퇴임할 예정인 헌법재판소 재판관의 후임자로 2인(후보자)을 지명하였고, 위 지명행위에 기초한 일체의 임명절차의 속행을 본안 사건의 종국결정 선고 시까지 정지할 것인지 여부에 관한 효력정지 가처분신청 사건에서, 가처분신청의 본안심판이 명백히 부적법하거나 이유 없지 않고, 피신청인이 이 사건 후보자를 재판관으로 임명하고 나면, 신청인은 회복하기 어려운 중대한 손해를 입을 위험이 있고, 손해를 방지할 긴급한 필요도 인정되며, 이 사건에서 가처분을 인용한 뒤 종국결정에서 청구가 기각되었을 때 발생하게 될 불이익보다 가처분을 기각한 뒤 청구가 인용되었을 때 발생하게 될 불이익이 더 크므로, 이 사건 신청을 인용함이 상당하다고 판시한 것, 열한째, 지방대학 한의과대학 지역인재전형 사건에서, 헌법재판소는, 지방대학의 한의과대학 입학자 중 일정 비율 이상 해당지역출신자의 수를 정하고 있는 구 지방대육성법 시행령 규정은, 해당지역출신자에게 지방대학의 한의과대학 입학기회를 확대함으로써 지방 출신의 인재를 양성하고 지역 간의 균형 있는 발전을 도모하려는 입법목적 달성에 필요한 정도를 넘지 않기 때문에, 과잉금지원칙에 위배되어 수도권 고등학교를 졸업하고 한의과대학 진학을 준비하는 청구인의 직업선택의 자유와 균등하게 교육을 받을 권리를 침해하지 않는다고 판시한 것 등을 들 수 있다.

한편, 대법원 판례 중 주요한 2가지를 들면 다음과 같다. 첫째, 종교적 신념을 이유로 면접시험 일정 변경을 요구한 사건에서, 즉 어느 국립대학교 로스쿨 면접일시를 토요일로 정한 것에 대해 (재림교 신자가) 종교적 신념을 이유로 면접시험 일정 변경을 요구하였으나 총장이 이를 거부하고 면접평가에 응시하지 않은 해당자에게 불합격 통지를 한 사건에서, 국립대학교 총장은 기본권수범자로서 재림교 신자들의 불이익을 해소하기 위한 적극적인 조치를 취할 의무가 있고, 토요일 일몰 후로 면접 순번을 변경해도 그로 인해 제한되는 공익이나 제3자의 이익은 재림교 신자의 불이익에 비해 현저히 적음에도 종교적 신념을 이유로 받게 된 중대한 불이익을 방치한 총장의 행위는 평등원칙에 반한다고 판시한 것, 둘째, 동성 동반자에 대한 국민건강보험 피부양자 인정 여부가 문제된 사건에서, 국민건강보험공단이 직장가입자와 사실상 혼인관계에 있는 사람, 즉 이성 동반자와 달리 동성 동반자를 피부양자로 인정하지 않는 것은 합리적 이유 없이 동성 동반자에게 불이익을 주어 그를 사실상 혼인관계에 있는 사람과 차별하는 것으로 헌법상 평등원칙을 위반하여 위법하다고 판시한 것을 들 수 있다.

끝으로 이 책을 출간해 주신 박영사 안종만 회장님, 안상준 대표님, 정성혁 과장님, 편집과 교정을 위해 애쓰신 장유나 차장님께 깊이 감사드린다.

박 승 호

머리말

이 책은 헌법을 처음 공부하는 학생을 위해 헌법을 이해하는 데 필요한 기본적인 내용을 쉽고 간결하게 서술하려는 목적을 갖고 쓴 것이다. 그래서 너무 깊은 내용과 많은 분량의 서술은 피하였고, 일반적이고 꼭 필요한 내용만 서술하였다. 책을 쉽게 쓰겠다는 목적에도 불구하고 저자 능력의 한계 및 법이론·법규정·판례에서의 표현 때문에 목적달성이 쉽지 않았다. 여건이 허용하는 범위 내에서 목적달성을 위해 최대한 노력하였다.

이 책은 기본적으로 헌법학계의 일반적인 견해와 헌법재판소 판례에 의거하여 서술하였다. 국가권력 부분에서 '헌법재판소'는 그 중요성을 고려하여 제4편에 따로 구성하였다. 이 책은 간결하게 서술하려는 목적 때문에, 기본권총론에서 다룬 내용(예컨대 기본권의 법적 성격이나 효력)으로서 개별기본권 부분에서 특별히 언급할 내용이 없는 경우에는 서술을 생략하였다. 법규정과 판례내용은 가능한 한 본문에서 소화하려고 했다. 조문 표시에 있어서, 헌법은 '제○○조'라는 식으로 나머지는 '법률명 제○○조' 및 '법 제○○조'라는 식으로 표시하였다.

이 책은 헌법을 처음 공부하는 학생을 대상으로 한 것이기 때문에, 헌법에 관심있는 분들은 누구든지 읽어 볼 수 있을 것이다. 법학과 학생, 9급·7급·5급 공무원시험 및 각종 시험 준비생, 로스쿨진학준비생 등이 읽으면 도움이 될 것이다.

이 책을 출간하는 데 도움을 주신 분들께 감사드린다. 먼저 은사님이신 구병삭 교수님과 계희열 교수님께 깊은 감사를 드린다. 그리고 게으른 저자가 이 책을 쓰도록 옆에서 채찍질해준 아내와 이 책의 원고를 처음부터 끝까지 읽어보고 책의 체계와 내용에 관한 조언 및 교정 등의 수고를 해준 나수연 변호사에게 깊은 고마움을 표한다. 끝으로 이 책을 출간해주신 박영사 안종만 회장님, 장규식 팀장님, 편집과 교정을 위해 애쓰신 사윤지 선생님께 깊이 감사드린다.

박 승 호

차 례

제 1 편 헌법총론

제 1 장 헌법의 기초

제 2 장 헌법의 기본원리

제 3 장 공무원제도와 지방자치제도

제2편 기본권

제1장 기본권 일반이론

제 2 장 개별 기본권

제3장 국민의 기본의무

제 3편 국가권력

제 2 장 국회

제 3 장 정부

제 4 장 법원

제 4 편 헌법재판소

제 1 장 헌법재판 일반론

제 2 장 헌법재판소의 헌법상 지위, 구성과 조직

제 3 장 일반심판절차

제4장 위헌법률심판

제5장 탄핵심판

제6장 정당해산심판

제7장 권한쟁의심판

제8장 헌법소원심판

제1편

헌법총론

제1장 헌법의 기초

제 1 절 헌법의 개념과 분류

Ⅰ. 헌법의 개념

1. 국가의 근본적인 법질서

(1) 헌법이란 국가의 근본적인 법질서로서, 국민의 기본권을 보장하고(국가와 국민 간의 관계를 규정하고), 이를 실현하기 위하여 정치적 의사형성, 국가권력의 구성, 조직, 작용, 권한 등에 관하여 규정하는 규범을 말한다. 즉 헌법이란 국민의 기본권 보장을 위한 국가의 근본적인 법질서를 말한다.

(2) 헌법은 국가라는 집을 건축함에 있어서 근본적인 사항을 규정하는 법이다. 그런데 이러한 집(국가)은 우리가 그 안에서 행복하게 잘 살기 위해 건축하는 것이다. 국가라는 집에서 행복하게 잘 산다는 것은 기본권을 보장받으며, 즉 자유롭고 평등하며 궁극적으로 인간존엄을 향유하며 사는 것이다. 헌법은 국민이 행복하게 잘 살 수 있도록 인간존엄, 평등권, 자유권 등의 기본권을 보장하며 이러한 기본권 보장을 실현하기 위해 국가권력(입법권, 집행권, 사법권)을 구성하고 이들에게 각각의 임무를 맡기고 있다. 그리고 국가라는 집을 건축하기 위해서는 근본적인 사항들 외에 구체적인 사항들도 필요하다. 이러한 구체적인 사항들은 헌법 아래 법질서, 즉 법률, 명령, 규칙, 자치법규 등에 의해 정해진다. 이 모든 것들이 법질서 전체를 이루고 그 법질서 중에서 근본적인 사항을 정하고 있는 것이 헌법이다.

2. 입헌주의

(1) 입헌주의란 국민의 기본권 보장을 위해 국가권력을 헌법에 구속시키는 '헌법에 의한 통치 원리'를 말한다. 이러한 입헌주의적 헌법에 따라 정치가 이루어지는 국가를 헌법국가라 한다. 입헌주의에서는 기본권 보장이 목적이고 국가권력이 수단으로 존재한다.

(2) 미국이나 프랑스의 경우, 입헌주의는 시민혁명을 통해 성립되었다. 프랑스 인권선언(1789) 제16조는 "권리의 보장이 확보되지 않고 권력분립이 규정되어 있지 않은 사회는 헌법을 가졌다고 할 수 없다."라고 규정하고 있는데, 이는 입헌주의의 본질을 잘 드러내는 것이다. (근대)입헌주의 헌법의 기본요소로는 국민주권, 기본권 보장, 권력분립, 성문헌법, 경성헌법이 거론되며, 1787년의 미국헌법, 1791년의 프랑스헌법을 예로 들 수 있다. 영국의 경우, 성문헌법이 없는 불문헌법국가이지만, 전제정치에 대한 제한과 통제가 잘 이루어져 오고 있기 때문에 실질적 입헌주의가 실현되고 있는 국가라고 할 수 있다.

(3) 근대화가 늦게 이루어진 독일은, '시민혁명(아래로부터의 혁명)'을 통해 입헌주의가 성립한 프랑스와 달리, '위로부터의 근대화'에 따라 '외견적 입헌주의'가 성립하였다. 즉 독일은 1871년 통일을 이루고 독일제국헌법(비스마르크헌법)을 제정하였는데, 이는 통일 독일의 통치체제를 만들기 위한 헌법으로서 국민의 기본권 보장을 목적으로 하는 것이 아니었으며, 국민주권을 부정하고 더욱이 기본권 규정도 없었다. 그래서 독일제국헌법은 진정한 입헌주의 헌법이 아니라 외견적 입헌주의 헌법이라고 하며, 1889년의 일본제국헌법(메이지헌법)도 여기에 해당한다.

(4) 오늘날의 입헌주의 헌법은 (근대)입헌주의의 본질적 징표를 바탕으로 사회권 등의 기본권 보장 강화, 실질적 법치주의, 사회적 시장경제질서, 헌법재판제도, 국제평화주의 등을 중요한 내용으로 한다.

II. 형식적·실질적 의미의 헌법

1. 형식적 의미의 헌법

형식적 의미의 헌법이란 규정되어 있는 내용을 불문하고 헌법의 존재형식, 즉 성문의 형식으로 헌법전으로 존재하는 헌법을 말한다. 영국에는 헌법이 없다고 할 때 바로 이 성문형식의 헌법전, 즉 성문헌법이 없다는 것을 의미한다.

2. 실질적 의미의 헌법

실질적 의미의 헌법이란 존재형식을 불문하고 국가와 국민의 관계, 국가권력의 구성·조직·작용·권한, 국가권력 상호간의 관계 등에 관하여 규정하는 규범을 말한다. 예컨대 국회법, 정부조직법, 법원조직법, 헌법재판소법, 공직선거법, 정당법 등과 같은 법들은 법률형식으로 존재하지만 실질적 의미의 헌법에 해당한다. 따라서 실질적 의미의 헌법 개념은 헌법전(성문헌법)은 물론 법률, 명령, 규칙 및 관습법까지도 포괄한다. 그래서 영국처럼 성문헌법이 없는 불문헌법국가도 실질적 의미의 헌법은 가지고 있다.

3. 양자의 관계

형식적 의미의 헌법과 실질적 의미의 헌법은 현실적인 이유 때문에 일치하지 않는다. 실질적 의미의 헌법에 해당하는 내용이 아닐지라도 헌법정책적 필요에 의해서 형식적 의미의 헌법에 규정하는 것도 가능하다. 예컨대 구스위스헌법에는 식육동물을 도살할 경우 미리 마취해야 한다는 규정이 있었는데, 이는 실질적 의미의 헌법에 해당하는 내용이 아니다. 한편, 실질적 의미의 헌법을 모두 형식적 의미의 헌법(성문헌법)으로 규정하는 것은 현실적으로 불가능하고 그렇게 할 필요도 없다. 성문헌법은 근본적인 사항만 규정하고 나머지는 법률에 위임하면 되기 때문이다. 실질적 의미의 헌법은 국회법, 정부조직법 등과 같은 헌법전이 아닌 규범의 형식으로도 존재하기 때문에 실질적 의미의 헌법이 내용상 더 광범위하다.

Ⅲ. 헌법의 분류

1. 종래의 분류방법

⑴ 존재형식에 의한 분류

헌법은 존재형식에 따라 성문헌법과 불문헌법으로 분류된다. 성문헌법이란 헌법전이라는 성문의 형식으로 존재하는 헌법을 말한다. 예컨대 우리나라는 '대한민국헌법'이라는 헌법전을 가진 성문헌법국가이다. 불문헌법이란 헌법전이라는 성문의 형식을 취하고 있지 않은 헌법을 말한다. 예컨대 영국은 헌법전이라는 성문헌법이 없는 불문헌법국가이다.

⑵ 개정의 난이도에 따른 분류

헌법은 개정난이도에 따라 경성헌법과 연성헌법으로 분류된다. 경성헌법이란 개정절차가 일반 법률개정절차보다 어렵게 되어 있는 헌법을 말한다. 예컨대 우리나라 헌법은 헌법개정에 국회재적의원 3분의 2 이상의 찬성이라는 가중 정족수가 요구되므로 경성헌법에 해당하며, 대부분의 성문헌법국가는 경성헌법을 취하고 있다. 연성헌법이란 개정절차가 일반 법률개정절차와 동일한 헌법을 말한다. 그리고 불문헌법국가인 영국은 헌법사항을 정하고 있는 법률을 개정하면 이것이 곧 헌법개정을 하는 것이 되므로 연성헌법의 예에 해당한다.

2. 새로운 분류방법

⑴ 독창성 여부에 따른 분류

뢰벤쉬타인(Karl Löwenstein)은 헌법이 독창적인 것인지 여부에 따라 독창적 헌법과 모방적 헌법으로 나눈다. 독창적 헌법이란 이미 존재하는 외국헌법을 모방한 것이 아니라 처음으로 만들어진 독창적 내용을 가진 헌법을 말한다. 예컨대 1787년의 미국헌법(대통령제), 영국헌법(의원내각제)이 여기에 해당한다. 모방적 헌법이란 이미 존재하는 외국헌법을 자기 나라의 현실에 맞게 재구성하여 만들어진 헌법을 말한다. 예컨대 우리나라헌법, 일본헌법이 여기에 해당한다.

(2) 존재론적 분류

뢰벤쉬타인(Karl Löwenstein)은 헌법규범과 정치현실 간의 관계를 기준으로 규범적 헌법, 명목적 헌법, 장식적 헌법으로 나눈다.

1) 규범적 헌법 규범적 헌법이란 헌법규범과 정치현실이 대체로 일치하는 헌법을 말한다. 기본권 보장을 최고이념으로 하는 헌법이 실효성을 발휘하는 헌법, 즉 국가권력 행사가 헌법에 맞게 이루어지며 헌법위반에 대해 실효성 있는 통제가 행해지는 헌법을 말한다. 예컨대 미국헌법, 독일헌법이 여기에 해당한다.

2) 명목적 헌법 명목적 헌법이란 헌법에 규정된 대로 정치현실이 이루어지지 못하고 그러한 정치현실에 대해 헌법이 규범력을 발휘하지 못하는 헌법을 말한다. 헌법은 그저 명목상으로만 존재할 뿐 현실에서 법으로서의 효력을 발휘하지 못하는 것이다. 그러나 현실적 여건의 개선에 따라 헌법이 제대로 기능을 수행할 것을 기대할 수는 있는 헌법이다. 예컨대 서구적 민주주의를 수입한 대부분의 아시아국가, 아프리카국가의 헌법이 여기에 해당한다.

3) 장식적(가식적) 헌법 장식적 헌법은 정치현실과 상관없이 단지 장식용에 불과한 헌법을 말한다. 즉 기본권 보장을 목적으로 하고 이를 실현하기 위해 국가권력이 행사되는 헌법이 아니라, 독재자가 자신의 집권을 유지하기 위해 이용하는 수단에 불과한 헌법으로서 그저 대외적 과시용에 불과한 헌법이다. 예컨대 독재국가 내지 권위주의국가 헌법으로서 구소련헌법이 여기에 해당한다.

제 2 절 헌법의 특성

Ⅰ. 의의

헌법의 특성이란 헌법이라는 법규범을 다른 법규범과 비교할 때 헌법이 갖는 특별한 성격을 말한다. 즉 헌법은 법률, 예컨대 민법, 형법, 상법 등과 비교할 때 다른 특성을 갖고 있다. 이러한 특성 중에서 기본적인 것들만 본다.

Ⅱ. 정치성

1. 정치를 규율하는 법

헌법은 다른 법규범보다 강한 정치성을 띠고 있다. 헌법의 경우 제정과 개정 자체가 정치세력들 간의 투쟁과 타협의 산물, 즉 정치행위이고, 제정·개정된 헌법은 공동체 구성원들의 합의의 산물인 헌법이 준수되도록 정치를 주로 규율대상으로 삼는다. 즉 헌법은 성립부터 정치적 투쟁과 타협의 산물이고, 이렇게 성립된 헌법은 또한 정치를 규율하는 통제규범이 된다. 그래서 헌법을 '정치적 법'이라고도 한다.

2. 정치적 기본질서를 규정하는 법

물론 선거법, 정당법 등과 같은 실질적 의미의 헌법 외에도 형법규정 중에 내란죄·외환죄 규정 또는 특별형법인 국가보안법은 매우 정치적이다. 그러나 전체적으로 볼 때 — 비정치적 규정들이 있을지라도 — 정치적 기본질서를 규정하는 헌법은 정치성이 훨씬 더 강하다.

Ⅲ. 최고규범성

1. 최고의 법

국내법에서 헌법은 최고의 법이며 헌법보다 우위에 있는 법은 없다. 공동체 구성원들의 합의에 의해 만들어진 헌법은 국가의 근본적인 법질서로서 모든 국가권력을 구속하는 최고규범이다. 입법권, 집행권, 사법권 모두 헌법에 구속된다. 예컨대 국회가 제정하는 법률은 헌법에 그 효력의 근거를 두고 헌법에 반하지 않는 내용을 규정해야 한다.

2. 명문 규정 여부

미국헌법이나 독일기본법은 헌법의 최고규범성을 명시적으로 규정하고 있지만, 우리 헌법은 최고규범성을 명문으로 규정하고 있지는 않다. 하지만 헌법개정을 어렵게 한 것(제128조 – 제130조), 위헌법률심판제도를 규정한 것(제107조 제1항, 제111조 제1항 제1호) 등을 볼 때 우리 헌법도 그 최고규범성을 인정하고 있다고 볼 수 있다.

Ⅳ. 개방성

1. 규범구조 및 체계가 개방적

(1) 헌법은 규범구조가 개방적이다. 헌법은 국가의 최고법이며 근본적인 법질서이기 때문에 기본적이고 중요한 사항만을 규정한다. 그래서 헌법의 규정들은 일부 상세한 규정들도 있지만, 대체로 추상적이고 광의적이며 불확정적이다. 즉 헌법의 규정들은 개방적이다.

(2) 또한, 헌법은 그 체계도 개방적이다.[1] 헌법은 흠결 없는 완비된 체계를 갖추고 있는 것이 아니라, 기본적이고 중요한 사항(예컨대 외교)임에도 불구하고 아무런 규정도 두지 않는 경우가 있다.

2. 개방적인 이유

헌법이 개방적인 이유는, ① 헌법은 최고법·기본법이기 때문에 상세한 규율은 필요하지 않으며, 상세한 규율은 하위법에 위임하는 것으로 족하다는 것, ② 경제헌법의 경우, 미래에 어떻게 경제를 규율할 것인지에 대해서는 그때그때의 상황에 따라 토론과 타협을 거쳐 결정이 이루어지도록 대강만을 규정함으로써 의도적으로 개방해 두고 있다는 것, ③ 외교의 경우, 우리나라가 탈냉전이라는 국제 상황변화에 맞춰 노태우 정권시절 공산권국가인 소련과 수교(1990)하고 중국과 수교(1992)한 것처럼, 외교관계에 대하여는 헌법이 확정하는 것은 어렵기 때문에 개방해 두고 있다는 것, ④ 헌법이 규율대상에 대해 확정해 둘 경우, 변화하는 현실로 인해 헌법과 현실 간의 불일치는 자주 발생하게 되고 이를 해소하기 위해 헌법개정도 자주 발생할 수밖에 없기 때문에, 역사적 상황변화에 탄력성있게 대응하려면 헌법의 내용은 미래를 향하여 개방되어 있어야 한다는 것

1) 계희열, 헌법학(상), 박영사, 2005, 52면.

등을 들 수 있다.

3. 개방해 두지 않는 것

그러나 헌법은 모든 사항을 개방해 두지 않는다. 정치세력들 간의 끊임없는 투쟁으로 인해 헌법체제가 붕괴되는 것을 막기 위해 일정한 사항은 구속력 있게 확정한다. 즉, ① 정치공동체가 유지되는데 필수적인 '기본원리(예컨대 민주주의원리, 법치주의원리)', ② 기본권 보장이라는 헌법의 목적을 달성하기 위해 어떠한 권력들을 구성하고 그들에게 어떠한 임무를 부여할지를 정하는 국가의 '권력구조', ③ 헌법이 개방해 두고 있는 문제들이 쟁점으로 대두될 때 이 쟁점들을 결정할 '절차' 등은 개방해 두지 않는다.

V. 자기보장성

1. 강제수단의 부존재

헌법은 외부에서 그 효력을 보장해 줄 강제수단이 없기 때문에, 헌법이 스스로 자신의 효력을 보장해야 한다. 예컨대 개인이 살인죄를 범해서 형법을 어기면 국가의 형벌권이 발동되어 살인범이 처벌되지만, 헌법의 주된 규율대상인 국가권력이 헌법을 어기면 강제하는 것도 어렵고 잘 처벌되지도 않으며 처벌된다 해도 그 강도가 어떨지 의문시된다. 즉 헌법은 다른 법과는 달리 그 효력을 보장해 줄 외부로부터의 강제수단이 없다.

2. 법적 효력의 조건

그러면 헌법은 법으로서 아무런 효력도 없는가? 헌법이 최고법으로서 갖는 규범력은 다음의 두 가지 조건이 충족되는 만큼만 발휘될 수 있다. 첫째, 헌법내용의 실현가능성이다. 헌법은 그 내용이 시대에 맞아야 한다. 시대에 너무 앞서 있다거나 또는 너무 낙후되어 있다면 그 헌법내용은 규범력을 발휘하지 못한다. 둘째, 공동체 구성원들의 헌법수호의지(헌법실현의지)이다. 예컨대 헌법에 구속받아야 하는 국가권력들, 특히 대통령이나 국회가 헌법을 지키려고 노력할수록 헌법의 규범력은 커진다. 궁극적으로 국민의 헌법수호의지가 중요하다.

VI. 조직·수권규범성, 권력제한규범성

1. 조직·수권규범성

헌법은 기본권을 실현할 국가권력(입법권, 집행권, 사법권)을 구성·조직하고 각 국가기관에 일정한 권한을 부여하는 규범이다. 각 국가기관은 헌법이 부여한 권한을 헌법에 맞게 행사함으로써 기본권 실현에 기여한다.

2. 권력제한규범성

동시에 헌법은 국가권력을 제한하는 규범이다. 헌법은 권력분립을 규정함으로써 권력 상호간에 견제와 균형을 이루도록 하고 헌법재판제도를 통한 국가권력 통제도 규정하고 있다. 기본권 보장을 위해 헌법으로써 국가권력을 구속해야 한다는 입헌주의는 1차적으로 국가권력을 제한하는 데 초점이 맞춰져 있다. 물론 오늘날의 민주국가헌법상 권력분립원리는 단지 권력제한만을 초점으로 하는 것이 아니라, 권력을 구성하고 권력들을 조화롭게 정돈하며 권력 간 견제와 균형을 이루는 데 의의가 있다.

제 3 절 헌법의 해석

Ⅰ. 헌법해석의 의의

1. 개념 및 목표

(1) 헌법의 해석이란 헌법규정의 구체적인 의미와 내용이 무엇인지를 분명하게 밝히는 것을 말한다. 헌법규정의 의미와 내용이 분명하다면 문제될 게 없지만, 많은 헌법규정은 그 의미와 내용이 분명하지 않다. 따라서 헌법문제가 발생했을 때 이를 해결하기 위해서는 헌법해석이 필수적이다.

(2) 법해석은 그 목표를 입법자의 주관적 의사를 밝히는 데 둘 것인지 아니면 법규정에 나타난 법의 객관적 의사를 밝히는 데 둘 것인지에 따라 법해석의 주관론과 객관론으로 나누어진다.

2. 최종적 헌법해석권자

입법부가 법률을 제정할 때, 집행부가 집행행위를 할 때, 법원이 재판을 할 때, 각각 헌법에 반하지 않는 국가권력을 행사하기 위해 헌법해석을 하기도 한다. 그런데 현실적으로 헌법문제가 헌법소송으로 전개되어 헌법재판소가 이에 대한 재판에서 결정을 내림으로써 최종적인 헌법해석을 한다. 즉 헌법재판소가 최종적인 헌법해석권자로서, 헌법재판소의 헌법해석은 개인과 국가기관을 구속한다. 헌법해석에서는 헌법해석의 방법이 중요한 쟁점이다.

Ⅱ. 전통적 해석방법

1. 내용

전통적 해석방법이란 헌법과 법률의 규범구조가 동일하다고 보고 일반법률의 해석방법과 마찬가지로 헌법을 해석하는 방법이다. 사비니(Savigny)가 제시한 4단계 해석방법에 따르면, 법의 해석은 법조문을 바탕으로 하고 법조문의 의미가 불분명할 경우, 문법적, 논리적, 역사적 및 체계적 해석방법으로써 법률을 해석해야 하며, 이 4가지 해석방법들은 서로 협동적으로 작용해야 한다고 하였다. 4단계 해석방법을 보충한 볼프·바호프(Wolff·Bachof)의 7단계 이론은 문법적, 논리적, 역사적, 체계적 해석 외에 비교법적 해석, 입법자의 주관적 의사 해석, 목적론적 해석을 들고 있는데, 근본적으로 사비니의 해석방법과 크게 다르지 않다.

2. 문제점

그러나 전통적 해석방법은 법률해석방법과 동일한 방법으로써 헌법해석을 해야 한다고 하는데, 이는 헌법의 규범구조와 일반법률의 규범구조가 매우 다르다는 것을 간과한 것이다. 또 전통적 해석방법으로는 헌법의 특성(예컨대 개방성, 추상성) 때문에 헌법해석이 불가능한 경우가 많게 된다.

Ⅲ. 새로운 해석방법 - 구체화로서의 헌법해석

1. 구체화의 필요성

⑴ 존재론적 요소(현실의 요소)

헌법은 일반법률과 다른 특성 때문에 전통적 해석방법만으로는 해결이 불가능하다. 따라서 헌법을 해석하는 데는 존재적 요소, 즉 현실의 요소를 끌어들여 규범의 내용을 구체화해야 한다. 그런데 현실의 요소를 끌어들여 규범의 내용을 구체화한다는 것은, 헌법의 특성(예컨대 개방성, 추상성) 때문에 해석으로써 보충되고 구체화되는 만큼 창조적 성격을 갖는다.

⑵ 해석의 시각

헌법은 그 특성 때문에 어떤 시각에서 헌법을 해석하는 지가 해석결과에 커다란 영향을 미치게 된다. 예컨대 기본권 규정을 해석할 때 어떤 기본권관에 입각하는지에 따라 해석결과는 다를 수 있다. 그래서 헌법해석에 있어서는 설득력 있는 논증을 함으로써 객관적이고 합리성이 있으며 법적 안정성이 있는 결과를 도출하기 위해 노력해야 한다는 것이 매우 중요하다.

⑶ 법규범에 구속

존재적 요소, 즉 현실의 요소를 끌어들여 헌법의 내용을 구체화할 때, 해석은 법규범에 구속되어야 한다는 것이 중요하다. 즉 해석의 결과는 법규정의 문구를 넘어서면 안 된다. 해석의 결과가 법규정의 문구를 넘어서는 것이라면 이는 해석이 아니라 법창조(법제정)가 되는 것이므로, 입법자가 할 일을 헌법재판소가 하는 것이 된다.

2. 구체화의 과정 – 헌법해석의 지침

⑴ 헌법의 통일성

각 헌법규정을 개별적으로 놓고 다른 규정들은 신경 쓰지 않으며 따로따로 해석하는 것이 아니라, 헌법을 전체로서 고찰하여 전체적인 관련성 속에서 모든 헌법규정이 조화를 이루도록 각 헌법규정을 해석해야 한다.

⑵ 실제적 조화

헌법적 법익 모두가 가장 잘 실현되도록 해석해야 한다. 법익 간 충돌이 있을 경우에도 법익형량으로 성급하게 해결하려 할 것이 아니라, 충돌하는 양 법익이 어느 한쪽도 배제됨이 없이 최적으로 실현되도록 해석해야 한다. 실제적 조화가 불가능한 예외적인 경우에는 법익형량을 할 수밖에 없다.

⑶ 기능 준수

헌법해석자는 헌법이 자신에게 부여한 기능의 범위 내에서 해석을 해야 하며, 헌법해석을 통하여 헌법이 각 국가기관에 부여한 기능분배를 위반해서는 안 된다. 특히 헌법재판소는 입법을 통제할 때 기능적 한계를 넘어서면 안 된다.

⑷ 정치적 통일의 형성과 유지

오늘날 민주국가 헌법의 중요한 임무는 정치적 통일의 형성과 유지이다. 따라서 헌법해석은 정치적 통일의 형성과 유지에 기여해야 한다.

⑸ 헌법의 규범력

헌법문제 해결에 치우친 나머지 헌법의 규범력을 훼손해서는 안 되며, 헌법이 규범력을 가장 잘 발휘할 수 있게 해석해야 한다.

Ⅳ. 헌법해석의 한계

헌법해석은 헌법규정의 구체적인 의미와 내용이 무엇인지를 분명하게 밝히는 것이다. 따라서 첫째, 헌법에서 정한 사항이 아무것도 없을 때, 둘째, 해석결과가 헌법조문과 명백하게 모순될 때, 셋째, 헌법조문에 대한 의미 있는 이해의 범위를 넘어설 때, 헌법해석은 한계에 부닥친다.

Ⅴ. 헌법합치적 (법률)해석

1. 의의

헌법합치적 (법률)해석이란 하나의 법률이 여러 가지로 해석될 수 있는 경우, 즉 이쪽으로 해석하면 합헌이고 저쪽으로 해석하면 위헌인 경우, 그 법률을 헌법에 합치하는 쪽으로 해석하는 것을 말한다. 헌법합치적 (법률)해석은 헌법해석의 문제라기보다 법률해석의 문제이다. 그러나 헌법합치적 (법률)해석은 헌법해석과 밀접한 관계를 맺고 있다. 예컨대 위헌법률심판에서 헌법재판소에 의해 자주 활용되기 때문에 헌법재판에서 그 의의가 적지 않다. 헌법재판소가 헌법합치적 (법률)해석을 통해 위헌인 해석을 제거하는 방법으로 한정위헌이나 한정합헌이라는 결정이 선고된다.

2. 이론적 근거

(1) 법질서의 통일성

법률은 최고법인 헌법에 맞는 내용을 가져야 한다. 국가의 전체 법질서는 최고법인 헌법에 맞게 형성·유지되어야 법질서 전체가 통일성을 유지하게 된다.

(2) 입법권의 존중

보다 직접적이고 강한 민주적 정당성을 갖는 입법자가 합헌이라는 판단 아래 제정한 법률은, 헌법합치적 해석이 가능하다면 헌법재판소가 무효로 선언해서는 안 되고, 헌법합치적 해석으로써 입법권을 존중해야 한다.

(3) 법률의 합헌성 추정

보다 직접적이고 강한 민주적 정당성을 갖는 입법자가 합법적 절차에 따라 제정한 법률은 합헌이라고 추정한다. 법률이 무효로 선언되는 경우는 그 반대의 경우보다 훨씬 적고, 헌법재판소가 입법자의 입법형성권을 함부로 침해해서는 안 되기 때문이다.

3. 한계

(1) 법문구적 한계

헌법합치적 해석은 법문구의 의미를 벗어날 수 없다.

(2) 법목적적 한계

헌법합치적 해석은 해석대상 법률의 명백한 입법목적을 벗어날 수 없다.

(3) 기능적 한계

1) 헌법재판소와 입법자 간의 관계에서, 헌법은 1차적으로 입법자가 구체화의 임무를 진다. 그런데 헌법재판소가 헌법합치적 법률해석으로써 법률에 새로운 내용을 포함시키는 것은 입법에 해당하며, 이는 사법기관의 기능이 아니기 때문에, 헌법재판소와 입법자 간의 관계에서 헌법재판소가 자신의 기능적 한계를 넘어서는 것이 된다. 따라서 사법기관은 헌법합치적 해석을 함에 있어서 자신의 기능을 준수해야 한다.

2) 헌법재판소와 일반법원 간의 관계에서, 법률은 1차적으로 일반법원이 구체화의 임무를 진다. 일반법률의 해석은 원칙적으로 일반법원이 행하지만, 헌법재판소는 헌법합치적 법률해석을 통해 위헌인 해석을 제거할 수 있다. 헌법재판소와 일반법원 간의 관계에서 헌법재판소는 법률해석에 있어서 위헌인 해석을 제거할 뿐이다.

(4) 헌법수용적 한계

법률을 합헌으로 결정하여 그 효력을 유지시키기 위해, 헌법이 원래 갖고 있는 의미와 내용을 넘어 지나치게 확대해석 함으로써, 헌법이 받아들일 수 있는 범위를 넘어서면 안 된다. 헌법의 의미와 내용을 넘어서는 내용을 법률이 규정하고 있다면 해당 법률은 위헌일 것이다. 그런데 이 법률을 살리기 위해 헌법을 확대해석하는 것은 헌법에 맞게 법률을 해석하는 것이 아니라 법률에 맞게 헌법을 해석하는 것이 된다. 요컨대 헌법합치적 (법률)해석이 법률합치적 (헌법)해석이 되어서는 안 된다.

제 4 절 헌법의 제정과 개정

Ⅰ. 헌법의 제정

1. 헌법의 제정과 헌법제정권력

(1) 헌법의 제정이란 헌법제정권력자가 헌법사항을 결정하여 성문헌법을 제정하는 법창조행위를 말한다. 헌법의 제정은 보통 새로운 국가가 탄생할 때 또는 혁명을 통해 근본적으로 새로운 정치권력이 등장할 때 이루어진다.

(2) 헌법제정권력이란 헌법을 최초로 제정하는 힘이다. 이는 사실상의 힘이며 동시에 헌법에 정당성을 부여하는 권위이기도 하다. 헌법제정권력은 주권과 동일한 권력이며, 국가권력(입법권, 집행권, 사법권)은 헌법제정권력(주권)에 의해 만들어진 권력이다. 헌법제정권력의 주체는 역사적으로 군주, 군주와 국민(또는 국민대표) 등이 있었으나, 오늘날의 민주국가에서는 국민만이 주체이다. 우리나라 현행헌법은 전문에서 "… 우리 대한국민은 … 1948년 7월 12일에 제정되고 …"라고 하고, 제1조 제2항에서 "대한민국의 주권은 국민에게 있고 …"라고 하여 국민주권주의를 규정함으로써 국민이 헌법제정권력의 주체임을 명시하고 있다.

2. 헌법제정권력의 행사방법

헌법제정권력의 행사를 구속하는 일정한 절차는 없다. 그러나 헌법제정권자인 국민들의 합의에 의거한 헌법제정이 이루어져야 한다. 헌법제정권력이 실제로 행사되는 절차로서는 오늘날 대체로 첫째, 제헌의회에서 제정하는 방법, 둘째, 제헌의회에서 헌법안작성 후(또는 의결한 후) 국민투표를 거치는 방법, 셋째, 연방국가헌법의 경우 각 주의 동의를 필요로 하는 방법 등이 있다. 우리나라 제헌헌법은 국회의 의결로써 제정되었다.

3. 헌법제정권력의 한계

(1) 한계부정설

1) 법실증주의자들은 실정법만이 법이고, 실정법만이 법학의 대상이며, 실정

법은 합법적인 절차에 따라 제정되었다면, 즉 합법성만 있으면 효력을 가지는 것이고, 실정법의 내용이 실정법 외적인 요소, 즉 도덕이나 자연법에 맞아야 효력을 가진다는 것을 인정하지 않는다. 법실증주의자들은 이미 주어진 실정법(헌법)에서 출발하기 때문에, 실정법(헌법) 이전의 권력인 헌법제정권력은 헌법학의 고찰대상이 아니며 따라서 헌법제정권력의 한계라는 것 자체를 인정하지 않는다.

2) 시에예스는 헌법제정권력은 시원적 권력이기 때문에, 즉 최초로 행사되는 권력이기 때문에, 한계가 없다고 하여 헌법제정권력의 한계를 부정한다. 슈미트는 헌법은 정치적 공동체의 정치적 실존의 양식과 형태에 관한 근본적 결단, 즉 결단자(실력자)의 정치적 결단이라고 하고, 헌법의 정당성의 근거는 결단자의 의지의 힘이라고 한다. 결국, 헌법제정권력은 결단자의 의지이며 역시 시원적 권력이다. 따라서 국민(결단자)의 헌법제정 의지인 헌법제정권력은 시원적 권력이기 때문에 한계가 없다고 한다. 또 시에예스와 슈미트 모두 헌법제정권력의 혁명적 성격을 인정한다.

⑵ 한계인정설

헌법제정권력이 구법질서에 구속받지 않는 것은 분명할지라도, 일반적으로 다음의 한계가 있다고 거론된다. 첫째, 헌법제정권력은 법이성, 정의, 법적 안정성 등과 같은 법원리 및 헌정의 전통에서 성립된 특별한 법문화에 구속받는다. 둘째, 헌법제정권력은 국민의 가치관과 법관념 또는 불변의 근본가치에 구속받는다. 셋째, 헌법제정권력은 초실정적 인권과 같은 자연법에 구속받는다. 넷째, 패전국이나 식민지가 승전국이나 보호국의 영향을 받는 경우 헌법제정권력은 승전국이나 보호국의 의사에 구속받는다.

4. 헌법제정권력의 정당성

시에예스나 슈미트는 시원성이 헌법제정권력의 정당성 근거라고 하는데 왜 시원성이 정당성 근거가 되는지는 설명하지 않는다. 대체로 헌법제정권력의 정당성의 근거로서 그 시대의 지배적인 정치이념에 부합하는 것, 헌법에 규정된 기본질서에 대한 국민의 합의, 국민의 상식 등이 거론된다.

II. 헌법의 개정

1. 헌법개정의 필요성과 의의

(1) 헌법은 그 특성, 예컨대 개방성이나 추상성을 통해 현실변화에 탄력성있게 적응할 수 있다. 그러나 이것도 한계가 있는 것이기 때문에 현실변화에 따라 헌법과 현실의 불일치는 발생하게 되며 이러한 불일치는 헌법의 규범력을 약화시킨다. 따라서 헌법의 규범력을 높이기 위해 헌법개정이 필요하다.

(2) 헌법개정이란 헌법의 규범력을 높이기 위해 헌법에 규정된 헌법개정절차에 따라 구헌법과 기본적 동일성 및 계속성을 유지하면서 특정한 헌법규정을 의식적으로 수정, 삭제, 추가하는 것을 말한다. 헌법개정권력이란 이미 존재하는 헌법을 개정하는 힘을 말한다.

2. 헌법변천의 인정 여부

(1) 헌법변천이란 헌법규정 자체는 아무런 변화가 없는데 현실상황의 변화에 따라 헌법규정이 다른 내용으로 작용하는 것을 말한다. 즉 헌법규정이 현실변화에 따라 다른 내용으로 구체화되는 경우이다. 예로서는 대체로 미국연방대법원이 Marbury v. Madison 사건에서 (헌법에 위헌법률심사권에 관한 명시적 규정이 없지만) 헌법해석을 통해 위헌법률심사권을 행사하는 것, 일본이 전력보유를 금지하는 평화헌법하에서 자위대를 보유하고 있는 것 등이 거론된다.

(2) 헌법변천이라는 개념이 헌법이 포용할 수 있는 범위 내의 것만을 인정하는지 또는 헌법규정과 명백하게 모순되는 것까지도 인정하는지에 관하여 견해가 나뉜다. 즉 헌법의 규범력 제고를 위해 모두 인정하는 견해가 있는가 하면, 헌법해석을 통해 해결가능한 것에 한정해야 한다는 견해가 있다. 생각건대, 헌법이 갖는 특성(예컨대 개방성, 추상성)에 의거하여 헌법은 탄력성있게 현실변화에 적응할 수 있기 때문에, 헌법이 포용할 수 있는 범위 내의 것은 헌법변천이라는 개념으로 표현할 수도 있을 것이다. 그러나 헌법규정에 명백히 모순되는 것까지도 헌법변천이라는 개념으로 포섭한다면, 이는 위헌적인 현실을 인정하는 것이고 헌법의 정체성이 파괴되는 결과를 초래한다. 따라서 헌법해석의 한계를 넘어서

는 것을 헌법변천으로 보는 것은 위헌이다.

3. 헌법개정의 방법과 절차

(1) 헌법개정의 방법

1) 헌법개정의 방법은 대체로 첫째, 의회의결만으로 개정하는 방법(예컨대 독일의 경우 상하 양원 각 재적의원 3분의 2 이상의 찬성), 둘째, 국민투표만으로 개정하는 방법(예컨대 우리나라 유신헌법은 대통령이 제안한 헌법개정안은 국민투표로 확정), 셋째, 의회의결 그리고 국민투표로 개정하는 방법(예컨대 우리나라 현행헌법), 넷째, 연방국가에서 각 주의 동의를 얻어 개정하는 방법(예컨대 미국의 경우 전체 주의회 4분의 3 이상 또는 전체 주헌법회의 4분의 3 이상의 동의 필요) 등이 있다.

2) 국민투표가 역사적으로 남용되거나 제대로 그 기능을 수행하지 못한 예에 비추어, 국민투표만으로 헌법개정을 하는 것은 국민투표가 단지 헌법개정 정당화의 수단으로 전락할 가능성이 크다. 적어도 의회의결을 거친 후 국민투표가 행해져야 할 것이다.

(2) 헌법개정의 절차

헌법개정은 대체로 발안, 공고, 의회의결(또는 국민투표 추가), 공포, 발효의 절차를 거친다. 현행헌법의 헌법개정절차는 다음과 같다.

1) 제안 헌법개정은 국회재적의원 과반수 또는 대통령의 발의로 제안된다.

2) 공고 제안된 헌법개정안은 대통령이 20일 이상의 기간 이를 공고하여야 한다.

3) 국회의결 국회는 헌법개정안이 공고된 날로부터 60일 이내에 의결하여야 하며, 국회의 의결은 재적의원 3분의 2 이상의 찬성을 얻어야 한다.

4) 국민투표 헌법개정안은 국회가 의결한 후 30일 이내에 국민투표에 부쳐 국회의원선거권자 과반수의 투표와 투표자 과반수의 찬성을 얻어야 한다.

5) 공포 헌법개정안이 국민투표에서 찬성을 얻은 때에는 헌법개정은 확정되며, 대통령은 즉시 이를 공포하여야 한다.

4. 헌법개정의 한계

⑴ 한계부정설

법실증주의자들은 다음과 같은 논거로 헌법개정의 한계를 부정한다. 첫째, 실정법만이 법이고 합법적 절차에 따라 제정된 법은 효력을 가지기 때문에, 헌법개정절차에 따라 개정된 헌법은 법이며 효력을 가진다. 둘째, 헌법제정권력은 인정되지 않으므로 헌법제정권력이 헌법개정권력을 제한하는 것은 법적으로 불가능하다. 셋째, 헌법규정들 간에 서열은 인정되지 않는다.[2] 넷째, 개정한계를 넘어섰다 할지라도 이를 무효로 선언할 수 있는 기관은 없다.

⑵ 한계긍정설

일반적으로 다음과 같은 논거로 헌법개정의 한계를 긍정한다. 첫째, 헌법제정권력과 헌법개정권력을 구분하고, 헌법에 의해 만들어진 헌법개정권력은 헌법을 만드는 헌법제정권력이 결정한 헌법의 근본적인 가치질서를 변경할 수 없다. 둘째, 개정된 신헌법은 구헌법과 기본적 동일성과 계속성이 유지되어야 하므로 이를 넘어서는 개정은 허용되지 않는다. 셋째, 실정헌법을 초월하여 헌법제정권력까지도 구속하는 자연법원리가 있으므로 자연법에 반하는 개정은 허용되지 않는다.

⑶ 헌법개정한계를 넘어선 헌법개정의 효력

헌법개정의 한계를 넘어서 헌법개정이 이루어졌을 경우, 그 헌법개정이 정당한 것인지 문제된다. 헌법개정의 한계를 넘어선 헌법개정은 법적으로는 무효이거나 새로운 헌법의 제정(예컨대 공화제헌법 → 군주제헌법)일 것이다. 그런데 개정된 헌법이 사실상 시행되고 있을 경우, 이는 헌법개정의 영역에서 다룰 문제가 아니라 상황에 따라 저항권 영역에서 다룰 문제이다.

⑷ 헌법 제128조 제2항

헌법 제128조 제2항은 "대통령의 임기연장 또는 중임변경을 위한 헌법개정은 그 헌법개정 제안 당시의 대통령에 대하여는 효력이 없다."라고 규정하고 있다. 이 조항은 헌법개정 금지대상이 아니다. 단지 이러한 헌법개정을 했을 경우(예컨대 임기를 연장하는 헌법개정을 했을 경우) 헌법개정의 인적 효력의 범위를 제

2) 헌법재판소도 개별적 헌법규정 상호간에 효력상의 차등이 있다는 것을 부정한다(헌재 1995. 12. 28. 95헌바3; 헌재 2001. 2. 22. 2000헌바38).

한하는 헌법개정효력의 한계에 관한 규정이다.

Ⅲ. 한국헌법 개정사

대한민국 현행헌법은 대한민국 임시정부의 법통(法統)을 계승하고 있다. 일제로부터 해방되고 1948년 제1공화국 헌법이 만들어진 후 9차에 걸쳐 개정이 이루어졌으며, 현재 제6공화국 헌법이 시행되고 있다.

1. 제1공화국 헌법

⑴ 제헌헌법(1948.7.17. 시행)

1) 제헌헌법은 1948년 5월 10일 남한 단독선거에 의해 구성된 제헌국회에서, 헌법제정에 관한 논의를 거쳐 통과되었고, 7월 17일 공포되고 즉일 시행되었다. 제헌헌법은 전문에서 '우리들 대한국민은 기미 삼일운동으로 대한민국을 건립하여 세계에 선포한 위대한 독립정신을 계승하여 이제 민주독립국가를 재건함'을 명시하였다.

2) 제헌헌법은 내용 면에서 자유민주주의 헌법이 갖추어야 하는 사항을 구비하고 있었다. 예컨대 3권분립, 사법권독립, 단원제국회, 대통령중심제(국회에서 선출 – 간선제, 1차에 한해 중임허용, 부통령제 채택) 정부형태, 헌법위원회에 의한 위헌법률심사, 통제경제를 바탕으로 하는 경제질서 등을 주요 내용으로 하였다. 그리고 기본권 보장에 관하여는, 재산권행사의 공공복리적합의무, 균등하게 교육을 받을 권리, 근로의 권리, 사기업 근로자의 이익분배균점권, 생활유지능력이 없는 자의 국가보호, 남녀동권에 기초한 혼인 및 혼인의 순결과 가족건강에 대한 국가보호, 불법행위를 한 공무원의 파면을 청원할 권리, 공무원의 직무상 불법행위에 대한 국가배상청구권, 헌법에 열거되지 아니한 자유와 권리 보장, 기본권제한입법의 한계 등을 규정하였다. 이승만 대통령은 장기집권을 꾀하였고 이를 막으려는 야당과 대립하였다. 이승만 대통령은 '힘에 의한 통치'를 강행함으로써 헌법은 규범력을 발휘하지 못했다.

⑵ 제1차 개헌(발췌개헌)(1952.7.7. 시행)(직선제 개헌)

1) 국회에서의 간선제로는 자신이 대통령에 또 당선되지 못할 것을 걱정한

이승만은, 대통령직선제 개헌안을 제출하였으나 국회에서 부결되었다. 정부·여당은 대통령직선제 개헌안을 관철시키기 위해, 땃벌대·백골단 등 폭력단이 난무하는 공포분위기를 조성하고, 국회의원들을 의사당에 강제로 연행해 와서, 1952년 7월 4일 밤에 기립투표 방식으로 국회에서 강제로 직선제개헌안을 통과시켰다.

2) 제1차 개헌은 발췌개헌이라고 불리는데, 그것은 정부의 대통령직선제안과 의원내각제적 요소인 국무원불신임제를 포함하고 있는 야당의 개헌안을 발췌하여 이를 절충한 것이기 때문이다. 발췌개헌으로 이승만은 1952년 8월 2선에 성공하였다. 발췌개헌은 헌법이 정하는 공고절차를 지키지 않고 개헌이 이루어진 것이기 때문에 위헌적인 개헌이었다.

(3) 제2차 개헌(사사오입개헌)(1954.11.29. 시행)(3선허용개헌)

1) 대통령 임기는 4년이며 1차에 한하여 중임할 수 있다는 규정 때문에, 3선을 할 수 없는 상황에서, 3선을 원하는 이승만은 3선금지조항 폐지를 핵심내용으로 하는 이른바 3선허용 개헌안을 국회에 제출하였다. 국회에서 비밀투표를 한 결과(1954. 11. 27.), 재적의원 203명, 참석의원 202명 중, 찬성이 135표, 반대가 60표, 기권이 7표로 나타났다. 재적의원의 2/3 이상이 찬성해야 개헌이 가능했으므로, 개헌안이 가결되기 위해서는 136명이 찬성해야 했다(재적의원 2/3는 135.33…명이므로, 자연인은 136명이어야 함). 따라서 이 개헌안은 부결이 선포되었다.

2) 그러나 자유당은 수학의 4사5입 이론을 적용하여 135.33명은 논리적으로 성립되지 않으며 0.33이란 자연인으로 존재할 수 없으므로, 반도 안 되는 소수점 이하는 삭제해야 한다고 주장하였다. 급기야 야당의원들의 반발로 자유당은 자유당 의원들만 재석한 상태에서, (이미 부결된) 개헌안을 (부결된 것이 아니라) 통과된 것으로 결정하였다. 이른바 사사오입 이론을 적용하여 이미 부결 선언된 개헌안을 번복하여 가결된 것으로 결정한 것의 위헌·위법성은 재론의 여지가 없다. 이러한 행태는 자유당 정권의 독재에 의한 것이었다. 이승만은 1956년 3선 대통령의 뜻을 이루었고, 자유당의 장기 집권과 독재가 연장되었다.

2. 제2공화국 헌법

⑴ 제3차 개헌(1960.6.15. 시행)

두 차례의 위헌적인 헌법개정으로 제1공화국 헌법은 정상적인 규범력을 발휘하지 못했다. 1960년 3·15 부정선거를 계기로 4·19 혁명이 발발하였고, 1960년 6월 15일 제3차 개헌이 이루어졌다. 제3차 개헌의 주요내용은, 의원내각제, 정당보호규정신설, 헌법재판소신설, 대법원장·대법관 선거제, 경찰의 중립보장 등이다. 그리고 기본권 보장에 관하여는, 자유권에 대한 개별적 법률유보조항을 삭제하고 일반적 법률유보조항으로 변경, 기본권의 본질적 내용 훼손을 금지, 자유권의 천부인권적 성격을 강조, 언론·출판에 대한 허가나 검열과 집회·결사에 대한 허가 금지 등을 규정하였다.

⑵ 제4차 개헌(1960.11.29. 시행)

제4차 개헌은 자유당 정권하에서의 반민주행위자를 처벌하기 위한 소급입법의 근거를 마련하는 개헌으로서 절차상 하자는 없었다. 헌법부칙을 고쳐, 3·15 부정선거 관련자 처벌과 자유당하에서의 반민주행위자 공민권 제한, 부정축재자의 행정상·형사상 처리를 위한 특별법제정 및 특별재판소·특별검찰부설치의 근거규정을 마련하였다.

3. 제3공화국 헌법

⑴ 제5차 개헌(1963.12.17. 시행)

1) 제2공화국은 사회혼란을 핑계삼은 1961년 5·16 군사쿠데타에 의해 1년도 안 되어 무너지고 말았다. 1962년 12월 17일 최초의 국민투표를 통하여 제5차 개헌이 이루어졌다. 박정희 대통령은 권위주의적으로 통치하였다. 정부와 공화당은 군정스타일을 벗어나지 못하고 독재체제를 구축해 나갔으며 국회와 사법부는 행정부의 시녀로 점점 전락했다.

2) 제3공화국 헌법의 주요내용은, 대통령중심제, 대통령·국회의원 입후보시 정당추천제, 단원제국회, 헌법재판소 폐지 및 법원에 위헌법률심사권 부여, 법관추천회의의 제청에 의한 대통령의 대법원장·대법관 임명 등이다. 그리고 기본권 보장에 관하여는, 최초로 '인간의 존엄과 가치'를 규정, 국가의 기본권 최

대한 보장 의무를 명시, 고문금지와 자백의 증거능력제한이 추가됨으로써 신체의 자유 보장 강화, 직업선택의 자유와 인간다운 생활을 할 권리 등이 규정되었다. 반면에, 현실적으로 실현되기 어려운 근로자의 이익분배균점권 및 불법행위를 한 공무원 파면청구권 등은 삭제되었다.

⑵ 제6차 개헌(1969.10.21. 시행)(3선허용개헌)

박정희 대통령은 3선금지규정을 완화하여 4선을 금지하는 규정으로 고쳐진 3선허용개헌을 하였다(1969. 10. 21. 공포). 이른바 장기집권을 위한 개헌이었다. 야당의원을 배제한 채 국회의사당이 아닌 곳에서 여당의원들만으로 기습적으로 이루어진 반민주적인 개헌안통과였다. 주요내용은 대통령의 계속재임을 3기에 한하며, 대통령에 대한 탄핵요건을 강화(대통령 등 탄핵대상자 모두 30인 이상 발의 재적과반수 찬성 → 대통령만 50인 이상 발의 재적 3분의 2 이상 찬성)하고, 국회의원 수를 늘리면서 국회의원의 국무위원 겸직을 가능케 한 것 등이다.

4. 제4공화국 헌법(제7차 개헌)(1972.12.27. 시행)

⑴ 급변하는 국내·외 정세에 대처한다는 구실을 내세워, 박정희 대통령은 1972년 10월 17일 전국에 비상계엄을 선포하고 두달 간 헌정을 중단한 채 신헌법을 만들겠다는 이른바 '10·17 비상조치(10월 유신)'를 단행했다. 10·17 비상조치를 통해 이른바 '유신헌법'이 국민투표를 통과하여 12월 27일 공포·시행되었다.

⑵ 유신헌법의 주요내용으로는, 대통령직선제를 폐지하고 통일주체국민회의(대통령선거권, 국회의원 3분의 1 선출권) 신설, 국정감사권 폐지 및 국회 회기 단축 등을 통해 국회의 권한과 지위 약화, 대통령의 긴급조치권과 국회해산권 규정, 임기 6년의 대통령 중임제한규정을 폐지하여 장기집권을 가능케 함, 대통령의 국회의원 정수 3분의 1 추천권, 헌법개정절차 2원화(대통령제안에 대한 국민투표, 국회제안에 대한 통일주체국민회의 의결), 대통령의 법관임명권과 법관에 대한 징계파면제를 통해 사법권독립 침해, 헌법위원회의 헌법재판권 등을 들 수 있다. 그리고 기본권 보장에 관하여는, 기본권의 일반적·개별적 법률유보와 본질적 내용 침해가능, 긴급구속의 범위 확대, 구속적부심사제 폐지, 자백의 증거능력제한 규정 삭제, 언론·출판의 자유에 대한 허가나 검열과 집회·결사의 자유에 대한

허가를 가능케 함, 재산권의 공용수용·사용·제한에 대한 보상이 정당한 보상에서 법률에 의한 보상으로 변경, 국가배상청구에 있어서 군인·군속·경찰공무원 등에게 이중배상을 금지, 근로3권을 법률의 범위 내에서만 인정하고 특히 단체행동권 제한 등을 규정하였다.

(3) 통일주체국민회의는 박정희를 제8대 대통령으로 선출하였다. 박정희 대통령은 국회와 사법부를 장악하고 누구의 통제도 받지 않는 사실상 공화적 군주로 군림했다. 유신독재에 대한 저항을 긴급조치로써 억누르고 모든 개헌논의 자체를 금지시켰다. 국민의 저항은 점점 거세졌으며, 1979년 '부마항쟁'을 거치고 중앙정보부장 김재규가 박정희 대통령을 시해하는 이른바 '10·26 사태'가 발생함으로써, 18년의 독재정치가 막을 내렸다.

5. 제5공화국 헌법(제8차 개헌)(1980.10.27. 시행)

(1) 10·26 사태 이후 최규하 국무총리가 대통령 권한대행을 하면서, 국민들은 민주화가 이루어질 것을 기대하였다. 그러나 1979년 12월 12일 이른바 '12·12 쿠데타'를 통하여 전두환 등의 신군부가 정치에 개입했다. 신군부는 1980년 '5·17 비상계엄전국확대조치'를 취하고 '5·18 광주민주화운동'을 많은 희생자를 내면서 무력진압함으로써 민주화의 꿈은 사라졌다. '5·17 조치'로써 모든 정치활동이 금지되고 국회 집회도 봉쇄된 가운데 '국가보위비상대책위원회'가 구성되고 위원장 전두환이 실권을 장악하였다. 최규하 대통령은 얼마 후 사임하고, 전두환이 통일주체국민회의에서 제11대 대통령으로 선출되어 9월 1일 취임하였다.

(2) '10·26 사태' 이후 개헌작업이 진행되었는데, 1980년 10월 22일 국민투표를 거쳐 10월 27일 공포·시행되었다. 과도기 동안 국가보위입법회의가 국회 권한을 대행하였고, 1981년 3월 3일 전두환은 제12대 대통령(대통령선거인단에 의한 간선)에 취임하였다.

(3) 제5공화국 헌법의 주요내용으로는, 대통령의 국회해산권과 비상조치권, 대통령 임기 7년의 단임제(대통령선거인단에 의한 간선), 대법원장의 법관임명권, 헌법개정 일원화(국회의결과 국민투표) 등을 들 수 있다. 그리고 기본권 보장에 관하여는, 기본권의 개별적 법률유보 삭제, 기본권의 본질적 내용 침해금지, 행

복추구권, 사생활의 비밀과 자유, 연좌제 금지, 형사피고인의 무죄추정권, 평생교육에 관한 권리, 환경권 등을 규정하였다.

(4) 피의 희생을 짓밟고 등장한 전두환 정권은, 성립의 정당성이 없기 때문에 국민의 저항을 받을 수밖에 없었고, '힘'으로써 저항을 억누르려고 하였다. 전두환 정권의 권위주의적 성격 때문에 헌법은 규범력을 제대로 발휘할 수 없었다. 1987년 '6월 항쟁'이 발생하였고, 노태우 민정당 대통령후보의 '6·29 선언'을 거쳐 대통령직선제 개헌의 길로 들어섰다.

6. 제6공화국 헌법(제9차 개헌)(1988.2.25. 시행)

1987년 8월 31일 여야합의에 의한 개헌안준비를 마치고 10월 27일 국민투표를 거쳐 10월 29일 공포되었다. 제6공화국 헌법(현행헌법)의 주요내용으로는, 전체적으로 기본권 보장 강화, 임기 5년 단임의 대통령직선제, 국가긴급권 발동요건 강화, 대통령의 국회해산권 폐지, 국정감사권 부활, 헌법재판소 설치 등을 들 수 있다.

제 5 절 헌법의 보호

Ⅰ. 헌법보호의 개념

헌법보호란 헌법이 규정하는 국가의 특정한 존립형식, 즉 국가형태, 기본원리, 기본권 등과 같은 헌법의 기본질서를 보호하는 것을 말한다. 구별개념으로서 국가보호란 국가 자체의 존립을 보호하는 것으로서 주로 외부의 적에 의한 공격으로부터 국가 자체를 지키는 것을 말한다. 보통 헌법보호가 국가보호보다 좁은 개념으로 사용되고 있다. 그러나 헌법국가성을 내·외부의 위협으로부터 지키는 것을 헌법보호라고 넓게 이해할 경우에는 헌법보호와 국가보호가 같은 개념일 수도 있다.

Ⅱ. 헌법의 수호자

누가 헌법의 수호자인가에 관하여 슈미트는 바이마르헌법하에서는 공화국 대통령이라 하였고, 켈젠은 헌법재판소라 하였다. 그러나 오늘날 입법권, 집행권, 사법권(법원과 헌법재판소)을 포함한 모든 국가기관과 국민이 헌법의 수호자이다. 특히 권력이 헌법을 침해하는 것에 대한 경각심이 오늘날에도 여전히 중요하다는 것에 비추어, 궁극적으로 국민의 헌법수호의지가 강조될 수밖에 없다.

Ⅲ. 헌법보호의 수단

헌법보호의 수단으로는 여러 가지를 들 수 있지만 주요한 것만 거론하면, 첫째, 헌법의 우위 또는 최고법성 둘째, 헌법개정의 제한 셋째, 헌법재판제도 넷째, 권력분립 다섯째, 직업공무원제도(정치적중립성 보장·신분보장) 여섯째, 방어적민주주의 채택 일곱째, 국가긴급권 여덟째, 저항권 등을 들 수 있다. 여기서는 국가긴급권과 저항권만 살펴본다.

1. 국가긴급권

(1) 개념

전쟁·내란·경제공황·천재지변 등 헌법상의 정상적인 수단으로는 극복이 불가능한 심각한 위험상태를 국가비상사태라고 하며, 이를 극복하기 위하여 발동될 수 있는 예외적 수단으로서의 비상적 권한을 국가긴급권이라 한다. 구별개념으로서 헌법장애란 헌법기관이 헌법상의 기능을 수행할 수 없는 경우를 말하며, 예컨대 대통령 또는 국회의원의 사망을 들 수 있는데, 이는 헌법이 규정하는 정상적인 방법에 의하여 극복될 수 있다는 점에서 비상사태와 구별된다. 따라서 헌법장애의 경우에 국가비상사태에서 발동되는 국가긴급권이 행사된다면 이는 국가긴급권 남용으로서 위헌이다.

(2) 목적과 한계

1) 국가긴급권은 헌법질서의 유지·회복이라는 소극적 목적을 위해서만 발동될 수 있다. 이러한 소극적 목적에 위배되는 국가긴급권 발동과 유지는 금지된다. 국가긴급권은 필요한 최소한도의 범위 내에서 행사되어야 한다.

2) 헌법재판소는 "국가긴급권은 국가의 존립이나 헌법질서를 위태롭게 하는 비상사태가 발생한 경우에 국가를 보전하고 헌법질서를 유지하기 위한 헌법보장의 한 수단이지만, 평상시의 헌법질서에 따른 권력행사방법만으로는 대처할 수 없는 중대한 위기상황에 대비하여 헌법이 중대한 예외로서 인정한 비상수단이므로, 헌법이 정한 국가긴급권의 발동요건·사후통제 및 국가긴급권에 내재하는 본질적 한계는 엄격히 준수되어야 한다. … 그리고 국가긴급권의 행사는 헌법질서에 대한 중대한 위기상황의 극복을 위한 것이기 때문에, 본질적으로 위기상황의 직접적인 원인을 제거하는데 필수불가결한 최소한도 내에서만 행사되어야 한다는 목적상 한계가 있다. 또한 국가긴급권은 비상적인 위기상황을 극복하고 헌법질서를 수호하기 위해 헌법질서에 대한 예외를 허용하는 것이기 때문에 그 본질상 일시적·잠정적으로만 행사되어야 한다는 시간적 한계가 있다. … 또한 헌법상 국가긴급권의 인정 취지 및 계엄사령관의 특별한 조치가 국민의 기본권을 제한하는 점을 고려하면, 특별한 조치는 위기상황의 직접적인 원인을 제거하는 데 필수불가결한 최소한도 내에서만 취해질 수 있다."[3]라고 판시하였다.

3) 헌재 2015. 3. 26. 2014헌가5; 헌재 2025. 4. 4. 2024헌나8.

(3) 초헌법적 국가긴급권의 문제

1) 초헌법적 국가긴급권이란 국가긴급권이 헌법에 규정되어 있는지 여부와 상관없이, 극도의 국가비상사태에서 헌법을 넘어서는 국가긴급권을 말한다. 국가긴급권을 헌법에 미리 규정하는 경우, 이는 국가비상사태를 헌법에 맞게 효율적으로 극복하고 국가긴급권이 남용되는 것을 예방하려는 것이다. 그런데 헌법상 국가긴급권으로써도 극복이 불가능한 극도의 비상상황이라면 헌법을 넘어서는, 즉 초헌법적 국가긴급권이 발동될 수 있는지가 문제된다. 초헌법적 국가긴급권은 헌법침해로서(위헌으로서) 정당성이 인정되지 않는다는 견해와 그러한 극도의 비상상황에서는 법논리가 아니라 그러한 극도의 비상상황 극복이라는 독자적 논리에 의해 정당성이 인정된다는 견해가 대립하고 있다.

2) 헌법재판소는 "(국가보위에 관한)특별조치법(1971. 12. 27. 제정, 1981. 12. 17. 폐지) 제2조는 "국가안전보장에 대한 중대한 위협에 효율적으로 대처하고 사회의 안녕질서를 유지하여 국가를 보위하기 위하여 신속한 사태 대비조치를 취할 필요가 있을 경우 대통령은 국가안전보장회의의 자문과 국무회의의 심의를 거쳐 국가비상사태를 선포할 수 있다."라고 규정하고 있다. 그러나 이러한 국가비상사태 선포권은 헌법 제76조 및 제77조에 한정적으로 규정된 국가긴급권(긴급재정경제처분·명령권, 긴급명령권, 계엄선포권)의 실체적 발동요건 중 어느 하나에도 해당하지 않는 것이므로, 헌법이 예정하지 아니한 '초헌법적인 국가긴급권'의 창설에 해당한다. 그러나 특별조치법 제정 당시의 국내외 상황이 이러한 초헌법적 국가긴급권 창설을 예외적으로 정당화할 수 있을 정도의 극단적 위기상황이 존재하였다고 볼 수 없으므로, 특별조치법상의 대통령의 국가비상사태 선포권은 헌법이 요구하는 국가긴급권의 실체적 발동요건을 갖추지 못한 것이다."[4] 라고 판시하였다.

(4) 국가긴급권 통제

국가긴급권 남용을 방지하기 위해서는 국가긴급권 행사에 대해 의회의 사전동의 또는 사후승인, 의회나 법원(헌법재판소)의 사후 책임추궁 등을 통해 통제가 행해져야 한다. 국가긴급권 남용에 대한 의회나 법원(헌법재판소)의 통제가 실효성이 없을 경우에는 결국 국민의 헌법수호의지가 중요하다.

---

4) 헌재 2015. 3. 26. 2014헌가5.

⑸ 현행헌법상 국가긴급권

헌법 제76조는 긴급재정경제 처분·명령권, 긴급명령권을 규정하고 있다. 헌법 제77조는 계엄선포권을 규정하고 있다.

2. 저항권

⑴ 의의 및 자연권성

1) 저항권이란 위헌적인 국가권력 행사에 의해 헌법질서가 파괴되는 것을 막기 위해 다른 구제수단이 없을 때 이에 저항하는 국민의 권리를 말한다.

2) 저항권이 자연권인지 문제된다. ① 법실증주의자들은 실정법만이 법이고 실정권만이 권리이므로 초실정법적 권리로서의 저항권을 인정하지 않는다. ② 그러나 일반적으로 로크, 슈미트와 같이 저항권의 초실정권성(자연권성)을 인정하며, 이 경우 저항권은 기본권으로서의 성격을 가지고, 동시에 헌법보호의 수단이기도 하다. 자연권으로서의 저항권을 인정하는 견해에서는 대체로 저항권은 그 본질상 초실정법적으로만 인정되는 것이기 때문에, 저항권을 헌법에 규정하는 것은 실정법으로 규정할 수 없는 것을 실정법으로 규정하는 것이라고 한다.

⑵ 입법례 및 판례

1) 미국의 버지니아권리장전 제3조와 독립선언, 프랑스의 인권선언 제2조, 독일기본법 제20조 제4항 등에 저항권이 명시되어 있다. 우리나라 헌법은 저항권을 명시적으로 규정하고 있지 않다. 단지 헌법전문에 '불의에 항거한 4·19민주이념을 계승하고'라는 표현을 통해 저항정신을 나타내고 있다.

2) 대법원은 저항권은 초법규적인 권리개념이므로 인정할 수 없고, 실정권이 아니므로 이를 재판규범으로 원용할 수 없다고 판시하였다.[5] 헌법재판소는 "저항권은 공권력의 행사자가 민주적 기본질서를 침해하거나 파괴하려는 경우 이를 회복하기 위하여 국민이 공권력에 대하여 폭력·비폭력, 적극적·소극적으로 저항할 수 있다는 국민의 권리이자 헌법수호제도를 의미한다. … 헌법상 인정될 수 있는 이른바 저항권적 상황에서 … "[6]라고 하여 저항권을 인정한다.

---

5) 대법원 1975. 4. 8. 선고 74도3323(이른바 민청학련사건); 대법원 1980. 5. 20. 선고 80도306(이른바 김재규사건).

6) 헌재 2014. 12. 19. 2013헌다1.

⑶ 실정화의 이익

저항권을 헌법에 규정할 수 있는지, 규정하는 것이 바람직한지에 관하여, 저항권의 자연권성을 인정하는 자들 간에도 견해가 나뉜다. 그러나 우리나라의 경우 이른바 민청학련사건이나 김재규사건에서처럼 저항권이 실정권이 아님을 이유로 재판규범으로 원용될 수 없다는 대법원판례에 비추어, 실정화함으로써 재판규범으로 원용될 수 있다는 실익이 있고 또 저항권 규정이 독재자에 대해 위하효과(겁주는 효과)를 발휘할 수 있다는 실익이 있다.

⑷ 저항권 행사의 주체, 요건, 방법 및 효과

1) 저항권 행사의 주체는 개인이든 집단이든 국민이면 누구나 가능하다. 공권력담당자는 저항권 행사의 객체이지 주체가 아니다. 공무원이 사인의 자격으로서는 저항권 행사의 주체가 된다.

2) 저항권 행사의 요건으로서는 저항권 행사는 헌법질서의 유지·회복을 위해서만 가능하고(소극목적), 국가권력의 행사가 불법이라는 것이 객관적으로 명백해야 하며(불법의 명백성), 헌법질서의 유지·회복을 위한 최후의 수단(보충성)이어야 한다.

3) 저항권 행사의 방법에는 제한이 없다. 원칙적으로 평화적인 방법을 택해야 하지만 경우에 따라 폭력행사도 가능하다.

4) 저항권 행사의 효과로서는 저항권 행사라는 것이 인정되면 저항행위(예컨대 독재자 살해행위)의 정당성이 인정된다.

제 6 절 헌법의 적용범위

헌법의 적용범위란 헌법이 법으로서의 효력을 발휘하며 적용되는 범위로서, 헌법의 시간적, 인적, 공간적 적용범위를 말한다. 헌법의 시간적 적용범위는 헌법 시행 시부터 헌법 폐지 시까지이며 특별한 문제가 없다. 그런데 남북분단국인 우리나라는 인적, 공간적 적용범위에 관하여 분명한 해결이 어려운 것이 있다.

Ⅰ. 인적 적용범위

1. 국민

(1) 국민의 개념

국민이란 국가의 구성원이 되는 자격, 즉 국적을 가진 사람을 말한다. 대한민국 헌법은 대한민국 국민에게 적용된다. 기본권의 경우 외국인에게도 적용되는 경우가 있다. 대한민국 국민은 외국에 체류하고 있어도 대한민국 헌법의 적용을 받는다.

(2) 국적의 취득과 상실

1) 헌법 제2조 제1항은 "대한민국의 국민이 되는 요건은 법률로 정한다."라고 규정하고 있다. 이에 따라 국적법이 시행되고 있고 국적법은 단일국적주의, 혈통주의(속인주의)를 기본원리로 한다.

2) 국적의 취득은 선천적 취득과 후천적 취득이 있다. ① 선천적 취득이란 출생과 더불어 국적을 취득하는 것을 말한다. 선천적 취득은 속인주의를 원칙으로 하고 예외적으로 속지주의에 의한다. 즉 첫째, 부모의 국적에 따라 출생자의 국적이 정해진다(혈통주의, 속인주의). 둘째, 부모가 모두 분명하지 아니한 경우나 국적이 없는 경우 대한민국에서 출생한 자, 대한민국에서 발견된 기아의 경우는 예외적으로 대한민국 국적을 취득한다(국적법 제2조). ② 후천적 취득은 출생이 아닌 사실에 의해 국적을 취득하는 경우로서 인지, 귀화, 수반취득, 국적회복, 국적재취득 등이 있다(법 제3조－제4조, 제8조－제9조, 제11조).

3) 국적의 상실은 대한민국 국적자가 일정한 경우 대한민국 국적을 잃는 것이다. 예컨대 국적법은 대한민국 국민이 자진하여 외국국적을 취득한 경우(법 제15조), 복수국적자로서 직계존속이 외국에서 영주할 목적 없이 체류한 상태에서 출생한 자의 경우에 병역의무를 이행하고 국적이탈신고를 한 경우(법 제12조) 등 여러 가지의 국적상실 경우를 규정하고 있다.

2. 재외국민

국가는 법률이 정하는 바에 의하여 재외국민을 보호할 의무를 진다(제2조 제2항). 재외국민이란 대한민국의 국민으로서 외국의 영주권을 취득한 자 또는 영주할 목적으로 외국에 거주하고 있는 자를 말한다(재외동포법 제2조).

3. 북한이탈주민

북한이탈주민이란 북한에 주소, 직계가족, 배우자, 직장 등을 두고 있는 사람으로서 북한을 벗어난 후 외국 국적을 취득하지 아니한 사람을 말한다(북한이탈주민법 제2조 제1호). 북한이탈주민법은 대한민국의 보호를 받으려는 의사를 표시한 북한이탈주민에 대하여 적용한다(법 제3조). 북한지역 역시 대한민국의 영토에 속하는 한반도의 일부이므로, 북한국적자로서 중국 주재 북한대사관에서 해외공민증을 발급받은 자도 대한민국 국민이다.[7)]

Ⅱ. 공간적 적용범위

1. 영역

대한민국 헌법은 대한민국 영역에서 적용된다. 영역이란 국가권력이 미치는 공간적 범위로서 영토, 영해, 영공으로 구성된다.

(1) 영토는 토지로 된 국가의 영역이다. 대한민국의 영토는 한반도와 그 부속도서로 한다(제3조). 영토에 대한 국가의 지배권, 즉 영토고권은 토지의 표면과 그 지하에까지 미친다.

(2) 영해는 국가의 주권이 미치는 일정 범위의 해역을 말한다. 그리고 접속수역, 배타적 경제수역, 대륙붕에서 대한민국은 일정한 권한을 행사한다. ① 대한민국의 영해는 기선으로부터 측정하여 그 바깥쪽 12해리의 선까지에 이르는 수역으로 한다(영해법 제1조). ② 대한민국의 접속수역은 기선으로부터 측정하여 그 바깥쪽 24해리의 선까지에 이르는 수역에서 대한민국의 영해를 제외한 수역

---

7) 대법원 1996. 11. 12. 선고 96누1221.

으로 한다(영해법 제3조의2, 제6조의2). ③ 대한민국의 배타적 경제수역은 협약에 따라 기선으로부터 그 바깥쪽 200해리의 선까지에 이르는 수역 중 대한민국의 영해를 제외한 수역으로 한다(배타적경제수역법 제2조 제1항). ④ 대한민국의 대륙붕은 협약에 따라 영해 밖으로 영토의 자연적 연장에 따른 대륙변계의 바깥 끝까지 또는 대륙변계의 바깥 끝이 200해리에 미치지 아니하는 경우에는 기선으로부터 200해리까지의 해저지역의 해저와 그 하층토로 이루어진다. 다만, 대륙변계가 기선으로부터 200해리 밖까지 확장되는 곳에서는 협약에 따라 정한다(법 제2조 제2항).

(3) 영공은 국가권력이 행사되는 영토와 영해의 수직 상공을 말한다. 영공의 범위는 지배가능한 상공에 한한다.

2. 북한지역

(1) 헌법 제3조는 북한지역도 대한민국 영토라고 규정하는 한편, 헌법 제4조는 "대한민국은 통일을 지향하며, 자유민주적 기본질서에 입각한 평화적 통일정책을 수립하고 이를 추진한다."라고 규정하고 있다. 이 두 조항은 상호 충돌한다.

(2) 헌법해석론으로는 영토조항우위론, 평화통일조항우위론, 양조항등가론(북한의 이중적 성격론) 등이 있다. 해석론으로는 영토조항을 통일대한민국의 영토를 선언한 것으로 보는 견해[8]가 일견 수긍이 간다. 그런데 이 경우 북한이탈주민은 대한민국 국민으로 볼 수 없다는 것이 문제로 등장한다. 현실적으로 북한지역에 대한민국 주권이 미치지 못하고 있기 때문에, 명쾌한 해석론은 전개되기 어려워 보인다.

---

8) 홍성방, 헌법학(상), 박영사, 2010, 74면.

제 2 장 헌법의 기본원리

제 1 절 헌법의 기본원리와 헌법전문

Ⅰ. 헌법의 기본원리

헌법의 기본원리란 전체 헌법질서에서 그 기초 내지 지주가 되는 '헌법질서의 기초원리'를 말한다. 우리나라 헌법은 헌법전문과 본문에 직접적·간접적으로 기본원리를 밝히고 있다. 우리나라 헌법의 기본원리가 무엇인가에 관하여 학계에서 대체적인 공감대는 형성되어 있지만 명시적인 합의는 없다. 그래서 학자들마다 헌법의 기본원리로 제시하는 내용이 일치하지 않는다. 그러나 대체로 민주주의원리, 법치주의원리, 사회국가원리, 문화국가원리, 국제평화주의가 헌법의 기본원리로 거론되고 있다. 헌법의 기본원리는 첫째, 헌법규정 및 헌법 이하의 모든 법령의 해석의 기준이고, 둘째, 입법이나 정책결정의 방향을 제시하며, 셋째, 공권력담당자 및 모든 국민의 행동지침이고, 넷째, 헌법재판에서 심사기준으로 작용하며, 다섯째, 헌법개정의 한계에 해당한다.

Ⅱ. 헌법전문

1. 헌법전문의 개념과 내용

헌법전문이란 헌법전 본문 앞에 있는 서문을 말한다. 헌법전문을 두는 헌법도 있고 안 두는 헌법도 있다. 헌법전문은 헌법의 일부를 구성한다. 헌법전문의 내용은 헌법마다 다르지만 대체로 헌법의 제정·개정 과정, 헌법제정권력자, 헌법제정의 목적, 헌법의 기본원리, 헌법의 지도이념 등을 포함하고 있다.

2. 헌법전문의 법적 성격

⑴ 헌법전문은 헌법본문과 다른 부분으로 헌법에 속해 있기 때문에, 헌법전문이 규범적 효력을 갖는지, 즉 헌법전문이 재판규범으로서 작용할 수 있는지 문제된다. 이는 실제로 헌법재판에서 법률규정이 헌법전문에 위반된다는 이유로 위헌결정이 행해질 수 있는지의 문제이다.

⑵ 법실증주의자들은 실정법만이 법이라고 한다. 이러한 입장에서는 법조항으로 실정화되지 않은 헌법전문은 단지 선언적인 것으로서 법적 효력이 없다고 한다. 그러나 오늘날 일반적 견해는 헌법전문의 법적 효력을 긍정한다. 헌법전문은 헌법제정권력의 소재를 밝히고 있다거나 정치적 공동체가 통합해 나갈 방향과 목표를 포함하고 있다는 이유로 당연히 규범적 효력을 갖는다고 한다. 따라서 헌법전문은 헌법재판에서 심사기준으로 작용한다. 즉 헌법재판에서 헌법전문 위반을 이유로 위헌결정이 내려질 수 있다. 헌법재판소도 헌법전문이 헌법으로서의 규범적 효력을 가지며 헌법소송에서 재판규범이 되고 모든 국가기관과 국민이 지켜가야 하는 최고의 가치규범이라고 판시하였다.[1)]

3. 한국헌법전문의 내용

현행헌법은 전문에서 대한민국임시정부의 법통계승, 헌법제정권력, 민주주의원리 등 헌법의 기본원리, 평화통일의 지향, 헌법제정의 목적, 정당한 절차에 따른 헌법의 제정과 개정 등을 밝히고 있다.

---

1) 헌재 2006. 3. 30. 2003헌마806; 헌법전문에 위반된다는 이유로 법률규정에 대해 위헌을 선고한 예로는, 헌재 1992. 3. 13. 92헌마37.

제 2 절 민주주의 원리

Ⅰ. 일반론

1. 민주주의의 개념과 대의민주주의

(1) 민주주의의 개념

오늘날 민주주의 표방하지 않는 국가나 정부는 없다. 민주주의는 세계의 서로 다른 사회경제적 체제의 맥락에서 서로 다르게 이해되는 개념이기도 하다. 어원상 민중(demos)의 지배(kratos)를 뜻하는 민주주의(democracy)라는 말은 특정 정치원리로 파악되기도 하고 생활의 실천원리로 파악되기도 한다. 대체로 민주주의란 주권자인 국민의 정치참여를 통해서 자유와 평등 궁극적으로 인간존엄을 실현하기 위한 국민의 통치형태라고 할 수 있다. 헌법의 기본원리로서의 민주주의는 우리 헌법규정들에 대한 헌법해석을 통해 구체적으로 밝혀져야 한다.

(2) 대의민주주의

1) 민주주의라는 말의 뜻에 가장 가까운 민주주의 제도는 주권자인 국민이 국가의사를 직접 결정하는 직접민주주의이다. 하지만 오늘날의 상황에서 국민이 함께 모여 모든 문제에 대해 국가의사를 직접 결정하는 직접민주주의는 현실적으로 불가능하다. 결국 국민이 선출한 대표를 통한 대의민주주의를 할 수밖에 없다. 민주주의에서도 국가권력을 행사하는 치자와 국가권력의 지배를 받는 피치자는 존재하며, 지배는 소수 엘리트에 의해 행해진다. 대의민주주의를 할 수밖에 없는 상황에서 중요한 것은 치자와 피치자의 관계이며, 치자가 행사하는 모든 권력은 국민의 신임에 기초한, 즉 국민으로부터 위임받은 것이다.

2) 오늘날 대의민주주의가 제대로 작동하지 않기 때문에, 즉 국민대표가 국민 뜻에 따르지 않거나 어긋나는 행위를 하는 것의 심각성 때문에, 대의민주주의의 위기 내지 개선방안이 거론된다. 그래서 국민투표 외에 국민발안·국민소환 등의 직접민주제 방식을 강화하는 방법, 인터넷·SNS의 보편화에 따른 전자민주주의 시대에 사이버공간에서의 참여확대나 시민운동확대를 통한 참여민주주의 확대 방법, 공론화를 통해 문제를 해결하고자 하는 숙의민주주의 내지 심의민주

주의 등이 거론되고 있다. 오늘날 충분한 숙의와 국민참여의 확대는 진정한 민주주의 실현을 위해 필요하다.

2. 다원주의(다양성)와 가치상대주의

(1) 다원주의(다양성)

민주주의는 다원주의(다양성)를 전제로 한다. 사람들은 저마다 다르다. 사회를 구성하는 사람들의 생각은 서로 다를 수밖에 없기 때문에, 사회에는 다양한 의견이 존재한다. 특히 공동체에 중요한 사안 이른바 공적 사안에 대한 사람들의 의견은 단순히 다름을 넘어 격렬한 논쟁, 대립, 충돌로 발전하기도 한다. 민주주의에서는 이처럼 다양한 의견들이 토론과 타협을 거쳐 공동체의 의사결정을 이루어낸다.

(2) 가치상대주의

1) 민주주의는 각 개인이 주권자로서 동등한 능력과 자격을 가지며, 합리적 판단에 따라 공동체 의사결정을 도출해 냄으로써 공동체에 좋은 결과를 가져올 거라는 생각에 기초한다. 각 개인은 다른 사람을 공동체의 구성원으로서 존중해야 하고, 다른 사람의 의견도 자신의 의견만큼 가치 있는 것으로 인정해야 한다. 민주주의는 공동체의 의사결정이 공동체구성원 모두 평등한 자유를 향유하며 상호 존중하고 협력하는 과정에서 이루어지는 것을 정치의 본질로 삼는 것이며, 단지 치자가 피치자를 지배하는 것을 본질로 삼지 않는다.

2) 따라서 민주주의는 하나의 절대적 가치만을 인정하고 나머지를 부정하는 가치절대주의가 아니라, 다양한 가치가 인정받는 가치상대주의를 전제로 한다. 즉 나의 의견만이 옳고 다른 의견은 틀리다는 것이 아니라, 나의 의견이 옳을 수도 있고 또는 다른 의견이 옳을 수도 있음을 인정하는 것이다. 그래서 토론과 타협을 통해 다수의견이 형성되면 그 다수의견이 옳은 것으로 수용되는 것이다. 설혹 지배적 의견에 어긋나는 의견표출이라 할지라도 의견표출은 자유롭게 이루어져야 하고, 설득력 있는 논증으로써 다수의견의 정당성이 확보되어야 한다. 그런데 현실적으로 다수의견이 항상 옳지는 않다. 민주국가라고 불리는 우리나라를 비롯하여 세계 민주국가에서의 투표나 선거 결과를 보면 이것이 분명하게 드러난다. 그래서 옳은 다수의견에 따라 국가의사가 결정되고 진정한 민주주의

가 실현되기 위해서는 '깨어있는 시민'이 필요하다. 어리석은 국민들이 다수의견을 차지하고 그에 따라 정치가 이루어지면 그것이 바로 중우정치이다. 이는 진정한 민주주의가 아니다. 민주시민 없는 곳에 민주주의 없다.

3) 민주주의가 가치상대주의를 전제로 한다고 해서 어떤 의견이든지 모두 수용하는 것은 아니다. 가치상대주의가 절대적으로 준수되면, 예컨대 독일 바이마르공화국에서 히틀러가 선거라는 민주적 절차를 거쳐 — 과반수를 획득하지는 못했지만 — 정권을 잡고 독재자가 되어 민주주의를 죽인 역사적 경험을 또다시 겪어야 할 수 있다. 그래서 민주주의에서 — 설혹 (다수)의견이라 할지라도 — 침해할 수 없는 절대적 가치(민주적 기본질서)가 있다. 즉 민주주의의 적에게는 민주주의를 허용하지 않는다(방어적 민주주의).

3. 민주주의 원리의 헌법적 의의

(1) 민주주의 원리는 주권자인 국민이 입법권, 집행권, 사법권 등의 국가권력을 창설하고 이 권력들에게 일정한 임무를 부여하고 작용하게 함으로써, 자유와 평등 궁극적으로 인간존엄 실현이라는 민주주의의 목적을 달성하게 하는 원리이다. 즉 국가권력에 근거를 부여해 주는 의의를 갖는다.

(2) 민주주의 원리는 특정 개인을 넘어 정치질서가 지속적으로 작용하게 한다. 즉 민주국가에서는 주기적인 선거를 통해 국가권력을 창설함으로써 국가권력이 특정인과 결부되지 않으며, 특정인에 맞게 정치질서가 만들어져 있지 않다. 따라서 민주주의 원리는 헌법체계에서 정치질서가 특정인을 넘어 계속성을 갖도록 하는 의의를 갖는다.

(3) 민주주의는 다수의견이 합리적으로 형성될 수 있도록 정치적 의사형성을 위한 절차를 만들고 다수의견이 형성되는 절차를 공개한다. 즉 민주주의 원리는 헌법체계에서 합리적으로 정치과정이 이루어지게 하는 의의를 갖는다.

(4) 민주주의는 세습군주나 권력을 독점하는 일부 집단을 인정하지 않는다. 민주주의에서 주권자는 국민이며, 국민은 국가권력을 창설하여 국가권력에게 권력행사를 위임한다. 민주주의에서 창설되는 국가권력은 애당초 주권자인 국민이 일정한 기간 권력행사를 위임한 것이고 무한한 것이 아니라 제한된 것이다. 또 국가권력을 창설하는 주권자인 국민도 헌법에 구속된다. 즉 민주주의 원리는 헌

법체계에서 국가권력을 제한하는 의의를 갖는다.

4. 민주주의의 내용

민주주의가 국민의 신임에 기초한 지배라는 것, 즉 치자가 국민으로부터 위임받은 권력을 행사한다는 것만으로는 그 구체적 내용을 알기 어렵다. 그 구체적 내용은 헌법해석을 통해 밝히는 것이 필요한데, (자유)민주적 기본질서가 무엇인지를 밝히면 대강 윤곽이 잡힌다.

(1) 민주적 기본질서와 자유민주적 기본질서

헌법은 전문과 제4조(평화통일조항)에서 '자유민주적 기본질서'라는 표현을 쓰고 있고, 제8조 제4항(정당해산조항)에서는 '민주적 기본질서'라는 표현을 쓰고 있다. 그래서 '민주적 기본질서'와 '자유민주적 기본질서'가 동일한 것인지 아니면 서로 다른 것인지 문제된다. 학설은 '민주적 기본질서'와 '자유민주적 기본질서'를 구별하는 견해, 양자를 구별하면서 '자유민주적 기본질서'를 우선시하는 견해, 그리고 양자의 구별을 부정하는 견해 등으로 나뉘는데, 다수설은 양자의 구별을 부정하고 있다.

(2) 독일 연방헌법재판소 판례

독일 연방헌법재판소는 정당해산심판에서 '자유민주적 기본질서'에 관한 정의를 내리면서 민주주의의 구체적 내용을 밝히고 있다. 즉 자유민주적 기본질서란 모든 폭력의 지배나 자의적 지배를 배제하고 그때그때의 다수의사에 따른 국민의 자결 그리고 자유와 평등을 기초로 한 법치국가적 통치질서를 말한다. 이 질서의 기본적 원리에는 적어도 다음과 같은 것이 포함되어야 한다. 즉 헌법에 구체화된 기본적 인권, 특히 생명권과 인격의 자유로운 발현권의 존중, 국민주권, 권력분립, 정부의 책임성, 행정의 합법률성, 사법권의 독립, 복수정당제의 원리와 헌법상 야당의 구성과 활동의 권리를 가진 모든 정당의 기회균등이다.[2] 이로부터 헌법의 거의 모든 내용이 민주주의와 관련되어 있다는 것을 알 수 있다.

---

2) BVerfGE 2, 1[12f.].

(3) 헌법재판소 판례

1) 헌법재판소는 '자유민주적 기본질서'의 내용에 관하여 "'자유민주적 기본질서'에 위해를 준다 함은 모든 폭력적 지배와 자의적 지배, 즉 반국가단체의 일인독재 내지 일당독재를 배제하고 다수의 의사에 의한 국민의 자치, 자유·평등의 기본 원칙에 의한 법치주의적 통치질서의 유지를 어렵게 만드는 것이고, 이를 보다 구체적으로 말하면 기본적 인권의 존중, 권력분립, 의회제도, 복수정당제도, 선거제도, 사유재산과 시장경제를 골간으로 한 경제질서 및 사법권의 독립 등 우리의 내부 체제를 파괴·변혁시키려는 것으로 풀이할 수 있을 것이다."[3] 라고 판시하였다.

2) 또한 헌법재판소는 '민주적 기본질서'를 헌법이 채택한 민주주의의 구체적 모습과 동일하게 보아서는 안 된다고 하면서, "헌법 제8조 제4항이 의미하는 '민주적 기본질서'는, 개인의 자율적 이성을 신뢰하고 모든 정치적 견해들이 각각 상대적 진리성과 합리성을 지닌다고 전제하는 다원적 세계관에 입각한 것으로서, 모든 폭력적·자의적 지배를 배제하고, 다수를 존중하면서도 소수를 배려하는 민주적 의사결정과 자유·평등을 기본원리로 하여 구성되고 운영되는 정치적 질서를 말하며, 구체적으로는 국민주권의 원리, 기본적 인권의 존중, 권력분립제도, 복수정당제도 등이 현행헌법상 주요한 요소라고 볼 수 있다."[4]라고 판시하였다.

3) 위에서 보듯이 헌법재판소도 '자유민주적 기본질서'와 '민주적 기본질서'를 동일한 개념으로 파악하는 것으로 보인다.

5. 헌법에 규정된 민주주의 원리

우리 헌법은 민주주의 구현으로서 여러 가지 다양한 내용을 규정하고 있다. 예컨대 국민주권의 원리, 기본권 보장, 국민투표 및 선거제도, 복수정당제도와 정당활동의 자유, 다수결원리와 소수의 보호, 법치주의, 대의제원리, 권력분립원리, 사법권독립, 헌법재판제도, 지방자치제도, 공무원의 정치적 중립성, 정부의 책임성 등 많은 내용들이 민주주의 원리와 관련되어 있다. 이하에서는 정치원리

3) 헌재 1990. 4. 2. 89헌가113.
4) 헌재 2014. 12. 19. 2013헌다1.

로서의 민주주의의 내용, 특히 국민주권의 원리, 국민투표 및 선거제도, 복수정당제도와 정당활동의 자유, 다수결원리와 소수의 보호 등에 한정하여 살펴본다.

Ⅱ. 국민주권의 원리

1. 국민주권의 의의

(1) 국민주권의 원리란 주권자는 국민이며 주권자인 국민은 모든 국가권력의 정당성의 근거라는 민주국가의 헌법원리이다. 주권이란 국내적으로는 최고의 권력이고 국외적으로는 독립된 권력으로서, 국가적 문제에 대해 국가의사를 최종적으로 결정하는 힘을 말한다. 헌법을 제정할 때 발휘되는 헌법제정권력은 국민이 주권을 행사하는 것이므로, 그 경우 헌법제정권력은 주권과 같은 것이다. 우리 헌법 제1조 제2항은 "대한민국의 주권은 국민에게 있고, 모든 권력은 국민으로부터 나온다."라고 규정하여, 주권자는 국민임을 명시하고 있다. 민주주의는 국민주권에 기초하고 있다.

(2) 국민주권은 역사적으로 군주주권에 대항하는 투쟁적 이념이었다. 군주주권에서는 군주가 최종적 결정권자이고 군주의 의사에 따라 국가질서 형성이 가능했다. 국민주권에서는 국민이 최종적 결정권자인데 여기서 국민은 대한민국 국적을 갖는 모든 사람이다. 국민에는 유아나 책임무능력자인 정신질환자도 포함되며 이들이 실질적인 행동 통일체로 구성되는 것은 불가능하다. 그래서 국민주권에서의 국민은 추상적·이념적 통일체로서의 전체 국민을 말하며, 구체적으로 행동하는 개인 또는 일정범위의 개인들의 집합이 아니다.

(3) 국민주권은 국민이 직접 모든 국가의사를 결정하는 것만을 내용으로 하지 않는다. 대표자를 선출하여 대표자로 하여금 국가적 문제를 처리하게 하는 간접적 방식도 국민주권은 그 내용으로 한다. 따라서 국민주권은 직접민주주의든 간접민주주의든 모두 수용한다. 우리 헌법은 대의민주주의를 기본으로 하고 직접민주주의(국민투표)를 가미하고 있다.

2. 민주공화국의 의미

(1) 우리 헌법 제1조 제1항은 "대한민국은 민주공화국이다."라고 규정하고

있다. 여기서 '대한민국'은 국호를, '민주공화국'은 국가형태를 말한다. 민주공화국은 군주국을 부정하고 국민주권에 기초하여 자유와 평등 궁극적으로 인간존엄 실현을 목적으로 하는 민주국가를 나타낸다. 민주공화국은 헌법개정의 한계에 해당한다.

(2) 오늘날 진정한 군주국은 존재하지 않으므로 군주국을 부정한다는 것은 현실적으로 그 의의가 크지 않다. 다만, 민주공화국은 전체주의 국가 또는 독재국가를 부정하는 것으로서 이는 오늘날에도 의의가 적지 않다. 왜냐하면 표면상 민주국가를 표방하면서도 실질적으로 전체주의 국가 또는 독재국가인 경우가 존재하고, 민주국가 정치질서 안에서도 때때로 독재적 권력이 등장하여 민주공화국을 유명무실하게 만드는 경우들이 있기 때문이다.

Ⅲ. 국민투표 및 선거 제도

우리나라는 대의민주주의를 기본으로 하고 있지만, 국민이 직접적으로 정치적 의사를 형성하는 방법으로 국민투표와 선거가 있다. 더불어 언론·출판·집회·결사의 자유나 정당의 설립·가입·활동의 자유 행사를 통한 정치적 의사 형성의 방법도 있다.

1. 국민투표

(1) 국민투표제도는 직접민주주의 방식의 하나로서 국민의 의사를 직접 확인하는 방법이다. 직접민주주의 방식으로는 국민투표 외에 국민발안, 국민소환 등이 있다. 우리 헌법은 주권자인 국민이 대표자를 선출하여 국가권력을 행사하게 하는 간접민주주의(대의민주주의)를 기본으로 하고 직접민주주의 방식의 국민투표를 가미하고 있다.

(2) 우리 헌법 제72조는 "대통령은 필요하다고 인정할 때에는 외교·국방·통일 기타 국가안위에 관한 중요정책을 국민투표에 붙일 수 있다."라고 규정하고 있다. 여기에서의 국민투표는 임의적 국민투표이다. 즉 국민투표에 부칠 지 여부는 전적으로 대통령의 결정에 달려 있다. 또 제130조 제2항은 "헌법개정안은 국회가 의결한 후 30일 이내에 국민투표에 붙여 국회의원선거권자 과반수의 투

표와 투표자 과반수의 찬성을 얻어야 한다."라고 규정하고 있다. 여기에서의 국민투표는 필수적 국민투표이다. 즉 헌법개정은 반드시 국민투표를 거쳐야 한다.

(3) 대통령이 자신의 재신임을 묻는 국민투표가 가능한지 여부에 관하여 헌법재판소는, "국민투표는 직접민주주의를 실현하기 위한 수단으로서 '사안에 대한 결정', 즉 특정한 국가정책이나 법안을 그 대상으로 한다. 따라서 국민투표의 본질상 '대표자에 대한 신임'은 국민투표의 대상이 될 수 없으며, 우리 헌법에서 대표자의 선출과 그에 대한 신임은 단지 선거의 형태로써 이루어져야 한다."[5]라고 판시하였다.

(4) 국민투표는 직접민주주의를 실현하는, 즉 국민의 의사를 직접 확인하는 방법으로서 긍정적인 면이 있다. 하지만 국민이 선동에 의한 군중심리에 휩쓸려 투표하거나, 사안이 복잡하여 국민투표로 단순화한 결정이 실제적 의미를 갖지 못하거나, 사안에 따라 다양한 이해관계를 가지는 국민들이 있고 이해관계에 따른 투표를 막기 위해 국민들 중 투표권자의 범위를 한정할 것인지 여부가 문제되거나, 권력자에 의해 악용되거나 하는 등, 역사적으로 국민투표의 실제 경험에 비추어 볼 때 부정적인 측면이 많았다. 그래서 오늘날 국민투표는 제한적으로만 채택되고 있다.

2. 선거제도

(1) 선거의 의의

1) 선거는 주권자인 국민이 대표자를 선출하여 그들로 하여금 국가권력을 행사하도록 하는 공무원선임행위이다. 그러므로 주권자인 국민은 선거에서 현실적으로 주권자 역할을 수행한다. 오늘날의 민주국가에서 선거는 필수이며, 대표자에 따라 국가 전체의 흥망이 좌우될 수도 있기 때문에 대표자를 선출하는 선거가 갖는 중요성은 매우 크다.

2) 대의제 민주주의에서 주권자인 국민은 선거를 통해 선출된 대표자에게 권력행사를 위임하는 것이기 때문에, 국가권력 행사의 정당성은 선거를 통해서만 확보된다. 선거를 통해 다수와 소수가 교체될 수 있으며, 이 교체가능성은 동

5) 헌재 2004. 5. 14. 2004헌나1.

시에 권력통제 및 소수자 보호의 의미를 갖는다.

3) 선거는 국민이 정치적 의사형성에 효과적으로 참여하고 관철하는 방법이다. 선거에서 주권자인 국민의 의사가 제대로 표출되기 위해서는 표현의 자유나 정당활동의 자유 등이 확립되어 있어야 하기 때문에, 선거가 올바르게 행해진다는 것은 민주주의의 실현에 핵심적 사항이다. 그래서 흔히 '선거는 민주주의의 꽃'이라고 한다.

⑵ 선거권과 피선거권

1) 선거권 선거권이란 선거에 참가하여 투표할 수 있는 권리를 말한다. 공직선거법상 결격사유(금치산자, 수형자 등)가 없으면, 원칙적으로 18세 이상의 국민은 선거권을 갖는다. 예컨대 대통령, 국회의원, 지방의회의원, 지방자치단체장 선거에서의 선거권 행사는 헌법상 권리, 즉 기본권으로서의 선거권 행사이다.

2) 피선거권 피선거권이란 예컨대 대통령, 국회의원 등 선출직 공무원 선거에 입후보하여 선출될 수 있는 권리를 말한다. 피선거권은 해당 공직을 수행할 능력 내지 자격을 고려하기 때문에, 선거권보다 상대적으로 엄격한 요건을 요구한다. 예컨대 대통령의 경우 40세 이상, 5년 이상 국내거주 등의 요건이 요구된다.

⑶ 선거의 원칙

우리 헌법은 선거의 원칙으로 보통·평등·직접·비밀 선거의 원칙을 규정하고 있다. 여기에 더하여 당연히 전제된 것으로 볼 수 있는 자유선거의 원칙이 있다.

1) 보통선거의 원칙 보통선거의 원칙이란 성별, 종교, 직업, 재산, 학력, 사회적 신분 등의 사유와 상관없이 원칙적으로 모든 국민에게 선거권이 인정되는 것을 말한다. 즉 보통선거는 일정한 연령에 달하면 국민 누구에게나 선거권이 인정되는 제도이다. 우리나라는 18세 이상의 국민이면 선거권을 갖는다.

2) 평등선거의 원칙 ① 평등선거의 원칙은 선거권자가 행사하는 투표의 가치가 동등해야 한다는 것을 말한다. 평등선거의 원칙은 정치적 영역, 특히 선거에서 평등원칙이 요구되는 것이다. 평등선거의 원칙이 요구하는 투표가치의 동등으로는 계산가치의 동등과 성과가치의 동등이 요구된다. 계산가치의 동등은 1인 1표(one person, one vote), 즉 한 사람이 행사한 투표는 각 1표로 계산되는 것을 말하며, 성과가치(결과가치)의 동등(one vote, one value)은 각 투표가 성과

(결과)에 기여하는 정도가 동등한 것을 말한다.

② 성과가치(결과가치)의 동등은 현실적으로 완벽하게 실현되기 어렵다. 왜냐하면 도시와 농어촌 간 인구격차, 지역 불균형 등 현실 여건상 선거구 마다 인구수가 완전히 동일하기는 어렵기 때문이다. 예컨대 1선거구에서 1명의 국회의원을 선출한다고 할 때, A선거구는 인구수가 1만 명, B선거구는 인구수가 2만 명, C선거구는 인구수가 3만 명 등인 경우, A선거구에서의 1표가 투표결과에 기여하는 정도, B선거구에서의 1표가 투표결과에 기여하는 정도, 그리고 C선거구에서의 1표가 투표결과에 기여하는 정도는 동일하지 않다. 즉 A선거구(1만 명)의 1표는 B선거구(2만 명)의 1표보다 2배 그리고 C선거구(3만 명)의 1표보다 3배의 성과가치(결과가치)를 갖는다.

③ 성과가치(결과가치)의 동등이 현실적으로 완벽하게 실현되기 어렵기 때문에, 문제는 어느 정도까지의 인구편차를 허용할 것인가이다. 헌법재판소는 전국 선거구의 평균인구수를 기준으로 하여 인구편차의 허용기준을 검토하였는데, 국회의원선거에서는 "헌법이 허용하는 인구편차의 기준을 인구편차 상하$33\frac{1}{3}$%, 인구비례 2 : 1을 넘어서지 않"아야 하는 것으로 판시하였고,[6] 지방선거에서는 "헌법이 허용하는 인구편차의 기준을 인구편차 상하 50%, 인구비례 3 : 1을 넘어서지 않"아야 하는 것으로 판시하였다.[7] 지방선거에서는 인구비례의 원칙 이외에 행정구역, 지세, 교통 등 2차적 요소들을 적절하게 고려하여 선거구들 사이에 인구비례에 의한 투표가치 평등의 원칙이 국회의원 선거에서보다 더 완화되었다.

④ 평등선거와 관련하여 게리맨더링(Gerrymandering)이 문제된다. 게리맨더링이란 특정인이나 특정 정당에 유리하게 선거구를 획정하는 것을 말한다. 헌법재판소가 허용하는 인구편차 범위 내일지라도 게리맨더링이 행해질 수 있다. 헌법재판소는, 특정 지역의 선거인들이 자의적인 선거구 획정 때문에, 정치과정에 참여할 기회를 잃게 되었거나, 그들이 지지하는 후보의 당선 가능성을 의도적으로 박탈당하여, 특정 지역의 선거인들에 대한 국가권력의 차별의도와 차별효과가 명백히 드러난 경우에는, 그 선거구획정은 입법적 한계를 벗어난 것으로서 헌법에 위반된다고 판시하였고,[8] 또한, 선거구의 획정은 인접지역이 아닌 지역

---

6) 헌재 2014. 10. 30. 2012헌마192.
7) 헌재 2018. 6. 28. 2014헌마166; 헌재 2018. 6. 28. 2014헌마189; 헌재 2021. 6. 24. 2018헌마405.
8) 헌재 1998. 11. 26. 96헌마54.

을 1개의 선거구로 구성하는 경우는, 특별한 사정이 없는 한 입법재량의 범위를 일탈한 자의적인 선거구획정으로서 헌법에 위반된다고 판시하였다.[9)]

3) 직접선거의 원칙 직접선거의 원칙은 대표자의 결정이 다른 관여자의 개입없이 선거인의 투표로써 확정되어야 하는 것을 말한다. 이는 간접선거에서 중간선거인이 국민의사를 왜곡하는 것을 방지하기 위한 것으로서, 국민의사는 투표로써 확정되며 다른 관여자의 개입으로 선거결과가 좌우되는 것은 허용되지 않는다.

4) 비밀선거의 원칙 비밀선거의 원칙이란 선거인이 투표한 내용을 다른 사람이 알 수 없어야 하는 것을 말한다. 이는 선거인이 누구에게 투표하였는지를 다른 사람이 알 수 없게 함으로써, 선거인이 자유롭게 의사를 결정하고 그에 따라 투표를 할 수 있게 하는 것이다. 투표내용이 공개될 경우 발생할 수 있는 상황들을 떠올려보면, 비밀선거는 투표자가 자유롭게 정치적 의사표현을 하게 만드는 중요한 사항임을 알 수 있다.

5) 자유선거의 원칙 자유선거의 원칙이란 외부의 강제나 압력없이 선거에 참여할지 여부 및 누구를 선택할지를 자유롭게 결정하는 것을 말한다. 비밀선거는 자유선거의 전제가 된다.

⑷ 대표제와 선거구제

대표제란 대표를 결정하는 방식을 말하며, 선거구제란 선거인단을 지역 단위로 분할하는 방식을 말한다. 대표제와 선거구제는 밀접하게 관련되어 있다. 대표제로는 다수대표제, 소수대표제, 비례대표제, 직능대표제 등이 있으며, 선거구제로는 소선거구제(1명의 당선자), 중선거구제(2－4명의 당선자), 대선거구제(5명 이상의 당선자) 등이 있다.

1) 소선거구 - 다수대표제 ① 소선거구제는 1선거구에서 1명의 대표자를 선출한다. 이러한 경우 최다득표자를 당선자로 결정하는 다수대표제가 취해진다. 다수대표제는 유효투표의 과반수를 얻은 후보자를 당선자로 결정하는 절대다수대표제와 여러 후보자들 중 1표라도 더 많이 얻은 후보자를 당선자로 결정하는 상대다수대표제가 있다.

---

9) 헌재 1995. 12. 27. 95헌마224.

② 절대다수대표제에서는 1차 투표에서 유효투표의 과반수를 얻은 후보자가 없으면, 1위, 2위 득표자를 놓고 결선투표(2차투표)를 실시하여 당선자를 결정한다. 상대다수대표제에서는 후보자들 중 1표라도 더 많이 득표한 최고득표자가 당선되기 때문에 (동점자가 발생하지 않는 한)결선투표(2차투표)는 실시되지 않는다. 절대다수대표제의 예로는 프랑스의 대통령선거를 들 수 있고, 상대다수대표제의 예로는 우리나라의 대통령선거, 지역구 국회의원선거 등을 들 수 있다.

③ 소선거구－다수대표제는 1선거구에서 1명의 당선자를 배출한다. 소선거구－다수대표제에서는 최다득표를 한 후보자가 당선되기 때문에, 대정당에 유리하고 따라서 (여·야)양당제가 정착되며 정국안정이 이루어지기 쉽다는 장점이 있다. 반면에, 최다득표자(당선자 1명)에게 투표한 표 이외에는 당선에 기여하지 못하는 사표가 되기 때문에 많은 사표가 발생하기 쉽다. 따라서 국민들이 투표한 결과와 각 정당의 실제 국회의원 수가 불일치하여, 대정당이 과다대표되며 소정당이 과소대표되는 현상이 발생할 수 있다. 즉 대정당은 득표율보다 많은 의석을 차지하고 소정당은 득표율보다 적은 의석을 갖게 된다. 그래서 소수자보호에 취약한 결과를 드러내는 단점이 있다.

2) 중·대선거구 - 소수대표제　① 중선거구제는 한 선거구에서 2－4명의 대표를 선출하는 제도이며, 대선거구제는 한 선거구에서 5명 이상의 대표를 선출하는 제도이다. 소수대표제는 한 선거구에서 최고득표자 1명만 대표로 선출하는 것이 아니라 2위 이하의 득표자도 대표자로 선출함으로써 대정당만이 의석을 차지하는 결과가 초래되지 않도록 보완하는 제도로서, 소수도 대표자가 될 수 있도록 한다. 우리나라의 지역구 자치구·시·군의원선거는 2－4명의 대표를 선출하는 중선거구제를 채택하고 있다(공직선거법 제26조 제2항).

② 소수대표제는 사표가 줄고 소수파의 국회 진출 가능성이 커지며, 대정당만의 의석 독점을 방지하는 장점이 있다. 반면에, 국민의 정당 지지도의 차이가 의석수에 제대로 반영되지 못하는 단점이 있다. 예컨대 4인의 대표를 선출하는 중선거구제에서, 6개 정당에서 각 1명씩 6명 후보자가 출마하여 선거한 결과, 50%의 득표율로 1위를 차지한 정당도 1석, 20%의 득표율로 2위를 차지한 정당도 1석, 15%의 득표율로 3위를 차지한 정당도 1석, 10%의 득표율로 4위를 차지한 정당도 1석을 갖게 되는데, 특히 이러한 득표 현상이 전국적으로 나타났다고

할 때, 국민의 정당 지지도와 정당별 의석수가 많이 불일치하게 된다.

3) 대선거구(전국구) - 비례대표제

① **의의** 비례대표제는 각 정당의 득표수(득표율)에 비례하여 의석을 배분하는 제도이다. 예컨대 국회의원 총수가 300명일 경우 A당이 정당득표율에서 30%를 얻었다면 A당의 국회의원 수는 90명이 된다. 정당득표율이 성립하려면 정당제도가 확립되어 있어야 하며, 비례대표제는 대선거구제와 결합되어 시행된다.

② **장·단점 및 병용**

㉠ 장점 – 비례대표제는 다수자든 소수자든 각각이 지지한 정당이 득표한 비율에 따라 대표가 선출되기 때문에, 사표발생이 최소화하고 소수자도 대표자를 국회에 진출시킬 수 있어 소수보호에 충실하며, 국민의 지지의사 표시에 맞게 정당에게 의석수가 배분된다는 장점이 있다.

㉡ 단점 – 첫째, 정당 지지표를 얻으려는 군소정당들이 난립하는 커다란 단점이 있다. 이러한 군소정당의 난립을 방지하기 위해 이른바 저지조항(봉쇄조항)이 이용된다. 저지조항이란 일정 득표율이나 의석수를 얻은 정당에게만 비례대표국회의원의석을 배분하는 규정을 말한다. 우리나라는 '비례대표국회의원선거에서 유효투표총수의 3% 이상 득표'한 또는 '지역구국회의원선거에서 5석 이상 당선'한 정당에게만 비례대표국회의원의석을 배분한다(공직선거법 제189조 제1항). 둘째, 비례대표제는 보통 정당이 순위를 정하여 작성한 후보자명부를 보고 유권자가 정당에게 투표하면 그 득표율에 따라 의석을 배분하기 때문에, 정당이 순위를 정하여 작성하는 후보자명부가 국민의사에 맞지 않는 경우 — 특히 이른바 '깜깜이 공천', '공천헌금', 기타 국민의사에 반하는 정당의 행태 등의 경우에 — 국민이 직접 대표자를 선출해야 한다는 직접선거의 원칙을 훼손한다는 문제가 있다. 헌법재판소는 정당이 후보자와 그 순위를 정하여 후보자명부를 작성하는 방식이 직접선거의 원칙에 위반되지 않는다고 하였다.[10] 그러나 정당의 행태 여하에 따라 국민의사의 직접성 문제가 부각될 수밖에 없다.

㉢ 비례대표제의 병용 – 비례대표제가 커다란 장점을 갖고 있지만, 정당이 작성하는 후보자명부가 국민의 의사와 100% 일치하지 못하기 때문에, 보통 지

10) 헌재 2001. 7. 19. 2000헌마91.

역구선거와 병용하여 비례대표제를 시행하고 있다.

③ **유형** ㉠ 다양한 유형이 있지만, 오늘날 명부식 비례대표제가 많이 시행되고 있다. 이는 각 정당이 작성한 후보자명부를 보고 국민이 정당에게 투표하면 각 정당의 득표율에 따라 의석을 배분하는 방식이다.

㉡ 연동형 비례대표제 – 이는 아래 4)로 구분하여 따로 서술한다.

4) 연동형 비례대표제

① **100% 연동형 비례대표제** 연동형 비례대표제란 비례대표의원을 배분하는데 지역구 당선자 수와 연동하여 비례대표의원 수를 정하는 제도이다. 예컨대 국회의원 총수는 300명이고 지역구 150명 비례대표 150명일 경우, A당이 정당득표율에서 20%를 얻었고 지역구에서 10명 당선되었다면, A당은 20% 정당득표율에 따라 60명의 국회의원 수를 확보하는데, 지역구에서 10명이 당선되었으므로 10명을 빼고 나머지 50명을 비례대표의원으로 배분받게 된다.

② **우리나라의 준연동형비례대표제** ㉠ 우리나라의 준연동형비례대표제는 연동률이 100%가 아니라 50%이기 때문에 준연동형비례대표제라고 한다. 이는 100% 연동형에서 비례대표국회의원으로 정해질 수를 반으로 줄이는 것이다.

㉡ 우리나라의 국회의원 총수는 300명, 지역구는 254명, 비례대표는 46명이다. 비례대표 의석 46석에 연동형 비례대표제(연동률 50%)를 도입했다. 비례대표국회의원선거에서 전국 유효투표총수의 3% 이상을 득표했거나 지역구국회의원선거에서 5석 이상을 차지한 정당('의석할당정당')에게 비례대표국회의원 의석이 배분된다. 그런데 2020. 4.15.에 실시한 제21대 국회의원 총선과 2024. 4. 10에 실시한 제22대 국회의원 총선에서 이른바 위성정당의 출현으로 이 제도의 도입 취지를 실현하지 못했다.

5) 직능대표제 직능대표제란 각 직능별로 대표자를 선출하는 제도이다. 그런데 각 직능별로 선거인단을 구성하여 대표자를 선출하는 것이 쉽지 않기 때문에, 직능대표제가 독자적으로 채택되지는 않고 비례대표국회의원 선거 후보자 중에 직능대표성을 갖는 후보자들이 일부 포함되는 정도로 시행되는 게 보통이다.

⑸ 현행법상 선거

1) 대통령 선거　　대통령 선거는 상대다수대표제에 의하여 최고득표자를 당선자로 한다. 최고득표자가 2인 이상인 때에는 국회의 재적의원 과반수가 출석한 공개회의에서 다수표를 얻은 자를 당선자로 한다. 대통령후보자가 1인일 때에는 그 득표수가 선거권자 총수의 3분의 1 이상이 아니면 대통령으로 당선될 수 없다. 대통령으로 당선될 수 있는 자는 국회의원의 피선거권이 있고 선거일 현재 40세에 달하여야 하며 5년 이상 국내에 거주하고 있어야 한다(제67조, 공직선거법 제16조 제1항).

2) 국회의원 선거　　국회의원 선거에서 지역구 국회의원 254석은 상대다수대표제에 의하여 최고득표자를 당선자로 한다. 비례대표 국회의원 46석은 50% 연동율을 취하는 준연동형비례대표제에 의거하여 의석이 배분된다. 18세 이상의 국민은 국회의원의 피선거권이 있다(법 제21조, 제188조 제1항, 제189조, 제16조 제2항).

3) 지방의회의원 선거　　지역구 시·도의원 선거는 당해 선거구에서 유효투표의 다수를 얻은 자를 당선인으로 한다(법 제190조 제1항). 지역구 자치구·시·군 선거는 당해 선거구에서 유효투표의 다수를 얻은 자 순으로 의원정수에 이르는 자를 당선인으로 한다. 지역구 자치구·시·군 선거는 중선거구제(2－4인)를 채택하고 있다(법 제190조 제1항, 제26조 제2항). 비례대표 지방의회의원선거에 있어서는 유효투표총수의 5% 이상을 득표한 각 정당('의석할당정당')에 대하여 득표비율에 따라 의석을 배분한다(법 제190조의2 제1항).

4) 지방자치단체장 선거　　지방자치단체의 장 선거에 있어서는 유효투표의 다수를 얻은 자를 당선인으로 한다(법 제191조 제1항).

5) 교육감 선거　　교육감은 시·도를 단위로 하여 유효투표의 다수를 얻은 자를 당선인으로 한다. 정당은 교육감선거에 후보자를 추천할 수 없다. 후보자는 특정 정당을 지지·반대하거나 특정 정당으로부터 지지·추천받고 있음을 표방(당원경력의 표시를 포함)하여서는 아니 된다(교육자치법 제45조, 제46조 제1항, 제3항).

⑹ 선거운동과 선거비용

헌법 제116조 제1항은 "선거운동은 각급 선거관리위원회의 관리 하에 법률이 정하는 범위 안에서 하되, 균등한 기회가 보장되어야 한다."라고 규정하고 있다. 선거에서 자유로운 선거운동은 필수이고 동시에 선거는 공정하게 치러져야 한다. 그래서 공직선거법은 선거운동의 자유와 선거의 공정성 간에 조화를 이루기 위해 여러 규정들을 두고 있다.

1) 선거운동 ① 선거운동이란 당선되거나 되게 하거나 되지 못하게 하기 위한 행위를 말한다. 그러나 선거에 관한 단순한 의견개진 및 의사표시, 입후보와 선거운동을 위한 준비행위, 정당의 후보자 추천에 관한 단순한 지지·반대의 의견개진 및 의사표시, 통상적인 정당활동, 설날·추석 등 명절 및 석가탄신일·기독탄신일 등에 하는 의례적인 인사말을 문자메시지(그림말·음성·화상·동영상 포함)로 전송하는 행위 등은 선거운동으로 보지 아니한다(공직선거법 제58조 제1항).

② 원칙적으로 누구든지 자유롭게 선거운동을 할 수 있다. 그러나 예외적으로 선거운동에 대해 금지 또는 제한이 가해질 수 있다(법 제58조 제2항). 헌법재판소는 "선거운동의 자유도 무제한일 수는 없는 것이고, 선거의 공정성이라는 또 다른 가치를 위하여 어느 정도 선거운동의 주체, 기간, 방법 등에 대한 규제가 행하여지지 않을 수 없다. 다만 선거운동은 국민주권 행사의 일환일 뿐 아니라 정치적 표현의 자유의 한 형태로서 민주사회를 구성하고 움직이게 하는 요소이므로, 그 제한입법의 위헌 여부에 대하여는 엄격한 심사기준이 적용되어야 할 것이다."[11]라고 판시하였다.

2) 선거운동의 제한 공직선거법은 선거운동의 제한에 관하여 많은 규정을 두고 있다. 여기서는 몇 가지 대표적인 사항만을 서술한다.

① 시간적 제한 선거운동은 선거기간개시일부터 선거일 전일까지에 한하여 할 수 있다. 다만 예비후보자 등이 선거운동을 하는 경우, 문자메시지를 전송하는 방법으로 선거운동을 하는 경우, 인터넷을 이용하는 방법으로 선거운동을 하는 경우 등은 예외로 한다(법 제59조).

② 인적 제한 ㉠ 미성년자(18세 미만의 자), 선거권이 없는 자(금치산자 등) 등은 선거운동을 할 수 없다. ㉡ 일반직 공무원, 초·중등교원, 통·리·반의 장 및 주민자치위원회위원 등은 선거운동을 할 수 없다. 다만, 이들이 예비후보자·후보자의 배우자이거나 후보자의 직계존비속인 경우에는 그러하지 아니하다(법 제60조).

---

11) 헌재 2022. 11. 24. 2020헌마417; 헌재 2024. 1. 25. 2021헌가14.

③ **방법적 제한** 공직선거법은 선거벽보의 매수 제한(법 제64조), 선거공보의 종과 면 수 제한(법 제65조), 현수막의 개수·규격·게시방법 등 제한(법 제67조), 신문·방송광고 횟수 제한(법 제69조－제70조), 후보자 등의 방송연설 횟수 제한(법 제71조), 연설·대담 제한(법 제79조－제82조), 정보통신망을 이용한 선거운동(법 제82조의4), 공무원 등의 선거관여·선거에 영향을 미치는 행위금지(법 제85조－제86조), 단체의 선거운동금지(법 제87조), 타후보자를 위한 선거운동금지(법 제88조), 시설물설치 등의 금지(법 제90조), 야간연설 등의 제한(법 제102조), 호별방문의 제한(법 제106조), 서명·날인운동의 금지(법 제107조), 여론조사의 결과공표금지(공직선거법 제108조), 후보자 등의 비방금지(법 제110조), 기부행위의 제한(법 제112조－제117조) 등을 규정하고 있다.

④ 당선인이 공직선거법 위반으로 징역 또는 100만원 이상의 벌금형의 선고를 받은 때에는 그 당선은 무효로 한다(법 제264조). 선거사무장·선거사무소의 회계책임자 또는 후보자의 직계존비속 및 배우자가 해당 선거에 있어서 기부행위를 한 죄 또는 정치자금 부정수수죄를 범함으로 인하여 징역형 또는 300만원 이상의 벌금형의 선고를 받은 때에는 그 선거구 후보자(대통령후보자, 비례대표국회의원후보자 및 비례대표지방의회의원후보자를 제외한다)의 당선은 무효로 한다(법 제265조).

3) 선거비용의 제한 ① 선거비용이라 함은 당해 선거에서 선거운동을 위하여 소요되는 금전·물품 및 채무 그 밖에 모든 재산상의 가치가 있는 것으로서 당해 후보자가 부담하는 비용 등을 말한다(법 제119조 제1항). 헌법 제116조 제2항은 "선거에 관한 경비는 법률이 정하는 경우를 제외하고는 정당 또는 후보자에게 부담시킬 수 없다."라고 규정함으로써 선거공영제를 원칙으로 하고 있다.

② 선거비용은 선거별로 일정한 액수로 제한되며, 선거구선거관리위원회는 선거별로 선거비용제한액을 공고하여야 한다(법 제121조－제122조).

③ 선거구선거관리위원회는 적법하게 지출된 선거비용은 일정한 요건을 갖추면 선거일 후 국가나 지방자치단체의 부담으로 보전한다. 예컨대 지역구 국회의원선거에서 후보자가 당선되거나 사망한 경우 또는 후보자의 득표수가 유효투표총수의 100분의 15 이상인 경우에는 후보자가 지출한 선거비용의 전액이, 후보자의 득표수가 유효투표총수의 100분의 10 이상 100분의 15 미만인 경

우에는 후보자가 지출한 선거비용의 100분의 50에 해당하는 금액이 보전된다(법 제122조의2).

④ 선거구선거관리위원회는 선거사무소의 회계책임자가 정당한 사유없이 회계보고서를 그 제출마감일까지 제출하지 아니한 때에는 그 비용을 보전하지 아니한다(법 제135조의2).

⑤ 선거비용제한액의 200분의 1 이상을 초과지출한 이유로 선거사무장, 선거사무소의 회계책임자가 징역형 또는 300만원 이상의 벌금형의 선고를 받은 때에는 그 후보자의 당선은 무효로 한다(법 제263조).

(7) 선거에 관한 쟁송

공직선거법은 선거에 관한 쟁송으로 선거소청, 선거소송, 당선소송의 3가지를 규정하고 있다. 선거에 관한 소송에 있어서 수소법원은 소가 제기된 날부터 180일 이내에 처리하여야 한다(공직선거법 제225조).

1) 선거소청(법 제219조) 선거소청이란 지방선거에서 선거의 효력 또는 당선의 효력에 관해 이의가 있는 선거인, 정당 또는 후보자가 당해 선거구선거관리위원회위원장을 피소청인으로 하여, 예컨대 지역구시·도의원선거, 자치구·시·군의원선거 및 자치구·시·군의 장 선거에 있어서는 시·도선거관리위원회에, 비례대표시·도의원선거 및 시·도지사선거에 있어서는 중앙선거관리위원회에 제기하는 심판의 청구를 말한다.

2) 선거소송(법 제222조) 선거소송이란 선거절차상의 하자를 이유로 선거의 전부 또는 일부의 효력을 다투는 소송을 말한다. 선거인 누구나 소를 제기할 수 있기 때문에 일종의 민중소송이다.

① 대통령선거와 국회의원선거에서 선거의 효력에 관하여 이의가 있는 선거인, 정당 또는 후보자는 선거일부터 30일 이내에 당해 선거구선거관리위원회위원장을 피고로 하여 대법원에 소를 제기할 수 있다.

② 비례대표시·도의원선거 및 시·도지사선거에 있어서는 선거소청을 거친 후 그 결정에 불복하는 소청인(당선인 포함)은, 예컨대 소청 기각결정이 있는 경우에는 해당 선거구선거관리위원회 위원장을 피고로 하여, 예컨대 소청 인용결정이 있는 경우에는 그 인용결정을 한 선거관리위원회 위원장을 피고로 하여, 그 결정서를 받은 날부터 10일 이내에 대법원에 소를 제기할 수 있다.

③ 지역구시·도의원선거, 자치구·시·군의원선거 및 자치구·시·군의 장 선거에 있어서는 선거소청을 거친 후 그 결정에 불복하는 소청인(당선인 포함)은, 예컨대 소청 기각결정이 있는 경우에는 해당 선거구선거관리위원회 위원장을 피고로 하여, 예컨대 소청 인용결정이 있는 경우에는 그 인용결정을 한 선거관리위원회 위원장을 피고로 하여, 그 결정서를 받은 날부터 10일 이내에 그 선거구를 관할하는 고등법원에 소를 제기할 수 있다.

3) 당선소송(법 제223조) 당선소송이란 예컨대 당선인의 무자격, 개표 부정이나 착오 등을 이유로 당선의 효력에 이의가 있는 정당 또는 후보자가 법원에 제기하는 소송을 말한다.

① 대통령선거 및 국회의원선거에 있어서 당선의 효력에 이의가 있는 정당 또는 후보자는 당선인 결정일부터 30일 이내에, 일정한 사유 예컨대 후보자의 피선거권이 없는 것이 발견된 때에는 당선인을 피고로 하여 대법원에 소를 제기할 수 있다.

② 비례대표시·도의원선거 및 시·도지사선거에 있어서는 선거소청을 거친 후 그 결정에 불복이 있는 소청인 또는 당선인인 피소청인은, 예컨대 소청 기각결정이 있는 경우에는 당선인을 피고로 하여, 예컨대 소청 인용결정이 있는 경우에는 그 인용결정을 한 선거관리위원회 위원장을 피고로 하여, 그 결정서를 받은 날부터 10일 이내에 대법원에 소를 제기할 수 있다.

③ 지역구시·도의원선거, 자치구·시·군의원선거 및 자치구·시·군의 장 선거에 있어서는 선거소청을 거친 후 그 결정에 불복이 있는 소청인 또는 당선인인 피소청인은, 예컨대 소청 기각결정이 있는 경우에는 당선인을 피고로 하여, 예컨대 소청 인용결정이 있는 경우에는 그 인용결정을 한 선거관리위원회 위원장을 피고로 하여, 그 결정서를 받은 날부터 10일 이내에 그 선거구를 관할하는 고등법원에 소를 제기할 수 있다.

Ⅳ. 다수결원리와 소수의 보호

1. 다수결원리

(1) 다수결원리의 민주적 정당성

1) 다수결원리가 민주적 정당성을 갖는 근거에 대하여 여러 가지 견해가 있다. 즉, ① 다수라는 사실 자체, 즉 다수가 갖는 수적 우위나 힘의 우위가 정당성의 근거라고 하거나, ② 다수가 합리적 결정을 내릴 가능성이 가장 크다는 것이 정당성의 근거라고 하거나, ③ 다수에게 이익이 되는 것, 즉 이익의 극대화가 정당성의 근거라고 하거나, ④ 다수가 자유로워지는 것이 정당성의 근거라고 하거나, ⑤ 다수에게 평등이 보장된다는 것이 정당성의 근거라고 하는 등 여러 가지 견해가 있다.

2) 그러나 다수가 갖는 사실적 힘이 정당성의 근거가 될 수 없다거나, 소수 엘리트의 결정이 더 합리적일 수 있다거나, 국민의 이익은 복잡 다양하기 때문에 이익의 극대화라고 단순하게 말하기 어렵다는 등의 비판이 있다. 위의 견해들은 일면의 타당성을 갖고 있기는 하다. 하지만 결국은 다수결이 민주주의의 기본이념인 자유와 평등, 궁극적으로 인간존엄을 가장 잘 실현할 수 있다는 것에서 정당성의 근거를 찾는 것이 설득력이 있다고 할 것이다.

(2) 다수결원리의 전제와 한계

1) 다수결원리의 전제　　다수결이 정당한 것으로 구성원들에게 받아들여지기 위해서는 일정한 전제요건이 필요하다.

① 결정에 참여하는 공동체 구성원들이 평등한 존재로 인정되어야 한다. 사실적으로 합리적인 판단을 할 능력이 많고 적고를 떠나 구성원들은 결정에 있어 동등한 자격을 갖는 것으로 인정되어야 한다.

② 소수도 다수가 되고 다수도 소수가 되는 실질적 기회균등이 보장됨으로써 다수의 교체가능성이 존재해야 한다. 다원주의를 전제하는 민주주의에서는 다양한 의견들이 표출되고 토론과 타협을 거쳐 다수결이 이루어져야 한다.

③ 다수결에 참여하는 구성원이 자유로운 결정을 하기 위한 의사형성이 자유롭게 이루어져야 한다. 따라서 언론의 자유가 보장되고 자유로운 여론의 형성

가능성이 존재해야 한다. 이로써 다수와 소수가 교체될 가능성이 있게 된다.

④ 공동체 구성원들 간에 대체적으로 동질성이 있어야 하고, 정치적 이념 및 기본가치에 대한 기본적 합의가 존재해야 한다. 예컨대 종교적 대립이나 인종적 대립처럼 타협이 불가능한 근본적 대립이 있으면 다수결은 불가능하다.

2) 다수결원리의 한계 ① 다수결원리는 자유와 평등 궁극적으로 인간존엄을 가장 잘 실현할 수 있다는 것에서 정당성의 근거를 찾아야 한다고 할 때, 이러한 정당성 근거는 동시에 다수결에 대해 한계를 나타낸다. 다수결로써 모든 것을 다 할 수 있다면 이는 다수의 독재일 뿐이며 민주주의가 아니다.

② 따라서 자유와 평등에 대한 보장은 다수결로써도 부정할 수 없다. 예컨대 국회에서 정치적 자유를 부정하는 법률이 다수결로 통과되었을지라도, 이러한 법률은 나중에 헌법재판소의 통제과정에서 위헌결정을 받게 되고 법의 세계에서 추방된다. 즉 자유와 평등을 부정하는 다수결은 정당한 것으로 인정되지 못하기 때문에, 이는 다수결의 한계라고 할 수 있다.

③ 부언하여, 다수결의 절차를 다수 마음대로 할 수 없으며, 소수보호라는 가치가 다수 마음대로 부정될 수 없고, 다수가 일정한 정치적 신념만을 절대적 진리라고 보고 다른 정치적 신념을 가진 자들을 적으로 간주하여 정치적 숙청대상으로만 보거나 결정하는 것은 허용되지 않는다. 요컨대 종교나 가치관을 다수결로 할 수 없듯이, 다수결로써 모든 것이 가능한 것은 아니다.

⑶ 다수결의 유형

1) 전체 수 다수는 전체 수 중에서 다수를 의미하기 때문에, 전체 수가 먼저 정해져야 그 전체 중에서 다수를 정할 수 있다. 즉 전체 수를 재적인원으로 할지, 출석인원으로 할지, 투표수로 할지 등에 따라 다수결 방법이 달라진다. 또 찬반 여부를 결정하는 것인지, 여러 후보 중 한 명이나 여러 안 중 하나를 선택하는 것인지에 따라서도 다수결 방법이 달라진다.

2) 다수결 방법 다수결제도로서 보통 취해지는 방법으로는, 첫째, 투표대상 여러 개 중에서 하나를 선택하는 경우로서 상대다수, 절대다수 등의 방법이 있고, 둘째, 투표대상 하나에 대하여 가부를 결정하는 경우로서 단순다수, 가중다수, 가부동수, 만장일치 등의 방법이 있다. 가부동수인 경우에는 부결된 것으로 하거나 의장에게 캐스팅보트를 주거나 한다. 이상의 것들 중 설명이 필요한

경우를 살펴본다.

① **절대다수** 절대다수란 전체 수 중에서 어떤 경우에도 절대적으로 다수가 되는 경우를 말한다. 예컨대 전체 수를 100명이라 할 때 51명 이상이 절대다수에 해당한다. 즉 100명 중에서 51명 이상이면 어떤 경우에도 절대적으로 다수인 것이다. 절대다수를 (전체 수의)과반수라고도 한다. 따라서 예컨대 재적국회의원 100명 중 절대다수를 얻은 경우는 유효표 51표 이상을 얻은 경우이다.

② **상대다수** 상대다수란 여러 개 선택대상들 중에서 한 표라도 더 많은 득표를 한 선택대상이 최종결정된 것으로 하는 결정방법이다. 예컨대 어느 지역구 국회의원후보자가 4명 있는데, 총 유효투표 521표 중에서, A는 100표, B는 120표, C는 150표, D는 151표를 얻었다고 할 때, 후보자들 중에서 상대적으로 한 표라도 더 많이 얻은 D를 당선자로 결정하는 방법이다. 비록 D가 절대다수(과반수)를 득표하지 못했어도 상대적으로 다수를 얻은 후보로서 당선자가 된다. 상대다수를 종다수라고도 한다.

③ **단순다수** 단순다수란 예컨대 국회에서 재적의원 과반수의 출석과 출석의원 과반수의 찬성으로 의결한다고 할 때, 국회의원이 100명이라면 51명 이상이 출석해야 하고, 51명이 출석한 경우 26명 이상의 찬성이 있으면 가결된 것으로 하는 방법이다. 이처럼 전체 수 중에서 항상 절대다수(과반수)는 아니지만 단순하게 그때그때 상황에서 다수로써 결정하는 방법이다.

④ **가중다수** 예컨대 우리나라 헌법은 헌법개정이나 대통령 탄핵소추를 하려면 재적 국회의원 3분의 2 이상의 찬성을 얻도록 규정하고 있다. 이처럼 재적 과반수의 출석과 출석 과반수의 찬성으로 의결하는 단순다수결 방법이 아니라, 중대한 사항에 대한 의결에는 예외적으로 가중된 다수를 요구하고 있다. 이러한 가중되게 요구되는 다수를 가중다수라 한다.

2. 소수의 보호

(1) 민주주의에서는 다양한 구성원들이 다양한 의견에 따라 다양한 의사표출을 한다. 그 의사표출 결과에 따라 공동체 의사결정이 행해진다. 이러한 공동체 의사결정이 다수결로써 행해질 때 그 다수에 포함되지 못한 소수가 있게 마련이다.

(2) 민주주의가 단순히 다수의 지배일 뿐이라면 이는 다수의 독재에 불과할

수도 있으며 진정한 민주주의가 아니다. 진정한 민주주의에서는 공동체 내에 존재하는 다양한 구성원들이 모두 존중되어야 하기 때문에, 특히 다수로써 영향력을 행사하지 못하는 소수를 보호하는 것이 중요하다.

(3) 민주주의에서는 소수도 다수가 될 수 있는 기회를 보장해야 한다. 선거제도, 정당제도, 언론·출판·집회·결사의 자유, 평등권 등을 보장하는 것은 소수보호에 특히 중요한 요소이다.

(4) 소수도 자신의 의견을 자유롭게 표출하고 자신의 의견이 다수를 형성할 수 있게 행동하는 것이 보장되어야 한다. 그래서 민주주의에서는 다양한 가치관, 정치적 신념, 세계관 등이 자유롭게 표출될 수 있어야 하며, 이러한 결과를 낳을 수 있게 정치과정이 개방되어 있어야 한다. 즉 누구든지 정치과정에 자유롭게 참여할 수 있어야 한다.

V. 정당제도

1. 정당의 의의

(1) 정당의 개념

정당이라 함은 국민의 이익을 위하여 책임 있는 정치적 주장이나 정책을 추진하고 공직선거의 후보자를 추천 또는 지지함으로써 국민의 정치적 의사형성에 참여함을 목적으로 하는 국민의 자발적 조직을 말한다(정당법 제2조).

(2) 정당국가적 민주주의

오늘날의 대의민주주의에서 정당의 존재는 불가결하다. 즉 국민의 의사가 국가의 의사결정으로 나타나 국정에 반영되게 하는 통로 역할을 수행하는 정당은, 민주주의 실현에 불가결한 요소로 작용하기 때문에, 오늘날의 민주주의는 정당국가적 민주주의라고 불리기도 한다.

(3) 헌법상 정당규정

1) 헌법의 정당에 관한 기본 조항인 제8조는 제1항에서 정당설립의 자유·복수정당제, 제2항에서 정당의 목적·조직·활동의 민주성 및 국민의 정치적 의사형성 참여에 필요한 조직, 제3항에서 정당보호·정당에 대한 국고보조, 제4항에서 위헌정당해산을 규정하고 있다. 그리고 정당해산심판의 헌법재판소 관할(제

111조 제1항 제3호), 헌법재판소 재판관의 정당가입금지(제112조 제2항), 선거관리위원회의 정당사무 처리(제114조 제1항), 정당의 선거비용부담 제한(제116조 제2항) 등의 규정이 있다.

2) 정당은 정치적 결사로서 헌법 제21조의 결사의 자유가 아니라 특별법규정인 정당조항(제8조)의 적용을 받는다. 정당은 국가의 특별한 보호를 받는다. 즉 정당은 헌법재판소의 정당해산결정에 의해서만 해산될 수 있다.

2. 정당의 임무

헌법 제8조 제2항은 정당이 '국민의 정치적 의사형성에 참여'하는데 필요한 조직을 가져야 한다고 규정함으로써 정당의 임무로서 '국민의 정치적 의사형성에 참여'를 명시하고 있다. 정당의 활동은 정치적 의사형성의 영역 안에서 이루어져야 하며, 이 영역을 벗어나서는 안 된다. 영역의 경계 획정은 어려운 일이지만, 예컨대 재판에 영향력을 행사하는 것은 영역의 경계를 넘어선 것이다.

3. 정당의 헌법상 지위

(1) 자유의 지위

1) 정당의 대외적 자유　　정당은 국가권력의 간섭·영향·침해로부터 자유로운 지위를 갖는다. 즉 정당의 설립, 가입, 탈퇴는 자유이며[12] 국가권력은 이에 간섭하거나 영향력을 행사할 수 없다. 또 정당은 헌법재판소의 정당해산결정에 의하지 않고는 해산되지 않기 때문에 일반 결사보다 특별한 보호를 받는다. 또 오늘날 민주국가에서 문제되는 것은 사적 세력들(예컨대 이익집단들)이 가하는 압력이나 영향력 행사로부터 정당이 얼마나 자유롭게 자신의 임무를 잘 수행하는가이다. 즉 정당 자신의 능력이 중요하다.

2) 정당의 대내적 자유(당내민주주의)　　정당은 대내적으로 정치의사형성이 자유로워야 한다. 정치의사형성이 자유롭게 이루어지기 위해서는 당내민주주의가

12) 헌법 제8조 제1항은 정당설립의 자유를 명시적으로 규정하고 있는바, 정당의 설립만이 보장될 뿐 그 활동이 임의로 제한될 수 있다면 정당설립의 자유는 사실상 아무런 의미가 없게 되므로, 위 조항은 정당활동의 자유를 포함한 정당의 자유를 광범위하게 보장하는 것이다(헌재 2014. 1. 28. 2012헌마431; 헌재 2025. 4. 4. 2024헌나8).

확립되어 있어야 한다. 정당의 민주화, 즉 당내민주주의 없이 민주주의가 제대로 실현되기를 기대하는 것은 어렵다. 당내에서 정치의사형성이 자유롭게 이루어지려면 하향식이 아니라 상향식으로 의사형성이 이루어져야 한다. 정당은 상향식으로 의사형성이 이루어지도록 조직을 갖춰야 한다.

(2) 평등의 지위

정당은 다른 정당과의 관계에서 평등하게 대우받아야 한다. 정당의 평등은 원칙적으로 기계적인 평등을 의미한다. 소정당이라는 이유로 또는 야당이라는 이유로 법적인 차별이 행해지는 것은 원칙적으로 금지된다. 그러나 정당의 평등에서 평등원칙이 예외없이 실현되기는 어렵다. 예외적으로 예컨대 정당에 대한 국고보조의 경우 대정당과 소정당 간에 차별이 있다. 즉 교섭단체를 구성한 정당에 대하여는 먼저 국고보조금의 50%를 균등배분한다(정치자금법 제27조). 따라서 교섭단체를 구성하지 못한 정당은 이 배분에 참여하지 못한다.

(3) 공공의 지위

정당은 국가기관이 아니고 단순한 사적 결사도 아니다. 정당은 국민의 정치적 의사를 수렴하여 국정에 반영되게 하는 국민과 국가의 중개자이다. 정당은 선거에 참여하거나, 의회에서 입법활동을 하거나, 집행부의 정책결정에 영향력을 행사하거나, 대중운동을 이끌거나 함으로써, 정치적 통일형성 분야에서 자신의 임무를 수행한다. 정당의 임무와 활동은, 사인들이 자신들의 기본권(예컨대 언론·출판·집회·결사의 자유) 행사를 통해 단순히 사익을 추구하는 것과 비교할 때, 훨씬 더 공적인 것이기 때문에 이들과 본질적으로 구별된다. 정당은 사회영역(비국가적 영역)에서 국가영역으로 이행하는 중간영역, 즉 정치적 통일형성 분야에서 자신의 임무를 수행하기 때문에 공공의 지위를 갖는다. 공공의 지위를 갖는 정당은, 헌법이 허용하는 범위 내에서 활동해야 한다.

4. 정당의 재정(정치자금)

(1) 정치자금의 의의

정당이 자신의 임무, 즉 국민의 정치적 의사형성이라는 임무를 제대로 수행하기 위해서는 많은 비용이 필요하다. 그런데 이러한 정치자금이 합리적으로 규제되지 않으면 민주정치는 금권정치로 타락하여 결국 돈 많은 자본가의 지배가 이루어질 수밖에 없다. 우리나라에서 그동안 정치자금과 관련하여 많은 불법행위들이 있었다. 정치자금법이 정치자금에 관하여 규제하고 있지만, 정치자금은 아직도 개선을 요하는 문제이다. 돈 많은 자본가의 지배도 아니고 돈 없는 사람도 돈에 구애받지 않고 정치활동을 할 수 있어야 하기 때문에, 정치자금에 대해서는 과도한 방임도 과도한 규제도 적절하지 않다. 결국 정당의 정치자금에 대해 어떻게 합리적으로 규제할 것인지가 관건이다. 정치자금을 규제하는 방법으로는 예컨대 선거비용의 지출을 제한하는데 비중을 두는 방법, 정당의 자금 출처와 사용을 공개하는 방법 등이 보통 사용된다. 우리나라는 정당의 정치자금 수입과 지출을 공개하도록 하고 있으며 선거비용도 제한하고 있다.

(2) 정치자금법상 정치자금

정치자금법 제3조는 정당의 정치자금의 종류를 규정하고 있으며, 그 중 주요한 것으로는 당비, 후원금, 기탁금, 보조금 등이 있다. 당비라 함은 명목 여하에 불구하고 정당의 당헌·당규 등에 의하여 정당의 당원이 부담하는 금전이나 유가증권 그 밖의 물건을 말한다. 후원금이라 함은 후원회에 기부하는 금전이나 유가증권 그 밖의 물건을 말한다. 기탁금이라 함은 정치자금을 정당에 기부하고자 하는 개인이 선거관리위원회에 기탁하는 금전이나 유가증권 그 밖의 물건을 말한다. 보조금이라 함은 정당의 보호·육성을 위하여 국가가 정당에 지급하는 금전이나 유가증권을 말한다. 후원회라 함은 정치자금의 기부를 목적으로 설립·운영되는 단체로서 관할 선거관리위원회에 등록된 단체를 말한다.

5. 정당의 해산

정당의 해산에는 자진해산과 강제해산이 있다. 문제는 강제해산이다. 국민의 정치의사형성이라는 정당의 중요한 임무에 비추어 정당이 행정부의 행정처분으로써 함부로 강제해산되어서는 안 된다. 그래서 정당은 헌법재판소의 정당해산결정에 의해서만 강제해산된다. 이는 일반결사에 비해 정당이 갖는 특권이다.

(1) 정당해산의 의의 및 위험성

1) 오늘날의 민주주의를 정당국가적 민주주의라고 부를 정도로 민주주의에서 정당의 역할은 지대하다. 그런데 정당은 동시에 민주주의를 죽일 수도 있다. 독일에서 히틀러의 집권과 바이마르공화국의 멸망이라는 역사적 경험은 헌법적

대적 정당은 제거되어야 민주주의가 정상적으로 살 수 있다는 것을 알려주었다.

2) 민주주의에서 다양한 정치세력들은 자유롭게 활동할 수 있지만, 모든 정치적 목표가 허용되지는 않는다. 민주주의가 다원주의를 전제할지라도 포기할 수 없는 가치가 있기 때문에, 가치상대주의는 예외없이 절대적으로 적용되지 못한다. 그래서 민주주의를 이용하여 민주주의를 죽이려는 민주주의의 적에 대해서는 민주주의가 스스로 방어해야 한다. 바로 방어적 민주주의의 한 형태가 정당해산제도이다.

3) 민주국가에서 정당해산은 중대한 문제이다. 헌법의 기본가치를 지키기 위해 헌법적대적 정당을 제거하는 것이 자칫 남용 내지 악용될 경우, 정치적 자유를 침해하고 야당탄압을 초래하며 궁극적으로 민주주의를 죽일 수 있다. 그래서 정당해산은 신중히 결정되어야 하며, 정당해산제도를 활용하는 것은 가능한 한 자제되어야 한다.

⑵ 정당해산의 요건, 효과 및 집행

1) 헌법 제8조 제4항은 "정당의 목적이나 활동이 민주적 기본질서에 위배될 때에는 정부는 헌법재판소에 그 해산을 제소할 수 있고, 정당은 헌법재판소의 심판에 의하여 해산된다."라고 규정하고 있다. 즉 '정당의 목적이나 활동이 민주적 기본질서에 위배될 때'가 정당해산의 실질적 요건이다. 절차적으로는 정부가 제소권자이다. 그리고 '헌법재판소 재판관 9인 중 6인 이상의 찬성으로 정당해산결정'이 있어야 한다.

2) 정당의 해산을 명하는 결정이 선고된 때에는 그 정당은 해산된다(헌법재판소법 제59조). 헌법재판소의 정당해산결정은 창설적 효력을 갖는다. 정당의 해산을 명하는 헌법재판소의 결정은 중앙선거관리위원회가 정당법에 따라 집행한다(법 제60조).

제 3 절 법치주의(법치국가) 원리

Ⅰ. 법치주의의 의의

1. 개념

(1) 법치주의란 법의 지배, 즉 법에 의해 통치가 행해져야 한다는 것을 말한다. 법치주의는 모든 국가권력 행사는 법에 의거해야 하고 법의 통제를 받게 함으로써 궁극적으로 국민의 자유와 권리를 보장하고자 하는 원리이다. 법치주의는 인간의 지배를 부정한다. 이는 인간을 믿지 못하기 때문이다. 법치주의는 전제군주국가에서 군주의 자의적인 권력행사로부터 국민의 자유와 권리를 보장하기 위해 주장된 것으로, 자연법사상과 천부인권사상에 기초하고 있다. 따라서 법치주의는 인간이 자의적으로 통치할 가능성을 배제하고 법에 의해 통치가 행해지게 함으로써, 권력행사가 자의적으로 이루어지는 것을 막아 궁극적으로 국민의 자유와 권리를 보장하려는 것이다.

(2) 법치주의(법의 지배)에서의 법은 '올바른 법'을 의미한다. 즉 '올바른 법(정법)'에 의해 통치가 행해질 때 국민의 자유와 권리가 보호될 수 있다. 이른바 '악법'에 의한 통치도 법치주의라고 한다면, 이는 히틀러의 경우처럼 합법적 범죄를 정당화하게 된다. 결국 국민의 자유와 권리를 보호하기 위해서는 '올바른 법(정법)'에 의한 통치가 행해져야 한다.

2. 법치주의의 목적, 요소 및 기능

법치주의는 국민의 자유와 권리를 보장하는 것을 목적으로 한다. 즉 '올바른 법'에 의해 국가권력 행사가 이루어질 때 국민의 자유와 권리가 보호될 수 있다. 법치주의의 요소로는 법의 최고성, 기본권 보장, 권력분립, 행정의 합법률성 보장, 포괄적 위임입법의 금지 등을 들 수 있다. 법치주의는 적극적으로는 국가권력의 발동 근거로서 기능을 수행하고, 소극적으로는 국가권력을 제한·통제하는 기능을 수행한다.

Ⅱ. 법치주의의 역사적 전개

법치주의는 나라에 따라 다양하게 전개되었다. 특히 영국의 '법의 지배(rule of law)'와 독일의 '법치국가(Rechtsstaat)' 원리는 특색있게 발전하였다.

1. 영국의 법의 지배(rule of law)

(1) 영국에서는 13세기 말 판례법을 중심으로 하는 보통법(common law)의 발전을 이루었고, 국왕도 보통법에 구속받는다는 사상이 발달하여 '보통법의 지배'라는 의미로 '법의 지배' 원리를 발전시켜 왔다. 영국에서의 '법의 지배' 원리는 17세기에 들어와서 확립되었다. 권리청원(1628)을 기초한 코크(E. Coke) 판사가 법의 지배 원리를 최초로 주장하였고, 이는 명예혁명(1688)을 통해 제도적으로 확립되었으며, 19세기 말 다이시(A. V. Dicey)에 의해 이론적으로 체계화되었다.

(2) 영국에서의 법의 지배는 왕도 법의 구속을 받는다는 '왕권에 대한 법의 우위'에서 출발해 누구나 평등하게 법원의 법적용에 구속받는다는 '보통법법원의 우위'로 발전하였고, 명예혁명 이후 군주의 권한이 약화되고 '의회주권'이 확립되어 '보통법의 우위' 대신 '의회제정법의 우위(의회주권주의)'가 관철되었다. 영국에서의 법의 지배는 절차법적인 측면에 중점을 두고 있지만, 의회가 선거민의 의사를 대변하고, 시민의 자유와 권리를 보장하는 의회의 법제정이 이루어지는 등 민주주의를 통한 보완이 있기 때문에, 형식화하지 않고 실질적으로 기능을 수행한다.

2. 독일의 법치국가(Rechtsstaat)

(1) 형식적 법치국가

1) 독일에서의 법치주의는 법치국가라는 형태로 영국보다 늦게 전개되었다. 시민의 자유와 평등을 국가의 기초로 삼아야 한다는 칸트(I. Kant)의 사상이 법치국가의 이념적 기초를 제공하였다. 하지만 독일에서 '법치국가'라는 말은 19세기 초에 나타난다. 이 당시의 법치국가 개념은 입헌국가 실현이나 전제군주체제 개혁 등을 요구하는 정치적 개념이었다. 독일의 법치국가는 20세기 초 바이마르 공화국에서 제도적으로 확립되었다. 그러나 법치국가가 국민의 자유와 권리를

보장해야 한다는 점이 약화하면서 형식화하였다.

2) 19세기의 형식적 법치국가는 국민의 대표기관인 의회가 제정한 법률에 의거해서만 국민의 자유와 권리에 대한 제한이 행해지고(법률유보), 법률에 의거해서 행정과 재판이 행해져야 한다는 것(법률에 의한 행정과 재판)을 요구하였다. 형식적 법치국가는 법의 구속을 받지 않던 절대군주의 통치가 아니라, 법의 구속을 받는 국가권력의 행사가 문제되는 국가이며, 따라서 국가권력 행사의 합법성만이 문제되었다.

3) 예컨대 법실증주의자 켈젠(H. Kelsen)은 법치국가는 합법성 원칙에만 따르는 국가로 이해한다. 이처럼 합법성만을 중시하는 국가는 형식적 법치국가일 수밖에 없으며, 형식적 법치국가에서는 합법적 절차에 따라 만들어진 법의 형식만 갖추면 그것은 법으로서 효력을 갖고, 법의 내용이 옳은 것인지 여부는 법의 효력과 아무런 상관이 없다. 그래서 내용이 나쁜 법, 즉 악법도 법으로서 효력을 갖는다. 이처럼 합법성만을 따지고 정당성을 문제삼지 않는 형식적 법치국가는, 나치 독재정권이 법을 독재의 수단으로 사용하여 개인의 자유와 권리를 탄압할 때 아무런 힘을 발휘하지 못하였다. 나치의 만행은 법의 형식으로 행해졌고, 이러한 형식적 법치국가는 인간의 지배보다 더 나쁜 결과를 낳을 수 있다는 것을 나치 독재정권은 보여주었다.

(2) 실질적 법치국가

1) 19세기 후반 산업화와 더불어 나타난 많은 부정적인 현상들 때문에 국가의 성격도 야경국가에서 사회국가로 변해갔다. 국가권력이 법의 구속을 받는 것만으로는 부족하고 법의 내용이 정당성을 가져야 한다는 것이 요구되었다. 즉 법이 정의실현에 기여해야 한다는 것이 요구되었다.

2) 특히 합법적으로 불법을 저지른 나치의 만행을 경험하고 난 후(2차 대전 후), 법치국가를 실질적으로 이해해야 한다는 요구가 강력하게 나타났다. 법치국가를 형식적 합법성만을 최고의 원리로 삼는 형식적 법치국가가 아니라, 정당성을 갖춘 법, 즉 '올바른 법(정법)'만이 개인의 자유와 권리를 보장할 수 있다는 것을 강조하는 실질적 법치국가로 이해하게 되었다. 그래서 실질적 법치국가에서는 합법성뿐만 아니라 정당성까지 갖춘 법이 요구된다. 입법자도 헌법의 구속을 받아 정당성을 갖춘 법, 올바른 법(정법)을 만들어야 할 의무를 진다.

3) 실질적 법치국가란, 국민의 기본권 보장을 목적으로 하며 모든 공권력 행사를 완화하고 법에 구속시키는 국가를 말한다. 실질적 법치국가는 개인의 자유와 평등의 실현을 통하여 궁극적으로 인간의 존엄성을 보장하는 것이 그 목적이다. 즉 법치국가에서는 인간존엄 보장이라는 궁극적 목적을 달성하기 위해 많은 법적·제도적 수단을 동원하는데, 이러한 법적·제도적 수단들은 그 자체가 목적이 아니라는 것이 강조되어야 한다.

4) 실질적 법치국가는 실질적 정의의 실현을 추구한다. 정의의 개념을 명확하게 규정하는 것은 어려운 일이다. 정의의 실현은 시대적 상황, 즉 특정 시대의 현실적 여건, 필요성, 지도이념 등에 크게 의존한다. 오늘날의 시대상황에서 경제적·사회적 약자를 보호하지 않고 정의를 실현한다는 것은 있을 수 없다. 즉 오늘날의 시대상황에서 진정으로 국민의 자유와 권리를 보장하고 궁극적으로 인간존엄을 실현하기 위해서는, 경제적·사회적 약자를 보호해야 하기 때문에, 실질적 법치국가는 사회적(사회국가적) 법치국가일 수밖에 없다.

Ⅲ. 헌법에 구현된 법치주의 원리

1. 법의 최고성

법치국가에서 국가권력 행사는 법의 구속을 받는다. 법이 모든 국가행위의 최고기준이 된다. 이러한 법의 최고성은 헌법의 우위와 법률의 우위라는 형태로 나타난다. 헌법의 우위에 따라 입법권, 집행권, 사법권 모두 헌법의 구속을 받으며 헌법에 위반되는 국가권력 행사는 허용되지 않는다. 위헌적 국가권력 행사를 통제하기 위해 우리 헌법은 헌법재판제도를 채택하고 있다. 법률의 우위에 따라 입법부가 제정한 법률은 그 밖의 모든 국가행위에 우선한다. 따라서 법률에 위반되는 집행행위나 재판행위는 허용되지 않는다.

2. 기본권의 보장

(1) 법치주의는 국민의 자유와 권리를 보장하는 것을 목적으로 한다. 자유와 평등, 궁극적으로 인간존엄의 실현을 위해 '올바른 법'에 의해 국가권력 행사가 행해져야 한다. 기본권 보장은 법치주의의 핵심내용이다. 우리 헌법은 제2장(국

민의 권리와 의무)에서 기본권 보장에 관하여 규정하고 있다. 기본권(헌법)은 모든 국가권력을 구속하기 때문에, 입법권도 기본권의 구속을 받으며, 입법부가 제정하는 법률은 기본권 범위 내에서 법률로서 효력을 가질 수 있다. 즉 기본권을 침해하는 법률은 헌법재판제도를 통해 법률로서의 효력을 부정당하게 된다.

(2) 기본권은 주관적 공권이며 객관적 법규범(객관적 법질서의 요소)으로서의 성격을 가진다. 오늘날의 민주국가에서도 국가권력은 남용될 수 있기 때문에, 기본권의 주관적 공권, 즉 대국가적 방어권으로서의 성격은 여전히 중요하다. 더불어 사인에 의한 기본권 침해의 문제, 즉 기본권의 대사인적 효력의 문제는 기본권이 갖는 객관적 법규범으로서의 성격에 의해 해결될 수 있다. 즉 기본권은 국가권력뿐만 아니라 사인 누구든지 구속하는 객관적 법이기 때문에, 사인에 의한 기본권 침해는 사인의 법위반(기본권 침해)으로 파악되며 기본권이 대사인적 효력을 갖는다는 것이 해명된다.

(3) 오늘날의 산업사회에서 개인의 자유와 권리가 실질적으로 보장되기 위해서는, 단지 국가권력에 의한 침해로부터 방어하는 것만으로는 불충분하다. 경제적·사회적 약자의 경우에는 국가의 적극적 급부와 보호가 필요하다. 즉 이른바 사회적 기본권이 국가권력을 구속하는 법으로서 온전하게 기능을 수행할 때, 개인의 자유와 권리가 제대로 보장될 수 있다.

3. 권력의 분립

권력분립은 법치주의의 기초이다. 전통적 권력분립 원리는 권력의 분리와 균형을 내용으로 하였고, 이는 오늘날에도 (특히 독재국가에서)중요성을 갖는다. 그러나 현대적 권력분립 원리는 국가권력을 구성하고, 개개 국가권력에게 적절한 권한과 임무를 부여하여 개개 국가권력이 자신에게 주어진 기능을 제대로 수행하게 하는 것, 그리고 권력의 억제와 균형에 그 의의가 있다. 우리 헌법은 입법권, 집행권, 사법권의 수평적 권력분립을 규정하고 있으며, 동시에 지방자치제도를 통한 수직적 권력분립도 규정하고 있다.

4. 법률유보의 원칙

(1) 법률유보의 원칙이란 행정은 법률 자체에 의해서 또는 법률에 근거를 두

고 활동 권한이 인정된 경우에만 구체적인 활동을 하는 것이 허용된다는 원칙이다. 법률유보의 원칙이 적용되는 영역에 대해서는 침해유보설, 급부유보설, 전부유보설, 본질성이론(중요사항유보설) 등의 견해가 있다. 오늘날 보통 본질성이론에 의거하여 문제를 해결하는 경향을 보인다. 본질성이론(중요사항유보설)은 기본권 실현에 의미가 있는 모든 사항을 비롯하여, 공동체에 중대한 영향을 미치거나 공동체에서 논란의 대상이 되는 사항들이 본질적인 것이라고 한다.

(2) 헌법재판소는 법률유보 원칙은 단순히 행정작용이 법률에 근거를 두기만 하면 충분한 것이 아니라, 국가공동체와 그 구성원에게 기본적이고도 중요한 의미를 갖는 영역, 특히 국민의 기본권 실현에 관련된 영역에 있어서는 행정에 맡길 것이 아니라 국민의 대표자인 입법자 스스로 그 본질적 사항에 대하여 결정하여야 한다는 요구, 즉 의회유보 원칙까지 내포한다고 판시하였다.[13)]

5. 포괄적 위임입법의 금지

(1) 현대국가에서는 국민의 권리·의무에 관한 것이라 하여 모든 사항을 국회에서 제정한 법률만으로 규정하는 것은 불가능하다. 현대 행정 영역이 복잡·다기하고 상황의 변화에 따라 다양한 방식으로 적절히 대처할 필요성이 요구되는 반면, 국회의 기술적·전문적 능력이나 시간적 적응능력에는 한계가 있기 때문이다. 그래서 행정부 스스로 법과 기준을 정해 집행할 필요성이 있다.

(2) 헌법은 '법률에서 구체적으로 범위를 정하여 위임받은 사항'에 한하여 위임입법을 허용하고 있다(제75조). 행정입법의 필요성이 인정될지라도 아무런 제한 없이 행정입법을 허용하면 개인의 자유와 권리가 침해될 위험이 있기 때문에, 행정입법에 제한을 가하는 것이다. 따라서 포괄적 위임입법은 허용되지 않는다. '법률에서 구체적으로 범위를 정하여 위임받은 사항'이란 법률에 이미 대통령령으로 규정될 내용 및 범위의 기본사항이 구체적으로 규정되어 있어서 누구라도 당해 법률로부터 대통령령에 규정될 내용의 대강을 예측할 수 있어야 함을 의미한다.[14)]

(3) 형벌법규의 위임은 죄형법정주의에 따라 원칙적으로 허용되지 않는다. 형벌법규 위임의 예외적 허용은 첫째, 특히 긴급한 필요가 있거나 미리 법률로

13) 헌재 2009. 12. 29. 2008헌바48.
14) 헌재 2009. 12. 29. 2008헌바48.

써 자세히 정할 수 없는 부득이한 사정이 있는 경우에 한정되어야 하며, 둘째, 이러한 경우에도 법률에서 범죄의 구성요건은 처벌대상행위가 어떠한 것일 것이라고 예측할 수 있을 정도로 구체적으로 정하고, 셋째, 형벌의 종류 및 그 상한과 폭을 명백히 규정해야 한다.[15)]

6. 사법적 권리구제

(1) 사법적 권리구제란 국민의 자유와 권리가 침해된 경우 사법기관(법원, 헌법재판소)이 침해된 권리를 구제하는 것을 말한다. '올바른 법'에 의해 국가권력이 행사되도록 함으로써 국민의 기본권을 보장하고자 하는 것이 법치주의이지만, 그럼에도 불구하고 국가권력은 남용될 수 있기 때문에 침해된 권리를 구제하는 것은 법치주의에서 필연적으로 요청된다. 국민의 기본권을 보장하고 법질서를 유지하기 위해서는 공정하고 광범위한 사법절차가 갖춰져야 한다.

(2) 우리 헌법은 예컨대 제27조 제1항에서 '헌법과 법률이 정한 법관에 의하여 법률에 의한 재판을 받을 권리'를 규정함으로써, 누구든지 자신의 권리가 침해된 경우 재판을 받을 권리를 통해 자신의 침해된 권리를 구제받을 수 있게 하고 있다. 헌법은 '제5장(법원)'에서 법원과 법관에 관한 기본적인 사항들을 규정하고 있다. 군사재판은 특별법원인 군사법원이 담당하지만 군사법원의 상고심은 대법원이 관할한다. 비상계엄하의 군사재판은 일정한 경우 단심으로 할 수 있지만 사형을 선고한 경우에는 그러하지 아니하다(제110조).

(3) 우리 헌법은 '제6장(헌법재판소)'에서 일반법원과 달리 헌법재판을 담당하는 헌법재판소를 규정하고 있다. 헌법재판소는 사법기관으로 헌법분쟁이 있거나 헌법이 침해된 경우에 헌법심을 담당한다. 헌법재판소는 특히 헌법소원심판을 통해 기본권 보장 기능을 수행한다.

7. 법적 안정성의 원칙

법적 안정성의 원칙은 법적 생활관계가 안정적이어야 한다는 원칙이다. 법적 생활관계가 안정적이기 위해서는, 법은 그 내용이 명확해야 하고(명확성 원칙),

15) 헌재 1997. 5. 29. 94헌바22.

법은 수시로 변경되어서는 안 되며 지속적으로 존재해야 한다(신뢰보호의 원칙).

(1) 명확성 원칙

1) 명확성 원칙이란 개인이 법규범의 의미를 인식해서 그에 맞게 행위할 수 있도록 법규범의 내용이 명확해야 한다는 원칙이다. 법규범의 내용이 불명확하면 어떻게 법집행이 이루어질지 개인이 알 수 없기 때문에, 즉 법집행 당국의 자의적 법집행이 가능해지기 때문에 법생활이 안정적일 수 없다.

2) 명확성의 정도는 규율내용이나 규율대상 등에 따라 다른 정도로 요구된다. 예컨대 개인에게 이익을 주는 경우보다 개인에게 불이익을 주는 경우에 명확성 정도는 더 강하게 요구된다. 따라서 사회보장 혜택을 규정하는 법규정보다 개인의 자유권을 제한하는 법규정은 더 명확해야 한다. 명확성 정도가 가장 강하게 요구되는 경우는 형벌규정의 경우이다. 즉 죄형법정주의에서 파생되는 명확성 원칙은 가장 강한 정도의 명확성을 요구한다.

3) 법규범이 명확한지 여부는 그 법규범이 수범자에게 법규의 의미내용을 알 수 있도록 공정한 고지를 하여 예측가능성을 주고 있는지 여부 및 그 법규범이 법을 해석·집행하는 기관에게 충분한 의미내용을 규율하여 자의적인 법해석이나 법집행이 배제되는지 여부에 따라 판단한다.[16)] 법규범의 내용이 일반적 해석방법들에 의해 확인될 수 있다면 명확성원칙 위반이 아니다.[17)]

(2) 신뢰보호의 원칙

1) 의의, 근거 및 위반여부 판단　① 신뢰보호의 원칙이란 국민이 어떤 법률이나 제도가 장래에도 그대로 존속될 것이라는 합리적인 신뢰를 바탕으로 하여 일정한 법적 지위를 형성한 경우, 국가는 그와 같은 법적 지위와 관련된 법규나 제도의 개폐에 있어서 국민의 신뢰를 보호해야 한다는 원칙이다.[18)] 신뢰보호원

16) 헌재 2013. 6. 27. 2012헌바37.

17) 민사법규는 사회현실에 나타나는 여러 가지 현상에 관하여 일반적으로 흠결 없이 적용될 수 있어야 하므로, 형벌법규보다는 상대적으로 더 추상적인 표현을 사용할 수 있다. 민법 제103조의 '선량한 풍속 기타 사회질서에 위반한 사항'이 다소 추상적이고 광범위한 의미를 가진 것으로 보이는 용어이기는 하나, 그 문언의 의미, 민법 제103조의 입법목적과 기능, 개별적·구체적 사안에서 문제되는 법률행위가 선량한 풍속 기타 사회질서에 위반한 것인지는 헌법을 최고규범으로 하는 법 공동체의 객관적 관점에 의하여 판단될 수 있다는 점 등을 종합하면 명확성 원칙에 위반된다고 볼 수 없다(헌재 2023. 9. 26. 2020헌바552).

18) 헌재 2004. 12. 16. 2003헌마226.

칙은 법치주의(법치국가)원리로부터 요청되는 것이다.

② 국민이 가지는 모든 기대 내지 신뢰가 헌법상 권리로서 보호되는 것은 아니다. 신뢰보호원칙의 위반 여부는 한편으로는, 침해받은 신뢰이익의 보호가치, 침해의 중한 정도, 신뢰침해의 방법 등과 다른 한편으로는, 새 입법을 통해 실현하고자 하는 공익목적을 종합적으로 비교형량하여 판단해야 한다. 예컨대 법률제·개정시 구법질서에 대한 당사자의 신뢰가 정당하고, 법률제·개정으로 인한 당사자의 손해가 극심하여, 법률제·개정의 (공적)목적이 당사자의 신뢰 파괴를 정당화할 수 없다면, 그러한 법률제·개정은 허용되지 않는다.

2) 소급입법과 신뢰보호원칙

① **의의 및 종류** 소급입법이란 나중에 제정한 법을 법제정 이전의 사실까지 소급하여 적용될 수 있게 하는 입법을 말한다. 소급입법은 이미 종료된 사실관계에 작용하는지 또는 과거에 시작하여 현재 진행중인 사실관계에 작용하는지에 따라 진정소급입법과 부진정소급입법으로 구분된다. 신뢰보호원칙은 개인에게 불이익을 가하는 부담적 입법의 경우에 문제되며, 소급입법일지라도 개인에게 혜택을 부여하는 시혜적 입법의 경우에는—평등문제는 별론으로 하고—신뢰보호는 문제되지 않는다.

② **진정소급입법** ㉠ 새로운 입법으로 이미 종료된 사실관계 또는 법률관계에 작용하도록 하는 진정소급입법은 개인의 신뢰보호와 법적 안정성을 내용으로 하는 법치국가원리에 의하여 원칙적으로 허용되지 않는다. 예외적으로 진정소급입법이 허용되는 경우는[19] 구법에 의하여 보장된 국민의 법적 지위에 대한 신뢰가 보호할 만한 가치가 없거나 지극히 적은 경우와 소급입법을 통하여 달성하려는 공익이 매우 중대하여 예외적으로 구법에 의한 법적 상태의 존속을 요구하는 국민의 신뢰보호이익에 비하여 현저히 우선하는 경우로 크게 나누어 볼 수 있다.

㉡ 진정소급입법의 정당성이 허용된 경우로는 예컨대 이른바 5·18특별법 및 친일재산귀속법의 경우가 있다. 첫째, 12·12 및 5·18 헌정질서파괴범죄의 공소시효를 정지시키는 5·18민주화운동특별법 규정은, 진정소급입법이라 할지라도, 위 행위자들의 신뢰이익이나 법적 안정성을 물리치고도 남을 만큼 월등히

19) 헌재 1996. 2. 16. 96헌가2; 헌재 2006. 6. 29. 2005헌마165; 헌재 2017. 10. 26. 2015헌바239.

중대한 공익(정의 회복)을 추구하고 있기 때문에, 이 법률조항이 위 행위자들의 공소시효완성에 따르는 법적 지위를 소급적으로 박탈하고, 그들에 대한 형사소추를 가능하게 하는 결과를 초래하여 그 합헌성 인정에 있어서 엄격한 심사기준이 적용되어야 한다고 하더라도, 이 법률조항은 헌법적으로 정당화된다.[20] 둘째, 친일반민족행위자 재산을 국가에 귀속시키는 친일재산귀속법 규정은 진정소급입법에 해당하지만, 친일재산의 취득 경위에 내포된 민족배반적 성격, 대한민국임시정부의 법통 계승을 선언한 헌법전문 등에 비추어 친일반민족행위자 측으로서는 친일재산의 소급적 박탈을 충분히 예상할 수 있었고, 친일재산 환수 문제는 그 시대적 배경에 비추어 역사적으로 매우 이례적인 공동체적 과업이다. 따라서 진정소급입법을 통해 침해되는 법적 신뢰는 심각하다고 볼 수 없는 데 반해 이를 통해 달성되는 공익적 중대성은 압도적이라고 할 수 있으므로 진정소급입법이 허용되는 경우에 해당한다.[21]

③ **부진정소급입법** ㉠ 이미 과거에 시작하였으나 아직 완성되지 아니하고 진행과정에 있는 사실관계 또는 법률관계에 작용하도록 하는, 부진정소급입법은 원칙적으로 허용된다. 하지만 소급효를 요구하는 공익상의 사유와 신뢰보호의 요청 사이의 교량과정에서 신뢰보호의 관점이 입법자의 형성권에 제한을 가하게 된다. 따라서 필요한 경우에는 경과규정을 둠으로써 신뢰보호이익을 고려해야 한다.

㉡ 부진정소급입법의 경우는 구법질서에 대하여 기대했던 당사자의 신뢰보호보다는 입법형성권을 중시해야 하므로, 특단의 사정이 없는 한 새 입법을 하면서 구법관계 내지 구법상의 기대이익을 존중해야 할 의무가 발생하지 않는다. 특히 조세법의 영역에 있어서는 국가가 조세·재정정책을 탄력적·합리적으로 운용할 필요성이 매우 큰 만큼, 조세에 관한 법규·제도는 신축적으로 변할 수밖에 없다는 점에서, 납세의무자로서는 구법질서에 의거한 신뢰를 바탕으로 적극적으로 새로운 법률관계를 형성했다는 특별한 사정이 없는 한, 원칙적으로 현재의 세법이 변함없이 유지되리라고 기대하거나 신뢰할 수는 없다.[22]

---

20) 헌재 1996. 2. 16. 96헌가2(재판관 김진우, 이재화, 조승형, 정경식의 합헌의견).
21) 헌재 2011. 3. 31. 2008헌바141.
22) 헌재 2008. 9. 25. 2007헌바74.

8. 과잉금지의 원칙(비례의 원칙)

⑴ 의의 및 적용 영역

과잉금지의 원칙(비례의 원칙)이란 모든 국가작용은 달성하고자 하는 목적과 목적달성을 위해 선택한 수단 간에 적절한 비례관계가 존재해야 한다는 원칙이다. 이 원칙은 원래 경찰행정법 영역에서 경찰행정의 한계원리로 탄생하였지만, 오늘날 그 적용영역이 확대되어 모든 국가권력 행사에 적용된다. 따라서 모든 국가권력은 필요최소한만 행사함으로써 과잉금지의 원칙(비례의 원칙)을 준수해야 한다.

⑵ 기본권 제한의 한계

과잉금지의 원칙(비례의 원칙)은 기본권 영역에서는 기본권 제한의 한계로 작용한다. 기본권을 제한하는 입법에 대해 과잉금지의 원칙에 의거하여 헌법적 심사를 할 경우, 입법목적의 정당성, 수단의 적합성, 침해의 최소성, 법익의 균형성 등을 충족시켜야, 과잉금지의 원칙을 준수한 것으로 평가된다.

⑶ 국가긴급권과 과잉금지의 원칙

국가비상사태에서 발동되는 국가긴급권은 비상사태 극복이라는 명분을 내세우며 역사적으로 많은 남용이 행해졌다. 국가긴급권도 헌법과 법률에 맞게, 즉 법치주의에 따라 행사되는 것이며, 법치주의의 예외가 아니다. 따라서 국가긴급권 행사도 과잉금지의 원칙을 준수해야 한다. 우리 헌법은 국가긴급권 발동요건과 국회의 통제 등을 규정함으로써 과잉금지의 원칙에 어긋나지 않는 국가긴급권 행사를 명령하고 있다(제76조－제77조).

제 4 절 사회국가 원리

Ⅰ. 의의

1. 개념

사회국가(sozial Staat)란 경제적·사회적 약자와 소외계층 특히 산업사회가 성립하면서 대량으로 발생한 무산근로대중의 생존을 보호하고 정의로운 사회·경제 질서를 확립하려는 국가라고 할 수 있다. '사회적(sozial)'이라는 말은 간단하게 말하면, '인간존엄을 위협하는 절대적 빈곤으로부터의 자유'라고 할 수 있는데, 부언하면 경제적·사회적 약자의 생존과 인간다운 생활을 보호하고 공정한 분배를 지향함으로써 공동체 구성원 모두가 정의로운 사회·경제질서 속에서 살아가도록 한다는 의미를 갖고 있다.[23] 이러한 사회국가는 경제적·사회적 약자가 인간다운 생활을 해나가는데 필요한 물질적 수요를 충족시켜야 하기 때문에, 정의로운 사회·경제 질서를 확립하기 위해 여러 법적·제도적 조치를 취해야 한다.

2. 구별개념

사회국가는 사회주의국가와 구별된다. 생산수단의 사유를 부정하는 사회주의국가와 달리, 사회국가는 자본주의경제질서를 기본으로 하고 사회정의 실현을 위해 여러 개혁적 조치를 취하는 국가이다. 사회국가와 복지국가는, 일부 구별하는 견해도 있지만, 대체로 같은 개념으로 본다. 견해에 따라서는 사회국가를 정의국가, 조세국가, 계획국가, 급부국가, 분배국가, 환경보호국가 등으로 지칭하기도 한다.

3. 사회국가와 법치국가

사회국가는 (시민적·자유주의적)법치국가와 공통점을 갖고 있지만, 동시에 많은 차이점을 갖고 있다. 법치국가는 시민사회가 국가권력과 투쟁하면서 성립하였고, 형식적 자유와 형식적 평등을 주된 이념으로 하며, 국가권력의 개입을 반대하고, 개인의 자유와 재산에 대한 국가의 규제를 제한해 줄 것을 요구한다. 즉 법치국가는 경제적·사회적 약자 보호보다 개인의 자유 보장에 상대적으로 더 중점을 둔다. 반면에 사회국가는 산업사회가 국가권력과 투쟁하면서 성립하였고, 실질적 자유(사회적 자유)와 실질적 평등(사회적 평등)을 주된 이념으로 하며, 국가권력의 개입을 요구하고, 개인의 자유와 재산에 대한 국가의 규제를 강

---

23) 계희열, 헌법학(상), 박영사, 2005, 375면; 홍성방, 헌법학개론, 박영사, 2017, 74면.

화해 줄 것을 요구한다. 즉 사회국가는 개인의 자유 보장보다 경제적·사회적 약자 보호에 상대적으로 더 중점을 둔다.

Ⅱ. 성립배경

1. 자유주의국가 성립

프랑스 왕 루이 14세의 "짐은 곧 국가다."라는 말이 드러내듯, 절대군주가 절대권력을 누리던 시대가 있었다. 이러한 절대 국가권력은 혁명을 통해 무너졌고, 자유주의국가가 성립되었다. 자유주의국가는 정치·경제·사회 등 모든 분야에서 자유방임을 원칙으로 함으로써 국가권력을 최소화하였다.

2. 자본주의의 모순

자유방임사상은 예컨대 경제 분야에서는 아담 스미스에 따르면 '보이지 않는 손(시장의 자율기능)'이 작동해서 조화를 이룬다고 하였다. 하지만 산업혁명 이후, 자유시장경제질서는 많은 문제를 드러냈다. 예컨대 빈익빈부익부, 경제공황, 대량실업, 독점의 횡포와 부작용(시장지배와 경제력 남용), 기업주의 노동자 착취, 대도시문제, 근로대중의 빈곤·실업·질병 등의 문제를 드러냈다.

3. 사회국가의 등장

이러한 상황에서 전술한 문제들을 해결하고 정의로운 사회·경제 질서를 확립하려는 사회국가가 등장한다. 사회국가는 점진적 개혁이라는 온건한 방법을 취한다. 이와 달리 사회주의국가는 급진적 개혁이라는 과격한 방법을 취한다.

Ⅲ. 법적 성격

1. 헌법규범

우리 헌법은 사회국가원리를 명문으로 규정하고 있지는 않지만, 헌법전문, 사회적 기본권의 보장(제31조－제36조), 경제 영역에서 적극적으로 계획하고 유도하며 재분배해야 할 국가의 의무를 규정하는 경제에 관한 조항(제119조 제2항

이하) 등과 같이 사회국가원리의 구체화된 여러 표현을 통하여 사회국가원리를 수용하였다. 사회국가 원리는 헌법규범이며 국가목표규정이고 동시에 입법위임 규정이다.

2. 헌법지침적·수권적 성격

⑴ 사회국가 원리는 모든 국가권력에 대해 의무를 부과하는 헌법규범으로서, 국가권력담당자에게 경제·사회·문화의 모든 영역에서 정의로운 사회질서를 형성하도록 사회현상에 관여하고 간섭하고 분배하고 조정할 권한과 의무를 부여하는, 직접적 효력을 가진 헌법지침적·수권적 성격을 가진다.

⑵ 사회국가 실현의 일차적 책임은 입법자에게 있다. 입법자는 광범위한 형성권에 의거하여 사회정의 실현을 위해 특히 사회적·경제적 약자 보호에 필요한 입법을 해야 한다. 집행부도 사회정의 실현을 위해 특히 사회적·경제적 약자 보호에 필요한 정책을 시행해야 한다. 궁극적으로 국가에게는 국민 각자가 실제로 자유를 행사할 수 있는 그 실질적 조건, 즉 자유의 조건을 확보해 줄 의무가 있다.

Ⅳ. 이념적 내용

1. 사회적 안전

⑴ 국가는 개인이 인간답게 생활할 수 있는 여건을 마련해야 한다. 예컨대 주택, 교육, 의료 등에 있어서 국가는 개인이 안전하고 인간답게 생활할 수 있는 여건을 마련해야 한다. 물론 국가가 재정능력을 넘어서까지 조치를 취할 의무를 부담하는 것은 아니다.

⑵ 사회적 안전이란 예컨대 실업이나 질병 등으로 자신의 삶을 스스로 책임지지 못하는 상황에 처한 개인에 대해 국가가 사전예방적으로 또는 사후구제적으로 보호조치를 마련하고 유지하는 것을 말한다. 국가는 사회적 안전망을 구축함으로써 개인에게 발생할 수 있는 생활의 위험을 사회가 공평하게 분담할 수 있게 해야 한다.

⑶ 사회적 안전의 실현은 사회보장제도의 구축을 통해서 이루어진다. 예컨

대 실업자가 생활할 수 있는 실업수당, 가난하고 아픈 사람이 치료받을 수 있는 의료보험, 6·25 같은 전쟁에서 희생된 자의 유족보호 등의 분야에서 사회보장제도를 갖추는 입법이 이루어져야 한다.

2. 실질적 자유(사회적 자유)

(1) 사회국가는 실질적 자유의 보장을 요구한다. (시민적·자유주의적)법치국가는 개인의 자유와 권리를 보장하는 제도를 구축하였지만, 개인이 자유를 실질적으로 향유할 조건이 마련되지 않는다면, 개인의 자유와 권리 보장은 공허한 것에 불과하다.

(2) 예컨대 실업자에게 직업의 자유는 무의미하여, 집 없는 사람에게 주거의 자유는 무의미하고, 재산 없는 사람에게 재산권보장은 무의미하다. 사회국가는 개인이 실질적으로 자유를 향유할 조건을 마련하는 것이 의무이다. 즉 '자유의 조건'을 확보하는 것이 사회국가의 의무이기 때문에, 국가는 물질적 생존의 기초를 확보해 주거나, 일자리를 마련해 주거나, 노동자의 권리를 확보해 주는 등 이른바 사회적 기본권 보장을 중시해야 한다. 따라서 이른바 사회적 기본권이 제대로 실현된다면 '자유의 조건'이 갖추어진 것으로서 개인이 인간답게 살아가는 것이 가능해진다.

(3) (시민적·자유주의적)법치국가에서의 자유는 사회국가에서 제한받는다. 사회국가에서의 자유는 실질적 자유(사회적 자유)이다. 사회국가는 경제적·사회적 약자를 보호함으로써 정의로운 사회·경제 질서를 확립하려는 국가이기 때문에, 예컨대 계약의 자유는 사회국가 실현을 위해 일정한 제한이 가해질 수 있다. 따라서 법치국가가 실질적으로 자유와 평등을 실현하려면 실질적 법치국가여야 하고, 실질적 법치국가는 사회적(사회국가적) 법치국가일 수밖에 없다.

3. 실질적 평등(사회적 평등)

(1) 사회국가는 실질적 평등의 실현을 요구한다. (시민적·자유주의적)법치국가에서의 평등은 형식적 평등으로서 실질적으로는 공허하다는 것이 역사적으로 드러났다. 예컨대 기업주와 노동자는 상호 평등하고 자유로운 존재라고 하지만, 실제로 근로계약을 맺음에 있어서 이들은 평등하지 않고 따라서 노동자 입장에

서 계약의 자유가 제대로 실현되지 못했다. 그래서 사회국가는 실질적 평등을 요구하며, 이는 경제적·사회적 약자를 특별히 보호하는 방향으로 실현되어야 한다.

(2) 헌법상 평등원칙은 형식적 평등이 아니라 실질적 평등, 절대적 평등이 아니라 상대적 평등을 의미한다. 이러한 평등원칙은 사회국가 실현에 있어서는 사회적 평등(실질적 평등, 상대적 평등)을 의미한다. 사회국가 원리는 경제적·사회적 약자를 특별히 보호하는 불평등 취급을 정당화할 수 있다. 따라서 사회국가가 요구하는 실질적 평등(사회적 평등)은 우리 사회에 존재하는 불평등의 제거와 부의 재분배를 요구하며, 경제적·사회적 약자의 보호를 위한 공적 보조금 지급, 조세정책, 급부 기타 사회국가 실현에 필요한 조치를 취할 것을 요구한다.

V. 사회국가의 한계

1. 이념적·개념적 한계

사회국가는 사회주의국가가 아니다. 따라서 사회국가 실현은 혁명이 아니라 점진적 개혁의 방법으로, 사유재산 부정이 아니라 사유재산 인정의 바탕 위에서 사유재산에 대한 적절한 규제를 통해 이루어져야 한다. 또 사회국가 실현은 모든 국민의 생활을 평준화하는 것이 아니라 개인이 스스로 책임을 지는 생활을 하게 하고 스스로 생활하지 못하는 사람들의 인간다운 생활을 보장하는 방법으로 이루어져야 한다.

2. 법치국가적 한계

사회국가 실현은 법치주의 원리에 반해서는 안 된다. 사회국가 실현의 일차적 책임이 입법자에게 있고 입법자는 넓은 형성의 자유를 갖지만, 사회정의 실현을 위해 특히 사회적·경제적 약자 보호에 필요한 입법을 함에 있어서, 입법자는 법치주의 원리에 의해 제한받는다. 사회국가에서의 실질적(사회적) 자유와 평등을 위해 법치국가적 자유와 평등에 대해 행해지는 제한은, 본질적 내용을 침해해서는 안 되고 일정한 한계 안에서만 허용된다.

3. 재정적 한계

사회국가는 급부국가 또는 조세국가로도 지칭되는 데서 알 수 있듯이, 사회국가는 국민들에게 급부(혜택부여)를 행하고 이러한 급부는 세금으로 충당해야 한다. 즉 사회국가를 실현하기 위해서는 방대한 재원이 필요하다. 정의로운 분배방식을 갖추었어도 분배할 재정이 없다면, 사회국가는 실현될 수 없다. 국가의 튼튼한 경제력은 사회국가 실현의 필요조건이다. 동시에 사회국가를 실현하려는 입법자 및 정부의 강력한 의지와 정책들이 갖추어져야 한다. 요컨대 국가의 경제력은 사회국가 실현의 한계가 된다.

Ⅵ. 헌법에 구체화된 사회국가 원리

1. 헌법전문

헌법전문은 "정치·경제·사회·문화의 모든 영역에 있어서 각인의 기회를 균등히 하고, 능력을 최고도로 발휘하게 하며, 자유와 권리에 따르는 책임과 의무를 완수하게 하여, 안으로는 국민생활의 균등한 향상을 기하고"라고 밝히고 있다. 이는 누구나 특히 사회적·경제적 약자도 균등한 기회를 보장받고 모든 국민의 생활이 균등하게 향상하도록 국가가 노력할 의무가 있음을 의미한다.

2. 인간존엄 보장 및 재산권의 사회적 기속

헌법 제10조는 "모든 국민은 인간으로서의 존엄과 가치를 가지며, 행복을 추구할 권리를 가진다."라고 규정함으로써 기본권 보장의 대원칙을 선언하고 있다. 헌법 제23조 제2항은 "재산권의 행사는 공공복리에 적합하도록 하여야 한다."라고 규정함으로써 재산권의 사회적 기속을 밝히고 있다.

3. 이른바 사회적 기본권

(1) 헌법은 제31조 내지 제36조에서 이른바 사회적 기본권들을 규정하고 있다. 즉 교육을 받을 권리(제31조), 근로의 권리(제32조), 근로3권(제33조), 인간다운 생활을 할 권리(제34조), 환경권(제35조), 보건에 관한 국가의 보호(제36조) 등

을 규정하고 있다.

(2) 더불어 헌법은 근로자의 고용의 증진과 적정임금의 보장 및 최저임금제(제32조 제1항), 인간존엄에 맞는 근로조건 기준(제32조 제3항), 여자 근로의 특별한 보호 및 부당한 차별 금지(제32조 제4항), 연소자 근로의 특별한 보호(제32조 제5항), 국가유공자·상이군경 및 전몰군경유가족에 대한 우선적 근로기회 부여(제32조 제6항), 사회보장·사회복지의 증진에 노력할 국가의 의무(제34조 제2항), 여자의 복지와 권익의 향상(제34조 제3항), 노인과 청소년의 복지향상(제34조 제4항), 신체장애자 및 질병·노령 기타의 사유로 생활능력이 없는 국민 보호(제34조 제5항), 재해 예방 및 그 위험으로부터 국민 보호(제34조 제6항), 쾌적한 주거생활을 위한 국가의 의무(제35조 제3항) 등을 규정하고 있다.

4. 사회적 시장경제질서의 채택

(1) 경제질서의 유형

경제질서는 크게 나누어 자본주의적 자유시장경제질서, 사회주의적 계획경제질서, 그리고 양자를 혼합한 혼합경제질서의 3가지로 나눌 수 있다. 혼합경제질서의 하나가 사회적 시장경제질서이고 우리나라의 경제질서는 사회적 시장경제질서의 유형에 속한다.[24] 헌법재판소도 우리 헌법의 경제질서는 사회정의, 공정한 경쟁질서, 경제민주화 등을 실현하기 위해 국가의 규제와 조정을 허용하는 사회적 시장경제라고 판시하였다.[25]

(2) 경제에 관한 규정

1) 자유시장경제질서를 기본으로 천명　① 헌법은 제119조 제1항에서 "대한민국의 경제질서는 개인과 기업의 경제상의 자유와 창의를 존중함을 기본으로 한다."라고 규정함으로써, 자본주의적 자유시장경제질서를 기본으로 삼고 있다. 헌법은 재산권(제22조 제2항, 제23조), 직업의 자유(제15조), 거주이전의 자유(제14조) 등을 규정함으로써, 자유로운 경제활동을 보장하고 있다.

② 자본주의적 자유시장경제질서는 장점과 단점을 동시에 갖고 있다. 이에

24) 계희열, 헌법학(상), 박영사, 2005, 395면; 권영성, 헌법학원론, 법문사, 2011, 143면; 김철수, 헌법학(상), 박영사, 2008, 310면; 김하열, 헌법강의, 박영사, 2025, 178면; 성낙인, 헌법학, 법문사, 2021, 291면; 허영, 한국헌법론, 박영사, 2025, 195면; 홍성방, 헌법학개론, 박영사, 2017, 79면.
25) 헌재 1996. 4. 25. 92헌바47; 헌재 2019. 12. 27. 2017헌마1366.

대하여 헌법재판소는 "자유민주주의국가에서 시장경제원리를 중시하는 것은 그것이 개인의 자유와 창의를 보장하고 재화를 효율적으로 배분하는데 가장 알맞는 원리이기 때문인데, 투기가 성행하는 경우에는 이러한 시장의 정상적인 기능이 마비되고 사회적으로 여러가지 폐단과 모순을 노정하게 되므로 이를 그대로 방치해 둘 수는 없으며 어떤 형태의 규제가 불가피한 것이다."[26]라고 판시하였고, 헌법 제119조 제1항은 기본적으로 자본주의적 자유시장경제질서의 장점을 취하고 있다.

2) 재산권 제한과 사회적 기본권 보장　① 헌법은 재산권을 보장하면서 동시에 재산권행사의 공공복리적합의무(제23조 제2항)를 규정하고 있고, 또 재산권은 여러 가지 형태로 제한된다. 그리고 예컨대 농지소작제금지(제121조)나 법률이 정하는 경우 사영기업의 국·공유화(제126조) 등과 같은 제한도 행해질 수 있다.

② 헌법은 제31조 내지 제36조에서 이른바 사회적 기본권을 규정하고 있다. 예컨대 제34조는 국민 누구나 특히 사회적·경제적 약자의 인간다운 생활을 할 권리를 보장하고 있으며, 더불어 근로자의 권리보장을 위한 여러 규정들이 있다.

3) 경제에 관한 규제와 조정　① 헌법 제119조 제2항은 "국가는 균형있는 국민경제의 성장 및 안정과 적정한 소득의 분배를 유지하고, 시장의 지배와 경제력의 남용을 방지하며, 경제주체간의 조화를 통한 경제의 민주화를 위하여 경제에 관한 규제와 조정을 할 수 있다."라고 규정하고 있다. 즉 헌법은 자본주의적 자유시장경제질서가 갖고 있는 단점을 개선하기 위해 경제에 관한 규제와 조정을 할 수 있다고 규정하고, 제120조 내지 제127조에서 구체적인 규정을 두고 있다.

② 헌법은 국토와 자원에 대한 규제를 규정하고 있다. 제120조 제1항에서 "광물 기타 중요한 지하자원·수산자원·수력과 경제상 이용할 수 있는 자연력은 법률이 정하는 바에 의하여 일정한 기간 그 채취·개발 또는 이용을 특허할 수 있다."라고 규정하고 있고, 제2항은 "국토와 자원은 국가의 보호를 받으며, 국가는 그 균형있는 개발과 이용을 위하여 필요한 계획을 수립한다."라고 규정하고 있다. 또 제122조에서 "국가는 국민 모두의 생산 및 생활의 기반이 되는 국토의

26) 헌재 1989. 12. 22. 88헌가13.

효율적이고 균형있는 이용·개발과 보전을 위하여 법률이 정하는 바에 의하여 그에 관한 필요한 제한과 의무를 과할 수 있다."라고 규정하고 있다. 특히 토지의 경우 그 특성상 수요가 늘어도 공급을 늘릴 수 없기 때문에, 시장경제의 원리가 그대로 적용될 수 없고, 그 이용을 개인의 자의에 맡기는 것도 부적당하다. 따라서 토지의 경우 다른 재산권보다 더욱 강하게 공동체 이익이 관철되어야 하고, 토지재산권에 관해서는 입법부가 다른 재산권보다 더 엄격하게 규제를 할 필요가 있다.[27]

③ 헌법은 농지에 대한 규제를 규정하고 있다. 제121조 제1항에서 "국가는 농지에 관하여 경자유전의 원칙이 달성될 수 있도록 노력하여야 하며, 농지의 소작제도는 금지된다."라고 규정하고 있고, 제2항은 "농업생산성의 제고와 농지의 합리적인 이용을 위하거나 불가피한 사정으로 발생하는 농지의 임대차와 위탁경영은 법률이 정하는 바에 의하여 인정된다."라고 규정함으로써, 경자유전의 원칙, 농지의 소작제금지, 농지의 임대차와 위탁경영 가능성(경자유전 원칙 완화)을 규정하고 있다.

④ 헌법은 독과점과 대외무역에 대한 규제를 규정하고 있다. 제119조 제2항에서 "국가는 … 시장의 지배와 경제력의 남용을 방지하며, … 경제의 민주화를 위하여 경제에 관한 규제와 조정을 할 수 있다."라고 규정하고 있으며, 제125조는 "국가는 대외무역을 육성하며, 이를 규제·조정할 수 있다."라고 규정하고 있다.

⑤ 헌법은 농업·어업·중소기업의 보호·육성을 규정하고 있다. 제123조 제1항에서 "국가는 농업 및 어업을 보호·육성하기 위하여 농·어촌종합개발과 그 지원등 필요한 계획을 수립·시행하여야 한다."라고 규정하고 있으며, 제2항은 "국가는 지역간의 균형있는 발전을 위하여 지역경제를 육성할 의무를 진다."라고 규정하고 있다. 또한, 제3항은 "국가는 중소기업을 보호·육성하여야 한다."라고 규정하고, 제4항은 "국가는 농수산물의 수급균형과 유통구조의 개선에 노력하여 가격안정을 도모함으로써 농·어민의 이익을 보호한다."라고 규정하며, 제5항은 "국가는 농·어민과 중소기업의 자조조직을 육성하여야 하며, 그 자율적 활동과 발전을 보장한다."라고 규정하고 있다.

---

27) 헌재 1989. 12. 22. 88헌가13.

⑥ 헌법은 사영기업의 국·공유화 가능성을 규정하고 있다. 제126조에서 "국방상 또는 국민경제상 긴절한 필요로 인하여 법률이 정하는 경우를 제외하고는, 사영기업을 국유 또는 공유로 이전하거나 그 경영을 통제 또는 관리할 수 없다."라고 규정하고 있다. 법률에 따라 사영기업을 국·공유화할 경우 정당한 보상을 지급해야 한다(제23조 제3항).

⑦ 헌법은 소비자보호 및 과학기술의 혁신과 정보 및 인력의 개발에 대해 규정하고 있다. 제124조에서 "국가는 건전한 소비행위를 계도하고 생산품의 품질향상을 촉구하기 위한 소비자보호운동을 법률이 정하는 바에 의하여 보장한다."라고 규정하고 있고, 제127조 제1항은 "국가는 과학기술의 혁신과 정보 및 인력의 개발을 통하여 국민경제의 발전에 노력하여야 한다."라고 규정하고 있고, 제2항은 "국가는 국가표준제도를 확립한다."라고 규정하고 있으며, 제3항은 "대통령은 제1항의 목적을 달성하기 위하여 필요한 자문기구를 둘 수 있다."라고 규정하고 있다.

제 5 절 문화국가 원리

Ⅰ. 의의

1. 문화국가의 개념

문화국가란 문화의 자율성을 존중하면서 국가가 적극적으로 문화의 보호·육성·진흥·전승이라는 과제를 수행하고 실질적인 문화적 평등을 보장하는 국가를 말한다. 헌법은 전문에서 "문화의 … 영역에 있어서 각인의 기회를 균등히" 할 것을 선언하고 있고, 제9조는 국가에게 전통문화의 계승 발전과 민족문화의 창달을 위하여 노력할 의무를 지우고 있으며, 그리고 여러 가지 형태로 헌법 전반에 문화국가원리가 규정되어 있다. 헌법은 문화국가를 실현하기 위하여 보장되어야 할 정신적 기본권으로 양심과 사상의 자유, 종교의 자유, 언론·출판의 자유, 학문과 예술의 자유 등을 규정하고 있다.

2. 문화의 개념

⑴ 문화의 개념정의는 다양하다. 우리나라 문화기본법은 제3조에서 "이 법에서 '문화'란 문화예술, 생활 양식, 공동체적 삶의 방식, 가치 체계, 전통 및 신념 등을 포함하는 사회나 사회 구성원의 고유한 정신적·물질적·지적·감성적 특성의 총체를 말한다."라고 규정하고 있다.

⑵ 넓은 의미의 문화란 인간이 일정한 목적이나 생활이상을 실현하려는 활동과정과 그 과정에서 이룩해 낸 모든 물질적·정신적 소득을 총칭하는 말로서, 사회학적 의미에서의 사회 내의 전형적인 생활양식, 가치관 및 행위양식을 총칭한다. 상술한 문화기본법상의 문화개념은 여기에 해당한다.

⑶ 좁은 의미의 문화란 법학적 문화개념으로서 '국가와 특별한 관계를 가지고 있는 인간의 정신적·창조적 활동의 영역'이라고 할 수 있다. 학문·예술·교육·종교 등이 이런 문화의 범주에 속한다. 이것이 일단 헌법이 보호·육성·진흥·전승하려는 문화로서 문화국가 원리에 타당한 문화개념이다. 그런데 이처럼 전통적 영역만을 법학적 정의로 삼으면, 일반 대중문화, 대항문화, 하위문화 등이 고려대상에서 배제된다. 따라서 문화의 기능을 '사회의 관념적 재생산'으로 보고, 그 밖의 영역도 법학적 문화개념으로 포함하는 보완이 필요하다.[28]

⑷ 가장 좁은 의미의 문화란 '예술문화'라고 사용할 때의 문화개념이다. 많은 나라들은 예술을 문화의 필수요소로 생각한다. 음악, 연극, 문학, 영화, 건축, 미술 등이 예술의 공통핵심을 구성한다.

3. 문화와 국가의 관계

문화와 국가의 관계에 대해서는 대체로 그림(D. Grimm)의 견해가 거론되고 있다.

⑴ 근대 이전의 시기(수단적 존재)

근대 이전의 시기는 사회가 기능적으로 분화되지 못했다. 이 시기는 문화가 국가의 지배체계에 포괄적으로 종속해 있었다. 예컨대 예술은 군주를 묘사하거

28) 김수갑, 헌법상 문화국가원리에 관한 연구, 고대 박사학위논문, 1993, 29, 43면; 홍성방, 헌법학(상), 박영사, 2010, 220면.

나 궁중사회의 즐거움과 오락을 위해 봉사하였다. 즉 문화는 철저히 지배체계에 봉사하는 수단적 존재로서 기능을 수행하였다.

(2) 근대(자율적 존재)

시민계급이 성장함으로써 문화는 자율성을 획득하게 되었다. 시민계급이 경제적·사회적으로 성장하여 군주나 귀족의 지원이나 비호 없이도 문화(특히 예술) 활동을 할 수 있게 되었다. 특히 프랑스대혁명은 문화의 자율성을 보장하는 결정적 계기가 되었다. 시민계급은 사회의 기능분화를 주도하였고 문화가 수단에서 벗어나 문화 자체를 위한 문화활동을 영위해 나갔다. 즉 문화는 자율성을 가지고 시장법칙에 따라 형성되게 되었다. 이 시기에 국가는 문화영역에 가능한 한 개입하지 않고 문화영역에서 개인의 자유를 최대한으로 보장하려 했다.

(3) 20세기 이후(자율적 존재 + 국가의 문화 형성 및 불평등 시정)

문화가 자율성을 가지고 시장법칙에 따라 형성되면서, 문화가 경제에 종속되고, 제3세계의 경우 선진국문화에 종속되어 외래문화 범람과 전통문화 퇴조현상이 나타났다. 상업성이 없는 문화활동은 위축되고 건전문화나 전통문화 대신 저질문화나 외래문화가 성행하게 되었으며, 매스미디어의 발달에 따라 이러한 현상은 심화되었다. 또 문화향유에 있어서 불평등이 심해졌다. 고급문화일수록 고비용이 소요된다. 즉 문화를 향유하는데 드는 비용 때문에 많은 국민은 문화생활에 참여하는 것이 어려워 문화적 불평등이 심해졌다. 따라서 오늘날 건전한 문화를 육성하고 문화적 불평등을 시정하는 것은 문화국가의 과제이다.[29] 즉 국가는 문화의 자율성을 존중하면서 동시에 문화를 보호·육성·진흥·전승해야 하고 문화적 불평등을 시정해야 한다.

Ⅱ. 문화국가의 내용

1. 문화의 자율성 보장

(1) 문화의 자율성이란 문화활동에 대한 국가의 문화정책적 '중립성'과 '관용'을 말한다. 문화는 본질적으로 각 분야에서 고유법칙성에 따른 창조적 발현

29) 김수갑, 앞의 논문, 34면 이하; 계희열, 헌법학(상), 박영사, 2005, 417면; 권영성, 헌법학원론, 법문사, 2011, 144면; 전광석, 한국헌법론, 법문사, 2010, 126면 이하.

이다. 따라서 국가의 문화활동에 대한 획일화 시도 또는 일방적 지시는 허용되지 않는다. 또한 국가가 국가적(정권적) 이해관계에 따라 특정한 문화활동에 대해 이익을 주거나 불이익을 주는 불평등 대우를 해서는 안 된다.[30)]

⑵ 문화의 자율성이 보장된다고 해서 문화활동에 아무런 제약도 없는 것은 아니다. 문화활동도 다른 기본권적 또는 헌법적 법익 보호를 위해 제한될 수 있다. 문화활동이 한계를 벗어난 경우에는, 예컨대 다른 개인의 기본권을 침해하거나 헌법적 법익을 침해한 경우에는, 국가가 적절한 조치를 취해야 한다.

⑶ 오늘날 국가가 어떤 문화현상에 대하여도 이를 선호하거나, 우대하는 경향을 보이지 않는 불편부당의 원칙이 가장 바람직한 정책으로 평가받고 있다. 오늘날 문화국가에서의 문화정책은 그 초점이 문화 그 자체에 있는 것이 아니라 문화가 생겨날 수 있는 문화풍토를 조성하는 데 두어야 한다.[31)] 문화풍토의 조성은 국가가 문화의 자율성을 보장하기 위한 최소한의 책임이다.

2. 문화의 보호·육성·진흥·전승

⑴ 문화국가는 문화를 보호·육성·진흥·전승해야 할 과제를 부담한다. 오늘날 문화의 경제종속, 제3세계의 선진국문화종속, 문화적 불평등과 같은 문제는 국가적 조치를 필요로 하는 문제들이다. 문화의 보호·육성·진흥·전승을 위한 국가적 조치는 지시나 간섭이 아니라 지원이라는 방식이어야 한다. 지원의 방식은 문화활동에 대한 재정적 보조, 문화시설의 확충 등 다양하다. 국가의 지원 대상에는 원칙적으로 모든 사람에게 문화창조의 기회를 부여한다는 의미에서 모든 문화가 포함된다.[32)] 따라서 엘리트문화뿐만 아니라 전통문화, 서민문화, 대중문화도 그 가치를 인정하고 정책적인 배려의 대상으로 해야 한다.

⑵ 국가가 문화활동에 대해 지원하는 경우, 국가의 재정능력이 유한하다는

---

30) 특정 문화예술인 지원사업 배제행위는 특정한 정치적 견해를 표현한 청구인들을, 그러한 정치적 견해를 표현하지 않은 다른 신청자들과 구분하여 정부 지원사업에서 배제하여 차별적으로 취급한 것인데, 헌법상 문화국가원리에 따라 정부는 문화의 다양성·자율성·창조성이 조화롭게 실현될 수 있도록 중립성을 지키면서 문화를 육성하여야 함에도, 청구인들의 정치적 견해를 기준으로 이들을 문화예술계 지원사업에서 배제되도록 한 것은 자의적인 차별행위로서 청구인들의 평등권을 침해한다(헌재 2020. 12. 23. 2017헌마416).

31) 헌재 2004. 5. 27. 2003헌가1.

32) 헌재 2004. 5. 27. 2003헌가1.

점과 모든 문화활동에 대해 균등하게 지원하는 것은 불가능하다는 점을 고려해야 한다. 따라서 합리적인 지원방식을 정해야 한다. 합리적 지원방식으로는 첫째, 국가가 직접 결정하는 방식, 둘째, 국가가 전문가집단(위원회)에 평가를 위촉하고 그 결과에 따르는 방식, 셋째, 국가는 관여하지 않고 독자적으로 활동하는 문화단체에 지원만 하는 방식 등이 거론된다.[33] 첫째 방식은 국가가 문화 지배자로 될 가능성이 크기 때문에 문화의 자율성이 침해될 위험이 크며, 셋째 방식은 문화의 자율성 측면에서는 바람직하지만 문화의 사회적 독점을 가져올 수 있고 국가가 반문화현상에 능동적으로 대처할 수 없다. 둘째 방식이 문화의 자율성과 문화의 사회적 의의 및 기능을 조화시킬 수 있는 가장 무난한 방식이다. 그런데 전문가집단(위원회)을 어떻게 구성하고 어떤 절차에 따라 기능이 수행되는지가 중요한 문제로 대두된다. 즉 전문가위원회의 구성에 있어서 전문성, 독립성이 고려되어야 하고 그 조직과 절차도 민주적이어야 한다.

3. 문화적 평등권 보장

(1) 문화기본법 제4조는 "모든 국민은 성별, 종교, 인종, 세대, 지역, 정치적 견해, 사회적 신분, 경제적 지위나 신체적 조건 등에 관계없이 문화 표현과 활동에서 차별을 받지 아니하고 자유롭게 문화를 창조하고 문화 활동에 참여하며 문화를 향유할 권리(문화권)를 가진다."라고 규정함으로써 모든 국민이 평등하게 문화권을 가짐을 밝히고 있다. 이러한 문화권은 기본적으로 헌법상 평등권에 근거를 두고 있다. 또한 각 문화기본권, 예컨대 예술의 자유라는 개별 기본권이 갖는 방어권에서도 그 근거를 찾을 수 있다.

(2) 모든 국민이 평등하게 문화권을 향유해야 하지만, 현실적으로는 각 개인의 경제적 능력에 따라 문화권 향유가 커다란 차이를 드러낸다. 즉 문화향유에 드는 비용 때문에, 특히 고급문화 향유는 많은 비용이 소요되기 때문에, 모든 국민이 실질적으로 평등하게 문화권을 향유하기 어렵다. 따라서 국가는 소수 경제적 능력 있는 국민만이 아니라 모든 국민이 문화생활을 할 수 있게 모두를 위한 문화정책을 시행해야 한다. 즉 국가는 존엄한 인간으로서 모든 국민이 인간다운

---

33) 김수갑, 앞의 논문, 241면 이하.

생활을 하기에 필요한 최소한도의 문화향유를 국민에게 보장해야 한다. 국민의 평등한 문화향유권에 상응하여 국가는 문화 급부의무를 지는데, 현실적으로 평등한 문화권 향유는 국가의 급부능력, 즉 재정적 능력 그리고 입법자 및 정부의 의지에 크게 의존한다.

Ⅲ. 헌법에 구체화된 문화국가원리

1. 헌법전문과 제9조

(1) 헌법전문은 '유구한 역사와 전통에 빛나는 우리 대한국민은'이라고 표현함으로써 문화국가의 이념을 선언하고, '정치·경제·사회·문화의 모든 영역에 있어서 각인의 기회를 균등히 하고'라는 표현을 통해 문화영역에서의 평등을 강조하고 있다.

(2) 헌법 제9조는 "국가는 전통문화의 계승발전과 민족문화의 창달에 노력하여야 한다"라고 규정함으로써 문화국가원리를 선언하고 있다. 이 조항은 전통문화와 민족문화만을 특정함으로써 다문화사회나 문화의 다양성 등을 고려할 때 입법적으로 개선의 여지가 있다. 즉 문화 일반에 대한 국가의 의무조항으로 규정하는 게 문화국가 원리의 취지에 적합할 것이다. 하지만 헌법해석상 이 조항은 전통문화와 민족문화를 강조한 것일 뿐, 원칙적으로 모든 문화가 국가의 보호·육성·진흥·전승의 대상이 된다.

2. 문화적 기본권

우리 헌법은 좁은 의미의 문화영역, 즉 전통적으로 문화영역에 속하는 문화적 기본권으로서, 학문의 자유(제22조), 예술의 자유(제22조), 종교의 자유(제20조) 및 교육을 받을 권리(제31조)를 규정하고 있다. 그 밖에 문화적 자율성의 기초가 되는 양심의 자유(제19조), 문화활동의 표현매체로 기능을 수행하는 언론·출판의 자유(제21조), 정신적·지적 산물에 대한 지적소유권(제22조 제2항)도 중요한 문화적 기본권들이다. 기타 관련 규정으로는 인간다운 생활을 할 권리(제34조)를 들 수 있는데, 이는 물질적 최저생활뿐만 아니라 문화적 최저생활도 보장되어야 실질적으로 인간다운 생활을 할 수 있기 때문이다. 또 청소년보호에 관한 연소자의 근로보호(제32조 제5항) 및 청소년 복지 향상 정책 실시의무(제34조 제4항)도 관련규정으로 볼 수 있다.

제 6 절 국제평화주의(평화국가 원리)

Ⅰ. 의의

평화가 없는 곳에 기본권 보장이 제대로 실현될 수 없다. 예컨대 전쟁 중에 진정한 기본권 보장은 이루어지기 어렵다는 것을, 어느 한 나라가 평화를 지키려 해도 국제적으로 평화롭지 못하다면 그 한 나라도 평화를 지키기 어렵다는 것을, 인류는 양차 세계대전을 통해 뼈저리게 경험하였다. 그래서 제2차 세계대전 후 세계 각국은 헌법에 국제평화주의를 다양한 형태로 채택하고 있다. 국제평화주의란 국가 간 상호 존중하고 국제법을 존중하며 국가 간 분쟁을 평화적으로 해결함으로써 국제적으로 평화를 지키는 원리를 말한다. 국제평화를 실현하기 위해서는 국가 간의 평등과 상호존중, 국제법 존중, 분쟁의 평화적 해결이 주된 실천 요강이다.

헌법은 전문에서 '평화적 통일의 사명'을 강조하고 '밖으로는 항구적인 세계평화와 인류공영에 이바지'할 것을 밝히고 있다. 제4조는 평화통일지향을, 제5조는 침략전쟁부인과 자위전쟁허용을, 제6조는 국제법존중주의와 외국인의 법적지위를 규정하고 있다.

국제평화주의를 헌법에 규정하는 유형으로는, 전쟁포기와 군비금지(일본), 침략전쟁의 부인(한국, 독일), 영세중립국 선언(오스트리아), 통치권 제한 또는 국제기구에 이양(독일, 이탈리아), 평화교란행위 처벌(독일), 양심적 (집총)병역거부 인정(독일) 등이 있다.

Ⅱ. 침략전쟁 부인 및 평화통일 지향

1. 헌법규정

⑴ 헌법 제5조는 "① 대한민국은 국제평화의 유지에 노력하고 침략적 전쟁을 부인한다. ② 국군은 국가의 안전보장과 국토방위의 신성한 의무를 수행함을 사명으로 하며, 그 정치적 중립성은 준수된다."라고 규정하고 있다. 제1항은 침략전쟁 부인을, 제2항은 자위전쟁(방위전쟁) 허용을 규정하고 있다.

⑵ 헌법은 전문에서 '조국의 … 평화적 통일의 사명'을 선언하고, 제4조는 "대한민국은 통일을 지향하며, 자유민주적 기본질서에 입각한 평화적 통일 정책을 수립하고 이를 추진한다."라고 규정하고 있다. 그리고 제66조 제3항은 "대통령은 조국의 평화적 통일을 위한 성실한 의무를 진다."라고 규정하고 있고, 제69조는 대통령의 취임선서에서 '조국의 평화적 통일을 위해 대통령직을 성실히 수행할 것'을 선서하도록 규정하고 있으며, 제92조는 민주평화통일자문회의를 규정하고 있다.

2. 침략전쟁 부인의 의미

⑴ 헌법은 제5조 제1항에서 침략전쟁의 부인을 명시하고 있다. 침략전쟁이란 영토확장, 국가이익 또는 국가정책을 실현하기 위한 수단으로서 행하는 전쟁 또는 국가 간 분쟁 해결 수단으로 행하는 전쟁을 말한다. 반면에 자위전쟁은 우리나라 외부의 공격으로부터 우리나라의 영토와 국민을 보호하기 위한 전쟁을 말한다. 우리 헌법은 침략전쟁만을 금지한다.

⑵ 우리 헌법은 자위전쟁은 허용하고 있다. 자위전쟁을 전제로, 헌법은 국민의 국방의무(제39조 제1항), 선전포고·해외파병·외국군대의 국내주류에 대한 국회동의(제60조 제2항), 대통령의 국군통수권(제74조 제1항), 국군의 조직과 편성 법정주의(제74조 제2항), 국가안전보장회의(제91조), 군사법원에 관한 규정(제110조) 등을 규정하고 있다.

3. 평화통일 지향

(1) 헌법 제4조는 평화통일을 규정하고 있다. 그런데 제3조는 "대한민국의 영토는 한반도와 그 부속도서로 한다."라고 규정하여 북한지역도 대한민국의 영토임을 밝히고 있다. 북한지역도 대한민국 영토라고 한다면, 북한지역에도 우리 헌법의 효력이 미치고 북한지역에 대한민국의 무력을 사용하는 것은 국내문제가 될 것이다.

(2) 그러나 우리 헌법의 효력이 북한지역에서 실효성을 갖고 있지 못한 현실에서, 또 6·25 전쟁 및 여러 번의 남북 간 무력충돌을 경험한 우리 현실에서, 북한지역에 우리 무력을 사용하는 것은 전쟁으로 치닫게 될 것이 분명하다. 따라서 헌법은 우리의 분단현실을 인정하고 평화통일을 지향함으로써 국제평화주의를 규정하고 있다.

(3) 남북관계는 단순하지 않다. 그래서 대법원[34)]과 헌법재판소[35)]는 북한을 대화와 협력의 동반자이면서 동시에 반국가단체라고 그 성격을 규정하였다. 여하간 무력사용이 전쟁으로 치닫게 된다는 것은 명약관화하고, 헌법 제4조가 평화통일을 명시하고 있기 때문에, 남북 간 대화와 협력을 통한 평화통일을 추진해야 한다는 것은 당연하다.

Ⅲ. 국제법 존중주의

헌법 제6조는 "① 헌법에 의하여 체결·공포된 조약과 일반적으로 승인된 국제법규는 국내법과 같은 효력을 가진다. ② 외국인은 국제법과 조약이 정하는 바에 의하여 그 지위가 보장된다."라고 규정하고 있다.

1. 국제법과 국내법의 관계

국제법과 국내법의 관계에 관하여는 크게 일원론과 이원론으로 나누어진다.

---

34) 대법원 2003. 4. 8. 선고 2002도7281.
35) 헌재 1997. 1. 16. 92헌바6.

⑴ 일원론

일원론은 국제법과 국내법이 하나의 법체계에 속한다고 보는 입장이다. 일원론은 국제법과 국내법 중 어느 것이 우위인가에 따라 국제법우위론과 국내법우위론으로 나누어진다. 국제법우위론에서는 국제법에 반하는 국내법은 무효라는 견해, 국내에서만 잠정적으로 효력을 갖는다는 견해 등이 있다. 국내법우위론에서는 국내법(헌법)에 반하는 국제법은 효력이 없다고 한다.

⑵ 이원론

이원론은 국제법과 국내법이 서로 별개의 법체계에 속한다고 보는 입장이다. 이원론에서는 국제법과 국내법이 상호 충돌하더라도 양자는 병존하여 계속 효력을 갖는다는 견해, 국제법에 반하는 국내법은 유효하지만 국가가 대외적으로 국제법위반의 책임을 져야 한다는 견해 등이 있다.

⑶ 헌법 제6조의 의미

헌법 제6조 제1항은 "헌법에 의하여 체결·공포된 조약과 일반적으로 승인된 국제법규는 국내법과 같은 효력을 가진다."라고 규정하고 있다. 이 규정의 의미에 대해서는 아직 더 많은 논의와 판례 형성이 필요하지만, 국내의 견해는 대체로 일원론과 헌법우위론의 입장으로 보인다. 헌법재판소도 "헌법 제6조 제1항의 국제법 존중주의는 우리나라가 가입한 조약과 일반적으로 승인된 국제법규가 국내법과 같은 효력을 가진다는 것으로서 조약이나 국제법규가 국내법에 우선한다는 것은 아니다."[36]라고 판시하였다.

2. 조약의 국내법적 효력

⑴ 조약의 의의

1) 조약이란 2개 이상의 국가 간에 권리·의무를 창설·변경·소멸시키는 것을 목적으로 하는 문서에 의한 명시적 합의를 말한다. 조약은 그 명칭이 명시적으로 조약이라고 된 것이든, 협정, 협약, 의정서와 같은 것이든 명칭과 상관없이 국가 간의 문서에 의한 합의를 말한다.

2) 대통령은 조약을 체결·비준한다(제73조). 조약의 비준이란 전권을 위임받

36) 헌재 2001. 4. 26. 99헌가13.

은 이가 서명한 국가 간의 조약에 대해 대통령이 최종적으로 확인하는 절차를 말한다. 대통령은 국무회의의 심의를 거쳐 조약을 체결·비준한다(제89조 제3호).

3) 주요한 조약의 체결·비준에는 국회의 사전동의가 있어야 하며, 사전동의의 시기는 대통령이 비준하기 전, 즉 기명조인 전이어야 한다. 국회는 상호원조 또는 안전보장에 관한 조약, 중요한 국제조직에 관한 조약, 우호통상항해조약, 주권의 제약에 관한 조약, 강화조약, 국가나 국민에게 중대한 재정적 부담을 지우는 조약 또는 입법사항에 관한 조약의 체결·비준에 대한 동의권을 가진다(제60조 제1항). 그러나 기본조약의 세목을 정하는 단순한 행정협조, 기술적 사항, 절차적 사항 등을 내용으로 하는 조약은 국회의 동의를 요하지 않는다.

(2) 조약의 국내법적 효력

1) 합헌조약의 국내법적 효력　① 헌법에 맞게 체결된 조약, 즉 합헌조약은 국내법과 같은 효력을 갖는다. 그런데 여기서 국내법의 어느 법과 같은 효력을 갖는지 문제된다. 조약우위설과 헌법우위설로 나누어진다. 조약우위설은 국제협조주의에 의거하여 조약이 헌법보다 우위에 있다고 한다. 헌법우위설은 조약은 헌법의 수권으로 체결되는 것이고 헌법의 최고규범성에 비추어 헌법이 조약보다 우위에 있다고 한다. 헌법우위설이 통설이다.

② 조약은 원칙적으로 국내법의 법률과 같은 효력을 갖는다. 그러나 국회의 동의를 요하지 않는, 단순한 행정협조, 기술적 사항, 절차적 사항 등을 내용으로 하는 조약은 대통령령과 같은 효력을 갖는다. 법률과 같은 효력을 갖는 조약과 국내 법률 간에 충돌이 있는 경우에는 특별법우선의 원칙과 신법우선의 원칙에 따른다.

2) 위헌조약의 국내법적 효력　① 위헌조약이란 조약의 체결 절차나 조약 내용이 헌법에 위반되는 조약을 말한다. 조약의 합헌성 여부에 관하여, 절차와 내용 모두 위헌인 진정위헌조약, 절차 또는 내용이 위헌인 준위헌조약, 절차와 내용 모두 합헌인 진정합헌조약으로 분류할 수 있다. 진정위헌조약은 국내법적으로 무효이며, 진정합헌조약은 국내법적으로 유효이다.

② 문제는 준위헌조약이다. 준위헌조약의 경우, 즉 절차는 합헌이지만 내용은 위헌인 경우, 절차는 위헌이지만 내용은 합헌인 경우, 국제법적으로는 유효이지만 국내법적으로는 헌법우위의 관점에서 무효로 보는 것이 일반적이다.

(3) 조약에 대한 규범통제

조약이 헌법에 위반되는지 여부가 문제된 경우 법률과 같은 효력을 갖는 조약은 헌법재판소가 최종적으로 통제권을 행사한다. 즉 조약도 위헌법률심판의 대상이 된다. 또 조약이 직접 국민의 기본권을 침해하는 경우 헌법소원심판의 대상이 된다. 명령과 같은 효력을 갖는 조약은 대법원이 최종적으로 심사한다. 단 명령과 같은 효력을 갖는 조약이 직접 국민의 기본권을 침해하는 경우 헌법소원의 대상이 된다.

3. 일반적으로 승인된 국제법규의 준수

(1) 일반적으로 승인된 국제법규의 의의

1) 일반적으로 승인된 국제법규란 우리나라가 체결 또는 가입 당사국인지 여부와 상관없이 국제사회의 보편적 법규범으로서 세계의 압도적 다수 국가가 승인하고 있는 법규를 말한다. 즉 국제법상 일반적으로 법규범으로 인정받고 있는 국제조약, 국제관습법, 국제법상 일반원칙으로서, 예컨대 포로의 살해금지와 인도적 처우에 관한 전시국제법상의 기본원칙, 외교사절의 법적지위에 관한 원칙, 조약은 준수되어야 한다는 원칙, 집단학살(genocide) 금지협정, 포로에 관한 제네바협정 등을 들 수 있다.

2) 일반적으로 승인된 국제법규인지 여부를 누가 판단하는가에 관하여 우리 헌법은 아무런 규정이 없다. 각급법원이 이를 확인할 권한을 가지며 대법원이 최종적으로 확인할 권한을 갖는다고 볼 것이다. 그리고 법원의 재판에 있어서 일반적으로 승인된 국제법규의 위헌 여부가 재판의 전제가 된 경우에는, 당해 법원이 그 위헌 여부에 대해 헌법재판소에 심판을 제청하고 헌법재판소가 위헌 여부를 결정하게 될 것이다.

(2) 일반적으로 승인된 국제법규의 국내법적 효력

헌법 제6조 제1항에 따라 일반적으로 승인된 국제법규는 국내법과 같은 효력을 가진다. 여기서 국내법의 어느 것과 같은 효력을 가지는가에 관하여, 헌법보다는 하위이지만 법률보다는 상위라는 견해도 있지만, 국내의 일반적 견해는 법률과 같은 효력을 갖는 것으로 본다. 따라서 국내 법률과 일반적으로 승인된 국제법규 간에 충돌이 있는 경우, 특별법우선의 원칙과 신법우선의 원칙에 따르게 될 것이다.

Ⅳ. 외국인의 법적 지위 보장

1. 상호주의 원칙

외국인의 법적 지위에 관한 입법례는 평등주의와 상호주의가 있다. 헌법 제6조 제2항은 "외국인은 국제법과 조약이 정하는 바에 의하여 그 지위가 보장된다."라고 규정함으로써 상호주의 원칙을 채택하고 있다. 외국인의 법적 지위를 규정하는 법률로는 예컨대 재한외국인 처우 기본법, 부동산 거래신고 등에 관한 법률 등이 있다.

2. 외국인의 기본권 주체성

⑴ 외국인의 기본권 주체성에 관하여는 오늘날 대체로 인간의 권리(예컨대 인간으로서의 존엄과 가치 및 행복추구권)는 기본권 주체성을 인정하고 국민의 권리(예컨대 참정권, 이른바 사회적 기본권)는 기본권 주체성을 부정한다.

⑵ 그런데 외국인에게 기본권 주체성이 부정되는 참정권의 경우에, 법률로써 선거권을 인정하기도 한다(법률상 권리). 예컨대 공직선거법 제15조 제2항 제3호는 '「출입국관리법」 제10조에 따른 영주의 체류자격 취득일 후 3년이 경과한 외국인으로서 같은 법 제34조에 따라 해당 지방자치단체의 외국인등록대장에 올라 있는 사람'에게는 지방자치단체의 의회의원 및 장의 선거권을 인정하고 있다.

제 3 장 공무원제도와 지방자치제도

제 1 절 공무원제도

Ⅰ. 공무원의 의의

1. 헌법규정

헌법 제7조는 "① 공무원은 국민전체에 대한 봉사자이며, 국민에 대하여 책임을 진다. ② 공무원의 신분과 정치적 중립성은 법률이 정하는 바에 의하여 보장된다."라고 규정하고 있다. 여기서 제1항은 공무원의 헌법상 지위를 제2항은 직업공무원제도를 규정하고 있다. 그리고 제29조 제1항은 공무원의 직무상 불법행위에 대한 국가배상책임을, 제33조 제2항은 공무원의 근로3권 제한을, 제65조는 고위공무원에 대한 탄핵소추를 규정하고 있다.

2. 공무원의 개념

공무원이란 직접 또는 간접적으로 국민에 의하여 선출 또는 임용되어 국가나 공공단체와 공법상의 근무관계를 맺고 공공적 업무를 담당하고 있는 사람들을 말한다. 공무원도 각종 노무의 대가로 얻는 수입에 의존하여 생활하는 사람이라는 점에서는 통상적인 의미의 근로자적인 성격을 지니고 있다.[1] 하지만 공무원은 그 임용주체가 궁극에는 주권자인 국민 또는 주민이기 때문에 국민 전체에 대하여 봉사하고 책임을 져야 하는 특별한 지위에 있고, 그가 담당한 업무가 국가 또는 공공단체의 공공적인 일이어서 특히 그 직무를 수행함에 있어서 공공성·공정성·성실성 및 중립성 등이 요구되기 때문에 일반 근로자와는 달리 특별

1) 헌재 1992. 4. 28. 90헌바27.

한 근무관계에 있는 사람이다.

3. 공무원제도의 헌법적 의미

국가가 기본권 보장이라는 자신의 목적을 달성하기 위해서는 국가의 기능을 현실적으로 수행할 기관, 즉 공무원이 필요하다. 공무원은 국가작용의 인적 수단이기 때문에, 공무원제도는 국가작용의 구성과 실행을 위해 불가결한 요소이다. 각 국가작용 영역에서 공무원은 민주적 정당성을 확보해야 하고 자신의 기능수행에 있어서 민주적 정당성에 합치하는 책임을 진다. 공무원은 직무수행에 있어서 공공성·공정성·성실성 및 중립성 등이 요구된다. 동시에 공무원 개인의 신분보장과 기본권 보장이 이루어져야 한다. 헌법 제7조는 이러한 공무원제도의 의미를 담고 있는 규정이다.

4. 공무원의 분류

(1) 공무원은 임명주체 등에 따라 국가공무원과 지방공무원으로 대별된다. 국가(지방)공무원은 경력직 공무원과 특수경력직 공무원으로 나뉜다. 경력직 공무원은 일반직 공무원과 특정직 공무원으로, 특수경력직 공무원은 정무직 공무원과 별정직 공무원으로 구분된다(국가공무원법 제2조, 지방공무원법 제2조).

(2) 경력직 공무원 중에서 ① 일반직공무원은 기술·연구 또는 행정 일반에 대한 업무를 담당하는 공무원이고, ② 특정직공무원은 법관, 검사, 외무공무원, 경찰공무원, 소방공무원, 교육공무원, 군인, 군무원, 헌법재판소 헌법연구관, 국가정보원의 직원, 경호공무원과 특수 분야의 업무를 담당하는 공무원으로서 다른 법률에서 특정직공무원으로 지정하는 공무원이다.

(3) 특수경력직 공무원 중에서 ① 정무직공무원은 선거로 취임하거나 임명할 때 국회의 동의가 필요한 공무원 또는 고도의 정책결정 업무를 담당하거나 이러한 업무를 보조하는 공무원으로서 법률이나 대통령령(대통령비서실 및 국가안보실의 조직에 관한 대통령령만 해당한다)에서 정무직으로 지정하는 공무원이며, ② 별정직공무원은 비서관·비서 등 보좌업무 등을 수행하거나 특정한 업무 수행을 위하여 법령에서 별정직으로 지정하는 공무원이다.

Ⅱ. 공무원의 헌법상 지위

1. 국민 전체에 대한 봉사자

공무원은 국민 전체에 대한 봉사자이며, 국민에 대하여 책임을 진다(제7조 제1항). 공무원은 주권자인 국민의 위임을 받아 공무를 수행하기 때문에, 공무원제도는 국민주권주의를 실현하는 수단이다. 공무원은 대의민주제에서 주권자인 국민으로부터 국가권력의 행사를 위임받은 사람이므로 업무를 수행할 때 중립적 위치에서 공익을 위해 일해야 한다. 공무원은 특정 정권, 정당, 집단의 이익이나 사익을 추구해서는 안 되고, 국민 전체에 대해 봉사자로서 직무를 수행해야 한다.

2. 이중적 지위

(1) 공무원은 이중적 지위를 가진다. 즉 공무원은 공직자인 동시에 국민의 한 사람이기도 하므로, 공무원은 공인으로서의 지위와 사인으로서의 지위, 즉 국민 전체에 대한 봉사자로서의 지위와 기본권을 향유하는 기본권 주체로서의 지위를 가진다.

(2) 전통적인 특별권력관계론에서는 국가와 공무원의 관계에 대해 국가가 공무원을 포괄적으로 지배하고 공무원이 이에 복종하는 관계로 보고, 이러한 관계에서는 법치주의와 사법심사가 적용되지 않는다고 하였다. 그러나 오늘날 전통적 특별권력관계론은 인정되지 않는다. 공무원은 특수신분관계에 있으며, 이러한 관계에서도 법치주의와 사법심사가 적용된다. 단지 신분의 특수성 때문에 일반 국민보다 법적 규율의 강도가 더 강할 수 있을 뿐이다.

Ⅲ. 직업공무원제도

1. 직업공무원제도의 의의

(1) 헌법은 제7조 제2항에서 "공무원의 신분과 정치적 중립성은 법률이 정하는 바에 의하여 보장된다."라고 규정함으로써, 직업공무원제도를 보장하고 있다.

직업공무원제도란 정권교체에 상관없이 헌법 또는 법률에 의하여 신분이 보장되는 직업공무원들로 하여금 공무를 수행하게 하는 공무원제도를 말한다. 여기서 말하는 공무원은 협의의 공무원, 즉 일반직, 특정직과 같은 경력직 공무원만을 말하는 것이며, 정무직, 별정직과 같은 특수경력직 공무원은 포함되지 않는다.

(2) 헌법 제7조 제2항의 의미는, 공무원이 정치과정에서 승리한 정당원에 의하여 충원되는 엽관제를 지양하고, 정권교체에 따른 국가작용의 중단과 혼란을 예방하며 일관성 있는 공무수행의 독자성과 영속성을 유지하기 위하여, 공직구조에 관한 제도적 보장으로서의 직업공무원제도를 마련해야 한다는 것이다. 직업공무원제도는 바로 그러한 제도적 보장을 통하여 모든 공무원으로 하여금 어떤 특정 정당이나 특정 상급자를 위하여 충성하는 것이 아니라, 국민 전체에 대한 봉사자로서 법에 따라 그 소임을 다할 수 있게 함으로써, 공무원 개인의 권리나 이익을 보호함에 그치지 아니하고 나아가 국가기능의 측면에서 정치적 안정의 유지에 기여하도록 하는 제도이다.[2)]

(3) 직업공무원제도의 법적 성격은 제도적 보장이다.

1) 제도적 보장이란 객관적 제도를 헌법에 규정하여 당해 제도의 본질을 유지하려는 것으로서, 헌법제정권자가 특히 중요하고도 가치가 있다고 인정되고 헌법적으로도 보장할 필요가 있다고 생각하는 국가제도를 헌법에 규정함으로써, 장래의 법발전, 법형성의 방침과 범주를 미리 규율하려는 것이다.

2) 이러한 제도적 보장은 주관적 권리가 아닌 객관적 법규범이라는 점에서 기본권과 구별되기는 하지만, 헌법에 의하여 일정한 제도가 보장되면 입법자는 그 제도를 설정하고 유지할 입법의무를 지게 될 뿐만 아니라, 헌법에 규정되어 있기 때문에 법률로써 이를 폐지할 수 없고, 비록 내용을 제한하더라도 그 본질적 내용을 침해할 수 없다. 기본권 보장은 '최대한 보장의 원칙'이 적용됨에 반하여, 제도적 보장은 그 본질적 내용을 침해하지 아니하는 범위 안에서 입법자에게 제도의 구체적 내용과 형태의 형성권을 폭넓게 인정한다는 의미에서 '최소한 보장의 원칙'이 적용된다.

---

2) 헌재 2014. 3. 27. 2011헌바42.

2. 직업공무원제도의 내용

(1) 정치적 중립성

1) 정치적 중립의 의미 ① 헌법 제7조 제1항은 "공무원은 국민전체에 대한 봉사자이며, 국민에 대하여 책임을 진다."라고 규정하고 있다. 즉, 헌법은 공무원은 국민전체의 이익을 위해 봉사해야 하는 입장에 있으며 일부의 국민이나 특정 정파 혹은 정당의 이익을 위해 봉사하는 입장이 아님을 분명히 밝히고 있다. 헌법 제7조 제2항은 "공무원의 정치적 중립성은 법률이 정하는 바에 의하여 보장된다."라고 규정하고 있다. 이와 같은 공무원의 정치적 중립성의 요청은 정권교체로 인한 행정의 일관성과 계속성이 상실되지 않도록 하고, 공무원의 정치적 신조에 따라서 행정이 좌우되지 않도록 함으로써 공무집행에서의 혼란의 초래를 예방하고 국민의 신뢰를 확보하기 위함이다.

② 공무원의 정치적 중립이란 공무원이 특정 정치세력의 압력이나 영향으로부터 벗어나 공정하게 공무를 수행하는 것, 그리고 공무원 자신이 특정 정치세력에 대해 편파적이지 않고 공정하게 공무를 수행하는 것을 말한다.

③ 중립성은 상황이나 맥락에 따라 상이한 형식으로 나타나며 상이한 의미들을 가진다. 때로는 분쟁에 어떠한 영향도 미치지 않는 것을 의미하기도 하고, 때로는 중립성을 만족하기 위해서 분쟁의 규제에 적극적으로 관여하는 것을 의미하기도 한다.[3] 중립성은 공무원이 특수이익집단이나 지배계급 등의 도구가 아님을 의미한다. 공무원은 특정 정권이나 정치세력의 하수인이 아니기 때문에, 특정 정권이나 정치세력이 아니라 헌법에 충성할 의무가 있다. 예컨대 대통령이 위헌적 지시를 할 경우, 공무원은 맹목적으로 지시에 추종해서는 안 되고, 헌법에 충성해야 한다. 이것이 공무원으로서 중립성을 준수하는 것이다.

2) 정치적 중립의 내용과 한계 ① 정치적 중립의 내용으로는, 공무원의 채용 및 인사가 외부의 정치적 영향력으로부터 보호받는 것, 공무원의 신분이 법적으로 보장받는 것, 공무원의 정치적 중립 실현을 위해 필요한 범위 내에서 공무원의 기본권을 제한하는 것 등을 들 수 있다. 공무원의 정치적 중립에 관련된 법률

---

3) 김도균, 국가와 법의 중립성에 관한 고찰 —동등한 존중으로서의 중립성 원리—, 법철학연구(한국법철학회), 제18권 제3호, 2015, 46면.

로는 예컨대 국가공무원법, 정당법, 공직선거법 등이 있다.

② 예컨대 공무원은 정치운동이 금지되고(국가공무원법 제65조),[4] 집단행위가 금지되며(법 제66조), 정당의 발기인 및 당원이 될 수 없고(정당법 제22조), 공직선거법상 여러 제한(예컨대 제9조의 중립의무, 제60조의 선거운동 금지, 제85조의 선거관여 금지, 제86조의 선거에 영향을 미치는 행위 금지)을 받는다. 그러나 공무원의 정치적 중립을 위한 것이라 할지라도, 공무원이 사인으로서 향유하는 기본권까지 부정되어서는 안 된다.

(2) 신분보장

공무원의 신분보장이란, 공무원은 정권교체에 영향받지 않고, 정당한 이유 없이 자신의 의사에 반하여 해임 등 신분상 불이익을 받지 않는 것을 말한다. 공무원의 정치적 중립과 신분보장은 직업공무원제도의 핵심요소이다. 이러한 보장에 의거하여 공무원은 어떤 특정 정당이나 특정 상급자를 위하여 충성하는 것이 아니고 국민전체에 대한 공복으로서 법에 따라 그 소임을 다할 수 있게 된다. 예컨대 국가공무원법은 제8장에서 신분보장을 규정하고 있다.

(3) 성적주의(능력주의)

1) 성적주의(능력주의)란 공무원의 채용이나 인사가 정치적 또는 정실적 요인에 좌우되지 않고, 해당 공무원 개인의 자격이나 능력을 기준으로 하여 임용, 승진, 전보 등의 인사가 행해져야 한다는 원칙이다. 이는 공무담임권의 내용이기도 하다. 예컨대 국가공무원법 제26조는 "공무원의 임용은 시험성적·근무성적, 그 밖의 능력의 실증에 따라 행한다. 다만, 국가기관의 장은 대통령령등으로 정하는 바에 따라 장애인·이공계전공자·저소득층 등에 대한 채용·승진·전보 등 인사관리상의 우대와 실질적인 양성 평등을 구현하기 위한 적극적인 정책을 실시할 수 있다."라고 규정하고 있다.

2) 그러나 헌법의 기본원리나 특정 조항에 비추어 능력주의 원칙에 대한 예외를 인정할 수 있다. 예컨대 ① 사회국가 원리, ② 여자·연소자 근로의 특별한

---

4) 국가공무원법 제65조(정치 운동의 금지) 제1항은 "공무원은 정당이나 그 밖의 정치단체의 결성에 관여하거나 이에 가입할 수 없다."라고 규정하고 있는데, 이 규정에 대해 헌법재판소는 "국가공무원법조항 중 '그 밖의 정치단체'에 관한 부분은 명확성원칙에 위배되어 교육공무원인 초·중등학교 교원의 정치적 표현의 자유 및 결사의 자유를 침해한다."라고 판시하였다(헌재 2020. 4. 23. 2018헌마551).

보호(제32조 제4항－제5항), ③ 국가유공자·상이군경 및 전몰군경의 유가족에 대한 우선적 근로기회 부여(제32조 제6항), ④ 여자·노인·신체장애자 등에 대한 사회보장의무(제34조 제2항－제5항) 등의 헌법적 요청이 있는 경우에는 합리적 범위 안에서 능력주의가 제한될 수 있다.[5] 그래서 국가유공자등 가산점제도에 의한 공직취임권의 제한은 헌법 제32조 제6항에 헌법적 근거를 두고 있는 능력주의의 예외이다.[6] 하지만 국가유공자 가족의 경우 가산점 부여는 헌법적 근거가 없다. 국가유공자 등과 그 가족에 대한 가산점제도 자체는 입법정책상 허용되지만 그 차별의 효과가 지나쳐서는 안 된다.[7]

Ⅳ. 공무원의 권리와 의무

1. 공무원의 권리

공무원도 국민으로서 헌법상 기본권을 향유한다. 공무원은 이른바 특수신분관계에 해당하기 때문에 일반 국민보다 기본권 제한의 강도가 더 강할 수 있다. 하지만 공무원의 기본권을 제한하는 경우에도 기본권 제한에 적용되는 일반 원칙들(예컨대 법률유보의 원칙, 과잉금지의 원칙, 본질적 내용 침해금지의 원칙)이 그대로 적용된다. 공무원의 개별법상 권리들로서, 신분상 권리로는 신분보유권, 직위보유권, 직무수행권, 직명사용권 및 제복착용권, 육아휴직권, 행정쟁송권 등이 있으며, 재산상 권리로는 보수청구권, 연금청구권, 실비변상수령권, 보상수령권 등이 있다.

2. 공무원의 의무

공무원도 국민으로서 헌법상 기본의무를 부담한다. 그리고 공무원의 개별법상 의무들로서, 법령준수의무, 합법적인 직무상 명령에 복종할 의무, 성실의무, 청렴의무, 품위유지의무, 영리행위금지의무, 겸직금지의무, 친절·공정의무, 종교중립의무, 비밀준수의무 등이 있다.

---

5) 헌재 1999. 12. 23. 98헌마363.
6) 헌재 2001. 2. 22. 2000헌마25.
7) 헌재 2006. 2. 23. 2004헌마675.

제 2 절 지방자치제도

Ⅰ. 지방자치 일반

1. 지방자치의 개념

(1) 지방자치란 일정한 지역을 기초로 한 지방자치단체가 자신의 사무를 자신의 책임하에 자신의 기관에 의해서 처리하는 것을 말한다. 즉 지방자치제도는 일정한 지역을 단위로 그 지역의 주민이 그 지방주민의 복지에 관한 사무·재산관리에 관한 사무·기타 법령이 정하는 사무(제117조 제1항)를 그들의 책임하에 자신들이 선출한 기관을 통하여 직접 처리하게 함으로써, 지방자치행정의 민주성과 능률성을 제고하고 지방의 균형 있는 발전과 아울러 국가의 민주적 발전을 도모하려는 제도이다.

(2) 지방자치는 국민자치를 지방적 범위 내에서 실현하는 것이므로 지방행정에 직접적인 관심과 이해관계가 있는 지방주민으로 하여금 스스로 다스리게 한다면 자연히 민주주의가 육성·발전될 수 있다는 소위 '풀뿌리 민주주의'를 그 이념적 배경으로 하고 있다. 지방자치는 국민주권의 기본원리에서 출발하여 주권의 지역적 주체로서의 주민에 의한 자기통치의 실현이다.[8] 지방자치는 민주주의의 학교이다.

(3) 지방자치단체는 일정한 지역을 기초로 하고 해당 지역의 주민을 구성원으로 하며 헌법과 법률에 의하여 지방행정을 처리하는 단체를 말한다. 지방자치단체는 국가와는 별개의 법인격체이다. 지방자치단체는 권리·의무의 주체로서 자율적으로 지방행정을 처리한다. 하지만 지방자치단체는 공법인이기 때문에 기본권의 수범자이지 기본권의 주체는 아니다.

---

8) 헌재 1999. 11. 25. 99헌바28.

2. 지방자치의 기능

첫째, 지방자치는 일정 지역 단위에서 자치를 실현하는 것, 즉 해당 지역의 공동관심사를 지역주민이 자율적으로 처리하는 것이기 때문에, 민주주의의 학교로서 민주시민을 양성하는 기능을 수행한다. 둘째, 지방자치는 국가와 지방 간의 수직적 권력분립으로서, 중앙집권주의를 견제할 수 있는 지방분권주의를 실현하는 기능을 수행하며, 동시에 이러한 권력분립적·지방분권적인 기능을 통하여 지역주민의 기본권 보장에도 기여한다. 셋째, 지방자치는 각 지역의 특성에 맞게 여러 정책들이 집행되게 함으로써, 지역발전·분업의 기능을 수행한다.

3. 지방자치권의 본질

지방자치권의 본질에 관하여는 자치고유권설과 자치권위임설이 있다. 자치고유권설은 자치권은 국가 성립 이전부터 지역 주민이 갖고 있는 고유권한이라고 하고, 자치권위임설은 자치권은 국가가 인정하는 범위 내에서 행사될 수 있는 국가로부터 위임된 권한이라고 한다. 자치권위임설이 통설이다. 오늘날 지방자치는 헌법과 법률이 인정하는 범위 내에서 이루어지는 것이기 때문에, 국가와 무관하고 국가로부터 독립된 지방자치는 존재하지 않는다.

4. 지방자치제도의 법적 성격

지방자치제도의 법적 성격은 제도적 보장이다. 헌법은 제117조와 제118조에서 '지방자치단체의 자치'를 제도적으로 보장하고 있으며, 그 보장의 본질적 내용은 자치단체의 보장, 자치기능의 보장 및 자치사무의 보장이다. 헌법이 보장하는 지방자치단체의 자치권에 대한 법령의 제한이 자치권의 본질적 내용을 훼손하는 경우에는 위헌이다.

5. 지방자치의 유형

지방자치는 일정한 지역 주민이 해당 지역의 사무를 자율적으로 처리하는 주민자치, 그리고 일정한 지역을 기초로 하고 국가와 별개의 독립된 법인격을 갖는 지역단체가 해당 지역의 사무를 자율적으로 처리하는 단체자치가 있다. 오늘날의 지방자치는 주민자치와 단체자치의 모습이 섞여 있다.

Ⅱ. 현행헌법과 지방자치제도

1. 헌법규정 및 연혁

⑴ 헌법 제117조는 "① 지방자치단체는 주민의 복리에 관한 사무를 처리하고 재산을 관리하며, 법령의 범위 안에서 자치에 관한 규정을 제정할 수 있다. ② 지방자치단체의 종류는 법률로 정한다."라고 규정하고 있고, 제118조는 "① 지방자치단체에 의회를 둔다. ② 지방의회의 조직·권한·의원선거와 지방자치단체의 장의 선임방법 기타 지방자치단체의 조직과 운영에 관한 사항은 법률로 정한다."라고 규정하고 있다. 그리고 헌법의 위임에 따라 제정된 지방자치법이 있다.

⑵ 우리나라 헌법상 지방자치제도는 제헌헌법부터 규정되어 왔다. 하지만 6·25 발발로 인해 최초의 지방의회는 1952년에 구성되었다. 제2공화국에서는 장면정부가 명실상부한 지방자치제도 시행에 힘썼다. 그러나 5·16 군사쿠데타가 일어났고 그 후 지방자치는 제5공화국 시기까지 명목적인 것으로 전락하였다. 제6공화국에 와서야 1991년 지방의회가 구성되었고, 1995년 지방의회의원과 지방자치단체장 선거가 동시에 치러짐으로써 본격적인 지방자치시대에 진입하였다.

2. 지방자치단체의 종류 및 기관

⑴ 지방자치단체의 종류

1) 지방자치단체는 다음의 두 종류로 구분한다. 첫째, 특별시, 광역시, 특별자치시·도, 특별자치도, 둘째, 시·군·구이다. 지방자치단체인 구(자치구)는 특별시와 광역시의 관할 구역 안의 구만을 말하며, 자치구의 자치권의 범위는 법령으로 정하는 바에 따라 시·군과 다르게 할 수 있다. 위 두 종류의 지방자치단체 외에 특정한 목적을 수행하기 위하여 필요하면 따로 특별지방자치단체를 설치할 수 있다(지방자치법 제2조).

2) 2개 이상의 지방자치단체가 하나 또는 둘 이상의 사무를 공동으로 처리할 필요가 있을 때에는 규약을 정하여 그 지방의회의 의결을 거쳐 시·도는 행정안전부장관의, 시·군 및 자치구는 시·도지사의 승인을 받아 지방자치단체조합

을 설립할 수 있다. 다만, 지방자치단체조합의 구성원인 시·군 및 자치구가 2개 이상의 시·도에 걸치는 지방자치단체조합은 행정안전부장관의 승인을 받아야 한다. 지방자치단체조합은 법인으로 한다(지방자치법 제176조).

(2) 지방자치단체의 기관

공법상 법인인 지방자치단체는 자신의 기능을 수행하는 기관을 두고 있다. 즉 의결기관인 지방의회, 집행기관인 지방자치단체의 장, 시·도의 교육·학예에 관한 사무의 집행기관으로 교육감이 있다.

1) 지방의회 ① 지방의회란 주민의 직선으로 선출되는 지방의원을 구성원으로 하는 지방자치단체의 합의제기관을 말한다. 지방자치단체에 주민의 대의기관인 의회를 둔다. 지방의회의원은 주민이 보통·평등·직접·비밀선거에 따라 선출한다. 지방의회의원의 임기는 4년으로 한다(법 제37조－제39조).

② 지방의회의 권한으로는, 조례의 제정·개정 및 폐지, 예산의 심의·확정, 결산의 승인, 법령에 규정된 것을 제외한 사용료·수수료·분담금·지방세 또는 가입금의 부과와 징수, 기금의 설치·운용(법 제47조), 행정사무 감사권 및 조사권(법 제49조) 등이 있다.

2) 지방자치단체의 장 ① 특별시에 특별시장, 광역시에 광역시장, 특별자치시에 특별자치시장, 도와 특별자치도에 도지사를 두고, 시에 시장, 군에 군수, 자치구에 구청장을 둔다. 지방자치단체의 장은 주민이 보통·평등·직접·비밀선거에 따라 선출한다. 지방자치단체의 장의 임기는 4년으로 하며, 3기 내에서만 계속 재임할 수 있다(법 제106조－제108조).

② 지방자치단체의 장은 지방자치단체를 대표하고, 그 사무를 총괄한다. 지방자치단체의 장은 그 지방자치단체의 사무와 법령에 따라 그 지방자치단체의 장에게 위임된 사무를 관리하고 집행한다(법 제114조－제116조).

3) 교육감 헌법은 제도적 보장으로서 교육자치와 지방자치를 규정하고 있다. 시·도의 교육·학예에 관한 사무의 집행기관으로 시·도에 교육감을 둔다. 교육감은 교육·학예에 관한 소관 사무로 인한 소송이나 재산의 등기 등에 대하여 당해 시·도를 대표한다(교육자치법 제18조). 교육감의 임기는 4년으로 하며, 교육감의 계속 재임은 3기에 한정한다(법 제21조). 교육감은 주민의 보통·평등·직접·비밀선거에 따라 선출한다(법 제43조). 교육감은 시·도를 단위로 하여 선출한다

(교육자치법 제45조). 정당은 교육감선거에 후보자를 추천할 수 없다(법 제46조 제1항). 교육감은 교육·학예에 관한 지방자치단체의 사무에 관한 권한쟁의심판에서도 당해 지방자치단체를 대표한다(헌법재판소법 제62조 제2항).

3. 주민의 권리와 의무

지방자치단체의 구역에 주소를 가진 자는 그 지방자치단체의 주민이 된다(지방자치법 제16조). 주민은 소속 지방자치단체의 재산과 공공시설을 이용할 권리, 그 지방자치단체로부터 균등하게 행정의 혜택을 받을 권리, 지방의회의원과 지방자치단체의 장의 선거에 참여할 권리를 가진다(법 제17조). 그리고 주민은 주민투표권(법 제18조), 조례의 제정과 개폐 청구권(법 제19조), 감사청구권(법 제21조), 주민소송제기권(법 제22조－제24조), 주민소환권(법 제25조) 등을 가진다. 주민은 법령으로 정하는 바에 따라 소속 지방자치단체의 비용을 분담할 의무를 진다(법 제27조).

4. 지방자치단체의 권한

지방자치단체는 주민의 복리에 관한 사무를 처리하고 재산을 관리하며, 법령의 범위안에서 자치에 관한 규정을 제정할 수 있다(제117조 제1항). 따라서 지방자치단체는 자치행정권, 자치재정권, 자치입법권을 가진다.

(1) 자치행정권

1) 자치사무(고유사무)처리권 ① 자치사무(고유사무)란 지방자치단체가 주민의 복리를 위하여 처리하는 사무이며, 법령의 범위 안에서 그 처리 여부와 방법을 자기책임 아래 결정할 수 있는 사무를 말한다(제117조 제1항). 헌법 제117조에 규정된 주민의 복리에 관한 사무 또는 지방자치법 제13조에 규정된 그 지방의 자치사무가 여기에 해당한다. 예컨대 조례·규칙의 제정·개정·폐지 및 그 운영·관리, 주민복지에 관한 사업, 청소, 생활폐기물의 수거 및 처리, 지역산업의 육성·지원, 지역개발사업, 상수도·하수도의 설치 및 관리 등이 있다. 자치사무는 지방자치권의 최소한의 본질적 사항이므로 지방자치단체의 자치권을 보장한다면 최소한 이 같은 자치사무의 자율성만은 침해해서는 안 된다.[9]

② 지방자치단체는 그 사무를 처리할 때 주민의 편의와 복리증진을 위하여

9) 헌재 2009. 5. 28. 2006헌라6.

노력하여야 한다. 지방자치단체는 법령이나 상급 지방자치단체의 조례를 위반하여 그 사무를 처리할 수 없다(지방자치법 제12조).

2) 위임사무처리권 ① 지방자치단체는 위임사무도 처리한다. 위임사무에는 단체위임사무와 기관위임사무가 있다. 단체위임사무는 법령에 따라 국가 또는 상급지방자치단체로부터 지방자치단체에게 위임된 사무를 말한다(법 제13조). 기관위임사무는 사무의 성질이 전국적으로 통일적 처리가 요구되는 사무로서, 국가 또는 상급지방자치단체로부터 지방자치단체의 집행기관에게 위임된 사무를 말한다. 이는 국가사무이다. 따라서 국가사무를 위임받아 집행하는 지방자치단체의 기관은 국가기관의 지위에 있다(법 제115조－제116조).

② 지방자치단체는 자치사무의 수행에 필요한 경비와 위임된 사무에 필요한 경비를 지출할 의무를 진다. 다만, 국가사무나 지방자치단체사무를 위임할 때에는 사무를 위임한 국가나 지방자치단체에서 그 경비를 부담하여야 한다(법 제158조). 지방자치단체나 그 기관이 법령에 따라 처리하여야 할 사무로서 국가와 지방자치단체 간에 이해관계가 있는 경우에는 원활한 사무처리를 위하여 국가에서 부담하지 아니하면 아니 되는 경비는 국가가 그 전부 또는 일부를 부담한다(지방재정법 제21조).

⑵ 자치재정권

지방자치단체는 자치재정권을 가진다. 지방자치단체는 자신의 사무를 처리하기 위해 수입과 지출을 관리하며, 자산 및 부채를 관리·처분한다. 자치재정권은 지방세법과 지방재정법의 규율에 의한다. 지방자치단체의 주된 수입원은 지방세, 지방교부세, 국고보조금 등이다. 예컨대 지방자치단체는 지방세를 부과·징수할 수 있고, 공공시설의 이용 또는 재산의 사용에 대하여 사용료를 징수할 수 있으며, 지방자치단체의 사무가 특정인을 위한 것이면 그 사무에 대하여 수수료를 징수할 수 있고, 재산 또는 공공시설의 설치로 주민의 일부가 특히 이익을 받으면 이익을 받는 자로부터 그 이익의 범위에서 분담금을 징수할 수 있다(지방자치법 제152조－제155조).

(3) 자치입법권

1) 헌법은 제117조 제1항에서 자치입법권을 보장하고 있다. 자치입법에는 지방의회가 제정하는 조례, 지방자치단체의 장이 제정하는 규칙, 교육감이 제정하는 교육규칙 등이 있다.

2) 지방자치단체는 법령의 범위에서 그 사무에 관하여 조례를 제정할 수 있다. 다만, 주민의 권리 제한 또는 의무 부과에 관한 사항이나 벌칙을 정할 때에는 법률의 위임이 있어야 한다(지방자치법 제28조). 헌법이 지방자치단체에 대해 포괄적인 자치권을 보장하고 있는 취지로 볼 때 조례제정권에 대한 지나친 제약은 바람직하지 않으므로, 조례에 대한 법률의 위임은 법규명령에 대한 법률의 위임과 같이 반드시 구체적으로 범위를 정하여 할 필요가 없으며 포괄적인 것으로 족하다.[10] 조례의 위헌·위법 여부에 대한 심사는, 법원이 헌법 제107조 제2항(부수적 심사)에 따라 행하거나, 행정소송(조례무효확인소송)에서 행하거나,[11] 또는 헌법재판소가 헌법소원심판[12]에서 행한다. 지방의회가 제정한 조례에 대하여 이의가 있으면 지방자치단체의 장은 재의를 요구할 수 있다(법 제32조 제3항). 지방의회의 의결이 월권이거나 법령에 위반되거나 공익을 현저히 해친다고 인정되면 지방자치단체의 장은 재의를 요구할 수 있으며, 지방의회가 재의결한 사항이 법령에 위반된다고 인정되면 대법원에 제소할 수 있다(법 제120조).

3) 지방자치단체의 장은 법령 또는 조례의 범위에서 그 권한에 속하는 사무에 관하여 규칙을 제정할 수 있다(법 제29조). 시·군 및 자치구의 조례나 규칙은 시·도의 조례나 규칙을 위반해서는 아니 된다(법 제30조). 교육감은 교육·학예에 관하여 교육규칙을 제정할 수 있다(교육자치법 제20조).

10) 헌재 2019. 11. 28. 2017헌마1356.

11) 조례가 집행행위의 개입 없이도 그 자체로서 직접 국민의 구체적인 권리의무나 법적 이익에 영향을 미치는 등의 법률상 효과를 발생하는 경우 그 조례는 항고소송의 대상이 되는 행정처분에 해당한다(대법원 1996. 9. 20. 선고 95누8003).

12) 예컨대 헌재 2019. 11. 28. 2017헌마1356.

5. 지방자치단체에 대한 국가의 통제

(1) 입법적 통제

헌법이 보장하는 지방자치제도의 법적 성격은 제도적 보장이다. 지방자치는 지방자치단체의 자치를 본질로 하지만, 헌법과 법률의 범위 내에서 인정된다. 입법자는 지방자치제도의 핵심내용을 침해하지 않는 한, 넓은 입법형성권을 가진다. 국회는 입법을 통해 지방자치에 대해 규율할 수 있다(법률에 의한 통제). 행정입법에 의해서도 지방자치에 대한 규율이 가능하다. 즉 집행부는 대통령령 등 행정입법을 통하여 지방자치단체에 대해 통제할 수 있다(행정입법에 의한 통제).

(2) 행정적 통제

1) 행정적 통제에는 비권력적 방법과 권력적 방법이 있다. 비권력적 방법으로는 조언, 권고, 지도, 재정지원, 기술지원 등이 있으며, 권력적 방법으로는 시정명령, 직무이행명령, 감사, 재의요구지시, 제소지시, 직접제소 등이 있다(지방자치법 제188조－제192조)

2) 감사원은 지방자치단체에 대한 합법성 감사 및 합목적성 감사를 할 수 있다.[13] 그러나 행정안전부장관이나 시·도지사의 지방자치단체의 자치사무에 관한 감사는 합법성 감사만 가능하다(법 제190조). 중앙행정기관의 지방자치단체의 자치사무에 대한 감사권은 그 대상과 범위가 한정적인 제한된 감사권이며, 감사에 착수하기 위해서는 자치사무에 관하여 특정한 법령위반행위가 확인되었거나 위법행위가 있었으리라는 합리적 의심이 가능한 경우이어야 하고, 또한, 그 감사대상을 특정해야 한다.[14]

(3) 사법적 통제

법원은 지방자치단체의 장의 처분에 대한 행정소송을 통하여 또는 지방자치법상의 시정명령이나 직무이행명령 관련 소송을 통하여 지방자치단체를 통제한다(법 제188조－제189조). 헌법재판소는 국가기관 상호간, 국가기관과 지방자치단체간 및 지방자치단체 상호간의 권한쟁의에 관한 심판을 통하여 지방자치단체를 통제한다(제111조 제1항 제4호).

---

13) 헌재 2008. 5. 29. 2005헌라3.
14) 헌재 2009. 5. 28. 2006헌라6.

제2편

기본권

제 1 장　기본권 일반이론
제 2 장　개별 기본권
제 3 장　국민의 기본의무

제 1 장 기본권 일반이론

제 1 절 기본권의 의의, 분류 및 법적 성격

Ⅰ. 기본권의 의의

1. 기본권의 개념

(1) 헌법상 권리

1) 기본권은 '헌법상 권리'로서, 헌법에 규정된 개인의 권리를 말한다. 기본권은 언론·출판의 자유처럼 헌법에 명시적으로 규정되어 있는 권리뿐만 아니라, 개인정보자기결정권이나 태어난 즉시 '출생등록될 권리'[1]처럼 헌법에 명시되어 있지는 않지만 헌법해석상 도출되는 권리도 포함한다. 헌법상 권리인 기본권을 침해받으면 예컨대 헌법재판소에 헌법소원심판을 청구함으로써 구제받을 수 있다.

2) 단순히 '법률상 권리'에 불과한 것은 기본권이 아니다. 예컨대 지방자치법상 주민투표권은 법률상 권리이지 헌법상 권리가 아니다. 따라서 법률상 권리인 주민투표권 침해를 이유로 헌법재판소에 헌법소원심판을 청구하는 것은 허용되지 않는다. 헌법소원심판은 기본권 침해를 이유로 청구할 수 있는 것이기 때문이다.

(2) 인권과 기본권

1) 기본권 사상은 인권사상에서 유래한다. 인권사상의 역사적·철학적 기초는 자연법론과 사회계약론에서 찾을 수 있다. 인권이란 인간이기 때문에 당연히 가지고 있는 인간 생래의 권리를 말한다. 즉 인간이 인간으로서의 존엄을 향유하며 살아가는데 필요한 권리로서, 인권은 인간이라면 누구에게나 인정되는 권

1) 헌재 2023. 3. 23. 2021헌마975.

리를 말한다, 한편, 인권이 헌법에 규정되면 그것을 기본권이라고 한다. 즉 기본권은 헌법에 실정화된 인권이다.

2) 인권과 기본권은 엄격하게 말하면 구분된다. 인권은 자연법상의 권리(자연권)이지만, 기본권은 실정법상의 권리(실정권)이다. 인권은 영구불변의 효력을 갖지만, 기본권은 효력상 시간적·장소적 제약을 받으며 사법적 보호대상이다. 어느 권리가 실정권으로 인정되지 않고 자연권으로만 인정될 경우, 그 권리에 대해 사법적 보호가 행해지지 않을 가능성이 있다. 예컨대 저항권의 경우를 보면, 과거에 대법원은 자연권으로서의 저항권은 그것이 실정법에 근거를 두지 못하고 오직 자연법에만 근거하고 있는 한, 법관은 이를 재판규범으로 원용할 수 없다고 판시하였다.[2] 하지만 헌법재판소는 저항권은 공권력의 행사자가 민주적 기본질서를 침해하거나 파괴하려는 경우 이를 회복하기 위하여 국민이 공권력에 대하여 폭력·비폭력, 적극적·소극적으로 저항할 수 있다는 국민의 권리이자 헌법수호제도를 의미한다고 판시하였다.[3]

3) 인권의 대부분은 헌법에 규정되어 있다. 또, 우리 헌법은 제10조 제2문에서 "국가는 개인이 가지는 불가침의 기본적 인권을 확인하고 이를 보장할 의무를 진다."라고 규정하고, 제37조에서 "① 국민의 자유와 권리는 헌법에 열거되지 아니한 이유로 경시되지 아니한다. ② 국민의 모든 자유와 권리는 … , 제한하는 경우에도 자유와 권리의 본질적인 내용을 침해할 수 없다."라고 규정함으로써, 기본적으로 기본권의 자연권성을 인정하고 있다. 헌법재판소도 헌법에 명시되지 않은 생명권을 자연권으로서 기본권 중의 기본권이라고 한다.[4] 그래서 인권과 기본권이라는 용어가 혼용되기도 한다.

2. 기본권과 제도적 보장

(1) 제도적 보장이란 헌법제정권자가 특히 중요하고 가치가 있으며, 헌법적으로 보장할 필요가 있다고 생각하는 국가제도, 예컨대 지방자치제도, 복수정당제도, 직업공무원제도, 혼인제도 등과 같은 객관적 제도를 헌법에 규정하여, 당

---

2) 대법원 1975. 4. 8. 선고 74도3323; 대법원 1980. 5. 20. 선고 80도306.
3) 헌재 1997. 9. 25. 97헌가4; 헌재 2014. 12. 19. 2013헌다1.
4) 헌재 2008. 7. 31. 2004헌바81.

해 제도의 본질을 유지하고 장래의 법발전, 법형성의 방침과 범주를 미리 규율하기 위한 것이다. 헌법에 의하여 일정한 제도가 보장되면 입법자는 그 제도를 설정하고 유지할 입법의무를 지게 될 뿐만 아니라, 헌법에 규정되어 있기 때문에 법률로써 이를 폐지할 수 없고, 비록 내용을 제한한다고 하더라도 그 본질적 내용을 침해할 수 없다.

(2) 제도적 보장은 주관적 권리가 아닌 객관적 법규범이라는 점에서 기본권과 구별된다. 제도적 보장은 객관적 법규범이기 때문에 재판규범으로 작용한다. 그러나 제도적 보장은 주관적 권리를 보장한 것이 아니기 때문에, 개인이 권리주장의 근거로 삼아 헌법소원심판을 청구할 수 없다. 그런데 제도적 보장과 함께 주민의 기본권 침해가 문제되는 경우 헌법소원심판청구가 가능하다. 예컨대 지방자치단체의 폐지·병합에 있어 해당 주민을 타지방자치단체와 차별하여 평등권 침해문제가 발생하면 헌법소원심판청구가 가능하다.

(3) 헌법은 기본권을 최대한 보장하려고 한다(제10조, 제37조). 즉 기본권 보장에는 '최대한 보장의 원칙'이 적용된다. 반면에, 제도적 보장에는 '최소한 보장의 원칙'이 적용된다. 제도적 보장은 입법자가 제도 자체를 폐지하거나 그 본질적 내용을 침해하지 못하게 하는 것이기 때문에, 기본권 보장의 경우와는 달리 그 본질적 내용을 침해하지 아니하는 범위 안에서 입법자에게 제도의 폭넓은 형성권이 인정된다.

Ⅱ. 기본권의 분류

1. 인간의 권리와 국민의 권리

인간의 권리는 인간이라면 누구에게나 인정되는 자연법상의 권리를 말한다. 따라서 인간의 권리는 내·외국인을 불문하고 그 주체성이 인정된다. 예컨대 인간의 존엄과 가치, 행복추구권, 평등권 등은 인간이라면 누구나 향유할 수 있는 것이 원칙이다. 국민의 권리는 실정법(헌법)에 의해서 국민에게만 인정되는 권리를 말한다. 따라서 국민의 권리는 국민에게만 그 주체성이 인정되고 외국인에게는 그 주체성이 부정된다. 예컨대 참정권은 국민에게만 그 주체성이 인정된다.

2. 자연인의 권리와 법인의 권리

기본권의 주체는 자연인인 것이 원칙이다. 즉 자연인은 헌법상 모든 기본권의 주체가 된다. 단 내·외국인에 따른 구분이 있다. 법인은 개별 기본권 성질에 따라 주체성이 인정된다. 예컨대 평등권, 재산권, 직업의 자유 등은 그 성질상 법인에게도 주체성이 인정된다.

3. 초국가적 기본권(자연권, 천부인권)과 실정헌법상 기본권(실정권)

초국가적 기본권은 국가 이전의 권리, 자연법상의 권리로서 자연권이다. 국가에 의해 창설된 권리가 아니라 인간이기 때문에 당연히 인간에게 귀속되는 인간 생래의 권리를 말한다. 예컨대 인간의 존엄과 가치, 행복추구권 등이 여기에 해당한다. 실정헌법상 기본권은 실정헌법(국가)에 의하여 비로소 인정된 권리로서 실정권이다. 권리의 내용은 실정헌법이 인정하는 것에 따른다. 예컨대 참정권이 여기에 해당한다.

4. 절대적 기본권과 상대적 기본권

절대적 기본권은 어떠한 경우에도 제한되지 않는 기본권을 말한다. 예컨대 내심의 작용인 신앙의 자유, 양심형성의 자유 등은 그 성질상 제한이 불가능한 기본권이다. 상대적 기본권은 국가안전보장, 질서유지 또는 공공복리와 같은 일정한 국가적 목적을 위하여 제한될 수 있는 기본권을 말한다. 예컨대 집회의 자유는 질서유지를 위해 제한될 수 있다. 우리 헌법상 내심의 작용을 내용으로 하지 않는 모든 자유와 권리가 상대적 기본권이다.

5. 현행헌법상 기본권 분류

현행헌법상 기본권을 분류하는 방법은 학자에 따라 다르다. 대체로 인간의 존엄과 가치, 행복추구권, 평등권, 자유권적 기본권, 참정권적 기본권, 청구권적 기본권, 사회적 기본권 등으로 분류한다.

Ⅲ. 기본권의 법적 성격

1. 주관적 공권(대국가적 방어권)

(1) 기본권은 주관적 공권이다. 주관적 공권이란 개인적 공권, 즉 개인이 갖는 공법상의 권리를 말한다. 기본권은 개인이 갖는 공법(헌법)상의 권리이다. 권리란 특정한 이익을 누리게 하기 위해 법이 인정하는 힘이라고 할 때, 기본권은 사법적으로 관철 가능한, 즉 소송을 통해서 헌법적 보호를 받을 수 있는 힘이다.

(2) 기본권은 대국가적 방어권이다. 기본권은 전통적으로 국가에 의해 침해되어 왔다. 오늘날의 민주국가에서도 국가권력은 남용되고 국가권력은 불법을 행하기 때문에, 자유와 평등에 대한 주관적 권리를 보장하는 것이 필요하다. 국가의 기본권 침해에 대해 개인은 소송을 제기하여 자신의 기본권을 주장할 수 있다.

2. 객관적 법규범(객관적 법질서의 요소)

(1) 기본권은 객관적 법질서의 기본요소이다. 예컨대 선거권이나 언론·출판·집회·결사의 자유가 민주주의 질서의 기본요소임은 분명하다. 즉 기본권은 개인의 권리이지만 동시에 객관적인 법이다.

(2) 기본권은 객관적인 법이며, 국가 전체 법질서의 기초이다. 모든 국가권력은 기본권의 구속을 받고 기본권을 실현하며 보호해야 할 의무를 진다. 또한 기본권은 사인 간의 법률관계를 규율하는 사법질서도 구속하기 때문에, 개인도 기본권의 구속을 받는다. 그래서 예컨대 개인이 다른 개인의 인격권을 침해하는 경우, 이는 기본권 침해가 되며, 침해받은 개인은 소송을 통해 그 침해를 구제받을 수 있다.

3. 우리 헌법상 기본권의 법적 성격

(1) 우리나라는 역사적으로 볼 때, 군주와 투쟁하여 권리를 쟁취하고 자유주의 시대를 경험한 후, 오늘날의 민주주의 시대로 진입한 것이 아니다. 즉 우리나라는 군주시대와 식민지배를 겪은 후, 곧바로 (형식적으로는)민주국가, 사회국가

시대로 진입하였다. 우리는 민주국가의 길로 들어선 이후에도 독재권력에 의한 인권탄압을 경험하였기 때문에, 국가권력에 의한 기본권 침해를 방어하는 게 여전히 중요하고, 동시에 기본권 보장을 위해 특히 경제적·사회적 약자를 보호하기 위해 국가의 적극적 관여와 급부가 필요한 상황에 처해 있다.

(2) 우리 헌법 제10조, 제37조에 비추어 볼 때, 우리 헌법은 기본적으로 기본권의 자연권성을 인정하고 있다. 그러나 기본권은 헌법에 규정되어야 현실성을 가진다. 헌법에 규정되어 있는 기본권은 모두가 준수해야 하는 객관적 법이기도 하다. 요컨대 우리 헌법상 기본권은 주관적 공권이면서 동시에 객관적 법으로서의 이중적 성격을 가진다.

제 2 절 기본권 보장의 역사

Ⅰ. 각국의 인권선언

1. 영국에서의 인권선언

(1) 1215년 마그나 카르타(Magna Carta: 대헌장)

1215년의 마그나 카르타는 군주와 등족 간의 약정서, 즉 John 왕과 귀족들 간에 합의된 계약문서이다. 마그나 카르타는 일반 백성들의 자유와 권리를 보장하는 것은 아니지만, 기본권 발전에 있어서 매우 중요한 의의를 갖는 자유 보장의 초석(기본권의 모태)으로 일컬어진다. 주요내용으로는, 全文 63개 조항, 귀족과 도시들의 전래된 권리와 특권 보호, 판결에 의해서만 생명·자유·재산 침해 가능, 이러한 의무이행은 독립된 25명으로 구성되는 귀족위원회가 통제, 왕이 이 약속과 의무를 위반할 때 경우에 따라 반항권 인정 등을 들 수 있다.

(2) 1628년 권리청원(Petition of Right)

1628년의 권리청원은 왕의 자의적(恣意的) 통치에 대해 대헌장을 내세워 신민(臣民)의 자유와 권리를 재확인한 것으로서, 찰스 1세로부터 권리청원에 대한 승인을 얻어 냈다. 주요내용으로는, 의회의 동의 없는 과세금지, 의회의 동의 없는 자의적 체포금지 등을 들 수 있다.

(3) 1679년 인신보호법(Habeas Corpus Act)

1679년의 인신보호법은 찰스 2세로부터 얻어 낸 것이다. 주요내용으로는, 체포·구속 영장 없는 체포·구속 금지, 구속적부심사제 등을 들 수 있다.

(4) 1689년 권리장전(Bill of Rights)

1689년의 권리장전은 1688년 명예혁명을 통해 왕(Jacob 2세)을 추방한 뒤 쟁취한 것이다. 주요내용으로는, 의회의 동의 없는 법률의 제정·폐지 금지, 의회의 동의 없는 조세부과 금지, 의회의 동의 없는 상비군설치 금지, 인신의 보호, 청원권, 의회에서의 언론의 자유, 자유로운 선거에 의한 대표자 선출 등을 들 수 있다.

(5) 1701년의 왕위계승법

1701년의 왕위계승법은 왕위계승에 관한 규정만이 아니라 의회의 지배와 자유 보장을 강화하였다.

2. 미국에서의 인권선언

(1) 1776년 버지니아권리장전(Virginia Bill of Rights)

버지니아권리장전은 1776년 6월 12일 버지니아의회에서 만장일치로 채택된 것이다. 주요내용으로는, ① 사람은 생래의 권리를 가지며 그것은 전국가적인 것(자연권), ② 주권은 국민에게 있고, 정부가 그 목적에 반할 때에는 저항권 인정, ③ 생명·자유·재산 불가침, 행복추구권, 종교·신앙의 자유, 신체의 자유, 언론·출판의 자유 등을 들 수 있다.

(2) 1776년 독립선언(The Declaration of Independence)

1776년 7월 4일의 독립선언은 엄격한 의미에서 인권선언의 성격을 가지는 것은 아니다. 인권 관련한 주요내용으로는, 자연권적 인권의 승인, 사회계약설, 국민주권, 모든 국민의 평등, 생명·자유·행복추구권·저항권 등을 들 수 있다.

(3) 1787년 미국연방헌법

1787년의 미국헌법에는 기본권 규정이 없다. 이는 기본권 규정이 기본권제약의 근거가 될 수 있다는 염려 때문이었다. 1791년에 버지니아권리장전(1776)과 유사한 내용의 기본권 10개 조항의 증보가 이루어졌다. 그 후 증보를 통하여 오늘날 수정헌법 제27조(1992. 5. 7.)까지 규정되었다.

3. 프랑스에서의 인권선언

(1) 프랑스에서는 볼테르, 몽테스키외, 루소 등이 프랑스 인권사상에 크게 영향을 미쳤다. 1789년의 인간과 시민의 권리선언(인권선언)은 유럽대륙에 있어서 최초의 근대적 인권선언이었다. 주요내용으로는, 인권의 자연권성, 불가양성, 신성성 선언, 인간은 자유롭고 평등하게 태어남, 국민주권의 원리, 법률은 일반의지의 표현, 자유·재산·안전·억압에 대한 저항권, 신체의 자유, 종교의 자유, 표현의 자유 등을 들 수 있다. 특히 인권선언 제16조는 "인권이 보장되지 않고 권력이 분립되지 않은 사회는 헌법을 가졌다고 볼 수 없다."라고 규정하였다.

(2) 인권선언은 2년 후 제정된 1791년의 프랑스 헌법에 편입되어 헌법의 구성요소가 되었다. 그 후 헌법의 변동이 있었고 그때마다 인권 규정도 변동이 있었으나, 1946년 제4공화국 헌법과 1958년 제5공화국 헌법에서 비로소 현대적 의미의 기본권이 채택되었다.

4. 독일에서의 인권선언

(1) 독일은 1789년의 프랑스혁명과 인권선언에 소극적 반응을 보였다. 왜냐하면 혁명 후의 공포정치를 보고 혁명은 부정적인 것으로 생각되었기 때문이다. 당시 독일의 시민계급은 국민이 국가권력 행사에 참여할 것과 독일의 통일을 요구하였다. 19세기 초반 남부독일의 몇 개 국가가 헌법을 제정하였으나 이 헌법들에 규정된 기본권들은, 국가 이전의 권리(자연권)가 아니라 신민(臣民)의 권리에 지나지 않았다.

(2) 독일은 1919년 바이마르 헌법에서 비로소 모든 고전적 기본권과 더 나아가 세계 최초로 사회적 기본권을 규정하였다. 나치를 겪은 후 1949년 독일 기본법은 현대적이고 모범적인 기본권 규정을 두었다.

Ⅱ. 기본권 보장의 현대적 전개

1. 기본권의 사회화

(1) 현대 사회국가 헌법에서는 자유권 중심의 사회에서 야기된 사회적 불평등을 해결하여 정의사회를 구현하는 것이 실질적으로 인간존엄을 실현하는데 기여한다는 것을 인식하고 사회국가원리 또는 사회적 기본권을 헌법에 규정하게 되었다. 즉 오늘날 실질적 평등이 중요시되면서 기본권 보장의 중점이 자유권적 기본권에서 사회권적 기본권으로 이동하고 있다.

(2) 1919년 바이마르공화국 헌법은 사회적 기본권의 헌법수용에 있어서 결정적 의미를 갖는다. 이 헌법은 사회권으로서 국민의 의무교육과 사회 보장제, 노동력의 보호 등을 규정하였다. 1949년 독일 기본법은 사회화 조항과 사회국가 조항을 두고 있다. 이탈리아 헌법은 사회국가 원리와 사회적 기본권 규정을 함께 두고 있다. 우리나라 헌법은 (명시적인 규정은 없지만)사회국가 원리를 채택하고 사회적 기본권을 규정하고 있다.

2. 기본권 보장의 국제화

(1) 1, 2차 세계대전을 거치면서 심각한 인권유린이 행해졌고, 인권문제가 어느 한 나라만의 문제가 아니라 인류의 보편적 문제로 인식되었다. 그래서 인권보장의 국제화 현상이 두드러지게 나타났다.

(2) 2차 세계대전 후 1945년 국제연합이 결성되었고, 국제연합헌장은 인간의 존엄과 평등을 불가양의 권리로 확인하였으며, 경제적·사회적 기본권을 선언하였다. 국제연합헌장의 정신에 기초하여 1948년 세계인권선언이 유엔총회에서 채택되었다. 세계인권선언은 강제력은 없지만, 인간의 존엄, 평등권, 신체의 자유, 표현의 자유, 망명자보호청구권 등 중요한 기본권들을 포함하고 있다.

(3) 1950년 '인권과 기본적 자유의 보호를 위한 유럽규약(유럽인권협약)'이 채택되었다. 이 유럽인권협약은 유럽지역에서 강제력을 가진 인권규약으로서 회원국에 대해 구속력을 갖는다. 1961년에 사회적 기본권 등으로 그 내용이 확대된 유럽사회헌장이 채택되었다.

⑷ 국제연합은 1966년 국제인권규약을 제정하였다. 이 규약은 ① '경제적·사회적 및 문화적 권리에 관한 규약(A규약)', ② '시민적·정치적 권리에 관한 규약(B규약)', ③ B규약 선택의정서로 구성되어 있다. 이 규약은 세계인권선언을 보다 상세하게 규정하고 있고 서명국에 대해 효력을 갖는다. 우리나라는 A규약에는 유보 없이 가입하고, B규약에는 현재 국내법과 저촉되는 일부 조항(비상계엄하의 단심제, 공무원 및 사립학교교원의 집단행동)을 유보하고 가입한 상태이다.

3. 제3세대 인권

⑴ 전 세계에서 인간이 겪고 있는 절대적 빈곤, 자연환경의 파괴, 미디어와 유전공학 분야에서의 신기술 등의 상황에 대응하여, 1972년 바작(Karel Vasak)은 인권의 세대개념 곧 제3세대 인권이란 개념을 고안해 냈다. 그는 시민적·정치적 권리를 제1세대 인권, 경제적·사회적·문화적 권리를 제2세대 인권이라 부르고, 여기에 추가할 새로운 인권으로서 연대권(solidarity rights)을 제3세대 인권이라 부른다. 제3세대 인권으로는 경제발전권, 평화권, 환경권, 인류공동의 유산에 대한 소유권, 인도주의적 지원을 청구할 권리 등이 거론된다.

⑵ 제1세대 인권(시민적·정치적 권리)의 이념은 자유이며, 제2세대 인권(경제적·사회적·문화적 권리)의 이념은 평등이고, 제3세대 인권(연대권)의 이념은 박애(형제애)이다. 제3세대 인권은 기존의 인권을 보충하는 것이며, 생성 중에 있는 또는 그 인정을 요구하고 있는 권리이다. 제3세대 인권에 대해서는 이것저것 다 인권이라고 하는 것은 인권이념의 인플레이션이라든가, 투쟁을 통해 힘들게 획득한 기존의 인권에 대한 경각심을 감소시킨다는 비판이 있다. 여하간 제3세대 인권은 새로운 범주의 인권으로 주목받고 있다.

제 3 절 기본권의 주체

Ⅰ. 의의

기본권의 주체란 헌법상 보장되어 있는 기본권을 향유할 수 있는 자를 말한다. 따라서 기본권 주체만이 기본권을 행사하며 기본권 침해로부터 보호받을 수 있다. 기본권의 주체는 크게 자연인과 법인으로 나누어진다. 자연인은 국민(내국인)과 외국인으로, 법인은 내국법인과 외국법인, 내국법인은 다시 사법인과 공법인으로 나누어 볼 수 있다.

Ⅱ. 국민

1. 기본권 주체로서의 국민

국민이란 대한민국의 국적을 가진 모든 사람을 말한다. 국민은 누구나 기본권의 주체가 된다. 국민 개개인의 정신적·신체적 능력이나 연령 등은 상관없다.

2. 기본권 능력

(1) 기본권 능력의 의의

1) 기본권 능력이란 헌법이 보장하는 기본권의 주체가 될 수 있는 헌법상의 자격을 말한다. 기본권 능력은 헌법상의 자격이기 때문에, 하위법인 법률상의 조치 예컨대 자격정지 선고에 의해서 박탈되지 않는다.

2) 기본권 능력은 민법상의 권리능력과 비슷하지만 동일하지 않다. 태아의 경우, 민법상 원칙적으로 권리능력이 없고 예외적으로만(상속, 손해배상청구) 권리능력을 갖지만, 헌법상 원칙적으로 생명권의 주체가 된다. 사자의 경우, 민법상 권리능력이 없지만, 헌법상 기본권 능력을 갖는 경우가 있다. 그리고 민법상 권리능력없는 사단이 헌법상 기본권 능력을 갖는 경우가 있다.

(2) 태아의 기본권 주체성

1) 모든 인간은 생명권의 주체이다. 그런데 생명의 시기, 즉 언제부터 인간 생명의 시작점으로 볼 것인지는 견해가 나뉜다. 크게 나누어 보면 수정시설, 착상시설, 생존능력시설, 출생시설 등이 있다. 학설은 대체로 착상시설에 의거하여 태아의 기본권 주체성을 인정한다. 헌법재판소는 착상시설을 취하여, 태아도 생명권의 주체이며, 아직 모체에 착상되거나 원시선이 나타나지 않은 초기배아는 기본권 주체가 아니라고 하였다.[5]

2) 헌법 제10조는 인간의 존엄을 규정하고 있다. 인간존엄의 시기, 즉 언제부터 인간으로서 존엄한 존재인지는 생명의 시기와 같다. 인간생명이 존재하는 곳에 인간존엄이 귀속된다.[6] 따라서 헌법재판소 판례에 따르면 모체에 착상 또는 원시선 출현부터 인간생명은 시작되고 이때부터 인간존엄도 시작된다. 태아는 생명권 및 인간존엄권의 주체이다.

(3) 사자의 기본권 주체성

1) 사자, 즉 죽은 사람은 원칙적으로 기본권의 주체가 아니다. 생명의 종기, 즉 언제까지 인간생명으로 볼 것인지는 전통적으로 심장사를 기준으로 삼고 있다. 장기이식과 관련해서는 뇌사를 기준으로 삼는다.

2) 그런데 인격권은 사망 이후에도 침해될 수 있다. 헌법재판소는 "친일반민족행위 조사 및 결정은 조사대상자의 사회적 평가가 침해되어 헌법 제10조에서 유래하는 일반적 인격권이 제한받는다. 조사대상자가 사자(死者)의 경우에도 인격적 가치에 대한 중대한 왜곡으로부터 보호되어야 한다."[7]라고 판시함으로써 사자의 인격권 제한을 인정하고 있다.

3) 사자의 인격권이 침해되는 경우, 사자의 기본권 주체성을 인정한다면, 누가 사자의 기본권 침해를 구제받기 위한 법적 절차를 밟을 것인지 문제된다. 예컨대 형법 제308조(사자의 명예훼손죄)는 공연히 허위의 사실을 적시하여 사자의 명예를 훼손한 자를 형사처벌하고 있다. 이 죄는 친고죄이다. 형사소송법 제227조는 사자의 친족 또는 자손을 고소권자로 규정하고 있다. 따라서 사자의 명예

---

5) 헌재 2008. 7. 31. 2004헌바81; 헌재 2010. 5. 27. 2005헌마346.
6) BVerfGE 88, 203[251].
7) 헌재 2011. 3. 31. 2008헌바111.

훼손에 대해서는 사자의 친족 또는 자손이 고소권자로서 사자의 기본권 침해를 고소함으로써 사자의 인격권 침해를 구제받기 위한 법적 절차를 밟을 수 있다.

3. 기본권 행사능력

⑴ 기본권 행사능력의 의의

기본권 행사능력이란 기본권 주체가 독립적으로 자신의 책임하에 기본권을 행사할 수 있는 능력을 말한다. 기본권 행사능력은 문제되는 개별 기본권에 따라 기본권 주체의 인식능력, 해당 기본권의 보호목적과 특성에 따라 달리 판단해야 한다. 기본권 행사능력은 민법상 행위능력과 비슷하지만 동일하지 않다. 민법상 행위능력이 제한되는 미성년자의 경우에도 기본권 행사능력은 널리 인정된다.

⑵ 기본권 행사가 제한되는 경우

1) 인간의 존엄권, 생명권처럼 기본권 능력과 기본권 행사능력이 일치하는 경우에는 별문제가 없다. 그러나 일치하지 않는 경우들은 문제가 된다.

2) 기본권 성격상 제한되는 경우가 있다. 예컨대 6살 아이가 집회의 자유, 서신의 비밀의 자유, 결사의 자유, 출판의 자유를 독자적으로 행사할 수 있는지를 생각해 볼 수 있다.

3) 법에 의해 제한되는 경우가 있다. ① 헌법이 규정하는 경우가 있다. 예컨대 헌법상 대통령 피선거권 행사능력은 40세이다(제67조 제4항). ② 헌법의 위임을 받아 법률이 정하는 경우가 있다. 예컨대 헌법의 위임을 받아 공직선거법은 국회의원 선거권과 피선거권을 18세로 규정하고 있다(법 제15조－제16조). ③ 헌법상 위임규정은 없지만 개별 법률이 정하는 경우가 있다. 예컨대 민법은 미성년자의 거주이전의 자유를 제한하는 친권자의 거소지정권을 규정하고 있다(법 제914조).

⑶ 미성년자의 기본권 행사능력

1) 미성년자도 고유한 인격체이며, 부모나 국가의 교육대상에 불과한 것은 아니다. 기본권 행사능력은 미성년자의 정신적 성숙도에 따라 결정되는 것이지 나이에 따라 일괄적으로 결정되는 것은 아니다.

2) 부모의 친권과 미성년 자녀의 기본권이 충돌하는 경우, 미성년 자녀도 고유한 인격체로서 단지 부모의 교육대상에 불과한 존재가 아니라는 점, 기본권 행사능력은 정신적·육체적 능력에 비추어 개개 기본권별로 달리 판단해야 한다는 점, 친권은 친권자의 이익이 아니라 미성년 자녀의 이익을 위해 행사되어야 한다는 점 등을 고려할 때, 미성년 자녀의 기본권 행사에 대한 친권자의 친권행사는 일정한 한계 내에 있다. 따라서 예컨대 미성년 자녀의 인격발현(자아실현) 기회를 원천적으로 차단하는 친권행사는 친권행사의 한계를 넘은 것이다.

Ⅲ. 외국인

외국인이란 대한민국의 국적을 갖고 있지 않은 자를 말한다. 다국적자나 무국적자도 외국인의 범주에 해당한다. 외국인의 경우, 인간의 권리에 대해서는 기본권 주체성이 인정되고, 국민의 권리에 대해서는 기본권 주체성이 부정된다.

Ⅳ. 법인

법인은 소재지에 따라 내국법인과 외국법인으로 나누어지며, 법적 형태에 따라 사법상 법인과 공법상 법인으로 나누어진다. 기본권이 그 성질상 법인에 적용될 수 있는 때에는 법인의 기본권 주체성이 인정된다.

1. 내국법인

(1) 사법인

1) 사법인은 사법에 의해 설립되고 규율되는 법인을 말한다. 사법인의 기본권 주체성은 기본권의 성질과 해당 법인의 특성(목적, 기능)에 따라 결정된다. 기본권이 그 성질상 법인에게 적용될 수 있는 한, 사법상 법인은 자연인의 결합체이든 아니든 기본권의 주체가 된다.

2) 기본권 성질상 법인에게 적용될 수 없는 기본권으로서는, 예컨대 인간의 존엄권, 행복추구권, 생명권, 신체의 자유, 신체를 훼손당하지 않을 권리, 사생활의 비밀과 자유, 신앙의 자유, 양심의 자유, 참정권, 사회적 기본권 등을 들 수

있다. 그런데 헌법재판소는 인간의 존엄권에 의거한 인격권에 관하여, 법인의 기본권 주체성을 인정하고 있다.[8] 즉 법인도 법인의 목적과 사회적 기능에 비추어 볼 때 그 성질에 반하지 않는 범위 내에서 인격권의 한 내용인 사회적 신용이나 명예 등의 주체가 될 수 있다는 것이다. 그러나 직업의 자유나 재산권처럼 자연인에 전속하지 않는 기본권은 법인의 기본권 주체성이 인정된다.

3) 법인 아닌 사단·재단(권리능력없는 사단·재단)이라 할지라도 대표자의 정함이 있고 독립된 사회적 조직체로서 활동하는 때에는 성질상 법인이 향유할 수 있는 기본권을 침해당하면 그의 이름으로 헌법소원심판을 청구할 수 있다.[9] 즉 기본권 주체성이 인정된다. 예컨대 정당이나 노동조합을 들 수 있다.

(2) 공법인

공법인은 특정한 공공의 목적을 위하여 공법에 의해 설립되고 규율되는 법인을 말한다. 전통적으로 공법인(예컨대 국가, 지방자치단체, 공법상 사단·재단)은 국가목적 달성을 위해 설립된 것으로서 국가의 일부분으로 간주되었다. 그런데 오늘날 다양한 공법인이 존재하며 그 역할도 다양하다. 그래서 공법인도 경우에 따라 기본권의 주체가 될 수 있는지 여부가 문제된다.

1) 원칙 원칙적으로 공법인의 기본권 주체성은 부정된다. 국민(또는 국민과 유사한 지위에 있는 외국인과 사법인)만이 기본권의 주체이며, 국가나 국가기관 또는 국가조직의 일부나 공법인은 기본권의 수범자이지 기본권의 주체가 아니고, 오히려 국민의 기본권을 보호하거나 실현해야 할 책임과 의무를 지고 있는 지위에 있다.[10]

2) 예외 예외적으로 공법인의 기본권 주체성이 인정되는 경우가 있다. 즉 공법인이 기본권에 의하여 보호되는 생활영역에 속해 있으며, 시민의 개인적 기본권을 실현하는데 기여하고 있을 뿐만 아니라, 국가로부터 독립되어 있거나 국가와 구별되는 실체를 가지고 있는 경우에는 기본권 주체성이 인정된다.[11] 예컨대 국·공립대학교는 공권력 행사의 주체인 동시에 학문의 자유(대학의 자율)의

8) 헌재 2012. 8. 23. 2009헌가27(방송통신위원회의 사과명령사건).
9) 헌재 1991. 6. 3. 90헌마56.
10) 헌재 1994. 12. 29. 93헌마120; 헌재 2001. 1. 18. 2000헌마149.
11) BVerfGE 21, 362[373f.]; 23, 353[372]; 45, 63[97]; 헌재 2013. 9. 26. 2012헌마271.

주체이며, 공영방송국(KBS)은 언론·출판의 자유(방송의 자유)의 주체이다.[12)]

3) 개인의 지위를 겸하는 국가기관 또는 공공기관 ① 국가기관이나 공공기관의 직무를 담당하는 개인의 경우, 법규정이 규율하는 기본권의 성격, 국가기관으로서의 직무와 제한되는 기본권 간의 밀접성과 관련성, 직무상 행위와 사적인 행위 간의 구별가능성 등을 종합적으로 고려하여 기본권 주체성이 인정되기도 한다.

② 예컨대 대통령은 소속 정당을 위하여 정당활동을 할 수 있는 사인으로서의 지위와 국민 모두에 대한 봉사자로서 공익실현의 의무가 있는 헌법기관으로서의 지위를 동시에 갖는데, 최소한 전자의 지위와 관련해서는 기본권 주체성을 갖는다. 주민소환법이 지방자치단체의 장에 대한 주민소환의 청구사유에 대해 아무런 규정을 두지 않은 것이 지방자치단체의 장의 공무담임권을 침해한다는 주장은, 순수하게 직무상의 권한행사와 관련된 것이라기보다는 공직의 상실이라는 개인적인 불이익과 연관된 공무담임권을 다투고 있으므로, 공무담임권 제한과 관련해서는 지방자치단체의 장의 기본권의 주체성이 인정된다.[13)]

(3) 사법인성과 공법인성을 겸유한 단체

한편, 사법인성과 공법인성을 함께 갖고 있는 중간적 성격의 단체가 등장함에 따라, 사법인과 공법인을 획일적 기준으로 구분하기보다, 구체적인 문제에서 여러 가지 사항을 종합적으로 고려하여 사법인과 공법인을 구분할 필요가 있다. 예컨대 헌법재판소는 사법인성과 공법인성을 겸유한 축협중앙회의 기본권 주체성을 인정하였다.[14)]

2. 외국법인

외국 사법인의 경우 외국인에게 기본권 주체성을 인정할 수 있는 것 중에서 기본권 성질상 법인에게도 적용될 수 있는 기본권에 대해서만 기본권 주체성이 인정된다. 예컨대 사법절차적 기본권은 그 주체성이 인정된다. 외국 공법인의 기본권 주체성은 원칙적으로 부정된다. 외국 공법인이 우리나라에서 기본권을 주장한다는 것은 현실적으로 문제되지 않을 것이다.

---

12) 헌재 1992. 10. 1. 92헌마68; 헌재 1999. 5. 27. 98헌바70.
13) 헌재 2008. 1. 17. 2007헌마700; 헌재 2009. 3. 26. 2007헌마843.
14) 헌재 2000. 6. 1. 99헌마553.

제 4 절 기본권의 효력

Ⅰ. 의의

1. 개념

기본권의 효력이란 기본권이 헌법에 규정된 의미와 내용대로 실현될 수 있는 힘, 즉 기본권의 기속력(구속력)을 말한다. 기본권이 효력을 갖는다는 것은 사법적 관철이 가능하다는 것을 뜻한다. 기본권 주체는 자신의 기본권을 실현하기 위해 경우에 따라 법적 강제수단을 동원할 수 있다. 따라서 사법적 관철이 가능하지 않다면 해당 기본권은 현실적으로 기본권으로서의 효력을 발휘하지 못하는 것이다.

2. 국가권력 구속

기본권은 1차적으로 국가권력을 구속한다. 기본권 보장의 역사를 볼 때, 기본권은 원래 국가권력에 대한 방어권(주관적 공권)이라는 것이 드러난다. 즉 전통적으로 국민의 기본권을 침해하는 자는 국가권력이었다. 국가권력의 기본권 침해에 대해 국민이 자신의 권리를 주장하는 상황에서, 기본권의 대국가적 효력이 문제된다. 오늘날의 민주국가에서도 국가권력이 남용되고 국민의 기본권을 침해하는 상황이 발생하기 때문에, 기본권은 개인의 권리로서 국가에 대해 그 효력을 발휘하는 것이 여전히 중요하다.

3. 사인이나 사회적 세력 구속

다른 한편, 기본권은 사인이나 사회적 세력을 일정한 정도 구속한다. 오늘날 사인이나 사적 세력에 의한 기본권 침해가 빈발하는 상황에서, 사인이나 사적 세력도 기본권에 구속되어야 한다는 기본권의 대사인적 효력의 문제가 제기되었다. 기본권은 주관적 공권이자 객관적 법규범이다. 기본권을 주관적 공권, 즉 대국가적 방어권으로만 이해하는 경우 기본권의 대사인적 효력은 문제되지 않는다. 기본권이 공동체 전체를 규율하는 객관적 법질서의 요소, 즉 객관적 법규범이기도 하다는 것을 인정할 때, 기본권의 대사인적 효력이 인정될 수 있다.

Ⅱ. 기본권의 대국가적 효력

기본권은 1차적으로 국가권력을 구속한다. 헌법 제10조 제2문은 "국가는 개인이 가지는 불가침의 기본적 인권을 확인하고 이를 보장할 의무를 진다."라고 규정함으로써, 국가권력이 기본권에 구속된다는 것을 밝히고 있다.

1. 모든 국가권력 구속

(1) 기본권은 입법권, 집행권, 사법권 등 모든 국가권력을 구속하며, 헌법개정권력도 구속한다. 따라서 기본권을 침해하는 국가권력의 행사는 위헌이다.

(2) 기본권은 입법권을 구속한다. 입법작용은 기본권이 허용하는 범위 내에서 행해져야 한다. 입법자는 기본권을 제한하거나 형성하는 입법을 함에 있어서, 예컨대 비례의 원칙(과잉금지의 원칙)이나 평등의 원칙 등을 준수해야 한다.

(3) 기본권은 집행권을 구속한다. 집행작용은 그것이 권력적 작용이든 비권력적 작용이든 모두 기본권의 구속을 받는다. 권력적 작용, 예컨대 경찰권 행사는 기본권의 구속을 받는다. 그리고 비권력적 작용인 관리작용이나 국고작용(사경제작용)도 기본권의 구속을 받는다. 예컨대 공기업을 통한 전기·가스 공급 같은 공기업 관리작용, 도로의 건설·관리나 하천의 유지·보수 같은 공물 관리작용, 조달청을 통해 공공행정에 필요한 사무용품 구입 같은 국고작용(사경제작용) 등은 모두 기본권의 구속을 받는다. 집행작용은 행정쟁송이나 헌법소송의 대상이 된다.

(4) 기본권은 사법권(법원, 헌법재판소)을 구속한다. 사법권은 헌법의 목적인 기본권 보장을 실현할 수 있게, 기본권의 의미와 내용에 주의하면서 재판해야 한다.

2. 이른바 사회적 기본권의 대국가적 효력 문제

(1) 이른바 사회적 기본권의 대국가적 효력에 대해서는 견해가 대립하고 있다. 이른바 사회적 기본권의 법적 성격에 관한 학설들로서, 법적 권리가 아니라

는 견해로는 프로그램규정설, 국가목표규정설, 헌법위임설·입법위임설 등이 있고, 법적 권리라는 견해로는 추상적권리설, 구체적권리설, 불완전한 구체적권리설, 원칙모델에 따른 권리설 등이 있다. 각 견해에 따라 국가권력을 구속하는 정도가 다르게 된다.

(2) 헌법재판소는 이른바 사회적 기본권의 주관적 권리성을 인정하고 있다. 예컨대 헌법재판소는 '인간다운 생활을 할 권리'가 인간의 존엄에 상응하는 생활에 필요한 '최소한의 물질적인 생활'의 유지에 필요한 급부를 요구할 수 있는 구체적인 권리라고 판시하였다.[15] 그래서 헌법재판소는 이른바 사회적 기본권을 침해받았다는 이유로 청구된 헌법소원을 받아들여 본안판단을 하고 있다.

Ⅲ. 기본권의 대사인적 효력(기본권의 제3자적 효력)

1. 문제의 소재

(1) 사인 상호간의 법률관계에는 사적자치의 원칙이 적용된다. 그러나 오늘날 사적자치를 이용하여 사인 또는 국가권력과 유사한 사적세력에 의한 기본권 침해 현상이 빈발하게 되었다. 예컨대 언론매체의 사생활침해보도, 사기업의 성별이나 종교 등을 이유로 한 차별·신앙에 반하는 행위 강요·사생활 침해, 사립학교의 종교교육강제 등을 들 수 있다. 이러한 상황에서 기본권의 효력범위를 사인 상호간의 법률관계에도 확대시켜야 할 필요성이 대두되었다.

(2) 기본권의 법적 성격을 주관적 공권(대국가적 방어권)으로만 이해할 경우, 기본권의 대사인적 효력의 문제는 인정될 수 없다. 기본권의 법적 성격을 주관적 공권뿐만 아니라 동시에 객관적 법규범으로 이해할 때, 이 문제는 인정될 수 있다. 즉 기본권은 공동체 구성원 모두에게 적용되는 (객관적)법이기 때문에, 사인이 사인의 기본권을 침해하는 행위에 대해, 기본권이 법으로서 효력을 발휘한다.

(3) 사인 상호간의 관계에 기본권을 적용함에 있어서, 양 당사자가 모두 기본권의 주체로서 기본권의 보호를 받기 때문에, 어느 한쪽의 기본권이 부당하게 침해되는 결과가 초래되지 않도록 주의해야 한다. 또한 사인 상호간의 관계에는

15) 헌재 1995. 7. 21. 93헌가14.

사적 자치의 원칙이 적용되는데, 헌법(공법) 규범인 기본권이 적용되면 이 사적 자치의 원칙이 침해될 수 있다. 따라서 사적 자치를 침해하지 않으면서, 기본권 주체인 사인들 상호간에 각자의 기본권이 어떻게 적절하게 보장될 것인지가 문제된다.

2. 미국에서의 기본권의 대사인적 효력

(1) 이론적 근거

1) 미국에서는 자연법적인 기본권 사상에 기초하여, 기본권의 효력(특히 연방헌법 수정 제14조 제1항의 적법절차조항과 평등보호조항)은 오직 국가권력에 대해서만 미친다고 보는 것이 초기의 판례였으나, 그 후 흑인에 대한 사적 차별을 중심으로 사인 간에도 인정하게 되었다.

2) 즉 미국연방대법원은 사인이 다른 사인의 기본권을 침해한 경우, 사인의 침해행위와 국가 사이에 어떤 관련성이 있다면, 사인의 가해행위를 국가행위와 동일시하는 국가작용의제설(state－action－doctrine)에 입각하여 기본권의 대사인적 효력을 인정한다. 국가작용의제설은 원칙적으로 기본권은 국가권력에 대해서만 그 효력을 갖는다는 전통적 입장을 유지하면서, 사인 간의 기본권 침해 문제를 해결하려는 이론구성이다.

(2) 국가작용의제설

미국에서 사인들 상호간의 관계에서 기본권이 적용될 수 있을지 여부는, 사인의 침해행위가 국가와 어떤 관련성이 있다는 이유로 국가행위로 간주될 수 있는지 여부에 달려있다.

1) 국가재산의 이론　　국가재산이론은 국가재산을 임차한 사인이 그 시설에서 다른 사인의 기본권을 침해한 경우에, 그 침해행위와 국가재산임차의 관련성 때문에, 침해행위를 국가행위로 보고 이들 간의 관계에 기본권을 적용하려는 이론이다.

2) 국가원조의 이론　　국가원조의 이론은 국가로부터 재정적 원조, 토지수용권, 조세감면 등의 원조를 받는 사인(예컨대 버스회사와 같은 공익사업체)이, 다른 사인의 기본권을 침해한 경우에, 그 침해행위와 국가원조의 관련성 때문에, 침해행위를 국가행위로 보고 이들 간의 관계에 기본권을 적용하려는 이론이다.

3) 통치기능의 이론　통치기능의 이론은 예컨대 정당처럼 실질적으로 통치기능을 수행하는 사인이, 다른 사인의 기본권을 침해한 경우에, 그 침해행위와 실질적 통치기능 수행의 관련성 때문에, 침해행위를 국가행위로 보고 이들 간의 관계에 기본권을 적용하려는 이론이다. 예컨대 정당이 내규로 흑인에게 예비선거의 투표권을 주지 않는 것은 평등권 침해이다. 즉 예비선거도 정식선거의 일부이고 주헌법이 이것을 인정하고 있기 때문에, 주의 통치행위를 대리하는 정당이 인종차별 행위를 한 게 된다는 것이다.

4) 사법적 집행의 이론　사법적 집행의 이론은 사인의 다른 사인에 대한 기본권 침해가 소송의 대상이 되어 법원이 이에 대해 재판함으로써 그 침해행위가 사법적으로 집행될 경우, 그 집행행위를 위헌적인 국가행위로 보고 여기에 기본권을 적용하려는 이론이다. 예컨대 백인들만 사는 마을에서 흑인에게는 부동산을 매매하지 않기로 주민들 간에 계약을 맺었는데, 어느 백인이 흑인에게 부동산매매를 한 경우, 주민계약에 의거하여 이 부동산매매가 무효임을 주장하는 소송에서, 법원이 주민계약을 합법적인 것으로 인정하여 주민계약에 따라 부동산매매가 무효라고 판결하고 이를 집행하게 하는 것은, 법원이 판결과 집행을 통해, 즉 사법적 집행을 통해 위헌적인 인종차별을 한 게 된다는 것이다.

5) 특권부여의 이론　특권부여의 이론은 국가로부터 특별한 권한을 부여받고 그 권한범위에 관하여 국가의 규제를 받으며 국가와 밀접한 관계를 맺고 있는 사인이, 다른 사인의 기본권을 침해한 경우에, 그 침해행위와 특권부여의 관련성 때문에, 침해행위를 국가행위로 보고 이들 간의 관계에 기본권을 적용하려는 이론이다.

3. 독일에서의 기본권의 대사인적 효력

(1) 이론적 근거

독일 기본법 제9조 제3항 제1문, 제2문은 "근로조건과 경제조건의 유지와 개선을 위하여 단체를 결성할 권리는 누구에게나 그리고 모든 직업에 보장된다. 이 권리를 제한하거나 방해하려는 협약은 무효이며, 이를 목적으로 하는 조치는 위법하다."라고 규정함으로써, 사인인 고용주가 사인인 근로자의 단결권을 침해하는 경우에, 헌법의 단결권 규정이 이들 간에 직접 효력을 미칠 수 있는 헌법적 근거를 두고 있다. 그러나 이 규정 외에 기본권의 대사인적 효력에 관하여 독일 기본법은 침묵하고 있다. 따라서 이 문제는 학설에 맡겨져 있다.

(2) 학설

1) 효력부정설 ① 효력부정설은 사인 간의 법률관계에 기본권이 효력을 미치지 않는다고 한다. 즉 기본권의 대사인적 효력을 원칙적으로 부정한다. 논거로는 첫째, 기본권은 대국가적 방어권일 뿐이며, 둘째, 사인 간에 자유의사로 자신의 기본권을 제한하는 것은 부당하지 않고, 셋째, 사인 간의 기본권 침해는 법률만으로 해결이 충분하며, 넷째, 독일 기본법 제1조 제3항도 기본권이 국가권력만을 구속하고 사인을 구속한다는 규정은 없다는 점을 들고 있다.

② 효력부정설에 대해서는, 오늘날 사인의 기본권침해 현상이 빈발하고 있고, 기본권은 대국가적 방어권일 뿐만 아니라 객관적 법질서이며, 사인의 기본권 침해가 법률만으로 충분하게 해결되지 못하기 때문에, 기본권의 대사인적 효력이 인정되어야 한다는 비판이 가해진다. 오늘날 효력부정설은 찾아보기 어렵다.

2) 직접효력설(직접적용설) ① 직접효력설은 헌법을 최고법으로 하는 전체 법질서의 통일성을 강조한다. 헌법은 최고법이므로, 하위법이 공법이든 사법이든 모두 헌법의 구속을 받는다. 헌법상 권리인 기본권은 사인 간의 법률관계에서도 그 효력을 주장할 수 있으므로, 직접 사인 간의 법률관계에도 적용된다. 예컨대 사인 간에 노예계약을 체결하였을 경우, 이것이 사적자치의 원칙에 따라 사인 간의 자유의사에 따른 합의에 의한 것일지라도, 노예계약은 기본권을 침해하는, 즉 인간의 존엄권을 침해하는 것이기 때문에, 무효인 법률행위라는 것이다. 기본권은 사인 간의 법률관계에도 직접 효력을 갖기 때문에, 사인 간의 법률관계에 기본권을 적용하기 위해 사법상의 일반조항과 같은 매개물은 필요없다. 즉 개인은 사법관계에서도 경우에 따라 기본권을 주장하여 이를 관철시키는 것이 가능하다.

② 직접효력설은 모든 기본권이 사법관계에 직접 적용되는 것은 아니라고 한다. 헌법의 명시적 규정에 따라 또는 기본권 성질상 사인 간의 법률관계에 직접 적용 가능한 기본권(예컨대 인간의 존엄성과 인격의 자유로운 발현권, 평등권, 언론의 자유, 부부와 가정의 보호)만이 직접 효력을 갖는다고 한다. 그래서 이 견해를 한정적 직접효력설이라고 한다. 사인 간의 관계에 기본권이 직접 적용되는

경우에, 개인과 국가 간의 관계에서 적용되는 것과 같은 강도로 기본권이 적용되는 것은 아니다. 왜냐하면 개인은 자율적으로 자신의 기본권을 제한할 수 있기 때문이다. 하지만 개인의 자율적 제한은 제한의 한계(완전한 포기 금지, 본질적 내용 침해금지)가 준수되어야 한다고 한다.

③ 직접효력설에 대해서는, 공법과 사법의 이원적 체계를 무너뜨리고 사적 자치의 원칙이 배제되는 점에 문제가 있다는 비판이 가해진다. 즉 사인 간의 법률관계에서 분쟁이 발생한다면 이는 사법상 분쟁으로서 법원에서 1차적으로 사법규정을 적용하여 해결할 수밖에 없다. 그런데 헌법(공법)의 기본권 규정이 사인 간의 법률관계에 직접 적용된다면, 공·사법 이원체계와 사적 자치가 배제된다는 것이다.

3) 간접효력설(간접적용설) ① 간접효력설(통설·판례)도 헌법을 최고법으로 하는 전체 법질서의 통일성을 강조한다. 최고법인 헌법의 기본권 규정은 사법을 해석·적용할 때에도 고려되어야 한다.

② 사인 간의 법률관계에 우선적으로 적용되는 것은 사법이기 때문에, 공법과 사법의 이원적 체계 및 사적 자치의 원칙을 존중하기 위해, 기본권 규정이 사인 간의 법률관계에 직접 적용될 수 없다. 기본권은 사법상의 일반원칙(신의성실의 원칙, 권리남용금지의 원칙) 또는 일반조항(공서양속조항)을 매개물로 하여 간접적으로 사인 간의 관계에도 적용될 수 있다고 한다. 간접효력설은 사적 자치를 존중하려는 것이며, 사인이 다른 사인과 법률관계를 맺을 때, 자율적으로 형성·처분할 권리도 기본권으로서 보호의 대상에 속한다고 한다.

③ 기본권은 주관적 공권이면서 동시에 객관적인 법규범이다. 따라서 객관적 법으로서 기본권은 모든 생활영역에 영향을 미치는 이른바 '방사효과'를 갖는다. 이 방사효과는 모든 생활영역에 미치기 때문에, 사인 간의 법률관계에도 방사효과가 미치며, 이 방사효과가 힘을 발휘하게 하는 통로가 바로 사법상의 일반원칙이나 일반조항이라고 한다. 법관은 사법의 일반원칙이나 일반조항을 해석·적용함에 있어서, 기본권 규정의 구속을 받는다.

④ 따라서 간접효력설에 따르면, 예컨대 근로자와 사용자 간에 (여성근로자의 경우만)혼인하면 퇴직하기로 하는 근로계약을 체결하였을 경우, 이는 헌법상 평등권을 침해하는 것으로서, (이를 금지하는 법률규정이 없다고 할 경우)민법 제103

조의 공서양속 조항에 위반하는 것으로 보아 무효가 된다.

4. 우리나라에서의 기본권의 대사인적 효력

(1) 헌법규정

우리나라 헌법은 기본권의 대사인적 효력에 대하여 아무런 규정도 두고 있지 않다. 따라서 기본권의 대사인적 효력의 문제는 학설과 판례에 맡겨져 있다. 국내 학설은 기본권의 대사인적 효력을 인정하며, 독일의 영향을 받아 간접효력설이 통설이고, 대법원 판례도 간접효력설에 의거하고 있다.

(2) 국내 학설

1) 국내 학설은 대체로, 첫째, 기본권 성질상 대사인적 효력이 부정되는 기본권(청구권, 사법절차적 기본권, 참정권, 소급입법에 의한 참정권 제한과 재산권 박탈 금지), 둘째, 헌법의 명문규정상 또는 기본권 성질상 사인 간의 관계에 직접 적용되는 기본권(노동3권), 셋째, 기본권 성질상 사인 간의 관계에 간접 적용되는 기본권으로 나누어 설명한다.

2) 요컨대 사인 간의 관계에서 노동3권은 직접 적용되고, 나머지 기본권은 간접 적용되지만 상황에 따라 직접 적용될 수도 있다. 다만 사인 간의 관계에 기본권을 적용하는 것은, 법률규정이 불충분한 예외적인 경우에 한정해야 하고, 사법질서의 독자성을 고려하여 가능한 한 간접 적용하는 것이 바람직하다.

(3) 대법원 판례

1) 대법원은 "기본권 규정은 그 성질상 사법관계에 직접 적용될 수 있는 예외적인 것을 제외하고는 사법상의 일반원칙을 규정한 민법 제2조, 제103조, 제750조, 제751조 등의 내용을 형성하고 그 해석 기준이 되어 간접적으로 사법관계에 효력을 미치게 된다."[16]라고 판시함으로써 간접효력설을 취하고 있다.

2) 그래서 대법원은 기독교계 고등학교에서의 종교교육이 문제된 사건에서, 평준화정책에 따라 강제배정된 학생들을 상대로 종교교육을 사실상 강제하는 것은, 학생의 종교에 관한 인격적 법익을 침해하는 위법한 행위라고 판시하였고,[17] 서울YMCA가 여성회원의 총회원 자격을 배제한 것이 문제된 사건에서,

---

16) 대법원 2011. 1. 27. 선고 2009다19864.

17) 대법원 2010. 4. 22. 선고 2008다38288.

여성회원의 경우만 (의결권을 갖는) 총회원 자격을 배제한 것은, 사회질서에 위반되는 것으로서 여성 회원들의 인격적 법익을 침해하여 불법행위를 구성한다고 판시하였다.[18)]

5. 기본권보호의무

(1) 기본권보호의무란 사인인 제3자의 침해로부터 개인의 기본권을 보호할 국가의 의무를 말한다. 기본권보호의무의 근거로는 기본권의 객관적 가치질서의 요소 내지 객관적 법규범으로서의 성격 또는 헌법 제10조 제2문(국가는 개인이 가지는 불가침의 기본적 인권을 확인하고 이를 보장할 의무를 진다)이 거론된다. 이러한 기본권보호의무가 기본권의 대사인적 효력과 다른 것이 무엇인가라는 비판이 있는 반면, 양자는 관점에서 차이가 있다는 견해, 즉 기본권의 대사인적 효력은 기본권이 국가에 대해서만이 아니라 사인에 대해서도 효력을 갖는다는 관점에서 출발한 이론인 데 반해 기본권보호의무는 기본권 실현을 위한 국가의 의무라는 관점에서 출발한 이론이라는 견해가 있다.

(2) 기본권보호의무는 주로 생명·신체·자유와 관련하여 문제되어 왔다. 헌법재판소는 이를 넘어서 기본권보호의무를 적용하고 있다. 예컨대 선거운동을 위한 확성장치의 최고출력 내지 소음 규제기준에 관한 규정을 두지 아니한 것은, 적절하고 효율적인 최소한의 보호조치를 취하지 아니하여 국가의 기본권보호의무를 과소하게 이행한 것으로서, 청구인의 건강하고 쾌적한 환경에서 생활할 권리를 침해한다고 판시하였다.[19)]

(3) 국가의 기본권보호의무는 1차적으로 입법자에 의해 이행된다. 헌법재판소가 입법자의 기본권보호의무 위반 여부를 심사하는 기준은 과소보호금지원칙이다. 즉 국가가 국민의 기본권 보호를 위하여 적절하고 효율적인 최소한의 보호조치를 취했는가를 기준으로 심사하게 된다. 따라서 국가가 아무런 보호조치를 취하지 않았든지 아니면 취한 조치가 법익을 보호하기에 전적으로 부적합하거나 매우 불충분한 것임이 명백한 경우에 한하여, 헌법재판소는 국가의 기본권보호의무 위반을 확인한다.[20)]

---

18) 대법원 2011. 1. 27. 선고 2009다19864.
19) 헌재 2019. 12. 27. 2018헌마730.
20) 헌재 2009. 2. 26. 2005헌마764.

제 5 절 기본권의 경합과 충돌

기본권의 주체가 기본권을 침해하는 국가에 대해 자신의 기본권을 주장하거나, 사인 간의 관계에 기본권이 적용되는 상황에서, 기본권들은 상호 경합(경쟁)하거나 서로 충돌(상충)할 수 있다. 기본권 경합은 하나의 기본권 주체를 전제하고, 기본권충돌은 복수의 기본권 주체를 전제한다.

Ⅰ. 기본권의 경합

1. 의의

기본권의 경합이란 하나의 기본권 주체가 국가에 대하여 하나의 동일한 사건에서 둘 이상의 기본권을 동시에 주장하는 경우를 말한다. 예컨대 종교단체가 발행하는 신문에 대하여 국가가 간섭할 때 발행인이 종교의 자유와 언론의 자유를 동시에 주장하는 경우, 공무원시험에서 제대군인에게 가산점을 주는 제대군인가산점제도에 대하여 군미필자인 여성이 평등권과 공무담임권을 동시에 주장하는 경우, 길거리 음악가의 공연을 규제할 때 음악가가 예술의 자유와 직업행사의 자유를 동시에 주장하는 경우 등이 기본권 경합의 사례에 해당한다.

2. 해결방법

(1) 일반기본권과 특별기본권이 경합하는 경우

기본권들 간에 일반－특별 관계가 성립되는 경우가 있다. 예컨대 직업의 자유와 공무담임권, 평등권과 교육의 기회균등, 사생활의 비밀과 자유와 통신의 자유의 경우처럼, 일반－특별 관계에 있는 기본권들이 경합하는 경우에는, 특별법 우선의 원칙에 따라 특별기본권에 대한 침해가 존재하는지 여부만을 판단하면 된다. 즉 사생활의 비밀과 자유와 통신의 자유가 경합하는 경우, 일반－특별의 관계가 성립하므로, 통신의 자유 침해 여부만 판단하고 사생활의 비밀과 자유 침해 여부의 심사는 배제된다.

⑵ 제한의 정도가 상이한 기본권들이 경합하는 경우

1) 학설로는 최강효력설과 최약효력설이 있다. 최강효력설은 효력이 더 강한(제한의 정도가 더 적은) 기본권을 우선시켜야 한다고 하고, 최약효력설은 효력이 더 약한(제한의 정도가 더 큰) 기본권을 우선시켜야 한다고 한다. 최강효력설이 다수설이다. 그러나 이 학설은 기본권의 서열을 전제하고 있는데 기본권 서열이 불분명하다는 점, 제한의 정도가 더 적다고 해서 항상 효력이 더 강한 것은 아니라는 점을 고려할 때, 충분한 해결방법이 못 된다는 비판을 받는다.

2) 제한의 정도가 상이한 기본권들이 경합하는 경우, 첫째, 문제되는 사안과 가장 밀접한 관계에 있는 기본권이 우선적으로 적용되고, 둘째, 문제되는 사안과 가장 밀접한 관계에 있는 기본권을 확정하기 어려우면 문제된 사안과 관련이 있는 모든 기본권을 적용할 수밖에 없다. 이렇게 하는 것이 기본권의 최대한 보장이라는 헌법정신에 부합한다. 헌법재판소는 "기본권 경합의 경우에는 기본권 침해를 주장하는 청구인의 의도 및 기본권을 제한하는 입법자의 객관적 동기 등을 참작하여 사안과 가장 밀접한 관계에 있고, 또 침해의 정도가 큰 주된 기본권을 중심으로 해서 그 제한의 한계를 검토하면 족한 것이고, 관련 기본권을 모두 심사할 필요는 없다."[21)]라고 판시하였다.

Ⅱ. 기본권의 충돌

1. 의의

⑴ 기본권의 충돌이란 상이한 복수의 기본권 주체가 서로의 권익을 실현하기 위해 하나의 동일한 사건에서 국가에 대하여 서로 대립되는 기본권의 적용을 주장하는 경우를 말한다. 이때에는, 한 기본권 주체의 기본권 행사가 다른 기본권 주체의 기본권 행사를 제한 또는 희생시킨다는 데 그 특징이 있다. 예컨대, 언론기관의 범죄사실 보도의 경우에 범인의 인격권과 언론기관의 언론의 자유, 명예를 훼손하는 소설의 경우에 소설가의 출판의 자유·예술의 자유와 명예훼손된 사람의 인격권 등이 기본권충돌의 사례에 해당한다.

---

21) 헌재 2018. 7. 26. 2016헌마1029.

(2) 기본권의 충돌은, 기본권이 주관적 공권일 뿐만 아니라 객관적 법규범이라는 기본권의 이중적 성격에 기초하여 기본권의 대사인적 효력이 인정됨을 배경으로 한다. 기본권이 대사인적 효력을 가지기 때문에, 사인은 자신의 권익을 실현하기 위해 서로 대립되는 기본권을 주장하게 되며, 여기서 기본권충돌이 발생한다.

(3) 양심의 자유와 병역의무(국가안전보장)가 충돌하는 이른바 양심적병역거부에서처럼, 기본권이 다른 헌법적 법익과 충돌하는 경우는, 엄격한 의미에서는 기본권충돌이 아니다. 그러나 기본권충돌의 경우와 같은 문제를 다루게 되기 때문에 기본권충돌의 범주 안에서 문제를 해결할 수밖에 없다.

(4) 외견상 기본권충돌처럼 보이지만 실제로는 기본권충돌이 아닌 유사충돌(외견충돌)이 있다. 예컨대 예술행위(예컨대 무대에서의 연극)를 하는 행위자가 타인의 생명을 침해하고 이는 자신의 예술의 자유라고 주장하는 경우, 행위자(살인자)의 예술의 자유와 희생자의 생명권이 충돌하는 것처럼 보인다. 그러나 살인행위는 예술의 자유의 보호영역에 포함되지 않기 때문에 양 기본권 사이에 충돌이 성립하지 않는다.

2. 해결방법

(1) 입법의 자유영역 이론

입법의 자유영역 이론은 입법자가 자신의 자유로운 입법형성권을 행사하여 만든 입법을 통해 기본권충돌의 문제를 해결하는 것이 마땅하며, 헌법재판소는 이러한 입법에 대해 통제할 수 있을 뿐이라고 한다. 그러나 입법의 자유영역 이론에 대해서는, 첫째, 기본권충돌의 문제는 1차적으로 기본권의 보호영역을 확정하는 헌법해석의 문제이며, 둘째, 기본권충돌이 발생하는 상황은 매우 다양하기 때문에 이를 입법으로 미리 규율하여 문제를 해결하는 것은 불가능하다는 비판이 가해진다.

(2) 기본권 서열 이론

기본권 서열이론은 기본권충돌 상황에서 서열이 더 높은 기본권을 우선시킨다. 예컨대 헌법 최고의 가치인 인간 존엄권에 어느 기본권이 더 가까운지 그 정도를 따져 충돌하는 기본권 간의 서열을 정하거나, 경제적 자유보다 정신적 자유의 우위를 인정하거나, 사익 관련 기본권보다 공익 관련 기본권에 우위를 인정하는 등의 방법이 거론된다. 그러나 기본권 서열 이론에 대해서는, 기본권들의 서열을 정하는 것은 부분적으로만 가능할 뿐 모든 기본권들의 서열을 정하는 것은 불가능하고, 따라서 기본권 서열에 따라 우위 기본권을 우선시키는 방법으로 기본권충돌의 문제를 해결하는 것은 제한적이라는 비판이 가해진다.

(3) 법익형량의 원리

법익형량의 이론은 기본권충돌 상황에서 충돌하는 기본권을 각각 저울 양쪽에 달아 그 무게(비중)가 더 많이 나가는 쪽의 기본권(법익)을 우선시킨다. 이때 형량의 방법, 즉 무엇을 기준으로 형량할 것인지가 문제된다. 적절한 방법이 없기 때문에, 결국 기본권 서열에 따라 형량이 행해진다. 그러나 법익형량의 원리에 대해서는, 기본권 서열이 불분명하기 때문에 제한적으로만 해결이 가능하며, 형량을 통해 큰 법익을 우선시키고 적은 법익을 버려야 하기 때문에, 버려지는 적은 법익을 전혀 보호하지 못한다는 비판이 가해진다.

(4) 실제적 조화의 원리

실제적 조화의 원리는 기본권충돌 상황에서 법익형량처럼 어느 한쪽만을 취하고 다른 한쪽은 버리는 것이 아니라, 헌법의 통일성이라는 관점에서 양 법익이 모두 최대한 자신의 법익을 실현시킬 수 있게 조화시켜야 한다는 것이다. 구체적 사안에서 충돌하는 기본권이 각각 가장 잘 실현될 수 있도록 최적의 조화점(경계선)이 비례적으로 그어져야 한다. 즉 기본권충돌을 해결하기 위해 어느 한쪽의 기본권도 희생되지 않도록, 양 기본권을 비례적으로 제한하는 것이 요구된다.

(5) 소결

1) 기본권충돌의 문제는 실제적 조화의 원리에 의하여 적절하게 해결될 수 있다. 그러나 실제적 조화의 원리가 모든 기본권충돌을 해결하지는 못한다. 예컨대 임신부의 자기결정권과 태아의 생명권이 충돌하는 낙태의 경우처럼, 어느 하나를 희생시킬 수밖에 없는 경우(양자택일을 할 수밖에 없는 경우)도 있다. 결국 기본권충돌의 문제를 완벽하게 해결하는 방법은 없다. 일단 실제적 조화의 원리에 따라 해결하는 것이 문제되는 기본권들 중 어느 하나도 완전히 희생시키지 않고 모두 최대한 실현시키는 방법이라고 할 수 있다.

2) 헌법재판소는 기본권이 충돌하는 경우에 기본적으로 실제적 조화의 원리에 의거하고 있다. 예컨대 교원의 교원단체 및 노동조합 가입에 관한 정보의 공

개를 요구하는 청구인들의 알 권리 및 그것을 통한 교육권, 그리고 그 정보의 비공개를 요청하는 정보주체인 교원의 사생활의 비밀과 자유 및 이를 구체화한 개인정보 자기결정권이 충돌하는 사건에서, 교원의 개인정보 공개를 금지하고 교직원의 교원단체 및 노동조합 가입 현황(인원수)만을 공시하도록 한 법령은, 두 기본권을 합리적으로 조화시킨 것이며 양 기본권의 제한에 있어 적정한 비례관계를 유지한 것이라고 판시하였다.[22] 한편, 상하의 위계질서가 있는 기본권끼리 충돌하는 경우에는 상위기본권우선의 원칙에 따라 하위기본권이 제한될 수 있으므로, 흡연권은 혐연권을 침해하지 않는 한에서 인정되어야 한다고 판시하였다.[23]

제 6 절 기본권의 제한

I. 기본권 제한의 의의 및 대상

1. 기본권 제한의 의의

(1) 기본권 제한이란 기본권의 보호영역(내용)에 대해 국가가 개입함으로써 기본권의 보호영역을 축소하는 것을 말한다. 예컨대 어떤 내용의 표현이든 표현의 자유의 보호영역에 해당하는데, 법률이 일정한 표현을 금지한다면, 이는 표현의 자유를 제한하는 것이다. 결국 기본권 제한이란 개별 기본권이 효력을 가지는 내용을 확정하는 것, 즉 내용적 효력범위를 확정하는 것이다.

(2) 기본권 제한은 관련되는 다른 기본권과 (헌법적)법익을 최적으로 실현하기 위하여 기본권 상호간 그리고 기본권과 다른 (헌법적)법익을 조화롭게 만드는 것을 임무로 한다. 기본권 상호간 그리고 기본권과 다른 (헌법적)법익을 조화롭게 만드는 것은, 법익형량을 통한 양자택일적 방법이 아니라 관련되는 모든 법익이 동시에 가장 잘 실현되는 방법을 취하는 것이다. 헌법은 이처럼 관련되는 모든 법익이 동시에 가장 잘 실현되게 만드는 임무를 일부 스스로 수행하기도 하지만, 대부분은 입법자에게 맡기고 있다.

22) 헌재 2011. 12. 29. 2010헌마293.
23) 헌재 2004. 8. 26. 2003헌마457.

(3) 기본권의 보호영역은 개별 기본권이 보호하는 생활영역을 말하며, 기본권의 내용이라고도 한다. 기본권의 보호영역을 확정하는 것은 해당 기본권 하나만 고찰해서는 충분하지 않고, 헌법 전체를 체계적으로 고찰하는 것이 필요하다. 기본권 제한은 기본권의 보호영역에 국가적 조치가 개입하는 것이다. 예컨대 자유권의 경우에 해당 자유권이 보호하는 생활영역에 대해 국가적 조치가 있어야 해당 자유권에 대한 제한이 있다고 할 수 있다. 그리고 해당 자유권에 대한 국가적 조치, 즉 제한이 헌법적 정당성을 갖는지 여부가 검토된다. 헌법적 정당성이 없는 제한, 즉 위헌적인 제한은 침해이다.

2. 기본권 제한의 대상

모든 기본권이 제한의 대상이다. 자유권만이 제한의 대상이라는 견해도 있지만, 헌법에 규정된 기본권은 폐지될 수 없고, 이미 규정된 기본권을 기준으로 본다면 그 기본권의 축소는 곧 제한이 되기 때문이다. 헌법 제37조 제2항은 "국민의 모든 자유와 권리는 … 법률로써 제한할 수 있으며…"라고 규정함으로써, 모든 기본권이 제한의 대상임을 밝히고 있다. 다만, 예컨대 (내면적)양심의 자유 또는 신앙의 자유 등과 같이 성질상 제한이 불가능한 기본권은 제한의 대상이 될 수 없다.

3. 기본권 제한의 방식

기본권 제한의 방식은 헌법에 의한 제한과 법률에 의한 제한으로 나누어진다. 여기서는 편의상 헌법에 의한 제한, 법률에 의한 제한, 이른바 특별권력관계에서의 기본권 제한, 국가비상사태에서의 기본권 제한으로 나누어 살펴본다.

Ⅱ. 헌법에 의한 제한

1. 의의

헌법에 의한 제한이란 헌법이 직접 명시적 규정을 통하여 기본권에 대하여 제한하는 것을 말한다. 헌법에 의한 제한은 헌법 직접적 제한, 헌법유보 또는 헌법적 한계라고도 한다. 이는 헌법이 직접 기본권을 제한하는 것이기 때문에, 기본권 제한을 법률에 위임하는 법률유보와 다르다. 헌법이 직접 기본권 제한을 규정하는 것은 입법자가 기본권 제한에 관한 입법권을 행사함에 있어서 행해질 수 있는 권력남용을 방지하여 보다 충실하게 기본권을 보장하려는 것이다.

2. 헌법규정

헌법이 직접 기본권을 제한하는 규정으로는 다음이 있다.

(1) 정당의 목적이나 활동이 민주적 기본질서에 위배될 때에는 정부는 헌법재판소에 그 해산을 제소할 수 있고, 정당은 헌법재판소의 심판에 의하여 해산된다(제8조 제4항). 이 규정은 헌법이 직접 정당활동의 자유에 대해 제한을 가하고 있다.

(2) 언론·출판은 타인의 명예나 권리 또는 공중도덕이나 사회윤리를 침해하여서는 아니된다. 언론·출판이 타인의 명예나 권리를 침해한 때에는 피해자는 이에 대한 피해의 배상을 청구할 수 있다(제21조 제4항). 국내 다수설은 이 규정이 헌법이 직접 언론·출판의 자유에 대해 제한을 가하는 규정으로 본다. 그러나 헌법재판소는 제21조 제4항은 언론·출판의 자유의 '헌법적 한계(헌법에 의한 제한)'를 규정한 것이 아니라 제한의 요건을 규정한 것이라고 판시하였다.[24] 이 규정은 헌법직접적 제한이 아니라 표현의 자유에 대한 제한의 요건을 규정한 것으로 보는 게 타당하다.

(3) 재산권의 행사는 공공복리에 적합하도록 하여야 한다(제23조 제2항). 이 규정은 헌법이 직접 재산권의 행사에 대해 제한을 가하고 있다.

(4) 군인 또는 군무원이 아닌 국민은 대한민국의 영역안에서는 중대한 군사상 기밀·초병·초소·유독음식물공급·포로·군용물에 관한 죄중 법률이 정한 경우와 비상계엄이 선포된 경우를 제외하고는 군사법원의 재판을 받지 아니한다(제27조 제2항). 이 규정은 헌법이 직접 재판청구권의 주체에 대해 제한을 가하고 있다. 즉 군인 또는 군무원은 군사법원의 재판을 받는 것을 원칙으로 함으로써 재판청구권을 제한하고 있다.

(5) 군인·군무원·경찰공무원 기타 법률이 정하는 자가 전투·훈련등 직무집행과 관련하여 받은 손해에 대하여는 법률이 정하는 보상 외에 국가 또는 공공

24) 헌재 2019. 11. 28. 2017헌마1356.

단체에 공무원의 직무상 불법행위로 인한 배상은 청구할 수 없다(제29조 제2항). 이 규정은 헌법이 직접 국가배상청구권의 주체에 대해 제한을 가하고 있다.

(6) 공무원인 근로자는 법률이 정하는 자에 한하여 단결권·단체교섭권 및 단체행동권을 가진다(제33조 제2항). 법률이 정하는 주요방위산업체에 종사하는 근로자의 단체행동권은 법률이 정하는 바에 의하여 이를 제한하거나 인정하지 아니할 수 있다(제33조 제3항). 이 규정은 헌법이 직접 노동3권의 주체에 대해 제한을 가하고 있다.

(7) 비상계엄이 선포된 때에는 법률이 정하는 바에 의하여 영장제도, 언론·출판·집회·결사의 자유, 정부나 법원의 권한에 관하여 특별한 조치를 할 수 있다(제77조 제3항). 이 규정은 헌법이 직접 영장제도, 언론·출판·집회·결사의 자유, 재판청구권에 대해 제한을 가하고 있다.

(8) 비상계엄하의 군사재판은 군인·군무원의 범죄나 군사에 관한 간첩죄의 경우와 초병·초소·유독음식물공급·포로에 관한 죄중 법률이 정한 경우에 한하여 단심으로 할 수 있다. 다만, 사형을 선고한 경우에는 그러하지 아니하다(제110조 제4항). 이 규정은 헌법이 직접 일정한 경우에 재판청구권을 제한하고 있다.

Ⅲ. 법률에 의한 제한(법률유보)

1. 의의 및 유형

(1) 의의

법률유보(법률에 의한 제한)란 기본권 제한을 법률에 맡기는 것을 말한다. 즉 헌법이 직접 기본권을 제한하는 경우가 아니라면, 원칙적으로 국민대표인 입법자(국회)가 만든 법률에 의해서만 기본권 제한을 가능하게 하는 것을 말한다. 기본권 제한은 모든 국민이 더불어 잘 살 수 있게 하기 위해 기본권 상호간 또는 기본권과 다른 (헌법적)법익을 조화롭게 규율하는 것이고, 헌법은 이렇게 조화롭게 규율하는 임무를 대부분 입법자에 맡겨두고 있기 때문에, 입법자가 이러한 임무를 수행할 때 법률유보가 남용될 위험성이 있다. 그래서 법률유보(법률에 의한 제한)는 법률에 의하기만 하면 얼마든지 기본권을 제한할 수 있다는 뜻이 아

니라 법률에 의하거나 법률에 근거를 두지 않고는 기본권을 제한할 수 없다는 뜻이다.[25)]

⑵ 유형

법률유보(법률에 의한 제한)는 그 목적이 제한인지 형성인지에 따라 '기본권제한적 법률유보'와 '기본권형성적 법률유보'로 나누어 볼 수 있고, 개별 기본권마다 규정하는지 일반적으로 규정하는지에 따라 '개별적 법률유보'와 '일반적 법률유보'로 나누어 볼 수 있으며, 제한에 일정한 요건을 부과하고 있는지 여부에 따라 '단순법률유보'와 '가중법률유보'로 나누어 볼 수 있다.

1) 기본권제한적 법률유보와 기본권형성적 법률유보 ① 기본권제한적 법률유보는 기본권 제한을 법률에 맡기는 것을 말하며, 기본권 제한이 목적이다. 본래적 의미의 법률유보라고도 한다. 예컨대 자유권에 대한 법률유보가 여기에 해당한다. 즉 자연상태에서의 무한한 자유가 국가 안에서는 더불어 살기 위해 규제를 받을 수밖에 없는데, 이러한 규제를 행하는 법률유보는 해당 자유권의 보호영역을 축소시키게 되기 때문에, 기본권제한적 법률유보에 해당한다. 기본권제한적 법률유보의 경우에, 기본권제한의 한계를 벗어나면 기본권 침해가 된다.

② 기본권형성적 법률유보는 기본권의 형성, 즉 기본권의 내용과 범위의 형성을 법률에 맡기는 것을 말하며, 기본권 형성(실현)이 목적이다. 예컨대 국가내적 권리인 참정권에 대한 법률유보가 여기에 해당한다. 즉 선거권은 초국가적·자연적 권리가 아니기 때문에 국가가 선거권의 내용을 어떻게 형성하는가에 따라 선거권 실현을 위한 구체적인 모습이 만들어진다. 이러한 내용을 담는 법률유보는 해당 기본권의 구체적 모습을 형성하기 때문에, 기본권형성적 법률유보에 해당한다. 기본권형성적 법률유보의 경우에, 입법형성의 한계를 벗어나면 기본권 침해가 된다. 그런데 기본권 형성은 기본권 제한과 분명하게 구분되지 않으며 그 경계는 유동적이다. 기본권의 형성은 동시에 제한으로 나타날 수도 있다. 예컨대 재판청구권의 형성은 또한 동시에 제한을 의미하기 때문에, 재판청구권을 구체화하는 절차법은 또한 그를 제한하는 법률이다.[26)]

2) 개별적 법률유보와 일반적 법률유보 ① 개별적 법률유보는 개별 기본권조

25) 계희열, 헌법학(중), 박영사, 2007, 136면; 허영, 한국헌법론, 박영사, 2025, 315면.
26) 헌재 2009. 2. 26. 2007헌바82.

항에 '법률로써 제한할 수 있다' 또는 '법률에 의하지 않고는 제한받지 않는다'는 식의 법률유보 규정을 두는 것을 말한다. 예컨대 헌법 제12조 제1항은 "모든 국민은 신체의 자유를 가진다. 누구든지 법률에 의하지 아니하고는 체포·구속·압수·수색 또는 심문을 받지 아니하며, 법률과 적법한 절차에 의하지 아니하고는 처벌·보안처분 또는 강제노역을 받지 아니한다."라고 규정함으로써, 신체의 자유라는 개별 기본권조항에 법률유보 규정을 두고 있다.

② 일반적 법률유보는 '모든 기본권을 법률로써 제한할 수 있다'는 식으로 일반적으로 규정하는 것을 말한다. 예컨대 헌법 제37조 제2항은 "국민의 모든 자유와 권리는 … 법률로써 제한할 수 있으며"라고 규정함으로써, 법률유보를 일반적으로 규정하고 있다. 우리 헌법은 제37조 제2항이 일반적 법률유보를 규정하고 있기 때문에, 개별적 법률유보는 현실적으로 큰 의미를 갖지 않는다.

3) 단순법률유보와 가중법률유보 ① 단순법률유보는 일정한 요건의 제약없이 '법률로써 제한할 수 있다'는 식으로 규정하는 것을 말한다. 예컨대 "A 자유는 법률로써 제한할 수 있다"는 식으로 규정한다면, 이는 개별적 단순법률유보에 해당한다. 그리고 "모든 기본권은 법률로써 제한할 수 있다"는 식으로 규정한다면, 이는 일반적 단순법률유보에 해당한다.

단순법률유보는 '법률직접적 제한(법률에 의한 제한)'과 '법률에 근거를 둔 제한'으로 나누어진다. '법률직접적 제한'은 집행행위 매개없이 법률규정이 직접 제한을 가하는 것을 말한다. 예컨대 '임신 전기간 의료인으로 하여금 임부나 그 가족에게 태아의 성별 고지를 금지하는 법률규정'은 별도의 집행행위 없이 법률규정이 직접 '의사의 직업수행의 자유 및 헌법 제10조에서 도출되는 일반적 인격권으로부터 나오는 부모의 태아 성별 정보에 대한 접근을 방해받지 않을 권리'를 제한하는 것이다.[27] '법률에 근거를 둔 제한'은 법률규정에 근거를 둔 집행행위를 통해서 제한이 행해지는 것을 말한다. 예컨대 '양도소득세를 부과하도록 하는 법률규정'은 과세처분이라는 집행행위를 통하여 비로소 기본권 제한이 현실화된다.[28]

② 가중법률유보는 '일정한 요건 하에서 법률로써 제한할 수 있다'는 식으로

27) 헌재 2008. 7. 31. 2004헌마1010; 헌재 2024. 2. 28. 2022헌마356.
28) 헌재 2008. 12. 30. 2008헌마729.

규정하는 것을 말한다. 예컨대 "A 자유는 질서유지를 위하여 법률로써 제한할 수 있다."라고 규정한다면, 이는 개별적 가중법률유보에 해당한다. 헌법 제21조 제4항은 "언론·출판은 타인의 명예나 권리 또는 공중도덕이나 사회윤리를 침해하여서는 아니된다."라고 규정하고 있는데, 국내 소수설은 이 규정을 개별적 가중법률유보로 보고 있다.[29] 즉 소수설은, 언론·출판의 자유는 헌법 제37조 제2항에 따라 법률에 의해 제한되는데 그 제한의 요건은 '언론·출판이 타인의 명예나 권리 또는 공중도덕이나 사회윤리를 침해하는 경우'라고 해석하고 있다. 그리고 "모든 기본권은 질서유지를 위하여 법률로써 제한할 수 있다."라고 규정한다면, 이는 일반적 가중법률유보에 해당한다. 헌법 제37조 제2항은 '국민의 모든 자유와 권리는 국가안전보장·질서유지 또는 공공복리를 위하여 필요한 경우에 한하여 법률로써 제한할 수 있으며'라고 규정함으로써, 일반적 가중법률유보의 입장을 취하고 있다.

2. 헌법 제37조 제2항에 의한 제한

헌법 제37조 제2항은 "국민의 모든 자유와 권리는 국가안전보장·질서유지 또는 공공복리를 위하여 필요한 경우에 한하여 법률로써 제한할 수 있으며, 제한하는 경우에도 자유와 권리의 본질적인 내용을 침해할 수 없다."라고 규정하고 있다.

(1) 제한의 요건

1) 국가안전보장 국가안전보장이란 국가 자체의 존립과 안전을 보장하는 것을 말한다. 즉 국가안전보장이란 국가의 존립·헌법의 기본질서 유지 등을 포함하는 개념으로서 결국 국가의 독립, 영토의 보전, 헌법과 법률의 기능, 헌법에 의하여 설치된 국가기관의 유지 등을 의미한다. 국가안전보장을 위한 법률로는 형법(내란죄, 외환죄), 국가보안법 등이 있다.

2) 질서유지 질서유지란 국가 내부에서 국가의 존립과 안전을 보장하는 것으로서, 널리 공공의 안녕질서를 말한다. 질서유지를 위한 법률로는 집회 및 시위에 관한 법률, 도로교통법, 경찰관직무집행법 등이 있다.

---

29) 계희열, 헌법학(중), 박영사, 2007, 138면; 허완중, 헌법으뜸편(기본권론), 박영사, 2020, 136면.

3) 공공복리　공공복리란 국민 공동의 행복과 이익을 말한다. 공공복리는 다의적이고 불확정적인 개념이며 개인의 이념이나 가치관에 따라 개념이 다를 수 있기 때문에, 이를 기본권 제한사유로 하는 것은 신중해야 한다. 공공복리를 위한 법률로는 국토의 계획 및 이용에 관한 법률, 건축법, 도로법, 하천법 등이 있다.

⑵ 필요한 경우

필요한 경우란 기본권을 제한하지 않고는 공적 목적(국가안전보장, 질서유지, 공공복리)을 달성할 수 없는 불가피한 경우(보충성 원리)를 말하여, 또 기본권을 제한하는 경우에도 그 제한은 최소한도에 그쳐야 한다는 것을 말한다. 이는 곧 기본권을 제한할 때 준수해야 하는 과잉금지의 원칙(비례의 원칙)을 표현하고 있는 것이다.

⑶ 법률로써

1) 형식적 의미의 법률　기본권 제한은 법률로써 행해져야 한다. 여기에서의 법률은 국회에서 제정한 형식적 의미의 법률을 말한다. 형식적 의미의 법률 외에 헌법에 의하여 체결·공포된 조약, 일반적으로 승인된 국제법규, 긴급재정·경제명령, 긴급명령 등에 의해서도 기본권 제한이 행해질 수 있다.

2) 법률의 일반성·추상성 및 명확성　법률은 일반성·추상성과 명확성을 가져야 한다. 법률의 일반성·추상성이란 법률이 불특정 다수의 사람과 불특정 다수의 사항에 대해 일반적으로 적용되어야 한다는 뜻이다. 법률의 명확성이란 기본권을 제한하는 법률의 내용은 국민이 인식할 수 있을 정도로 명확해야 한다는 것이다. 명확성의 정도는 법률의 성격에 따라 요구되는 정도에 차이가 있다. 예컨대 부담적 법률은 수익적 법률에 비하여 명확성이 더 요구된다.

3) 처분적 법률의 문제　① 처분적 법률이란 일반적·추상적 사항을 규율하는 일반적 법률과는 달리, 직접 구체적 사건을 규율하거나 특정인에게만 적용되는 법률을 말한다. 우리 헌법은 처분적 법률에 관하여 아무런 규정도 두고 있지 않다. 처분적 법률은 오늘날 사회국가 실현을 위해 합리적인 범위 안에서 그 필요성과 정당성이 인정된다.

② 처분적 법률로서 문제되는 것으로는 개별인적 법률과 개별사건적 법률이 있다. 먼저 개별인적 법률(개인대상법률)이란 일정한 범위의 국민만을 규율대상으로 하는 법률을 말한다. 예컨대 주식회사 연합뉴스를 국가기간뉴스통신사로

지정하고 이에 대한 재정지원 등을 규정한 뉴스통신진흥에관한법률은 (연합뉴스에 대한)개인대상법률로서 처분적 법률에 해당한다.[30] 다음에 개별사건적 법률이란 개별적·구체적 사건을 규율대상으로 하는 법률을 말한다. 예컨대 5·18민주화운동등에관한특별법은 이른바 12·12 사건과 5·18 사건에만 적용됨을 명백히 밝히고 있으므로 개별사건법률에 해당한다.[31]

③ 헌법재판소는 "우리 헌법은 처분적 법률로서의 개인대상법률 또는 개별사건법률의 정의를 따로 두고 있지 않음은 물론, 이러한 처분적 법률의 제정을 금하는 명문의 규정도 두고 있지 않으므로, 특정한 규범이 개인대상 또는 개별사건법률에 해당한다고 하여 그것만으로 바로 헌법에 위반되는 것은 아니다. 다만 이러한 법률이 일반국민을 그 규율대상으로 하지 아니하고 특정 개인이나 사건만을 대상으로 함으로써 차별이 발생하는바, 그 차별적 규율이 합리적인 이유로 정당화되는 경우에는 허용된다."[32]라고 판시하였다.

Ⅳ. 이른바 특별권력관계에서의 기본권 제한

1. 전통적 특별권력관계론

(1) 바이마르 시대 지배적 견해인 전통적 특별권력관계론은, 19세기 후반 독일의 (외견적)입헌군주제를 배경으로 하여, 군주와 (신흥시민세력을 대표하는) 의회 간 타협의 산물로서 성립되었다. 이 이론은 의회가 군주의 권력을 제한하는 반대급부로서, 군주에게 '법으로부터 자유로운 (행정)영역'을 확보해주기 위한 것이었다. 즉 법은 인격주체 간의 관계를 규율하는 것이므로, 국가는 법인격체로서 국가와 다른 인격주체(예컨대 국민) 간에는 법이 적용되지만, 국가 내부(하나의 법인격체 내부), 즉 특별권력관계는, 인격주체 간의 관계가 아니므로, 법이 침투할 수 없다는 것이다.

(2) 이른바 특별권력관계란 특별한 공법적 원인(법률의 규정[33] 또는 당사자의

---

30) 헌재 2005. 6. 30. 2003헌마841.

31) 헌재 1996. 2. 16. 96헌가2.

32) 헌재 2011. 5. 26. 2010헌마183.

33) 예컨대 확정판결된 수형자를 교도소에 수감하는 것은 직접 형집행법의 규정에 의해 특별권력관계가 성립하는 경우에 해당한다.

동의[34])에 의하여 성립되며, 특정한 공법상 목적을 달성하기 위하여, 필요한 범위 내에서 당사자의 일방이 타방을 포괄적으로 지배하고 타방은 그에 복종함을 내용으로 하는 두 주체 간의 공법관계를 말한다. 이는 국가 구성원으로서의 국민이 갖는 일반적 지위에서 국민이 국가권력에 복종하는 관계인 일반권력관계에 대응하는 개념이다.

(3) 이른바 특별권력관계는 — 일반권력관계와 달리 — '법으로부터 자유로운 영역'으로서, 이 관계에서는 법치주의의 적용이 배제되고 따라서 법률에 의거하지 않은 기본권 제한이 가능하며, 과잉금지의 원칙이 적용되지 않고, 이 관계에 해당하는 국민에 대한 기본권 침해시 사법심사가 배제된다. 특별권력관계에 해당하는 사람들(예컨대 국가공무원, 수형자)에 대한 기본권 제한이 법률에 의하지 않고도 가능한 것으로 이해된 것은, 이들이 국가의 일부이거나 기본권을 포기한 것으로 간주되었기 때문이다.

2. 비판

특별권력관계론은 19세기 후반부터 기본법시대까지 지속되었지만, 2차 대전 이후 많은 비판을 받았다. 1972년 독일연방헌법재판소는 수형자판결에서 수형자의 기본권을 제한하는 경우에도 법률에 의하여 또는 법률에 근거를 두어야만 가능하다고 판시하였다. 이로써 전통적 특별권력관계론은 폐기되었다.

3. 새로운 견해 - 특수신분관계(특수지위관계)

헷세(K. Hesse)는 지배주체로서의 국가와 복종주체로서의 개인을 전제로 하여 국가와 개인의 관계를 지배와 복종의 관계로 보고 개인의 일반적 지위를 일반적 권력관계로 보는 것은, 오늘날의 민주적 헌법질서에서는 더 이상 그 존재이유를 상실했으며, 일반권력관계에 대응하는 특별권력관계도 함께 그 존재이유를 상실했다고 한다. 그는 일반국민이 국가에 대해 갖는 통상적 권리·의무 관계를 넘어 개인이 국가에 대해 보다 밀접한 관계를 가짐으로써 특별한 의무를 발생시키거나 부분적으로 특별한 권리도 발생시키는 여러 가지 형태의 관계들을

---

34) 예컨대 공무원 근무관계는 임의적 동의에 해당하고, 의무교육 학교 입학은 강제적 동의에 해당한다.

특수신분관계(특수지위관계)라고 한다.[35)]

4. 특수신분관계에서의 기본권 제한

(1) 오늘날의 헌법국가에서는 실질적 법치주의가 지배하기 때문에, 헌법적 근거 없이도 기본권을 제한할 수 있다는 전통적 특별권력관계론은 인정될 여지가 없다. 즉 전통적 특별권력관계론에서 말하는 특별권력관계에서도 법치주의가 적용되고 그 안에서의 조치에 대해서도 사법심사가 행해질 수 있다. 따라서 이른바 특별권력관계는 특수신분관계(특수지위관계)로 지칭하는 것이 타당하고, 여러 가지 형태의 특수신분관계들(공무원, 수형자, 군인, 국·공립학교 학생)은 각각의 관계에 따른 특수성으로 인해 관계마다 기본권 제한의 강도가 다르고 일반국민의 경우보다 더 강할 수 있다.

(2) 예컨대 수형자 수감의 경우처럼 일반 국민과는 다른 목적·기능을 갖는 부분사회가 존재한다. 이러한 경우에는 해당 부분사회의 목적·기능을 달성하기 위하여 일반 국민과는 다른 정도의 기본권 제한이 행해질 수 있다. 예컨대 수형자에게 일반국민과 동일하게 집회의 자유를 보장할 수는 없으며, 군인에게 일반국민과 동일하게 거주·이전의 자유를 보장할 수는 없다.

5. 특수신분관계별 기본권 제한 사례

(1) 헌법에 의한 제한

군인·군무원·경찰공무원 등에 대해서는 국가배상청구권을 제한하고 있다(제29조 제2항). 공무원인 근로자는 법률이 정하는 자에 한하여 단결권·단체교섭권 및 단체행동권을 가진다(제33조 제2항). 군인 또는 군무원은 원칙적으로 군사법원의 재판을 받는다(제27조 제2항). 비상계엄하의 군사재판은 군인·군무원의 일정한 범죄에 대하여 사형을 선고한 경우를 제외하고는 단심으로 한다(제110조 제4항).

(2) 법률에 의한 제한

공무원은 정당가입이나 정치활동이 금지된다(정당법 제22조, 국가공무원법 제

---

35) 계희열역(K. Hesse저), 통일독일헌법원론, 박영사, 2001, 206면. 국내 행정법학계에서는 특별행정법관계라는 용어를 많이 사용한다.

65조). 공무원은 표현의 자유를 제한받는다. 즉 공무원은 재직 중은 물론 퇴직 후에도 직무상 알게 된 비밀을 엄수하여야 한다(법 제60조). 공무원은 대통령이나 국회의원 선거에서 후보자가 되려면 선거일 전 90일까지 그 직을 그만두어야 한다(공직선거법 제53조). 그 밖에 군인, 공무원, 수형자 등은 여러 가지 법률에 의해 기본권 제한을 받는다.

V. 국가비상사태에서의 기본권 제한

1. 긴급재정·경제명령 및 긴급명령에 의한 기본권 제한

⑴ 긴급재정·경제명령에 의한 기본권 제한

헌법 제76조 제1항의 긴급재정·경제명령은 법률의 효력을 가지며, 국민의 재정·경제 생활영역에 대해 제한을 가할 수 있다. 예컨대 직업의 자유, 재산권, 근로3권 등의 재정·경제 생활영역에 관한 기본권에 대해 제한이 행해질 수 있다.

⑵ 긴급명령에 의한 기본권 제한

헌법 제76조 제2항의 긴급명령은 법률의 효력을 가지며, 제한대상이 되는 국민의 생활영역이 재정·경제 생활영역에 한정되지 않고 포괄적이다. 즉 재정·경제 생활영역에 관련되는 기본권만이 아니라, 모든 기본권이 제한의 대상이 된다.

2. 비상계엄에 의한 기본권 제한

⑴ 헌법규정

헌법 제77조 제1항은 계엄선포권을 규정하고 있고, 제3항은 "비상계엄이 선포된 때에는 법률이 정하는 바에 의하여 영장제도, 언론·출판·집회·결사의 자유, 정부나 법원의 권한에 관하여 특별한 조치를 할 수 있다."라고 하여 비상계엄하에서 일정한 기본권을 제한할 수 있음을 명시하고 있다.

⑵ 제한되는 기본권

1) 헌법 제77조 제3항에 따르면, 비상계엄이 선포된 때에는 법률이 정하는 바에 의하여 영장제도(신체의 자유, 주거의 자유), 언론·출판·집회·결사의 자유에 대하여 특별한 조치를 할 수 있다. 비상계엄하에서는 민간인도 군사법원의

재판을 받는다(제27조 제2항). 비상계엄하의 군사재판은 일정한 범죄에 한하여 사형을 선고한 경우를 제외하고 단심으로 할 수 있다(제110조 제4항).

2) 한편, 계엄법 제9조 제1항은 "비상계엄지역에서 계엄사령관은 군사상 필요할 때에는 체포·구금·압수·수색·언론·출판·집회·결사 또는 단체행동에 대하여 특별한 조치를 할 수 있다."라고 규정하고 있다. 계엄법은 헌법에 명시되지 않은 단체행동권에 대해서도 특별한 조치를 할 수 있다고 규정하고 있다. 이에 대해 헌법에 명시되지 않은 기본권에 대해서, 하위법인 법률이 특별한 조치를 할 수 있는 기본권으로 명시한 것은, 헌법 제77조 제3항을 한정적 열거규정으로 보는 입장에서는 위헌이라고 하고, 예시규정으로 보는 입장에서는 합헌이라고 한다.

Ⅵ. 기본권 제한의 한계

헌법 제37조 제2항은 "국민의 모든 자유와 권리는 국가안전보장·질서유지 또는 공공복리를 위하여 필요한 경우에 한하여 법률로써 제한할 수 있으며, 제한하는 경우에도 자유와 권리의 본질적인 내용을 침해할 수 없다."라고 규정하고 있다. 이 규정은 기본권 제한의 근거이면서 동시에 기본권제한입법의 한계를 명시하고 있다.

1. 과잉금지의 원칙(비례의 원칙)

(1) 의의

1) 과잉금지의 원칙(비례의 원칙)은 모든 공권력이 기본권을 제한하려 할 때 준수해야 하는 헌법상 원칙으로서 불필요한 지나친 기본권 제한을 걸러내는 기능을 수행한다. 과잉금지의 원칙의 헌법적 근거로는 법치국가원리, 기본권의 본질, 평등원칙, 일반적 법원칙의 하나 또는 헌법 제37조 제2항의 '필요한 경우에 한하여'라는 표현 등이 거론된다.

2) 과잉금지의 원칙은 입법이 달성하고자 하는 목적과 목적달성을 위해 선택한 수단 간의 관계를 통제하는 원칙이다(적합성, 필요성, 협의의 비례성). 여기서는 헌법재판소 판례에 따라 목적의 정당성, 수단의 적합성(적정성), 침해(피해)의

최소성, 법익의 균형성으로 나누어 살펴본다.

(2) 구성요소

1) 목적의 정당성 목적의 정당성이란 기본권 제한을 통해서 달성하고자 하는 목적이 정당해야 한다는 것이다. 예컨대 혼인빙자간음죄는 여성에 대한 남성우월의 고전적인 정조관념에 입각한 것으로서, 형벌규정을 통하여 추구하고자 하는 목적 자체가 정당성이 인정되지 않으며, 동성동본금혼제도는 그 입법목적이 혼인에 관한 국민의 자유와 권리를 제한할 '사회질서'나 '공공복리'에 해당될 수 없다.[36)]

2) 수단의 적합성 수단의 적합성이란 입법목적 달성을 위하여 선택한 수단(기본권 제한조치)이 입법목적을 달성하는데 기여해야 한다는 것이다. 수단의 적합성은 입법목적의 완전한 달성을 요구하지는 않고 부분적인 목적달성만을 이룰지라도 이 요건은 충족된다. 예컨대 집회 참가자에 대한 직사살수행위 당시 억제할 필요성이 있는 생명·신체의 위해 또는 재산·공공시설의 위험 자체가 발생하지 않았다면, 직사살수행위가 불법 집회로 인하여 발생할 수 있는 타인 또는 경찰관의 생명·신체의 위해와 재산·공공시설의 위험을 억제하고자 하는 입법목적에 기여할 수 있는 수단이었다고 볼 수 없다.[37)] 그리고 임신 32주 이전에 태아의 성별 고지를 금지하는 의료법 규정은, 남아선호사상이 확연히 쇠퇴하고 있고, 심판대상조항이 사문화되었음에도 불구하고 출생성비가 자연성비의 정상범위 내이므로, 심판대상조항은 더 이상 태아의 성별을 이유로 한 낙태를 방지하기 위한 목적을 달성하는 데에 적합하고 실효성 있는 수단이라고 보기 어렵고, 입법수단으로서도 현저하게 불합리하고 불공정하다.[38)]

3) 침해의 최소성 ① 침해의 최소성이란 입법목적달성을 위해 선택한 수단(기본권 제한조치)이 기본권을 최소한으로 제한하는 수단이어야 한다는 것이다. 즉 기본권을 덜 제한하는 다른 수단을 통해서 동일한 결과나 더 나은 결과를 얻을 수 있다면 침해의 최소성 요건은 충족되지 않는다. 예컨대 특정한 운전면허를 부정 취득하면, '부정 취득한 운전면허'뿐만 아니라 '부정 취득하지 않은 운

---

36) 헌재 1997. 7. 16. 95헌가6; 헌재 2009. 11. 26. 2008헌바58.
37) 헌재 2020. 4. 23. 2015헌마1149.
38) 헌재 2024. 2. 28. 2022헌마356.

전면허'까지 필요적으로 취소하도록 한 도로교통법 규정은, 임의적 취소·정지 사유로 하는 등 기본권을 덜 제한하는 완화된 수단에 의해서도 입법목적을 같은 정도로 달성하기에 충분하므로, 피해의 최소성 원칙에 위배된다.[39)]

② 그런데 헌법재판소는 사안에 따라 침해의 최소성 원칙을 완화하여 적용한다. 예컨대 특정의료기관이나 특정의료인의 기능·진료방법에 관한 광고를 금지하는 의료법규정이 표현의 자유 내지 직업수행의 자유를 침해하는지 여부가 문제된 사건에서, 헌법재판소는, "상업광고는 표현의 자유의 보호영역에 속하지만, 정치적 표현행위와 차이가 있고 인격발현에도 중대한 것이 아니다. 따라서 상업광고 규제에 관하여 비례원칙 심사를 하더라도 '피해(침해)의 최소성' 원칙은 입법목적을 달성하기 위하여 달리 덜 제약적인 수단이 없을 것인지 또는 같은 목적을 달성하기 위하여 필요한 최소한의 제한인지를 심사하기보다, 입법목적을 달성하기 위하여 필요한 범위 내의 것인지를 심사하는 정도로 완화되는 것이 상당하다."[40)]라고 판시하였다.

③ 또한 헌법재판소는 사안에 따라 비례의 원칙 자체를 완화하여 적용한다. 즉 제한하는 내용이 개인의 본질적이고 핵심적인 자유영역에 속하는 사항인지, 사회적 연관관계가 큰 경제활동에 관한 사항인지에 따라 비례원칙 적용에 있어서 심사강도가 달라질 수 있는데, 사회적 연관관계에 있는 경제적 활동을 규제하는 입법사항에 대하여는 보다 완화된 심사기준이 적용된다.[41)]

예컨대 ㉠ 주 52시간 상한제를 정한 근로기준법 규정이 계약의 자유와 직업의 자유를 침해하는지 여부가 문제된 사건에서, 헌법재판소는, "주 52시간 상한제조항과 같은 근로시간법제는 개인의 본질적이고 핵심적인 자유 영역에 관한 것이라기보다 사회적 연관관계에 놓여 있는 경제 활동을 규제하는 사항에 해당한다고 볼 수 있다. 그러므로 그 위헌성 여부를 심사함에 있어서는 완화된 심사기준이 적용된다. 입법자는 제반 사정을 감안하여 경제영역에서의 국가목표를 이루기 위해 가능한 여러 정책 중 필요하다고 판단되는 경제정책을 선택할 수 있고, 입법자의 그러한 정책판단과 선택은 그것이 현저히 합리성을 결여한 것이

39) 헌재 2020. 6. 25. 2019헌가9.
40) 헌재 2005. 10. 27. 2003헌가3; 헌재 2008. 5. 29. 2007헌마248.
41) 헌재 2024. 2. 28. 2020헌마1343.

라고 볼 수 없는 한 경제에 관한 국가적 규제·조정 권한의 행사로서 존중되어야 한다. 주 52시간 상한제가 비록 사용자와 근로자가 근로시간에 관하여 자유롭게 계약할 수 있는 자유를 제한하고 사용자의 직업의 자유를 제한하지만, 우리나라의 장시간 노동 문제를 해결하기 위해 이와 같은 조치가 필요하다고 본 입법자의 판단이 합리적이므로, 이는 과잉금지원칙에 반하여 사용자와 근로자의 계약의 자유와 사용자의 직업의 자유를 침해하지 않는다."[42]라고 판시하였다.

㉡ 주택임대차보호법상 임차인의 계약갱신요구권 및 차임증액 제한 사건에서, 헌법재판소는, 계약의 자유로 보호되는 내용은 임대인 소유의 주택에 대한 사용·수익행위로서 일반적인 경제활동 영역에 속하는 것이고, 임차인 보호와 주거안정 보장의 측면에서 중요한 사회적 관련성을 갖는다. 따라서 입법자는 주택소유자의 해당 주택에 대한 사용·수익권의 행사 방법과 임대차계약의 내용 및 그 한계를 형성하는 규율을 할 수 있다고 할 것이므로, 주택임대차법상 임차인 보호 규정들이 임대인의 계약의 자유와 재산권을 침해하는지 여부를 심사함에 있어서는 보다 완화된 심사기준을 적용하여야 할 것이다."라고 하고, 임차인이 계약갱신을 요구할 경우 임대인이 정당한 사유 없이 이를 거절하지 못하도록 한 '계약갱신요구 조항', 갱신되는 임대차의 차임과 보증금 증액한도를 규정한 '차임증액한도 조항', 임대인이 실제 거주를 이유로 갱신 거절 후 정당한 사유 없이 제3자에게 임대한 경우의 손해배상책임 및 손해액을 규정한 '손해배상 조항'은, 임차인의 주거안정 보장이라는 주택임대차보호법의 취지 등을 고려할 때, 과잉금지원칙에 반하여 임대인의 계약의 자유와 재산권을 침해한다고 볼 수 없다고 판시하였다.[43]

4) 법익의 균형성　　법익의 균형성이란 입법목적달성을 위해 선택한 수단(기본권 제한조치)이 목적과 비례관계에 있어야 한다는 것이다. 입법목적달성(공익)을 위해 개인의 기본권(사익)을 제한할 때, 제한당하는 개인의 기본권(사익: 기본권 제한을 통해 초래된 개인의 희생)이 공익보다 더 커서는 안 된다. 예컨대 자기낙태죄 조항은 입법목적을 달성하기 위하여 필요한 최소한의 정도를 넘어 임신한 여성의 자기결정권을 제한하고 있어 침해의 최소성을 갖추지 못하였고, 태아

42) 헌재 2024. 2. 28. 2019헌마500.
43) 헌재 2024. 2. 28. 2020헌마1343.

의 생명 보호라는 공익에 대하여만 일방적이고 절대적인 우위를 부여함으로써 법익균형성의 원칙을 위반하였다.[44)]

2. 본질적 내용 침해금지

(1) 의의

헌법 제37조 제2항에 따라 입법자는 기본권을 제한할 경우 기본권의 본질적 내용을 침해할 수 없다. 입법자는 기본권을 제한하는 법률을 통해 해당 기본권을 사실상 유명무실하게 만들 수 있기 때문에, 기본권의 본질적 내용 침해금지 규정은 기본권이 유명무실하게 되는 것을 방지하는 경고적 의의를 갖는다. 본질적 내용이 무엇인지에 관하여 절대설, 상대설, 절충설 등이 있다.

(2) 학설

1) 절대설 이 견해는 기본권을 제한할 경우에도 더 이상 침해할 수 없는 핵심영역이 모든 기본권에 있다고 한다. 즉 기본권을 제한하고 난 후에도 해당 기본권에 남는 것이 있어야 한다고 한다. 그러나 그 한계가 어디 있는지, 핵심영역이 무엇인지에 대해서는 침묵한다.

2) 상대설 이 견해는 구체적인 경우에 여러 법익들을 형량하여 본질적 내용의 범위가 확정된다고 한다. 즉 경우에 따라 본질적 내용의 범위가 넓게 또는 좁게 확정될 수 있다고 한다. 그래서 국가적 법익을 위해 필요한 경우에는 해당 기본권을 전적으로 제한함으로써, 제한하고 난 후 남는 것이 아무것도 없는 상태가 될 수도 있다고 한다.

3) 절충설 이 견해는 절대적으로 보호되어야 할 기본권의 핵심영역 자체는 인정하지만, 공동체 존립을 위해 필요한 법익을 보호하기 위해서는 해당 기본권의 핵심영역까지도 침해할 수 있다고 한다.

(3) 헌법재판소 판례

헌법재판소는 절대설의 입장을 취하고 있다. 즉 헌법재판소는 재산권의 본질적인 내용이라는 것은 재산권의 핵이 되는 실질적 요소 내지 근본적 요소를 뜻하며, 재산권의 본질적인 내용을 침해하는 경우라고 하는 것은 그 침해로 인

---

44) 헌재 2019. 4. 11. 2017헌바127.

하여 사유재산권이 유명무실해지거나 형해화되어 헌법이 재산권을 보장하는 궁극적인 목적을 달성할 수 없게 되는 경우이고, 기본권의 본질적 내용은 개별 기본권마다 다를 수 있다고 판시하였다.[45)]

제 7 절 기본권의 침해와 구제

헌법은 기본권을 보호하기 위한 수단으로 사전·예방적 수단과 사후·구제적 수단을 규정하고 있다. 사전·예방적 수단으로는 기본권의 본질적 내용 침해금지, 일반성·명확성을 가진 법률에 의한 제한, 청원권, 대통령의 법률안거부권 등이 있다. 그러나 기본권의 본질적 내용 침해금지, 청원권, 대통령의 법률안거부권의 경우 기본권 보호 수단으로 실효성이 별로 없다. 이하에서는 사후·구제적 수단들을 살펴본다.

Ⅰ. 입법권에 의한 기본권 침해와 구제

1. 위헌법률심판(구체적 규범통제)에 의한 보호

위헌법률심판은 구체적 사건에서 적용할 법률의 위헌여부가 재판의 전제가 된 경우에, 법원의 제청으로 헌법재판소가 법률의 위헌여부를 심판하고, 위헌으로 결정된 법률의 효력을 상실시키는 제도이다(제107조 제1항, 제111조). 따라서 기본권을 침해하는 법률의 적용을 받아 재판을 받게 되는 국민은, 위헌법률심판을 통해 기본권 침해를 구제받을 수 있다.

2. 헌법소원심판에 의한 보호

헌법소원심판은 입법권의 행사 또는 불행사로 인한 기본권 침해를 구제한다(제111조, 헌법재판소법 제68조 제1항). 입법권 행사, 즉 법률이 집행행위 매개없이 직접 국민의 기본권을 침해하는 경우에, 기본권을 침해받은 국민은 헌법재판소

---

45) 헌재 1990. 9. 3. 89헌가95; 헌재 1995. 4. 20. 92헌바29.

에 헌법소원심판을 청구하여 기본권 침해를 구제받을 수 있다. 그리고 입법권 불행사, 즉 입법부작위로 기본권을 침해받은 국민은 헌법재판소에 헌법소원심판을 청구하여 기본권 침해를 구제받을 수 있다.

Ⅱ. 행정권에 의한 기본권 침해와 구제

1. 법원에 의한 보호

(1) 행정소송

행정청의 위법한 처분(예컨대 위법한 영업정지) 그 밖에 공권력의 행사·불행사 등으로 인해 기본권을 침해받은 국민은, 행정소송(예컨대 취소소송)을 통해 기본권 침해를 구제받을 수 있다.

(2) 국가배상제도

공무원의 직무상 불법행위로 손해를 받은 국민은 법률이 정하는 바에 의하여 국가 또는 공공단체에 정당한 배상을 청구할 수 있다(제29조 제1항).

(3) 형사보상제도

형사피의자 또는 형사피고인으로서 구금되었던 자가 법률이 정하는 불기소처분을 받거나 무죄판결을 받은 때에는 법률이 정하는 바에 의하여 국가에 정당한 보상을 청구할 수 있다(제28조).

(4) 명령·규칙의 위헌심사

위헌·위법한 명령·규칙으로 인해 기본권을 침해받은 국민은, 법원의 명령·규칙 위헌심사(제107조 제2항)를 통해 기본권 침해를 구제받을 수 있다.

2. 헌법재판소에 의한 보호

(1) 위헌법률심판

행정권의 위헌법률 집행으로 인해 기본권을 침해받은 국민은 위헌법률심판을 통해 기본권 침해를 구제받을 수 있다.

(2) 헌법소원심판

행정권의 행사 또는 불행사로 인해 기본권을 침해받은 국민은, 다른 법률에 구제절차가 있는 경우에는 그 절차를 모두 거친 후에, 헌법소원심판을 청구할 수 있다. 그런데 헌법재판소법 제68조 제1항은 법원의 재판을 헌법소원대상에서 제외하고 있기 때문에, 법원에 제소할 수 없는 경우에만 헌법소원심판을 통해 기본권 침해를 구제받을 수 있다.

3. 행정권에 의한 보호

(1) 행정심판

행정권 내부에서 이루어지는 행정심판은, 행정기관이 자율적으로 스스로의 잘못을 시정하기 위한 것이다. 예컨대 행정청의 위법 또는 부당한 처분이나 부작위로 인해 기본권을 침해받은 국민은, 행정심판(제107조 제3항)을 통해 기본권 침해를 구제받을 수 있다.

(2) 국가배상제도

국가배상청구의 경우에 법원에 소송을 제기하지 않고, 배상심의회에 배상신청을 하여 기본권 침해를 구제받을 수 있다(국가배상법 제10조).

(3) 형사보상제도

피의자로서 구금되었던 자 중 검사로부터 불기소처분을 받거나 사법경찰관으로부터 불송치결정을 받은 자는, 해당 검사 소속 지방검찰청의 심의회 또는 불송치결정을 한 사법경찰관이 소속된 경찰관서에 대응하는 지방검찰청의 심의회에 보상을 청구하여야 한다. 그리고 피의자보상의 청구에 대한 심의회의 결정에 대하여는 행정심판을 청구하거나 행정소송을 제기할 수 있다(형사보상법 제27조－제28조).

(4) 국민권익위원회

부패방지권익위법은 고충민원을 처리하기 위해 국민권익위원회를 설치하고 있다. 고충민원이란 행정기관등의 위법·부당하거나 소극적인 처분(사실행위 및 부작위를 포함) 및 불합리한 행정제도로 인하여 국민의 권리를 침해하거나 국민에게 불편 또는 부담을 주는 사항에 관한 민원(현역장병 및 군 관련 의무복무자의 고충민원을 포함)을 말한다(부패방지권익위법 제1조－제2조, 제11조). 예컨대 행정기관의 위법·부당한 처분으로 인해 기본권을 침해받은 국민은, 국민권익위원회에 고충민원을 신청하여 기본권 침해를 구제받을 수 있다.

Ⅲ. 사법권에 의한 기본권 침해와 구제

1. 심급제도에 의한 보호

하급심의 오판으로 인해 기본권을 침해받은 국민은, 상급심에 상소하여 기본권 침해를 구제받을 수 있다.

2. 위헌법률심판에 의한 보호

법원의 위헌법률 적용으로 인해 기본권을 침해받은 국민은, 위헌법률심판을 통해 기본권 침해를 구제받을 수 있다.

3. 헌법소원심판에 의한 보호

법원의 재판은 원칙적으로 헌법소원의 대상이 아니다. 그러나 예외적으로 법률에 대한 위헌결정의 기속력에 반하는 재판은 헌법소원의 대상이 된다. 따라서 이러한 재판으로 인해 기본권을 침해받은 국민은, 헌법소원심판을 통해 기본권 침해를 구제받을 수 있다.

4. 대통령의 사면권에 의한 보호

헌법은 대통령의 사면권을 규정하고 있다(제79조). 예컨대 법원의 확정판결로 인해 기본권을 침해받은 국민은, 대통령의 사면권 행사를 통해 기본권 침해를 구제받을 수 있다.

Ⅳ. 사인에 의한 기본권 침해와 구제

사인에 의한 기본권 침해의 경우 대체로 이를 규율하는 법률이 있으며, 이러한 법률에 의해 기본권 침해를 구제받을 수 있다. 사인에 의한 기본권 침해에 대해 법률에 의한 보호가 없거나 불충분할 경우, 기본권이 사인 간에 간접적용되어 기본권보호가 이루어질 수 있다(기본권의 대사인적 효력).

Ⅴ. 국가인권위원회에 의한 구제

국가인권위원회법은 인권침해 구제를 위해 국가인권위원회를 설치하고 있다. 국가인권위원회는 국가기관에 의한 인권침해뿐만 아니라 사인에 의한 '평등권 침해의 차별행위'에 대해서도 구제한다(국가인권위원회법 제30조). 위원회는 인권침해행위에 대한 조사와 구제 및 차별행위에 대한 조사와 구제를 비롯한 인권 관련 업무를 수행한다(법 제19조).

Ⅵ. 저항권 행사에 의한 구제

위헌적인 국가권력 행사에 의해 국민의 기본권이 침해되고, 기본권 침해를 구제받기 위해 정규의 제도적 수단을 모두 취하였음에도 불구하고 기본권 침해가 구제되지 않고, 헌법질서가 파괴되어 다른 방법으로는 기본권 보호나 헌법질서 보호가 불가능할 때, 최후의 수단으로 저항권을 행사하여 기본권을 보호할 수 있다.

제 2 장 개별 기본권

제 1 절 인간의 존엄과 가치, 행복추구권 및 평등권

Ⅰ. 인간의 존엄과 가치

1. 헌법규정 및 역사적 배경

⑴ 헌법규정

헌법 제10조는 “모든 국민은 인간으로서의 존엄과 가치를 가지며, 행복을 추구할 권리를 가진다. 국가는 개인이 가지는 불가침의 기본적 인권을 확인하고 이를 보장할 의무를 진다.”라고 규정하고 있다. 개별 기본권에서 인간의 존엄이 규정된 예로는, 헌법 제32조 제3항에서 “근로조건의 기준은 인간의 존엄성을 보장하도록 법률로 정한다.”라고 규정하고 있고, 제36조 제1항에서 “혼인과 가족생활은 개인의 존엄과 양성의 평등을 기초로 성립되고 유지되어야 하며, 국가는 이를 보장한다.”라고 규정하고 있는 것이다.

⑵ 역사적 배경

역사적으로 인간의 존엄을 침해하는 많은 사례들이 발생했다. 예컨대 고대 노예제도, 중세봉건시대 농노제도, 근대산업혁명 이후 근로자에 대한 착취와 비인간적 대우, 나치독일의 유대인 학살, 군국주의일본의 마루타 생체실험 및 학살, 강제노역, 인신매매, 고문, 테러 등 수많은 인간존엄 침해 사례들이 발생했다. 특히 2차대전 당시 나치독일과 군국주의일본 등이 저지른 극심한 인간의 존엄성 침해에 대한 반성으로, 2차대전 이후 독일과 일본 등 패전국들을 비롯하여 많은 나라들이 인간의 존엄성 보호를 헌법에 명시하게 되었다. 우리나라도 1962년 제3공화국 헌법에서 인간으로서의 존엄과 가치를 처음으로 규정하였다.

2. 인간의 존엄과 가치의 의의

우리 헌법의 인간상은 극단적 개인주의나 전체주의에서의 인간이 아니라, 개인으로서 존중받지만 동시에 공동체 구성원으로서 공동체에 구속되는 인격주의에서의 인간, 즉 인격적 존재로서의 인간이다. 헌법 제10조의 '인간으로서의 존엄과 가치'라는 표현은, 인간은 존엄한 존재로서 가치있는 존재이고 그것을 헌법이 확인하는 것이다. 존엄이란 인간이 인간이기 때문에, 인간이 인격을 갖고 있다는 것 때문에 주어지는 것이므로, 인간의 존엄성을 보장한다는 것은 인간의 인격 주체성(인간이라는 정체성)을 보장한다는 뜻이다.

3. 인간의 존엄과 가치의 법적 성격

(1) 객관적 헌법원리

인간의 존엄과 가치는 객관적 헌법원리로서 헌법의 최고가치이자 최고원리이다. 따라서 인간의 존엄과 가치는 모든 국가활동의 목표와 기준을 제시하며, 국가는 인간(개인)을 위해 존재한다는 반전체주의 원칙을 확인시켜주고, 모든 법의 해석기준이자 법의 흠결을 보완하는 보충원리이다. 인간의 존엄과 가치는 헌법개정의 한계이다.

(2) 주관적 권리

1) 문제의 소재　　인간의 존엄과 가치가 객관적 헌법원리일 뿐만 아니라 동시에 주관적 권리이기도 한 것인지 문제된다. 즉 개인이 자신의 인간 존엄성이 침해되었음을 이유로 법적 구제수단 예컨대 (기본권 침해를 이유로 하는)헌법소원심판을 청구할 수 있는지가 문제된다.

2) 학설 및 판례　　① 인간의 존엄과 가치는 객관적 헌법원리일 뿐이라는 견해와 주관적 권리로서의 성격도 갖는다는 견해가 대립하고 있다. 생각건대, 인간의 존엄과 가치는 객관적 헌법원리이면서 동시에 주관적 권리이기도 하다. 인간이 인간이기 때문에, 즉 인격의 주체이기 때문에 존엄한 것이므로, 예컨대 국가작용에 의해 인격의 주체성(인간으로서의 정체성)이 부정당하는 경우, 개인은 자신의 인격주체성(인간으로서의 정체성)을 주장할 권리를 갖는다. 즉 인간은 인간으로·주체로·목적으로 대우받아야 하는데, 동물이나 물건으로·객체로·수단

으로 대우받을 경우 이를 거부하거나 시정을 요구할 권리를 가진다. 따라서 개인은 인간의 존엄과 가치 침해를 이유로 헌법소원심판을 청구할 수 있다.

② 헌법재판소는 인간의 존엄과 가치를 헌법원리라고 판시하기도 하고, 동시에 인간의 존엄과 가치 침해를 이유로 하는 헌법소원심판 청구를 받아들여 인간의 존엄과 가치(기본권) 침해를 판시하기도 함으로써, 인간의 존엄과 가치가 헌법원리이며 주관적 권리임을 인정하고 있다.[1)]

3) 주관적 권리의 내용 인간의 존엄과 가치가 주관적 권리로서의 성격도 갖지만, 그 보호영역(내용)이 무엇인지 명확하게 확정하는 것은 어렵다. 일반적으로 말하면 인간은 인간으로·주체로·목적으로 대우받아야 하는데 동물이나 물건으로·객체로·수단으로 대우받을 경우, 이는 인간의 존엄과 가치를 침해받는 것이기 때문에, 이러한 침해를 거부하거나 시정을 요구할 권리를 가진다고 말할 수 있다. 예컨대 교도소시설이 열악하여 수형자를 과밀수용하는 것처럼 인간으로서 최소한의 품위를 유지할 수 없는 경우에 인간의 존엄 침해를 이유로 헌법소원심판을 청구할 수 있다.

4. 인간의 존엄과 가치의 주체

(1) 모든 인간

모든 인간은 인간의 존엄과 가치의 주체가 된다. 그러나 법인 또는 권리능력 없는 사단은 인간의 존엄과 가치의 주체가 될 수 없다. 그런데 헌법재판소는 인간의 존엄과 가치에 의거한 인격권에 관하여, 법인의 기본권 주체성을 인정하고 있다.[2)] 반면에 반대의견은 "인간의 존엄과 가치에서 유래하는 인격권은 자연적 생명체로서 개인의 존재를 전제로 하는 기본권으로서 그 성질상 법인에게는 적용될 수 없다."[3)]라고 한다.

(2) 태아의 주체성 여부

인간존엄의 시기(始期), 즉 언제부터 인간으로서 존엄한 존재인지는 생명의 시기와 같다. 태아도 인간생명이며 국가의 보호를 받는다. 인간생명이 존재하는

1) 헌재 2000. 6. 1. 98헌마216; 헌재 2003. 12. 18. 2001헌마163; 헌재 2016. 12. 29. 2013헌마142.
2) 헌재 1991. 4. 1. 89헌마160(사죄광고사건); 헌재 2012. 8. 23. 2009헌가27(방송통신위원회의 사과명령사건); 헌재 2015. 7. 30. 2013헌가8(선거기사심의위원회의 사과문게재명령사건).
3) 헌재 2012. 8. 23. 2009헌가27(김종대 재판관 반대의견).

곳에 인간존엄이 귀속된다.[4] 태아도 헌법상 생명권의 주체이며 인간존엄의 주체이다. 모체에 착상되거나 원시선이 나타나지 않은 초기배아는 생명권의 주체가 아니므로 인간존엄의 주체도 아니다.

(3) 사자의 주체성 여부

사자, 즉 죽은 사람은 원칙적으로 인간의 존엄과 가치의 주체가 아니다. 생명의 종기(終期), 즉 언제까지 인간생명으로 볼 것인지는 전통적으로 심장사를 기준으로 삼고 있다. 장기이식과 관련해서는 뇌사를 기준으로 삼는다. 헌법재판소는 "친일반민족행위 조사 및 결정은 조사대상자의 사회적 평가가 침해되어 헌법 제10조에서 유래하는 일반적 인격권이 제한받는다. 조사대상자가 사자(死者)의 경우에도 인격적 가치에 대한 중대한 왜곡으로부터 보호되어야 한다."[5]라고 판시함으로써 사자에 대해서도 인격권 제한이 있음을 인정하고 있다.

5. 인간의 존엄과 가치의 효력

인간의 존엄과 가치는 주관적 권리로서 대국가적 효력을 갖는다. 즉 인간의 존엄과 가치를 침해하는 모든 국가권력에 대해 방어권으로서 효력을 발휘한다. 그리고 인간의 존엄과 가치는 객관적 법규범으로서 대사인적 효력을 갖는다. 즉 사인 간의 관계에서 존엄권이 충분히 보장되지 못하는 경우 원칙적으로 간접적용되어 사인을 구속한다.

6. 인간의 존엄과 가치의 제한

주관적 권리로서의 인간의 존엄과 가치(존엄권)를 제한하는 게 가능한지 여부에 대해서 견해가 나뉜다. 먼저, 독일 기본법의 인간존엄 불가침 규정의 영향을 받은 것으로 보이는, 부정설은 최고의 헌법가치이며 기본권적 가치인 존엄권을 제한하면 그것은 헌법의 자기부정을 의미하기 때문에, 인간의 존엄과 가치는 어떠한 경우에도 제한할 수 없다고 한다. 반면에, 긍정설은 우리나라 헌법은 인간존엄 불가침 규정을 두고 있는 독일 기본법과 달리, 제37조 제2항에 따라 모든 기본권을 법률로써 제한하는 게 가능하기 때문에, 인간의 존엄과 가치도 제한할 수 있으

4) BVerfGE 88, 203[251].
5) 헌재 2010. 10. 28. 2007헌가23; 헌재 2011. 3. 31. 2008헌바111.

며, 이는 유전자공학, 생명의료 등을 고려할 때 현실적 의의를 갖는다고 한다.

Ⅱ. 행복추구권

1. 헌법규정 및 의의

⑴ 행복추구권을 명시적으로 규정한 예는 1776년의 버지니아권리장전과 미국 독립선언이 있다. 1789년의 프랑스 인권선언이나 현행 미국 연방헌법에는 행복추구권 규정이 없다. 우리 헌법은 1980년 제5공화국 헌법에서 행복추구권을 처음으로 규정하였고, 현행헌법 제10조 제1문 후단도 "모든 국민은 … 행복을 추구할 권리를 가진다."라고 규정하고 있다.

⑵ 행복이라는 개념은 명확하게 일의적으로 확정할 수 없다. 행복의 기준은 사람마다 다르기 때문에, 행복이라는 개념은 주관적이고 상대적이며 다의적인 개념이다. 행복추구권이란 사람마다 스스로 생각하는 행복을 얻기 위해 자신이 원하는 대로 삶을 살아갈 권리라고 할 수 있다. 자신이 원하는 대로 삶을 살아간다는 것은, 인간이 인간다운 행동을 통해 자신의 인격을 자유롭게 발현하는 것을 말한다.

2. 행복추구권의 권리성

⑴ 학설

행복추구권이 독자적인 기본권인지 여부에 대해 학설은 견해가 나뉜다. 부정설은 행복추구권은 모든 국민의 당위적인 삶의 지표를 분명히 밝혀 놓은 것이지 독자적인 기본권이 아니라고 하며, 긍정설은 행복추구권은 인격의 자유로운 발현권을 의미한다고 한다. 대체로 행복추구권은 포괄적 성격을 가지며, 일반적 인격권과 일반적 행동자유권을 포함하는 것으로 설명한다.

⑵ 헌법재판소 판례

헌법재판소는 "행복추구권은 그 구체적 표현으로서 일반적 행동자유권과 개성의 자유로운 발현권을 포함하는바, 일반적 행동자유권의 보호영역에는 개인의 생활방식과 취미에 관한 사항도 포함된다."[6]라고 판시함으로써, 행복추구권은

6) 헌재 2014. 4. 24. 2011헌마659 등.

일반적인 행동자유권과 개성의 자유로운 발현권을 포함한다고 한다.

(3) 독자적·포괄적·보충적 기본권

행복추구권은 헌법 제10조가 규정하고 있는 독자적인 기본권이며, 국민이 행복을 추구하기 위한 활동을 국가권력의 간섭없이 자유롭게 할 수 있다는 포괄적인 의미의 자유권이고, 통상의 경우 다른 기본권에 대한 보충적 기본권으로서의 성격을 갖는다.

3. 행복추구권의 주체

행복추구권은 인간의 권리이므로 그 주체는 자연인이다. 따라서 내국인뿐만 아니라 외국인도 주체가 된다.

4. 행복추구권의 내용

(1) 일반적 행동의 자유

1) 행복추구권은 일반적 행동의 자유를 그 내용으로 한다. 일반적 행동의 자유란 개인이 자신의 행복을 추구하기 위해 국가권력의 간섭없이 행동할 자유를 말한다. 일반적 행동자유권에는 적극적으로 행동을 하는 것은 물론 소극적으로 행동을 하지 않을 자유도 포함된다. 일반적 행동의 자유는 반드시 가치있는 행동만 보호하는 것은 아니다. 그 보호영역에는 개인의 생활방식과 취미에 관한 사항도 포함되며, 여기에는 위험한 스포츠를 즐길 권리와 같은 위험한 생활방식으로 살아갈 권리도 포함된다. 일반적 행동자유권에는 법률행위의 영역에 있어서는 계약자유의 원칙이 포함된다.

2) 예컨대 ① 자동차 운전 중 휴대용 전화를 사용하는 것을 금지하고 위반시 처벌하는 도로교통법 규정은, 운전 중 안전에 영향을 미치지 않거나 긴급한 필요가 있는 경우에는 휴대용 전화를 이용할 수 있으며, 운전 중 휴대용 전화를 사용하지 못하고 위반시 20만 원 이하의 벌금이나 구류 또는 과료에 처해질 수 있다는 부담에 비하여 운전 중 휴대용 전화 사용 금지로 교통사고의 발생을 줄임으로써 보호되는 국민의 생명·신체·재산은 중대하므로, 과잉금지원칙에 반하여 일반적 행동의 자유를 침해하지 않는다.[7)]

---

7) 헌재 2021. 6. 24. 2019헌바5.

② 금연구역으로 지정된 연면적 1천 제곱미터 이상의 사무용건축물, 공장 및 복합용도의 건축물에서 금연의무를 부과하고 있는 국민건강증진법 규정은, 공중 또는 다수인이 왕래할 수 있는 공간에서 간접흡연으로부터의 보호를 위한 것으로서, 금연·흡연구역의 분리운영 등의 방법으로도 담배연기를 물리적으로 완벽히 차단하기 어려운 점, 특정 장소에 한정하여 금연의무를 부과하고 있을 뿐, 흡연 자체를 원천적으로 봉쇄하고 있지는 않은 점, 공중이용시설 전체를 금연구역으로 지정한다 하더라도 해당 시설 소유자 등이 보건복지부령으로 정하는 조건 하에서 흡연실을 별도로 마련할 수 있도록 함으로써, 흡연자의 흡연권도 일정 부분 보호하고 있다는 점 등을 고려할 때, 과잉금지원칙에 반하여 흡연자의 일반적 행동자유권을 침해하지 않는다.[8)]

반면에 ③ 누구든지 금융회사등에 종사하는 자에게 금융거래정보등의 제공을 요구하는 것을 금지하고 위반 시 처벌하는 금융실명법 규정은, 정보제공요구를 하게 된 사유나 행위의 태양, 요구한 거래정보의 내용을 고려하지 않고 일률적으로 금지 및 처벌함으로써, 공익에 비하여 지나치게 일반 국민의 일반적 행동자유권을 제한하는 것이므로, 과잉금지원칙에 반하여 일반적 행동자유권을 침해한다.[9)]

⑵ 일반적 인격권

1) 의의 및 근거 ① 행복추구권은 일반적 인격권을 그 내용으로 한다. 인간의 존엄과 가치의 보장은 인격의 최소 핵심영역에 대한 보장인 데 반해, 행복추구권은 보다 넓은 영역에서 개인이 자신의 인격을 자유롭게 발현하는 것을 보호한다.

② 일반적 인격권은 인간의 존엄성과 밀접한 연관관계를 보이는 자유로운 인격발현의 기본조건을 포괄적으로 보호한다. 일반적 인격권은 인간의 존엄과 가치 보장과 밀접한 관련을 맺고 있기 때문에, 헌법 제10조(인간의 존엄과 가치 및 행복추구권)를 근거로 한다.[10)] 한편, 헌법재판소는 인간 존엄성으로부터만 일반적 인격권을 도출하기도 한다.[11)]

---

8) 헌재 2024. 4. 25. 2022헌바163.
9) 헌재 2022. 2. 24. 2020헌가5.
10) 헌재 2024. 2. 28. 2022헌마356.
11) 헌재 2019. 4. 11. 2017헌바127.

2) 자기운명 결정권 ① 자기결정권은 인간의 존엄성을 실현하기 위한 수단으로서 인간이 자신의 생활영역에서 인격의 발현과 삶의 방식에 관한 근본적인 결정을 자율적으로 내릴 수 있는 권리다. 개인의 자기결정권은 일반적 인격권에서 파생된다.[12)]

② 인간이 자신의 생활영역에서 자신의 삶을 스스로 결정하는 것, 즉 자기결정권을 행사하는 것에 관한 헌법재판소 판례를 몇 가지 예시하면 다음과 같다. 예컨대 ㉠ 혼인의 자유와 혼인에 있어서 상대방 결정, ㉡ 자신의 시체처분에 대한 자기결정권, ㉢ '생명단축에 관한 자기결정'으로서 연명의료중단등결정, ㉣ 임신한 여성이 임신을 유지 또는 종결할 것인지 여부를 결정하는 것, ㉤ 배아생성자의 배아에 대한 자기결정권, ㉥ 성행위 여부 및 그 상대방을 결정할 수 있는 성적 자기결정권 등이 있다.

3) 사회적 인격상에 관한 자기결정권 ① 사회활동을 통한 개인의 자유로운 인격발현을 위해서는, (자신의)사회적 인격상에 관한 자기결정권이 보장되어야 한다. 따라서 일반적 인격권은 사회적 인격상에 대한 보호 및 자기결정권을 포함한다.

② 예컨대 (청소년성매수자)신상공개제도는 이러한 사회적 인격상에 관한 자기결정권을 제한한다. 친일반민족행위반민규명위원회의 조사대상자 선정 및 친일반민족행위결정이 이루어지면, 조사대상자의 사회적 평가에 영향을 미치므로 헌법 제10조에서 유래하는 일반적 인격권이 제한받는다. 사법경찰관이 피의자가 경찰서 조사실에서 양손에 수갑을 찬 채 조사받는 모습을 기자들이 촬영할 수 있도록 허용함으로써, 피의자는 얼굴이 공개되어 초상권을 비롯한 인격권을 침해받는다.[13)]

---

12) 헌재 2019. 4. 11. 2017헌바127.
13) 헌재 2003. 6. 26. 2002헌가14; 헌재 2010. 10. 28. 2007헌가23; 헌재 2014. 3. 27. 2012헌마652.

Ⅲ. 법 앞의 평등(평등권)

1. 평등사상과 헌법규정

(1) 평등사상의 전개

1) 고대 그리스의 평등사상은 정의관념과 결부되어 있었다. 예컨대 아리스토텔레스는 평등을 정의의 본질적 요소로 파악하고 정의를 다시 (모든 상황에서 인간을 동일하게 취급하는) 평균적 정의와 (상황에 따라 때로는 다르게 취급하는) 배분적 정의로 나누어 설명하였다. 이에 따라 평등의 개념은 모든 사람을 평등·대등하게 다루는 '산술적 평등'과 각 개인의 업적과 성과를 비교하여 고려하는 '비례적 평등'의 2종류가 있다.

2) 중세의 평등사상은 신 앞의 평등으로 이해되었다. 근대의 평등사상은 법 앞의 평등이었다. 합리주의적 자연법론자들 예컨대 로크, 루소 등은 자연법에 의거하여 인간은 원래 자유롭고 평등한 존재로 태어났다는 생래적 평등을 주장하였다. 근대의 평등은 정치적 평등에 중점이 있었다. 그리고 평등은 자유와 갈등을 거치면서 모든 시민이 동등하게 법의 적용을 받아야 한다는 법적용의 평등(형식적 평등)에 머물렀다. 현대의 평등사상은 법 앞의 평등으로서 법내용의 평등(실질적 평등)이며, 정치적 평등은 물론이고 경제적 평등에 중점이 있다.

(2) 헌법규정

1) 헌법 제11조는 "① 모든 국민은 법 앞에 평등하다. 누구든지 성별·종교 또는 사회적 신분에 의하여 정치적·경제적·사회적·문화적 생활의 모든 영역에 있어서 차별을 받지 아니한다. ② 사회적 특수계급의 제도는 인정되지 아니하며, 어떠한 형태로도 이를 창설할 수 없다. ③ 훈장등의 영전은 이를 받은 자에게만 효력이 있고, 어떠한 특권도 이에 따르지 아니한다."라고 규정함으로써, 평등원칙과 일반적 평등권을 동시에 규정하고 있다.

2) 이 밖에도 헌법전문은 "… 정치·경제·사회·문화의 모든 영역에 있어서 각인의 기회를 균등히 하고, … 국민생활의 균등한 향상을 기하고 …"라고 선언하고 있다. 그리고 제31조 제1항에서 "모든 국민은 능력에 따라 균등하게 교육을 받을 권리를 가진다."라고 규정하고 있고, 제32조 제4항에서 "여자의 근로

는 특별한 보호를 받으며, 고용·임금 및 근로조건에 있어서 부당한 차별을 받지 아니한다."라고 규정하며, 제36조 제1항에서 "혼인과 가족생활은 개인의 존엄과 양성의 평등을 기초로 성립되고 유지되어야 하며, 국가는 이를 보장한다."라고 규정하는 등 개별적인 평등권을 규정하고 있다.

2. 평등규정의 법적 성격

⑴ 평등원칙

1) 평등원칙은 헌법 최고원리로서 국가가 입법을 하거나 법을 해석 및 집행함에 있어서 따라야 할 기준이며, 전체 법질서의 원칙규범이고, 헌법재판의 심사기준이다.

2) "모든 국민은 법 앞에 평등하다."라고 규정하고 있는 헌법 제11조 제1항 제1문은 일반적 평등원칙을 나타낸다. 그리고 제31조 제1항(교육의 기회균등), 제32조 제4항(근로관계에서의 여성차별금지), 제36조 제1항(혼인과 가족생활에서의 양성평등) 등의 규정은 개별적 평등원칙을 나타낸다. 개별적 평등원칙이 일반적 평등원칙에 우선하여 적용된다.

⑵ 일반적 평등권

평등권은 '직접 각인의 자유를 내용으로 하는 권리는 아니나, 자유의 전제가 되는 권리'이다.[14] 평등권 자체는 예컨대 자유권과 달리 자신만의 보호영역을 갖고 있지 않다. 일반적 평등권은 국가가 합리적 이유 없이 불평등대우를 하지 말 것과 평등한 대우를 할 것을 요구할 수 있는 국민의 권리이다.

3. 평등권의 주체

평등권은 인간의 권리로서 국민뿐만 아니라 외국인도 그 주체가 된다.[15] 다만 외국인의 경우는 상호주의에 따른 예외적 제한이 가능하다. 법인이나 법인격

---

14) 유진오, 신고헌법해의, 일조각, 1954, 65면.

15) 예컨대 국민건강보험법의 보험급여제한 조항은, 외국인 지역가입자에게 내국인등에게 적용되는 예외조치들을 전부 배제함으로써, 외국인 지역가입자는 보험료의 1회 체납만으로도 바로 보험급여가 제한되고, 나중에 체납한 보험료를 납부하더라도 이미 지출한 진료비 중 공단부담금을 소급하여 보험급여로 인정받지 못하는 등, 합리적인 이유 없이 외국인을 내국인등과 달리 취급하여 청구인(외국인)들의 평등권을 침해한다(헌재 2023. 9. 26. 2019헌마1165).

없는 단체(권리능력없는 사단·재단)도 평등권의 주체이다.

4. 평등규정(법 앞의 평등)의 내용

(1) '법'의 의미

헌법 제11조 제1항에서 "모든 국민은 법 앞에 평등하다."라고 할 때, '법'은 일체의 법을 의미한다. 국회의 의결을 거친 형식적 의미의 법률만을 의미하는 것이 아니라, 실질적 의미의 법을 의미한다. 여기에는 성문법, 불문법, 자연법 등이 모두 포함된다.

(2) '평등'의 의미

1) 평등의 개념　　자유권은 자신만의 보호영역이 있다. 그러나 평등권은 자신만의 보호영역이 없다. 평등은 둘 또는 그 이상의 비교대상을 전제하며, 이들 비교대상들 간의 상호관계를 의미하는 관계개념이다. 평등은 비교대상들 전체를 판단하는 것이 아니라, 비교대상들을 특정한 기준에 따라 판단한다. 평등은 특정한 기준에 따를 때 본질적으로 같으면 같게 다르면 다르게 취급할 것을 요구한다. 예컨대 25세의 국민 갑남과 25세의 외국인 을남의 경우, 이들을 인간을 기준으로 보면 갑남과 을남은 본질적으로 같기 때문에 같게 대우받아야 한다. 반면에 이들을 국적을 기준으로 보면 갑남과 을남은 본질적으로 다르기 때문에 다르게 대우받아야 한다. 그러므로 어떤 기준에 따라 차별이 행해지는지가 중요하다.

2) 형식적 평등과 실질적 평등

① 형식적 평등(법적용의 평등, 입법비구속설)　　평등은 모든 사람에 대하여 현행법을 예외 없이 적용하는 것이라고 한다. 이는 법의 적용이 평등하게 이루어지는 것을 요구하기 때문에, 법적용기관(사법권과 행정권)만 평등의 구속을 받으며, 입법권은 평등의 구속을 받지 않는다. 형식적 평등은 입법권을 구속하지 않기 때문에, 입법자가 어떠한 내용의 법을 만들어도 평등위반은 없다. 따라서 예컨대 인종차별의 내용을 담고 있는 나쁜 법, 즉 악법도 모두에게 똑같이 적용하면 된다는 것이다. 이것이 부당함은 두말할 필요가 없다.

② 실질적 평등(법내용의 평등, 법제정의 평등, 입법구속설)　　평등은 실질적 평등을 의미한다. 법을 모두에게 똑같이 적용하는 것은 중요하다. 하지만 악법

예컨대 인종차별의 내용을 담고 있는 법을 모두에게 똑같이 적용할지라도, 적용의 결과는 인종차별일 것이므로, 이는 평등을 실현하지 못한다. 법내용 자체가 불평등하면 이러한 법을 평등하게 적용해도 평등실현은 불가능한 것이다. 따라서 실질적으로 평등이 실현되려면 법내용이 평등해야 하기 때문에, 실질적 평등은 법내용의 평등을 의미한다. 법내용이 평등하려면 입법자가 평등한 내용의 법을 제정해야 하기 때문에 법제정의 평등이라고도 하며, 입법자가 법을 제정할 때 평등원칙에 구속되기 때문에 입법(자)구속설이라고도 한다.

3) 실질적 평등의 의미내용

① **절대적 평등을 말하는가?** 실질적 평등은 절대적 평등을 의미하지 않는다. 절대적 평등이란 모든 사람을 어떤 기준에 의거하든 항상 평등하게 취급하는 것을 말한다. 모든 사람을 모든 면에서 항상 똑같이 취급하는 절대적 평등은 현실적으로 있을 수 없고, 절대적 평등을 실현하려고 하는 것은 오히려 더 엄청난 불평등을 초래할 수 있다.

② **상대적 평등을 말하는가?** 실질적 평등은 상대적 평등을 의미한다. 상대적 평등이란 정당한 근거나 이유에 의거한 차별, 즉 합리적 차별을 인정하는 것이다. 합리적 차별은 차별기준에 따라 평등 여부가 다르다. 따라서 합리적 차별인지 여부를 평가할 때, 차별기준(차별근거)이 허용되는 것인지 여부가 중요하다. 즉 차별기준(차별근거)으로 삼은 것이 무엇인지, 차별기준(차별근거)으로 삼을 수 없는 것은 무엇인지가 중요한 문제로 대두된다. 또한 차별기준으로 삼을 수 있는 것에 의거하여 차별할 경우에도 차별의 정도가 지나칠 때에는 평등위반이 발생한다.

4) 차별의 정당성 여부

① **차별의 정당성 심사(평등심사)의 단계** ㉠ 차별이 정당한지 여부를 심사하는 평등심사는 첫째, 차별의 존재 여부, 둘째, 차별의 헌법적 정당성 여부를 심사하는 2단계 과정을 거친다. 차별의 정당성 심사(평등심사)는 크게 자의금지원칙에 의거한 심사(완화된 심사, 합리성심사)와 비례의 원칙에 의거한 심사(엄격심사, 비례성심사)로 나누어진다.

㉡ 평등심사에 있어서 자의금지원칙에 의거한 심사(완화된 심사, 합리성심사)를 할 것인지 비례의 원칙에 의거한 심사(엄격심사, 비례성심사)를 할 것인지는,

입법자에게 인정되는 입법형성권의 정도에 따라 달라지게 된다. 자의금지원칙에 의거한 심사(완화된 심사)는 합리적 이유의 유무를 심사하는 것에 그치고, 비례의 원칙에 의거한 심사(엄격심사)는 차별취급의 목적과 수단 간에 엄격한 비례관계가 성립하는지를 기준으로 심사하므로, 목적의 정당성, 수단의 적합성, 침해의 최소성, 법익의 균형성 등을 심사한다.

② **완화된 심사** ㉠ 헌법재판소는 보통의 경우 입법자의 입법형성권을 존중하여 자의금지원칙에 의거한 심사(완화된 심사, 합리성심사)를 한다. 즉 먼저, 차별이 존재하는지, 다음에, 차별이 자의적인(불합리한) 것인지 여부를 판단한다. 차별대우를 정당화하는 객관적이고 합리적인 이유가 존재한다면 차별대우는 자의적인 것이 아니지만, 합리적인 이유가 없다면 차별대우는 자의적인 것이다.

㉡ 예컨대 병원·종합병원·치과병원에 대하여는 한의사를 두어 한의과 진료과목을 추가로 설치·운영할 수 있도록 하면서, 정신병원에 대하여는 위와 같은 규정을 두지 않고 있는 의료법 규정은, 정신병원 내에 한의과 진료과목을 설치·운영한다고 하더라도, 종합병원·병원·치과병원에 한의과 진료과목이 설치·운영되는 경우와 마찬가지로 한의과 진료과목의 진료에 필요한 시설·장비가 갖추어진 상태에서 자격을 갖춘 한의사에 의하여 진료가 이루어지게 하면 되기 때문에, 합리적 이유 없이 정신병원을 운영하는 자를 병원·종합병원·치과병원을 운영하는 자와 달리 취급하여 평등권을 침해한다.[16]

㉢ 관련하여, 동성 동반자에 대한 국민건강보험 피부양자 인정 여부가 문제된 사건에서, 대법원은, 국민건강보험공단이 직장가입자와 사실상 혼인관계에 있는 사람, 즉 이성 동반자와 달리 동성 동반자를 피부양자로 인정하지 않는 것은 합리적 이유 없이 동성 동반자에게 불이익을 주어 그를 사실상 혼인관계에 있는 사람과 차별하는 것으로 헌법상 평등원칙을 위반하여 위법하다고 판시하였다.[17]

③ **엄격심사** ㉠ 헌법재판소는 헌법에서 특별히 평등을 요구하고 있는 경우 또는 차별적 취급으로 인하여 관련 기본권에 중대한 제한을 초래하는 경우, 비례의 원칙에 의거한 심사(엄격심사, 비례성심사)를 한다. 첫째, 헌법이 스스로 차별의 근거로 삼아서는 안 되는 기준을 제시하거나 차별을 특히 금지하고 있는

16) 헌재 2025. 1. 23. 2021헌마886.
17) 대법원 2024. 7. 18. 2023두36800.

영역을 제시하고 있다면, 그러한 기준을 근거로 한 차별이나 그러한 영역에서의 차별에 대하여 엄격하게 심사하는 것이 정당화된다. 둘째, 차별적 취급으로 인하여 관련 기본권에 중대한 제한을 초래할수록 보다 엄격한 심사척도가 적용된다.[18)]

㉡ 예컨대 제대군인이 공무원채용시험 등에 응시한 때에 과목별 득점에 과목별 만점의 5% 또는 3%를 가산하는 제대군인가산점제도가 문제된 사건에서, 헌법재판소는, "가산점제도는 헌법 제32조 제4항이 특별히 남녀평등을 요구하고 있는 '근로' 내지 '고용'의 영역에서 남성과 여성을 달리 취급하는 제도이고, 또한 헌법 제25조에 의하여 보장된 공무담임권이라는 기본권의 행사에 중대한 제약을 초래하는 것이기 때문에 엄격한 심사척도가 적용된다."[19)]라고 판시하였다.

㉢ 그런데 헌법재판소는 완화된 엄격심사(완화된 비례성심사)를 하기도 한다. 즉 국가유공자 가산점 제도 사건에서, 헌법재판소는 제32조 제6항[20)]의 대상자는 조문의 문리해석대로 '국가유공자', '상이군경' 그리고 '전몰군경의 유가족'이라고 해석하고, 헌법에 명시적으로 규정된 국가유공자 본인, 상이군경, 전몰군경의 유가족에 대해서는 완화된 비례성심사가 적절하고, 헌법에 명시적으로 규정되지 않은 '국가유공자의 가족'의 경우는 완화된 비례성심사가 아니라 엄격심사의 대상이라고 판시하였다.[21)]

5) 적극적 평등실현조치의 문제

① 의의 ㉠ 적극적 평등실현조치(잠정적 우대조치)라 함은, 종래 사회로부터 차별을 받아 온 일정집단에 대해 그동안의 불이익을 보상해 주기 위하여 그 집단의 구성원이라는 이유로 취업이나 입학 등의 영역에서 직·간접적으로 이익을 부여하는 조치를 말한다.

㉡ 적극적 평등실현조치(잠정적 우대조치)의 특징으로는 이러한 정책이 개인의 자격이나 실적보다는 집단의 일원이라는 것을 근거로 하여 혜택을 준다는 점, 기회의 평등보다는 결과의 평등을 추구한다는 점, 항구적 정책이 아니라 구제목적이 실현되면 종료하는 임시적 조치라는 점 등을 들 수 있다.[22)]

---

18) 헌재 2003. 9. 25. 2003헌마30.
19) 헌재 1999. 12. 23. 98헌마363.
20) 국가유공자·상이군경 및 전몰군경의 유가족은 법률이 정하는 바에 의하여 우선적으로 근로의 기회를 부여받는다.
21) 헌재 2006. 2. 23. 2004헌마675.
22) 헌재 1999. 12. 23. 98헌마363.

② **근거** ㉠ 적극적 평등실현조치는 과거부터 가해진 차별의 결과로 현재 불리한 처지에 있는 집단을 다른 집단과 동등한 처지에까지 끌어 올려 실질적 평등을 달성하고자 한다는 점에서 그 정당성의 근거를 찾을 수 있다. 즉, 역사적으로 소외된 일정한 집단의 불평등한 상황을 바로 잡거나 완화될 수 있도록 공권력이 더 유리한 특별취급을 하는 것은 헌법적으로 금지되는 것이 아니며, 차별취급에 해당하지 아니한다.[23]

㉡ 적극적 평등실현조치의 헌법적 근거로는, 헌법 제34조 제3항(국가는 여자의 복지와 권익의 향상을 위하여 노력하여야 한다), 제32조 제4항(여자의 근로는 특별한 보호를 받으며, 고용·임금 및 근로조건에 있어서 부당한 차별을 받지 아니한다), 제36조 제1항(혼인과 가족생활은 개인의 존엄과 양성의 평등을 기초로 성립되고 유지되어야 하며, 국가는 이를 보장한다) 등을 거론하는 것도 가능하지만, 헌법 제11조의 평등규정을 근거로 삼는 것도 가능하다.

③ **현행 제도상 사례** 적극적 평등실현조치의 예로는, 장애인고용할당제(장애인고용법 제27조－제28조의2), 과거 여성공무원채용목표제,[24] 국회의원 여성후보추천할당제(공직선거법 제47조), 공직후보자 여성추천보조금(정치자금법 제26조), 공직후보자 장애인추천보조금(법 제26조의2), 육·해·공군사관학교의 여성입학할당 등을 들 수 있다.

④ **역차별의 문제** ㉠ 그런데 적극적 평등실현조치의 혜택을 받는 집단에 속하지 않는 사람들은 그 조치로 인하여 상대적으로 불이익을 받게 되므로, 실질적 평등을 실현하기 위한 위 조치가 오히려 평등원칙에 위배되는 차별(이른바 '역차별')이 아닌지 문제된다.

㉡ 과거차별을 구제하여 실질적 평등을 달성하려는 적극적 평등실현조치는 헌법적 정당성이 인정된다. 적극적 평등실현조치에 대한 헌법적 심사(평등심사)는, 차별로 인하여 관련 기본권에 중대한 제한을 초래하는 경우에 해당할 것이기 때문에 엄격심사가 행해질 것이다. 적극적 평등실현조치의 헌법적 근거를 전술한 헌법의 특정조항에 의거하든 아니면 헌법 제11조에 의거하든, 적극적 평등

---

23) 헌재 2014. 8. 28. 2013헌마553(재판관 박한철, 이진성, 안창호, 서기석, 조용호의 위헌의견).
24) 현재는 양성평등채용목표제로 변경되었다(양성평등기본법 제20조, 국가공무원법 제26조, 지방공무원법 제25조).

실현조치가 갖는 특성 때문에, 평등심사는 완화된 엄격심사가 행해질 것이며, 이 경우 헌법적 정당성이 인정될 것이다. 물론 적극적 평등실현조치의 정도가 과도할 경우 헌법적 정당성이 부정될 수도 있다.

6) 간접차별의 문제 ① 간접차별이란 그 개념이 분명한 것은 아니지만, 대체로 법, 정책, 관행 등이 겉으로는 중립적으로 보이지만 그에 따른 결과에서 불평등이 초래되는 경우의 차별로서 결과상 차별 또는 사실상 차별이라고도 한다.[25] 외관상으로는 중립적이지만 결과적으로 차별의 효과가 나타나는 경우로서, 예컨대 신장 180cm 이상만 지원자격을 갖는 경찰관채용공고(외관상 신장을 기준으로 차별, 결과적으로 여성차별), 제대군인가산점 제도(외관상 제대군인인지 여부를 기준으로 차별, 결과적으로 여성차별) 등을 들 수 있다.

② 간접차별은 특정 영역에서 예컨대 남성이나 여성이 과소 또는 과다 대표되는 경우에 나타난다. 남성보다는 여성, 전일제노동자보다는 시간제노동자, 남녀 모두 전일제노동자라도 기혼여성에게 간접차별이 빈번하게 나타난다.

③ 법적용 결과가 언제나 평등할 수는 없기 때문에, 어느 정도 불평등이 초래되었을 때 간접차별로 볼 것인지 문제된다. 이와 관련하여 예컨대 미국 고용평등위원회(EEOC)는 이른바 '4/5 규칙'을 제시했는데, 이는 어느 고용상 기준을 적용한 결과 소수집단이 다수집단의 4/5 미만인 경우 불평등이 초래된 것으로서 간접차별에 해당한다고 한다. 간접차별이 있을 경우, 그 헌법적 정당성 여부(합리적인 차별인지 여부)는 전술한 평등심사기준에 따라 판단하게 된다.

5. 평등규정의 적용

(1) 차별금지사유

1) 예시규정

헌법 제11조 제1항 제2문은 "누구든지 성별·종교 또는 사회적 신분에 의하여 정치적·경제적·사회적·문화적 생활의 모든 영역에 있어서 차별을 받지 아

25) 남녀고용평등법 제2조 제1호는, "사업주가 채용조건이나 근로조건은 동일하게 적용하더라도 그 조건을 충족할 수 있는 남성 또는 여성이 다른 한 성(性)에 비하여 현저히 적고 그에 따라 특정 성에게 불리한 결과를 초래하며 그 조건이 정당한 것임을 증명할 수 없는 경우", 즉 간접차별도 차별의 개념에 포함시키고 있다.

니한다."라고 규정하고 있다. 여기서 '성별·종교 또는 사회적 신분'이라는 차별금지사유를 한정적으로 열거된 것으로 보는 열거규정설과 예시된 것으로 보는 예시규정설이 대립하고 있다. 예시규정설이 다수설이다. 예시규정설에 따르면 어떤 사유에 의한 것이든 합리적인 차별은 허용되지만, 불합리한 차별은 허용되지 않는다. 헌법재판소도 예시규정설을 취하고 있다. 아래에서는 헌법에 명시된 차별금지사유의 경우만 간략하게 살펴본다.

2) 성별에 의한 차별 ① 우리나라는 전통적으로 유교문화의 영향이 강했기 때문에, 성별에 의한 차별, 즉 남녀차별이 심했다. 유교문화의 영향이 상대적으로 약화된 오늘날에도 남녀차별의 문제는 우리 사회에서 여전히 중요한 문제이다. 또 헌법 제36조 제1항은 "혼인과 가족생활은 개인의 존엄과 양성의 평등을 기초로 성립되고 유지되어야 하며, 국가는 이를 보장한다."라고 규정함으로써, 혼인과 가족생활에서의 양성평등을 강조하고 있다.

② 단순히 성별에 의한 차별이 아니라, 남녀의 생물학적 차이에 의거한 차별은 합리성이 인정된다. 예컨대 여성 근로자에게만 생리휴가를 주는 것(근로기준법 제73조), 임신 중인 여성 근로자에게만 출산전후휴가를 주는 것(법 제74조), 남성에게만 병역의무를 지우는 것(병역법 제3조 제1항) 등은 합리적 차별이다. 반면에, 호주제는 성역할에 관한 고정관념에 기초한 차별로서 정당한 이유없이 남녀를 차별하는 제도이고, 부의 성을 사용할 것을 강제하면서 모의 성의 사용을 허용하지 않는 것은 개인의 존엄과 양성의 평등을 침해하는 것이다.[26]

3) 종교에 의한 차별 ① 우리나라에서 종교를 이유로 하는 차별은 공적 차원보다는 사기업에서의 근무관계나 종교단체가 운영하는 사립학교에서 문제된다. 공적 차원에서 문제되었던 것으로는, 예컨대 사법시험 시행일, 교원임용시험 시행일, 법학적성시험 시행일을 일요일, 또는 토요일이나 토요일을 포함한 기간으로 정한 시험공고의 경우가 있으며, 헌법재판소는 모두 종교를 이유로 하는 불합리한 차별이 아니라고 판시하였다.[27]

② 그리고 관련하여 연 2회 실시되는 간호조무사 국가시험을 모두 토요일에

26) 헌재 2005. 2. 3. 2001헌가9; 헌재 2005. 12. 22. 2003헌가5.

27) 헌재 2001. 9. 27. 2000헌마159; 헌재 2010. 6. 24. 2010헌마41; 헌재 2010. 11. 25. 2010헌마199; 헌재 2010. 4. 29. 2009헌마399.

실시한다고 하여 그로 인한 기본권 제한이 지나치다고 볼 수 없으므로, 과잉금지원칙에 반하여 제칠일안식일예수재림교를 믿는 청구인의 종교의 자유를 침해하지 아니한다고 판시하였다.[28)]

③ 한편, 어느 국립대학교 로스쿨 면접일시를 토요일로 정한 것에 대해 (재림교 신자가) 종교적 신념을 이유로 면접시험 일정 변경을 요구한 사건에서, 대법원은, 국립대학교 총장은 기본권수범자로서 재림교 신자들의 불이익을 해소하기 위한 적극적인 조치를 취할 의무가 있고, 토요일 일몰 후로 면접 순번을 변경해도 그로 인해 제한되는 공익이나 제3자의 이익은 재림교 신자의 불이익에 비해 현저히 적음에도 종교적 신념을 이유로 받게 된 중대한 불이익을 방치한 총장의 행위는 평등원칙에 반한다고 판시하였다.[29)]

4) 사회적 신분에 의한 차별　사회적 신분이란 존비속관계처럼 선천적으로 취득한 신분뿐만 아니라, 후천적으로 사회적 평가를 수반하면서 상당한 기간 차지하고 있는 사회적 지위를 말한다. 따라서 귀화인, 전과자, 기업인, 학생, 변호사, 근로자, 상인, 농민, 교원 등도 사회적 신분에 해당한다. 예컨대 헌법재판소는 자기 또는 배우자의 직계존속을 살해한 경우 가중 처벌하도록 규정하고 있는 존속살해죄 규정에 대해, 차별적 취급에 합리적 근거가 있으므로 평등원칙에 반하지 않는다고 판시하였다.[30)]

⑵ 차별금지영역

헌법 제11조 제1항 제2문은 "누구든지 … 정치적·경제적·사회적·문화적 생활의 모든 영역에 있어서 차별을 받지 아니한다."라고 규정하고 있다. 차별이 금지되는 영역은 모든 영역이다.

⑶ 특권제도의 금지

1) 사회적 특수계급제도의 부인　헌법 제11조 제2항은 "사회적 특수계급의 제도는 인정되지 아니하며, 어떠한 형태로도 이를 창설할 수 없다."라고 규정함으로써, 사회적 특수계급제도를 부인하고 있다. 사회적 특수계급의 제도란 귀족제도, 노예제도, 조선시대의 반상제도와 같은 것을 말한다.

---

28) 헌재 2023. 6. 29. 2021헌마171.
29) 대법원 2024. 4. 4. 2022두56661.
30) 헌재 2002. 3. 28. 2000헌바53.

2) 영전일대의 원칙 헌법 제11조 제3항은 "훈장 등의 영전은 이를 받은 자에게만 효력이 있고, 어떠한 특권도 이에 따르지 아니한다."라고 규정함으로써, 영전의 세습을 금지하고 있다. 이로써 특수계급이 생기는 것을 막으려는 것이다. 그러나 훈장에 수반하는 연금지급이나 유족에 대한 보훈은 허용된다.

6. 평등규정(평등권)의 효력

평등규정은 대국가적 효력을 갖는다. 그리고 평등규정은 대사인적 효력을 갖는다. 평등규정은 객관적 법규범으로서 사인 간의 법률관계에도 적용된다. 국가인권위원회법 제30조 제1항 제2호는 '법인, 단체 또는 사인(私人)으로부터 차별행위를 당한 경우'를 국가인권위원회의 평등권침해 구제대상으로 규정하고 있다. 남녀고용평등법은 모집, 채용, 임금, 임금 외 금품, 교육, 배치, 승진, 정년, 퇴직, 해고 등에서 남녀차별을 금지하고 위반시 형사처벌을 규정하고 있다(법 제7조－제11조, 제37조).

7. 평등규정(평등권)의 제한

⑴ 헌법에 의한 제한

헌법이 직접 평등권을 제한하는 것으로는, 정당의 특권(제8조 제3항－제4항), 대통령의 형사상 특권(제84조), 국회의원의 불체포특권(제44조), 국회의원의 면책특권(제45조), 공무원과 방위산업체근로자의 근로3권 제한(제33조 제2항－제3항), 군인과 군무원의 국가배상청구권 제한(제29조 제2항), 군사법원에 의한 재판(제27조 제2항), 현역군인의 문관임용 제한(제86조 제3항, 제87조 제4항), 국가유공자등의 우선취업기회 보장(제32조 제6항) 등이 있다.

⑵ 법률에 의한 제한

법률에 의한 평등권 제한으로는, 예컨대 공무원법에 규정된 공무원의 정당가입금지, 정치활동제한, 집단행위금지(국가공무원법 제65조－제66조), 형집행법에 규정된 수용자의 신체의 자유 제한 및 수용자의 편지수수·전화통화에 대한 제한(형집행법 제43조－제44조), 공직선거법 규정에 의한 일정범위 사람에 대한 선거권 및 피선거권 제한(공직선거법 제18조－제19조) 등이 있다.

제 2 절 자유권적 기본권

Ⅰ. 신체의 자유

1. 헌법규정

헌법 제12조는 신체의 자유를 규정하고 있다. 제12조 제1항부터 제7항까지 죄형법정주의와 적법절차, 고문금지·불리한진술거부권, 영장주의, 변호인의 조력을 받을 권리, 체포 또는 구속의 이유와 변호인의 조력을 받을 권리 고지, 구속적부심사제도, 자백의 증거능력·증명력 제한 등을 규정하고 있다. 그리고 제13조는 형벌불소급원칙, 일사부재리원칙, 연좌제금지 등을, 제27조는 재판을 받을 권리를, 제28조는 형사보상청구권을 규정하고 있다.

2. 의의 및 주체

(1) 의의

1) 신체의 자유는 모든 기본권 보장의 전제가 되는 것으로서 신체활동을 자율적으로 할 수 있는 신체거동의 자유와 함께 신체의 안전성이 외부로부터의 물리적인 힘이나 정신적인 위협으로부터 침해당하지 아니할 자유를 포함한다.[31] 즉 신체의 자유는 자신이 원하는 장소에 머무르거나, 신체를 자유로이 활동하거나, 자신이 원하는 장소로 이동하는 등 자신이 원하지 않는 장소를 피할 신체활동의 자유를 의미하고, 그리고 신체를 훼손당하지 않을 권리를 함께 포함한다. 따라서 예컨대 일정한 장소에 구금하거나, 포승·수갑 등을 이용하여 신체의 움직임을 물리적으로 결박하거나, 금치 처분을 받은 수형자에 대하여 금치기간 중 운동을 금지하는 것 등은 신체의 자유를 제한하는 것이다.

2) 신체의 자유는 자신의 신체를 공간적으로 자유로이 이동할 수 있는 자유라는 점에서, 거주·이전의 자유와 같다. 그러나 거주·이전의 자유는 자신이 생활하는 거소나 체류지에서의 일상적 생활영역인 사회적·경제적 생활권을 변경

31) 헌재 2003. 12. 18. 2001헌마163; 헌재 2014. 8. 28. 2011헌마28.

하는 것이라는 점에서 신체의 자유와 다르다.

(2) 신체의 자유의 주체

신체의 자유의 주체는 자연인이다. 신체의 자유는 인간의 권리이기 때문에, 국민을 포함한 모든 인간이 주체가 된다.

3. 신체의 자유의 실체적 보장 수단

(1) 죄형법정주의

1) 헌법규정 및 의의　　헌법은 제12조 제1항 제2문에서 "… 누구든지 법률에 의하지 아니하고는 체포·구속·압수·수색 또는 심문을 받지 아니하며, 법률과 적법한 절차에 의하지 아니하고는 처벌·보안처분 또는 강제노역을 받지 아니한다."라고 규정하고, 제13조 제1항 전단에서 "모든 국민은 행위시의 법률에 의하여 범죄를 구성하지 아니하는 행위로 소추되지 아니하며, …"라고 규정함으로써 죄형법정주의를 규정하고 있다. 죄형법정주의란 무엇이 범죄이고 그에 대해 어떠한 형벌을 가할 것인지를 미리 법률로 규정해야 한다는 근대형법의 기본원리이다. 죄형법정주의는 "법률이 없으면 범죄도 없고 형벌도 없다."라는 표현으로 요약될 수 있다. 죄형법정주의는 국가의 과도한 형벌권 행사로부터 시민의 자유와 권리를 보호한다.

2) 죄형법정주의의 파생원칙　　죄형법정주의를 구성하는 하위원칙으로는, 법률주의(관습형법금지), 형벌불소급의 원칙, 유추해석금지, 절대적 부정기형 금지, 명확성원칙 등이 있다.

① **법률주의(관습형법금지)**　　법률주의(관습형법금지)는 범죄와 형벌을 규정하는 형벌법규는 의회가 제정한 법률에 의해야 한다는 것이다. 성문의 법률에 의해야 하므로 관습형법은 허용되지 않는다.

② **형벌불소급의 원칙**　　형벌불소급의 원칙은 형벌법규는 소급해서 적용해서는 안 된다는 것이다. 따라서 모든 국민은 행위시의 법률에 의하여 범죄를 구성하지 않는 행위로 인하여 처벌받지 않는다.

③ **유추해석금지**　　유추해석금지는 법률에 규정이 없는 행위에 대해서 그것과 비슷한 내용의 형벌규정을 유추해석하여 적용하는 것을 금지하는 것이다. 즉 A라는 행위를 처벌하려면 반드시 A라는 행위를 처벌하는 법률규정이 있어야

하며, A와 비슷한 A'를 처벌하는 규정을 유추해석하여 적용하는 것은 금지된다.

④ **절대적 부정기형금지** ㉠ 절대적 부정기형금지는 자유형을 선고함에 있어서 기간을 정하지 않은 형의 선고는 금지된다는 것이다. 예컨대 '징역 5년에 처한다'라고 선고해야지, 기간을 정하지 않고 (행형 성적에 따라 결정하도록) '징역에 처한다'라고 선고하는 것은 금지된다.

㉡ 그러나 상대적 부정기형은 허용된다. 예컨대 소년법 제60조 제1항은 "소년이 법정형으로 장기 2년 이상의 유기형(有期刑)에 해당하는 죄를 범한 경우에는 그 형의 범위에서 장기와 단기를 정하여 선고한다. 다만, 장기는 10년, 단기는 5년을 초과하지 못한다."라고 규정함으로써 상대적 부정기형을 규정하고 있다.

⑤ **명확성원칙** 명확성원칙은 법치주의의 파생원칙이며, 입법의 원칙이기도 하다. 입법자는 모든 입법을 명확하게 해야 한다. 그런데 형벌규정을 입법할 때는 가장 강한 정도의 명확성이 요구된다. 죄형법정주의로부터 파생되는 명확성의 원칙은 누구나 법률이 처벌하고자 하는 행위가 무엇이며 그에 대한 형벌이 어떠한 것인지를 예견할 수 있고, 그에 따라 자신의 행위를 결정할 수 있도록 범죄의 구성요건과 형벌은 명확하게 규정되어야 한다는 원칙이다.

(2) 일사부재리원칙(이중처벌금지원칙)

1) **헌법규정 및 의의** 헌법 제13조 제1항 후단은 " … 동일한 범죄에 대하여 거듭 처벌받지 아니한다."라고 규정하여 일사부재리원칙(이중처벌금지원칙)을 규정하고 있다. 일사부재리원칙(이중처벌금지원칙)은 일단 판결이 확정되어 기판력이 발생하면 동일한 범죄행위에 대하여 거듭 재판(처벌)하지 못한다는 원칙이다. 따라서 이미 처벌 받았거나 무죄판결을 받은 경우 형사책임을 다시 묻지 못한다. 유죄의 확정판결이 내려진 경우에, 재심은 그 선고를 받은 자의 이익을 위해서만 청구할 수 있다(형사소송법 제420조).

2) **일사부재리원칙(이중처벌금지원칙)과 외국의 형사판결** 일사부재리원칙(이중처벌금지원칙)은 대한민국 내에서의 형벌권 행사에 적용된다. 외국의 형사판결은 원칙적으로 우리 법원을 기속하지 않는다. 따라서 이중처벌금지원칙은 동일한 범죄에 대하여 대한민국 내에서 거듭 형벌권이 행사되어서는 안 된다는 뜻이다.

(3) 연좌제 금지

헌법 제13조 제3항은 "모든 국민은 자기의 행위가 아닌 친족의 행위로 인하여 불이익한 처우를 받지 아니한다."라고 규정하여 연좌제금지를 규정하고 있다. 자기의 행위가 아닌 친족의 행위로 인하여 불이익한 처우를 받는 것은 자기책임의 원칙에 반한다. 불이익한 처우란 형사처벌같은 형사법적 불이익뿐만 아니라, 국가로부터의 어떠한 불이익이든 여기에 해당한다.

4. 신체의 자유의 절차적 보장 수단

(1) 적법절차의 원칙

1) 헌법규정 및 의의　　헌법 제12조 제1항 제2문 후단은 "누구든지 … 법률과 적법한 절차에 의하지 아니하고는 처벌·보안처분 또는 강제노역을 받지 아니한다."라고 규정하고, 제3항은 "체포·구속·압수 또는 수색을 할 때에는 적법한 절차에 따라 검사의 신청에 의하여 법관이 발부한 영장을 제시하여야 한다."라고 규정하여 적법절차의 원칙을 명시하고 있다. 적법절차의 원칙이란 적정한 절차와 적정한 내용을 규정하고 있는 법에 의해 국가작용이 행해져야 한다는 원칙을 말한다. 적법절차의 원칙은 법의 절차의 적정성에서 출발하였으나 나중에 법의 실체적 내용의 적정성까지 의미하는 것으로 확립되었다.

2) 적법절차의 원칙의 적용범위　　헌법 제12조 제1항 후문과 제3항에 규정된 적법절차의 원칙은 입법권, 집행권, 사법권 등 모든 국가권력 행사에 적용된다. 따라서 '처벌·보안처분 또는 강제노역'은 예시적인 것이다. 예컨대 수사기관 등의 전기통신사업자에 대한 (이용자의) 통신자료 제공요청은, 수사 등의 밀행성이나 신속성에 비추어 사전통지가 어렵다면 적어도 사후통지절차를 마련했어야 하는데, 통신자료 취득에 대한 사후통지절차를 마련하지 않아서 적법절차원칙에 반하여 개인정보자기결정권을 침해한다. 그리고 '강제퇴거명령의 집행을 위한 보호'에 관한 출입국관리법 규정은, 보호기간의 상한을 정하지 않아 과잉금지원칙에 위배되며, 보호의 개시나 연장 단계에서 공정하고 중립적인 기관에 의한 통제절차가 없어 적법절차원칙에 위배되어 피보호자의 신체의 자유를 침해한다.[32]

32) 헌재 2022. 7. 21. 2016헌마388; 헌재 2023. 3. 23. 2020헌가1.

(2) 영장주의

1) 헌법규정 및 의의 ① 헌법 제12조 제3항은 "체포·구속·압수 또는 수색을 할 때에는 적법한 절차에 따라 검사의 신청에 의하여 법관이 발부한 영장을 제시하여야 한다. 다만, 현행범인인 경우와 장기 3년 이상의 형에 해당하는 죄를 범하고 도피 또는 증거인멸의 염려가 있을 때에는 사후에 영장을 청구할 수 있다."라고 규정하고 있다.[33] 영장주의란 적법절차원칙에서 도출되는 원리로서, 형사절차와 관련하여 체포·구속·압수·수색의 강제처분을 함에 있어서는 사법권 독립에 의하여 신분이 보장되는 법관이 발부한 영장에 의해야 한다는 원칙이다.

② 신체의 자유와 관련한 영장주의는 체포·구속 등 수사기관의 강제처분, 즉 '신체에 대해 직접적이고 물리적인 강제력이 행사되는 경우'에 대하여 적용된다. 따라서 예컨대 미결수용자의 접견내용을 녹음·녹화하는 것은 직접적으로 물리적 강제력을 수반하는 강제처분이 아니며, 도로교통법상 음주측정처럼 당사자의 자발적 협력이 필요한 방법은 강제처분이 아니어서. 영장주의의 적용대상이 아니다.[34]

2) 영장주의의 내용

① **사전영장주의의 원칙** ㉠ 국가권력이 체포·구속·압수 또는 수색을 할 때에는 법관에 의해 사전에 발부된 영장을 제시하여야 한다. 법관에 의한 체포·구속·압수 또는 수색영장의 발부를 통해 수사기관의 자의적인 체포·구속·압수 또는 수색을 억제하고 이로써 신체의 자유 등 보호가 강화된다.

㉡ 영장에 의한 체포·구속·압수 또는 수색을 할 때에는, 검사는 지방법원판사에게 청구하여 발부받은 영장에 의하여, 사법경찰관은 검사에게 신청하여 검사의 청구로 지방법원판사가 발부한 영장에 의하여야 한다(형사소송법 제200조의2, 제201조, 제215조).

㉢ 체포·구속영장에는 피고인의 성명, 주거, 죄명, 공소사실의 요지, 인치 구금할 장소, 발부년월일, 그 유효기간과 그 기간을 경과하면 집행에 착수하지

---

33) 헌법상 (검사의)영장신청권 조항은, 수사과정에서 남용될 수 있는 강제수사를 '법률전문가인 검사'가 합리적으로 '통제'하기 위하여 도입된 것이다. 헌법상 검사의 영장신청권 조항에서 '헌법상 검사의 수사권'까지 도출되지 않는다. 국회의 입법행위로 그 내용과 범위가 형성된 검사의 '법률상 권한'(수사권·소추권)이 법률개정행위로 침해될 가능성은 없다(헌재 2023. 3. 23. 2022헌라4).

34) 헌재 1997. 3. 27. 96헌가11; 헌재 2016. 11. 24. 2014헌바401.

못하며 영장을 반환하여야 할 취지를 기재하고 재판장 또는 수명법관이 서명날인하여야 한다(형사소송법 제75조, 제200조의6). 압수·수색영장에는 피고인의 성명, 죄명, 압수할 물건, 수색할 장소, 신체, 물건, 발부년월일, 유효기간과 그 기간이 지나면 집행에 착수할 수 없으며 영장을 반환하여야 한다는 취지, 그 밖에 대법원규칙으로 정한 사항을 기재하고 재판장 또는 수명법관이 서명날인하여야 한다. 다만, 압수·수색할 물건이 전기통신에 관한 것인 경우에는 작성기간을 기재하여야 한다(법 제114조).

② **사전영장주의의 예외** ㉠ 헌법 제12조 제3항 단서는 "현행범인인 경우와 장기 3년 이상의 형에 해당하는 죄를 범하고 도피 또는 증거인멸의 염려가 있을 때에는 사후에 영장을 청구할 수 있다."라고 규정하여, 사후영장의 경우를 명시하고 있다.

㉡ 즉 체포·구속의 경우 사전영장주의가 원칙이지만, 예외가 있다. 첫째, 현행범인(준현행범인 포함)은 누구든지 영장없이 체포할 수 있다. 체포한 피의자를 구속하고자 할 때에는 체포한 때부터 48시간 이내에 구속영장을 청구해야 하고, 그 기간내에 구속영장을 청구하지 아니하는 때에는 피의자를 즉시 석방하여야 한다(법 제200조의2, 제212조, 제213조의2). 둘째, 긴급체포의 경우, 즉 장기 3년 이상의 형에 해당하는 죄를 범하고 도피 또는 증거인멸의 염려가 있을 때에는 사후에 영장을 청구할 수 있다. 검사 또는 사법경찰관이 피의자를 긴급체포한 경우 피의자를 구속하고자 할 때에는, 검사는 피의자를 체포한 때부터 48시간 이내에 관할지방법원판사에게 구속영장을 청구해야 한다. 48시간 이내에 구속영장을 청구하지 아니하거나 발부받지 못한 때에는 피의자를 즉시 석방하여야 한다(법 제200조의3－제200조의4). 셋째, 비상계엄의 경우에는 예외가 인정된다. 헌법 제77조 제3항은 "비상계엄이 선포된 때에는 법률이 정하는 바에 의하여 영장제도, … 에 관하여 특별한 조치를 할 수 있다."라고 규정하고 있다. 즉 비상계엄시에 특별한 조치를 통하여 사전영장주의의 예외를 규정할 수 있다.[35)]

35) 비상계엄지역에서 군사상 필요가 인정되어 특별한 조치로서 사전영장주의의 예외를 인정하는 경우에도 영장주의의 본질을 침해하는 것은 허용될 수 없으므로, 수사기관의 강제처분이 영장없이 이루어지는 경우 조속한 시간 내에 법관에 의한 사후심사가 이루어질 수 있는 장치가 마련되어야 한다(헌재 2013. 3. 21. 2010헌바132; 헌재 2025. 4. 4. 2024헌나8).

③ **구속 전 피의자심문제도** ㉠ 영장에 의한 체포, 긴급체포, 현행범인 체포의 경우에, 체포된 피의자에 대하여 구속영장을 청구받은 판사는 지체없이 피의자를 심문하여야 한다. 이 경우 특별한 사정이 없는 한 구속영장이 청구된 날의 다음날까지 심문하여야 한다.

㉡ 위 3가지 경우 외의 피의자에 대하여 구속영장을 청구받은 판사는, 피의자가 죄를 범하였다고 의심할 만한 이유가 있는 경우에, 구인을 위한 구속영장을 발부하여 피의자를 구인한 후 심문하여야 한다. 다만, 피의자가 도망하는 등의 사유로 심문할 수 없는 경우에는 그러하지 아니하다(형사소송법 제201조의2).

④ **별건체포·구속** 별건체포·구속이란 예컨대 중한 A범죄의 경우 증거가 없거나 부족하여 영장을 청구하지 못할 경우, 이미 증거를 확보한 별개의 경한 B범죄에 대해 영장을 발부받아 체포·구속하는 수사방법을 말한다. 이는 영장주의나 적법절차에 반하여 위헌이라는 것이 다수설이다.

⑤ **행정상 즉시강제와 영장제도** ㉠ 행정상 즉시강제란 목전의 급박한 행정상 장해를 제거할 필요가 있는 경우에, 미리 의무를 명할 시간적 여유가 없을 때 또는 그 성질상 의무를 명해서는 목적달성이 곤란할 때에, 직접 국민의 신체 또는 재산에 실력을 가하여 행정상 필요한 상태를 실현하는 작용을 말한다. 예컨대 감염병예방법 제42조의 강제처분(예컨대 치료·입원, 자가·시설 격리), 경찰관직무집행법 제4조의 보호조치(예컨대 술에 취하여 자신 또는 다른 사람의 생명·신체·재산에 위해를 끼칠 우려가 있는 사람을 경찰관서에 보호하는 조치) 등이 여기에 해당한다.

㉡ 이러한 행정상 즉시강제와 같은 행정절차에도 영장주의가 적용되는지 문제된다. 이에 관하여는 영장주의가 적용되지 않는다는 영장불요설과 행정목적 달성을 위해 불가피한 경우는 불필요하지만 행정목적과 형사사법목적이 경합하는 경우에는 영장주의가 적용된다는 절충설이 있다. 절충설이 통설이다.

(3) 체포·구속 이유 등의 고지제도

1) 헌법 제12조 제5항은 "누구든지 체포 또는 구속의 이유와 변호인의 조력을 받을 권리가 있음을 고지받지 아니하고는 체포 또는 구속을 당하지 아니한다. 체포 또는 구속을 당한 자의 가족 등 법률이 정하는 자에게는 그 이유와 일시·장소가 지체없이 통지되어야 한다."라고 규정하고 있다.

2) 이는 체포 또는 구속을 당하는 자의 방어권 보장을 위한 것이다. 또한 체포 또는 구속을 당한 자의 가족 등의 불안감 해소 및 피의자방어권 조력 등을 위한 것이다. 체포 또는 구속의 경우에 고지받을 권리는, 영장에 의한 경우이든 그렇지 아니한 경우이든 모두 적용된다. 체포 또는 구속을 당하는 자에 대한 고지 시기는 명문의 규정은 없지만 일반적으로 체포 또는 구속 당시로 보고 있으며, 체포 또는 구속을 당한 자의 가족 등에 대한 통지시기 및 방법은 '지체없이 서면으로' 하게 되어 있다(형사소송법 제87조 제2항).

⑷ 체포·구속 적부심사제도

1) 헌법 제12조 제6항은 "누구든지 체포 또는 구속을 당한 때에는 적부의 심사를 법원에 청구할 권리를 가진다."라고 규정하여 체포·구속 적부심사제도를 명시하고 있다. 체포·구속 적부심사제도는 체포 또는 구속을 당한 자(피의자) 및 관계인의 청구가 있으면, 법관이 공개법정에서 심사하여 체포·구속이 부당하거나 불법인 경우에 체포·구속 당한 자를 석방하는 제도이며, 이는 신체의 자유 침해에 대한 사후·구제적인 제도이다.

2) 체포 또는 구속된 피의자 또는 그 변호인, 법정대리인, 배우자, 직계친족, 형제자매나 가족, 동거인 또는 고용주는 관할법원에 체포 또는 구속의 적부심사를 청구할 수 있다(법 제214조의2 제1항).

3) 청구를 받은 법원은 청구서가 접수된 때부터 48시간 이내에 체포되거나 구속된 피의자를 심문하고 수사 관계 서류와 증거물을 조사하여 그 청구가 이유 없다고 인정한 경우에는 결정으로 기각하고, 이유 있다고 인정한 경우에는 결정으로 체포되거나 구속된 피의자의 석방을 명하여야 한다. 심사 청구 후 피의자에 대하여 공소제기가 있는 경우에도 또한 같다(법 제214조의2 제4항).

4) 법원은 구속된 피의자(심사청구후 공소제기된 사람을 포함)에 대하여 피의자의 출석을 보증할 만한 보증금의 납입을 조건으로 하여 결정으로 석방을 명할 수 있다. 다만, 범죄의 증거를 인멸할 염려가 있다고 믿을만한 충분한 이유가 있는 때, 피해자, 당해 사건의 재판에 필요한 사실을 알고 있다고 인정되는 사람 또는 그 친족의 생명·신체나 재산에 해를 가하거나 가할 염려가 있다고 믿을만한 충분한 이유가 있는 때에는 그러하지 아니하다. 이러한 석방결정을 하는 경우에 주거의 제한, 법원 또는 검사가 지정하는 일시·장소에 출석할 의무, 그 밖

의 적당한 조건을 부가할 수 있다(형사소송법 제214조의2 제5항－제6항).

5) 법원의 체포·구속적부심사결정에 대하여는 검사나 피의자 모두 항고할 수 없다. 체포영장이나 구속영장을 발부한 법관은 체포·구속적부심사의 심문·조사·결정에 관여하지 못한다. 다만, 체포영장이나 구속영장을 발부한 법관 외에는 심문·조사·결정을 할 판사가 없는 경우에는 그러하지 아니하다(법 제214조의2 제8항, 제12항).

5. 기타 형사피의자와 형사피고인의 권리

⑴ 무죄추정의 원칙

1) 헌법 제27조 제4항은 "형사피고인은 유죄의 판결이 확정될 때까지는 무죄로 추정된다."라고 하여 무죄추정의 원칙을 규정하고 있다. 무죄추정의 원칙이란 아직 기소되지 않은 피의자나 기소된 피고인이 유죄의 확정판결이 있을 때까지는 원칙적으로 무죄인으로 다루어져야 하고, 이들에 대해 가해지는 불이익은 필요최소한에 그쳐야 한다는 원칙을 말한다. 유죄의 확정판결에는 실형선고, 형의 면제, 선고유예, 집행유예 등이 모두 포함된다.

2) 무죄추정의 원칙은 증거법에 국한된 원칙이 아니라 수사절차에서 공판절차에 이르기까지 형사절차의 전과정을 지배하는 지도원리로서 인신의 구속 자체를 제한하는 원리로 작용한다. 무죄추정의 원칙으로 인하여 수사와 재판은 불구속을 원칙으로 하며, 구속은 불가피한 경우에 최후의 수단으로 사용되어야 하고, 구속기간은 가능한 한 최단기간에 그쳐야 한다.

⑵ 진술 거부권

1) 헌법 제12조 제2항 후단은 "모든 국민은 … 형사상 자기에게 불리한 진술을 강요당하지 아니한다."라고 규정하여 불리한 진술 거부권을 명시하고 있다. 불리한 진술 거부권이란 피의자 또는 피고인이 수사절차나 공판절차에서 형사상 자기에게 불리한 진술을 거부할 수 있는 권리를 말한다.

2) 불리한 진술 거부권 보장은, 첫째, 피고인 또는 피의자의 인권을 실체적 진실발견이나 사회정의의 실현이라는 국가이익보다 우선적으로 보호함으로써, 인간의 존엄과 가치를 보장하고 나아가 비인간적인 자백의 강요와 고문을 근절하려는 것이고, 둘째, 피고인 또는 피의자와 검사 사이에 무기평등을 도모하여

공정한 재판의 이념을 실현하려는 것이다.

3) 이와 같은 의미를 지닌 진술거부권은 형사절차뿐만 아니라 행정절차나 국회에서의 조사절차 등에서도 보장되며, 현재 피의자나 피고인으로서 수사 또는 공판절차에 계속 중인 자뿐만 아니라 장차 피의자나 피고인이 될 자에게도 보장된다. 또한 진술거부권은 고문 등 폭행에 의한 강요는 물론 법률로써도 진술을 강요당하지 아니함을 의미한다.[36]

4) 헌법은 형사상 자기에게 불리한 진술을 거부할 수 있는 권리를 규정하고 있지만, 형사소송법은 검사 또는 사법경찰관은 피의자를 신문하기 전에 '일체의 진술을 하지 아니하거나 개개의 질문에 대하여 진술을 하지 아니할 수 있다는 것'과 더불어 '진술을 하지 아니하더라도 불이익을 받지 아니한다는 것'을 알려주어야 함을 규정함으로써, 그 범위를 확장하여 불리한 진술에 한정하지 않고 있다(형사소송법 제244조의3 제1항).

5) 여기서 '진술'이라 함은 생각이나 지식, 경험사실을 정신작용의 일환인 언어를 통하여 표출하는 것을 의미한다. 예컨대 도로교통법상의 음주측정은 '진술'이라 할 수 없고, 따라서 주취운전의 혐의자에게 호흡측정기에 의한 주취여부의 측정에 응할 것을 요구하고 이에 불응할 경우 처벌한다고 하여도 이는 형사상 불리한 '진술'을 강요하는 것이 아니다.

⑶ 고문을 받지 아니할 권리

헌법 제12조 제2항 전단은 "모든 국민은 고문을 받지 아니하며, …"라고 규정하여 고문을 받지 아니할 권리를 명시하고 있다. 고문이란, 숨기고 있는 사실을 강제로 알아내기 위하여, 즉 자백을 얻기 위하여 육체적·정신적 고통을 주며 신문하는 것을 말한다. 형법 제125조(폭행·가혹행위)와 특정범죄가중법 제4조의 2(체포·감금 등의 가중처벌)는 고문을 형사처벌하고 있다.

⑷ 자백의 증거능력과 증명력 제한

헌법 제12조 제7항은 "피고인의 자백이 고문·폭행·협박·구속의 부당한 장기화 또는 기망 기타의 방법에 의하여 자의로 진술된 것이 아니라고 인정될 때 또는 정식재판에 있어서 피고인의 자백이 그에게 불리한 유일한 증거일 때에는

---

36) 헌재 2005. 12. 22. 2004헌바25.

이를 유죄의 증거로 삼거나 이를 이유로 처벌할 수 없다."라고 규정하여 자백의 증거능력과 증명력 제한을 명시하고 있다. 따라서 고문·폭행 등으로 인하여 자의로 진술된 것이 아닌 자백, 즉 임의성 없는 자백은 증거능력이 없다(자백의 증거능력 제한). 또한 임의성 있는 자백일지라도 그 자백이 피고인에게 불리한 유일한 증거인 경우에는 유죄 인정을 할 수 없다(자백의 증명력 제한). 단, 보강증거가 있으면 자백의 증명력을 인정하여 유죄의 증거로 삼을 수 있다. 그러나 정식재판이 아닌 즉결심판에서는 보강증거가 없는 불리한 자백이 유죄의 증거로 사용될 수 있다(즉결심판법 제10조).

(5) 변호인의 조력을 받을 권리

1) 헌법 제12조 제4항은 "누구든지 체포 또는 구속을 당한 때에는 즉시 변호인의 조력을 받을 권리를 가진다. 다만, 형사피고인이 스스로 변호인을 구할 수 없을 때에는 법률이 정하는 바에 의하여 국가가 변호인을 붙인다."라고 규정하여 변호인의 조력을 받을 권리를 명시하고 있다. 변호인의 조력을 받을 권리는 소추당하는 개인이 국가권력에 대항할 수 있게 하기 위해, 즉 실질적인 무기대등을 위해 인정되는 기본권이다.

2) 변호인의 조력을 받을 권리는 일차적으로 형사절차에서 인정되는 권리이다. 따라서 가사소송에서 변호사의 조력을 받는 것은 변호인의 조력을 받을 권리의 보호영역에 해당하지 않는다.[37] 한편, 헌법재판소는 인천국제공항 송환대기실에 수용중인 난민신청자의 변호인이 한 (난민신청자)접견신청을 인천국제공항 측에서 거부한 것이 변호인의 조력을 받을 권리를 침해한 것인지 여부가 문제된 사건에서, 행정절차에서 구속을 당한 사람에게도 변호인의 조력을 받을 권리가 즉시 보장되며, 변호인이 한 (난민신청자)접견신청 거부는 난민신청자의 변호인의 조력을 받을 권리를 침해한다고 판시하였다.[38]

3) 변호인의 조력을 받을 권리는 구속된 피의자·피고인뿐만 아니라 불구속 피의자·피고인 모두에게 포괄적으로 인정된다. 불구속 피의자나 피고인의 경우 형사소송법상 특별한 명문의 규정이 없더라도 스스로 선임한 변호인의 조력을 받기 위하여 변호인을 옆에 두고 조언과 상담을 구하는 것은 수사절차의 개시에

37) 헌재 2012. 10. 25. 2011헌마598.

38) 헌재 2018. 5. 31. 2014헌마346(선례변경).

서부터 재판절차의 종료에 이르기까지 언제나 가능하다.[39]

4) 변호인의 조력을 받을 권리에는 첫째, 변호인 선임권이 있다. 형사피고인이 스스로 변호인을 구할 수 없을 때에는 법률이 정하는 바에 의하여 국가가 변호인을 붙인다. 둘째, 변호인접견교통권이 있다. 변호인과 자유롭게 접견하여 협의하는 것은 신체를 구속당한 사람에게 보장된 변호인의 조력을 받을 권리의 가장 중요한 내용이다. 이는 국가안전보장, 질서유지, 공공복리 등 어떠한 이유로도 제한될 수 없는 성질의 것이다.[40] 그 밖에 변호인의 수사서류 열람·등사권, 변호인과 미결수용자 사이의 서신의 비밀 보장 등이 있다.[41]

⑹ 신속한 공개재판을 받을 권리

헌법 제27조 제3항은 "모든 국민은 신속한 재판을 받을 권리를 가진다. 형사피고인은 상당한 이유가 없는 한 지체없이 공개재판을 받을 권리를 가진다."라고 규정하여 신속한 공개재판을 받을 권리를 명시하고 있다. 신속한 재판이란 상당한 이유가 없는 재판의 장기화나 심리의 지연을 금지한다는 것이고, 공개재판이란 피고인과 관계없는 제3자에게도 공판과정의 방청을 허용한다는 것이다. 헌법 제109조는 "재판의 심리와 판결은 공개한다. 다만, 심리는 국가의 안전보장 또는 안녕질서를 방해하거나 선량한 풍속을 해할 염려가 있을 때에는 법원의 결정으로 공개하지 아니할 수 있다."라고 하여 재판공개의 예외를 규정하고 있다.

⑺ 형사보상청구권

헌법 제28조는 "형사피의자 또는 형사피고인으로서 구금되었던 자가 법률이 정하는 불기소처분을 받거나 무죄판결을 받은 때에는 법률이 정하는 바에 의하여 국가에 정당한 보상을 청구할 수 있다."라고 규정하여 형사보상청구권을 명시하고 있다.

---

39) 헌재 2004. 9. 23. 2000헌마138.
40) 헌재 1992. 1. 28. 91헌마111.
41) 헌재 1995. 7. 21. 92헌마144; 헌재 2010. 6. 24. 2009헌마257.

Ⅱ. 거주·이전의 자유

1. 헌법규정 및 의의

(1) 헌법 제14조는 "모든 국민은 거주·이전의 자유를 가진다."라고 하여 거주·이전의 자유를 규정하고 있다. 거주·이전의 자유는 자신이 원하는 곳에 거주지와 체류지를 정하거나, 이를 변경하거나 변경하지 아니할 자유를 말한다. 따라서 거주지와 체류지를 강제하는 것은 허용되지 않는다. 여기서 거주지는 계속 머무는 곳을 말하고, 체류지는 임시로 머무는 곳을 말한다.

(2) 거주·이전의 자유는 자신의 사회적·경제적 생활영역을 스스로 결정할 권리이다. 거주·이전의 자유는 정치·경제·사회·문화 등 모든 생활영역에서 개성신장을 촉진함으로써 헌법상 보장되고 있는 다른 기본권들의 실효성을 증대시켜주는 기능을 한다. 예컨대 직장변경으로 인해 거주지를 변경하는 경우를 생각할 때, 거주·이전의 자유가 보장되지 않으면 직업의 자유가 무의미해질 수 있다. 또 거주·이전의 자유는 노동력과 자산의 자유로운 이동을 보장하기 때문에 자본주의 경제질서의 기초로 작용한다.

2. 거주·이전의 자유의 주체

거주·이전의 자유의 주체는 국민과 국내법인이다. 거주·이전의 자유는 인간의 권리가 아니기 때문에 외국인은 원칙적으로 주체성이 인정되지 않는다.

3. 거주·이전의 자유의 내용

(1) 국내 거주·이전의 자유

1) 국내 거주·이전의 자유는 국내에서 자유롭게 거주지와 체류지를 정하거나, 변경하거나 변경하지 않을 자유를 말한다. 국내 거주·이전의 자유는 북한지역으로의 거주·이전을 보호하지 않는다. 북한지역도 대한민국 영토이기는 하지만 현실적으로 대한민국의 통치권이 미치지 못하기 때문이다.

2) 예컨대 거주지를 기준으로 중·고등학교 입학을 제한하는 것, 지방자치단체장의 피선거권 자격요건으로 90일 이상 관할구역 내에 주민등록이 되어 있을

것을 요구하는 것 등은 거주·이전의 자유를 제한하는 것이 아니다. 한약업사의 허가 및 영업행위에 대하여 지역적 제한을 가하는 것은 거주·이전의 자유를 침해하지 않는다.[42)]

⑵ 국외 거주·이전의 자유

1) 거주·이전의 자유는 국외 이주의 자유, 출·입국의 자유, 해외여행의 자유를 포함한다. 국외 이주의 자유는 대한민국의 통치권이 미치지 않는 곳으로 자유롭게 이주하는 것을 말한다. 출·입국의 자유는 국외로 출국하고 입국할 자유를 말한다. 해외여행의 자유는 국외로 여행할 자유를 말한다. 해외여행과 관련하여 여권 발급을 어렵게 하는 것은 거주·이전의 자유에 대한 침해가 될 수 있다.

2) 예컨대 형사재판에 계속 중인 사람이 국가의 형벌권을 피하기 위하여 해외로 도피할 우려가 있는 경우, 법무부장관으로 하여금 출국을 금지할 수 있도록 하는 것은 출국의 자유를 침해하지 않는다. 전쟁 또는 테러위험이 있는 해외 위난지역에서 여권사용을 제한하거나 방문 또는 체류를 금지한 외교통상부 고시는 거주·이전의 자유를 침해하지 않는다.[43)]

⑶ 국적 변경의 자유

1) 국적 변경의 자유는 국민이 대한민국의 국적을 이탈하고 외국 국적을 취득할 수 있는 자유를 말한다. 하지만 무국적의 자유는 인정되지 않는다.

2) 예컨대 이중국적자에게 국적선택의 시기 또는 요건의 제한을 두는 것은 국적이탈의 자유를 침해하지 않는다. 그런데 같은 국적법 규정이 문제된 사건에서 헌법재판소는, 대한민국 남성인 복수국적자가 18세가 되는 해의 3월 31일이 지나면 병역의무를 해소하기 전에는 어떠한 예외도 인정하지 않고 국적이탈을 할 수 없도록 하는 것은, 국적이탈의 자유를 지나치게 제한함으로써 국적이탈의 자유를 침해한다고 판시하였다.[44)]

---

42) 헌재 1991. 9. 16. 89헌마231; 헌재 1995. 2. 23. 91헌마204; 헌재 1996. 6. 26. 96헌마200.
43) 헌재 2008. 6. 26. 2007헌마1366; 헌재 2015. 9. 24. 2012헌바302.
44) 헌재 2020. 9. 24. 2016헌마889.

III. 직업의 자유(직업선택의 자유)

1. 헌법규정 및 의의

(1) 헌법 제15조는 "모든 국민은 직업선택의 자유를 가진다."라고 하여 직업의 자유를 규정하고 있다. 헌법 제15조는 '직업 선택의 자유'라고 표현하고 있지만, 직업선택은 곧바로 직업행사와 연결되며 직업행사를 보장하지 않는 직업선택은 무의미하기 때문에, 헌법 제15조의 '직업 선택의 자유'는 자신이 원하는 직업을 자유롭게 선택하는 좁은 의미의 '직업선택의 자유'와 그가 선택한 직업을 자기가 원하는 방식으로 자유롭게 행사할 수 있는 '직업행사의 자유(직업수행의 자유)'를 포함하는 '직업의 자유'를 의미한다.

(2) 직업의 자유란 인간이 생활을 유지·영위하기 위하여 자신이 원하는 바에 따라 직업을 선택하고 선택한 직업에 종사할 수 있는 자유를 말한다. 인간은 자신이 원하는 직업을 갖고 직업활동을 통해 생활하는데 필요한 소득을 얻으며 자신의 인격을 자유롭게 발현한다. 인간의 직업활동은 자본주의 경제질서의 기초로 작용한다.

(3) 직업이란 생활의 기본적 수요를 충족시키기 위하여 행하는 계속적인 소득활동을 의미한다. '생활의 기본적 수요를 충족시키기 위하여 행하는 계속적인 소득활동'은 넓게 해석되어야 한다. 따라서 단순한 취미가 아닌 부업이나 부업과 유사한 활동, 임시직, 휴가기간중 또는 수습기간중의 소득활동, 사용자, 자영업자 또는 피용자의 소득활동 등도 직업에 포함된다. 그리고 직업은 공동체에 해롭지 않은 활동이어야 한다.[45] 따라서 청부살인, 마약밀매, 밀수 등은 직업이 아니다.

---

45) 그런데 헌법재판소는 성매매를 직업의 자유의 보호영역에 포함시켰다. 즉 성매매는 그것이 가지는 사회적 유해성과는 별개로 성판매자의 입장에서 생활의 기본적 수요를 충족하기 위한 소득활동이므로 직업의 자유의 보호영역에 해당하고, 성매매를 형사처벌하는 것은 성판매자의 직업선택의 자유를 제한한다고 판시하였다(헌재 2016. 3. 31. 2013헌가2). 그리고 의료인이 아닌 자의 의료행위(무면허의료행위)를 일률적·전면적으로 금지하는 것은, 직업선택을 기본권 주체가 스스로 충족시킬 수 있는 일정한 주관적 자격요건과 결부시켜서 제한하는 경우로서, 비례의 원칙에 부합하여 헌법적으로 정당화된다고 판시하였는데, 무면허의료행위가 직업인지 여부는 판단하지 않았다(헌재 2005. 5. 26. 2003헌바86).

2. 직업의 자유의 주체

직업의 자유의 주체는 국민, 국내사법인이다. 외국인이나 무국적자는 주체성이 부정된다. 헌법재판소는, 외국인이 국내에서 누리는 직업의 자유는 법률에 따른 정부의 허가에 의해 비로소 발생하는 권리이며, 외국인에게는 그 기본권 주체성이 인정되지 않는다고 판시하였다.[46]

3. 직업의 자유의 내용

(1) 직업선택의 자유

직업선택의 자유는 자신이 원하는 직업을 선택하거나, 갖고 있던 직업을 변경 또는 포기하거나, 직업을 갖지 않을 자유를 말한다. 그리고 직업선택의 자유에는 자신이 원하는 직업 내지 직종에 종사하는데 필요한 전문지식을 습득하기 위한 직업교육장(예컨대 대학, 전문대학, 직업학교 등)을 임의로 선택할 수 있는 '직업교육장 선택의 자유'도 포함된다. 또한 기업의 설립과 경영의 자유를 의미하는 기업의 자유를 포함한다.[47]

(2) 직업행사의 자유

직업행사의 자유는 자신이 선택한 직업에 종사하는 일체의 활동을 할 자유를 말한다. 직업활동의 시간, 장소, 방법, 내용, 범위 등이 모두 포함된다. 그리고 영업의 자유, 직업을 수행하는 장소인 직장 선택의 자유도 직업행사의 자유에 포함되며, 직장 선택의 자유는 기존 직장을 변경하거나 포기하는 것도 포함한다.

4. 직업의 자유의 제한과 한계

직업의 자유 제한에 대한 비례성심사로서 독일연방헌법재판소는 단계이론을

---

46) 헌재 2014. 8. 28. 2013헌마359; 한편, 헌법재판소는 "직업의 자유 중 이 사건에서 문제되는 직장 선택의 자유는 인간의 존엄과 가치 및 행복추구권과도 밀접한 관련을 가지는 만큼 단순히 국민의 권리가 아닌 인간의 권리로 보아야 할 것이므로 외국인도 제한적으로라도 직장 선택의 자유를 향유할 수 있다고 보아야 한다. 청구인이 이미 적법하게 고용허가를 받아 적법하게 우리나라에 입국하여 우리나라에서 일정한 생활관계를 형성, 유지하는 등, 우리 사회에서 정당한 노동인력으로서의 지위를 부여받은 상황임을 전제로 하는 이상, 이 사건 청구인에게 직장 선택의 자유에 대한 기본권 주체성을 인정할 수 있다 할 것이다."(헌재 2011. 9. 29. 2009헌마351)라고 판시하였다.

47) 헌재 1998. 10. 29. 97헌마345; 헌재 2009. 2. 26. 2007헌마1262.

판시하였고, 우리 헌법재판소도 이를 수용하고 있다.

(1) 단계이론

단계이론이란 직업의 자유를 제한하는 경우, 먼저 가장 약한 제한으로 목적 달성을 시도하고, 이로써는 어려운 경우 그 다음 단계의 강한 제한을 하고, 이로써도 어려운 경우 최후단계의 가장 강한 제한을 해야 한다는 이론을 말한다. 즉 제1단계는 가장 약한 제한으로 직업행사의 자유를 제한하고, 제2단계는 주관적 허가조건에 따라 직업선택의 자유를 제한하며, 제3단계는 객관적 허가조건에 따라 직업선택의 자유를 제한하는 것이다. 제1단계 제한에서는 입법자의 형성의 자유가 상대적으로 가장 크며, 제3단계 제한에서는 입법자의 형성의 자유가 상대적으로 가장 적다.

(2) 직업행사의 제한(제1단계 제한)

1) 직업행사의 제한은 직업행사의 시간, 장소, 방법 등을 제한하는 것이다. 이는 직업의 자유에 대한 제한의 강도가 가장 약한 수단이며, 이 경우 입법자는 상대적으로 가장 큰 형성의 자유를 가진다. 예컨대 학원의 심야교습을 제한하는 것, 유흥업소의 심야영업을 제한하는 것, 교육환경보호구역에서 도축업시설·제한상영관·사행행위영업·유흥주점영업 등을 금지하는 것, 택시의 10부제 운행, 의료인 등의 '치료효과를 보장하는 등 소비자를 현혹할 우려가 있는 내용의 광고'를 금지하는 것 등을 들 수 있다.[48)]

2) 예컨대 ① 전문과목을 표시한 치과의원은 그 표시한 전문과목에 해당하는 환자만을 진료하게 하는 것은, 적정한 치과 의료전달체계의 정립 및 치과전문의의 특정 전문과목에의 편중 방지라는 공익달성은 의문인 반면, 치과의원의 치과전문의가 표시한 전문과목 이외의 영역에서 치과일반의로서의 진료도 전혀 하지 못하는 데서 오는 사적인 불이익은 매우 크므로, 과잉금지원칙에 위배되어 치과전문의의 직업수행의 자유를 침해한다.[49)]

② 그러나 기존에 자동차대여사업자가 11인승 이상 15인승 이하 승합자동차를 임차하는 사람에게 별다른 제한 없이 운전자를 알선할 수 있도록 하였던 '여객자동차 운수사업법' 조항에 '관광의 목적'과 대여시간이나 대여 또는 반납 장

---

48) 헌재 2014. 9. 25. 2013헌바28; 헌재 2016. 5. 26. 2014헌마374; 교육환경법 제9조.
49) 헌재 2015. 5. 28. 2013헌마799.

소에 관한 요건을 추가한 것은, 본래의 관광 목적에 부합하는 운전자 알선 요건을 명확히 하고, 신설된 여객자동차운송플랫폼사업 체계와도 부합할 수 있도록 자동차대여사업의 기능과 범위를 조정한 것으로, 과잉금지원칙에 위반되어 자동차대여사업자의 직업의 자유를 침해하지 않는다.[50)]

⑶ 주관적 허가조건(주관적 사유)에 의한 직업선택의 제한(제2단계 제한)

1) '주관적 허가조건에 의한 직업선택의 제한'은 직업의 성질상 일정한 자격이나 능력, 교육과정의 이수 또는 시험의 합격 등을 갖춘 자에게만 일정한 직업의 선택을 허용함으로써, 개인이 해당 조건을 충족시켰는지 여부에 따라 직업선택을 제한하는 것이다. 이는 개인의 노력 여하에 따라 극복될 수 있는 제한이며, 달성하고자 하는 공익이 사익보다 큰 경우 정당성이 인정된다. 예컨대 의사자격을 갖춘 자에게만 병원개설을 허용하는 것, 변호사자격을 갖춘 자에게만 변호사활동을 허용하는 것, (초·중등)교사자격을 갖춘 자에게만 (초·중등)교사활동을 허용하는 것 등을 들 수 있다.

2) 예컨대 비의료인의 문신시술업을 금지하는 것, 변리사시험에서 영어능력검정시험 성적을 변리사 1차시험 원서접수 마감일 이전에 시행한 시험의 성적만 인정하는 것, 변호사시험 응시한도를 '5년 내 5회'로 정한 것, 행정청(보건복지부장관)으로 하여금 아동학대관련범죄로 처벌받은 어린이집원장 또는 보육교사의 자격을 취소할 수 있도록 한 것 등은 직업선택의 자유를 침해하지 않는다.[51)]

⑷ 객관적 허가조건(객관적 사유)에 의한 직업선택의 제한(제3단계 제한)

1) '객관적 허가조건에 의한 직업선택의 제한'은 개인의 자격, 능력, 노력과 상관없이 공적 목적달성을 위해 객관적 허가조건에 따라 직업선택의 자유를 제한하는 것이다. 이는 개인의 노력 여하에 따라 극복될 수 없는 가장 강한 정도의 제한이며, 월등하게 중요한 공익을 위하여 명백하고 확실한 위험을 방지하기 위한 경우에만 정당화될 수 있다. 예컨대 특정직업종사자의 수를 필요한 수로 제한하는 경우를 들 수 있다. 즉 버스, 택시, 화물차 영업의 허가를 필요한 만큼의 수로 제한하는 것, 약국의 개업허가를 주민에 대한 약품공급에 필요한 만큼의

50) 헌재 2021. 6. 24. 2020헌마651.

51) 헌재 2020. 11. 26. 2018헌마733; 헌재 2022. 2. 24. 2020헌마290; 헌재 2022. 3. 31. 2017헌마1343; 헌재 2023. 5. 25. 2021헌바234.

수로 제한하는 것, 폭발물이나 화약류 취급 허가를 필요한 수로 제한하는 것 등이 여기에 해당된다.

2) 헌법재판소는 경비업을 경영하고 있는 자들이나 다른 업종을 경영하면서 새로이 경비업에 진출하고자 하는 자들로 하여금 경비업을 전문으로 하는 별개의 법인을 설립하지 않는 한 경비업과 그 밖의 업종간에 택일하도록 강제하는 것은, 객관적 사유에 의한 제한으로서, 월등하게 중요한 공익을 위하여 명백하고 확실한 위험을 방지하기 위한 경우에만 정당화되며, 엄격한 비례의 원칙이 그 심사척도가 되고, 비례원칙 위반이라고 판시하였다.[52)]

(5) 기타

① 변호사시험에서 코로나19 확진환자의 응시를 금지하고, 자가격리자 및 고위험자의 응시를 제한(자가격리자 시험응시 사전신청 기한 제한 및 증상이 있는 고위험자의 의료기관 이송)한 법무부 공고는, 마스크착용이나 별도의 장소에서의 응시 등의 방법이 있음을 고려할 때, 과잉금지원칙에 위반하여 해당자의 직업선택의 자유를 침해한다.[53)]

반면에 ② 출판문화산업에 존재하는 자본력, 협상력 등의 차이를 고려하고, 지식문화 상품인 간행물에 관한 소비자의 후생이 단순히 저렴한 가격에 상품을 구입함으로써 얻는 경제적 이득에만 한정되지는 않고 다양한 관점의 간행물을 선택할 권리 및 간행물을 선택함에 있어 필요한 지식 및 정보를 용이하게 제공받을 권리도 포괄하므로, 이른바 도서정가제는 과잉금지원칙에 위반하여 간행물 판매자의 직업의 자유를 침해하지 않는다.[54)]

③ 2회 이상 음주운전을 하여 운전면허가 취소된 때에 그 취소일부터 2년간 운전면허를 받을 수 없도록 한 도로교통법 조항은, 입법자가 음주운전 금지규정을 2회 이상 위반하여 운전면허가 취소된 사람의 운전면허 결격기간을 정함에 있어, 행정청이 과거 위반 전력과의 시간적 간격이나 음주운전 경위, 위반행위의 태양 및 혈중알코올농도 수준 등을 개별적으로 고려하도록 하지 않고 일률적으로 2년으로 정하였다고 하여 그것이 지나치다고 보기는 어렵기 때문에, 과잉

---

52) 헌재 2002. 4. 25. 2001헌마614.
53) 헌재 2023. 2. 23. 2020헌마1736.
54) 헌재 2023. 7. 20. 2020헌마104.

금지원칙에 반하여 자동차의 운전을 필수불가결한 요소로 하는 일정한 직업군에 속한 사람들의 직업의 자유를 침해하지 않는다.[55)]

Ⅳ. 주거의 자유

1. 헌법규정 및 의의

(1) 헌법 제16조는 "모든 국민은 주거의 자유를 침해받지 아니한다. 주거에 대한 압수나 수색을 할 때에는 검사의 신청에 의하여 법관이 발부한 영장을 제시하여야 한다."라고 하여 주거의 자유를 규정하고 있다. 주거의 자유는 자신의 주거를 외부세력(공권력이나 제3자)으로부터 침해당하지 않을 권리를 말한다. 주거의 자유는 자신만의 공간에서 자주적으로 생활하며 인격발현하는 것을 보장한다. 주거의 자유 보장없이 다른 기본권이 실질적으로 보장되기 어렵다.

(2) 주거는 각 개인이 자주적으로 생활하며 인격발현하기 위한 공간적 영역이며, 널리 거주와 체류를 위해 사용되는 사적 공간으로서 현재 거주 여부를 불문한다. 사적 공간이란 외부에 개방되지 않은 자신만의 공간이다. 즉, 주거는 거주와 체류를 위한 장소로서 외부에 개방되지 않은 사적 공간을 말한다. 주거에는 집은 물론이고, 숙박시설의 객실, 선박의 객실, 천막, 지하실, 차고, 다락방, 병원의 입원실, 회사, 학교, 공장, 작업장, 캠핑용자동차 등이 포함된다. 그러나 영업시간 중의 상점이나 백화점은 모든 사람에게 출입이 개방되어 있는 것이므로 주거의 자유의 보호를 받는 주거가 아니다.

2. 주거의 자유의 주체

주거의 자유의 주체는 해당 주거에서 생활하면서 자신의 인격을 발현하는 모든 자연인이다. 주거의 자유는 인간의 권리이다. 법인에게는 주체성이 인정되지 않는다는 것이 다수설이다. 예컨대 가족 구성원, 난민수용소에 수용된 난민, 사업장의 경우 사업주(사장), 학교·공장·작업장 등의 경우 그 공간의 장(학교장, 공장장)이나 장으로부터 위임받은 자, 숙박시설의 경우 투숙객, 임차주택의 경우

55) 헌재 2025. 6. 27. 2022헌마1505.

임차인(세입자) 등이 주거의 자유를 주장할 수 있다.

3. 주거의 자유의 내용

(1) 주거의 자유는 주거의 불가침을 보호영역으로 한다. 즉 주거의 자유는 주거라는 공간이 외부세력의 침입으로부터 보호받는 것을 내용으로 한다. 주거는 부동산만이 아니라 동산(예컨대 캠핑용자동차)일 수도 있다. 주거에 침입한다는 것은, 주거에 거주하는 자의 명시적·묵시적 동의나 승낙 없이 또는 그 의사에 반하여 물리적으로 침입하거나 기기를 이용하여 간접적으로 침입하는 것을 말한다. 기기를 이용한 간접적 침입은 예컨대 주거 내에 기기를 설치하여 도청하거나 도촬하는 것을 말한다. 주거 밖에 기기를 설치하여 도청하거나 도촬하는 것은, 주거의 자유를 침해하는 것이 아니라 사생활의 비밀과 자유를 침해하는 것이다.

(2) 대법원은, 배우자 있는 사람과의 혼외 성관계 목적으로 다른 배우자가 부재중인 주거에 출입하여 주거침입죄로 기소된 사건에서, 외부인이 공동거주자의 일부가 부재중에 주거 내에 현재하는 거주자의 현실적인 승낙을 받아 통상적인 출입방법에 따라 공동주거에 들어간 경우, 부재중인 다른 거주자의 추정적 의사에 반할지라도, 주거침입죄가 성립하지 않는다고 판시하였다.[56] 같은 맥락에서 대법원은, 일반인의 출입이 허용된 음식점에 영업주의 승낙을 받아 통상적인 출입방법으로 들어갔다면, 설령 행위자가 범죄 등을 목적으로 음식점에 출입하였거나 영업주가 행위자의 실제 출입 목적을 알았더라면 출입을 승낙하지 않았을 것이라는 사정이 인정되더라도 그러한 사정만으로는 출입 당시 객관적·외형적으로 드러난 행위 태양에 비추어 사실상의 평온상태를 해치는 방법으로 음식점에 들어갔다고 평가할 수 없으므로 침입행위에 해당하지 않는다고 판시하였다.[57]

4. 주거의 자유의 제한과 한계

주거의 자유는 헌법 제16조 제2문과 헌법 제37조 제2항에 따라 제한이 가능하다. 주거의 자유에 대한 제한은 과잉금지의 원칙과 본질적 내용 침해금지의

56) 대법원 2021. 9. 9. 선고 2020도12630.
57) 대법원 2022. 3. 24. 선고 2017도18272.

원칙을 준수해야 한다.

⑴ 압수·수색 영장주의

헌법 제16조 제2문은 "주거에 대한 압수나 수색을 할 때에는 검사의 신청에 의하여 법관이 발부한 영장을 제시하여야 한다."라고 하여 주거에 대한 압수·수색 영장주의를 규정하고 있다. 압수·수색 영장에는 압수할 물건과 수색할 장소 등이 명시되어야 한다. 압수·수색 대상을 포괄적으로 기재하는 일반영장은 금지된다. 행정상 즉시강제의 경우, 전술했듯이 불가피한 경우에는 행정목적(예컨대 감염병예방) 달성을 위해 영장이 불필요하지만, 행정상 즉시강제의 목적과 형사사법의 목적이 함께 있는 경우에는 영장주의가 적용된다.

⑵ 압수·수색 영장주의의 예외

1) 헌법 제12조(신체의 자유)에서 영장주의의 예외를 규정한 것과 달리, 헌법 제16조(주거의 자유)는 영장주의의 예외를 규정하고 있지 않다. 현행범인을 체포하거나 긴급체포를 할 경우에는 합리적인 범위 내에서 영장 없이 주거에 대한 압수나 수색을 할 수 있다는 것이 통설이다.

2) 헌법재판소는 헌법 제16조의 영장주의에 대해서도 그 예외를 인정하고 있다. 즉 ① 현행범인 체포의 경우, ② 긴급체포의 경우, ③ 체포영장에 의한 체포의 경우에는 체포영장이 발부된 피의자가 타인의 주거 등에 소재할 개연성이 소명되고, 그 장소를 수색하기에 앞서 별도로 수색영장을 발부받기 어려운 긴급한 사정이 있는 경우에 영장주의의 예외가 인정된다.[58]

⑶ 법률에 의한 제한

주거의 자유는 헌법 제37조 제2항에 따라 법률로써 제한이 가능하다. 법률로써 주거의 자유를 제한하는 경우로는, 예컨대 경찰관 직무집행법 제7조(위험방지를 위한 출입), 화재조사법 제9조(출입·조사 등), 감염병예방법 제42조(감염병에 관한 강제처분－주거시설에 들어가 조사나 진찰) 등이 있다.

58) 헌재 2018. 4. 26. 2015헌바370.

V. 사생활의 비밀과 자유

1. 헌법규정 및 의의

(1) 헌법규정 및 의의

헌법 제17조는 "모든 국민은 사생활의 비밀과 자유를 침해받지 아니한다." 라고 하여 사생활의 비밀과 자유를 규정하고 있다. 사생활의 비밀과 자유란, 개인이 자신의 사생활을 공개당하지 않고, 자유롭게 형성·전개하며, 자기정보를 통제할 수 있는 권리를 말한다. 오늘날 매스 미디어·컴퓨터·전자기기의 급속한 발전, 정보화사회의 급속한 진행 등의 상황에서, 개인의 사생활은 여러 가지 형태로 노출되고 침해될 위험에 처해 있다. 예컨대 인공지능(AI) 기술의 발달로 인하여 AI 감시 카메라 및 AI의 얼굴 인식능력은 개인의 사생활 영역에 대한 심각한 침해를 야기할 수 있다. 사생활 보호는 인간의 존엄성 보호나 인격의 자유로운 발현을 위해 매우 중요한 의의를 갖는다.

(2) 관련 기본권과의 관계

1) 헌법은 사생활 영역에 관한 기본권으로서, 제17조의 사생활의 비밀과 자유 외에, 제16조의 주거의 자유, 제18조의 통신의 자유를 규정하고 있다. 주거의 자유 및 통신의 자유도 사생활 영역을 보호하는 기본권이다. 주거와 통신이라는 사생활 영역에서는 주거의 자유와 통신의 자유가 우선적으로 적용되며, 그 밖의 사생활 영역 보호에 관하여 사생활의 비밀과 자유가 적용된다.

2) 공동체의 이익과 관련되거나 공공성을 띤 사항은, 사생활의 비밀과 자유가 보호하는 사생활 영역이 아니다. 예컨대 운전할 때 운전자가 좌석안전띠를 착용하는 문제는 공동체의 이익과 관련된 문제로서 사생활 영역의 문제가 아니며, 변호사의 업무와 관련된 수임사건의 건수 및 수임액은 변호사 업무의 공공성에 비추어 변호사의 내밀한 개인적 영역에 속하지 않는다.[59]

---

59) 헌재 2003. 10. 30. 2002헌마518; 헌재 2009. 10. 29. 2007헌마667.

2. 사생활의 비밀과 자유의 법적 성격 및 주체

⑴ 법적 성격

사생활의 비밀과 자유는 주관적 권리로서의 성격을 갖는다. 동시에 사생활의 비밀과 자유는 객관적 법규범으로서의 성격을 갖는다. 사생활의 비밀과 자유는 '홀로 있을 권리'라는 소극적 권리에서 '개인정보자기결정권'까지 포함하는 적극적 권리로 이해된다.

⑵ 주체

사생활의 비밀과 자유의 주체는 모든 자연인이다. 법인이나 권리능력없는 사단의 경우에는, 사생활의 비밀과 자유는 인간의 존엄성을 전제로 하기 때문에 법인 등의 주체성을 부정하는 견해와 법인 등의 명예가 훼손되거나 명칭·상호 등이 타인에 의해 영리적으로 이용당하는 경우에는 법인 등의 주체성을 인정하는 견해가 대립한다.

3. 사생활의 비밀과 자유의 내용

⑴ 사생활의 비밀의 불가침

사생활의 비밀과 자유는 개인의 사생활이 공개당하지 않고 비밀이 지켜져야 한다는 것을 보호한다. 본인의 의사에 반하여 개인의 사적영역이 침입당하거나 사적인 사항이 공개되거나 하는 것은 금지된다. 예컨대 개인의 사생활에 대하여 감시하거나, 도청하거나, 불법촬영함으로써 사생활의 내용을 탐지하는 것은 금지되며, 그리고 탐지된 내용을 공개하는 것이 금지된다. 개인의 사생활을 감시하거나 탐지하는 것은 그 자체로 개인의 사생활의 평온을 침해하며, 감시하거나 탐지한 내용을 공개하는 것은 더욱 심각한 사생활 영역 침해를 야기한다.

⑵ 사생활의 자유

사생활의 비밀과 자유는 사생활의 자유, 즉 개인이 사생활 영역에서 자신의 인격발현을 위해 사생활을 자유롭게 형성·전개할 자유를 포함한다. 즉 사생활의 자유란 사회공동체의 일반적인 생활규범의 범위 내에서, 사생활을 자유롭게 형성해 나가고 그 설계 및 내용에 대해서 외부로부터의 간섭을 받지 아니할 권리를 말한다. 사생활의 자유는 예컨대 혼인, 이혼, 임신, 피임, 두발형태, 의복형태,

취미생활, 성생활 등을 자유롭게 형성·전개할 자유를 말한다.

(3) 개인정보자기결정권

1) 의의 및 근거　① 개인정보자기결정권은 자신에 관한 정보가 언제 누구에게 어느 범위까지 알려지고 또 이용되도록 할 것인지를, 그 정보주체가 스스로 결정할 수 있는 권리이다. 즉 정보주체가 개인정보의 공개와 이용에 관하여 스스로 결정할 권리를 말한다.

② 개인정보자기결정권의 헌법적 근거에 관하여 학설은 제17조에 근거를 두는 견해와 제10조 및 제17조에 근거를 두는 견해가 있다. 헌법재판소는 개인정보자기결정권은 헌법 제10조(인간의 존엄과 가치 및 행복추구권 – 일반적 인격권)와 제17조(사생활의 비밀과 자유)에 근거를 두는 기본권이라고 한다.[60)]

2) 보호대상 – 개인정보　개인정보자기결정권의 보호대상이 되는 개인정보는 개인의 신체, 신념, 사회적 지위, 신분 등과 같이 개인의 인격주체성을 특징짓는 사항으로서 그 개인의 동일성을 식별할 수 있게 하는 일체의 정보를 말한다. 개인정보는 반드시 개인의 내밀한 영역이나 사사(私事)의 영역에 속하는 정보에 국한되지 않고 공적 생활에서 형성되었거나 이미 공개된 개인정보까지 포함한다. 예컨대 정치적 견해는 개인의 인격주체성을 특징짓는 개인정보에 해당하고, 그것이 지지 선언 등의 형식으로 공개적으로 이루어진 것이라고 하더라도 여전히 개인정보자기결정권의 보호 범위 내에 속한다.[61)] 또한 그러한 개인정보를 대상으로 한 조사·수집·보관·처리·이용 등의 행위는 모두 원칙적으로 개인정보자기결정권에 대한 제한에 해당한다.

3) 내용

① **동의권**　개인정보자기결정권은 정보주체가 개인정보의 공개와 이용에 관하여 스스로 결정할 권리를 말하기 때문에, 정보주체는 개인정보의 공개와 이용에 관하여 동의권을 갖는다. 개인정보보호법은 개인정보의 수집·이용(법 제15조), 개인정보의 제공(법 제17조), 개인정보의 목적 외 이용·제공 제한(법 제18조–제19조), 민감정보의 처리 제한(법 제23조), 고유식별정보의 처리 제한(법 제24조) 등의 경우에 정보주체의 동의를 규정하고 있다.

---

60) 헌재 2018. 8. 30. 2016헌마483; 헌재 2022. 7. 21. 2016헌마388.
61) 헌재 2020. 12. 23. 2017헌마416.

② **열람·정정·삭제·처리정지 요구권** 정보주체는 자신의 개인정보에 대하여 열람·정정·삭제·처리정지 요구권을 갖는다. 개인정보보호법은 제35조 내지 제37조에서 이를 규정하고 있다.

4. 사생활의 비밀과 자유의 제한과 한계

(1) 사생활의 비밀과 자유는 헌법 제37조 제2항에 따라 제한이 가능하다. 사생활의 비밀과 자유에 대한 제한은 과잉금지의 원칙과 본질적 내용 침해금지의 원칙을 준수해야 한다.

(2) 예컨대 ① 보호자 전원이 반대하지 않는 한 어린이집에 의무적으로 CCTV 설치하도록 하는 영유아보육법 규정은, 어린이집 안전사고와 보육교사 등에 의한 아동학대를 방지하기 위한 것이며 보호자 전원이 CCTV 설치 반대에 동의하는 경우에는 CCTV를 설치하지 않을 수 있는 가능성을 열어두고 있으므로, 과잉금지원칙에 반하여 어린이집 보육교사(원장 포함) 및 영유아의 사생활의 비밀과 자유를 침해하지 않는다.[62)]

② 감염인이 혈액 또는 체액을 통하여 다른 사람에게 전파매개행위를 하는 것을 금지하고 위반시 처벌하는 후천성면역결핍증(AIDS) 예방법 규정은, 상대방의 건강에 관한 자기결정권을 보장하기 위하여는 인체면역결핍바이러스의 전파가능성이 현저히 낮은 감염인이라고 하더라도 상대방에게 자신이 감염인임을 알리지 않고 예방조치없이 성행위를 한 경우 이를 형사처벌의 대상으로 삼는 것은 불가피하기 때문에, 과잉금지원칙을 위반하여 감염인의 사생활의 자유 및 일반적 행동자유권을 침해하지 않는다.[63)]

③ 방역당국이 감염병 예방 및 감염 전파의 차단을 위하여 감염병의심자 등의 인적사항(성명, 주민등록번호, 주소 및 전화번호 등)에 관한 정보를 수집할 수

---

62) 헌재 2017. 12. 28. 2015헌마994.

63) 헌재 2023. 10. 26. 2019헌가30, 한편, 이 사건에서 5인 반대의견(재판관 유남석, 김기영, 문형배, 이미선, 정정미 – 일부위헌의견)은 의료인이 처방한 치료법을 성실히 이행하는 감염인의 경우 콘돔 사용 등의 예방조치 없이도 전파매개행위를 통해 타인을 바이러스에 감염시킬 가능성이 없음은 의·과학적으로 인정되는 사실인바, 이러한 경우도 금지 및 처벌의 대상으로 삼는 것은 입법목적 달성에 필요한 정도를 넘어서는 과도한 국가형벌권의 행사이기 때문에, 심판대상조항 중 '의료인의 처방에 따른 치료법을 성실히 이행하는 감염인의 전파매개행위를 금지 및 처벌하는 부분'은 과잉금지원칙을 위반하여 이들의 사생활의 자유 및 일반적인 행동자유권을 침해한다고 판시하였다.

있도록 하는 감염병예방법 규정은, 미리 예측하기 어려운 다양한 감염병 유행상황에 적합한 방역조치를 보건당국이 전문적 판단재량을 가지고 신속하고 적절하게 취할 수 있도록 해야 하기 때문에, 과잉금지원칙에 반하여 개인정보자기결정권을 침해하지 않는다.[64)]

반면에 ④ 보안관찰처분대상자가 교도소 등에서 출소한 후 기존에 신고한 거주예정지 등 정보에 변동이 생길 때마다 7일 이내에 이를 신고하도록 대상자에게 무기한의 변동신고의무를 부과하고 위반시 처벌하는 보안관찰법 규정은, 대상자가 보안관찰처분을 받은 자(피보안관찰자)가 아님에도 불구하고 대상자에게 무기한의 신고의무를 부과함으로써 과잉금지원칙에 위배되어 당사자의 사생활의 비밀과 자유 및 개인정보자기결정권을 침해한다.[65)]

⑤ 수사기관 등의 전기통신사업자에 대한 (이용자의) 통신자료 제공요청은, 수사 등의 밀행성이나 신속성에 비추어 사전통지가 어렵다면 적어도 사후통지절차를 마련했어야 하는데, 통신자료 취득에 대한 사후통지절차를 마련하지 않아서 적법절차원칙에 반하여 개인정보자기결정권을 침해한다.[66)]

Ⅵ. 통신의 자유

1. 헌법규정 및 의의

헌법 제18조는 "모든 국민은 통신의 비밀을 침해받지 아니한다."라고 하여 통신의 자유를 규정하고 있다. 통신의 자유란 개인이 통신수단을 통하여 의사 또는 정보를 전달 또는 교환하는 경우에 그 내용 등이 본인의 의사에 반하여 공개되지 않을 자유를 말한다. 여기서 통신수단은 편지, 전화, 팩스, 이메일 등 발신자와 수신자 간에 의사 또는 정보를 교환하는 수단을 말한다. 오늘날의 정보화사회에서 특히 통신수단(예컨대 뉴 미디어)의 발달과 더불어 통신은 정치적, 경제적, 사회적, 문화적 생활의 모든 영역에서 기초적인 의사소통이다. 그리고 공권력이나 사인에 의한 통신의 자유 침해 가능성이 증대하였으며 따라서 보호필

64) 헌재 2024. 4. 25. 2020헌마1028.
65) 헌재 2021. 6. 24. 2017헌바479.
66) 헌재 2022. 7. 21. 2016헌마388.

요성 또한 매우 크다.

2. 통신의 자유의 주체

통신의 자유의 주체는 모든 자연인이다. 법인이나 권리능력없는 사단도 주체성이 인정된다.

3. 통신의 자유의 내용

(1) 통신의 자유는 통신의 비밀의 불가침을 핵심내용으로 한다. 통신수단이 어떠한 것이든 예컨대 편지든, 소포든, 이메일이든, 전화든, 팩스든 그 내용을 개봉하거나 열람하거나 청취하는 것은 금지된다. 통신의 비밀을 침해하는 것은 형법의 비밀침해죄(법 제316조)나 통신비밀보호법의 처벌규정(법 제3조, 제14조, 제16조)에 의해 처벌된다.

(2) 통신의 자유는 발신자, 수신자 등 통신에 관한 사항 일체를 보호대상으로 한다. 따라서 검사 또는 사법경찰관이 수사 또는 형의 집행을 위하여 필요한 경우 전기통신사업자에게 피의자, 피내사자, 기타 관련자들에 대한 통신사실확인자료(위치정보추적자료) 제공을 요청할 수 있게 하는 것은 통신의 자유에 대한 제한이다.[67]

4. 통신의 자유의 제한과 한계

(1) 제한

1) 헌법 제37조 제2항에 의한 제한　　통신의 자유는 헌법 제37조 제2항에 따라 제한이 가능하다. 통신의 자유에 대한 제한은 과잉금지의 원칙과 본질적 내용 침해금지의 원칙을 준수해야 한다.

예컨대 ① 방송통신심의위원회가 2019. 2. 11. 주식회사 케이티 외 9개 정보통신서비스제공자 등에 대하여 895개 웹사이트(불법 인터넷 사이트)에 대한 이용자들의 접속을 차단하도록 시정을 요구한 행위는, 과거부터 사용되던 DNS 차단방식, URL 차단 방식 외에 보다 기술적으로 고도화된 SNI 차단 방식을 함께 적용하는 것을 전제로 하더라도, 과잉금지원칙에 위배되어 이용자들의 통신의 비

---

67) 헌재 2018. 6. 28. 2012헌마191.

밀과 자유 및 알 권리를 침해하지 않는다.[68)]

반면에 ② 수용자가 밖으로 내보내는 모든 서신을 봉함하지 않은 상태로 교정시설에 제출하도록 하는 형집행법 시행령 규정은, 수용자의 발송 서신 모두를 사실상 검열 가능한 상태에 놓이도록 하는 것으로서 기본권 제한의 최소 침해성 요건을 위반하여 수용자의 통신비밀의 자유를 침해한다.[69)]

③ 수사기관이 취득하는 자료가 다른 통신제한조치보다 매우 방대한 인터넷 회선감청(이른바 '패킷감청')은, 기본권침해를 최소화할 장치가 마련되어 있지 않기 때문에 통신의 자유를 침해한다.[70)]

2) 영장주의 ① 통신의 자유를 제한함에 있어서 영장주의가 적용되는지 문제된다. 예컨대 우편물 검열·압수, 전기통신의 감청 시에 영장주의가 적용되는지의 문제이다. 헌법에 명시적 규정은 없지만 학설은 대체로 형사소추를 위해 통신의 비밀을 침해하는 경우에는 압수·수색에 관한 영장주의가 적용되는 것으로 본다.

② 통신비밀보호법은 법원의 허가를 얻어야 하는 범죄수사를 위한 통신제한조치(법 제5조－제6조), 경우에 따라 고등법원 수석판사의 허가나 대통령의 승인을 얻어야 하는 국가안보를 위한 통신제한조치(법 제7조)를 규정하고 있고, 또한 긴급한 사유가 있어 법원의 허가없이 하는 긴급통신제한조치는 집행에 착수한 후 지체없이 법원에 허가청구를 하도록 규정하고 있다(법 제8조 제2항).

3) 감청과 도청 감청과 도청은 합법성 여부에 따른 구분이다. '감청'이란 합법적으로 전기통신에 대하여 당사자의 동의없이 전자장치·기계장치등을 사용하여 통신의 음향·문언·부호·영상을 청취·공독하여 그 내용을 지득 또는 채록하거나 전기통신의 송·수신을 방해하는 것을 말한다(통신비밀보호법 제2조 제7호). 반면에 '도청'이란 불법적으로 다른 사람의 통신내용을 지득하는 것을 말한다. 범죄수사나 국가안전보장을 위해 감청할 필요성은 인정된다. 그러나 감청은 예외적인 것이며, 이에 대한 통제장치가 제대로 갖추어져야 한다.

---

68) 헌재 2023. 10. 26. 2019헌마158.
69) 헌재 2012. 2. 23. 2009헌마33.
70) 헌재 2018. 8. 30. 2016헌마263.

Ⅶ. 양심의 자유

1. 헌법규정 및 의의

⑴ 헌법규정

헌법 제19조는 "모든 국민은 양심의 자유를 가진다."라고 하여 양심의 자유를 규정하고 있다. 양심의 자유는 정신적 자유의 근원으로서, 인간이 존엄성을 유지하기 위한 기본조건이며, 헌법질서의 기초를 이루는 기본권이다. 우리 헌법은 사상의 자유를 따로 규정하고 있지 않다. 양심이 윤리적 사고라면 사상은 논리적 사고이므로, 양자가 구별된다. 하지만 양심은 사상이 내면화한 것을 말하므로, 양심의 개념은 사상을 포함하는 것으로 보는 게 일반적이다. 즉 헌법 제19조의 양심의 자유는 사상의 자유를 포함하고 있다.

⑵ 양심과 양심의 자유의 의미

1) 양심의 개념 양심이란 옳은 것을 추구하는 윤리적 태도를 말한다. 즉 양심이란 시비선악에 대한 확신과 이로부터 나오는 특정한 행동을 할 것인지 여부에 대한 의무부과를 말한다. 양심은 개인의 주관적 가치판단이기 때문에, 사회 일반의 가치판단과 다를 수 있다. 그래서 사회적으로 문제되는 양심은 '소수'의 양심일 경우가 많을 것이다. 헌법재판소는 "헌법상 보호되는 양심은 어떤 일의 옳고 그름을 판단함에 있어서 그렇게 행동하지 아니하고는 자신의 인격적인 존재가치가 허물어지고 말 것이라는 강력하고 진지한 마음의 소리로서 절박하고 구체적인 양심을 말한다."[71]라고 판시하였다.

2) 양심의 자유의 의미 시비선악에 대한 개인의 가치판단으로서 형성된 양심이 양심의 자유에 의해 보호되는 것이기는 하지만, 그렇다고 그 양심이 절대적으로 정당하다거나 도덕적이라고 단정할 수는 없다. 그 양심의 정당성이나 도덕성 여부는 따로 평가가 이루어져야 한다. 양심이 내면에 머무르는 한, 즉 내면적 양심의 자유는 절대적으로 보호된다. 하지만 양심이 외부로 표현된다면, 즉 양심실현의 자유는 헌법 제37조 제2항에 따라 법률로써 제한 가능하다.

---

71) 헌재 2018. 6. 28. 2011헌바379.

2. 양심의 자유의 법적 성격 및 주체

(1) 법적 성격

양심의 자유는 주관적 권리로서의 성격과 객관적 법규범으로서의 성격을 갖는다. 헌법 제19조의 양심의 자유가 보호하는 양심은, 국회의원의 양심(제46조 제2항), 법관의 양심(제103조) 및 헌법재판관의 양심(헌법재판소법 제4조)이 의미하는 직업적 양심과 구분된다.

(2) 주체

양심의 자유의 주체는 자연인이다. 미성년자는 행사능력이 문제된다. 태아는 주체성이 인정되지 않는다. 법인에게는 주체성이 인정되지 않는다. 그런데 헌법재판소는 사죄광고가 문제된 사건에서 '사죄광고의 강제는 양심의 자유의 제약(법인의 경우라면 그 대표자에게 양심표명의 강제를 요구하는 결과가 된다)'이라고 함으로써, 법인에게 양심의 자유를 인정하는 듯한 판시를 하였다.[72]

3. 양심의 자유의 내용

양심의 자유는 내부적 영역과 외부적 영역을 보호한다. 양심의 자유가 내면의 양심만을 보호한다면 그 의의가 적을 것이다. 따라서 양심의 자유는 내면적 자유뿐만 아니라 양심을 외부에 표명하고 그에 따라 행동할 자유(양심실현의 자유)도 보호한다.

(1) 양심형성의 자유

양심형성의 자유 내지 양심결정의 자유란 외부의 간섭이나 강제없이 주관적 가치판단에 따라 시비선악에 대해 확신을 갖게 되는 것을 말한다. 양심형성은 내면작용이기 때문에 제한이 불가능한 절대적 자유이다. 하지만 국가가 협박, 선전, 세뇌, 약물, 최면술 등의 수단을 이용하여 개인에게 특정 양심의 형성을 강제하는 것은 양심형성의 자유에 대한 침해가 된다.

(2) 양심실현의 자유

양심실현의 자유는 형성된 양심을 외부에 표명하고 그에 따라 행동할 적극

---

72) 헌재 1991. 4. 1. 89헌마160.

적 자유 그리고 다른 자유권처럼 소극적 자유를 포함한다.

1) 침묵의 자유 ① 침묵의 자유란 형성된 양심을 외부에 표명하도록 강제당하지 않을 자유를 말한다. 그러나 양심을 침묵하는 것이 아니라 객관적 사실에 대해 침묵하는 것은 침묵의 자유의 보호대상이 아니다. 따라서 사실에 관한 증인의 증언거부나 신문기자의 취재원묵비권은 침묵의 자유에 의해 보호되지 않는다.

② 양심추지는 금지된다. 즉 일정한 행동을 강제함으로써 내면의 양심을 추정하는 것은 침묵의 자유를 침해하는 것이다. 예컨대 기독교인을 가려내기 위해 십자가밟기를 강요하는 것을 들 수 있다.

③ 양심에 반하는 행위 강제는 금지된다. 그러나 양심은 개인마다 다르고 각자의 양심에 따라 일정한 행동을 거부하는 것은, 헌법질서에 반하는 경우가 있을 수 있으므로, 사안에 따라 금지되는 '양심에 반하는 행위 강제'인지 여부를 판단해야 할 것이다. 문제되는 것으로 사죄광고와 이른바 양심적 병역거부가 있다. 첫째, 사죄광고, 이는 양심에 반하는 행위 강제금지에 반한다.[73] 둘째, 이른바 양심적 병역거부, 이는 자신의 양심에 따라 집총병역을 거부하는 것이다. 그런데 양심적 병역거부자에게 집총병역을 강제하는 것은 '양심에 반하는 행동을 강요당하지 아니할 자유', 즉 '부작위에 의한 양심실현의 자유'를 제한하는 것이다. 헌법재판소는 병역법이 양심적 병역거부자에 대한 대체복무제를 규정하지 아니한 것은 과잉금지원칙을 위반하여 양심적 병역거부자의 양심의 자유를 침해한다고 판시하였다.[74]

2) 양심상 결정을 표명하고 실현할 자유 양심상 결정을 표명하고 실현할 자유는 양심실현의 자유의 적극적 측면으로서 양심의 자유의 보호영역에 해당한다. 그런데 적극적인 양심실현은 법질서에 반하는 상황에 처할 수도 있다. 결국 구체적인 사안에 따라 적극적인 양심실현이 양심의 자유에 의해 보호되거나 또는 헌법적으로 정당하게 제한되거나 하는 결과가 될 것이다.

4. 양심의 자유의 제한과 한계

(1) 양심의 자유의 보호영역은 내면의 영역인 양심형성의 자유와 외부의 영역

73) 헌재 1991. 4. 1. 89헌마160.
74) 헌재 2018. 6. 28. 2011헌바379.

인 양심실현의 자유이다. 내면의 영역인 양심형성의 자유는 제한이 불가능하고, 따라서 절대적으로 보호된다. 그러나 외부영역인 양심실현의 자유는 다른 기본권과 마찬가지로 헌법 제37조 제2항에 따라 제한이 가능하다. 양심의 자유에 대한 제한은 과잉금지의 원칙과 본질적 내용 침해금지의 원칙을 준수해야 한다.

(2) 예컨대 ① 국가보안법상의 불고지죄는 양심의 자유를 제한하지만 과잉금지의 원칙에 위반되지 않으며, 수형자의 가석방 결정시 준법서약서를 제출하도록 하는 것은, 준법서약서 제출이 강제되고 있지 않으므로 당해 수형자의 양심의 자유를 침해하지 않는다.[75)]

② 절대적 병역거부자[76)]를 일률적으로 형사처벌하는 것은, 현 상황에서 민간 사회봉사제도를 통해 병역자원을 효율적으로 관리하고 병역의무의 형평성을 유지하는 것을 기대하기 어려우므로, 과잉금지원칙을 위반하여 절대적 병역거부자의 양심의 자유를 침해하지 않는다.[77)]

③ 대체복무요원의 실질적인 복무내용, 현역병 등과의 복무기간 및 복무강도의 차이 등을 종합적으로 고려해 볼 때, 대체복무요원들을 교정시설에서 36개월 동안 합숙하여 복무하게 하는 것은, 지나치게 과도하여 양심적 병역거부자가 도저히 대체복무를 선택하기 어렵게 만드는 것으로 볼 수 없기 때문에, 과잉금지원칙을 위반하여 청구인들의 양심의 자유를 침해하지 않는다.[78)]

④ 한편, 헌법재판소는 사죄광고를 강제하는 것은 양심의 자유를 침해한다고 판시하였다. 반면에, 학교폭력 사안에서 가해학생에 대한 조치로 피해학생에 대한 서면사과는, 가해학생의 선도와 피해학생의 피해회복 및 정상적인 교육관계회복을 위한 특별한 교육적 조치로서, 가해학생의 양심의 자유와 인격권을 침해하지 않는다고 판시하였다.[79)]

---

75) 헌재 1998. 7. 16. 96헌바35; 헌재 2002. 4. 25. 98헌마425.

76) 국가가 관리하는 병역의무(대체복무)를 거부하고 순수 민간단체가 주관하는 사회봉사를 (대체복무로)수행하고자 하는 자

77) 헌재 2024. 8. 29. 2021헌마1278.

78) 헌재 2024. 5. 30. 2021헌마117, 한편, 이 사건에서 반대의견(재판관 이종석, 김기영, 문형배, 이미선)은, 대체복무기관을 교정시설로 한정하고 복무형태는 합숙복무를 강제함으로써 대체복무요원의 복무강도가 통상의 현역병과 큰 차이가 나지 않도록 정해졌음에도 대체복무기간을 육군현역병의 실제 복무기간인 18개월의 2배로 정한 것은, 병역기피자의 증가 억지와 현역병의 박탈감 해소에만 치중하여 양심적 병역거부자에 대해 사실상 징벌로 기능하는 대체복무제도를 구성함으로써 과잉금지원칙을 위반하여 청구인들의 양심의 자유를 침해한다고 판시하였다.

79) 헌재 1991. 4. 1. 89헌마160; 헌재 2023. 2. 23. 2019헌바93(그러나 사과는 외부에서 강제할 수

⑤ 그리고 관련하여, 헌법재판소는 방송사업자가 심의규정 및 협찬고지 규칙을 위반한 경우 방송통신위원회가 '시청자에 대한 사과'를 명하는 것은 방송사업자의 인격권을 침해하며, 선거기사심의위원회가 불공정한 선거기사를 보도하였다고 인정한 언론사에 대하여 언론중재위원회를 통하여 사과문을 게재할 것을 명하는 것은 언론사의 인격권을 침해한다고 판시하였다.[80)]

Ⅷ. 종교의 자유

1. 헌법규정 및 의의

⑴ 헌법 제20조는 "① 모든 국민은 종교의 자유를 가진다. ② 국교는 인정되지 아니하며, 종교와 정치는 분리된다."라고 하여 종교의 자유, 국교 부인 및 정교분리를 규정하고 있다. 종교의 자유는 개인이 좋아하는 종교를 믿고 종교생활을 할 자유를 말한다. 개인의 내면의 작용인 신앙의 자유는 종교의 자유의 기초이며 핵심이다. 종교의 자유는 신앙을 바탕으로 종교생활을 하는 것을 보장한다. 종교의 자유는 양심의 자유와 함께 정신적 자유의 기초이며, 기본권 보장의 역사에 있어서 가장 오래되었고 매우 중요한 역할을 하였다.

⑵ 종교의 개념은 정설이 없지만, 대체로 신 또는 피안의 세계에 대한 주관적 확신을 말한다. 종교의 개념에 해당한다면 기독교나 불교 등의 기성종교뿐만 아니라 신흥종교, 소수종교 등도 종교의 자유의 보호대상이다. 종교는 미신과 다르다. 종교와 미신을 구분하는 것이 쉬운 일은 아니지만, 종교와 미신은 구분된다. 종교에도 초과학적 내지 비과학적 측면이 전혀 없는 것은 아니지만, 미신은 자연법칙에 반하며 과학적·합리적 근거가 없는 것에 대한 맹목적 믿음으로서 종교와 구분된다.

2. 종교의 자유의 주체

종교의 자유의 주체는 모든 자연인이다. 국민뿐만 아니라 외국인에게도 주

없는 성질의 것이므로 아직 성장과정에 있는 학생이라 하더라도 이를 강제하는 것은 가해학생의 양심의 자유와 인격권을 침해한다는 반대의견이 있다.)

80) 헌재 2012. 8. 23. 2009헌가27; 헌재 2015. 7. 30. 2013헌가8.

체성이 인정된다, 따라서 외국인 선교사도 종교의 자유의 주체이다. 미성년자도 주체성이 인정되지만 부모의 교육권과 해당 미성년자의 정신적 성숙도가 함께 고려되어야 한다. 법인은 신앙의 자유의 주체가 될 수 없다. 신앙의 자유는 인간의 내심의 자유이기 때문이다. 그러나 법인(종교단체)은 종교적 행위 예컨대 선교나 예배행위를 할 자유의 주체가 될 수 있다.

3. 종교의 자유의 내용

종교의 자유는 내면의 작용인 신앙의 자유와 외부적 작용인 종교적 행위의 자유로 나누어 볼 수 있다. 신앙을 외부에 표명하고 신앙에 따라 행동하고 실천하는 종교적 행위의 자유에는 신앙고백의 자유, 종교적 행사의 자유, 선교와 종교교육의 자유, 종교적 집회·결사의 자유가 포함된다.

(1) 신앙의 자유

신앙의 자유는 신 또는 피안의 세계에 대한 주관적 확신을 갖거나 갖지 않을 자유로서 종교의 자유의 핵심이다. 신앙의 자유는 신앙을 갖거나 갖지 않는 것에 대한 국가적 강제를 금지한다. 신앙의 자유는 신앙 선택의 자유, 신앙 변경의 자유, 신앙 포기의 자유, 무신앙의 자유를 포함한다.

(2) 신앙고백의 자유

신앙고백의 자유는 자신이 갖고 있는 신앙을 외부에 표명하거나 침묵할 자유를 말한다. 신앙고백의 자유는 신앙을 외부에 표명하는 것이기 때문에 내심의 영역을 넘어 선다. 신앙고백의 자유는 일상생활에서 신앙을 실천하는 것도 포함한다.

(3) 종교적 행사의 자유

종교적 행사의 자유는 자신이 갖고 있는 종교에 따라 기도, 예배, 독경, 예불 등 일체의 종교적 의식이나 축제를 행할 자유를 말한다. 종교적 행사를 임의로 할 수 있고, 강제당하지 않으며, 방해받거나 금지당하지 않을 자유를 말한다.

(4) 선교와 종교교육의 자유

선교(포교)의 자유는 자신이 믿는 종교를 다른 사람에게 선전하고 전파할 자유를 말한다. 종교교육의 자유는 자신이 갖고 있는 종교의 교리를 가정이나 학교에서 교육할 자유를 말한다. 예컨대 특정 종교단체에서 설립한 사립학교에서 종교교육을 실시하는 것은 허용된다. 하지만, 그 종립학교가 공교육체계에 편입되어 있는 이상 원칙적으로 학생의 종교의 자유, 교육을 받을 권리를 고려한 대책을 마련하는 등의 조치를 취하는 속에서 그러한 자유를 누린다.[81] 반면에 국·공립학교에서 특정 종교만을 교육하는 것은 정교분리 원칙에 따라 허용되지 않는다.

⑸ 종교적 집회·결사의 자유

종교적 집회의 자유란 같은 종교를 가진 사람들이 종교적 목적으로 일시적으로 모임을 가질 자유를 말한다. 종교적 결사의 자유는 같은 종교를 가진 사람들이 종교적 목적을 위해 단체를 조직할 자유를 말한다.

4. 종교의 자유의 제한과 한계

⑴ 종교의 자유 제한에 관하여는, 내면의 작용인 신앙의 자유와 외부적 작용인 종교적 행위의 자유를 나누어 살펴보아야 한다. 내면의 작용인 신앙의 자유는 제한이 불가능한 절대적 자유이다. 외부적 작용인 종교적 행위의 자유는 다른 법익과 충돌이 발생할 수 있기 때문에, 상황에 따라 헌법 제37조 제2항에 의한 제한이 가능하다. 예컨대 (코로나19와 같은)감염병 예방을 위하여 감염병예방법 제49조는 (종교적)집회에 대한 제한이나 금지를 규정하고 있다. 종교의 자유에 대한 제한은 과잉금지의 원칙과 본질적 내용 침해금지의 원칙을 준수해야 한다.

⑵ 예컨대 육군훈련소장이 훈련병들에 대하여 육군훈련소 내 종교 시설에서 개최되는 개신교, 불교, 천주교, 원불교 종교행사 중 하나에 참석하도록 한 행위는, 종교를 가지지 아니한 훈련병들의 정신전력을 강화할 수 있는 방법으로 종교적 수단 이외에 일반적인 윤리교육 등 다른 대안도 택할 수 있으므로, 과잉금지원칙에 위배되어 종교의 자유를 침해한다.[82] 그러나 독학에 의한 학위취득시험을 일요일에 실시하는 것은, 가능한 한 다수의 국민이 본인의 학업·생계활동 등 일상생활에 지장 없이 시험에 응시할 수 있도록 하고, 시험장소로 제공된 시설의 부담을 최소화하며, 시험장소의 확보와 시험관리를 용이하게 하기 위한 것으로, 종교의 자유를 침해하지 아니한다.[83]

---

81) 대법원 2010. 4. 22. 선고 2008다38288.
82) 헌재 2022. 11. 24. 2019헌마941.
83) 헌재 2022. 12. 22. 2021헌마271(같은 취지 헌재 2023. 6. 29. 2021헌마171).

5. 국교부인 및 정교분리의 원칙

헌법 제20조 제2항은 "국교는 인정되지 아니하며, 종교와 정치는 분리된다." 라고 하여 국교부인과 정교분리의 원칙을 규정하고 있다.

(1) 국교부인 및 정교분리 원칙의 의의

1) 국교부인이란 국가가 특정 종교를 국교로 정하는 것을 허용하지 않는다는 것이다. 정교분리의 원칙이란 국가와 종교는 분리되고, 국가의 종교적 중립성이 준수되어야 한다는 것을 말한다. 따라서 국가가 특정 종교를 국교로 정하여 특권이나 특혜를 부여하거나, 국가가 종교에 간섭하거나 종교가 정치에 간섭하는 것은 금지된다.

2) 국교부인과 정교분리의 원칙이 종교의 자유에 당연히 포함되어 있는 것인지 여부에 관하여, 정교분리없이 종교의 자유가 보장될 수 없으므로 종교의 자유는 정교분리를 당연히 포함한다는 견해와 국교부인과 정교분리의 원칙은 종교의 자유에서 파생된 원칙일 뿐이라는 견해가 대립하고 있다.

(2) 국교부인 및 정교분리 원칙의 내용

1) 국가의 종교적 중립 국가는 특정 종교를 교육하거나 종교적 활동을 할 수 없다. 그리고 국가는 특정 종교적 활동을 해서는 안 되기 때문에, 국가적 행사에서 특정 종교의식을 행하거나 공무원에게 종교적 행위를 강제하는 것 등은 금지된다. 국가는 특정 종교에 대해서만 특혜를 주거나 불이익을 주어서는 안 된다. 그리고 모든 종교단체에 대해 일정한 이익을 부여하는 것은, 종교단체에 한정해서 특혜를 부여하는 것으로서, 국가의 종교적 중립에 반하거나 무신앙의 자유에 비추어 불합리한 차별이라고 본다.

2) 종교의 정치 불간섭 종교도 정치(국가)에 간섭해서는 안 되며, (종교적 정당이 아닌)종교단체가 정치활동을 하는 것은 허용되지 않는다. 그러나 특정 종교를 갖고 있는 개인이 정치활동을 하는 것은 무방하며, 종교단체가 다른 비종교단체들처럼 국민의 정치적 의사형성과정에 참여하는 것(예컨대 종교단체의 시국선언 참여)은 정치적 표현의 자유에 의해 보장된다.

Ⅸ. 언론·출판의 자유

1. 헌법규정 및 의의

(1) 헌법규정

헌법 제21조는 "① 모든 국민은 언론·출판의 자유 … 를 가진다. ② 언론·출판에 대한 허가나 검열 … (은)인정되지 아니한다. ③ 통신·방송의 시설기준과 신문의 기능을 보장하기 위하여 필요한 사항은 법률로 정한다. ④ 언론·출판은 타인의 명예나 권리 또는 공중도덕이나 사회윤리를 침해하여서는 아니된다. 언론·출판이 타인의 명예나 권리를 침해한 때에는 피해자는 이에 대한 피해의 배상을 청구할 수 있다."라고 하여 언론·출판의 자유를 규정하고 있다.

(2) 언론·출판의 자유의 의의

1) 개념 언론·출판의 자유란 말, 글, 그림 등으로 자신의 사상이나 의견을 표현할 자유를 말한다. 언론·출판의 자유는 보통 표현의 자유라고 한다. 표현의 자유는 언론·출판의 자유(개인적 표현의 자유)와 집회·결사의 자유(집단적 표현의 자유)의 상위개념으로 사용되기도 한다.

2) 중요성 ① 언론·출판의 자유(표현의 자유)는 민주주의 실현을 위한 불가결의 요소이다. 표현의 자유는 민주주의의 전제이며 존립요건이다. 표현의 자유가 보장되지 않는 나라는 민주국가라 할 수 없다. 표현의 자유의 중요성은 사상의 자유시장 이론, 국민의 자기지배이론, 인간의 자기실현 이론 등에 의해 설명된다.

㉠ 사상의 자유시장(marketplace of ideas) 이론에 따르면, 표현의 자유가 헌법적으로 중요하게 보호되는 이유는, 진리는 사상의 자유로운 교환(free trade of ideas)을 통해서 발견되기 때문이라고 한다. 정부가 시비선악을 판단하여 나쁜 사상으로부터 국민을 보호한다는 명분으로 나쁜 사상을 억압할 경우, 사회는 올바른 판단을 내리지 못한다. 즉 진리를 발견하는 가장 좋은 방법은 사상이 스스로의 힘으로 시장의 경쟁에서 살아남는 것이라고 한다.

㉡ 국민의 자기지배(self-government) 이론에 따르면, 표현의 자유가 헌법적으로 중요하게 보호되는 이유는, 민주주의란 국민의 자기지배이고, 표현은 주권

자인 국민의 정치적 의사형성(국민의 자기지배)에 기여하기 때문이라고 한다. 즉 표현이 국민의 자기지배에 기여하는 한 보호되어야 한다는 것이다. 통치권의 정당성은 국민의 정치적 결정에 의거하기 때문에, 국민은 자신의 정치적 결정에 필요한 표현의 자유를 충분히 향유해야 한다. 공동체가 공적 사안에 대해 토론하는 것은 정치적 의무이며, 자유를 위협하는 가장 큰 적은 어리석은 국민이다. 정부 정책에 대한 비판처럼 정치적 의사형성에 기여하는 사회적 가치가 있는 표현과 상업광고나 음란물처럼 사회적 가치가 적거나 없는 표현은 구분되며, 이들에 대한 헌법적 보호의 정도는 달라야 한다. 국민이 공적 사안에 대해 자신의 의사를 표현하는 것은 단순한 자기표현에 불과한 것이 아니라 자기지배의 핵심이라고 한다.

㉢ 인간의 자기실현(self-fulfillment) 이론에 따르면, 표현의 자유가 헌법적으로 중요하게 보호되는 이유는, 인간의 자기실현에 기여하기 때문이라고 한다. 표현이 개인에게 주는 가치, 즉 개인의 자기실현이나 자기만족에 도움을 주는 한 보호되어야 한다고 한다. 표현의 자유는 개인적 가치인 자기실현의 수단이라는 것이다.

② 민주주의는 표현의 자유를 기초로 한다. 표현의 자유 없이 민주주의가 실현될 수 없고, 민주주의에서 표현의 자유는 꽃을 피운다. 그런데 모든 표현이 동등한 헌법적 보호를 받지는 못한다. 국민의 정치적 의사형성에 기여하는 사회적 가치가 있는 표현인지, 사회적 가치와 개인적 가치가 섞여있는 표현인지, 단순히 개인적 가치만 있는 표현인지 여부에 따라, 헌법적 보호 정도가 다르다.

2. 법적 성격 및 주체

(1) 법적 성격

언론·출판의 자유는 주관적 권리로서의 성격을 갖고 있다. 동시에 언론·출판의 자유는 객관적 법규범으로서의 성격을 갖는다. 언론·출판의 자유는 보호영역에 따라 주관적 권리로서의 성격이 더 강하게 나타나기도 하고 객관적 법규범으로서의 성격이 더 강하게 나타나기도 한다.

(2) 주체

1) 언론·출판의 자유의 주체는 보호영역별로 따로 살펴보아야 한다. 의사표

현의 자유와 정보의 자유의 주체는 모든 자연인이다. 또한 법인뿐만 아니라 법인격없는 단체(권리능력없는 사단)도 주체성이 인정된다. 공법인인 언론기관도 주체성이 인정된다.

2) 신문의 자유와 방송의 자유의 주체는 신문과 방송에 종사하는 사람들과 해당 법인이다. 신문 독자나 방송 시청자는 정보의 자유(알 권리)의 주체이며, 신문의 자유와 방송의 자유의 주체는 아니다.

3. 내용

언론·출판의 자유의 내용(보호영역)은 의사표현의 자유, 정보의 자유(알 권리), 신문의 자유, 방송의 자유, 엑세스권 등으로 나누어 볼 수 있다.

(1) 의사표현의 자유

1) 의사표현의 자유의 의의 의사표현의 자유란 자신의 의사를 자유롭게 표현하고 전파할 권리를 말한다. 의사표현의 자유에서 말하는 의사는 넓게 이해되어야 한다.

2) 의사의 개념 ① 의사란 우선 평가적 의사를 말한다. 평가적 의사란 표현자의 주관적 가치판단이 내포된 태도표명을 말한다. 예컨대 의견, 견해, 소견, 평가, 확신, 예측, 판단 등이 여기에 해당한다. 여기서 문제되는 것은 단순한 '사실'의 주장이나 전달도 의사에 포함되는지 여부이다. 이에 관하여는 견해가 나뉜다. 전통적으로 의사(의견)와 사실을 구분하여, '사실'의 주장이나 전달은 의사의 표현이 아니라고 보았다. 그러나 학계와 판례는 점차 사실의 주장이나 전달도 대부분 의사의 개념에 포함시키고 있다. 왜냐하면 사실의 전달과 가치판단을 객관적으로 구분하는 것은 불가능하기 때문이다.

② 헌법재판소는 더 나아가 이른바 '미네르바' 사건에서, 어떠한 표현에서 '의견'과 '사실'을 구별해내는 것은 매우 어렵고, 허위사실표현의 경우에도 이러한 표현이 언제나 타인의 명예·권리·공중도덕·사회윤리를 침해한다고 볼 수 없기 때문에, 허위사실 표현도 표현의 자유의 보호영역에 해당하며, 다만, 헌법 제37조 제2항에 따라 제한할 수 있는 것이라고 판시하였다.[84] 한편, 대법원은 명예

84) 헌재 2010. 12. 28. 2008헌바157.

훼손죄와 관련하여, 의견이란 가치판단이나 평가를 내용으로 하는 것이고, 사실의 적시란 시간과 공간적으로 구체적인 과거 또는 현재의 사실관계에 관한 보고 내지 진술로서 그 표현내용이 증거에 의한 입증이 가능한 것이며, 의견과 사실을 구분할 때, 언어의 통상적 의미와 용법, 입증가능성, 문제된 말이 사용된 문맥, 그 표현이 행하여진 사회적 상황 등 전체적 정황을 고려한다고 판시하였다.[85)]

③ 요컨대 평가적 의사뿐만 아니라 사실의 주장이나 전달도 의사의 개념에 포함된다. 다만 헌법 제37조 제2항에 따라 제한이 가능하다.

3) 표현의 방법과 내용 ① 의사의 표현과 전파의 방법은, 말, 글, 그림, 상징적 표현(리본패용, 유니폼착용 등) 등 어떤 것이든 상관없다. 익명으로 표현하는 방법도 포함된다.

② 의사의 내용은 묻지 않는다. 헌법재판소는 "표현이 어떤 내용에 해당한다는 이유만으로 표현의 자유의 보호영역에서 애당초 배제된다고 볼 수 없다."[86)] 라고 판시하였다. 따라서 어떠한 내용의 의사이든, 심지어 허위사실 표현, 음란표현, 혐오표현일지라도, 의사표현의 자유의 보호영역에 해당한다. 다만 법률에 의한 제한이 가능하다.

③ 표현내용과 관련하여 이른바 역사부정 내지 역사왜곡 표현이 문제된다. 예컨대 나치의 홀로코스트를 부정하거나 왜곡하는 표현에 대해 독일에서는 형사처벌규정을 두고 있다. 우리나라에서도 5·18민주화운동 등에 관한 특별법은 5·18민주화운동에 대한 허위사실 유포행위에 대해 형사처벌 규정(법 제8조)을 두고 있다(단, 예술·학문, 연구·학설, 시사사건이나 역사의 진행과정에 관한 보도를 위한 것이거나 그 밖에 이와 유사한 목적을 위한 경우에는 처벌하지 아니한다).

(2) 정보의 자유(알 권리)

1) 정보의 자유(알 권리)의 의의 ① 정보의 자유(알 권리)란 일반적으로 접근할 수 있는 정보원으로부터 방해받지 않고 정보를 수집하고 수집된 정보를 취사·선택할 자유를 말한다. 여기서 '정보원'이란 정보를 소지하고 있는 사람이나 기관을 말하며, '일반적으로 접근할 수 있는 정보원'이란 신문, 방송, 전시물, 텔레비전, 영화처럼, 불특정 다수인에게 정보를 제공해주도록 정해져 있는

---

85) 대법원 2017. 12. 5. 선고 2017도15628.
86) 헌재 2010. 12. 28. 2008헌바157.

정보원을 말한다.

② 의사표현은 정보의 자유를 전제한다. 예컨대 특정한 사안에 대한 정보를 통해 필요한 내용을 알아야 해당 사안에 대해 자신의 의사를 형성할 수 있고, 형성된 의사를 표현하게 되기 때문이다. 정보의 자유는 의사형성의 전제이므로, 민주국가에서 정보는 최대한 공개되어야 하지만, 모든 정보가 공개되어야 하는 것은 아니다.

2) 정보공개청구권 포함 여부 정보의 자유(알 권리)는 헌법 제21조의 언론·출판의 자유의 보호영역에 해당한다. 정보의 자유(알 권리)는 자유권적 성격과 청구권적 성격을 갖고 있으며, 헌법적 근거는 제21조이다. 헌법재판소는 일찍이 '알 권리'는 표현의 자유에 당연히 포함되는 것으로, 이 권리의 핵심은 정부가 보유하고 있는 정보에 대한 국민의 알 권리 즉, 국민의 정부에 대한 일반적 정보공개를 구할 권리(청구권적 기본권)라고 판시하였다.[87] 정보공개와 관련하여 공공기관의정보공개에관한법률(정보공개법)이 제정·시행되고 있다. 한편, 개인정보보호법 제35조 이하에서 '열람등요구'를 규정하고 있는데 이는 개인정보자기결정권에 근거하여 정보주체가 자신의 정보에 대한 공개를 요구하는 것으로서 정보공개청구권(알 권리)과는 구별된다.

3) 정보의 자유(알 권리) 제한 정보의 자유(알 권리)는 헌법 제37조에 따라 제한될 수 있다. 예컨대, 공공기관이 보유·관리하는 개인정보를 공개하면 개인의 사생활의 비밀 또는 자유를 침해할 우려가 있다고 인정되는 경우에, 이를 비공개할 수 있게 하는 정보공개법 규정은 알 권리(정보공개청구권)를 침해하지 않는다.[88] 반면에, 정치자금법상 회계보고된 자료의 열람기간을 3월간으로 정한 정치자금법 규정은 열람기간이 지나치게 짧아 알 권리를 침해하며, 변호사시험 성적을 합격자에게 공개하지 않도록 하는 변호사시험법 규정은 알 권리(정보공개청구권)를 침해한다.[89]

⑶ 신문의 자유

1) 개념 ① 신문이란 넓게 이해하면 모든 출판물을 포함하지만, 보통 보

87) 헌재 1989. 9. 4. 88헌마22; 헌재 2009. 9. 24. 2007헌바107.
88) 헌재 2010. 12. 28. 2009헌바258.
89) 헌재 2015. 6. 25. 2011헌마769; 헌재 2021. 5. 27. 2018헌마1168.

도·논평·여론 및 정보 등을 전파하기 위하여 정기적으로 발행하는 간행물을 말하므로, 신문의 자유란 이 정간물을 출판할 자유를 말한다. 신문법은 신문의 정기성과 계속성을 요구하고 있다.

② 보도·논평 및 여론·정보 등을 전파하기 위하여 간행하는 전자간행물인 인터넷신문, 신문·인터넷신문·잡지 등의 기사를 인터넷을 통하여 계속적으로 제공하거나 매개하는 전자간행물인 인터넷뉴스서비스(인터넷포털)도 신문법의 규율을 받는다.

2) 신문의 자유와 공적 기능 ① 신문은 특히 민주주의 정치과정에서 정치적 의사를 형성·전파하는 매체로서 중요한 역할을 담당한다. 자유롭고 다양한 의사형성을 위한 상호 경쟁적인 다수 신문의 존재는, 다원주의를 본질로 하는 민주주의사회에서 필수불가결한 요소이다.

② 신문은 본질적으로 자유로워야 하지만, 공정하고 객관적인 보도를 통하여 민주적 여론형성에 기여하고 국민의 알 권리를 충족시켜야 한다는 점에서, 자유에 상응하는 공적 기능을 아울러 수행하게 된다.

③ 신문의 독과점 또는 집중화현상과 경향보호가 결합할 경우 정치적 의견의 다양성을 전제로 하는 다원주의적 민주주의체제에 중대한 위협이 될 것이기 때문에, 개별 신문기업이 각자의 경향보호를 주장하기 위해서는 신문의 다양성 확보가 필수적인 전제가 된다. 신문의 다양성을 보장하기 위한 국가의 적절한 규율은 경향보호와 모순된다기보다는 상호보완적인 것이다.[90)]

3) 내용(보호범위) ① 신문의 자유는 정보를 수집하고 편집하여 신문을 발행하고 배포하는 것까지 보호범위로 한다. 즉 취재, 편집, 보도, 논평, 제작, 발행, 배포 등이 보호범위에 해당한다.

② 취재의 자유와 관련하여, 취재원묵비권이 인정되는지 문제된다. 독일연방헌법재판소는 취재원묵비권은 취재의 자유의 본질적 내용이라고 한다. 그러나 보통 취재원묵비권은 인정될 수 없다고 본다.

③ 편집의 자유와 관련하여, 대외적으로 신문이 국가권력의 간섭이나 규제로부터 보호받아야 하며 이는 이견없이 인정된다. 한편, 대내적으로 신문기업

---

90) 헌재 2006. 6. 29. 2005헌마165.

내부에서 편집 종사자가 신문사주(발행인)의 간섭이나 규제로부터 편집권을 보호받아야 한다는 문제에 대해서는 견해가 나뉜다. 현행 신문법 제4조 제2항은 "신문사업자 및 인터넷신문사업자는 편집인의 자율적인 편집을 보장하여야 한다."라고 규정하고 있다. 헌법재판소는 이 규정이 편집인 또는 기자들에게 독점적으로 '편집권'이라는 법적 권리를 부여하였다거나 신문편집의 주체가 편집인 또는 기자들이라는 것을 명시한 것으로 볼 수 없기 때문에, 이 규정은 기본적으로 선언적인 규정이라고 판시하였다.[91]

⑷ 방송의 자유

1) 개념 방송의 자유란 방송을 할 자유를 말한다. '방송'이란 방송프로그램을 기획·편성 또는 제작하여 이를 공중에게 전기통신설비에 의하여 송신하는 것을 말하며, 텔레비전방송, 라디오방송, 데이터방송, 이동멀티미디어방송 등이 모두 포함된다(방송법 제2조 제1호).

2) 내용(보호범위) 방송의 자유는 신문의 자유에 준하여 보호된다. 방송의 자유는 기획, 취재, 제작, 편성, 송신 등에서 외부의 간섭을 받지 않을 자유이다. 방송의 자유는 방송편성의 자유로 구체화되며, 방송편성의 자유는 방송의 자유의 핵심이다. 방송은 공공성 때문에 방송편성의 자유와 독립이 강하게 요구된다.[92]

3) 방송의 특성과 규제 ① 방송은 신문과 다른 특성을 갖는다. 예컨대 제한된 주파수, 설립비용, 전파매체의 신속성, 용이성, 광역성, 효과의 직접성과 강력성 등 때문에, 방송은 신문보다 강한 규제를 받는다. 방송의 특성에 따른 것을 제외하면 나머지는 신문의 자유와 마찬가지로 보호된다.

② 헌법 제21조 제3항은 "통신·방송의 시설기준과 … 필요한 사항은 법률로 정한다."라고 규정하고 있다. 신문기업의 설립은 원칙적으로 자유이지만, 방송은 설립의 자유가 제한받는다. 지상파방송사업, 위성방송사업, 종합유선방송사업 또는 중계유선방송사업을 하고자 하는 자는 관할 기관의 허가를 받아야 한다(법 제9조).

③ 신문은 여러 논조나 경향의 신문이 존재함으로써 다양성이 확보된다. 그러나 방송은 그 특성상 한정된 수의 방송만이 가능하기 때문에 방송의 공정성이

91) 헌재 2006. 6. 29. 2005헌마165.
92) 방송편성 간섭을 금지하고 위반시 처벌하는 것은 합헌이다(헌재 2021. 8. 31. 2019헌바439).

강조된다. 방송법 제6조는 '방송의 공정성과 공익성'을 규정하고 있다.[93)]

(5) 엑세스(access)권(언론매체접근·이용권)

1) 개념 및 헌법적 근거 엑세스권(언론매체접근·이용권)이란 언론매체에 접근하여 언론매체를 이용할 수 있는 권리를 말한다. 액세스권은 광의로는 자신의 견해표명을 위해 언론매체를 이용할 수 있는 권리를 말하고, 협의로는 자신과 관련된 언론보도에 대해 반론 내지 해명의 기회를 요구할 수 있는 권리를 말한다. 엑세스권은 국민과 국가 간의 관계에서 인정되는 것이 아니고, 국민과 언론매체 간의 관계에서 인정되는 것이다.

2) 언론중재법 규정

① **정정보도청구권** 사실적 주장에 관한 언론보도등이 진실하지 아니함으로 인하여 피해를 입은 자는 해당 언론보도등이 있음을 안 날부터 3개월 이내에 언론사등에게, 그 언론보도등의 내용에 관한 정정보도를 청구할 수 있다. 다만, 해당 언론보도등이 있은 후 6개월이 지났을 때에는 그러하지 아니하다. 정정보도청구에는 언론사등의 고의·과실이나 위법성을 필요로 하지 아니한다(법 제14조).

② **반론보도청구권** 사실적 주장에 관한 언론보도등으로 인하여 피해를 입은 자는 그 보도 내용에 관한 반론보도를 언론사등에 청구할 수 있다. 반론보도 청구에는 언론사등의 고의·과실이나 위법성을 필요로 하지 아니하며, 보도 내용의 진실 여부와 상관없이 그 청구를 할 수 있다(법 제16조).

③ **추후보도청구권** 언론등에 의하여 범죄혐의가 있거나 형사상의 조치를 받았다고 보도 또는 공표된 자는 그에 대한 형사절차가 무죄판결 또는 이와 동등한 형태로 종결되었을 때에는 그 사실을 안 날부터 3개월 이내에 언론사등에 이 사실에 관한 추후보도의 게재를 청구할 수 있다. 추후보도에는 청구인의 명예나 권리 회복에 필요한 설명 또는 해명이 포함되어야 한다(법 제17조).

---

93) 방송사의 공정방송 의무는 노사의 의무이며 근로관계의 기초를 형성하는 원칙이다. 사용자가 인사권이나 경영권을 남용하여 방송의 제작, 편집 및 송출과정을 통제하려 한다면, 이는 근로조건을 저해하는 행위이며 공정방송 의무를 위반한 위법행위이다. 방송의 공정성을 위한 노조의 파업은 정당하다(서울남부지법 2014. 1. 17. 선고 2012가합16200, 같은 취지 대법원 2022. 12. 16. 선고 2015도8190).

4. 언론·출판의 자유의 제한과 한계

언론·출판의 자유에 대한 제한은 사전적 제한과 사후적 제한으로 나누어 볼 수 있다.

(1) 사전적 제한

1) 허가제와 검열제 금지 ① 헌법 제21조 제2항은 "언론·출판에 대한 허가나 검열 … (은)는 인정되지 아니한다."라고 규정하고 있다. 표현의 내용규제 그 자체이거나 내용규제의 효과를 초래하는 것이 아니면 금지된 '허가'에는 해당되지 않는다.

② 검열은 그 명칭이나 형식과 관계없이 실질적으로 행정권이 주체가 되어 사상이나 의견 등이 발표되기 이전에 예방적 조치로서 그 내용을 심사, 선별하여 발표를 사전에 억제하는, 즉 허가받지 아니한 것의 발표를 금지하는 제도를 뜻하고, 이러한 사전검열은 표현의 자유 보호대상이면 예외 없이 금지된다. 사전검열금지원칙이 모든 형태의 사전적인 규제를 금지하는 것은 아니고, 의사표현의 발표 여부가 오로지 행정권의 허가에 달려있는 사전심사만을 금지한다. 헌법이 금지하는 사전검열의 요건은 첫째, 일반적으로 허가를 받기 위한 표현물의 제출의무가 존재할 것, 둘째, 행정권이 주체가 된 사전심사절차가 존재할 것, 셋째, 허가를 받지 아니한 의사표현을 금지할 것, 넷째, 심사절차를 관철할 수 있는 강제수단이 존재할 것 등이다.[94]

③ 예컨대 의료기기 광고 사전심의와 건강기능식품 기능성 광고 사전심의는 행정권이 주체가 된 사전심사로서, 헌법이 금지하는 사전검열에 해당한다.[95] 반면에, 등급분류를 받지 아니한 비디오물의 유통을 금지하는 것은 사전검열이 아니다.[96]

2) 등록제 언론·출판의 자유에 대한 사전제한으로서 등록제 자체는 검열이 아니기 때문에 허용된다. 하지만 등록요건이 지나치게 엄격하면 실질적으로 언론·출판의 자유를 과도하게 제한하는 것이기 때문에 위헌이 될 것이다. 정기간

---

94) 헌재 2018. 6. 28. 2016헌가8.
95) 헌재 2019. 5. 30. 2019헌가4; 헌재 2020. 8. 28. 2017헌가35.
96) 헌재 2007. 10. 4. 2004헌바36.

행물법은 정기간행물(잡지 등)의 등록에 관하여 규정하고 있다(법 제15조 제1항).

(2) 사후적 제한

1) 헌법 제21조 제4항의 의미 - 제한의 요건 ① 헌법 제21조 제4항은 "언론·출판은 타인의 명예나 권리 또는 공중도덕이나 사회윤리를 침해하여서는 아니된다. 언론·출판이 타인의 명예나 권리를 침해한 때에는 피해자는 이에 대한 피해의 배상을 청구할 수 있다."라고 규정하고 있다.

② 여기서 헌법 제21조 제4항의 의미에 관하여, 학설은 언론·출판의 자유에 대한 헌법직접적 제한(헌법적 한계)을 규정한 것으로 보는 견해(다수설)와 언론·출판의 자유에 대한 제한의 요건을 규정한 것으로 보는 견해로 크게 나눌 수 있다. 헌법재판소는 헌법 제21조 제4항은 표현의 자유에 대한 '제한의 요건'을 명시한 규정이지 보호영역의 한계를 설정한 것이 아니며, 어떠한 내용의 표현이든 표현의 자유의 보호영역에 해당하고, 다만 헌법 제37조 제2항에 따라 제한하는 것이 가능하다고 판시하였다.[97] 생각건대, 헌법 제21조 제4항은 제한 요건을 규정한 것이고, 규정의 명시적 표현, 즉 '타인의 명예나 권리' 및 '공중도덕이나 사회윤리'는 실질적으로 제37조 제2항에 따른 제한에 포섭되는 것으로 해석하는 게 타당하다.

③ 이러한 견해 차이는 헌법적 심사에서 차이를 나타낸다. 예컨대 음란표현을 규제하는 법률에 대해 헌법적 심사를 할 때, 음란표현이 표현의 자유의 보호영역에 해당하지 않으면, 음란표현의 경우 해당 규제에 대해 더 이상 표현의 자유 침해 여부에 대한 심사를 할 필요가 없다. 반면에 음란표현이 표현의 자유의 보호영역에 해당하면, 음란표현일지라도, 검열금지 원칙이나 비례의 원칙(과잉금지의 원칙) 위반 여부를 심사하게 된다. 생각건대, 이 두 가지 경우에 결과적으로 음란표현은 규제된다. 심사과정에서의 효율성이 문제될 수는 있다. 그러나 '제한의 요건'으로 볼 경우, 검열금지 원칙이나 비례의 원칙(과잉금지의 원칙) 위반 여부를 심사하게 됨으로써, 표현의 자유에 대한 보호가 더 강하게 행해질 수 있다.

2) 법률에 의한 제한의 기준 언론·출판의 자유는 헌법 제37조 제2항에 따라 법률로써 제한하는 게 가능하다. 언론·출판의 자유 제한에는, 기본권 제한의

97) 헌재 2019. 11. 28. 2017헌마1356.

일반 원칙이 그대로 적용된다. 다만 언론·출판의 자유의 중요성 때문에 제한의 기준으로 강조되는 것으로서 여기서는 명확성원칙과 명백하고 현존하는 위험의 원칙을 본다.

① **명확성 원칙(애매하기 때문에 무효)** ㉠ 언론·출판의 자유를 제한하는 법률은 강한 명확성이 요구된다. 표현의 자유를 제한하는 법률이 불명확하면, 표현자가 자신의 표현이 규제 대상인지 여부를 제대로 알 수 없기 때문에, 규제될 것이 두려워 표현을 억제하게 된다. 이를 위축효과(chilling effect)라 한다. 따라서 명확한 법률로써만 표현의 자유를 제한해야 한다.

㉡ 명확성 원칙은 표현의 자유를 제한하는 법률에 대한 헌법재판소의 헌법적 심사에서 중요한 심사기준이다. 예컨대 헌법재판소는, 공익을 해할 목적으로 전기통신설비에 의하여 공연히 허위의 통신을 한 자를 형사처벌하는 법률규정이 문제된 사건(이른바 미네르바 사건)에서,[98] 여기서의 '공익'은 형벌조항의 구성요건으로서 구체적인 표지를 정하고 있는 것이 아니라, 헌법상 기본권 제한에 필요한 최소한의 요건을 그대로 법률에 옮겨 놓은 것에 불과할 정도로 그 의미가 불명확하고 추상적이어서, 수범자인 국민에게 금지대상을 제대로 고지하지 못하므로 명확성 원칙에 반한다고 판시하였다.

② **명백하고 현존하는 위험(clear and present danger)의 원칙** ㉠ 이는 표현의 자유를 제한하려면, 표현으로 인하여 초래되는 해악이 명백하고 현존하는 경우에만 가능하다는 이론이다. 여기서 '명백'이란 표현과 해악 간의 인과관계(즉 표현 때문에 해악발생)를 말하고, '현존'이란 해악발생의 시간적 근접성을 말하며, '위험'이란 해악발생의 개연성을 말한다.

㉡ 명백하고 현존하는 위험의 원칙은 표현의 자유의 중요성 때문에 표현의 자유의 우위를 인정함으로써, 표현의 자유를 최대한 보장하는 역할을 할 수 있다. 반면에 명백성과 현존성을 판단함에 있어서 객관성을 갖추는 게 쉽지 않다는 문제가 있다. 그럼에도 불구하고 이 원칙은 표현의 자유의 보장에 크게 기여하고 있다.

98) 헌재 2010. 12. 28. 2008헌바157.

3) 제21조 제4항의 명시적 제한요건에 따른 제한

① **타인의 명예나 권리** 언론·출판은 타인의 명예나 권리를 위해서 법률로써 제한하는 것이 가능하다. 예컨대 형법 제307조 제1항과 제2항은 (진실한)사실적시 명예훼손죄와 허위사실적시 명예훼손죄를 규정하고 있다. 헌법재판소는 두 조항 모두에 대해 합헌결정을 내렸다.[99] 그런데 (진실한)사실적시 명예훼손을 형사처벌하는 나라는 세계적으로 극소수이다. 진실한 사실을 적시한 경우에도 명예훼손죄로 처벌하면 표현의 자유를 위축시키기 때문이다. 우리의 경우 (진실한)사실적시 명예훼손의 경우, 형사처벌이 아니라 징벌적 손해배상을 포함하여 민사문제로 해결하는 방법을 고려하는 것이 필요하다. 한편, (서울시학생인권조례가 문제된 경우이지만)차별·혐오표현은 자유로운 토론과 성숙한 민주주의를 위하여 허용되는 의사표현이 아니고, 그 경계를 넘어 '타인의 인권을 침해'할 것을 인식하였거나 최소한 인식할 가능성이 있고, 또한 결과적으로 그러한 인권침해의 결과가 발생하는 표현이다. 따라서 이는 민주주의의 장에서 허용되는 한계를 넘는 것이므로 민주주의 의사형성의 보호를 위해서도 제한되는 것이 불가피하다.[100]

② **공중도덕이나 사회윤리** 언론·출판은 공중도덕이나 사회윤리를 위해서 법률로써 제한하는 것이 가능하다. 음란표현도 헌법 제21조가 규정하는 언론·출판의 자유의 보호영역에 해당한다. 다만, 헌법 제37조 제2항에 따라 제한하는 것이 가능하다. '음란'이란 인간존엄 내지 인간성을 왜곡하는 노골적이고 적나라한 성표현을 말한다. 이는 오로지 성적 흥미에만 호소할 뿐 전체적으로 보아 하등의 문학적, 예술적, 과학적 또는 정치적 가치를 지니지 않은 것으로서, 사회의 건전한 성도덕을 크게 해칠 뿐만 아니라 사상의 경쟁메커니즘에 의해서도 그 해악이 해소되기 어려운 것이다.[101]

4) 국가비상사태에서의 제한 제76조 제2항의 긴급명령이나 제77조 제3항의 비상계엄에 의해 언론·출판의 자유가 제한될 수 있다.

---

99) 헌재 2021. 2. 25. 2017헌마1113. 한편, 이 사건에서 소수의견은, '진실한 것으로서 사생활의 비밀(병력·성적 지향·가정사 등)에 해당하지 아니한' 사실 적시를 형사처벌하는 것은 위헌이라고 한다; 헌재 2021. 2. 25. 2016헌바84(합헌).

100) 헌재 2019. 11. 28. 2017헌마1356.

101) 헌재 1998. 4. 30. 95헌가16.

5) 특수신분관계에서의 제한 특수신분관계에서의 기본권 제한도 일반적인 기본권 제한의 원칙들이 적용된다. 다만 특수신분관계가 갖는 특성 때문에, 특수신분관계에 속하는 구성원들에 대해서는 일반 국민보다 기본권 제한의 강도가 더 강할 수 있다.

(3) 제한의 한계

1) 언론·출판의 자유에 대한 제한은 허가·검열 금지, 과잉금지의 원칙과 본질적 내용 침해금지의 원칙을 준수해야 한다.

2) 예컨대 ① 대북 전단 등의 살포를 금지·처벌하는 남북관계발전법 규정에 대해, 헌법재판소는, 이는 표현내용을 규제하는 것으로서, 국가가 표현 내용을 규제하는 것은 원칙적으로 중대한 공익의 실현을 위하여 불가피한 경우에 한하여 허용되고, 특히 정치적 표현의 내용 중에서도 특정한 견해, 이념, 관점에 기초한 제한은 과잉금지원칙 준수 여부를 심사할 때 더 엄격한 기준이 적용되어야 한다고 밝히고, 정보의 유입과 유통을 엄격히 통제하고 있는 북한의 특성상, 북한을 자극하여 도발을 일으킬 수 있을 만한 표현의 내용은 상당히 포괄적이므로, 제한되는 표현 내용이 광범위하며, 이로 인하여 표현의 자유가 지나치게 제한되기 때문에, 과잉금지원칙을 위반하여 표현의 자유를 침해한다고 판시하였다. 또, 국민, 특히 접경지역 주민의 생명·신체의 안전 보장을 위해서는 반드시 형벌권의 행사가 아니더라도, 전단등 살포행위 전에 이를 신고하도록 하고 그 신고에 대해 '경찰관직무집행법' 등에 따라 적절하게 대응하도록 함으로써, 접경지역 주민 등의 생명·신체의 안전 보장이라는 입법목적을 달성할 수 있으므로, 심판대상조항이 입법목적 달성을 위한 수단으로 형벌을 택한 것은 형벌의 보충성 및 최후수단성에 부합한다고 보기 어렵다고 하였다.[102)]

② 공직선거법 제251조 후보자비방죄 중 '후보자가 되고자 하는 자'에 관한

102) 헌재 2023. 9. 26. 2020헌마1724, 반면에, 반대의견(재판관 김기영, 문형배)은, 심판대상조항은 '전단 등 살포'라는 표현 방법에 대한 제한이며, 국민, 특히 접경지역 주민 등의 생명·신체의 안전 보장이라는 입법목적을 달성할 수 있는 덜 침해적인 대안이 없고, 내·외신 기자회견이나 탈북자들과의 만남 등을 통한 견해표명 방법도 있으며, 그리고 심판대상조항에 따른 처벌은 남북합의서의 유효한 존속을 전제로 하므로, 전단등 살포를 극도로 경계하는 북한 당국 입장에서는 전단등 살포의 억제를 위해서라도 남북합의서를 준수할 이익이 있고, 북한이 이를 준수하면 접경지역 주민의 안전은 물론, 한반도 전체의 평화가 유지될 수 있기 때문에, 과잉금지원칙에 위배되어 표현의 자유를 침해한다고 볼 수 없다고 판시하였다.

부분은, 후보자가 되고자 하는 자에 대한 비방행위가 진실한 사실이거나 허위사실로 증명되지 아니한 사실에 대한 것이라면, 후보자가 되고자 하는 자는 이러한 문제제기에 대해 스스로 반박을 하고, 이를 통해 유권자들이 후보자가 되고자 하는 자의 능력, 자질 및 도덕성 등 공직 적합성에 관한 정보를 얻어 선거의 공정성을 달성할 수 있어야 하며, 비방금지 조항이 없더라도 진실한 사실을 적시하여 후보자가 되고자 하는 자의 명예를 훼손한 경우에는 형법 제307조 제1항의 사실적시 명예훼손죄로 처벌이 가능하고 스스로 공론의 장에 뛰어든 사람의 명예를 일반인의 명예보다 더 두텁게 보호할 필요가 없기 때문에, 과잉금지원칙에 위배되어 정치적 표현의 자유를 침해한다.[103)]

반면에 ③ 테러단체 가입을 선동한 사람을 처벌하는 테러방지법 규정(가입선동 조항)은, 외부에서 테러단체의 인적 확장·증대에 기여하는 행위에 대하여 선제적으로 대응할 필요가 있는 점, 테러단체의 가입을 선동하는 행위에 한정하여 처벌하고 있는 점, 피선동자에게 테러단체 가입의 결의를 유발하거나 증대시킬 위험성이 인정되는 표현행위만을 규율하므로 표현의 자유가 제한되는 정도가 중하지 않은 점, 징역형 처벌이 과중하거나 불합리하다고 보기 어려운 점 등을 고려하면, 과잉금지원칙을 위반하여 표현의 자유를 침해하지 않는다.[104)]

X. 집회의 자유

1. 헌법규정 및 의의

(1) 헌법규정 및 의의

1) 헌법 제21조는 "① 모든 국민은 … 집회·결사의 자유를 가진다. ② … 집회·결사에 대한 허가는 인정되지 아니한다."라고 하여 집회의 자유 및 집회에 대한 허가제 금지를 규정하고 있다. 집회의 자유란 다수인이 공동의 목적을 달성하기 위하여 일시적으로 모임을 가질 자유를 말한다. 집회의 자유는 집단적 표현의 자유로서, 개인의 인격발현의 요소이자 민주주의를 구성하는 요소이다. 대의민주주의에서, 일반 국민은 선거권 행사, 정당활동, 사회단체활동 이외

103) 헌재 2024. 6. 27. 2023헌바78.
104) 헌재 2025. 1. 23. 2019헌바317.

에는 집회의 자유 행사를 통해서만 공동으로 정치의사형성에 영향력을 행사할 수 있다.

2) 집회의 자유는 특히, 다르게 생각하는 소수를 보호하는 중요한 기본권이다. 집회의 자유는 소수가 집권세력에 대한 정치적 반대의사를 공동으로 표명하는 효과적인 수단이고, 언론매체에 접근하기 어려운 소수집단이 자신들의 의견을 주장하는 적절한 수단이며, 궁극적으로 소수의견이 국정에 반영되는 창구의 역할을 한다. 헌법이 집회의 자유를 보장한 것은 관용과 다양한 견해가 공존하는 다원적인 '열린 사회'에 대한 헌법적 결단이다.[105] 집회의 자유는 '평화적' 집회만 보장한다.

(2) 집회의 개념과 종류

1) 개념　　집회란 일정한 장소를 전제로 하여 공동의 목적을 가진 다수인의 자발적인 일시적 모임을 말한다. 공동의 목적을 가진 집회는 의사형성과 표현을 위한 집회를 말하며, 공적 사항에 관한 것이든 사적 사항에 관한 것이든 모두 포함된다. 다수인은 2인 이상을 의미한다. 집회는 일정한 장소에서의 일시적 모임이다. 반면에 결사는 일정한 장소를 전제하지 않으며 비교적 계속적이다. 집회의 개념에는 시위·행진이 포함된다.

2) 종류　　① 집회는 장소, 시간, 사전계획유무 등의 기준에 따라 분류할 수 있다. ㉠ 장소를 기준으로 옥내집회와 옥외집회로 나눌 수 있다. 옥내집회는 천장이 있고 사방이 폐쇄될 수 있는 장소에서의 집회를 말하며, 옥외집회란 천장이 없거나 사방이 폐쇄되지 아니한 장소에서의 집회를 말한다. 옥외집회만 신고대상이다. ㉡ 시간을 기준으로 주간집회와 야간집회로 나눌 수 있다. '야간집회'는 해가 뜨기 전이나 해가 진 후의 집회를 말한다. ㉢ 집회의 사전계획이 있는지 여부에 따라 계획된 집회와 우발적 집회로 나눌 수 있다. 우발적 집회란 사전의 계획이나 준비, 즉 사전의 초대, 신고, 주최자와 지도자 없이 현실적 동기에서 순간적으로 이루어지는 집회를 말한다. 예컨대 길거리 공연 구경하던 사람들이 돌발적으로 집회를 하게 되는 경우이며, 우발적 집회도 집회의 자유의 보호대상이다. 우발적 집회는 무신고집회(신고할 수 있음에도 의도적으로 신고 안한

105) 헌재 2003. 10. 30. 2000헌바67.

집회) 또는 긴급집회와 구별된다. 긴급집회란 예컨대 어떤 정치적 결정이 행해졌을 때 그 결정에 대해 아직 영향력을 행사하고자 하는 현실적 동기에서 단시간에 결정된 집회처럼, 우발적 집회와 달리 계획되었고 주최자가 있지만, 집회목적이 위험하지 않고 신고기간을 준수하고서는 신고가 이루어질 수 없는 집회를 말한다. 그럼에도 불구하고 신고기간이 준수되어야 한다면 긴급집회가 처음부터 허용되지 않는 결과를 초래한다.[106]

② 그리고 공개 여부에 따라 공개집회와 비공개집회, 평화적인지 여부에 따라 평화적 집회와 비평화적 집회, 무장 여부에 따라 무장집회와 비무장집회 등으로 나눌 수 있다.

2. 집회의 자유의 주체

집회의 자유는 주로 정치적 자유로서 국가형성에 참여하게 되기 때문에 내국인만 그 주체가 된다. 외국인이나 무국적자의 경우 집회를 개최하거나 참가하는 것은 기본권 차원이 아니라 법치국가적 테두리 내에서 법적 보호를 받는다. 법인의 경우 집회의 주최나 참가 형식으로 주체가 될 수 있지만, 주관자나 질서유지인은 자연인만 할 수 있다.

3. 내용

(1) 내용

1) 집회의 자유는 집회의 개최에서부터 해산에 이르기까지의 전과정을 보호대상으로 한다. 즉 집회를 개최·진행할 자유, 집회에 참가할 자유, 집회를 개최하지 않을 자유, 집회에 참가하지 않을 자유 등이 모두 집회의 자유에 의해 보호된다.

2) 집회의 자유는 집회의 시간, 장소, 방법과 목적을 스스로 결정할 권리를 보장한다. 집회의 자유에 의하여 구체적으로 보호되는 주요행위는 집회의 준비 및 조직, 지휘, 참가, 집회장소·시간의 선택이다. 그러나 집회를 방해할 의도로 집회에 참가하는 것은 보호되지 않는다. 주최자는 집회의 대상, 목적, 장소 및

---

106) BVerfGE 85, 69[75].

시간에 관하여, 참가자는 참가의 형태와 정도, 복장을 자유로이 결정할 수 있다.

3) 집회의 자유는 개인이 집회에 참가하는 것을 방해하거나 또는 집회에 참가할 것을 강요하는 국가행위를 금지할 뿐만 아니라, 예컨대 집회장소로의 여행을 방해하거나, 집회장소로부터 귀가하는 것을 방해하거나, 집회참가자에 대한 검문의 방법으로 시간을 지연시킴으로써 집회장소에 접근하는 것을 방해하는 등 집회의 자유 행사에 영향을 미치는 모든 조치를 금지한다.[107)]

⑵ 관련 문제

1) 집회에서의 연설과 토론 집회에서의 연설과 토론이 집회의 자유에 의해 보호되는지 아니면 언론·출판의 자유에 의해 보호되는지에 관하여 견해가 나뉜다. 현실적으로는 어느 견해이든 결과상 차이가 없을 것이지만, 집회의 자유는 정치적 의사형성과 표현을 집단적으로 행사하는 자유이기 때문에, 집회의 자유에 의해 보호되는 것으로 보는 게 타당하다.

2) 평화적 집회 판단기준 집회가 평화적인 집회인지 여부를 구별하는 기준에 관하여 물리적 폭력설과 심리적 폭력설로 견해가 나뉜다. 다수설은 물리적 폭력설이다. 사람이나 물건에 대한 물리적 폭력이 없는 집회는 평화적 집회이다.

4. 집회의 자유의 제한과 한계

⑴ 제한

집회의 자유는 집단적으로 표현이 행해지기 때문에, 공공질서나 다른 헌법적 법익과 충돌할 가능성이 매우 높다. 따라서 공공의 안녕질서나 다른 헌법적 법익을 위하여 집회의 자유는 제한을 받을 수밖에 없다. 그러나 집단이 기본권 행사를 한다는 것으로부터 필연적으로 나오는, 그리고 집회목적에 제한을 가하지 않고는 피할 수 없는 불편들을, 제3자는 일반적으로 수인해야 한다.[108)]

1) 허가제 금지 헌법 제21조 제2항은 "… 집회·결사에 대한 허가는 인정되지 아니한다."라고 하여 집회에 대한 허가제를 금지하고 있다. 헌법규정에서 금지하고 있는 '허가'는 행정권이 주체가 되어 집회 이전에 예방적 조치로서 집회의 내용·시간·장소 등을 사전심사하여 일반적인 집회금지를 특정한 경우에

107) 헌재 2003. 10. 30. 2000헌바67.

108) BVerfGE 69, 315[348ff.]; 헌재 2010. 3. 25. 2009헌가2.

해제함으로써 집회를 할 수 있게 하는 제도, 즉 허가를 받지 아니한 집회를 금지하는 제도를 의미한다.[109] 집회의 자유에 대한 허가제는 어떠한 경우에도 허용되지 않는다. 집시법 제10조의 야간옥외집회금지규정이 허가제에 해당하는지 여부가 문제된 사건에서, 헌법재판소 법정의견은, "행정청에 의한 사전허가는 헌법상 금지되지만, 입법자가 법률로써 일반적으로 집회를 제한하는 것은 헌법상 '사전허가금지'에 해당하지 않는다."[110]라고 판시하였다. 반면에, 이 사건에서 5인 위헌의견은 "집시법 제10조 본문은 야간옥외집회를 일반적으로 금지하고, 그 단서는 행정권인 관할경찰서장이 집회의 성격 등을 포함하여 야간옥외집회의 허용 여부를 사전에 심사하여 결정한다는 것이므로, 헌법 제21조 제2항(허가제금지)에 정면으로 위반된다."라고 판시하였다.

2) 신고제 ① 집시법 제6조 제1항 본문은 "옥외집회나 시위를 주최하려는 자는 그에 관한 다음 각 호의 사항 모두를 적은 신고서를 옥외집회나 시위를 시작하기 720시간 전부터 48시간 전에 관할 경찰서장에게 제출하여야 한다."라고 하여 사전신고의무를 규정하고 있다.

② 헌법재판소는 집시법의 사전신고는 행정상 협력의무로서의 신고이며, 신고절차만 밟으면 일반적·원칙적으로 옥외집회 및 시위를 할 수 있으므로, 집회에 대한 사전신고제도는 헌법 제21조 제2항의 사전허가금지에 위배되지 않는다고 판시하였다.[111] 생각건대 신고제 자체는 허용되지만, 신고제가 실질적으로 허가제로 기능을 수행하는 경우에는 허가제 금지에 위반된다. 현행 집시법상의 신고제는 허가제로 기능을 수행하는 면이 있다.

③ 우발적 집회는 사전 준비나 계획 없이 우발적으로 발생한 집회이기 때문에 신고의무의 대상이 아니다. 긴급집회는 신고기간을 준수하지 못하고 긴급하게 발생한 집회이기 때문에, 신고 가능한 즉시 신고한 경우에는 신고의무 위반으로 처벌할 수 없다.

3) 집시법상의 기타 제한 집시법은 집회의 자유에 대해 신고의무 외에 많은 제한 규정을 두고 있다. 예컨대 절대적 집회·시위금지(법 제5조), 야간옥외집회·시위 금지(법 제10조), 특정 장소에서의 옥외집회·시위 금지(법 제11조), 확

109) 헌재 2009. 9. 24. 2008헌가25.
110) 헌재 2009. 9. 24. 2008헌가25.
111) 헌재 2014. 1. 28. 2011헌바174; 헌재 2018. 6. 28. 2017헌바373.

성기등 사용의 제한(법 제14조) 등의 규정이 있다.

4) 집회의 금지와 해산 집회의 금지와 해산은 원칙적으로 공공의 안녕질서에 대한 직접적인 위협이 명백하게 존재하는 경우에 한하여 허용될 수 있다. 집회의 금지와 해산은 집회의 자유를 보다 적게 제한하는 다른 수단, 즉 조건을 붙여 집회를 허용하는 가능성을 모두 소진한 후에 비로소 고려될 수 있는 최종적인 수단이다.

5) 비상계엄에 의한 제한 비상계엄이 선포된 때에는 법률이 정하는 바에 의하여 집회의 자유에 관하여 특별한 조치를 할 수 있다(제77조 제3항).

(2) 제한의 한계

1) 집회의 자유에 대한 제한은 과잉금지의 원칙과 본질적 내용 침해금지의 원칙을 준수해야 한다.

2) 예컨대 ① 집회참가자에 대한 직사살수행위 당시 억제할 필요성이 있는 생명·신체의 위해 또는 재산·공공시설의 위험 자체가 발생하지 않았고, 머리와 가슴 윗부분을 향해 약 13초 동안 강한 물살세기로 직사살수가 행해져서 집회참가자가 상해를 입고 10개월 치료받다 끝내 사망한 경우, 직사살수행위는 과잉금지의 원칙에 반하여 집회의 자유를 침해한다.[112)]

② 국회의사당 경계 지점으로부터 100미터 이내의 장소에서는 옥외집회 또는 시위를 금지하는 집시법 규정은, 소규모 집회 또는 공휴일이나 휴회기 등에 행해지는 집회처럼, 국회의 헌법적 기능이 침해될 가능성이 부인되거나 또는 현저히 낮은 경우조차 금지하는데, 이는 입법목적을 달성하는 데 필요한 최소한도의 범위를 넘어, 규제가 불필요하거나 또는 예외적으로 허용하는 것이 가능한 집회까지도 이를 일률적·전면적으로 금지하고 있으므로 과잉금지원칙을 위반하여 집회의 자유를 침해한다.[113)]

③ 집회·시위를 위한 인천애뜰 잔디마당의 사용허가를 예외 없이 제한하는 '인천애(愛)뜰의 사용 및 관리에 관한 조례(인천광역시조례)' 규정은, 잔디마당이 인천광역시 스스로 결단하여 종래의 시청사 외벽 등을 철거하고 새롭게 조성한 공간으로, 평소 일반인에게 자유롭게 개방되어 있는 등, 잔디마당의 장소적 특

112) 헌재 2018. 5. 31. 2013헌바322.
113) 헌재 2020. 4. 23. 2015헌마1149.

성과 현황을 고려할 때, 집회 장소로 잔디마당을 선택할 자유는 원칙적으로 보장되어야 하고, 공유재산의 관리나 공공시설의 설치·관리 등의 명목으로 일방적으로 제한되어서는 안 되는바, 공공에 위험을 야기하지 않고 시청사의 안전과 기능에도 위협이 되지 않는 집회나 시위까지도 예외 없이 금지되는 불이익이 발생하기 때문에, 과잉금지원칙에 위배되어 청구인들의 집회의 자유를 침해한다.[114)]

④ 선거기간 중 선거에 영향을 미치게 하기 위한 일반 유권자의 (향우회·종친회·동창회·단합대회·야유회가 아닌)집회나 모임을 일률적·전면적으로 금지하는 것은 과잉금지의 원칙에 반하여 집회의 자유를 침해한다.[115)]

XI. 결사의 자유

1. 헌법규정 및 의의

(1) 헌법 제21조는 "① 모든 국민은 … 결사의 자유를 가진다. ② … 결사에 대한 허가는 인정되지 아니한다."라고 하여 결사의 자유 및 결사에 대한 허가제 금지를 규정하고 있다. 결사의 자유란 다수의 자연인이나 법인이 자발적으로 단체를 결성하고 단체활동을 통하여 공동의 목적을 실현하는 자유를 말한다. 결사의 자유는 정치적 자유로서 여론을 형성하고 전파하는 수단이다. 결사의 자유는 언론·출판의 자유 및 집회의 자유와 함께 민주주의 실현을 위해 커다란 역할을 한다. 결사는 상당한 기간 계속하여 단체를 형성한다는 점에서, 일시적 모임인 집회와 구별된다. 다수인은 최소 2인 이상을 말한다. 공동의 목적은 무엇이든 상관없다.

(2) 결사의 자유가 보호하는 결사에 가입강제가 인정되는 공법상의 결사는 포함되지 아니한다. 즉 가입강제가 인정되는 공법상의 결사, 예컨대 의사회, 약사회, 변호사회, 변리사회 등은 결사의 자유의 보호를 받지 못한다. 제21조의 결사의 자유는 일반적인 결사의 자유를 의미한다. 정당(제8조), 종교단체(제20조), 학문단체(제22조), 예술단체(제22조), 근로자의 단결체(제33조) 등은 각 해당 기본권에 의해 보호되는 특수결사이다.

---

114) 헌재 2023. 9. 26. 2019헌마1417.
115) 헌재 2022. 7. 21. 2018헌바164.

2. 결사의 자유의 주체

결사의 자유의 주체는 자연인과 법인이다. 법인 등 결사체도 그 조직, 의사형성 및 업무수행에 있어서 자기결정권을 가지므로 결사의 자유의 주체가 된다. 권리능력 없는 사단도 결사의 자유의 주체가 된다.

3. 내용

결사의 자유는 적극적으로는 ① 단체결성의 자유, ② 단체존속의 자유, ③ 단체활동의 자유, ④ 결사에의 가입·잔류의 자유를, 소극적으로는 ① 기존의 단체로부터 탈퇴할 자유, ② 결사에 가입하지 아니할 자유를 내용으로 한다.

4. 결사의 자유의 제한과 한계

(1) 제한

1) 허가제 금지 　헌법 제21조 제2항은 "… 결사에 대한 허가는 인정되지 아니한다."라고 하여 결사에 대한 허가제를 금지하고 있다. 결사의 자유에 대한 '허가제'란 행정권의 사전허가를 받지 아니한 단체결성을 금지하는 제도를 말한다.

2) 기타 제한 　결사의 자유는 헌법 제37조 제2항에 따라 제한이 가능하다. 예컨대 국가보안법 제3조(반국가단체의 구성등)와 형법 제114조(범죄단체 등의 조직)는 결사의 자유를 제한하고 있다. 헌법 제77조 제3항은 "비상계엄이 선포된 때에는 법률이 정하는 바에 의하여 … 결사의 자유 … 에 관하여 특별한 조치를 할 수 있다."라고 규정하고 있다.

(2) 제한의 한계

1) 결사의 자유에 대한 제한은 과잉금지의 원칙과 본질적 내용 침해금지의 원칙을 준수해야 한다. 공적 결사인지 사적 결사인지에 따라 결사의 자유 침해 여부를 심사하는 기준은 다를 수 있다. 공적인 역할을 수행하는 결사 또는 그 구성원들이 기본권 침해를 주장하는 경우에, 과잉금지의 원칙 위배 여부 심사는 순수한 사적인 임의결사의 기본권이 제한되는 경우의 심사보다 완화된 기준이 적용될 수 있다.[116]

116) 헌재 2012. 12. 27. 2011헌마562.

2) 예컨대 초·중등학교의 교육공무원이 정당이 아닌 '그 밖의 정치단체'의 결성에 관여하거나 이에 가입하는 것을 금지하는 국가공무원법 규정은, 명확성 원칙에 위반하여 정치적 표현의 자유 및 결사의 자유를 침해한다.[117)]

XII. 학문과 예술의 자유

헌법 제22조는 "① 모든 국민은 학문과 예술의 자유를 가진다. ② 저작자·발명가·과학기술자와 예술가의 권리는 법률로써 보호한다."라고 규정하고 있다.

1. 학문의 자유

(1) 의의

학문이란 진리를 탐구하는 활동이다. 즉 학문이란 일정한 지식수준을 기반으로 방법론적으로 정돈된 비판적인 성찰을 함으로써 진리를 탐구하는 활동을 말한다. 학문의 자유는 진리탐구의 자유이며, 탐구한 결과를 발표하거나 강의할 자유(교수의 자유) 등도 학문의 자유의 내용으로서 보장된다. 그러나 초·중등학교에서의 교육은 기존의 지식을 전달하거나 인격형성을 목적으로 하는 것으로서, 학문의 자유가 아니라 교육에 관한 기본권(제31조)의 보호영역에 속한다.

(2) 학문의 자유의 주체

1) 학문의 자유의 주체는 학문활동을 하거나 하려고 하는 모든 사람이다. 대학과 연구단체도 학문의 자유의 주체가 될 수 있다.

2) 그러나 교수의 자유(강의할 자유)의 주체는 대학이나 고등교육기관에 종사하는 교육자만 해당한다. 초·중·고교의 교사는 개인으로서 학문의 자유의 주체이지만, 학생을 가르치는 교사로서 갖는 수업의 자유(수업권, 교육의 자유)는 교사의 직권이며, 학생의 수학권 보장을 위하여 교수의 자유보다 상대적으로 더 제한받을 수 있다. 초·중·고교의 학생은 대학생이나 사회의 일반 성인과는 달리 다양한 가치와 지식에 대하여 비판적으로 취사선택할 수 있는 독자적 능력이 부족하기 때문이다.[118)]

---

117) 헌재 2020. 4. 23. 2018헌마551.

118) 헌재 1992. 11. 12. 89헌마88.

3) 대학생이 대학의 자치의 주체가 될 수 있는지 여부가 문제된다. 대학의 자치의 주체에 대해서는 교수주체설과 전구성원주체설이 대립하고 있다. 인사·학사 등 대학운영의 전반적인 사항이 민주적으로 결정되어야 한다는 점에서, 대학의 구성원은 모두 대학의 자치의 주체로 보는 게 타당하다.

⑶ 학문의 자유의 내용

학문의 자유는 연구의 자유, 교수의 자유, 연구결과 발표의 자유, 학문적 집회·결사의 자유, 대학의 자치 등을 그 내용으로 한다.

1) 연구의 자유 학문의 자유의 핵심은 연구의 자유이다. 연구의 자유는 연구과제, 연구내용, 연구방법, 연구장소, 연구기간 등을 자유롭게 결정할 수 있는 자유를 말한다. 연구의 자유는 절대적 자유로 파악되어 왔다. 하지만, 예컨대 많은 사람들이 이용하는 공공장소에서 폭발물을 실험하는 것처럼, 공공의 안녕질서나 다른 헌법적 법익에 위험을 야기할 수 있는 연구의 경우 제한이 가능하다.

2) 교수의 자유(강의할 자유) ① 교수의 자유는 대학이나 그 밖의 고등교육기관에 종사하는 교육자가 강의 등을 통하여 연구결과를 전달하거나 학생을 가르치는 자유를 말한다. 교수의 자유에서 중요한 것은 교수내용과 교수방법을 자유롭게 결정해서 가르치는 것이다.

② 특히 교수내용의 자유는 학문발전에 중요한 역할을 한다. 그러나 교수내용의 자유가 보장된다고 하여, 예컨대 민주적 기본질서를 부정하거나 파괴하는 것과 같은, 헌법을 침해하는 교수내용까지 보장되는 것은 아니다. 즉 헌법에 충성하는 범위 내에서 교수내용의 자유가 보장된다. 헌법에 대한 학문적 비판은 허용된다.

3) 연구결과 발표의 자유 연구결과 발표의 자유는 연구결과를 외부에 자유롭게 공표할 자유를 말한다. 즉 고등교육기관에서 교수(강의)의 형태로 행해지는 연구결과 발표 이외의 방법, 예컨대 저서출판, 논문발표, 학술강연, 학술토론 등을 통하여 연구결과를 발표할 자유이다.

4) 학문적 집회·결사의 자유 학문적 집회·결사의 자유는 학문을 공동으로 연구하거나 연구결과를 발표하기 위하여 집회를 개최하거나 단체를 결성하는 자유를 말한다. 학문적 집회·결사는 일반적인 집회·결사(제21조)보다 강하게 보호된다. 학문적 집회는 집시법의 적용을 받지 않는다(집시법 제15조).

5) 대학의 자치

① **의의 및 헌법적 근거** 학문의 연구와 교수는 주로 대학에서 이루어지기 때문에, 학문의 자유가 실현되기 위해서는 대학의 자치가 보장되어야 한다. 대학의 자치란 대학구성원이 대학 운영 전반에 관하여 외부의 간섭없이 자율적으로 결정할 자유를 말한다. 대학의 자치없는 학문의 자유는 존재할 수 없기 때문에, 대학의 자치의 헌법적 근거는 제22조(학문의 자유)이다. 제31조 제4항의 '대학의 자율성' 규정은 대학의 자치를 재확인하거나 보완하는 규정이다. 대학의 자치는 자유권이면서 동시에 대학의 자치 제도를 보장한다는 제도적 보장의 측면이 강조된다.

② **내용** 대학의 자치는 인사·학사·재정·대학시설의 관리 및 운영 등 대학 전반에 관한 사항을 자율적으로 결정하고 운영하는 것을 그 내용으로 한다. 따라서 대학교수의 임용, 학생의 선발, 성적평가, 교수법, 교과과정의 편성, 학위수여, 학생의 징계와 포상 등은 외부의 간섭없이 대학이 자주적으로 결정한다.

(4) 학문의 자유의 제한과 한계

학문의 자유도 헌법 제37조 제2항에 의하여 제한이 가능하다. 그러나 학문은 그 특성상 자율적인 통제를 우선해야 하며, 헌법에 충성할 의무에 반하지 않는 한, 학문의 자유에 대한 제한은 예외적이어야 한다. 예외적으로 제한하는 경우에도 과잉금지의 원칙과 본질적 내용 침해금지의 원칙을 준수해야 한다.

2. 예술의 자유

(1) 의의

예술을 법적으로 개념정의하는 것은 불가능에 가까운 일이다. 예컨대 전위예술, 참여예술, 실험예술 등의 경우는 기존의 예술 관념에 의거하기도 어렵다. 하지만 예술의 개념을 정의하지 않으면 보호대상이 무엇인지 알 수 없다. 일반적으로 예술이란 미를 추구하는 창조적 활동을 말하며, 예술의 자유는 창조적 활동을 통해 일반적으로 수용가능한 미를 추구하고 표현할 자유를 말한다. 국가가 예술인지 여부를 판단함에 있어서는 전문가와 보통 사람들의 의견을 참고해야 하며, 판단이 어려울 경우에는 예술임을 부정해서는 안 된다. 예술의 자유는 개인의 창조적 예술활동을 통해 인격의 자유로운 발현, 궁극적으로 인간 존엄의 실현에 기여하며, 예술의 자유가 보장됨으로써 개인의 문화적 생활과 나아가 문화국가 실현에 기여한다.

⑵ 예술의 자유의 주체

예술의 자유의 주체는 예술활동을 하거나 하려는 모든 사람이다. 예술가뿐만 아니라 모든 사람이 예술의 자유의 주체이다. 법인이나 단체가 예술의 자유의 주체가 되는지에 대해서는 견해가 나뉜다. 예컨대 교향악단, 예술가협회, 국립극장, 예술품을 보급하는 출판사나 음반제작사처럼 직접적으로 예술활동에 기여하는 법인이나 단체는 예술의 자유의 주체가 된다.

⑶ 예술의 자유의 내용

예술의 자유는 예술작품을 창작하고 표현하는 것을 그 내용으로 한다. 또한 예술작품을 창작하거나 표현하기 위한 예술적 집회·결사의 자유도 내용에 해당한다.

1) 예술창작의 자유　예술창작의 자유란 예술의 자유의 핵심으로서 예술창작활동을 할 수 있는 자유를 말한다. 예술창작과정 전체가 예술창작의 자유의 보호대상이다. 따라서 창작소재, 창작형태 및 창작과정 등에 대한 임의로운 결정권을 포함한 모든 예술창작활동이 보호대상이다.

2) 예술표현의 자유　예술표현의 자유는 창작한 예술작품을 일반대중에게 표현하고 전파할 자유를 말한다. 예컨대 예술작품의 전시, 공연, 보급 등이 보호대상이다. 예술작품보급을 목적으로 하는 예술출판자나 음반제작자도 예술의 자유의 보호를 받는다. 예술작품에 대한 비판은 예술의 자유가 아니라 언론·출판의 자유에 의해 보호된다.

3) 예술적 집회·결사의 자유　예술적 집회·결사의 자유란 예술활동을 위해 집회를 개최하거나 단체를 결성할 자유를 말한다. 예술적 집회·결사의 자유는 예술활동에 요구되는 자율성 때문에, 일반적인 집회·결사의 자유보다 강하게 보호된다.

⑷ 예술의 자유의 제한과 한계

예술의 자유도 헌법 제37조 제2항에 의한 제한이 가능하다. 예술작품에 대한 사전검열은 금지된다. 예술의 자유에 대한 제한은 과잉금지의 원칙과 본질적 내용 침해금지의 원칙을 준수해야 한다. 예컨대 학교정화구역내의 극장 시설 및 영업을 금지하는 것은 정화구역 내에서 극장업을 하고자 하는 자의 예술의 자유

를 침해한다.[119)]

XIII. 재산권

1. 헌법규정 및 의의

(1) 헌법규정

헌법 제23조는 "① 모든 국민의 재산권은 보장된다. 그 내용과 한계는 법률로 정한다. ② 재산권의 행사는 공공복리에 적합하도록 하여야 한다. ③ 공공필요에 의한 재산권의 수용·사용 또는 제한 및 그에 대한 보상은 법률로써 하되, 정당한 보상을 지급하여야 한다."라고 하여 재산권을 보장하고 있다.

또 제22조 제2항은 "저작자·발명가·과학기술자와 예술가의 권리는 법률로써 보호한다."라고 규정하고 있고, 제13조 제2항은 "모든 국민은 소급입법에 의하여 참정권의 제한을 받거나 재산권을 박탈당하지 아니한다."라고 규정하고 있다. 그 외 헌법 제9장 '경제'에 관련 조항이 있다.

(2) 의의

1) 헌법 제23조 제1항은 "재산권의 내용과 한계는 법률로 정한다."라고 규정하고 있다. 따라서 재산권은 법률에서 재산권이라고 규정하고 있는 모든 것을 포함한다. 헌법적 의미에서 재산권이란 재산이 개인의 활동에 쓸모있다는 사적 유용성, 그리고 개인이 재산을 팔거나 양도하거나 포기할 수 있는 원칙적 처분권을 포함하는, 모든 재산가치가 있는 권리를 말한다. 즉 헌법상 재산권은 재산가치가 있는 공법상 및 사법상의 모든 권리를 말한다. 예컨대 민법상의 물권, 채권은 물론이고, 지식재산권, 공법상의 제권리(공무원의 연금청구권, 공무원의 봉급청구권), 특별법상의 권리, 영업상의 권리, 상속권 등을 포함한다. 그러나 단순한 기대이익, 반사적 이익, 단순한 경제적 기회, 우연히 발생한 법적지위 등은 재산권에 속하지 않는다.

2) 재산권은 개인이 스스로 책임을 지는 삶을 살아갈 수 있도록 하는 물질적 기초이고, 경제적인 측면에서 자유로운 인격발현을 가능하게 한다. 재산권 보장

---

119) 헌재 2004. 5. 27. 2003헌가1.

은 경제활동과 사회활동을 자유롭게 하게 만드는, 자유로운 경제·사회질서의 기초이다. 재산권 보장은 스스로 최소한의 물질적 필요를 충족케 함으로써 자유의 조건을 확보하려는 사회국가 실현의 수단이다. 재산권 보장은 정권이 변경됨에 따라 재산권이 박탈되는 일이 없도록 함으로써, 정권의 변경과 상관없이 사회가 평화를 유지하게 만든다.

2. 재산권의 주체

재산권의 주체는 자연인과 법인 모두 해당된다. 재산권은 인간의 권리이기 때문에 자연인 중 외국인이나 무국적자도 주체성을 갖는다. 법인의 경우 내국사법인은 주체성이 인정되며, 내국공법인(국가, 지방자치단체)에 대해서는 주체성을 인정하는 견해와 부정하는 견해가 나뉜다. 내국공법인의 경우 적어도 재산권보유는 가능하다. 권리능력없는 사단도 재산권의 주체가 될 수 있다.

3. 재산권의 내용

(1) 사유재산제도의 보장

재산권 보장은 사유재산제도를 보장한다. 사유재산제도는 생산수단의 사유를 그 핵심으로 한다. 재산권의 내용과 한계를 규율하는 입법자는 사유재산제도를 부정하는 입법을 할 수 없다. 사유재산제도의 보장이 특정 경제체제만을 전제하는 것은 아니다. 우리 헌법상 사회적 시장경제질서에서도 사유재산제도는 보장된다.

(2) 사유재산권의 보장

1) 재산권의 보장은 개인이 사유재산에 대해 갖는 사적 유용성과 처분권의 보장을 그 내용으로 한다. 따라서 개인은 사유재산에 대하여 사용·수익·처분권을 가지며, 이는 사유재산권으로서 보장된다. 하지만 사유재산권은 헌법 제23조 제1항 제2문의 재산권의 '내용·한계' 규정과 제2항의 재산권의 '사회적 구속성'에 의한 규율 범위 내에서 보장된다.

2) 헌법상 국민은 납세의무(제38조)를 지고 있기 때문에, 세금징수는 원칙적으로 재산권 침해가 아니다. 그러나 납세의무도 재산권 보장과 조화를 이루어야 하기 때문에, 조세법률주의에 위반하거나 과도한 세금징수는 재산권 침해이다.

3) 사유재산권은 사유재산에 관한 임의적인 사용·수익·처분권을 본질로 하

기 때문에 사유재산의 처분금지를 내용으로 하는 입법조치는 원칙적으로 재산권에 관한 입법형성권의 한계를 일탈하는 것이다. 다만, 예외적으로 과잉금지의 원칙을 준수하는 범위 내에서 허용될 수 있다.[120)]

(3) 소급입법에 의한 재산권 박탈 금지

헌법 제13조 제2항은 "모든 국민은 소급입법에 의하여 참정권의 제한을 받거나 재산권을 박탈당하지 아니한다."라고 규정하고 있다. 소급입법은 진정소급입법과 부진정소급입법으로 구분된다.

1) 진정소급입법 진정소급입법은 원칙적으로 인정되지 않는다. 그러나 신뢰보호이익이 없거나 지극히 적은 경우 및 신뢰보호이익보다 공익이 현저히 우선하는 경우에는 진정소급입법이 예외적으로 허용된다. 예컨대 일제 과거사 청산으로서의 친일재산 환수 규정은 진정소급입법에 해당하지만 소급입법을 예상할 수 있었던 예외적인 사안이고 진정소급입법을 통해 침해되는 법적 신뢰는 심각하다고 볼 수 없는 데 반해 이를 통해 달성되는 공익적 중대성은 압도적이라고 할 수 있으므로 진정소급입법이 허용되는 경우에 해당한다.[121)]

2) 부진정소급입법 부진정소급입법은 원칙적으로 허용되지만 소급효를 요구하는 공익상의 사유와 신뢰보호의 요청 사이의 교량과정에서 신뢰보호의 관점이 입법자의 형성권에 제한을 가하게 된다.

---

120) 예컨대 **유류분 사건**: 우리 민법상 유류분제도는 그 구체적 내용에 비추어 볼 때, 피상속인의 증여나 유증에 의한 자유로운 재산처분을 제한하고, 피상속인으로부터 증여나 유증을 받았다는 이유로 유류분반환청구의 상대방이 되는 자의 재산권을 역시 제한한다. 첫째, 피상속인을 장기간 유기하거나 정신적·신체적으로 학대하는 등의 패륜적인 행위를 일삼은 상속인의 유류분을 인정하는 것은 일반 국민의 법감정과 상식에 반하므로, 민법 제1112조에서 유류분상실사유를 별도로 규정하지 아니한 것, 둘째, 상속재산형성에 대한 기여나 상속재산에 대한 기대 등이 거의 인정되지 않는 피상속인의 형제자매에게까지 유류분을 인정하는 것, 셋째, 기여분에 관한 민법 제1008조의2를 유류분에 준용하는 규정을 두고 있지 않은 민법 제1118조가, 피상속인을 오랜 기간 부양하거나 상속재산형성에 기여한 기여상속인이 기여의 대가로 받은 증여재산을 비기여상속인에게 반환하여야 하는 부당한 상황을 발생시키고, 기여상속인에게 보상을 하려고 한 피상속인의 의사를 부정하는 불합리한 결과를 초래하는 것은, 불합리하고 자의적이어서 헌법 제37조 제2항에 따른 기본권제한입법의 한계를 일탈하여 재산권을 침해한다(헌재 2024. 4. 25. 2020헌가4); 반면에 **토지거래허가제 사건**: 국토이용관리법의 토지거래허가제는 사유재산제도의 부정이 아니라 그 제한의 한 형태이고 토지의 투기적 거래의 억제를 위하여 그 처분을 제한함은 부득이한 것이므로 재산권의 본질적인 침해가 아니며, 헌법상의 경제조항에도 위배되지 아니하고 현재의 상황에서 이러한 제한수단의 선택이 헌법상의 과잉금지의 원칙에 위배된다고 할 수도 없다(헌재 1989. 12. 22. 88헌가13).

121) 헌재 2011. 3. 31. 2008헌바141.

4. 재산권의 제한과 한계

재산권에 대한 제한은 과잉금지의 원칙과 본질적 내용 침해금지의 원칙을 준수해야 한다.[122)]

(1) 재산권의 내용·한계 규정

헌법 제23조 제1항은 "모든 국민의 재산권은 보장된다. 그 내용과 한계는 법률로 정한다."라고 규정하고 있다.

1) 내용·한계 규정 이 규정은 재산권의 내용과 한계를 법률로 정하도록 함으로써, 재산권을 형성할 권한을 입법자에게 위임하고 있다. 그런데 '내용'을 정하는 것이 '한계'를 정하는 것이 될 수 있고 그 반대일 수도 있기 때문에, '내용과 한계'는 한 묶음으로 파악해야 할 것이다.

2) 형성적·제한적 법률유보 입법자가 재산권의 '내용과 한계'를 정하는 경우 재산권은 제한될 수밖에 없다. 재산권의 내용과 한계에 속하지 못한 것은 제한되는 것이기 때문이다. 재산권의 내용과 한계를 법률로 정하도록 한 것은 일견 형성적 법률유보이다. 그러나 형성적 법률유보는 동시에 제한적 법률유보이기도 하다. 기본권의 형성과 제한은 구분이 불분명하며 그 경계는 유동적이다. 재산권을 형성하는 법률일지라도 그것은 헌법이 보장하는 재산권에 대한 제한이 될 수 있다. 재산권의 내용과 한계를 정하는 경우, 원칙적으로 보상의무가 없다.

(2) 재산권의 사회적 구속

헌법 제23조 제2항은 "재산권의 행사는 공공복리에 적합하도록 하여야 한다."라고 규정하고 있다.

1) 재산권의 사회적 구속성의 의의 재산권 행사는 공공복리에 적합하도록

---

122) 예컨대 공무원연금법상 퇴직연금 수급자가 지방의회의원에 취임한 경우 연금 전부를 지급 정지하도록 한 구 공무원연금법상 지급정지 조항에 대해, 헌법재판소는, 공무원연금제도는 공무원이 퇴직한 후 생계 및 부양에 어려움이 없도록 적절한 소득을 보장하는 데 주된 취지가 있는데, 지방의회의원이 생계유지 또는 생활보장을 위하여 받는 월정수당만으로는 연금을 대체할 만한 적정한 소득이 있다고 보기 어렵고, 보수 수준과 연계하여 연금의 일부만 감액하거나 적어도 연금과 보수의 합계액이 취임 전 퇴직연금보다 적지 않은 액수로 유지되도록 하여 생활보장에 불이익이 발생하지 않도록 할 수 있는 점을 고려할 때, 과잉금지원칙에 반하여 퇴직연금 수급자의 재산권을 침해한다고 판시하였다(헌재 2022. 1. 27. 2019헌바161, 같은 취지 헌재 2024. 4. 25. 2022헌가33).

해야 할 사회적 의무를 지는데, 이를 재산권의 사회적 구속성(사회적 기속성, 사회적 의무성)이라 한다. 사회적 구속성은 재산권이 갖는 사회적 연관성 때문에 재산권 행사에 가해지는 헌법적 구속이다. 재산권은 사회적 구속을 받지 않는 범위 내에서만 보장된다.

2) 사회적 구속성의 정도 ① 사회적 구속성의 정도는 시대와 상황에 따라 변할 수 있다. 그리고 그 정도는 재산의 종류, 성질, 형태, 조건 등에 따라 달라질 수 있다. 해당 재산권이 사회와 갖는 관련성이나 사회적 기능이 크면 클수록 입법자는 더 넓은 규제 권한을 갖는다.[123)]

② 특히 토지의 경우, 공급이 제한적이라는 점, 국토 면적과 인구에 비해 가용 토지 면적이 절대적으로 부족하다는 점 등에 비추어 공동체의 이익이 보다 더 강하게 관철될 것이 요구된다. 헌법 제122조[124)]는 토지의 특성을 감안하여 토지재산권에 대한 한층 더 강한 규제의 필요성과 그에 관한 입법부의 광범위한 형성권을 표현하고 있다. 헌법 제23조(재산권의 내용·한계 규정, 사회적 구속성 규정) 및 제122조는 '토지공개념'의 근거이다.[125)]

3) 국가작용 기준으로서의 사회적 구속성 입법자는 재산권의 내용과 한계를 규율할 때, 사회적 구속성 규정의 기준에 따라야 한다. 재산권의 사회적 구속성을 구체화하는 경우, 원칙적으로 보상의무가 없다. 사회적 구속성 규정은 입법·집행·사법 모두를 구속하며 각 권력의 작용기준이다.

(3) 공용침해(수용·사용·제한)와 보상

헌법 제23조 제3항은 "공공필요에 의한 재산권의 수용·사용 또는 제한 및 그에 대한 보상은 법률로써 하되, 정당한 보상을 지급하여야 한다."라고 규정하고 있다. 이 규정의 수용·사용·제한을 묶어서 공용침해라는 표현을 쓰기도 한다.

재산권의 수용·사용·제한은 내용·한계 규정과 달리 재산권에 대한 진정한 침해를 의미한다. 이러한 진정한 재산권 침해가 재산권 보장과 양립하는 이유는, 재산권이 수용·사용·제한을 통해 침해받지만 그에 대한 보상이 이루어짐으로써 재산권적 지위가 유지되기 때문이다. 즉 재산권의 존속보장이 재산권의 가치보

123) 헌재 1999. 4. 29. 94헌바37; 헌재 1999. 10. 21. 97헌바26.
124) 국가는 국민 모두의 생산 및 생활의 기반이 되는 국토의 효율적이고 균형있는 이용·개발과 보전을 위하여 법률이 정하는 바에 의하여 그에 관한 필요한 제한과 의무를 과할 수 있다.
125) 헌재 1998. 6. 25. 95헌바35.

장으로 전환되는 것이다.

1) 공용침해(수용·사용·제한)의 개념 ① 수용이란 공공필요에 의해 국가·공공단체 또는 사업주체가 특정 재산권을 강제적으로 취득하는 것을 말한다. 수용으로써 재산권의 귀속주체가 변경된다. 예컨대 고속도로 건설을 위해 사인 소유의 토지를 수용하는 경우를 들 수 있다.

② 사용이란 공공필요에 의해 국가·공공단체 또는 사업주체가 특정 재산권을 일시적·강제적으로 사용하는 것을 말한다. 이는 재산권 객체에 대한 사용권을 일시적으로 박탈하는 것이며, 재산권의 귀속주체가 변경되지는 않는다. 예컨대 고속도로 건설을 위해 인근의 토지를 사용하는 경우를 들 수 있다.

③ 제한이란 공공필요에 의해 국가·공공단체 또는 사업주체가 특정 재산권에 대해 부과하는 공법상 제한을 말한다. 이 경우의 제한은 사회적 구속을 넘어서 보상이 필요한 제한을 말한다. 예컨대 개인의 주택을 문화유산적 가치가 있다는 이유로 주택의 신축·증축·개축을 못하게 제한하는 경우를 들 수 있다.

2) 공용침해(수용·사용·제한)의 요건

① **공공필요** '공공필요'는 국민의 재산권을 그 의사에 반하여 강제적으로라도 취득해야 할 공익적 필요성을 말한다.

② **법률로써** 공용침해는 법률로써 행해져야 한다. 따라서 '법률 자체에 의해서' 또는 '법률에 근거를 두고' 행해지는 행정작용을 통해 수용·사용·제한이 이루어져야 한다. 수용·사용·제한을 하는 법률은 보상규정을 두어야 한다. 보상규정을 두지 않고 수용·사용·제한만을 규정하는 법률은 위헌이다.

③ **보상** 공용침해에 대해서는 정당한 보상을 지급하여야 한다. 정당한 보상이란 원칙적으로 객관적인 재산가치를 완전하게 보상하는 완전보상을 의미한다. 그러나 예외없는 완전보상이 요구되는 것은 아니다.

④ **사회적 구속과 공용침해의 구분 기준** 재산권 제한은 제23조 제1항·제2항의 내용·한계 규정 및 사회적 구속 규정에 의한 경우와 제3항의 공용침해(수용·사용·제한) 규정에 의한 경우로 구분된다. 제23조 제1항·제2항에 의한 제한의 경우에는 원칙적으로 보상이 필요없고, 제3항에 의한 제한의 경우에는 반드시 보상을 해야 한다. 이 두 가지를 구분하는 기준으로서 경계이론과 분리이론이 있다.

㉠ 경계이론

경계이론은 재산권에 가해지는 제한의 정도나 범위를 기준으로, 보상이 필요없는 제한과 보상이 필요한 제한의 양자를 구분한다. 예컨대 특별희생설은 특정인에게 특별한 희생을 요구하는 제한은 공용침해로서 보상이 필요하다고 한다. 수인한도설은 재산권 주체가 수인할 수 있는 정도를 넘어서는 제한은 공용침해로서 보상이 필요하다고 한다. 사적유용성설은 재산권 주체의 사적유용성을 넘어서 완전히 다른 목적으로 이용되도록 하는 제한은 공용침해로서 보상이 필요하다고 한다. 상황구속성설은 특히 토지 재산권의 경우 지리적 위치나 자연적인 형상에 따라 지게 되는 부담을 넘어서는 제한은 공용침해로서 보상이 필요하다고 한다.

㉡ 분리이론

분리이론은 침해의 정도나 범위가 아니라 침해의 형태 및 목적을 기준으로 하여, 공용침해 개념을 새롭게 규정한다. 먼저, 형태를 기준으로, 침해조치가 일반적·추상적이면 제23조 제1항의 내용·한계규정으로, 개별적·구체적이면 제23조 제3항의 공용침해로 본다. 다음에, 목적을 기준으로, 내용·한계규정은 재산권자의 권리와 의무를 미래를 향해서 법적으로 규율하는 것이 목적이지만, 공용침해는 침해를 통해서 재산권자의 법적지위를 완전하게 또는 부분적으로 박탈하는 것이 목적이라고 한다.

그런데 여기에서 특기할 사항은, 내용·한계규정으로 볼 수 있는 입법이라도, 평등원칙과 비례원칙의 관점에서 보상이 행해질 수 있다. 예컨대 고가의 서적을 한정된 부수만 발행하는 경우 이를 무상으로 납본하게 하는 납본제도는, 출판업자의 수인한도를 넘어서 그에게 특별한 희생을 요구하는 것이므로, 이런 경우에는 보상을 대가로 납본의무를 부과할 수 있다. 요컨대 내용·한계규정이 재산권을 제한받는 개인에게 '특별한 희생'을 요구하는 경우에는 조정적 보상의무가 발생한다.

예컨대, 가축 살처분[126] 보상금 수급권의 귀속주체 관련 사건에서, 헌법재판

---

126) 가축의 살처분으로 인한 재산권의 제약은 헌법 제23조 제3항에 따라 보상을 요하는 수용에 해당하지 않고, 가축의 소유자가 수인해야 하는 사회적 제약의 범위에 속한다. 그러나 헌법 제23조 제1항 및 제2항에 따라 재산권의 사회적 제약을 구체화하는 법률조항이라 하더라도 권리자

소는, 살처분된 가축의 소유자가 축산계열화사업[127]자인 경우에는 수급권 보호를 위하여 보상금을 계약사육농가에 지급하도록 하는 가축전염병 예방법 규정에 대해, 축산계열화사업자가 가축의 소유자라 하여 살처분 보상금을 오직 계약사육농가에게만 지급하는 방식은, (가축의 소유자인 축산화계열화사업자와 계약사육농가에게 가축의 살처분으로 인한 각자의 경제적 가치의 손실에 비례하여 개인별로 지급하는 방식을 취하지 않고) 살처분 보상금 중에서 가축의 소유자인 축산계열화사업자에게 지급되어야 하는 몫까지도 계약사육농가에게 지급함으로써, 축산계열화사업자에 대한 재산권의 과도한 부담을 완화하기에 적절한 (조정적)보상조치라고 할 수 없기 때문에, 입법형성재량의 한계를 벗어나 가축의 소유자인 축산계열화사업자의 재산권을 침해한다고 판시하였다.[128]

㉢ 소결

헌법재판소는 개발제한구역(그린벨트) 사건[129] 이래로 분리이론에 의거하여 판시하고 있다. 학설은 분리이론을 지지하는 입장과 우리 헌법규정은 독일과 다른 규정형식을 갖추고 있기 때문에 분리이론을 그대로 따르기 어렵다는 입장으로 나뉘어 있다.

에게 수인의 한계를 넘어 가혹한 부담이 발생하는 예외적인 경우에는 이를 완화하는 보상규정을 두어야 한다(헌재 2024. 5. 30. 2021헌가3); 살처분은 가축의 전염병이 전파가능성과 위해성이 매우 커서 타인의 생명, 신체나 재산에 중대한 침해를 가할 우려가 있는 경우 이를 막기 위해 취해지는 조치로서, 가축 소유자가 수인해야 하는 사회적 제약의 범위에 속한다(헌재 2014. 4. 24. 2013헌바110).

127) 축산계열화사업이란 제5호에 따른 축산계열화사업자가 제6호에 따른 계약사육농가에게 가축, 사료 등 사육자재 등을 공급하여 가축을 사육하게 하고, 사육된 가축 또는 그 가축으로부터 생산된 축산물을 계약사육농가로부터 다시 출하받는 사업을 말한다(축산계열화사업에 관한 법률 제2조 제4호).

128) 헌재 2024. 5. 30. 2021헌가3

129) 헌재 1998. 12. 24. 89헌마214.

제 3 절 참정권적 기본권

Ⅰ. 참정권 일반론

1. 헌법규정 및 의의

(1) 헌법 제24조는 선거권을, 제25조는 공무담임권을, 제72조와 제130조 제2항은 국민투표권을, 제13조 제2항은 소급입법에 의한 참정권 제한 금지를 규정하고 있다. 참정권이란 국민이 국정에 참여하는 권리를 말한다, 즉 국민이 국가구성원으로서 국가의 의사형성이나 정책결정에 참여하거나 공무원을 선출하거나 또는 공무원으로 선출될 수 있는 권리를 말한다. 선거권, 공무담임권, 국민투표권이 여기에 해당한다. 참정권은 기본권 중에서 정치적인 성격이 가장 강한 기본권이다.

(2) 우리 헌법은 대의제를 원칙으로 하고 직접민주제적 방식은 국민투표만을 규정하고 있다. 직접민주제적 방식, 즉 국민이 직접 국정에 참여하는 직접참정권에는 국민발안, 국민소환, 국민표결(국민투표)이 있다. 국민발안은 국민이 법률안이나 헌법개정안을 발의하는 것을 말한다. 1962년 헌법(제3공화국 헌법) 제119조 제1항은 "헌법개정의 제안은 국회의 재적의원 3분의 1 이상 또는 국회의원선거권자 50만인 이상의 찬성으로써 한다."라고 하여 국민발안권을 규정하고 있었다. 국민소환은 국민이 국회의원과 같은 고위공직자를 임기만료전에 해직시키는 것을 말한다. 우리나라는 국민소환제를 규정한 적이 없다. 다만, 현행 주민소환법은 선출직 지방공직자(지방의회의원, 지방자치단체장)에 대한 주민소환을 규정하고 있다. 국민표결(국민투표)은 국민이 국가의 중요 정책이나 법안에 대해 국민투표로 결정하는 것을 말한다. 현행헌법은 대통령이 부친 국민투표(제72조), 헌법개정안에 대한 국민투표(제130조)를 규정하고 있다.

(3) 참정권은 국가권력을 구성하고, 국가권력을 정당화하며, 주권자인 국민이 주권자 역할을 하는 현실적 수단이고, 정권변경을 통해 국가권력을 통제하는 기능을 수행하며, 참정권이 보장되어 민주주의가 실현될 때 다른 기본권 보장이 충실해지기 때문에 참정권은 민주국가에서 다른 기본권보다 우월한 지위를 가지

는 기본권이다.

2. 참정권의 법적 성격 및 주체

(1) 법적 성격

1) 참정권은 주관적 권리로서의 성격을 갖는다. 또한 참정권은 객관적 법규범으로서의 성격을 갖는다. 특히 민주주의 질서를 형성하는 중요한 요소이다. 공직선거법은 선거의 자유방해죄(법 제237조)와 투표의 비밀침해죄(법 제241조)를 규정하고 있다.

2) 참정권은 전국가적 자연권으로서 인간의 권리가 아니고 국가내적인 권리로서 국민의 권리이다. 참정권은 법이 정하는 바에 따라 인정되는 권리이다. 그래서 참정권에 관한 법률유보는 일견 '형성적 법률유보'이다. 그런데 형성은 동시에 제한의 성격을 갖기도 하기 때문에 참정권을 규율하는 법률을 심사할 때 과잉금지원칙이 적용되기도 한다.[130)]

3) 참정권이 권리이면서 동시에 의무인지 문제된다. 예컨대 선거에 참여할지 여부는 선거권자의 의사에 맡겨져 있고, 선거에 참여하지 않음을 이유로 법적 제재가 가해지지는 않는다. 따라서 참정권은 법적 의무는 아니다.

(2) 주체

참정권의 주체는 국민이다. 법인은 참정권의 주체성이 부정된다. 헌법은 참정권의 행사능력을 제한하는 규정을 두고 있다.

Ⅱ. 선거권

1. 의의와 법적 성격

(1) 의의

헌법 제24조는 "모든 국민은 법률이 정하는 바에 의하여 선거권을 가진다."라고 하여 선거권을 규정하고 있다. 선거권이란 국민이 선출직 공무원을 선거할 수 있는 권리를 말한다. 우리 헌법은 대의민주주의를 원칙으로 하고 있다. 따라서 대표자를 선출하는 국민의 선거권은 대의민주주의를 실현하는 중요한 수단이

130) 헌재 2012. 2. 23. 2010헌마601; 헌재 2013. 3. 28. 2012헌마131.

며, 참정권 중에서 핵심적인 것이다.

(2) 법적 성격

선거권은 국민의 헌법상의 권리, 즉 기본권이다. 한편 교육자치법 제43조는 법률상 권리로서 주민의 교육감 선거권을 규정하고 있고, 공직선거법 제15조는 일정한 요건하에 외국인에게도 법률상 권리로서 지방의회의원 및 지방자치단체장 선거권을 부여하고 있다.

2. 선거권의 내용

(1) 헌법 제24조는 "모든 국민은 법률이 정하는 바에 의하여 선거권을 가진다."라고 규정함으로써 선거권의 구체적 내용을 법률에 위임하고 있다. 이 법률유보는 일견 형성적 법률유보이지만 동시에 제한적 법률유보의 성격도 갖기 때문에, 입법자는 법률을 규정할 때 선거권이 과도하게 제한되지 않게 주의해야 한다. 입법자는 선거권의 내용을 규정함에 있어서 보통, 평등, 직접, 비밀, 자유선거의 원칙을 준수해야 한다.

(2) 국민의 헌법상 권리로 인정되는 선거권은 대통령선거권(제67조), 국회의원 선거권(제41조), 지방의회의원과 지방자치단체장 선거권(제118조) 등이 있다. 선거권을 행사하기 위해서는 18세 이상이어야 하며, 선거인명부에 등재되어야 한다(공직선거법 제15조).

3. 선거권의 제한

선거권 제한은 선거권의 행사 연령을 규정하거나, 결격사유를 규정하거나, 거주요건을 규정하거나, 선거의 일시, 시간·장소·방법 등을 규제함으로써 이루어진다.

(1) 공직선거법 제18조는 선거권이 없는 자로서 ① 금치산선고를 받은 자, ② 1년 이상의 징역 또는 금고의 형의 선고를 받고 그 집행이 종료되지 아니하거나 그 집행을 받지 아니하기로 확정되지 아니한 사람(다만, 그 형의 집행유예를 선고받고 유예기간 중에 있는 사람은 제외한다), ③ 선거범 등으로서, 100만원이상의 벌금형의 선고를 받고 그 형이 확정된 후 5년 또는 형의 집행유예의 선고를 받고 그 형이 확정된 후 10년을 경과하지 아니하거나 징역형의 선고를 받고 그 집행

을 받지 아니하기로 확정된 후 또는 그 형의 집행이 종료되거나 면제된 후 10년을 경과하지 아니한 자(형이 실효된 자도 포함한다), ④ 법원의 판결 또는 다른 법률에 의하여 선거권이 정지 또는 상실된 자를 규정하고 있다.

(2) 예컨대 선거운동의 자유는 선거권 행사의 전제 내지 선거권의 중요한 내용을 이루기 때문에 선거운동의 제한은 선거권의 제한이고, 투표함의 동시계표를 제한 없이 허용함으로써 개표에 대한 개표참관인의 실질적 감시를 어렵게 하는 것은, 유권자들의 선거권을 제한하는 것이다.[131] 그리고 개별적으로 대면하여 말로 지지를 호소하는 방법의 선거운동에 대한 선거운동기간 제한과 처벌은 선거운동 등 정치적 표현의 자유를 침해하며, 재외투표기간 개시일에 임박하여 또는 재외투표기간 중에 재외선거사무 중지결정이 있었고 그에 대한 재개결정이 없었던 예외적인 상황에서, 재외투표기간 개시일 이후에 귀국한 재외선거인등이 국내에서 선거일에 투표할 수 있도록 하는 절차를 마련하지 아니한 것은, 과잉금지원칙을 위반하여 해당 재외선거인의 선거권을 침해한다.[132]

Ⅲ. 공무담임권

1. 의의

(1) 헌법 제25조는 "모든 국민은 법률이 정하는 바에 의하여 공무담임권을 가진다."라고 규정하고 있다. 공무담임권이란 입법부, 집행부, 사법부는 물론 지방자치단체 등 국가, 공공단체의 구성원으로서 그 직무를 담당할 수 있는 권리를 말한다. 여기서 직무를 담당한다는 것은 모든 국민이 현실적으로 그 직무를 담당할 수 있다고 하는 의미가 아니라, 모든 국민이 누구나 그 능력과 적성에 따라 공직에 취임할 수 있는 균등한 기회를 보장받음을 의미한다.

(2) 공무담임권은 단지 공무를 담당할 기회를 보장해주는 것이기 때문에, 실제로 공무를 담당하기 위해서는 선출직 공무원의 경우는 선거에 당선되어야 하고 임명직 공무원의 경우 시험에 합격하는 등 필요한 요건을 충족시켜야 한다. 공무담임권은 국가나 지방자치단체의 공무 수행에 직접 참여하는 것이기 때문

131) 헌재 2009. 12. 29. 2007헌마1412; 헌재 2013. 8. 29. 2012헌마326.
132) 헌재 2022. 1. 27. 2020헌마895; 헌재 2022. 2. 24. 2018헌바146.

에, 민주주의 실현에 기여한다. 공무담임권과 직업의 자유가 경합할 경우 공무담임권은 특별법으로서 우선 적용된다.

2. 공무담임권의 내용

공무담임권은 선출직 공무원에 취임할 피선거권과 비선출직 공무원에 취임할 공직취임권을 그 내용으로 한다.

(1) 피선거권

1) 피선거권은 선출직 공무원 선거에 입후보하여 선출될 수 있는 권리를 말한다. 피선거권은 선거권과 더불어 대의제 실현에 기여한다. 피선거권에는 대통령피선거권, 국회의원 피선거권, 지방의회의원 피선거권, 지방자치단체장 피선거권 등이 있다.

2) 피선거권을 행사하기 위해서는 일정한 요건을 충족시켜야 한다. 대통령의 경우 국회의원의 피선거권이 있고 선거일 현재 40세에 달하여야 하며(제67조), 선거일 현재 5년 이상 국내에 거주하고 있어야 한다(공직선거법 제16조 제1항). 국회의원의 경우 18세 이상이어야 한다(법 제16조 제2항). 지방의회의원 및 지방자치단체장의 경우 선거일 현재 계속하여 60일 이상 해당 지방자치단체의 관할구역에 주민등록이 되어 있는 주민으로서 18세 이상이어야 한다(법 제16조 제3항).

(2) 공직취임권

선출직 공무원이 아닌 국가공무원이나 지방공무원의 경우 국가공무원법, 지방공무원법, 교육공무원법, 국회법, 법원조직법, 헌법재판소법 등 해당 법률에서 임용요건이나 자격기준을 규정하고 있다.

3. 공무담임권의 제한

(1) 피선거권 제한

피선거권 제한은 피선거권의 행사 연령을 규정하거나, 결격사유를 규정하거나, 거주요건을 규정하거나, 입후보자격을 제한하거나, 입후보를 금지하는 등의 방법으로 이루어진다.

1) 공직선거법 제19조는 피선거권이 없는 자로서 ① 금치산선고를 받은 자,

② 선거범 등으로서, 100만원이상의 벌금형의 선고를 받고 그 형이 확정된 후 5년 또는 형의 집행유예의 선고를 받고 그 형이 확정된 후 10년을 경과하지 아니하거나 징역형의 선고를 받고 그 집행을 받지 아니하기로 확정된 후 또는 그 형의 집행이 종료되거나 면제된 후 10년을 경과하지 아니한 자(형이 실효된 자도 포함한다), ③ 법원의 판결 또는 다른 법률에 의하여 선거권이 정지 또는 상실된 자, ④ 금고 이상의 형의 선고를 받고 그 형이 실효되지 아니한 자, ⑤ 법원의 판결 또는 다른 법률에 의하여 피선거권이 정지되거나 상실된 자, ⑥ 국회법 제166조(국회 회의 방해죄)의 죄를 범한 자로서, 500만원 이상의 벌금형의 선고를 받고 그 형이 확정된 후 5년이 경과되지 아니한 자, 형의 집행유예의 선고를 받고 그 형이 확정된 후 10년이 경과되지 아니한 자, 징역형의 선고를 받고 그 집행을 받지 아니하기로 확정된 후 또는 그 형의 집행이 종료되거나 면제된 후 10년이 경과되지 아니한 자, ⑦ 제230조 제6항의 죄(매수 및 이해유도죄)를 범한 자로서 벌금형의 선고를 받고 그 형이 확정된 후 10년을 경과하지 아니한 자(형이 실효된 자 포함) 등을 규정하고 있다.

2) 예컨대 대통령선거에서 5억원을 기탁금으로 하는 것, 지역구국회의원선거에서 2천만원을 기탁금으로 하는 것은 후보예정자의 피선거권을 침해한다.[133]

⑵ 공직취임권 제한

1) 공직취임에 있어서 직업공무원의 경우 능력주의(성적주의)가 적용된다. 예컨대 제대군인가산점 제도처럼 능력주의에 반하여 공무원을 채용하는 것은 공무담임권 침해이다. 그러나 헌법규정에 의거하여 또는 사회국가원리 실현을 위해 능력주의의 예외가 허용될 수 있다. 예컨대 적극적 평등실현조치 또는 헌법 제32조 제6항에 의거한 국가유공자등가산점 제도 등을 들 수 있다.

2) 예컨대 초등교원 임용시험에 있어서 일정한 지역가산점 제도는 공무담임권과 평등권을 침해하지 않는데, 이는 적극적 평등실현조치가 아니라, 정책적 목적[134]을 위해 시행되는 제도이다.

---

133) 헌재 2001. 7. 19. 2000헌마91; 헌재 2008. 11. 27. 2007헌마1024.

134) 지역가산점제도는 기본적으로 우수한 인재를 그 지역의 교대로 유치하여 지역 교대의 질적 수준을 유지·향상시킴으로써 지역교육의 균등한 발전과 지역실정에 맞는 교육정책을 실현하고, 이를 통해 국민의 교육받을 권리를 보장하는 것을 궁극적인 목적으로 하고 있다(헌재 2014. 4. 24. 2010헌마747).

3) 한편, ① 국립대학교 총장후보자에 지원하려는 사람에게 접수시 1,000만 원의 기탁금을 납부하도록 하는 것은, 기탁금을 납입할 자력이 없는 교원 등 학내 인사 및 일반 국민으로 하여금 총장후보자에 지원하는 것 자체를 단념하게 하므로 과잉금지원칙에 반하여 공무담임권을 침해한다.[135)]

② 국가공무원이 피성년후견인이 된 경우를 당연퇴직사유로 규정하여 공무원의 신분을 박탈하는 것은, 정신상의 장애로 직무를 감당할 수 없는 국가공무원에 대하여 일정한 기간 휴직을 명하고 휴직 기간이 끝났음에도 직무에 복귀하지 못할 때에 공무원 신분을 박탈하는 것과 같은 기본권을 덜 제한하는 수단이 있으므로, 과잉금지원칙에 반하여 공무담임권을 침해한다.[136)]

③ 아동·청소년이용음란물소지죄로 형을 선고받은 사람은 일반직공무원으로 임용될 수 없도록 한 것은, 아동·청소년과 관련이 없는 직무를 포함하여 모든 일반직공무원에 임용될 수 없도록 하므로 제한의 범위가 지나치게 넓고, 공무원결격사유가 해소될 수 있는 어떠한 가능성도 인정하지 않아, 과잉금지원칙에 위배되어 공무담임권을 침해한다.[137)]

④ '당원의 신분을 상실한 날부터 3년이 경과되지 아니한 사람'을 법관 임용 결격사유로 정하고 있는 법원조직법 규정은, 과거 3년 이내의 모든 당원 경력을 법관 임용 결격사유로 정함으로써, 입법목적 달성을 위해 합리적인 범위를 넘어 정치적 중립성과 재판 독립에 긴밀한 연관성 없는 경우까지 과도하게 공직취임의 기회를 제한하기 때문에, 과잉금지원칙에 반하여 공무담임권을 침해한다.[138)]

Ⅳ. 국민투표권

1. 헌법규정 및 의의

헌법 제72조는 대통령이 부의한 중요 정책에 대한 국민투표권을 제130조는 헌법개정안에 대한 국민투표권을 규정하고 있다. 국민투표권이란 국가의 중요한 법안이나 정책에 대하여 국민이 직접 투표로써 결정할 권리를 말한다. 국민투표

135) 헌재 2018. 4. 26. 2014헌마274.
136) 헌재 2022. 12. 22. 2020헌가8.
137) 헌재 2023. 6. 29. 2020헌마1605(같은 취지 헌재 2022. 11. 24. 2020헌마1181).
138) 헌재 2024. 7. 18. 2021헌마460.

는 국민발안, 국민소환과 함께 직접민주주의를 실현하는 중요한 수단이다. 우리 헌법은 대의제를 원칙으로 하고 있지만 예외적으로 직접민주제적 방식인 국민투표제를 규정하고 있다.

2. 임의적 국민투표 및 필요적 국민투표

대통령이 부의하는 국민투표는 임의적 국민투표로서 국민투표에 부의할지 여부는 전적으로 대통령의 결정에 맡겨져 있다. 따라서 국민이 국민투표에 회부할 것을 요구할 권리는 인정되지 않으며, 대통령이 국민투표에 부의한 경우에야 비로소 국민은 국민투표권을 행사할 수 있다. 대통령이 부의하는 국민투표는 정책에 대한 것만 가능하고 신임을 묻는 신임투표는 허용되지 않는다. 헌법개정안에 대한 국민투표는 필요적 국민투표로서 국민투표를 거치지 않은 헌법개정은 불가능하다.

3. 법률상 권리로서 주민투표권

한편, 지방자치법 제18조 제1항은 "지방자치단체의 장은 주민에게 과도한 부담을 주거나 중대한 영향을 미치는 지방자치단체의 주요 결정사항 등에 대하여 주민투표에 부칠 수 있다."라고 하여 주민투표권을 규정하고 있으며, 이에 관하여 주민투표법이 있다. 주민투표권은 헌법상 권리로서 인정되는 참정권이 아니고, 법률상 권리로서 인정되는 참정권이다

4. 국민투표권의 제한과 한계

국민투표권은 헌법 제37조 제2항에 의하여 제한이 가능하다. 제한하는 경우에 과잉금지의 원칙과 본질적 내용 침해금지의 원칙을 준수해야 한다. 국민투표법은 19세 이상의 국민에게 투표권을 인정하고 있으며(법 제7조),[139] 공직선거법에 따라 선거권이 없는 자에게는 투표권을 인정하지 않고 있다(법 제9조). 예컨대 주민등록을 요건으로 재외국민의 국민투표권을 제한하는 것은 재외국민의 국민투표권을 침해하는 것이다.[140]

139) 선거권 연령이 18세로 낮춰졌으므로 국민투표권 연령도 18세로 개정하는 것이 필요하다.
140) 헌재 2007. 6. 28. 2004헌마644.

제 4 절 청구권적 기본권

Ⅰ. 청구권적 기본권 일반론

1. 의의

청구권적 기본권이란 일반적으로 국민이 국가에 대하여 적극적으로 일정한 행위를 청구할 수 있는 권리를 말한다. 예컨대 공무원의 직무상 불법행위로 손해를 받은 국민이 자신이 받은 손해를 구제해 줄 것을 청구하는 것처럼, 국가에 대해 일정한 행위를 청구할 수 있는 권리이다. 이처럼 청구권적 기본권은 다른 기본권을 전제하고 다른 기본권을 침해받았을 때 그 구제를 청구하는 것이기 때문에, '기본권 보장을 위한 기본권', '권리구제를 위한 기본권' 또는 '절차적 기본권'으로 불리기도 한다.

2. 법적 성격과 주체

(1) 법적 성격

청구권적 기본권은 주관적 권리로서의 성격을 갖는다. 청구권적 기본권은 원칙적으로 국가내적인 국민의 권리이고, 국가에 대해 일정한 행위를 청구할 수 있는 적극적이고 구체적인 권리이며 절차적 권리이다. 동시에 청구권적 기본권은 객관적 법규범으로서의 성격을 갖는다.

(2) 주체

청구권적 기본권의 주체는 원칙적으로 국민이다. 외국인은 자신에게 인정되는 실체적 기본권 침해를 구제받기 위해 재판을 청구하는 경우처럼 개별 청구권적 기본권에 따라 주체성이 인정될 수 있다. 법인에게도 주체성이 인정된다. 사법인은 물론이고 공법인에게도 주체성이 인정된다. 그러나 예컨대 구속적부심사청구권, 형사보상청구권, 범죄피해자구조청구권처럼 자연인을 전제로 하는 경우에는 그 성질상 법인의 주체성이 부정된다.

3. 효력

청구권적 기본권은 주관적 권리로서 대국가적 효력을 갖는다. 청구권적 기본권의 대사인적 효력에 관하여, 청구권적 기본권은 국가에 대해 적극적으로 일정한 행위를 청구할 수 있는 대국가적 권리이기 때문에, 청구권적 기본권이 객관적 법규범일지라도, 원칙적으로 대사인적 효력을 갖지 못한다는 견해와 사인간의 법적 행위나 사실행위로 자유권이 아닌 기본권도 침해될 수 있다는 이유로 청구권적 기본권의 대사인적 효력을 인정하는 견해가 대립한다. 생각건대 사인간의 법적행위나 사실행위로 청구권적 기본권도 침해될 수 있기 때문에 대사인적 효력을 인정하는 게 타당하다.

4. 내용

청구권적 기본권에 관하여 헌법은 청원권(제26조), 재판청구권(제27조), 형사보상청구권(제28조), 국가배상청구권(제29조), 범죄피해자구조청구권(제30조) 등을 규정하고 있다. 그 밖에 구속적부심사청구권(제12조 제6항), 손실보상청구권(제23조 제3항), 헌법소원심판청구권(제111조 제1항 제5호) 등도 청구권적 기본권이지만, 이들은 관련되는 곳에서 다룬다. 청구권적 기본권의 구체적 내용은 법률이 정하는 바에 의하기 때문에, 입법자가 법률로써 형성하게 된다. 그래서 청구권적 기본권에 관한 법률유보는 일견 형성적 법률유보이다. 그러나 형성은 동시에 제한의 성격을 갖기 때문에, 청구권적 기본권을 규율하는 법률은 제37조 제2항을 준수해야 한다.

5. 제한과 한계

청구권적 기본권에 대해 헌법이 직접 제한하는 경우가 있다. 군인·군무원·경찰공무원 등에 대한 국가배상청구권 제한(제29조 제2항), 군사법원의 재판을 받아야 하는 경우(제27조 제2항, 제110조 제4항), 긴급명령에 의한 제한(제76조), 비상계엄시 법원의 권한에 관한 특별한 조치(제77조 제3항) 등이 있다. 그리고 청구권적 기본권은 헌법 제37조 제2항에 의하여 제한받을 수 있다. 법률로써 제한하는 경우에도 과잉금지의 원칙과 본질적 내용 침해금지의 원칙을 준수해야 한다.

II. 청원권

1. 헌법규정 및 의의

(1) 헌법 제26조는 "① 모든 국민은 법률이 정하는 바에 의하여 국가기관에 문서로 청원할 권리를 가진다. ② 국가는 청원에 대하여 심사할 의무를 진다."라고 하여 청원권을 규정하고 있다. 또 헌법 제89조 제15호는 '정부에 제출 또는 회부된 정부의 정책에 관계되는 청원의 심사'를 국무회의 심의사항으로 규정하고 있다. 그리고 청원에 관한 사항을 규정하는 일반법으로서 청원법이 있으며, 청원에 관한 사항을 규정하는 특별법으로서 국회법(법 제123조－제126조), 지방자치법(법 제85조－제88조) 등이 있다.

(2) 청원권은 국민이 국가기관에 대하여 문서로써 고충, 불만, 의견, 희망 등을 표명하면서 시정이나 해결을 요구하고 자신의 청원에 대한 심사와 처리결과 통지를 요구할 수 있는 권리이다. 청원기관의 장은 청원의 접수 및 처리 상황을 청원인(공동청원의 경우 대표자를 말한다)에게 알려야 한다. 공개청원의 경우에는 온라인청원시스템에 접수 및 처리 상황을 공개하여야 한다(청원법 제14조 제1항). 청원권은 보통의 권리구제방법을 취할 때 필요한, 특별한 절차를 밟거나, 요건을 갖추거나, 커다란 비용을 지불하거나 함이 없이, 단지 문서로써 청원할 수 있기 때문에, 통상적이지 않은 권리구제수단의 기능을 수행한다. 청원권은 국가기관에 대해 불만 등을 표출하거나 시정요구 등을 함으로써 국정에 참여하고 국정을 통제하는 기능을 수행한다.

2. 청원권의 주체

청원권의 주체는 자연인과 법인이다. 자연인은 누구나 청원권의 주체가 된다. 법인은 사법인의 경우 모두 주체성이 인정된다. 공법인의 경우 예외적으로 공법인에게 기본권 주체성이 인정되는 경우에 청원권의 주체성이 인정된다.

3. 청원권의 내용

⑴ 청원사항

1) 청원사항은 ① 피해의 구제, ② 공무원의 위법·부당한 행위에 대한 시정이나 징계의 요구, ③ 법률·명령·조례·규칙 등의 제정·개정 또는 폐지, ④ 공공의 제도 또는 시설의 운영, ⑤ 그 밖에 국가기관 등의 권한에 속하는 사항(청원법 제5조) 등이다.

2) 청원이 허용되지 않는 사항은 ① 국가기밀 또는 공무상 비밀에 관한 사항, ② 감사·수사·재판·행정심판·조정·중재 등 다른 법령에 의한 조사·불복 또는 구제절차가 진행 중인 사항, ③ 허위의 사실로 타인으로 하여금 형사처분 또는 징계처분을 받게 하는 사항, ④ 허위의 사실로 국가기관 등의 명예를 실추시키는 사항 ⑤ 사인 간의 권리관계 또는 개인의 사생활에 관한 사항, ⑥ 청원인의 성명, 주소 등이 불분명하거나 청원내용이 불명확한 사항(법 제6조) 등이다.

3) 누구든지 타인을 모해할 목적으로 허위의 사실을 적시한 청원을 하여서는 아니된다(법 제25조).

⑵ 청원대상기관

헌법은 청원대상기관으로 국가기관만을 규정하고 있다. 그러나 청원법 제4조는 청원대상기관으로 ① 국회·법원·헌법재판소·중앙선거관리위원회, 중앙행정기관(대통령 소속 기관과 국무총리 소속 기관을 포함)과 그 소속 기관, ② 지방자치단체와 그 소속기관, ③ 법령에 따라 행정권한을 가지고 있거나 행정권한을 위임 또는 위탁받은 법인·단체 또는 그 기관이나 개인 등을 규정하고 있다.

⑶ 청원 방법 및 절차

청원은 청원서에 청원인의 성명(법인인 경우에는 명칭 및 대표자의 성명을 말한다)과 주소 또는 거소를 적고 서명한 문서(전자문서 포함)로 하여야 한다(청원법 제9조 제1항). 청원서는 청원사항을 담당하는 청원기관에 제출하여야 한다(법 제11조). 국회에 청원하는 경우 의원의 소개를 받거나 국회규칙으로 정하는 일정한 기간 동안 일정한 수 이상의 국민의 동의를 받아, 지방의회에 청원하는 경우 지방의회의원의 소개를 받아 청원서를 제출하여야 한다(국회법 제123조, 지방자치법 제85조).

⑷ 청원의 효과

헌법 제26조 제2항은 "국가는 청원에 대하여 심사할 의무를 진다."라고 하여 심사의무만을 규정하고 있다. 그러나 청원법 제14조 제1항은 "청원기관의 장은 청원의 접수 및 처리 상황을 청원인(공동청원의 경우 대표자를 말한다)에게 알려야 한다. 공개청원의 경우에는 온라인청원시스템에 접수 및 처리 상황을 공개하여야 한다."라고 하여 심사의무 외에 접수·처리상황 통지·공개의무까지 규정하고 있다. 누구든지 청원을 하였다는 이유로 청원인을 차별대우하거나 불이익을 강요해서는 아니 된다(청원법 제26조).

Ⅲ. 재판청구권

1. 헌법규정 및 의의

⑴ 헌법규정

헌법 제27조는 "① 모든 국민은 헌법과 법률이 정한 법관에 의하여 법률에 의한 재판을 받을 권리를 가진다. ② 군인 또는 군무원이 아닌 국민은 대한민국의 영역안에서는 중대한 군사상 기밀·초병·초소·유독음식물공급·포로·군용물에 관한 죄중 법률이 정한 경우와 비상계엄이 선포된 경우를 제외하고는 군사법원의 재판을 받지 아니한다. ③ 모든 국민은 신속한 재판을 받을 권리를 가진다. 형사피고인은 상당한 이유가 없는 한 지체없이 공개재판을 받을 권리를 가진다. ④ 형사피고인은 유죄의 판결이 확정될 때까지는 무죄로 추정된다. ⑤ 형사피해자는 법률이 정하는 바에 의하여 당해 사건의 재판절차에서 진술할 수 있다."라고 하여 재판청구권을 규정하고 있다.

⑵ 의의

1) 재판청구권(재판을 받을 권리)이란 국민이 국가에 대하여 재판을 청구할 수 있는 권리로서, 법적 분쟁이 발생한 경우에 독립한 법원과 법관에 의해 재판을 받을 권리를 말한다. 즉 헌법과 법률이 정한 자격과 절차에 의하여 임명되고, 직무상 독립과 신분상 독립이 보장된 법관에 의하여 합헌적인 법률이 정한 내용과 절차에 따라 공정한 재판을 받을 권리를 말한다.

2) 국민이 국가권력에 의해서든 사인에 의해서든 자신의 자유와 권리가 침

해되었거나 법적 분쟁이 발생한 경우, 침해된 자유와 권리를 구제받거나 법적 분쟁을 해결하기 위한 중요한 수단으로 작용하는 것이 재판청구권이다. 따라서 재판청구권은 법치주의를 실현하는 수단으로서 그리고 기본권을 실질적으로 보장하는 사법절차적 보장 수단으로서 기초적이고 핵심적인 절차적 기본권이다.

2. 재판청구권의 주체

재판청구권의 주체는 자연인과 법인이다.

3. 재판청구권의 내용

재판청구권은 '재판'을 받을 권리, '헌법과 법률이 정한 법관에 의한' 재판을 받을 권리, '법률에 의한' 재판을 받을 권리, '신속한 공개재판 및 공정한 재판'을 받을 권리를 그 내용으로 한다.

⑴ '재판'을 받을 권리

1) 재판의 개념과 유형 재판이란 법적 분쟁이 있거나 법(권리)이 침해된 경우에 제소(심판청구)에 기초하여 독립된 법관이 사법적 절차에 따라 유권적이고 구속적이며 자주적인 결정을 내리는 국가작용을 말한다. 재판을 청구하려면 당사자적격, 소의 이익 등의 소송요건을 갖추어야 한다. 재판에는 민사재판, 형사재판, 행정재판, 헌법재판 등이 있다. 따라서 재판을 받을 권리란 구체적으로는 민사재판청구권, 형사재판청구권, 행정재판청구권, 헌법재판청구권 등을 말한다.

2) 대법원의 재판을 받을 권리 재판을 받을 권리가 최종심인 대법원의 재판을 받을 권리까지 포함하는 것은 아니다. 모든 사건에 대해 획일적으로 (대법원에) 상고할 수 있게 할지 여부는 입법재량의 문제이다.

3) 군사재판을 받지 않을 권리 군인 또는 군무원이 아닌 국민은 대한민국의 영역안에서는 중대한 군사상 기밀·초병·초소·유독음식물공급·포로·군용물에 관한 죄중 법률이 정한 경우와 비상계엄이 선포된 경우를 제외하고는 군사법원의 재판을 받지 아니한다(제27조 제2항).

⑵ '헌법과 법률이 정한 법관에 의한' 재판을 받을 권리

1) 헌법과 법률이 정한 법관이란 헌법과 법률이 정한 법관의 자격을 갖추고, 적법절차에 따라 임명되었으며, 신분상 독립과 직무상 독립이 보장된 법관을 말

한다. 헌법 제101조, 제103조, 제104조, 제106조 및 법원조직법은 이에 관하여 규정하고 있다.

2) 군인이나 군무원에 대한 군사재판은, 군재판관이 일반 법원의 법관과 동일한 자격을 갖추고 있지는 않지만, 헌법과 법률(군사법원법)에 의거한 군사법원에서 이루어지는 재판이고, 군사재판의 상고심은 대법원에서 관할하기 때문에, '헌법과 법률이 정한 법관에 의한' 재판을 받을 권리를 침해하지 않는다.[141)]

3) 즉결심판, 보호처분, 약식절차 등은 '헌법과 법률이 정한 법관에 의한' 재판이며, 즉결심판이나 약식절차의 경우 정식재판을 청구할 수 있기 때문에, 재판을 받을 권리를 침해하지 않는다. 행정심판이나 통고처분(예컨대 조세범에 대한 세무서장의 범칙금납부통고, 교통사범에 대한 경찰서장의 범칙금납부통고)은 행정기관에 의해 행해지는 것이지만, 정식재판의 길이 열려 있기 때문에, 재판을 받을 권리를 침해하지 않는다.

4) 배심제는 배심원이 사실심에만 관여하고 법률심에는 관여하지 않는다면 재판을 받을 권리를 침해하지 않는다. 한편, 참심원이 사실심뿐만 아니라 법률심에도 참여하는 참심재판제는 재판을 받을 권리를 침해한다는 것이 다수설이다. 헌법과 법률이 정한 법관에 의한 재판을 받을 권리라 함은 직업법관에 의한 재판을 주된 내용으로 하는 것이므로, '국민참여재판을 받을 권리'는 헌법 제27조 제1항에서 규정한 재판을 받을 권리의 보호범위에 속한다고 볼 수 없다.[142)]

(3) '법률에 의한' 재판을 받을 권리

'법률에 의한' 재판은, 법관의 자의와 전단에 의한 재판이 아니라, 합헌적인 실체법과 절차법에 따라 행해지는 재판을 의미한다. 모든 재판은 국회가 제정한 절차법에 따라야 한다. '법률에 의한' 재판은, 형사재판에서는 죄형법정주의와 적법절차 원칙에 위반되지 않는 실체법과 절차법에 따라 규율되는 재판으로서 실질적 당사자대등이 이루어진 공정한 재판을 의미한다.[143)] '법률에 의한' 재판은, 민사재판과 행정재판에서는 국회가 제정한 성문법률 외에도 하위법령, 관습

141) 헌재 1996. 10. 31. 93헌바25.
142) 헌재 2015. 7. 30. 2014헌바447.
143) 헌재 1997. 11. 27. 94헌마60.

법이나 조리와 같은 불문법 등에 의한 재판도 포함한다. 여기의 '법률에 의한' 재판의 예외로서, 대통령의 긴급재정·경제명령 및 긴급명령, 비상계엄시의 특별한 조치, 대법원규칙, 헌법재판소규칙 등에 의한 재판이 있다.

(4) '신속한 공개재판 및 공정한 재판'을 받을 권리

1) 모든 국민은 신속한 재판을 받을 권리를 가진다. 형사피고인은 상당한 이유가 없는 한 지체없이 공개재판을 받을 권리를 가진다(제27조 제3항). 재판의 심리와 판결은 공개한다. 다만, 심리는 국가의 안전보장 또는 안녕질서를 방해하거나 선량한 풍속을 해할 염려가 있을 때에는 법원의 결정으로 공개하지 아니할 수 있다(제109조).

2) 공정한 재판이란 신속하고 공개된 법정의 법관의 면전에서 원칙적으로 당사자주의와 구두변론주의가 보장되어 원·피고간에 공격·방어권이 충분히 보장되는 재판을 말한다. 따라서 공개된 법정에서 모든 증거자료가 조사·진술되고 이에 대하여 원·피고간에 공격·방어할 수 있는 기회가 충분히 보장되어야 한다.[144] 다만, 예컨대 비송사건절차나 가사소송절차와 같이 법원이 후견적·감독적 입장에서 행하는 재판에서는, 예외적으로 재판의 비공개와 임의적 구두변론주의를 취할 수 있다.

(5) 확정판결 전의 무죄추정권

형사피고인은 유죄의 판결이 확정될 때까지는 무죄로 추정된다(제27조 제4항).

(6) 형사피해자의 재판절차 진술권

1) 형사피해자는 법률이 정하는 바에 의하여 당해 사건의 재판절차에서 진술할 수 있다(제27조 제5항). 법원은 범죄로 인한 피해자의 신청이 있는 때에는 그 피해자를 증인으로 신문하여야 한다(형사소송법 제294조의2). 제27조의 형사피해자는 모든 범죄행위로 인한 피해자를 말하며, 제30조(범죄피해자구조청구권)의 범죄피해자는 타인의 범죄행위로 인하여 생명·신체에 피해(사망, 장해, 중상해)를 받은 사람(범죄피해자보호법 제3조)을 말하기 때문에, 형사피해자가 범죄피해자보

144) 헌재 1998. 12. 24. 94헌바46; 영상물에 수록된 19세 미만 성폭력범죄 피해자의 진술은 공판준비기일 또는 공판기일에 피해자나 조사 과정에 동석하였던 신뢰관계에 있는 사람 또는 진술조력인의 진술에 의하여 그 성립의 진정함이 인정된 경우에 증거로 할 수 있다는 법률규정은 공정한 재판을 받을 권리를 침해한다(헌재 2021. 12. 23. 2018헌바524).

다 더 넓은 개념이다.

2) 헌법재판소는 친족상도례 규정에 대해 형사피해자의 재판절차진술권을 침해한다고 판시하였다. 즉 권리행사방해죄에 적용되는 친족상도례[145]를 규정한 형법 제328조[146]는, 강도죄와 손괴죄를 제외한 다른 모든 재산범죄에 준용되는데, 이 규정의 위헌성은 일정한 친족 사이의 재산범죄와 관련하여 형사처벌의 특례를 인정하는 것에 있음이 아니라, 넓은 범위의 친족에 대해, 재산범죄의 불법성의 경중을 묻지 않고, 피해자의 의사에 관계없이 '일률적으로 형면제'를 함에 따라, 구체적 사안에서 형사피해자의 재판절차진술권이 형해화될 수 있다는 점에 있다. 따라서 이 규정은 형사피해자가 법관에게 적절한 형벌권을 행사하여 줄 것을 청구할 수 없도록 하는바, 이는 입법재량을 명백히 일탈하여 현저히 불합리하거나 불공정한 것으로서 형사피해자의 재판절차진술권을 침해한다고 판시하였다.[147]

4. 제한과 한계

(1) 제한

1) 헌법에 의한 제한 ① 군인이나 군무원은 군사법원의 재판을 받으며, 일반 국민은 중대한 군사상 기밀·초병·초소·유독음식물공급·포로·군용물에 관한 죄중 법률이 정한 경우와 비상계엄이 선포된 경우에 군사법원의 재판을 받는다(제27조 제2항). 비상계엄하의 군사재판은 군인·군무원의 범죄나 군사에 관한 간첩죄의 경우와 초병·초소·유독음식물공급·포로에 관한 죄 중 법률이 정한 경우에 한하여 단심으로 할 수 있다. 다만, 사형을 선고한 경우에는 그러하지 아니하다(제110조 제4항).

② 국회에서의 의원자격심사, 의원징계, 의원제명 등의 처분에 대해서는 법원에 제소할 수 없다(제64조 제4항).

2) 법률에 의한 제한 재판청구권은 헌법 제37조 제2항에 따라 법률에 의한 제한을 받는다. 재판청구권에 관한 법률유보는 일견 형성적 법률유보이지만, 형

145) 친족상도례(親族相盜例): 친족간 재산범죄에 대한 형사소추 내지 처벌에 관한 특례.

146) 직계혈족, 배우자, 동거친족, 동거가족 또는 그 배우자 간의 제323조의 죄<권리행사방해죄>는 그 형을 면제한다.

147) 헌재 2024. 6. 27. 2020헌마468.

성은 동시에 제한의 성격을 갖는다. 재판청구권을 제한하는 법률로는 법원조직법, 헌법재판소법, 민사소송법, 형사소송법, 행정소송법 등 많은 법률이 있다.

3) 국가긴급권에 의한 제한 재판청구권은 대통령의 긴급명령(제76조 제2항)이나 비상계엄시의 법원의 권한에 대한 특별한 조치(제77조 제3항)에 의해 제한될 수 있다.

(2) 제한의 한계

재판청구권을 제한하는 경우에도 과잉금지의 원칙과 본질적 내용 침해금지의 원칙을 준수해야 한다.

Ⅳ. 형사보상청구권

1. 헌법규정 및 의의

헌법 제28조는 "형사피의자 또는 형사피고인으로서 구금되었던 자가 법률이 정하는 불기소처분을 받거나 무죄판결을 받은 때에는 법률이 정하는 바에 의하여 국가에 정당한 보상을 청구할 수 있다."라고 하여 형사보상 청구권을 규정하고 있다. 형사보상청구에 관하여 형사보상법이 있다. 형사보상청구권이란 형사피의자 또는 형사피고인으로서 구금되었던 자가 불기소처분을 받거나 무죄판결을 받은 경우에, 물질적·정신적 손실에 대하여 보상해 줄 것을 국가에 청구할 수 있는 권리를 말한다. 형사보상제도는 원래 형사책임을 져야 할 잘못을 하지 않은 사람이, 형사사법절차에 내재하는 불가피한 위험(잘못) 때문에 억울하게 형사피의자 또는 형사피고인으로서 구금되어 입은 손실을 보상하는 제도이다. 형사보상청구권은 고의·과실을 요건으로 하지 않는다.

2. 형사보상청구권의 법적 성격 및 주체

(1) 형사보상의 본질에 관하여는 손해배상설, 손실보상설, 이분설 등의 견해대립이 있다. 형사보상청구권은 고의·과실을 요건으로 하지 않고 구금으로 인한 손실을 보상하는 것이기 때문에, 결과책임인 무과실손실보상책임으로 보는 것이 다수설이다.

(2) 형사보상청구권의 주체는 구금되었던 형사피의자와 형사피고인이다. 형

사보상을 청구할 수 있는 자가 그 청구를 하지 아니하고 사망하였을 때에는 그 상속인이 이를 청구할 수 있다(형사보상법 제3조). 외국인도 주체성이 인정된다. 법인이 구금된다는 것은 있을 수 없기 때문에, 법인은 주체성이 부정된다.

3. 형사보상청구권의 내용

(1) 성립요건

형사보상청구권은 '형사피의자로서 구금되었던 자가 법률이 정하는 불기소처분'을 받거나 '형사피고인으로서 구금되었던 자가 무죄판결'을 받은 경우에 성립한다.

1) 형사피의자 ① 형사피의자란 범죄혐의를 받아 수사기관의 수사대상인 자로서 아직 공소의 제기가 없는 자를 말한다. 형사피의자 중에서 구금되었던 자만이 형사보상을 청구할 수 있다. 구금이란 형사소송법상의 구금으로서 미결구금과 형집행을 말한다. 따라서 불구속 상태에서 조사받다가 불기소처분을 받은 경우에는 형사보상을 청구할 수 없다.

② 피의자로서 구금되었던 자 중 검사로부터 불기소처분을 받거나 사법경찰관으로부터 불송치결정을 받은 자는 국가에 대하여 그 구금에 대한 보상(피의자보상)을 청구할 수 있다. 다만, 구금된 이후 불기소처분 또는 불송치결정의 사유가 있는 경우와 해당 불기소처분 또는 불송치결정이 종국적(終局的)인 것이 아니거나 기소편의주의에 따른 경우(기소중지, 기소유예)에는 형사보상을 청구할 수 없다(법 제27조 제1항).

③ 불기소처분이 있는 경우일지라도 ㉠ 본인이 수사 또는 재판을 그르칠 목적으로 거짓 자백을 하거나 다른 유죄의 증거를 만듦으로써 구금된 것으로 인정되는 경우, ㉡ 구금기간 중에 다른 사실에 대하여 수사가 이루어지고 그 사실에 관하여 범죄가 성립한 경우, ㉢ 보상을 하는 것이 선량한 풍속이나 그 밖에 사회질서에 위배된다고 인정할 특별한 사정이 있는 경우에는, 피의자보상의 전부 또는 일부를 지급하지 아니할 수 있다(법 제27조 제2항).

2) 형사피고인 ① 형사피고인이란 검사에 의하여 공소를 제기당한 자를 말한다. 형사피고인 중에서 구금되었던 자만이 형사보상을 청구할 수 있다. 따라서 불구속 상태에서 재판받다가 무죄판결을 받은 경우에는 형사보상을 청구할

수 없다.

② 무죄판결의 경우에도 ㉠ 형사미성년자(형법 제9조), 심신상실(법 제10조 제1항)의 사유로 무죄재판을 받은 경우, ㉡ 본인이 수사 또는 심판을 그르칠 목적으로 거짓 자백을 하거나 다른 유죄의 증거를 만듦으로써 기소, 미결구금 또는 유죄재판을 받게 된 것으로 인정된 경우, ㉢ 1개의 재판으로 경합범의 일부에 대하여 무죄재판을 받고 다른 부분에 대하여 유죄재판을 받았을 경우에는, 법원은 재량으로 보상청구의 전부 또는 일부를 기각할 수 있다(형사보상법 제4조).

⑵ 보상청구절차

1) 청구기간 　피의자보상의 청구는 불기소처분 또는 불송치결정의 고지(告知) 또는 통지를 받은 날부터 3년 이내에 하여야 한다(법 제28조 제3항). 형사피고인의 경우, 보상청구는 무죄재판이 확정된 사실을 안 날부터 3년, 무죄재판이 확정된 때부터 5년 이내에 하여야 한다(법 제8조).

2) 청구기관 　피의자보상을 청구하려는 자는 불기소처분을 한 검사가 소속된 지방검찰청(지방검찰청 지청의 검사가 불기소처분을 한 경우에는 그 지청이 소속하는 지방검찰청을 말한다) 또는 불송치결정을 한 사법경찰관이 소속된 경찰관서에 대응하는 지방검찰청의 심의회에 보상을 청구하여야 한다(법 제28조 제1항). 형사피고인의 경우, 보상청구는 무죄재판을 한 법원에 대하여 하여야 한다(법 제7조).

3) 청구방식 　피의자보상을 청구하는 자는 보상청구서에 불기소처분 또는 불송치결정을 받은 사실을 증명하는 서류를 첨부하여 제출하여야 한다(법 제28조 제2항). 형사피고인의 경우, 보상청구를 할 때에는 보상청구서에 재판서의 등본과 그 재판의 확정증명서를 첨부하여 법원에 제출하여야 한다. 보상청구서에는 청구자의 등록기준지, 주소, 성명, 생년월일, 청구의 원인이 된 사실과 청구액을 기재해야 한다(법 제9조).

⑶ 보상청구에 대한 결정과 재판

피의자보상에 관한 사항을 심의·결정하기 위하여 지방검찰청에 피의자보상심의회를 둔다. 심의회는 법무부장관의 지휘·감독을 받는다(법 제27조 제3항－제4항). 형사피고인의 경우, 보상청구는 법원 합의부에서 재판한다. 보상청구에 대하여는 법원은 검사와 청구인의 의견을 들은 후 결정을 하여야 한다(법 제14조

제1항－제2항). 피의자보상의 청구에 대한 심의회의 결정에 대하여는 행정심판을 청구하거나 행정소송을 제기할 수 있다(형사보상법 제28조 제4항). 형사피고인의 경우, 보상결정에 대하여는 1주일 이내에 즉시항고를 할 수 있으며, 청구기각 결정에 대하여는 즉시항고를 할 수 있다(법 제20조).

⑷ 정당한 보상

1) 구금에 대한 보상을 할 때에는 그 구금일수에 따라 1일당 보상청구의 원인이 발생한 연도의 「최저임금법」에 따른 일급 최저임금액 이상 대통령령으로 정하는 금액 이하의 비율에 의한 보상금을 지급한다(법 제5조 제1항). 구금에 대한 보상금의 한도는 1일당 보상청구의 원인이 발생한 해의 「최저임금법」에 따른 일급 최저임금액의 5배로 한다(법 시행령 제2조). 사형집행, 벌금 또는 과료의 집행, 노역장유치의 집행, 몰수집행, 추징금 등에 대한 보상은 따로 규정하고 있다(법 제5조 제3항－제7항).

2) 형사보상을 받을 자가 같은 원인에 대하여 다른 법률에 따라 손해배상을 받은 경우에 그 손해배상의 액수가 이 법에 따라 받을 보상금의 액수와 같거나 그보다 많을 때에는 보상하지 아니한다. 그 손해배상의 액수가 이 법에 따라 받을 보상금의 액수보다 적을 때에는 그 손해배상 금액을 빼고 보상금의 액수를 정하여야 한다(법 제6조 제2항). 피의자보상은 피고인보상의 경우를 준용한다(법 제29조 제1항).

⑸ 형사보상결정의 공시

법원은 보상결정이 확정되었을 때에는 2주일 내에 보상결정의 요지를 관보에 게재하여 공시하여야 한다. 이 경우 보상결정을 받은 자의 신청이 있을 때에는 그 결정의 요지를 신청인이 선택하는 두 종류 이상의 일간신문에 각각 한 번씩 공시하여야 하며 그 공시는 신청일부터 30일 이내에 하여야 한다(법 제25조 제1항).

⑹ 군사법원에서의 준용

형사보상은 군사법원에서의 무죄재판이나 군검찰부의 불기소처분을 받은 자에 대해 준용된다(법 제29조 제2항).

V. 국가배상청구권

1. 헌법규정 및 의의

(1) 헌법 제29조는 "① 공무원의 직무상 불법행위로 손해를 받은 국민은 법률이 정하는 바에 의하여 국가 또는 공공단체에 정당한 배상을 청구할 수 있다. 이 경우 공무원 자신의 책임은 면제되지 아니한다. ② 군인·군무원·경찰공무원 기타 법률이 정하는 자가 전투·훈련등 직무집행과 관련하여 받은 손해에 대하여는 법률이 정하는 보상외에 국가 또는 공공단체에 공무원의 직무상 불법행위로 인한 배상은 청구할 수 없다."라고 하여 국가배상청구권을 규정하고 있다.

이에 관하여 국가배상법이 있다. 국가배상법 제2조는 "① 국가나 지방자치단체는 공무원 또는 공무를 위탁받은 사인(이하 "공무원"이라 한다)이 직무를 집행하면서 고의 또는 과실로 법령을 위반하여 타인에게 손해를 입히거나, 「자동차손해배상 보장법」에 따라 손해배상의 책임이 있을 때에는 이 법에 따라 그 손해를 배상하여야 한다. 다만, 군인·군무원·경찰공무원 또는 예비군대원이 전투·훈련 등 직무 집행과 관련하여 전사(戰死)·순직(殉職)하거나 공상(公傷)을 입은 경우에 본인이나 그 유족이 다른 법령에 따라 재해보상금·유족연금·상이연금 등의 보상을 지급받을 수 있을 때에는 이 법 및 「민법」에 따른 손해배상을 청구할 수 없다. ② 제1항 본문의 경우에 공무원에게 고의 또는 중대한 과실이 있으면 국가나 지방자치단체는 그 공무원에게 구상(求償)할 수 있다. ③ 제1항 단서에도 불구하고 전사하거나 순직한 군인·군무원·경찰공무원 또는 예비군대원의 유족은 자신의 정신적 고통에 대한 위자료를 청구할 수 있다."라고 규정하고 있다.

(2) 국가배상청구권은 공무원의 직무상 불법행위로 손해를 받은 국민이 국가 또는 공공단체에 대하여 그 손해를 배상해 줄 것을 청구할 수 있는 권리를 말한다. 국가배상청구권은 위법한 국가작용으로 인해 손해를 입은 국민이 피해배상을 청구할 수 있게 함으로써, 공무원의 국민에 대한 책임을 담보하고 법치국가 원리를 실현하는 중요한 수단이다. 국가배상은 공용침해(수용·사용·제한)의 경우에 행해지는 손실보상(제23조 제3항)이나 형사사법절차에 내재하는 불가피한

위험(잘못) 때문에 억울하게 형사피의자 또는 형사피고인으로서 구금되어 입은 손실을 보상하는 형사보상(제28조)과 구별된다.

2. 국가배상청구권의 법적 성격 및 주체

(1) 헌법은 공법이고 헌법에 규정된 기본권은 공권이며 공무원의 직무상 불법행위로 인하여 발생하는 국가배상청구권은 공권으로 보는 것이 다수설이고 타당하다(공권설). 그런데 대법원은 국가배상법을 사법으로 보고 국가배상청구 사건을 민사소송의 절차로 진행한다.

(2) 국가배상청구권의 주체는 국민이다. 자연인이든 법인이든 모두 주체성이 인정된다. 군인·군무원·경찰공무원 등에 대해서는 국가배상청구권이 인정되지 않는다(제29조 제2항). 그러나 전사하거나 순직한 군인·군무원·경찰공무원 또는 예비군대원의 유족은 자신의 정신적 고통에 대한 위자료를 청구할 수 있다(국가배상법 제2조 제3항). 외국인에 대해서는 상호주의가 적용된다. 즉 외국인이 피해자인 경우에는 해당 국가와 상호 보증이 있을 때에만 적용한다(법 제7조).

3. 국가배상청구권의 내용

(1) 성립요건

1) 공무원 여기에서 공무원이란 국가공무원법과 지방공무원법상의 공무원뿐만 아니라 공무를 위탁받아 실질적으로 공무를 수행하는 모든 자를 말한다(법 제2조). 대법원은 소집중인 향토예비군, 철도건널목의 간수, 집달관, 시청소차 운전수, 파출소에 근무하는 방범대원, 통장, 소방대원, 교통할아버지 등은 공무원이지만, 시영버스운전수, 의용소방대원, 자원봉사자는 공무원이 아니라고 한다.

2) 직무상 행위 공무원의 직무상 행위에 관하여 다수설과 대법원 판례는 권력행위와 관리행위가 포함되지만, 예컨대 국가의 철도운행사업과 같은 사경제적 행위는 여기에 포함되지 않는 것으로 본다. 직무상 행위인지 여부를 판단하는 기준으로 주관설과 객관설이 대립하고 있다. 다수설과 대법원 판례는 직무집행 그 자체는 물론이고 객관적으로 직무집행의 외형을 갖추고 있는 모든 행위를 포함하는 것으로 본다(객관설).

3) 불법행위 불법행위란 고의 또는 과실로 인한 위법행위를 말한다. 불법

행위는 작위 또는 부작위에 의해 발생할 수 있다. 위법행위는 법률, 명령, 관습법, 법일반원칙(예컨대 신의성실의 원칙) 등에 위반하는 행위가 모두 해당된다. 국가배상청구권은 고의 또는 과실을 요건으로 하기 때문에, 고의 또는 과실을 요건으로 하지 않는 형사보상청구권이나 재산상 손실보상청구권과 구별된다. 불법행위의 입증책임은 피해자에게 있다.

4) 타인에 대한 손해의 발생 공무원의 직무상 불법행위로 인하여 타인에게 손해가 발생해야 한다. 타인이란 가해자인 공무원과 그에 가담한 자 이외의 모든 사람을 말한다. 손해는 물질적 손해든 정신적 손해든 모두 해당한다. 공무원의 직무상 불법행위와 손해발생 사이에는 상당인과관계가 있어야 한다.

(2) 국가배상책임의 법적 성질

1) 배상책임자 배상책임자로 헌법 제29조는 '국가 또는 공공단체'라고 규정하고 있으며, 국가배상법 제2조는 '국가나 지방자치단체'라고 규정하고 있다. 따라서 지방자치단체가 아닌 공공단체(예컨대 영조물법인)는 민법상 배상책임을 진다(국가배상법 제8조). 공무원의 선임·감독자와 비용부담자(예컨대 봉급을 주는 자)가 동일하지 아니하면 그 비용을 부담하는 자도 손해를 배상하여야 한다(법 제6조). 배상책임자(국가·지방자치단체)는 선임·감독상의 고의·과실이 없을지라도 배상책임을 진다.

2) 배상책임의 성질 ① 영국과 프랑스 등 유럽의 군주주권 시대에는 "왕은 악을 행할 수 없다(The King can do no wrong)."라는 법리에 따라 주권자인 왕(군주)의 행위는 무책임성을 가졌다. 이러한 군주면책론 내지 국가무책임사상은 시대변화에 따라 설득력을 상실하였다. 산업사회의 발전으로 국가기능이 확대됨에 따라 위법한 행정작용으로 인한 손해가 급증하였고, 공무원 개인의 배상능력의 한계 때문에 손해에 대한 배상이 충분히 이루어지지 못하게 되었다. 이에 따라 국민의 피해구제를 위해 국가배상책임이 인정되게 되었다.

② 배상책임의 성질에 관하여 대위책임설, 자기책임설, 절충설 등이 대립하고 있다. ㉠ 대위책임설은, 배상책임은 원래 불법행위를 한 공무원 개인의 책임인데 공무원 개인의 배상능력의 한계 때문에 재정능력이 있는 국가가 피해자 보호를 위해 불법행위를 한 공무원을 대신하여 책임을 지는 것이라고 한다. ㉡ 자기책임설은, 형식적으로는 불법행위는 공무원 개인에 의한 것이지만, 실질적으

로는 공무원은 국가의 기관이기 때문에 국가는 자신의 기관인 공무원을 통하여 자신이 불법행위를 한 것에 대해 책임을 지는 것, 즉 자기의 행위에 대해 자기가 책임을 지는 것이라고 한다. ㉢ 절충설은 불법행위를 한 공무원에게 고의 또는 중과실이 있는 경우에는 국가가 공무원에게 구상권을 행사할 수 있으므로 대위책임이지만, 경과실이 있는 경우에는 구상권을 행사할 수 없으므로 자기책임이라고 한다. 헌법학계의 다수설은 자기책임설이다. 연혁적으로도 국가배상책임은 국가무책임의 원칙에서 국가책임의 원칙으로, 대위책임의 원칙에서 자기책임의 원칙으로 발전하여 왔다. 오늘날의 법치주의에서 국가무책임의 원칙은 인정될 수 없다. 국가는 자신의 임무를 수행하다가 발생하는 위험에 대해 책임을 지는 것이 당연하며 이는 공무원의 고의·과실과 상관없이 지게 되는 책임이기 때문에 자기책임설이 타당하다. 자기책임설의 입장에서도 입법정책적으로 책임의 범위를 한정할 수 있다.

3) 공무원 개인의 배상책임

① **대외적 책임** 대위책임설에서는 국가의 배상책임 외에 불법행위를 한 공무원도 피해자에게 배상책임을 지는 것으로 본다. 피해자는 국가 또는 공무원에 대해 선택적으로 배상청구를 할 수 있다. 자기책임설에서는 국가만이 배상책임을 지고 공무원은 피해자에 대해 배상책임을 지지 않는다고 한다. 피해자는 국가에게만 배상청구를 할 수 있다. 공무원의 선임·감독자와 비용부담자가 동일하지 아니한 경우, 피해자는 어느 쪽에 대해서도 배상청구를 할 수 있다(국가배상법 제6조 제1항).

② **대내적 책임(구상권 문제)** 국가가 피해자에게 배상책임을 이행한 경우, 불법행위를 한 공무원에게 고의 또는 중과실이 있으면, 국가는 해당 공무원에게 구상권을 행사할 수 있다(국가배상법 제2조 제2항). 공무원에게 경과실이 있는 경우는 구상권 행사 대상이 아니다. 구상권 유무가 국가배상책임의 성질을 결정하는 것은 아니다.

(3) 배상청구의 절차

1) 절차 피해자는 배상심의회에 배상신청을 할 수 있다. 피해자는 배상심의회의 결정에 불복하는 경우 법원에 소송을 제기할 수 있다. 또는 피해자는 처음부터 배상심의회에 배상신청을 함이 없이 바로 법원에 소송을 제기할 수 있

다. 국가배상청구권을 공권으로 보게 되면 행정소송으로서 공법상의 당사자소송에 의하게 된다. 반면에 사권으로 보게 되면 민사소송에 의하게 된다. 실무상으로는 민사소송으로 처리하고 있다.

2) 배상 범위 배상은 정당한 배상으로서 공무원의 불법행위와 상당인과관계에 있는 모든 손해가 배상되어야 한다. 국가배상법 제3조는 배상기준에 관하여 규정하고 있다. 피해자가 손해를 입은 동시에 이익을 얻은 경우에는 손해배상액에서 그 이익에 상당하는 금액을 빼야 한다(국가배상법 제3조의2 제1항).

3) 기타 생명·신체의 침해로 인한 국가배상을 받을 권리는 양도하거나 압류하지 못한다. 국가배상청구권의 소멸시효는 손해 및 가해자를 안 날로부터 3년, 불법행위가 발생한 날로부터 5년이다(법 제4조, 제8조, 민법 제766조, 국가재정법 제96조 제2항).

4. 제한과 한계

⑴ 헌법에 의한 제한

헌법 제29조 제2항은 "군인·군무원·경찰공무원 기타 법률이 정하는 자가 전투·훈련등 직무집행과 관련하여 받은 손해에 대하여는 법률이 정하는 보상 외에 국가 또는 공공단체에 공무원의 직무상 불법행위로 인한 배상은 청구할 수 없다."라고 하여 군인·군무원·경찰공무원 등에 대해 이중배상을 금지하고 있다. 헌법학계에서는 이 규정이 평등에 반한다는 이유로 많은 비판이 행해진다. 헌법재판소는 제29조 제2항은 위헌심사 대상이 아니지만 다음 헌법개정시에 존치여부에 대한 고려가 필요하다고 판시하였다.[148]

⑵ 법률에 의한 제한

1) 국가배상청구권은 헌법 제37조 제2항에 의해 법률로써 제한될 수 있다. 국가배상청구권을 제한하는 경우에 과잉금지의 원칙과 본질적 내용 침해금지의 원칙을 준수해야 한다. 대법원은 과거 국가배상법상의 이중배상금지 규정에 대해 평등원칙 위반 등을 이유로 위헌판결을 내린 적이 있다.[149] 헌법재판소는 국가배상법의 이중배상금지 규정은 원칙적으로 합헌이지만, 특정한 해석·적용은

148) 헌재 2018. 5. 31. 2013헌바22.
149) 대법원 1971. 6. 22. 선고 70다1010.

위헌이라고 판시하였다.[150)]

2) 예컨대 국가배상청구의 소멸시효의 객관적 기산점에 관하여, 민법규정과 국가재정법 규정을, 과거사정리법상 민간인 집단희생사건, 중대한 인권침해·조작의혹사건에 적용하도록 규정하는 것은, 입법형성의 한계를 일탈하여 국가배상청구권을 침해한다.[151)] '민주화운동 관련자 명예회복 및 보상 심의 위원회'의 보상금 등 지급결정에 동의한 경우 재판상 화해의 성립을 간주하는 민주화보상법 규정은, 정신적 손해에 대한 관련자와 그 유족의 국가배상청구권을 침해한다.[152)]

Ⅵ. 범죄피해자구조청구권

1. 헌법규정 및 의의

(1) 헌법 제30조는 "타인의 범죄행위로 인하여 생명·신체에 대한 피해를 받은 국민은 법률이 정하는 바에 의하여 국가로부터 구조를 받을 수 있다."라고 하여 범죄피해자구조청구권을 규정하고 있다. 범죄피해자구조청구권이란 타인의 범죄행위로 인하여 생명·신체에 대한 피해를 받은 국민이나 그 유족이 국가에 대하여 일정한 보상을 청구할 수 있는 권리를 말한다.

(2) 사람의 생명·신체에 피해를 가하는 강력범죄가 빈번하게 발생하는 오늘날 피해자가 침해받은 인권의 구제 또는 피해자의 생활보호는 법치국가 및 사회국가 실현을 위해 불가결하다. 타인의 범죄행위로 인한 피해는 민법상의 불법행위로 인한 손해배상제도(법 제750조 이하) 또는 소송촉진법상의 배상명령제도(법 제25조)를 통해 손해배상을 청구할 수 있다. 그러나 가해자의 불명 또는 기타 이유로 피해자가 가해자로부터 제대로 손해배상을 받지 못하는 경우, 피해자나 그

150) 헌재 1994. 12. 29. 93헌바21(국가배상법 제2조 제1항 단서 중 "군인… 이… 직무집행과 관련하여… 공상을 입은 경우에 본인 또는 그 유족이 다른 법령의 규정에 의하여 재해보상금·유족연금·상이연금 등의 보상을 지급받을 수 있을 때에는 이 법 및 민법의 규정에 의한 손해배상을 청구할 수 없다"는 부분은, 일반국민이 직무집행 중인 군인과의 공동불법행위로 직무집행 중인 다른 군인에게 공상을 입혀 그 피해자에게 공동의 불법행위로 인한 손해를 배상한 다음 공동불법행위자인 군인의 부담부분에 관하여 국가에 대하여 구상권을 행사하는 것을 허용하지 아니한다고 해석하는 한, 헌법에 위반된다.); 헌재 2018. 5. 31. 2013헌바22.

151) 헌재 2018. 8. 30. 2014헌바148.

152) 헌재 2018. 8. 30. 2014헌바180.

유족은 생활유지에 어려움을 겪을 수 있다. 이처럼 범죄피해자가 가해자로부터 제대로 피해배상을 받지 못할 경우에 보충적으로 국가가 피해자를 구조해주는 것이 필요하고 이는 특히 사회국가 실현에 중요한 의의를 갖는다.

2. 범죄피해자구조청구권의 법적 성격 및 주체

(1) 법적 성격

1) 범죄피해자구조의 법적 성격 ① 범죄피해자구조의 법적 성격에 관하여 국가책임설, 사회보장설, 사회분담설 등의 견해대립이 있다. 국가책임설은 국가는 범죄의 발생을 예방하고 발생한 범죄를 진압할 책임이 있기 때문에, 즉 국가는 국민이 범죄로부터 안전하게 할 책임이 있기 때문에, 범죄로 인해 피해를 입은 국민에게 배상책임을 져야 하며 그 배상책임은 무과실의 자기책임이라고 한다. 사회보장설은 범죄로 인한 피해를 피해자에게만 전담시키지 않고 사회국가 실현을 위해 국가가 피해자를 도와주는 것으로서, 국가가 피해자에게 배상책임을 지는 것은 아니지만 사회보장 차원에서 범죄피해자를 구조하는 것이라고 한다. 사회분담설은 국가가 국민으로부터 걷은 세금으로 범죄피해자에게 (일종의) 보험금을 지급하는 것으로서, 사회생활에서 발생하는 범죄피해 위험을 사회구성원이 분담하는 것이라고 한다.

② 생각건대, 범죄피해자구조는 국가책임적 측면과 사회보장적 측면을 모두 갖고 있다고 할 것이다. 첫째, 국가의 첫 번째 임무는 국민의 안전이다. 특히 국가는 국민이 범죄로부터 안전하게 살아갈 수 있게 할 책임이 있기 때문에, 국민이 타인의 범죄행위로 인하여 생명·신체에 대한 피해를 입은 것에 대해 국가가 책임지는 것이 당연하다. 둘째, 현실에서 발생하는 범죄피해에 대해 피해자는 가해자로부터 제대로 배상받지 못하는 경우가 많다. 피해자가 스스로 재산이 많은 경우에는 생활유지에 큰 문제가 없을 것이지만, 그렇지 못한 경우에는 생활유지에 어려움을 겪게 될 것이고 국가는 사회보장 차원에서 범죄피해를 구조해 주어야 한다.

2) 범죄피해자구조청구권의 법적 성격 범죄피해자구조는 국가책임적 성격과 사회보장적 성격을 함께 갖고 있기 때문에, 범죄피해자조청구권은 국가에 대한 배상청구권적 성격과 사회보장으로서의 보상청구권(사회적 기본권)적 성격을 함

께 갖고 있다. 즉 범죄피해자조청구권은 국가배상적 사회보장청구권이라고 할 수 있다.[153]

(2) 주체

1) 범죄피해자구조청구권의 주체는 범죄피해자이다. 즉 타인의 범죄행위로 피해를 당한 사람과 그 배우자(사실상의 혼인관계 포함), 직계친족 및 형제자매가 범죄피해자구조청구권의 주체이다. 그리고 범죄피해 방지 및 범죄피해자 구조활동으로 피해를 당한 사람도 범죄피해자로서 범죄피해자구조청구권의 주체이다(범죄피해자보호법 제3조).

2) 범죄피해자가 사망한 경우에는 그 유족이 구조금을 청구하고, 장해나 중상해를 입은 경우에는 피해자 본인이 청구한다. 다만, 장해구조금 또는 중상해구조금의 지급을 신청한 구조피해자가 장해구조금 또는 중상해구조금을 지급받기 전에 사망(해당 구조대상 범죄피해의 원인이 된 범죄행위로 사망한 경우는 제외한다)한 경우에는 유족이 청구한다.

3) 유족에게 지급하는 유족구조금등(유족구조금, 유족에게 지급하는 장해구조금 또는 중상해구조금)은 다음 순위에 따라 지급한다. ① 배우자(사실상 혼인관계를 포함한다) 및 구조피해자의 사망 당시 구조피해자의 수입으로 생계를 유지하고 있는 구조피해자의 자녀, ② 구조피해자의 사망 당시 구조피해자의 수입으로 생계를 유지하고 있는 구조피해자의 부모, 손자·손녀, 조부모 및 형제자매, ③ 앞의 ①②에 해당하지 아니하는 구조피해자의 자녀, 부모, 손자·손녀, 조부모 및 형제자매. ④ 앞의 ②와 ③의 경우에 순위는 열거한 순서로 한다. 유족의 범위에서 태아는 구조피해자가 사망할 때 이미 출생한 것으로 본다. 부모의 경우에는 양부모를 선순위로 하고 친부모를 후순위로 한다.

4) 그러나 유족이 ① 구조피해자를 고의로 사망하게 한 경우 ② 구조피해자가 사망하기 전에 그가 사망하면 유족구조금등을 받을 수 있는 선순위 또는 같은 순위의 유족이 될 사람을 고의로 사망하게 한 경우 ③ 구조피해자가 사망한 후 유족구조금등을 받을 수 있는 선순위 또는 같은 순위의 유족을 고의로 사망하게 한 경우에는, 유족구조금등을 받을 수 있는 유족으로 보지 아니한다.

153) 계희열, 헌법학(중), 박영사, 2007, 698면; 권영성, 헌법학원론, 법문사, 2011, 641면.

5) 구조피해자 또는 그 유족이 외국인인 때에는 ① 해당 국가의 상호 보증이 있는 경우 ② 해당 외국인이 구조대상 범죄피해 발생 당시 대한민국 국민의 배우자이거나 대한민국 국민과 혼인관계(사실상의 혼인관계를 포함한다)에서 출생한 자녀를 양육하고 있는 자로서, 「출입국관리법」 제10조제2호의 영주자격 또는 「출입국관리법」 제10조의2제1항제2호의 장기체류자격으로서 법무부령으로 정하는 체류자격을 가지고 있는 경우에만 구조금을 청구할 수 있다(범죄피해자보호법 제17조, 제18조, 제23조).

3. 범죄피해자구조청구권의 내용

(1) 범죄피해자구조청구권의 성립요건

1) 타인의 범죄행위로 인한 생명·신체에 대한 피해 발생　① 범죄피해자구조청구권은 타인의 범죄행위로 인하여 생명·신체에 대한 피해가 발생한 경우에 성립한다. 범죄행위는 생명·신체에 대한 피해를 발생시키는 행위로서 살인, 상해, 폭행 등의 행위를 말한다. 생명·신체에 대한 피해는 사망, 장해, 중상해를 말하며, 여기서 장해는 범죄행위로 입은 부상이나 질병이 치료(그 증상이 고정된 때를 포함)된 후에 남은 신체의 장해를 말하며, 중상해는 범죄행위로 인하여 신체나 그 생리적 기능에 손상을 입은 것을 말한다(법 제3조).

② 구조금의 지급요건은 ㉠ 구조피해자가 피해의 전부 또는 일부를 배상받지 못하는 경우, ㉡ 자기 또는 타인의 형사사건의 수사 또는 재판에서 고소·고발 등 수사단서를 제공하거나 진술, 증언 또는 자료제출을 하다가 구조피해자가 된 경우이다(법 제16조).

2) 구조금 지급 제외사유(법 제19조)　① 범죄행위 당시 구조피해자와 가해자 사이에 부부(사실혼 포함), 직계혈족, 4촌 이내의 친족, 동거친족 등의 친족관계가 있는 경우에는 구조금을 지급하지 아니한다. 범죄행위 당시 구조피해자와 가해자 사이에 위 친족관계에 해당하지 아니하는 친족관계가 있는 경우에는 구조금의 일부를 지급하지 아니한다.

② 구조피해자가 해당 범죄행위를 교사 또는 방조하는 행위, 과도한 폭행·협박 또는 중대한 모욕 등 해당 범죄행위를 유발하는 행위, 해당 범죄행위와 관련하여 현저하게 부정한 행위, 해당 범죄행위를 용인하는 행위, 집단적 또는 상

습적으로 불법행위를 행할 우려가 있는 조직에 속하는 행위(다만, 그 조직에 속하고 있는 것이 해당 범죄피해를 당한 것과 관련이 없다고 인정되는 경우는 제외한다) 또는 범죄행위에 대한 보복으로 가해자 또는 그 친족이나 그 밖에 가해자와 밀접한 관계가 있는 사람의 생명을 해치거나 신체를 중대하게 침해하는 행위를 한 때에는 구조금을 지급하지 아니한다.

③ 구조피해자가 폭행·협박 또는 모욕 등 해당 범죄행위를 유발하는 행위, 해당 범죄피해의 발생 또는 증대에 가공(加功)한 부주의한 행위 또는 부적절한 행위를 한 때에는 구조금의 일부를 지급하지 아니한다.

④ 유족구조금등을 지급하지 아니할 수 있는 경우에 관하여는 앞의 경우를 준용하며, 이 경우 '구조피해자'는 '구조피해자 또는 맨 앞의 순위인 유족'으로 본다.

⑤ 구조피해자 또는 그 유족과 가해자 사이의 관계, 그 밖의 사정을 고려하여 구조금의 전부 또는 일부를 지급하는 것이 사회통념에 위배된다고 인정될 때에는 구조금의 전부 또는 일부를 지급하지 아니할 수 있다.

⑥ 앞의 규정에도 불구하고 구조금의 실질적인 수혜자가 가해자로 귀착될 우려가 없는 경우 등 구조금을 지급하지 아니하는 것이 사회통념에 위배된다고 인정할 만한 특별한 사정이 있는 경우에는 구조금의 전부 또는 일부를 지급할 수 있다.

(2) 구조금의 종류와 보충성

1) 구조금의 종류　① 구조금은 유족구조금·장해구조금 및 중상해구조금으로 구분한다. ② 유족구조금은 구조피해자가 사망하였을 때 맨 앞의 순위인 유족에게 지급한다. 다만, 순위가 같은 유족이 2명 이상이면 똑같이 나누어 지급한다. ③ 장해구조금 및 중상해구조금은 해당 구조피해자에게 지급한다. 다만, 장해구조금 또는 중상해구조금의 지급을 신청한 구조피해자가 장해구조금 또는 중상해구조금을 지급받기 전에 사망(해당 구조대상 범죄피해의 원인이 된 범죄행위로 사망한 경우는 제외한다)한 경우에는 맨 앞의 순위인 유족에게 지급하되, 순위가 같은 유족이 2명 이상이면 똑같이 나누어 지급한다(범죄피해자보호법 제17조 제1항－제3항).

2) 보충성　구조피해자나 유족이 해당 구조대상 범죄피해를 원인으로 하

여 「국가배상법」이나 그 밖의 법령에 따른 급여 등을 받을 수 있는 경우에는 대통령령으로 정하는 바에 따라 구조금을 지급하지 아니한다(법 제20조). 국가는 구조피해자나 유족이 해당 구조대상 범죄피해를 원인으로 하여 손해배상을 받았으면 그 범위에서 구조금을 지급하지 아니한다. 국가는 지급한 구조금의 범위에서 해당 구조금을 받은 사람이 구조대상 범죄피해를 원인으로 하여 가지고 있는 손해배상청구권을 대위한다. 국가는 손해배상청구권을 대위할 때 대통령령으로 정하는 바에 따라 가해자인 수형자나 보호감호대상자의 작업장려금 또는 근로보상금에서 손해배상금을 받을 수 있다(범죄피해자보호법 제21조).

(3) 구조금 청구절차와 지급방법

1) 청구절차 구조금 지급 및 제21조 제2항에 따른 손해배상청구권 대위에 관한 사항을 심의·결정하기 위하여 각 지방검찰청에 범죄피해구조심의회(지구심의회)를 두고 법무부에 범죄피해구조본부심의회를 둔다(법 제24조 제1항). 구조금을 받으려는 사람은 법무부령으로 정하는 바에 따라 그 주소지, 거주지 또는 범죄 발생지를 관할하는 지구심의회에 신청하여야 한다. 신청은 해당 구조대상 범죄피해의 발생을 안 날부터 3년이 지나거나 해당 구조대상 범죄피해가 발생한 날부터 10년이 지나면 할 수 없다(법 제25조).

2) 지급방법 ① 구조금은 일시금으로 지급한다. 다만, 구조피해자 또는 그 유족이 연령, 장애, 질병이나 그 밖에 대통령령으로 정하는 사유로 구조금을 관리할 능력이 부족하다고 인정되는 경우로서, 구조피해자나 그 유족이 구조금의 분할 지급을 청구하여 제24조 제1항에 따른 범죄피해구조심의회가 구조금의 분할 지급을 결정한 경우 또는 제24조 제1항에 따른 범죄피해구조심의회가 직권으로 구조금의 분할 지급을 결정한 경우에는, 대통령령으로 정하는 바에 따라 구조금을 분할하여 지급할 수 있다(법 제17조 제4항).

② 지구심의회는 구조금 지급신청을 받으면 신속하게 구조금을 지급하거나 지급하지 아니한다는 결정(지급한다는 결정을 하는 경우에는 그 금액을 정하는 것을 포함한다)을 하여야 한다(법 제26조). 지구심의회는 구조금 지급신청을 받았을 때 구조피해자의 장해 또는 중상해 정도가 명확하지 아니하거나 그 밖의 사유로 인하여 신속하게 결정을 할 수 없는 사정이 있으면 신청 또는 직권으로 대통령령으로 정하는 금액의 범위에서 긴급구조금을 지급하는 결정을 할 수 있다(법 제28조

제1항).

③ 구조금을 받을 권리는 그 구조결정이 해당 신청인에게 송달된 날부터 2년간 행사하지 아니하면 시효로 인하여 소멸된다. 구조금을 받을 권리는 양도하거나 담보로 제공하거나 압류할 수 없다(범죄피해자보호법 제31조－제32조).

3) **구조금 환수** 국가는 범죄피해자보호법에 따라 구조금을 받은 사람이, 거짓이나 그 밖의 부정한 방법으로 구조금을 받은 경우, 구조금을 받은 후 제19조에 규정된 사유가 발견된 경우, 구조금이 잘못 지급된 경우에 해당하면, 지구심의회 또는 본부심의회의 결정을 거쳐 그가 받은 구조금의 전부 또는 일부를 환수할 수 있다. 국가가 구조금을 환수할 때에는 국세징수의 예에 따르고, 그 환수의 우선순위는 국세 및 지방세 다음으로 한다(법 제30조).

제 5 절 사회적 기본권

Ⅰ. 사회적 기본권 일반론

1. 헌법규정 및 의의

(1) 헌법은 제31조에서 제36조에 이르기까지 이른바 사회적 기본권을 규정하고 있다. 사회적 기본권들 중에서 제34조 제1항은 포괄적이며 기본적인, 인간다운 생활을 할 권리를 규정하고 있고, 나머지 부분에서 인간다운 생활을 할 권리를 실현하기 위한 전제로서 교육을 받을 권리나 근로의 권리 등을 규정하고 있다.

(2) 사회적 기본권이란 인간이 인간답게 살기 위한 기본조건들을 확보하기 위하여 국가에 대하여 물질적 급부, 적극적 행위 및 보호를 요구할 수 있는 권리를 말한다. 사회적 기본권은 특히 경제적·사회적 약자의 인간다운 생활을 보장함으로써 정의로운 사회질서를 형성하기 위하여 인정되는 기본권이다. 자유를 실질적으로 향유하기 위해서는 인간이 인간답게 살기 위한 기본조건들(예컨대 물질적 기초)의 확보가 필요하다. 따라서 사회적 기본권은 자유의 조건을 확보하기 위한 기본권이라는 의미를 갖는다. 헌법원리로서 사회국가원리는 정의로운 사회질서를 형성할 국가의 임무를 의미하는데, 사회적 기본권은 개인에게 권리의 형

식으로 인정되는 것이므로 국민의 인간다운 생활 보장에 더 강력한 수단으로 작용한다.

2. 사회적 기본권의 법적 성격

사회적 기본권이 본질적으로 권리인지 아닌지 여부에 관하여 학설대립이 있다. 즉 사회적 기본권의 권리성을 부정하는 견해와 권리성을 인정하는 견해로 크게 나누어 볼 수 있다.

⑴ 권리성을 부정하는 견해(객관설)

사회적 기본권은 원칙적으로 개인의 권리가 아니고 국가에게 사회적 기본권의 내용을 실현할 의무를 부여하는 헌법규정으로 보는 견해이다.

1) 프로그램규정설 사회적 기본권은 개인의 권리가 아니고 입법자가 입법할 때 준수해야 할 입법의 방침을 규정한 것으로서, 헌법규정만으로는 개인의 권리로서 직접 효력을 발휘하지 못한다. 사회적 기본권은 국가의 재정력에 의존하는 것이기 때문에 구체적 입법이 없다면, 헌법이 권리형식으로 규정하고 있을지라도 그것은 단지 프로그램규정에 불과하다.

2) 국가목표규정설 사회적 기본권은 개인의 권리가 아니고 국가의 목표규정이다. 국가목표규정은 입법·집행·사법 모두를 구속한다.

3) 입법위임규정설 사회적 기본권은 개인의 권리가 아니고 사회적 기본권 실현을 위한 입법활동을 하도록 입법자에게 의무를 부과하는 입법위임규정이다. 입법위임규정은 입법자만을 구속한다.

4) 헌법위임규정설 사회적 기본권은 개인의 권리가 아니고 국가에게 사회적 기본권 실현을 위한 활동을 하도록 의무를 부과하는 헌법위임규정이다. 보통 헌법위임과 입법위임은 같은 개념으로 사용된다. 구별한다면 헌법위임규정은 입법·집행·사법 모두를 구속한다.

⑵ 권리성을 인정하는 견해(주관설, 법적 권리설)

사회적 기본권은 헌법이 권리의 형식으로 규정하고 있으므로 법적 권리로서 개인의 권리, 즉 주관적 권리성을 갖는다는 견해이다.

1) 추상적 권리설 사회적 기본권은 헌법이 권리의 형식으로 규정하고 있으므로 법적 권리이다. 국민은 사회적 기본권 실현을 위한 국가활동을 요구할

권리를 가지며 국가는 그러한 활동을 할 의무를 진다. 그러나 사회적 기본권은 헌법규정만으로는 추상적 권리에 불과하고 하위입법, 즉 법률이 제정되어야 비로소 구체적인 현실적 권리가 된다.

2) 불완전한 구체적 권리설 사회적 기본권은 자유권적 기본권처럼 직접 효력을 가지는 완전한 의미에서의 구체적인 권리일 수는 없지만, 적어도 청구권적 기본권이나 정치적 기본권의 일부와 동일한 수준의 불완전하지만 구체적인 권리이다. 사회적 기본권의 구체적 내용은 직접 헌법에 의하여 확정되는 것이 아니라 이 헌법규정을 구체화하는 입법(법률)으로써 결정된다. 국가는 사회적 기본권을 구체화할 입법의무가 있다. 사회적 기본권 실현에 관한 국가의 부작위에 대해서는 헌법소원의 방식으로 사법적 구제를 청구할 수 있다.

3) 구체적 권리설 사회적 기본권은 헌법이 권리의 형식으로 규정하고 있으므로 법적 권리이며, 이를 구체화하는 하위입법, 즉 법률이 제정되어 있지 아니한 경우에도 직접 효력을 갖는 구체적이고 현실적인 개인의 권리이다. 사회적 기본권 실현에 관한 국가의 부작위에 대해서는 부작위위법확인소송 또는 헌법소원의 방식으로 사법적 구제를 청구할 수 있다.

4) 알렉시(R. Alexy)의 원칙모델에 따른 권리설 ① 알렉시는 모든 사회적 기본권은 일단 잠정적으로 개인에게 주관적 권리를 부여하지만, 이 권리는 구체적인 사안에서 관련되는 여러 요소들을 형량한 후에 비로소 확정적인 권리가 된다고 한다. 예컨대 사회적 기본권 보장을 통해 개인에게 인정되는 실질적 자유 실현과 그에 대응하는 형량요소들(권력분립원리·민주주의원리·타인의 자유 제한)을 형량한 결과, 개인에게 인정되는 실질적 자유 실현의 비중이 매우 큰 경우 개인에게 확정적인 사회적 기본권이 부여된다고 한다.

② 그는 사회적 기본권의 헌법규정이, 개인에게 주관적 권리를 부여하는지 아니면 국가에게 객관적 의무를 부여하는지, 구속적 규범인지 아니면 비구속적 규범인지, 권리와 의무를 확정적으로 부여하는지 아니면 잠정적으로 부여하는지 등의 기준에 따라, 8가지로 헌법규정 형태를 분류한다. 예컨대 확정적이고 구속적으로 개인에게 급부를 청구할 주관적 권리를 부여하는 사회적 기본권 규정이 개인에게 가장 강한 보호를 제공한다. 반면에 불확정적이고 비구속적으로 국가에게 급부제공의 객관적 의무를 부여하는 사회적 기본권 규정은 개인에게 가장

약한 보호를 제공한다.

(3) 소결

1) 사회적 기본권의 법적 성격에 관한 학설대립의 핵심은, 그것이 개인의 권리인가 아닌가 하는 점이다. 사회적 기본권이 개인의 (헌법상)권리라면 하위입법 없이 헌법규정만으로도 사법적 구제가 가능해야 한다. 물론 사회적 기본권 규정을 근거로 구체적인 특정한 급부를 소구하는 것이 가능하다는 것은 아니고, 사회적 기본권 실현을 위한 입법미비 또는 입법 불충분에 대해 사법적으로 소구(헌법소원심판청구)하는 것이 가능하다고 할 것이다.[154] 그런데 사회적 기본권의 실현은 국가의 급부능력(재정력)에 크게 의존한다는 점이 근본적인 문제이다. 그래서 사회적 기본권의 보장 수준은 변화하는 사회적·경제적 상황에 대응하는 최소한도의 수준이 될 수밖에 없다. 더불어 현실적으로 입법자 및 정부의 의지가 사회적 기본권 실현의 중요한 요소로 작용한다.

2) 사회적 기본권의 권리성을 부정하는 견해는 일견 명쾌한 듯 보이지만, 이 견해에 의거할 경우, 헌법이 명백하게 '권리' 형식으로 규정하고 있다는 점을 무시하는 게 되고, 기본권 침해를 이유로 하는 헌법소원심판을 청구할 수 없으며, 결국 법률이 제정되지 않는 한 국민으로서는 아무것도 할 수 없다는 문제점이 있다. 사회적 기본권의 권리성을 인정하는 견해들 중, 추상적 권리설이나 불완전한 구체적 권리설은 하위입법(법률제정)을 요구하기 때문에 실질적으로 프로그램규정설과 별 차이가 없고, 구체적 권리설은 헌법이 권리형식으로 규정하고 있다는 논거 외에 설득력 있는 논거제시가 없으며, 원칙모델에 따른 권리설은 형량의 대상이 되는 법익들이 다양하고 다원적이기 때문에 헌법재판소에 의한 형량 자체가 불가능하거나 해석자의 주관에 따라 결과가 달라질 수 있다는 불명확성이 있다.

3) 여하간 헌법은 사회적 기본권을 권리의 형식으로 규정하고 있기 때문에, 권리성을 부정하는 견해는 취하기 어렵다고 생각한다. 사회적 기본권은 본질적으로 국가에 대해 사실적 급부를 요구할 수 있는 권리이다. 따라서 사회적 기본권이 국가의 급부능력(재정력)에 크게 의존한다는 근본적인 이유 때문에, 권리성

---

154) 정태호, 사회적 기본권과 헌법재판소의 판례, 헌법논총(헌법재판소) 제9집, 1998, 666면.

의 정도라든가 사법적 구제의 수준 등에 있어서 난점이 내재하지만, 사회적 기본권은 헌법규정 자체로 직접 효력을 갖는 법적 권리라고 할 것이다. 그리고 현실적으로 헌법재판소는 사회적 기본권을 침해받았다는 이유로 심판청구되는 헌법소원 사건들을 많이 다루고 있다.

3. 사회적 기본권의 주체

사회적 기본권의 주체는 국민이다. 사회적 기본권은 인간이 인간다운 생활을 하는데 필요한 기본적인 수준을 갖추기 위해 국가에게 급부를 요구할 수 있는 권리이기 때문에 자연인이 아닌 법인은 주체성이 부정된다. 외국인은 원칙적으로 사회적 기본권의 주체가 아니며, 법률이 규정한다면 법률상 권리의 주체가 될 수는 있다.

4. 사회적 기본권의 효력

(1) 사회적 기본권은 주관적 권리로서 대국가적 효력을 갖는다. 다만 자유권이 갖는 전면적인 대국가적 효력과 달리 사회적 기본권은 국가의 급부능력(재정능력)에 크게 의존한다는 한계 때문에, 대국가적 효력에 있어서 한계를 갖고 있다. 예컨대 사회적 기본권은 입법권에 대해서는 전면적인 구속력을 갖는다. 집행권에 대해서는 하위입법(법률) 없이 헌법규정에 의거하여 행정적 급부를 청구할 수 있는 경우가 있을 수도 있겠지만 대체로 그 구속력이 미약하다. 사법권에 대해서는 예컨대 사회적 기본권 침해를 이유로 하는 헌법소원 사건에서 재판규범으로서 구속력을 발휘한다.

(2) 대체로 사회적 기본권은 인간이 인간다운 생활을 하는데 필요한 기본적인 수준을 갖추기 위해 국가에게 급부를 요구할 수 있는 권리, 즉 급부청구권이기 때문에, 근로3권처럼 대사인적 효력을 갖는 예외적인 경우를 제외하고, 원칙적으로 대사인적 효력을 갖지 못한다고 한다. 그러나 예컨대 사인의 사실행위에 의해 급부청구권 침해가 발생할 수도 있기 때문에, 대사인적 효력이 인정된다고 본다.

5. 사회적 기본권의 제한과 한계

(1) 제한

1) 사회적 기본권도 주관적 권리로서 제한될 수 있다. 사회적 기본권에 관한 법률은 일견 형성적 법률이다. 즉 예컨대 참정권의 경우처럼, 법률에 의하여 사회적 기본권의 구체적 내용이 형성된다. 그런데 형성은 동시에 제한의 성격을 갖는다. 사회적 기본권의 권리성이 약하기는 하지만 제한이 전혀 불가능한 것은 아니다. 또한 법률로써 이미 형성된 사회적 기본권의 내용에 대해 법률개정을 통해 일부 축소가 이루어지는 경우 이는 제한에 해당한다.

2) 사회적 기본권에 관하여 헌법이 직접 제한하는 경우로서 예컨대 헌법 제33조 제2항과 제3항은 공무원인 근로자 일부에게만 근로3권을 인정하고 주요방위산업체에 종사하는 근로자의 단체행동권을 제한하고 있다. 그리고 헌법 제37조 제2항이나 긴급명령(제76조)에 의하여 사회적 기본권이 제한될 수 있다.

(2) 제한의 한계

1) 사회적 기본권 제한에 대한 헌법재판소의 심사기준은 자유권 제한에 대한 심사기준과 다르다. 즉 자유권 제한에 대해서는 과잉금지원칙에 의거한 심사를 하지만, 사회적 기본권 제한에 대해서는 과소보호금지원칙(최소보장원칙)에 의거한 심사를 한다. 즉 헌법재판소는 "국가가 인간다운 생활을 보장하기 위한 헌법적 의무를 다하였는지의 여부가 사법적 심사의 대상이 된 경우에는, 국가가 최저생활보장에 관한 입법을 전혀 하지 아니하였다든가 그 내용이 현저히 불합리하여 헌법상 용인될 수 있는 재량의 범위를 명백히 일탈한 경우에 한하여 헌법에 위반된다."[155]라고 판시하였다.

2) 헌법 제37조 제2항에 의하여 사회적 기본권을 법률로써 제한하는 경우에도 본질적 내용을 침해할 수 없다. 사회적 기본권에 관한 법률이 형성적 의미를 갖기는 하지만, 헌법이 기본권으로 규정하고 있는 사회적 기본권을 유명무실하게 만드는 법률규정은 허용되지 않는다.

---

155) 헌재 2010. 5. 27. 2009헌마338.

Ⅱ. 교육을 받을 권리

1. 헌법규정 및 의의

(1) 헌법 제31조는 "① 모든 국민은 능력에 따라 균등하게 교육을 받을 권리를 가진다. ② 모든 국민은 그 보호하는 자녀에게 적어도 초등교육과 법률이 정하는 교육을 받게 할 의무를 진다. ③ 의무교육은 무상으로 한다. ④ 교육의 자주성·전문성·정치적 중립성 및 대학의 자율성은 법률이 정하는 바에 의하여 보장된다. ⑤ 국가는 평생교육을 진흥하여야 한다. ⑥ 학교교육 및 평생교육을 포함한 교육제도와 그 운영, 교육재정 및 교원의 지위에 관한 기본적인 사항은 법률로 정한다."라고 하여, 교육을 받을 권리 및 이 권리를 실현하기 위한 구체적인 교육 관련 사항을 규정하고 있다.

(2) 교육을 받을 권리(수학권)란 통상 국가에 의한 교육조건의 개선·정비와 교육기회의 균등한 보장을 적극적으로 요구할 수 있는 권리로 이해되고 있다. 교육을 받을 권리는 국가로 하여금 능력이 있는 국민이 여러 가지 사회적·경제적 이유로 교육을 받지 못하는 일이 없도록 국가의 재정능력이 허용하는 범위 내에서 모든 국민에게 취학의 기회가 골고루 주어지도록 그에 필요한 교육시설 및 제도를 마련할 의무를 부과한다.[156] 교육을 받을 권리는 국민이 교육을 받음으로써, 자신의 인격을 발현하고 직업과 경제생활에서 스스로 책임을 지는 삶을 살아갈 수 있게 하여 인간다운 생활을 영위하게 한다. 또 민주주의는 깨어있는 시민을 요구하기 때문에, 교육을 받을 권리는 교육을 통해 국민에게 민주시민의 자질을 갖추게 함으로써 민주주의 실현에 기여한다. 그리고 교육을 받을 권리는 교육을 통해 국민에게 문화의 향유 및 생산에 참여하는 문화생활을 영위할 수 있게 함으로써 문화국가 실현에 기여한다.

2. 교육을 받을 권리의 법적 성격 및 주체

(1) 교육을 받을 권리의 법적 성격

교육을 받을 권리의 주관적 권리성에 관하여 사회권설, 자유권설, 복합적 권

156) 헌재 2008. 4. 24. 2007헌마1456.

리설 등이 대립하고 있다. 여기서는 교육을 받을 권리를 복합적 성격의 권리로 보고 사회권적 측면, 자유권적 측면 및 평등권적 측면으로 나누어 본다.

1) 사회권적 측면 교육을 받을 권리의 사회권적 측면은 국민이 능력에 따라 균등하게 교육받을 수 있도록 국가가 적극적으로 배려하여 줄 것을 요구하는 것이다. 즉 교육을 받을 권리는 특정한 교육제도나 학교시설을 요구할 수 있는 권리가 아니라, 모든 국민이 능력에 따라 균등하게 교육을 받을 수 있는 교육제도를 제공해야 할 국가의 의무를 규정한 것이다. 사회적 기본권으로서의 성격이 교육을 받을 권리의 주된 성격이다.

2) 자유권적 측면 교육을 받을 권리의 자유권적 측면은 국민이 능력에 따라 균등하게 교육받을 것을 공권력에 의하여 부당하게 침해받지 않는 것이다. 예컨대 고졸검정고시응시자격을 제한하는 것은, 국민의 교육받을 권리 중 그 의사와 능력에 따라 균등하게 교육받을 것을 국가로부터 방해받지 않을 권리, 즉 자유권적 기본권을 제한하는 것이다.[157]

3) 평등권적 측면 교육을 받을 권리의 평등권적 측면은 모든 국민이 능력에 따라 균등하게 교육을 받는 것, 즉 교육에 있어서 불합리한 사유로 차별받지 않는 것이다. 따라서 교육에 있어서 불합리한 사유에 의거한 차별은 교육을 받을 권리를 침해하는 것이다. 불합리한 차별을 받지 않고 능력에 따라 균등하게 교육을 받을 권리는 헌법 제11조의 일반적 평등권(평등원칙)을 교육영역에서 실현하는 개별적 평등권(평등원칙)에 해당한다.

(2) 교육을 받을 권리의 주체

교육을 받을 권리의 주체는 어린이를 포함한 모든 국민이다. 교육을 받을 권리는 실정권이기 때문에, 외국인의 경우 주체성은 부정되지만 국내에서 교육을

157) 헌재 2008. 4. 24. 2007헌마1456; 관련하여, 지방대학 한의과대학 지역인재전형 사건에서, 헌법재판소는, 지방대학의 한의과대학 입학자 중 해당지역출신자의 수가 충청권, 호남권, 대구·경북권, 부산·울산·경남권의 경우 학생 입학 전체인원의 40% 이상, 강원권과 제주권의 경우 학생 입학 전체인원의 20% 이상이 되도록 규정한 구 지방대육성법 시행령 규정은, 수도권 고등학교를 졸업하고 한의과대학 진학을 준비하는 청구인의 교육받을 권리 등을 침해하지 아니한다고 판시하였다. 즉, 심판대상조항의 목적은 해당지역출신자에게 지방대학의 한의과대학 입학기회를 확대함으로써 지방 출신의 인재를 양성하고 지역 간의 균형 있는 발전을 도모하기 위한 것으로서, 위와 같은 비율의 설정이 입법목적 달성에 필요한 정도를 넘는다고 보기는 어렵기 때문에, 심판대상조항이 과잉금지원칙에 위배되어 청구인의 직업선택의 자유와 균등하게 교육을 받을 권리를 침해하지 않는다고 판시하였다(헌재 2025. 7. 17. 2021헌마1572).

받을 수는 있다. 교육을 받을 권리(수학권)의 주체는 개개 국민이고, 자신의 자녀에게 교육기회를 제공해 줄 것을 청구할 권리의 주체는 학령아동의 부모이다. 교육을 받을 권리는 그 성격상 자연인만이 주체이고 법인은 주체성이 부정된다.

3. 교육을 받을 권리의 효력

교육을 받을 권리의 사회권적 측면과 관련하여, 교육을 받을 권리를 국가에 의한 교육조건의 개선·정비를 요구할 수 있는 권리라고 할 경우, 교육을 받을 권리는 대국가적 효력을 가질 뿐이다. 그러나 이 경우에도 교육을 받을 권리가 특정한 교육제도나 학교시설을 요구할 수 있는 권리가 아니라, 모든 국민이 능력에 따라 균등하게 교육을 받을 수 있는 교육제도를 제공해야 할 국가의 의무이행을 요구할 권리를 뜻한다. 교육을 받을 권리의 자유권적 측면과 관련하여, 교육을 받을 권리를 국가권력이나 제3자에 의해 침해받지 않을 권리라고 할 경우, 교육을 받을 권리의 대사인적 효력이 인정될 수 있다.

4. 교육을 받을 권리의 내용

(1) '능력에 따라' 교육을 받을 권리

모든 국민은 '능력에 따라' 균등하게 교육을 받을 권리를 가진다. 여기서 능력이란 교육에서 요구되는 개인의 일신전속적인 정신적·육체적 능력을 말한다. 예컨대 수학능력은 여기에 해당한다. 그러나 예컨대 재력은 여기의 능력에 해당하지 않는다. 따라서 능력에 따른 교육이란 모든 국민은 자신의 정신적·육체적 능력에 따라 그에 상응하는 교육을 받는 것을 말하며, 개인 간의 능력 차이가 고려되지 않은 모두에게 동일한 교육을 받지 않는다는 것을 뜻한다. 예컨대 지적 장애인처럼 지적 능력이 부족한 사람은 그에 상응하는 교육을 받을 권리가 있다.

(2) '균등하게' 교육을 받을 권리

모든 국민은 능력에 따라 '균등하게' 교육을 받을 권리를 가진다. '균등한' 교육이란 능력에 따른 차별만 허용되고 그 밖에 성별·종교·사회적 신분 등에 의한 차별은 허용되지 않는 교육을 발한다. 그런데 균등하게 교육을 받을 권리는 단순한 차별금지를 넘어 모든 국민이 균등한 교육을 받을 수 있도록 국가가 학교 및 기타 교육기관 등의 교육여건을 갖추고 경제적 약자가 실질적으로 평등하게 교육받을 수 있는 장학제도 등을 갖추어야 함을 의미한다.

⑶ '교육'을 받을 권리

1) 교육 교육은 학교교육, 사회교육, 가정교육, 공민교육 등 다양한 형태가 있지만, 그 중에서도 학교교육이 가장 중요하다. 헌법 제31조 제1항의 교육을 받을 권리는 주로 학교교육을 뜻한다.

2) 평생교육 평생교육도 교육을 받을 권리의 교육에 포함되지만, 헌법 제31조 제5항은 "국가는 평생교육을 진흥하여야 한다."라고 따로 규정하고 있다. 오늘날처럼 급속하게 변화하는 세상에서 학교교육만으로는 적절한 대처능력을 갖추는 게 어렵기 때문에, 사회교육, 성인교육 등이 평생 필요하다.

3) 의무교육 ① 헌법 제31조 제2항은 "모든 국민은 그 보호하는 자녀에게 적어도 초등교육과 법률이 정하는 교육을 받게 할 의무를 진다."라고 규정하고 있으며, 제3항은 "의무교육은 무상으로 한다."라고 규정하고 있다. 교육기본법 제8조 제1항은 "의무교육은 6년의 초등교육과 3년의 중등교육으로 한다."라고 규정하고 있다.

② 의무교육을 받을 권리의 주체는 취학연령에 있는 아동이고, 교육을 받게 할 의무의 주체는 학령아동의 친권자 또는 후견인이다. 초·중등교육법 제14조 제1항은 "질병·발육 상태 등 부득이한 사유로 취학이 불가능한 의무교육대상자에 대하여는 대통령령으로 정하는 바에 따라 제13조에 따른 취학의무를 면제하거나 유예할 수 있다."라고 규정하고 있다.

③ 의무교육은 무상으로 하는데 무상의 범위가 문제된다. 무상의 범위에 관하여 법률이 정하는 바에 따른다는 무상범위법정설, 수업료만 무상이라는 수업료무상설, 수업료·교재·학용품·급식 등이 무상이라는 취학필수비무상설 등의 견해가 있다. 취학필수비무상설이 다수설이다. 현재 고등학교까지 무상교육이 이루어지고 있다. 초·중등교육법 제10조의2 제1항은 입학금, 수업료, 학교운영지원비, 교과용 도서 구입비 등을 무상으로 한다고 규정하고 있다. 공립학교에서 교육을 받을 수 있음에도 불구하고 스스로 사립학교를 선택하는 경우 무상의 혜택을 받을 수 없다.

(4) 교육의 자주성·전문성·정치적 중립성과 대학의 자율성 보장

헌법 제31조 제4항은 "교육의 자주성·전문성·정치적 중립성 및 대학의 자율성은 법률이 정하는 바에 의하여 보장된다."라고 규정하고 있다.

1) 교육의 자주성　　교육의 자주성이란 교육이 정치권력이나 기타의 간섭 없이 그 전문성과 특수성에 따라 독자적으로 교육 본래의 목적에 기하여 조직·운영·실시되어야 한다는 의미에서의 교육의 자유와 독립을 말한다.[158] 교육의 자주성이 교육에 대한 국가의 감독을 배제하지는 않는다. 국가는 합리적인 범위 내에서 교육에 대해 감독할 수 있다. 교육의 자주성은 피교육자인 학생들의 권익과 복리증진 및 공동체의 이념과 윤리에 의하여 제약을 받는다. 교육의 자주성을 보장하기 위해서는, 특히 교사의 교육의 자유가 보장되어야 한다. 교육내용 및 교육방법은 교사가 자주적으로 결정해야 하며, 교육내용 및 교육방법에 대하여, 다원주의를 본질로 하는 민주주의 실현을 방해하는 국가의 간섭은 허용되지 않는다.

2) 교육의 전문성　　교육의 전문성이란 교육은 교육전문가에 의하여 이루어져야 함을 말한다. 즉 교육정책의 수립과 집행은 교육전문가가 직접 행하거나 적어도 교육전문가의 참여를 통해 이루어져야 한다는 것이다. 교육전문가로서 교원은 장기간에 걸친 교육과 훈련을 통해 직업이 요구하는 소양과 지식을 갖추고 고도의 자율성과 사회적 책임성을 아울러 가져야 한다.

3) 교육의 정치적 중립성　　교육의 정치적 중립성은 교육이 국가권력이나 정치적 세력으로부터 부당한 간섭을 받지 아니할 뿐만 아니라(정치의 교육적 중립), 교육이 그 본연의 기능을 벗어나 정치영역에 개입하지 않아야 한다는 것(교육의 정치적 중립)을 의미한다. 교육방법이나 교육내용은 당파적 편향성에 의해 침해되어서는 안 된다.

4) 대학의 자율성　　대학의 자율성이란 대학이 자주적으로 대학을 운영하는 것으로서, 학문의 자유에서 살펴본 대학의 자치에 해당하는 사항이다. 대학의 자율성에 관한 헌법규정은 대학의 자치를 재확인한 것이다.

158) 헌재 2002. 3. 28. 2000헌마283·778.

(5) 교육제도 · 교육재정 · 교원지위의 법정주의

헌법 제31조 제3항은 "학교교육 및 평생교육을 포함한 교육제도와 그 운영, 교육재정 및 교원의 지위에 관한 기본적인 사항은 법률로 정한다."라고 규정하고 있다.

1) 교육제도 법정주의 헌법이 교육제도와 그 운영에 관한 기본적인 사항을 법률로 정하도록 한 것은, 국가의 백년대계인 교육이 일시적인 특정 정치 세력으로부터 영향을 받거나 집권자의 통치상의 의도에 따라 수시로 변경되는 것을 예방하고 장래를 전망한 일관성이 있는 교육체계를 유지 · 발전시키기 위한 것이다. 교육제도에 관한 법률로는 교육기본법, 초 · 중등교육법, 고등교육법, 교육공무원법, 사립학교법, 교육자치법, 교육세법 등이 있다.

2) 교육재정 법정주의 교육재정은 교육에 필요한 재정을 말한다. 교육에는 막대한 비용이 드는데 이러한 비용을 충당할 교육재정을 제대로 확보해야 교육이 온전하게 이루어질 수 있기 때문에, 교육재정에 관하여 법률로 규정하는 것이다. 교육재정에 관한 법률로는 교육세법, 지방교육재정교부금법 등이 있다.

3) 교원지위 법정주의 '교원의 지위'란 교원의 직무의 중요성 및 그 직무수행능력에 대한 인식의 정도에 따라서 그들에게 주어지는 사회적 대우 또는 존경과 교원의 근무조건 · 보수 및 그밖의 물적 급부 등을 모두 포함하는 의미이다. 교원의 지위를 정하는 법률은 교원의 기본권 보장 내지 지위보장과 함께 국민의 교육을 받을 권리를 보다 효율적으로 보장하기 위한 규정을 반드시 포함해야 하며, 결과적으로 교원의 기본권을 제한하는 사항까지도 규정할 수 있다.

Ⅲ. 근로의 권리

1. 헌법규정 및 의의

(1) 헌법 제32조 제1항 제1문은 "모든 국민은 근로의 권리를 가진다."라고 하여 근로의 권리를 규정하고 있다. 그리고 제1항 제2문에서 제6항까지 근로의 권리 보장 강화를 위하여, 고용의 증진과 적정임금의 보장, 최저임금제, 근로의 의무, 근로조건의 기준 법정주의, 여자와 연소자의 근로에 대한 특별한 보호, 국가유공자 등에 대한 우선적 근로기회 부여 등을 규정하고 있다. 헌법은 경제적 약

자인 근로자의 인간다운 생활을 보장하기 위한 규정들을 두고 있는데, 이러한 근로자 보호를 위한 헌법규정들을 노동헌법이라 한다. 노동기본권이란 근로자 개인을 보호하는 근로의 권리와 근로자들의 집단적 활동을 보호하는 근로3권을 포함하여 일컫는 말이다.

(2) 근로란 정신노동과 육체노동을 말하며(근로기준법 제2조 제1항 제3호), 근로자가 사용자로부터 임금을 받는 대가로 제공하는 육체적·정신적 활동을 말한다. 생활에 필요한 소득(임금)을 위한 일(활동)이 아닌 단순한 취미를 위한 일은 근로의 개념에 포함되지 않는다. 근로의 권리는 국민이 자신의 의사와 능력에 따라 생활에 필요한 소득(임금)을 위해 자유롭게 취업하여 활동할 수 있는 권리이며, 다른 한편 근로의 의사와 능력은 있으나 근로의 기회를 얻지 못한 국민이 국가에 대하여 근로의 기회를 제공해 줄 것을 요구할 수 있는 권리이다.[159] 근로의 권리 보장은 국민이 근로를 통하여 자신의 생활비용을 충족시킬 수 있는 생활수단을 보장하며, 근로를 통해 자신의 인격을 발현하게 하고, 자본주의 경제질서의 기초를 형성하며, 근로를 통해 소득을 확보함으로써 국가의 사회보장 부담을 경감시킨다.

2. 근로의 권리의 주체

근로의 권리는 기본적으로 국민의 권리이기 때문에, 모든 국민은 원칙적으로 주체성을 갖는다. 근로의 의사와 능력을 가진 국민이 주체이기 때문에, 미성년자는 예외적으로 주체성이 인정된다. 외국인의 경우, 헌법재판소는 근로의 권리는 '일할 자리에 관한 권리'만이 아니라 '일할 환경에 관한 권리'도 함께 내포하고 있고, 후자는 인간의 존엄성에 대한 침해를 방어하기 위한 자유권적 기본권의 성격도 갖고 있기 때문에, 근로의 권리 중 인간의 존엄성 보장에 필요한 최소한의 근로조건을 요구할 수 있는 '일할 환경에 관한 권리'는 외국인의 주체성이 인정된다고 판시하였다.[160] 근로의 권리는 자연인의 권리이기 때문에, 법인은 그 주체가 될 수 없다.

---

159) 계희열, 헌법학(중), 박영사, 2007, 757면; 권영성, 헌법학원론, 법문사, 2011, 672면; 김하열, 헌법강의, 박영사, 2025, 713면.

160) 헌재 2016. 3. 31. 2014헌마367.

3. 근로의 권리의 내용

근로의 권리의 본질적 내용은 근로의 기회를 얻지 못한 국민이 국가에 대하여 근로의 기회를 제공해 줄 것을 요구할 수 있는 권리, 즉 근로기회제공청구권이다. 근로의 권리가 국가에 대하여 직접 일자리를 청구하거나 일자리에 갈음하는 생계비의 지급청구권을 의미하는 것은 아니다. 근로의 권리는 고용증진을 위한 사회적·경제적 정책을 요구할 수 있는 권리에 그치기 때문에 기본권으로서의 현실적 의미는 미미하다. 헌법은 근로의 권리의 실효성을 위하여 제32조 제1항 제2문 이하에서 보완규정들을 두고 있다.

⑴ 국가의 고용증진의무

헌법 제32조 제1항 제2문 전단은 "국가는 사회적·경제적 방법으로 근로자의 고용의 증진 … 에 노력하여야 하며, … "라고 하여 국가의 고용증진의무를 규정하고 있다. 국가는 사회적·경제적 방법, 즉 사회정책, 경제정책, 노동정책 등을 통해 고용증진에 노력해야 한다. 근로의 권리 보장 및 국가의 고용증진의무는 사용자의 해고의 자유를 제한한다.

⑵ 적정임금의 보장 및 최저임금제 시행

헌법 제32조 제1항 제2문은 "국가는 … 적정임금의 보장에 노력하여야 하며, 법률이 정하는 바에 의하여 최저임금제를 시행하여야 한다."라고 하여 적정임금의 보장과 최저임금제 시행을 규정하고 있다.

1) 적정임금의 보장

① 의의 '임금'이란 사용자가 근로의 대가로 근로자에게 임금, 봉급, 그 밖에 어떠한 명칭으로든지 지급하는 모든 금품을 말한다(근로기준법 제2조 제1항 제5호). 적정임금이란 근로자와 그 가족이 인간의 존엄성을 향유하며 인간다운 생활을 하는데 소요되는 비용을 충당할 수 있는 정도의 임금을 말한다. 적정임금은 획일적으로 말하기는 어려우며, 시대와 상황에 따라 다를 수밖에 없다.

② 무노동·무임금 원칙 무노동·무임금이란 일을 하지 않으면 임금도 없다는 것으로서, 사용자가 근로를 제공하지 않은 근로자에 대해 임금을 지급하지 않는 것을 말한다. 따라서 근로자가 근로를 제공하지 아니한 쟁의행위 기간에는 근로 제공 의무와 대가관계에 있는 임금청구권이 발생하지 않는다.

③ **퇴직금 문제** 적정임금 보장과 관련하여 퇴직금이 문제된다. 최종 3년간의 퇴직급여등은 사용자의 총재산에 대하여 질권 또는 저당권에 의하여 담보된 채권, 조세·공과금 및 다른 채권에 우선하여 변제되어야 한다(근로자퇴직급여 보장법 제12조 제2항).

2) 최저임금제 시행 헌법 제32조 제1항 제2문 후단은 최저임금제 시행을 규정하고 있다. 이에 근로자에 대하여 임금의 최저수준을 보장하여 근로자의 생활안정과 노동력의 질적 향상을 꾀함으로써 국민경제의 건전한 발전에 이바지하는 것을 목적으로 최저임금법이 제정되었다(최저임금법 제1조). 최저임금법에 따라 사용자는 최저임금의 적용을 받는 근로자에게 최저임금액 이상의 임금을 지급하여야 한다(법 제6조 제1항). 고용노동부의 최저임금 고시에 의해 사용자는 근로자와 사이에 임금을 최저임금액 이상으로 하여 근로계약을 체결해야 하기 때문에, 사용자는 계약의 자유와 기업의 자유를 제한받지만, (2018, 2019)최저임금 고시 부분이 과잉금지원칙을 위반하여 사용자의 계약의 자유와 기업의 자유를 침해하지 않는다.[161)]

(3) 근로조건의 기준 법정주의

헌법 제32조 제3항은 "근로조건의 기준은 인간의 존엄성을 보장하도록 법률로 정한다."라고 규정하고 있다. 이는 사용자와 근로자가 근로계약을 맺을 때 준수해야 할, 인간존엄을 보장받는 근로기준을 법률로 정함으로써 근로계약의 자유를 제한하는 것이다. 이에 따라 근로기준법이 제정되었으며, 근로기준법에 반하는 근로조건으로 체결된 근로계약은 무효이다.

(4) 여자의 근로에 대한 특별 보호와 차별금지

헌법 제32조 제4항은 "여자의 근로는 특별한 보호를 받으며, 고용·임금 및 근로조건에 있어서 부당한 차별을 받지 아니한다."라고 규정하고 있다. 여자의 근로는, 여성과 남성 간의 생물학적 차이 및 모성보호의 필요성 때문에, 특별한 보호를 받을 필요가 있다. 그래서 근로기준법은 예컨대 야간근로와 휴일근로 제한, 시간외근로 제한, 갱내근로 금지, 생리휴가, 임산부 보호(예컨대 출산전후휴가), 태아검진시간 허용, 육아시간 등을 규정하고 있다(법 제70조－제75조). 여자

161) 헌재 2019. 12. 27. 2017헌마1366.

의 근로는 고용·임금 및 근로조건에 있어서 부당한 차별을 받지 아니한다. 근로기준법은 남녀근로자의 균등한 처우를 규정하고 있다(근로기준법 제6조). 남녀고용평등법은 예컨대 모집과 채용, 임금, 임금외의 금품등, 교육·배치 및 승진, 정년·퇴직 및 해고 등에 있어서 남녀차별금지를 규정하고 있다(법 제7조-제11조).

(5) 연소자의 근로에 대한 특별보호

헌법 제32조 제5항은 "연소자의 근로는 특별한 보호를 받는다."라고 규정하고 있다. 이는 연소자의 근로를 착취했던 과거의 경험에서 비롯된 규정이다. 근로기준법은 15세미만인 사람(중학교에 재학중인 18세 미만인 사람을 포함)을 원칙적으로 근로자로 사용하지 못하게 하고, 예외적으로 고용노동부장관의 취직인허증을 지닌 사람은 근로자로 사용할 수 있게 규정하고 있다(법 제64조). 그리고 18세 미만자를 도덕상 또는 보건상 유해·위험한 사업에 사용하지 못하게 하고(법 제65조), 15세 이상 18세 미만인 사람의 근로시간을 제한하며(법 제69조), 18세 미만자의 야간근로·휴일근로 및 갱내근로를 원칙적으로 금지하고 있다(법 제70조, 제72조).

(6) 국가유공자 등에 대한 우선적 근로기회 부여

헌법 제32조 제6항은 "국가유공자·상이군경 및 전몰군경의 유가족은 법률이 정하는 바에 의하여 우선적으로 근로의 기회를 부여받는다."라고 규정하고 있다.

Ⅳ. 근로3권

1. 헌법규정 및 의의

⑴ 헌법 제33조는 "① 근로자는 근로조건의 향상을 위하여 자주적인 단결권·단체교섭권 및 단체행동권을 가진다. ② 공무원인 근로자는 법률이 정하는 자에 한하여 단결권·단체교섭권 및 단체행동권을 가진다. ③ 법률이 정하는 주요방위산업체에 종사하는 근로자의 단체행동권은 법률이 정하는 바에 의하여 이를 제한하거나 인정하지 아니할 수 있다."라고 하여 근로자(노동자)의 근로3권(노동3권)을 보장하고 있다.

⑵ 근로3권이란 근로자와 사용자 간의 관계에서, 근로자가 근로조건을 개선

하기 위하여 자주적으로 단체(노동조합)를 결성하고, 단체(노동조합)를 통하여 사용자와 교섭하며, 사용자와 교섭이 원만하게 이루어지지 않을 경우 근로조건의 유지·개선을 관철시키기 위하여 단체행동을 할 수 있는 권리로서, 단결권, 단체교섭권 및 단체행동권을 말한다. 근로3권은 근로자와 사용자 간의 관계에서 경제적 약자인 근로자의 권익을 보호해 준다는 데 그 의의가 있다. 즉 근로3권은 근로자가 사용자와 대등한 지위에서 임금 등 근로조건에 관하여 교섭할 수 있게 함으로써 근로자가 인간다운 생활을 할 수 있게 하며 궁극적으로 사회정의와 사회평화를 실현하는데 기여한다.

2. 근로3권의 법적 성격 및 주체

⑴ 법적 성격

근로3권의 법적 성격에 관하여는 자유권설, 사회적 기본권설, 복합적 성격의 권리설 등이 대립하고 있다. 복합적 성격의 권리설이 다수설과 판례이다. 즉 근로3권은 경제적 약자인 근로자의 권익을 보호하기 위한 것이기 때문에 사회적 기본권으로서의 성격을 가지며, 또한 근로자가 근로3권을 행사함에 있어서 국가로부터 부당한 방해나 간섭을 받지 않을 권리, 즉 대국가적 방어권으로서 자유권적 성격을 갖고 있다.

⑵ 주체

1) 근로3권의 주체는 근로자이다. 헌법은 근로자의 개념을 명시하고 있지 않다. 헌법상 근로자의 개념은 헌법이 근로3권을 보장하는 목적 및 근로3권이 수행하는 기능에 비추어 설정되어야 한다. 즉 경제적 약자인 근로자를 보호하고 근로자가 사용자와 대등한 지위에서 임금 등 근로조건을 결정할 수 있도록 근로3권을 보장하는 것이기 때문에, 근로3권의 주체로서의 근로자 범위는 너무 엄격하게 설정되어서는 안 된다.

2) 노동조합법 제2조 제1호는 "근로자란 직업의 종류를 불문하고 임금·급료 기타 이에 준하는 수입에 의하여 생활하는 자를 말한다."라고 규정하고 있으며, 근로기준법 제2조 제1항 제1호는 "근로자란 직업의 종류와 관계없이 임금을 목적으로 사업이나 사업장에 근로를 제공하는 사람을 말한다."라고 규정하고 있다. 현재 고용관계에 있는 근로자만 해당하는 근로기준법의 근로자 개념보다,

예컨대 구직 중인 실업자, 해고의 효력을 다투는 자[162] 등도 해당하는 노동조합법의 근로자 개념이 더 넓다. 근로3권의 취지에 비추어 사용종속관계를 너무 엄격하게 파악해서는 안 된다.

근로기준법상의 근로자에 해당하는지는 계약의 형식이 고용계약인지 도급계약인지보다 그 실질에 있어 근로자가 사업 또는 사업장에 임금을 목적으로 종속적인 관계에서 사용자에게 근로를 제공하였는지에 따라 판단한다. 여기에서 종속적인 관계가 있는지는, 업무 내용을 사용자가 정하고 취업규칙 또는 복무(인사)규정 등의 적용을 받으며 업무수행과정에서 사용자가 상당한 지휘·감독을 하는지 … 등을 종합하여 판단한다.[163]

노동조합법상 근로자는 타인과의 사용종속관계하에서 노무에 종사하고 대가로 임금 기타 수입을 받아 생활하는 자를 말한다. 구체적으로 노동조합법상 근로자에 해당하는지는, 노무제공자의 소득이 특정 사업자에게 주로 의존하고 있는지 … 등을 종합하여 판단한다.[164]

3) 노동조합법은, 개별적 근로관계를 규율하기 위해 제정된 근로기준법과 달리, 헌법에 의한 근로자의 근로3권 보장을 통해 근로조건의 유지·개선과 근로자의 경제적·사회적 지위 향상 등을 목적으로 제정되었다. 이러한 노동조합법의 입법목적과 근로자에 대한 정의 규정 등을 고려하면, 노동조합법상 근로자에 해당하는지는 노무제공관계의 실질에 비추어 근로3권을 보장할 필요성이 있는지의 관점에서 판단해야 하고, 반드시 근로기준법상 근로자에 한정되는 것은 아니다.

오늘날 학습지교사, 보험모집인, 골프장 캐디, 레미콘차량 운전사, 방송구성작가, 퀵서비스배달원, 외근직 A/S근무요원, 신용카드모집인, 대리운전 기사 등과 같은 특수형태근로종사자(특수고용직근로자)의 근로자성이 문제되고 있다. 예컨대 대법원은 학습지교사가 근로기준법상의 근로자에 해당하지는 않지만 노동조합법상 근로자에 해당한다고 판시하였다.[165] 노동조합법상 근로자 범위는 넓

---

162) 노동조합법 제5조(노동조합의 조직·가입·활동) "③ 종사근로자(사업 또는 사업장에 종사하는 근로자)인 조합원이 해고되어 노동위원회에 부당노동행위의 구제신청을 한 경우에는 중앙노동위원회의 재심판정이 있을 때까지는 종사근로자로 본다."

163) 대법원 2021. 8. 12. 선고 2021다222914.

164) 대법원 2018. 6. 15. 선고 2014두12598·12604.

165) 대법원 2018. 6. 15. 선고 2014두12598·12604.

어지는 추세이다.

3. 근로3권의 효력

근로3권은 주관적 권리로서 대국가적 효력을 갖는다. 또한 근로3권은 객관적 법규범으로서 대사인적 효력을 갖는다. 특히 근로3권은 사용자와 근로자 간에 직접 적용되는 것을 전제로 하는 기본권이다. 그런데 사용자와 근로자 간의 근로관계를 상세하게 규율하는 노동법이 이미 존재하기 때문에, 근로3권 규정이 근로관계에 직접 적용될 가능성은 거의 없다. 다만 노동법 규정이 없는 경우라면 근로3권 규정이 직접 적용되는 것을 생각할 수 있다.

4. 근로3권의 내용

(1) 단결권

1) 개념 단결권이란 근로자가 근로조건의 유지·개선을 위하여 사용자와 단체교섭을 할 목적으로 자주적으로 근로자단체를 결성하고 이에 가입할 권리를 말하며, 결사의 자유에 대해서는 특별법적인 성질을 가진다. 여기서 근로자단체란 일반적으로 노동조합을 말하지만, 일시적인 쟁의단체도 포함된다.

2) 주체 단결권의 주체는 근로자 개인뿐만 아니라 단결체도 그 주체가 된다. 사용자도 단결권의 주체로 인정되는지 여부에 대해서는 견해가 나뉜다. 경제적 강자인 사용자는 경제적 약자인 근로자를 보호하기 위한 제33조 제1항의 단결권의 주체가 될 수 없고, 제21조의 결사의 자유에 근거를 두고 사용자단체를 결성할 수 있다.

3) 내용 단결권은 근로자 개인의 단결권뿐만 아니라, 단체 자체의 단결권과 단체활동권도 보장한다. 따라서 개인의 단결권과 단체의 단결권이 포함된다.

① **개인적 단결권** 개인적 단결권이란 각 근로자가 근로자단체를 결성하거나 가입함에 있어서 국가나 사용자의 부당한 개입이나 간섭을 받지 않을 권리를 말한다. 근로자가 노동조합에 가입 또는 가입하려고 하였거나 노동조합을 조직하려고 한 것을 이유로 그 근로자를 해고하거나 그 근로자에게 불이익을 주는 행위는 부당노동행위에 해당한다. 근로자가 어느 노동조합에 가입하지 아니할 것 또는 탈퇴할 것을 고용조건으로 하는 채용계약(황견계약)은 단결권 침해로서

부당노동행위에 해당한다. 또 특정한 노동조합의 조합원이 될 것을 고용조건으로 하는 행위도 부당노동행위이다. 다만, 노동조합이 당해 사업장에 종사하는 근로자의 3분의 2 이상을 대표하고 있을 때에는 근로자가 그 노동조합의 조합원이 될 것을 고용조건으로 하는 단체협약의 체결은 예외로 한다(노동조합법 제81조 제1항 제2호).

② **집단적 단결권** 집단적 단결권은 근로자집단이 근로자단체를 결성할 수 있는 권리로서, 단체의 존속·유지·발전·확장, 단체의 조직과 의사형성, 단체활동의 권리를 포함한다.

③ **소극적 단결권** 소극적 단결권이란 근로자가 노동조합을 결성하지 않거나, 노동조합에 가입하지 않거나, 노동조합으로부터 자유롭게 탈퇴할 권리를 말한다. 헌법 제33조의 단결권이 소극적 단결권도 보장하는지에 관하여는 견해가 나뉜다. 헌법재판소는 단결권은 단결할 자유만을 가리킬 뿐이고 단결하지 아니할 자유 이른바 소극적 단결권은 포함하지 않으며, 소극적 단결권은 근로자에게 보장된 단결권의 내용에 포섭되는 권리로서가 아니라 헌법 제10조의 행복추구권에서 파생되는 일반적 행동의 자유 또는 제21조 제1항의 결사의 자유에서 그 근거를 찾을 수 있다고 판시하였다.[166)]

(2) 단체교섭권

1) 개념 단체교섭권이란 근로자단체, 즉 노동조합이 근로조건의 향상을 위하여 단결체의 이름으로 사용자나 사용자단체와 자주적으로 교섭하고 단체협약을 체결할 수 있는 권리를 말한다.

2) 주체 단체교섭권은 근로자 개인의 문제를 교섭대상으로 하는 것이 아니라, 근로자집단의 문제를 교섭대상으로 하는 것이므로, 단체교섭권의 주체는 근로자단체, 즉 노동조합이다. 노동조합의 자격을 가지는 근로자단체는 모두 단체교섭을 요구할 권리를 가진다.

3) 내용 ① 단체교섭은 근로조건의 유지·개선을 목적으로 하는 것이기 때문에, 근로조건과 무관한 사항은 단체교섭의 대상이 아니다. 경영권·인사권에 속하는 사항은 원칙적으로 사용자에게 전속하는 것으로서 단체교섭의 대상이 아니다. 하지만 근로자들의 근로조건이나 지위에 직접 관련되거나 중대한 영향을 미치

---

166) 헌재 2005. 11. 24. 2002헌바95.

는 경영·인사 사항은 그 한도 내에서 단체교섭이 이루어질 수 있다.

② 사용자는 단체교섭에 응할 의무가 있고, 사용자가 정당한 이유없이 단체교섭을 거부하거나 해태하는 경우에는 부당노동행위에 해당한다(노동조합법 제81조 제1항 제3호). 노동조합의 대표자는 그 노동조합 또는 조합원을 위하여 사용자나 사용자단체와 교섭하고 단체협약을 체결할 권한을 가진다(법 제29조 제1항).

③ 단체협약은 자치규범으로서의 효력을 갖는다. 따라서 단체협약에 정한 근로조건 기타 근로자의 대우에 관한 기준에 위반하는 취업규칙 또는 근로계약의 부분은 무효로 한다(법 제33조 제1항).

④ 정당한 단체교섭권의 행사는 민·형사상 책임이 면제된다(법 제3조－제4조).

(3) 단체행동권

1) 개념 단체행동권이란 노동쟁의가 발생한 경우 쟁의행위를 할 수 있는 쟁의권을 의미하며, 이는 근로자가 그의 주장을 관철하기 위하여 업무의 정상적인 운영을 저해하는 행위를 할 수 있는 권리를 말한다.[167] 노동쟁의란 노동조합과 사용자 또는 사용자단체(노동관계 당사자)간에 임금·근로시간·복지·해고 기타 대우 등 근로조건의 결정에 관한 주장의 불일치로 인하여 발생한 분쟁상태를 말한다. 이 경우 주장의 불일치라 함은 당사자간에 합의를 위한 노력을 계속하여도 더 이상 자주적 교섭에 의한 합의의 여지가 없는 경우를 말한다(법 제2조 제5호). 쟁의행위란 파업·태업·직장폐쇄 기타 노동관계 당사자가 그 주장을 관철할 목적으로 행하는 행위와 이에 대항하는 행위로서 업무의 정상적인 운영을 저해하는 행위를 말한다(법 제2조 제6호).

2) 주체 단체행동권의 주체는 근로자단체, 즉 노동조합이다. 사용자는 단체행동권의 주체가 아니다. 근로자측의 부당한 쟁의행위에 대항하는 수단으로서, 사용자의 직장폐쇄는 헌법 제33조 제1항의 단체행동권의 성질을 갖는 것이 아니고 노사균형론의 입장에서 인정되는 것이다.

3) 내용 ① 단체행동권은 쟁의행위를 할 수 있는 쟁의권이다. 근로자측의 쟁의행위로는 파업(strike), 태업(sabotage), 불매운동(boycott), 피케팅(picketing) 등이 있다. 대표적인 쟁의행위인 파업은 근로자가 집단적으로 노동력 제공을 거

---

167) 헌재 1998. 7. 16. 97헌바23.

부하는 것을 말하며, 태업은 근로자들이 단결하여 의도적으로 작업능률을 떨어뜨리는 것을 말하고, 불매운동은 사용자측이 생산하는 상품을 구매하지 않거나 사용자측과의 근로계약체결을 거절하도록 촉구하는 것을 말하며, 피케팅은 파업효과를 높이기 위해 근로자들의 파업 참여를 감시·촉구하는 것을 말한다.

② 쟁의행위는 그 목적·방법 및 절차에 있어서 법령 기타 사회질서에 위반되어서는 아니된다. 조합원은 노동조합에 의하여 주도되지 아니한 쟁의행위를 하여서는 아니된다. 노동조합은 사용자의 점유를 배제하여 조업을 방해하는 형태로 쟁의행위를 해서는 아니 된다(노동조합법 제37조). 근로자측의 쟁의행위에 대항하는 사용자측의 쟁의행위는, 사용자가 사업장을 봉쇄하는 행위인 직장폐쇄이다. 사용자는 노동조합이 쟁의행위를 개시한 이후에만 직장폐쇄를 할 수 있다. 사용자는 직장폐쇄를 할 경우에는 미리 행정관청 및 노동위원회에 각각 신고하여야 한다(법 제46조).

③ 정당한 단체행동권 행사는 민·형사상 책임이 면제된다(법 제3조-제4조).

5. 근로3권의 제한과 한계

(1) 제한

1) 헌법에 의한 제한

① 공무원의 근로3권 제한 헌법 제33조 제2항은 "공무원인 근로자는 법률이 정하는 자에 한하여 단결권·단체교섭권 및 단체행동권을 가진다."라고 하여, 공무원의 근로3권을 제한하고 있다. 이에 따라 예컨대 국가공무원법 제66조 제1항은 "공무원은 노동운동이나 그 밖에 공무 외의 일을 위한 집단 행위를 하여서는 아니 된다. 다만, 사실상 노무에 종사하는 공무원은 예외로 한다."라고 규정하고 있으며, 사실상 노무에 종사하는 공무원은 국가공무원복무규정 제28조(사실상 노무에 종사하는 공무원), 법원공무원규칙 제91조(사실상 노무에 종사하는 공무원), 국회인사규칙 제53조(복무) 등에서 규정하고 있다. 공무원노조법에 따르면 공무원 및 공무원이었던 사람으로서 노동조합 규약으로 정하는 사람은 원칙적으로 노동조합에 가입할 수 있고 노조는 단체교섭을 할 수 있다. 교원노조법에 따르면 교원 및 교원으로 임용되어 근무하였던 사람으로서 노동조합 규약으로 정하는 사람은 노동조합에 가입할 수 있고 노조는 단체교섭을 할 수 있다.

② **주요방위산업체 종사자의 단체행동권 제한** 헌법 제33조 제3항은 "법률이 정하는 주요방위산업체에 종사하는 근로자의 단체행동권은 법률이 정하는 바에 의하여 이를 제한하거나 인정하지 아니할 수 있다."라고 하여, 주요방위산업체 종사자의 단체행동권을 제한하고 있다.

2) 법률에 의한 제한 근로자의 근로3권은 헌법 제37조 제2항에 따라 법률로써 제한할 수 있다.

3) 국가긴급권 발동에 의한 제한 근로자의 근로3권은 헌법 제76조에 따라 긴급재정경제명령 또는 긴급명령에 의하여 제한될 수 있다. 그리고 헌법 제77조 제3항에 따라 비상계엄선포시에 근로3권이 제한될 수 있는지에 관하여 견해가 나뉘는데, 비상사태 극복을 위해 제한될 수 있다고 본다.

(2) 제한의 한계

1) 근로자의 근로3권을 제한하는 경우에도 과잉금지의 원칙과 본질적 내용 침해금지의 원칙을 준수해야 한다.

2) 예컨대 ① 노동조합 설립신고서 반려제도는 결사에 대한 허가제가 아니며 일정한 경우 설립신고서를 반려하도록 하는 것은 과잉금지원칙에 위반되지 않기 때문에 근로자의 단결권을 침해하지 않는다.[168)]

② 그리고 하나의 사업 또는 사업장에 복수 노동조합이 존재하는 경우 '교섭대표노동조합'을 정하여 교섭하도록 하고, 자율적으로 교섭창구를 단일화하지 못하거나 사용자가 단일화 절차를 거치지 아니하기로 동의하지 않은 경우 과반수 노동조합이 '교섭대표노동조합'이 되도록 하는 것은, 과잉금지원칙을 위반하여 단체교섭권을 침해하지 않으며 단체교섭권의 본질적 내용을 침해하지도 않고, '교섭대표노동조합'에 의하여 주도되지 아니한 쟁의행위를 금지하는 것은 과잉금지원칙을 위반하여 단체행동권을 침해하지 않는다.[169)]

반면에, ③ 모든 청원경찰의 근로3권을 전면적으로 제한하는 청원경찰법 규정은 과잉금지원칙을 위반하여 근로3권을 침해하는 것이며, 대학 교원들의 단결권을 인정하지 않는 교원노조법 규정은 교육공무원 아닌 대학 교원의 경우에는 과잉금지원칙에 위배되어 단결권을 침해하고 교육공무원인 대학 교원의 경우에

168) 헌재 2012. 3. 29. 2011헌바53.
169) 헌재 2024. 6. 27. 2020헌마237.

는 입법형성권의 범위를 벗어난 것으로서 헌법에 위반되며, 사용자가 노동조합의 운영비를 원조하는 행위를 부당노동행위로 금지하는 노동조합법 규정은 과잉금지원칙을 위반하여 노동조합의 단체교섭권을 침해한다.[170)]

V. 인간다운 생활을 할 권리

1. 헌법규정 및 의의

(1) 헌법 제34조는 "① 모든 국민은 인간다운 생활을 할 권리를 가진다. ② 국가는 사회보장·사회복지의 증진에 노력할 의무를 진다. ③ 국가는 여자의 복지와 권익의 향상을 위하여 노력하여야 한다. ④ 국가는 노인과 청소년의 복지향상을 위한 정책을 실시할 의무를 진다. ⑤ 신체장애자 및 질병·노령 기타의 사유로 생활능력이 없는 국민은 법률이 정하는 바에 의하여 국가의 보호를 받는다. ⑥ 국가는 재해를 예방하고 그 위험으로부터 국민을 보호하기 위하여 노력하여야 한다."라고 규정하고 있다. 제1항은 이른바 사회적 기본권의 일반적·총칙적 규정이며, 인간다운 생활을 할 권리를 구체적 권리로 규정하고 있다. 제2항 이하는 제1항의 인간다운 생활을 할 권리를 실현하기 위한 구체적인 방법과 내용을 규정하고 있다.

(2) 인간다운 생활을 할 권리는 사회권적 기본권의 일종으로서 인간의 존엄에 상응하는 최소한의 물질적인 생활의 유지에 필요한 급부를 요구할 수 있는 권리를 의미한다. '인간다운 생활'이 물질적 생활뿐만 아니라 문화적 생활까지도 의미하는지 견해가 나뉜다. 문화적 생활까지 의미한다는 견해도 있지만, 일반적으로 물질적 생활을 의미하는 것으로 보며 헌법재판소 판례도 그러하다. 인간다운 생활을 할 권리의 헌법적 의의는 국가가 모든 국민에게 물질적인 최저생활을 보장함으로써 모든 국민에게 자율적인 생활형성의 바탕을 마련해 준다는 데 있다. 물질적인 최저생활의 수준은 시대변화 및 국가의 재정능력 등에 따라 결정될 것이다.

---

170) 헌재 2017. 9. 28. 2015헌마653; 헌재 2018. 8. 30. 2015헌가38; 헌재 2018. 5. 31. 2012헌바90.

2. 인간다운 생활을 할 권리의 법적 성격 및 주체

(1) 주관적 권리로서 인간다운 생활을 할 권리는, 제한적이지만 구체적인 권리로서 인간의 존엄에 상응하는 최소한의 물질적인 생활의 유지에 필요한 급부를 요구할 수 있는 권리이다. 인간다운 생활을 할 권리는 모든 국가기관을 구속한다. 제34조 제5항은 입법위임 규정이며, 제2항, 제3항, 제4항, 제6항은 국가목표 규정의 성격을 갖는다.

(2) 인간다운 생활을 할 권리의 주체는 국민이다. 국민에는 자연인만 해당된다. 외국인은 법률에 규정이 있는 경우 그에 따라 (법률상)권리를 행사할 수 있을 뿐이다.

3. 인간다운 생활을 할 권리의 내용

(1) 물질적 최저 생활을 위한 급부청구권

인간다운 생활을 할 권리는 사회권적 기본권의 일종으로서 인간의 존엄에 상응하는 최소한의 물질적인 생활의 유지에 필요한 급부를 요구할 수 있는 권리를 의미한다. 예컨대 국민건강보험법에 따른 건강보험수급권은 국민의 질병·부상에 대한 예방·진단·치료·재활과 출산·사망 및 건강증진을 위하여 실시되는 보험급여를 지급받을 권리로서(법 제1조), 인간의 존엄에 상응하는 최소한의 물질적인 생활의 유지에 필요한 급부를 요구할 수 있는 권리에 해당하므로, 인간다운 생활을 할 권리의 보호범위에 포함된다.[171)]

(2) 사회보장수급권의 기본권성 문제

1) 사회보장수급권이란 '사회보장을 받을 권리'를 말한다. 사회보장기본법 제9조는 모든 국민은 사회보장수급권을 가진다고 규정하고 있다. 문제는 사회보장수급권이 기본권(헌법상 권리)인지 아니면 법률상 권리인지 여부이다. 학설에서는 사회보장수급권의 기본권성을 인정하는 견해와 부정하는 견해가 대립하고 있다.

2) 헌법재판소는 사회보장수급권은 헌법 제34조 제1항 및 제2항 등으로부터 개인에게 직접 주어지는 헌법적 권리라거나 사회적 기본권의 하나라고 볼 수는

171) 헌재 2020. 4. 23. 2017헌바244.

없고, 다만 사회보장·사회복지 증진의무를 포섭하는 이념적 지표로서의 인간다운 생활을 할 권리를 실현하기 위하여 입법자가 입법재량권을 행사하여 제정하는 사회보장입법에 그 수급요건, 수급자의 범위, 수급액 등 구체적인 사항이 규정될 때 비로소 형성되는 법률적 차원의 권리에 불과하다고 판시하였다.[172)]

한편, 헌법재판소는 사학연금제도는 사회보험 중의 하나이지만, 기여금의 납부를 통해 교직원 자신도 그 재원의 형성에 일부 기여한다는 점에서 후불임금의 성격도 가미되어 있으므로, 사학연금법상 연금수급권은 사회적 기본권의 하나인 사회보장수급권의 성격과 헌법 제23조에 의하여 보장되는 재산권의 성격을 아울러 지니고 있다고 판시하여 기본권성을 인정하기도 했다.[173)] 또 군인연금법상의 퇴직급여 등 급여수급권은 사회적 기본권의 하나인 사회보장수급권임과 동시에 경제적 가치가 있는 권리로서 헌법 제23조에 의하여 보장되는 재산권의 성격도 갖고 있다고 하였다.[174)]

3) 생각건대 '인간의 존엄에 상응하는 최소한의 물질적인 생활의 유지에 필요한 급부를 요구할 수 있는 권리'에 해당하는 경우라면 기본권성이 인정될 것이지만, 이에 해당하지 않는 경우라면 법률상 권리로 보아야 할 것이다. 따라서 제34조 제1항만이 기본권이며, 사학연금법상의 연금수급권과 같은 사회보장수급권은 제1항의 인간다운 생활을 할 권리에 포함되지 않는 한, 기본권(헌법상 권리)이 아니라 법률상 권리로 보는 견해가 타당하다.

⑶ 사회보장·사회복지 - 국가의 사회국가 실현의무

1) 헌법 제34조 제1항은 주관적 권리로서 '인간다운 생활을 할 권리'를 규정하고 있고, 제2항 내지 제6항은 '인간다운 생활을 할 권리'를 구체적으로 실현하고 국가의 사회국가 실현의무를 이행하기 위해 사회보장·사회복지에 관한 정책을 시행할 국가의 의무를 규정하고 있다.

2) 사회보장·사회복지를 어떻게 이루어낼 것인지에 관하여 입법자는 넓은 형성권을 갖는다. 사회보장에 관하여 기본적 입법으로서 사회보장기본법이 있다. 사회보장기본법은 제3조에서 사회보장, 사회보험, 공공부조, 사회서비스, 평

---

172) 헌재 2003. 7. 24. 2002헌바51.
173) 헌재 2010. 4. 29. 2009헌바102.
174) 헌재 2024. 8. 29. 2024헌바232.

생사회안전망 등을 규정하고 있다. '사회보장'이란 출산, 양육, 실업, 노령, 장애, 질병, 빈곤 및 사망 등의 사회적 위험으로부터 모든 국민을 보호하고 국민 삶의 질을 향상시키는 데 필요한 소득·서비스를 보장하는 사회보험, 공공부조, 사회서비스를 말한다. '사회보험'이란 국민에게 발생하는 사회적 위험을 보험의 방식으로 대처함으로써 국민의 건강과 소득을 보장하는 제도를 말한다. '공공부조(公共扶助)'란 국가와 지방자치단체의 책임하에 생활유지 능력이 없거나 생활이 어려운 국민의 최저생활을 보장하고 자립을 지원하는 제도를 말한다. '사회서비스'란 국가·지방자치단체 및 민간부문의 도움이 필요한 모든 국민에게 복지, 보건의료, 교육, 고용, 주거, 문화, 환경 등의 분야에서 인간다운 생활을 보장하고 상담, 재활, 돌봄, 정보의 제공, 관련 시설의 이용, 역량 개발, 사회참여 지원 등을 통하여 국민의 삶의 질이 향상되도록 지원하는 제도를 말한다. '평생사회안전망'이란 생애주기에 걸쳐 보편적으로 충족되어야 하는 기본욕구와 특정한 사회위험에 의하여 발생하는 특수욕구를 동시에 고려하여 소득·서비스를 보장하는 맞춤형 사회보장제도를 말한다.

VI. 환경권

1. 헌법규정 및 의의

(1) 헌법 제35조는 "① 모든 국민은 건강하고 쾌적한 환경에서 생활할 권리를 가지며, 국가와 국민은 환경보전을 위하여 노력하여야 한다. ② 환경권의 내용과 행사에 관하여는 법률로 정한다. ③ 국가는 주택개발정책등을 통하여 모든 국민이 쾌적한 주거생활을 할 수 있도록 노력하여야 한다."라고 하여 환경권, 국가와 국민의 환경보전의무 및 국가의 쾌적한 주거생활 확보의무 등을 규정하고 있다.

(2) 환경권이란 '건강하고 쾌적한 환경에서 생활할 권리'를 말한다. 환경의 개념 자체가 분명하게 정의될 수 없기 때문에, 환경권의 보호영역을 확정하는 것에 어려움이 존재한다. 환경권은 건강하고 쾌적한 생활을 유지하는 조건으로서 양호한 환경을 향유할 권리이고, 생명·신체의 자유를 보호하는 토대를 이루며, 궁극적으로 '삶의 질' 확보를 목표로 하는 권리이다. 환경권의 보호대상인 환경은 기본적으로 '자연환경'이다. 환경정책기본법 제3조는 환경을 자연환경과

생활환경으로 나눈다. '자연환경'이란 지하·지표(해양을 포함한다) 및 지상의 모든 생물과 이들을 둘러싸고 있는 비생물적인 것을 포함한 자연의 상태(생태계 및 자연경관을 포함한다)를 말하고, '생활환경'이란 대기, 물, 토양, 폐기물, 소음·진동, 악취, 일조(日照), 인공조명, 화학물질 등 사람의 일상생활과 관계되는 환경을 말한다. 자연환경뿐만 아니라 인공적 환경과 같은 생활환경도 환경권의 보호대상이다.[175] 예컨대 헌법재판소는 일상생활에서 소음, 악취, 오염된 공기 등을 제거·방지하여 쾌적한 환경에서 생활할 권리는 환경권의 한 내용을 구성한다고 판시하였다.[176]

2. 환경권의 법적 성격 및 주체

(1) 환경권의 법적 성격에 관하여는 사회적 기본권설, 사회적 기본권으로서의 성격과 자유권으로서의 성격을 모두 갖고 있다는 복합설, 여러 가지 성격을 가진 총합적 기본권설 등이 대립하고 있다. 환경권은 사회적 기본권으로서의 성격과 자유권으로서의 성격을 모두 갖고 있다고 할 것이다. 헌법재판소는 환경권은 그 자체 종합적 기본권으로서의 성격을 갖는다고 판시하였다. 그래서 국민은 국가로부터 건강하고 쾌적한 환경을 향유할 수 있는 자유를 침해당하지 않을 권리를 행사할 수 있고, 일정한 경우 국가에 대하여 건강하고 쾌적한 환경에서 생활할 수 있도록 요구할 수 있는 권리가 인정되기도 한다고 하였다.[177]

(2) 환경권의 주체는 자연인이다. 자연인만이 건강하고 쾌적한 환경에서 생활할 권리를 향유할 수 있다. 환경권은 그 성질상 법인에게 적용될 수 없기 때문에, 법인은 환경권의 주체가 될 수 없다.

3. 환경권의 효력

환경권은 주관적 권리로서 대국가적 효력을 갖는다. 국가의 환경권 침해에 대하여 이를 배제해 줄 것을 요구할 수 있고, 환경개선 및 환경보호를 국가에게 요구할 수 있는 권리이다. 환경권은 객관적 법규범으로서 대사인적 효력을 갖는

175) 헌재 2020. 3. 26. 2017헌마1281.
176) 헌재 2008. 7. 31. 2006헌마711; 헌재 2020. 3. 26. 2017헌마1281.
177) 헌재 2019. 12. 27. 2018헌마730.

다. 더욱이 헌법은 국민의 환경보전의무를 규정하고 있기 때문에 환경권의 대사인적 효력은 분명하다.

4. 환경권의 내용

⑴ 헌법규정의 취지

헌법 제35조 제2항은 "환경권의 내용과 행사에 관하여는 법률로 정한다."라고 규정하고 있다. 이 규정의 취지는 특별히 명문으로 헌법에서 정한 환경권을 입법자가 그 취지에 부합하도록 법률로써 내용을 구체화하도록 한 것이지, 환경권이 완전히 무의미하게 되는데도 그에 대한 입법을 전혀 하지 아니하거나 어떠한 내용이든 법률로써 정하기만 하면 된다는 것은 아니다. 그러므로 일정한 요건이 충족될 때 환경권 보호를 위한 입법이 없거나 현저히 불충분하여 국민의 환경권을 과도하게 침해하고 있다면 헌법재판소에 그 구제를 청구할 수 있다.[178] 예컨대 탄소중립기본법 제8조 제1항은 2031년부터 2049년까지의 감축목표에 관하여 그 정량적 수준을 어떤 형태로도 제시하지 않았다는 점에서 과소보호금지원칙 및 (의회유보원칙을 포함하는) 법률유보원칙에 반하여 기본권 보호의무를 위반하였으므로 청구인들의 환경권을 침해한다.[179]

⑵ 구체적 내용

1) 국가의 환경침해에 대한 방어권　　국가의 환경침해, 즉 개인의 환경적 이익에 대한 국가의 침해행위에 대해 환경권은 방어권으로서 작용한다. 예컨대 국영기업이 매연발생이나 폐수배출을 통해 인근 주민의 환경적 이익을 침해할 경우 환경권은 이에 대한 방어권으로서 작용한다.

2) 사인의 환경침해에 대한 공해배제청구권　　사인의 환경침해, 즉 개인의 환경적 이익에 대한 다른 개인의 침해행위에 대해 국가는 환경권 보호조치를 취해야 하고, 국민은 국가에 대해 다른 개인의 환경침해행위를 배제하여 줄 것을 요구할 수 있다.

3) 국가의 쾌적한 주거생활 확보의무　　헌법 제35조 제3항은 "국가는 주택개발정책등을 통하여 모든 국민이 쾌적한 주거생활을 할 수 있도록 노력하여야 한

178) 헌재 2008. 7. 31. 2006헌마711.
179) 헌재 2024. 8. 29. 2020헌마389.

다."라고 하여 국가의 쾌적한 주거생활 확보의무를 규정하고 있다. 이 규정은 국민의 주관적 권리로서의 쾌적환 주거생활권을 규정한 것이 아니라 국가의 의무를 규정한 것으로 보아야 할 것이다.

Ⅶ. 혼인과 가족생활, 모성보호, 보건에 관한 권리

헌법 제36조는 "① 혼인과 가족생활은 개인의 존엄과 양성의 평등을 기초로 성립되고 유지되어야 하며, 국가는 이를 보장한다. ② 국가는 모성의 보호를 위하여 노력하여야 한다. ③ 모든 국민은 보건에 관하여 국가의 보호를 받는다."라고 하여, 혼인과 가족생활, 모성보호 및 보건권을 규정하고 있다.

1. 혼인과 가족생활

(1) 의의

혼인과 가족생활을 보장하는 것은, 인간이 생활해 나가는데 기본적인 생활공동체를 보장함으로써, 개인의 인격발현 내지 행복추구권 실현과 국가공동체의 형성과 유지에 기여한다. 제36조 제1항은 혼인과 가족생활에서는 특히 개인의 존엄과 양성의 평등이 실현되어야 한다는 것과 이를 보장할 국가의 의무를 명시하고 있다. 혼인과 가족의 개념은 시대상황의 변화에 따라 확대되고 있는 추세이다.

(2) 혼인과 가족의 개념

1) 혼인 　　혼인의 헌법적 개념에 관하여는 오늘날의 시대상황 변화에 따라 다양한 견해가 존재한다. 판례는 혼인이란 1남 1녀 양 당사자의 자유로운 의사의 합치에 따른 생활공동체로서, 법적 승인을 요하는 것으로 본다.[180] 그런데 오늘날 동성혼 허용 여부와 관련하여 제36조 제1항의 '양성의 평등'이라는 표현의 해석을 둘러싸고 견해의 대립이 있다. 즉 제36조 제1항의 '양성'이라는 표현이 동성혼 불허의 근거라는 견해와 제36조 제1항의 의미는 양성의 '평등'을 강조하는 것으로서 혼인과 가족생활에서의 남녀차별을 금지하려는 것이기 때문에 동성혼을 허용하는 입법은 헌법상 금지되지 않는다는 견해가 있다. 생각건대, 제36

180) 헌재 2014. 8. 28. 2013헌바119; 대법원 2011. 9. 2.자 2009스117.

조 제1항의 '양성의 평등'이라는 표현은 기존의 혼인제도와 가족제도하에서 양성의 '평등'을 강조하기 위한 것이 입법자의 의도임은 분명하기 때문에 후설이 타당하다.

2) 가족 전통적으로 가족이란 부모와 미혼자녀로 구성되는 현실의 생활공동체를 의미하는 것으로 인식되었다. 그런데 오늘날 저출산·인구고령화·이혼율증가 등 시대상황의 변화에 따라 가족의 형태도 매우 다변화되고 있다. 부모와 자녀로 구성되는 전형적 가족뿐만 아니라 예컨대 자녀가 없는 부부만의 가족, 한부모가족, 재혼부부와 그들의 전혼소생자녀들로 구성되는 가족, 조손가족, 형제자매가족, 미혼부·모가족, 비혼동거가족, 사실혼들도 많다. 현실은 전통적인 가족의 개념을 고수하기 어려운 상황으로 전개되고 있다. 혼인·혈연에 무관하게 생계와 주거를 공유하는 생계주거공동체로 가족개념을 확장하는 것이 필요하다.

⑶ 법적 성격과 주체

혼인과 가족생활에 관한 헌법적 보장은 다양한 측면을 갖고 있기 때문에, 자유권, 평등권, 사회적 기본권, 제도보장 및 원칙규범으로서의 성격을 갖는다. 혼인과 가족생활은 자연인만이 할 수 있는 것이기 때문에, 혼인과 가족생활의 주체는 자연인뿐이고, 법인은 주체가 될 수 없다. 자연인은 내국인이든 외국인이든 무국적자든 모두 그 주체가 된다.

⑷ 효력

혼인과 가족생활에 관한 헌법적 보장은 주관적 권리로서 대국가적 효력을 갖는다. 즉 혼인과 가족생활에 대한 국가적 침해에 대해 이를 방어할 주관적 권리로서 작용한다. 그리고 혼인과 가족생활에 관한 헌법적 보장은 객관적 법규범으로서 대사인적 효력을 갖는다. 즉 혼인과 가족생활에 대한 사인의 침해에 대해 객관적 법규범으로서 작용한다.

⑸ 내용

1) 혼인과 가족생활의 자유 혼인과 가족생활에 관한 헌법적 보장은 혼인과 가족생활에 관하여 개인이 스스로 선택하고 형성하고 유지할 자유를 보장한다. 혼인과 가족생활에 관한 헌법적 보장에서 도출되는 자유권으로서 혼인의 자유(혼인 여부, 혼인 시기 및 혼인 상대방선택의 자유),[181] 부모의 자녀 양육 및 교육

181) 예컨대 동성동본금혼제는 혼인의 자유를 침해하며, 8촌 이내 혈족 사이의 혼인을 금지하는 것

권,[182] 그밖에 가족관계에 관한 자유로운 결정·형성·유지권이 있다.

2) 혼인제도와 가족제도의 보장 혼인과 가족생활에 관한 헌법적 보장은 혼인제도와 가족제도의 핵심요소를 헌법적으로 보장한다. 그 핵심요소로는 예컨대 혼인 당사자의 자유로운 의사의 합치, 양성의 결합, 일부일처제, 부모와 자녀의 생활공동체로서의 가족, 가족 구성원 간의 협조 및 보호의무 등을 들 수 있다. 혼인 및 가족제도에 관한 전통·전통문화란 적어도 그것이 혼인 및 가족제도에 관한 헌법이념인 개인의 존엄과 양성의 평등에 반하는 것이어서는 안 된다. 따라서 혼인 및 가족제도는 개인의 존엄과 양성의 평등에 합치하는 것만이 제도보장의 대상이다.

3) 혼인과 가족생활에서의 개인의 존엄과 양성 평등 ① 제36조 제1항은 혼인과 가족생활에서 개인의 존엄을 강조하고 있다. 예컨대 혼인 당사자의 의사와 상관없이 부모들 간에 자식들의 혼인을 미리 약정하는 정혼, 인신매매적 혼인 또는 조혼 등은 인간의 존엄에 반하는 것으로서 허용되지 않는다. 혼인은 어떠한 경우에도 당사자의 자유로운 의사의 합치를 통해 이루어져야 한다. 또한 가족생활에 있어서 부부간, 부모와 자녀간, 자녀 상호간 및 기타 가족구성원 간에 개인의 존엄이 실현되어야 한다.

② 제36조 제1항은 혼인과 가족생활에서 양성의 평등을 강조하고 있다. 예컨대 남존여비사상, 가부장제도, 축첩, 삼종지도 등은 양성의 평등에 반하는 것으로서 허용되지 않는다. 혼인과 가족생활에서의 남녀차별에 대해서는 평등심사에 있어서 엄격한 심사기준(비례성 심사)이 적용된다.[183] 헌법재판소는 더 나아가 이 규정이 혼인과 가족생활에서의 남녀차별뿐만 아니라, 혼인과 가족생활을 비혼, 비가족생활과 차별하는 것도 금지하는 것으로 판시하였다.[184]

은 혼인의 자유를 침해하지 않지만 어떠한 예외도 없이 8촌 이내의 혈족 간 혼인을 처음부터 무효로 하는 것은 과잉금지원칙에 위배하여 혼인의 자유를 침해한다(헌재 1997. 7. 16. 95헌가6; 헌재 2022. 10. 27. 2018헌바115).

182) 헌재 2000. 4. 27. 98헌가16.

183) 헌재 2021. 9. 30. 2019헌가3(공직자윤리법 조항이 재산등록을 마친 혼인한 여성 등록의무자의 경우에만 본인이 아닌 배우자의 직계존·비속의 재산을 등록하도록 정하는 것은 평등원칙에 반한다).

184) 헌재 2002. 8. 29. 2001헌바82; 헌재 2008. 11. 13. 2006헌바112. 그러나 헌법 제36조 제1항은 혼인과 가족생활에서의 '양성의 평등'을 강조하는 것이기 때문에, 이 판례들에서 문제된 혼인한 부부의 자산소득합산과세 또는 종합부동산세 세대별합산과세 문제는 제36조 제1항의 적용

4) 국가의 보장의무 및 사회적 기본권 국가는 혼인과 가족생활이 개인의 존엄과 양성의 평등을 기초로 성립되고 유지되도록 보장할 의무가 있다. 개인은 개인의 존엄과 양성의 평등에 기초한 혼인과 가족생활을 위해 국가에게 물질적 급부나 제도마련을 요구할 수 있다.

2. 모성보호

⑴ 모성보호의 의의와 법적 성격

1) 헌법 제36조 제2항은 "국가는 모성의 보호를 위하여 노력하여야 한다."라고 하여 국가의 모성보호를 규정하고 있다. 여기서 모성이란 자녀가 있는 어머니에 국한한다는 견해도 있으나, 자녀가 있는 어머니뿐만 아니라 임산부 및 가임기 여성 등 어머니가 될 가능성이 있는 모든 여성을 포함한다. 모성보호는 가족보호를 의미하기도 한다. 가족은 공동체의 존립과 발전을 위해 필수불가결하기 때문에, 헌법은 특별평등원칙을 규정하고 있는 것이다. 국가의 모성보호는 임신, 출산, 육아 등에 관한 모성의 자기결정권을 존중하면서 이루어져야 한다.

2) 출산과 자녀 양육은 공동체의 존립과 발전, 특히 혼인과 가족생활의 성립과 유지에 있어서 중요한 요소이기 때문에, 국가는 출산을 장려하고 출산을 희망하는 여성을 적극적으로 보호·배려하여야 하며, 자녀 양육에 필요한 경제적·사회적 여건을 마련해야 한다.

3) 국가의 모성보호의무는 모성 입장에서는 모성보호를 요구할 수 있는 권리(사회적 기본권)를 의미하지만, 이는 현실적인 청구권이 아니라 국가 목표규정에 해당한다. 국가의 모성보호는 국가공동체 법질서의 기본적 요소로서의 성격, 즉 객관적 법규범으로서의 성격도 갖는다.

⑵ 모성보호의 내용

1) 모성보호는 모성, 즉 자녀가 있는 어머니뿐만 아니라 임산부 및 가임기 여성 등 어머니가 될 가능성이 있는 모든 여성이 어머니가 될 권리를 갖고 있다는 것을 전제한다. 따라서 모성의 의사에 반하여 임신, 출산 및 육아를 방해하는 것, 예컨대 임신중절을 강요하는 것은 허용되지 않는다.

2) 모성보호는 모성의 건강보호를 그 내용으로 한다. 이에 관하여 '모성 및

대상이 아니며, 제11조(일반적 평등원칙)에 의거하여 해결하는 것이 타당하다.

영유아의 생명과 건강을 보호하고 건전한 자녀의 출산과 양육을 도모함으로써 국민보건 향상에 이바지함을 목적으로' 제정된 모자보건법이 있다.

3) 모성보호는 모성에 대한 경제적·사회적 보호를 그 내용으로 한다. 예컨대 모성을 이유로 한 임금 등 근로조건에서의 부당한 차별은 허용되지 않는다. 더 나아가 모성보호는 국가의 특별한 적극적 보호를 그 내용으로 한다.

3. 보건권

(1) 보건권의 의의와 법적 성격

1) 헌법 제36조 제3항은 "모든 국민은 보건에 관하여 국가의 보호를 받는다."라고 하여 국민의 보건에 관한 국가의 보호의무 동시에 국민의 보건권을 규정하고 있다. 국민의 보건에 관한 권리는 국민이 자신의 건강을 유지하는 데 필요한 국가적 급부와 배려를 요구할 수 있는 권리를 말한다. 국가는 국민의 건강을 소극적으로 침해해서는 안 되며, 더 나아가 적극적으로 국민의 보건을 위한 정책을 수립하고 시행해야 한다.

2) 보건권은 자유권적 성격과 사회적 기본권적 성격을 함께 갖고 있다. 즉 보건권은 국가의 건강침해 행위에 대한 방어권으로서 작용하는 자유권적 성격과 국민이 자신의 건강을 유지하는 데 필요한 국가적 급부와 배려를 요구할 수 있는 사회적 기본권으로서의 성격을 갖는다. 보건권은 국가공동체의 법질서의 요소, 즉 객관적 법규범이다.

(2) 보건권의 내용

1) 국가의 건강 침해금지　　국가는 개인의 건강을 침해하는 행위를 해서는 안 된다. 예컨대 개인의 의사에 반하여 강제적으로 신체에 대한 의학적 실험을 하거나, 강제 불임시술을 하거나, 법적 근거없이 강제접종을 하는 것은 개인의 건강을 침해하는 행위로서 허용되지 않는다.

2) 국민의 보건에 관한 국가의 보호의무　　국가는 국민의 건강을 보호할 의무를 진다. 따라서 국가는 국민의 보건을 위하여 필요한 정책을 시행해야 한다. 예컨대 예방접종을 실시하는 등 국가는 국민보건을 위해 필요한 각종 조치를 취해야 한다. 그리고 국민은 자신의 건강을 유지하는 데 필요한 국가적 급부와 배려를 요구할 수 있는 권리를 가진다.

제3장 국민의 기본의무

제1절 기본의무 일반론

Ⅰ. 헌법규정 및 의의

헌법 제38조는 납세의 의무를, 제39조 제1항은 국방의 의무를, 제31조 제2항은 교육을 받게 할 의무를, 제32조 제2항은 근로의 의무를, 제35조 제1항은 환경보전의 의무를, 제23조 제2항은 재산권행사의 공공복리적합의무를 규정하고 있다. 헌법은 준법의무를 명시하고 있지 않지만, 이는 헌법에 전제되어 있는 것으로 보는 것이 일반적이다. 국민의 기본의무란 국가의 구성원인 국민이 국가에 대하여 부담하는 헌법상 의무로서, 국가의 존립을 위하여 불가결한 것을 말한다. 고전적 의무로는 납세의 의무, 국방의 의무가 있고, 현대적 의무로는 교육을 받게 할 의무, 근로의 의무, 환경보전의 의무, 재산권행사의 공공복리적합의무 등이 있다.

Ⅱ. 법적 성격, 주체 및 효력

1. 법적 성격

기본의무의 법적 성격에 관하여, 전국가적 의무로 보는 견해와 실정법상의 의무로 보는 견해가 대립하는데, 기본의무는 국가의 존립과 유지에 불가결한 것으로서 실정법상 의무로 보는 견해가 다수설이다.

2. 주체

기본의무의 주체는 국민이다. 외국인은 당연히 의무의 주체가 되는 것은 아니지만, 납세의 의무나 방공(防空)의 의무처럼 의무의 주체가 되기도 한다. 법인은 예컨대 국방의 의무처럼 그 성질상 부담해야 하는 경우에는 의무의 주체가 된다.

3. 효력

기본의무가 직접 효력을 발휘하는지 아니면 단지 선언적 효력만을 발휘하는지에 대하여 견해가 나뉜다. 기본의무는 법률에 의해서 구체화되어야 하기 때문에, 원칙적으로 헌법규정 그 자체로 의무자에게 작위나 부작위 등의 의무를 부과하지 않는다. 따라서 헌법규정 그 자체는 선언적 효력만을 갖는다.

Ⅲ. 기본의무와 기본권 제한

기본의무의 실현을 위해서는 법률에 의해 의무의 내용이 구체화되어야 하고, 기본의무를 구체화하는 법률규정은 보통 많은 기본권을 동시에 제한하게 된다. 따라서 기본의무를 구체화하는 법률규정이 기본권을 제한하는 경우에는 기본권제한입법의 한계를 준수해야 한다. 예컨대 조세법은, 국민의 납세의무에도 불구하고, 과잉금지의 원칙을 준수해야 한다.

제 2 절 개별적 기본의무

Ⅰ. 납세의 의무

헌법은 제38조에서 "모든 국민은 법률이 정하는 바에 의하여 납세의 의무를 진다."라고 하여 고전적 의무인 납세의 의무를 규정하고 있으며, 제59조는 "조세의 종목과 세율은 법률로 정한다."라고 하여 조세법률주의를 규정하고 있다.

납세의 의무란 국가의 존립과 유지 및 국가의 임무 수행에 필요한 비용을 마련하기 위해 국가 구성원인 국민이 부담하는 경제적인 기여의무를 말한다. 납세란 조세의 납부를 말하며, 조세란 국가 또는 지방자치단체가 재정수요를 충족시키거나 경제적·사회적 특수정책의 실현을 위하여 국민 또는 주민에 대하여 아무런 특별한 반대급부없이 강제적으로 부과징수하는 과징금을 말한다.

Ⅱ. 국방의 의무

헌법 제39조는 "① 모든 국민은 법률이 정하는 바에 의하여 국방의 의무를 진다. ② 누구든지 병역의무의 이행으로 인하여 불이익한 처우를 받지 아니한다."라고 하여 고전적 의무인 국방의 의무 및 병역이무 이행으로 인한 불이익처우 금지를 규정하고 있다. 국방의 의무는 ① 병역법에 의하여 군복무에 임하는 등의 직접적인 병력형성의무, ② 병역법, 예비군법, 민방위기본법, 비상대비에 관한 법률 등에 의한 간접적인 병력형성의무, ③ 병력형성이후 군작전명령에 복종하고 협력하여야 할 의무 등을 포함하는 개념이다. 국방의무 중 직접적인 병력형성, 즉 병역의무는 대한민국 남성만이 부담한다(병역법 제3조). 국방의무 중 간접적인 병력형성의 의무는 남녀를 불문하고 대한민국 국민 모두가 부담한다. 헌법 제39조 제2항은 "누구든지 병역의무의 이행으로 인하여 불이익한 처우를 받지 아니한다."라고 규정하고 있다. 여기서 불이익한 처우란 단순한 사실상, 경제상의 불이익을 모두 포함하는 것이 아니라 법적인 불이익을 의미한다.[1]

Ⅲ. 교육을 받게 할 의무

헌법 제31조 제2항은 "모든 국민은 그 보호하는 자녀에게 적어도 초등교육과 법률이 정하는 교육을 받게 할 의무를 진다."라고 하여 교육을 받게 할 의무를 규정하고 있다. 이는 고전적 의무인 납세의 의무 및 국방의 의무와 달리, 비교적 새로운 개념으로서 사회국가 및 문화국가 실현을 위해 부과되는 현대적 의

1) 헌재 1999. 12. 23. 98헌마363.

무이다. 교육을 받게 할 의무란 친권자나 후견인이 보호하는 자녀나 아동에게 초등교육과 법률이 정하는 교육을 받게 할 의무를 말한다. 교육을 받게 할 의무의 법적 성격이 법적 의무인지 윤리적 의무인지 견해가 나뉜다. 법적 의무설이 다수설이다. 교육을 받게 할 의무의 주체는 취학해야 할 아동의 친권자 또는 후견인이다.

Ⅳ. 근로의 의무

헌법 제32조 제2항은 "모든 국민은 근로의 의무를 진다. 국가는 근로의 의무의 내용과 조건을 민주주의원칙에 따라 법률로 정한다."라고 하여 근로의 의무를 규정하고 있다. 근로의 의무란 노동할 의무, 즉 노동을 통하여 공동체 이익에 기여할 의무를 말한다. 근로란 정신노동과 육체노동을 포함하는 개념이다. 근로의 의무의 법적 성격에 대하여는 윤리적 의무설과 법적 의무설이 대립하고 있다. 윤리적 의무설이 다수설이다. 근로의 의무는 근로능력이 있는 자가 국가가 제공하는 근로기회를 거부하는 경우, 국가가 사회보장적 급부, 예컨대 구직급여(고용보험법 제60조)를 지급하지 않을 수 있게 하는 정도의 의미를 가진다. 그런데 제32조 제2항 제2문에 따라, 법률로써 부과되는 (법률상의)근로의 의무가 있을 수 있다. 이 경우에도 '근로의 의무의 내용과 조건을 민주주의원칙에 따라' 정해야 한다. 이 경우에 부과되는 근로의무는 대체이행이 허용되어야 하고, 의무불이행에 대한 제재도 자유형이 아니라 재산형에 그쳐야 한다.

Ⅴ. 환경보전의 의무

헌법 제35조 제1항 후단은 "국가와 국민은 환경보전을 위하여 노력하여야 한다."라고 하여 환경보전의무를 규정하고 있다. 모든 국민은 건강하고 쾌적한 환경에서 생활할 권리를 갖고 있는데, 이러한 권리는 모든 국민이 자연환경을 훼손하거나 파괴하는 등의 행위를 자제함으로써 실현가능하다. 따라서 모든 국민은 건강하고 쾌적한 환경을 보전하기 위해 노력해야 한다.

Ⅵ. 재산권행사의 공공복리적합의무

헌법 제23조 제2항은 “재산권의 행사는 공공복리에 적합하도록 하여야 한다.”라고 하여 재산권행사의 공공복리적합의무를 규정하고 있다. 오늘날 사회국가 실현을 위해서는 재산권자의 재산권 행사가 남용되거나 악용됨으로 인하여 발생하는 문제들을 예방하고 해결하는 게 중요하다. 헌법은 재산권이 사회적 기속을 받는다는 것을 명시함으로써 재산권이 절대적인 권리가 아니라 상대적인 권리임을 분명히 밝히고 있다.

제3편

국가권력

헌법이란 국민의 기본권 보장을 위한 국가의 근본적인 법질서를 말한다. 국민의 기본권 보장을 위해서는 국가의 활동이 필요하며, 국가의 활동은 국가기관을 통하여 이루어진다. 국가로서 활동하는 국가권력은 입법권, 집행권, 사법권으로 이루어져 있다. 헌법은 입법권은 국회에, 집행권은 정부에, 사법권은 법원과 헌법재판소에 맡기고 있다. 사법권 중에서 헌법재판소 부분은 따로 '제4편 헌법재판소'에서 다룬다.

제 1 장 기본원리

제 1 절 대의제 원리

Ⅰ. 대의제의 의의

대의제란 국가가 의사결정을 함에 있어서 국민이 직접 결정하는 것이 아니라, 대표자를 선출하여 그들로 하여금 국민을 대신하여 국가의사를 결정하게 함으로써 국민이 간접적으로 국가의사를 결정하는 통치원리를 말한다. 국민주권의 원리는 주권자인 국민이 직접 국가의사를 결정하는 직접민주제에서 가장 잘 실현될 수 있다. 그러나 직접민주제를 할 경우 국민이 선동, 사리사욕, 충동 등에 좌우되지 않고 올바른 결정을 내릴 수 있을지에 대해 제기되는 의문, 집권자에 의한 악용가능성, 그리고 인구나 장소 등 현실적인 여건상의 제약 때문에, 대부분의 현대국가는 대의제(간접민주제)를 취하고 있다.

국민으로부터 선출된 대표자는 전체국민의 대표이다. 대표자는 부분이익이 아니라 공동체 전체의 이익을 우선하여 직무를 수행해야 한다. 대표자는 자신을 선출한 국민의 명령이나 지시에 구속받지 않고(무기속위임) 오로지 양심에 따라 독립하여 직무를 수행해야 한다.

Ⅱ. 대표관계의 법적 성격

대의제에서 국민과 대표자 간의 관계(대표관계)의 법적 성격에 관하여 견해가 나뉜다. 대체로 대표자는 국민을 정치적으로 대표한다는 정치적 대표설을 취하고 있다. 즉 대표자(대통령, 국회의원)는 국민에 대해 법적인 책임을 지지 않으며, 정치적인 책임을 진다. 따라서 대통령이나 국회의원이 자신을 선출한 국민이나 지역구민의 의사에 반하는 정책결정이나 입법을 할지라도, 대표자는 국민이나 지역구민에게 법적인 책임을 지지 않고, 국민이나 지역구민은 다음 선거에서 그에 대한 정치적 책임을 추궁할 수 있을 뿐이다.

Ⅲ. 현대적 대의제

1. 대의제의 위기상황

(1) 정당정치의 발달

오늘날의 민주주의를 정당국가적 민주주의라고 일컬을 정도로 민주주의 실현을 위해 정당이 수행하는 역할은 지대하다. 그런데 정당정치가 발달할수록 대의제에 위기를 야기한다. 즉 정당정치가 발달할수록 대표자를 선출하는 선거가 특정 정당에 대한 지지 여부를 표시하는 일종의 국민투표적 성격을 가지게 됨으로써 대표자를 선출한다는 선거의 기능이 약해지며, 정치적 결정에 대한 정당의 권한이 강해짐에 따라 국회의원이 정당에 점점 더 기속되어 거수기로 전락한다. 결국 국회의원 스스로 의사결정을 내리지 못하게 됨으로써 대표자로 하여금 자신의 양심에 따라 국가의사를 결정하게 하는 대의제도의 본질에 부합하지 못하게 된다.

(2) 기타

① 오늘날 의회에서 토론이 제대로 행해지지 않고, 이익집단 내지 압력단체의 영향력 행사로 인해 국민 전체의 이익을 위한 의사결정이 제대로 행해지지 못하고 있다. ② 행정국가화 현상으로 인해 행정부가 정치의 중심으로 기능을 수행하는 반면에 의회는 전문성 부족 등의 이유로 통법부로 전락하고, 의회 스스로 해결할 문제를 당리당략 등의 이유로 스스로 해결하지 못하고 외부(헌법재판소)에 의존하는 현상이 있다. ③ 의회가 국민의 의사를 제대로 대변하지 못한다는 불만이 커져서 국민이 직접 정치에 참여하겠다는 요구가 증가하였으며, 더욱이 새로운 매체의 발달로 인해 이러한 현상이 강해지고 있다.

2. 대의제와 직접민주주의의 결합

오늘날의 대의제는 시대상황의 변화에 따라 대의제를 기본으로 하면서도 직접민주제를 도입하여 대의제와 직접민주제의 조화를 모색하고 있다. 대의제를 보완하는 직접민주제적 요소로는 국민표결, 국민발안, 국민소환 등이 있다. ① 국민표결이란 법률제정이나 정책결정을 국민이 직접 투표를 통해 결정하는 제도를 말한다. 국민표결에는 레퍼렌덤(협의의 국민표결)과 플레비시트(신임투표적 국민결정)가 있다. 레퍼렌덤은 중요정책이나 헌법개정 등 헌법에서 국민표결을 통해 결정하도록 규정한 사항에 대해 국민투표로써 최종적으로 확정하는 것을 말한다. 우리 헌법 제72조(국민투표)와 제130조(헌법개정)는 레퍼렌덤에 해당한다. 플레비시트는 집권자가 자신의 신임을 묻는 국민투표를 실시하고 국민이 이에 대해 결정하는 것을 말한다. ② 국민발안이란 국민이 직접 법률안이나 헌법개정안을 제안할 수 있는 제도를 말한다. ③ 국민소환이란 선출된 국민의 대표나 공무원을 임기가 끝나기 전에 국민의 발의에 의하여 해직시키는 제도를 말한다.

Ⅳ. 현행헌법과 대의제

1. 원칙으로서의 대의제

우리 헌법은 입법권을 국회에 부여하고 입법권을 행사할 국민의 대표인 국회의원을 국민이 직접 선출하도록 규정하고 있으며(제40조–제41조), 행정권을 대통령을 수반으로 하는 정부에 부여하고 국민의 대표인 대통령을 국민이 직접 선출하도록 규정하고 있다(제66조 제4항, 제67조). 즉 우리 헌법은 국민이 선출한 대통령과 국회의원을 통하여 국민이 간접적으로 주권을 행사하는 대의제를 원칙으로 하고 있다.

2. 예외로서의 직접민주제

(1) 한국 헌법사상 직접민주제 변천 개관

1) 우리 헌법사상 국민소환제는 채택된 적이 없다. 1954년 헌법(제2차 개헌) 제7조의2 제1항은 국민투표, 제98조 제1항은 국민발안제를 채택하였다. ① 국민투표 – 대한민국의 주권의 제약 또는 영토의 변경을 가져올 국가안위에 관한 중대사항은 국회의 가결을 거친 후에 국민투표에 부하여 민의원의원선거권자 3분지 2 이상의 투표와 유효투표 3분지 2이상의 찬성을 얻어야 한다. 전항의 국민투표의 발의는 국회의 가결이 있은 후 1개월 이내에 민의원의원선거권자 50만

인 이상의 찬성으로써 한다. ② 국민발안 – 헌법개정의 제안은 대통령, 민의원 또는 참의원의 재적의원 3분지 1 이상 또는 민의원의원선거권자 50만인 이상의 찬성으로써 한다.

2) 1962년 헌법(제5차 개헌) 제119조 제1항은 국민발안제, 제121조 제1항은 헌법개정안에 대한 국민투표를 규정하였다. ① 국민발안 – 헌법개정의 제안은 국회의 재적의원 3분의 1이상 또는 국회의원선거권자 50만인 이상의 찬성으로써 한다. ② 국민투표 – 헌법개정안은 국회가 의결한 후 60일 이내에 국민투표에 붙여 국회의원선거권자 과반수의 투표와 투표자 과반수의 찬성을 얻어야 한다.

3) 최초의 국민투표(헌법개정)는 1962년 12월 17일에 실시되었고, 그 후 5차례[1] 국민투표가 실시되었다.

(2) 현행헌법상 직접민주제

1) 현행헌법은 대의제를 원칙으로 하고 직접민주제를 예외적으로 채택하고 있다. 제72조에서 "대통령은 필요하다고 인정할 때에는 외교·국방·통일 기타 국가안위에 관한 중요정책을 국민투표에 붙일 수 있다."라고 규정하고 있고, 제130조 제2항은 "헌법개정안은 국회가 의결한 후 30일 이내에 국민투표에 붙여 국회의원선거권자 과반수의 투표와 투표자 과반수의 찬성을 얻어야 한다."라고 규정하고 있다.

2) 직접민주제는 지방자치에도 적용될 수 있다. 지방자치법 제18조 제1항은 "지방자치단체의 장은 주민에게 과도한 부담을 주거나 중대한 영향을 미치는 지방자치단체의 주요 결정사항 등에 대하여 주민투표에 부칠 수 있다."라고 규정하고 있고, 이에 관하여 주민투표법이 제정되어 있다. 그리고 지방자치법 제25조 제1항은 "주민은 그 지방자치단체의 장 및 지방의회의원(비례대표 지방의회의원은 제외한다)을 소환할 권리를 가진다."라고 규정하고 있으며, 이에 관하여 주민소환법이 제정되어 있다.

1) 헌법개정안에 대한 국민투표(1969년), 유신헌법 채택에 관한 국민투표(1972년), 유신헌법 찬반과 대통령신임을 묻는 국민투표(1975년), 80년 헌법 채택에 관한 국민투표(1980년), 87년 헌법 채택에 관한 국민투표(1987년).

제 2 절 권력분립의 원리

Ⅰ. 권력분립원리의 의의

1. 개념

권력분립의 원리란 국가작용을 그 성질 내지 기능에 따라 입법·집행·사법의 셋으로 나누어 이를 각각 의회·정부·법원에 귀속시킴으로써, 각 국가기관 상호간의 견제와 균형(checks and balances)을 통하여 국가권력의 집중과 남용을 방지하고 국민의 자유와 권리를 보장하게 하는 통치구조의 구성원리를 말한다.

2. 특성

권력분립의 원리는 본질적으로 다음과 같은 특성을 갖는다.

(1) 권력분립의 원리는 자유주의적 특성을 가진다. 권력분립원리는 국가권력의 남용 또는 자의적인 행사를 방지함으로써 국가권력으로부터 국민의 자유를 수호하기 위한 자유주의적 정치조직 원리이다. 권력분립원리는 국가권력 자체 및 국가권력을 행사하는 인간 모두를 불신하는 자유주의를 그 바탕으로 하고 있다.

(2) 권력분립의 원리는 권력을 행사하는 인간을 불신하는 회의적 인간관에 근거를 두고 있다. 영국의 액튼(Acton) 경이 "권력은 부패한다. 절대권력은 절대적으로 부패한다."라고 경고한 것처럼, 권력을 가진 인간은 권력을 남용하는 경향이 있기 때문에, 권력을 분립하여 권력남용을 방지하고자 하는 것이다.

(3) 권력분립의 원리는 소극적 특성을 가진다. 권력분립원리는 적극적으로 권력 행사의 능률을 증진시키려는 것이 아니라, 권력의 남용이나 자의적 행사를 방지하고자 하는 소극적 원리이다.

(4) 권력분립의 원리는 중성적(중립적) 특성을 가진다. 권력분립원리는 군주제든 공화제든 어떠한 조직원리와도 결합될 수 있는 중성적(중립적) 조직원리이다.

Ⅱ. 고전적 권력분립론

국가권력을 제한함으로써 개인의 자유를 보장하고자 하는 자유주의적 국가사상에 입각한 근대적 권력분립론은 로크(J. Locke)와 몽테스키외(Ch. d. Montesquieu)의 이론에서 찾아볼 수 있다. 두 사람 모두 권력을 분립시킴으로써 개인의 자유를 보장하고자 한다.

1. 로크의 권력분립론

⑴ 로크는 '시민정부에 관한 2개의 논문(Two Treatises on Civil Government, 1690)'에서 국가권력을 입법권·집행권·동맹권(연합권)·대권으로 나누고 이들 권한이 국왕과 의회에 의해 행사된다고 보았다. 입법권은 최고의 권력이고 나머지 권력은 입법권에 종속하며, 입법권과 집행권은 다른 사람들에 의해 행사되어야 한다고 하였다. 집행권과 동맹권(연합권)은 본질적으로 다른 것이지만 현실적으로 한 사람의 수중에 둘 수밖에 없다고 하였다.

⑵ 로크의 권력분립론은 권력을 중심으로 볼 때에는 4권분립이론이고, 각 권력이 귀속되는 기관을 중심으로 볼 때에는 2권분립이론이다. 로크의 입법권 우위의 권력분립이론(2권분립이론)은 당시 영국의 권력분립이론을 정리한 것으로서 영국의 의원내각제에서 제도화되어 있으며, 권력의 분리에 중점을 두었다. 로크의 권력분립론에서는 사법권에 관한 언급이 없다.

2. 몽테스키외의 권력분립론

⑴ 몽테스키외는 '법의 정신(1748)'에서 모든 권력을 가진 자는 그것을 남용하기 쉬우며, 권력을 극한까지 행사한다는 것은 경험이 알려준다고 하였다. 권력남용을 방지하기 위해서는 권력이 권력을 억제해야 한다고 하였다.

⑵ 그는 국가권력에 3가지가 있는데, 그것은 입법권, 집행권, 사법권(재판권)이라고 하였다. 그는 자유를 보장하기 위하여 3권이 엄격하게 분리되어야 하며, 분리된 권력은 대등한 입장에서 상호 견제해야 한다고 하였다. 그는 특히 입법권과 집행권 사이에 견제와 균형을 강조하였고, 사법권에 대해서는 상대적으로 소극적 독립을 강조하였다. 몽테스키외의 3권분립이론은 미국 (대통령제)연방헌

법(1787)의 제정과 프랑스 인권선언(1789)에 영향을 미쳤다. 그리고 국가권력 담당자의 겸직금지의 이념적 기초가 되었다는 평가도 있다.

Ⅲ. 고전적 권력분립이론의 변화 배경

고전적 권력분립이론이 주장되던 때와 오늘날의 시대상황은 많이 변하였다.

1. 신분제사회에서 평등사회로

로크와 몽테스키외가 권력분립이론을 주장하던 시기의 유럽은, 대체로 엄격한 봉건적 신분사회의 전제군주제 내지 제한군주제였다. 그러나 오늘날은 민주주의 이념이 보편적인 가치이고 만인이 평등한 평등사회의 단계로 진입하였다.

2. 이익단체 내지 압력단체의 출현

로크와 몽테스키외가 권력분립이론을 주장하던 시기의 유럽은, 전제군주 내지 제한군주가 국민에 대해 일방적인 권력행사를 하던 시기였고 국민의 국가권력 행사 참여는 찾아보기 어려웠다. 그러나 오늘날 민주국가 시대에는 국가의 정책결정 과정에 국민이 참여하는 길이 열리고 정책결정에 영향력을 행사하기 위한 이익단체 내지 압력단체가 나타났다.

3. 정당정치의 발달

몽테스키외가 권력분립이론을 주장하던 시대에도 정당은 존재하였지만 아직 초기 형태를 벗어나지 못했으며, 집행권을 독점한 왕 때문에 정당활동은 의회 내의 입법활동에 머물렀다. 그러나 오늘날 민주주의는 정당국가적 민주주의로 지칭될 정도로 정당은 민주주의 실현에 불가결한 존재가 되었고, 정당은 국정운영에서 중요한 역할을 담당하게 되었다. 정당을 통한 권력통합현상 때문에 국가의 정책결정이 결국 집권당의 결정에 의해서 더욱이 정당 수뇌부의 결정에 의해서 이루어지는 현상이 나타났고, 이러한 현상은 특히 의원내각제 국가에서 더 분명하게 나타난다.

4. 국가기능의 확대

몽테스키외가 권력분립이론을 주장하던 시대는 국가의 임무가 주로 질서유지에 국한되었던 야경국가 내지 소극국가였다. 그러나 18세기에 시작된 산업혁명 이후 형성된 산업사회에서 국가는 단지 질서유지에 그 임무가 국한되는 야경국가 내지 소극국가가 아니라, 국민의 자유보장과 생존보장을 동시에 충족시키는 것을 임무로 하는 사회국가이어야 한다. 사회국가는 자신의 임무를 수행하기 위하여 급부기능(행정기능)을 확대하게 되며, 급부기능(행정기능)이 확대된 급부국가(행정국가)에서는 자유보호를 위해 사법권 강화가 요청된다. 특히 권력통제 장치로서 헌법재판제도가 중요하게 부각된다.

Ⅳ. 현대적 권력분립이론

고전적 권력분립론은 권력을 형식적으로 분리하는 데 중점을 두었다. 오늘날 엄격한 권력분립은 불합리하며 현실적으로 불가능하다. 오늘날의 상황에서는 권력의 단순한 분리가 아니라 각 권력이 수행하는 기능에 대해 적절하게 통제하는 기능적 권력통제가 중요해졌다. 즉 권력분립의 중점이 형식적 권력분리에서 실질적 기능통제로 이동하였다. 따라서 기본권 보장이라는 헌법의 목적을 실현하기 위해 국가권력 상호간은 기능적으로 협력관계를 유지하면서 동시에 기능적으로 통제하는 협력적 통제관계가 요청된다. 오늘날 실질적 기능통제를 위한 제도로서 연방국가제도, 지방자치제도, 복수정당제도, 직업공무원제도, 헌법재판제도 등이 거론된다.

1. 연방국가제도

현대에 와서 연방국가제도가 기능적 권력통제의 중요한 수단으로 평가되고 있다. 연방국가제도는 국가권력을 연방과 주(지방) 간에 수직적으로 분할하는 수직적 권력분립 수단이다. 동시에 독일(참사원)이나 미국(상원)처럼 연방의회의 상원(참사원)을 각 주(지방)의 대표로 구성하는 경우에는 국가권력의 수평적 배분의 효과도 나타나기 때문에, 수평적 권력분립의 수단이기도 하다.

2. 지방자치제도

지방자치는 풀뿌리 민주주의로서 민주주의 실현에 지대한 역할을 한다. 지방자치제도는 중앙정부의 권한 행사에 대해 견제기능을 수행하기 때문에, 수직적 권력분립의 수단이기도 하다. 지방자치제도가 수직적 권력분립의 수단으로서 권력통제 기능을 제대로 수행하기 위해서는 자치단체의 구성이 민주적이어야 한다. 지방의회와 지방자치단체장이 주민의 직선을 통해 구성되어야 자치단체의 민주적 정당성을 바탕으로 권력분립적 기능을 제대로 수행할 수 있다.

3. 복수정당제도

오늘날의 정당국가에서 정당을 통한 권력통합현상 때문에 전통적 권력분립의 효과가 문제되는 상황에서, 야당의 헌법상 지위와 권한을 강화함으로써 여당과 야당 간의 권력분립을 재정립해야 한다. 야당은 내일의 잠재적 여당이다. 야당에게 강화된 헌법상 지위와 권한이 부여됨으로써 복수정당제도는 여당과 야당 간의 권력분립 수단으로 작용할 수 있다.

4. 직업공무원제도

직업공무원제도를 이른바 특별권력관계로 보는 전통적 입장에서 벗어나, 오늘날 직업공무원제도는 민주주의를 실현하기 위한 국가기관의 구성원리로 평가받는다. 직업공무원제도는 공무원의 국민에 대한 책임, 공무원의 정치적 중립성, 공무원 신분보장, 공무원의 헌법충성의무 등을 통해 계속성을 갖기 때문에, 큰 변화 없이 지속적인 공무원조직이 정권교체의 가능성 때문에 한시적인 집권세력을 견제하게 될 때, 직업공무원제도는 권력분립의 수단으로 작용할 수 있다.

5. 헌법재판제도

헌법재판은 예컨대 위헌법률심판, 탄핵심판, 권한쟁의심판, 헌법소원심판 등의 권한을 행사함으로써 입법·집행·사법 등 다른 국가작용에 대해 권력통제기능을 수행한다. 헌법재판은 강력한 권력통제 수단이지만 헌법재판이 자신의 기능을 제대로 수행하기 위해서는, 정치인과 국민 모두가 강력한 헌법수호의지를 발휘해야 하며, 헌법재판소의 결정 자체도 공동체 구성원 모두에게 설득력 있고 타당성 있는 내용이어야 한다.

V. 우리 헌법상의 권력분립

1. 권력의 분립

우리 헌법은 고전적인 3권분립이론에 따라 입법권은 국회(제40조)에, 행정권은 정부(제66조 제4항)에, 사법권은 법원(제101조 제1항)과 헌법재판소(제111조)에 부여하고 있다. 또한 지방자치제도, 복수정당제도, 직업공무원제도, 헌법재판제도 등 기능적 권력통제 수단도 함께 마련하고 있다.

2. 권력의 견제와 균형

⑴ 국회의 다른 권력에 대한 견제

국회는 정부에 대하여 국정감사·조사권(제61조), 국무총리임명동의권(제86조 제1항), 국무총리·국무위원해임건의권(제63조), 대통령 및 고위공무원 탄핵소추권(제65조), 예산안심의·의결권(제54조), 조약의 체결·비준, 선전포고, 국군의 해외파병, 외국군대의 국내주둔에 대한 동의권(제60조), 국무총리 등의 국회출석요구권(제62조), 긴급재정경제명령·긴급명령승인권(제76조 제3항), 계엄해제요구권(제77조 제5항), 일반사면동의권(제79조 제2항) 등을 통해 견제한다. 국회는 법원에 대하여 대법원장·대법관임명동의권(제104조 제1항－제2항), 법원조직에 관한 법률제정권(제102조 제3항), 일반사면동의권(제79조 제2항), 법원예산심의·의결권(제54조), 법관탄핵소추권(제65조) 등을 통해 견제한다. 국회는 헌법재판소에 대하여 헌법재판소장임명동의권(제111조 제4항), 헌법재판소재판관3인선출권(제111조 제3항), 헌법재판소재판관탄핵소추권(제65조), 헌법재판소조직에 관한 법률 제정권(제113조 제3항) 등을 통해 견제한다.

⑵ 정부의 다른 권력에 대한 견제

정부는 국회에 대하여 국회임시회집회요구권(제47조 제1항), 법률안거부권(제53조 제2항), 대통령의 국회출석발언권(제81조), 국무총리 등의 국회출석발언권(제62조 제1항), 긴급재정경제명령권 및 긴급명령권(제76조), 계엄선포권(제77조),

헌법개정안발의권(제128조 제1항) 등을 통해 견제한다. 정부는 법원에 대하여 대통령의 대법원장·대법관임명권(제104조 제1항-제2항), 법원예산편성권(제54조 제2항), 사면·감형·복권권(제79조), 긴급재정경제명령권 및 긴급명령권(제76조), 계엄선포권(제77조) 등을 통해 견제한다. 정부는 헌법재판소에 대하여 대통령의 헌법재판소장임명권(제111조 제4항), 헌법재판소재판관임명권(제111조 제3항), 헌법재판소예산편성권(제54조 제2항) 등을 통해 견제한다.

(3) 법원의 다른 권력에 대한 견제

법원은 국회에 대하여 위헌법률심판제청권(제107조 제1항)을 통해 견제한다. 법원은 정부에 대하여 위헌·위법명령·규칙·처분심사권(제107조 제2항)을 통해 견제한다.

(4) 헌법재판소의 다른 권력에 대한 견제

헌법재판소는 국회에 대하여 위헌법률심판권·탄핵심판권·헌법소원심판권(제111조)을 통해 견제한다. 헌법재판소는 정부에 대하여 위헌법률심판권·탄핵심판권·정당해산심판권·권한쟁의심판권·헌법소원심판권(제111조)을 통해 견제한다. 헌법재판소는 법원에 대하여 위헌법률심판권·탄핵심판권·권한쟁의심판권·헌법소원심판권(제111조)을 통해 견제한다.

3. 기관 내부에서의 권력통제

우리 헌법은 '기관 내부에서의 권력통제'가 이루어질 수 있게 하는 규정을 두고 있다. 예컨대 제4장 정부는 제1절 대통령과 제2절 (국무총리를 중심으로 하는) 행정부로 2원화하고 있으며(제66조, 제86조), 부서제도(제82조)와 국무회의의 심의제도(제88조-제89조)를 규정하고 있고, 행정부 내에 직무의 독립성이 보장되는 감사원을 두고 있으며(제97조), 대통령의 자문에 응하는 각종 자문기관을 두고 있다(제90조-제93조). 그리고 법원 내부에서의 심급제(제101조 제2항)와 합의제·부제(제102조 제1항)를 규정하고 있다.

제 3 절 정부형태

I. 의의

1. 개념

(1) 정부는 광의로는 입법부, 집행부, 사법부를 포괄하는 개념으로 사용되며, 협의로는 집행부(행정부)만을 의미한다. 우리 헌법 제4장의 '정부'는 협의로 사용되고 있다. 정부형태를 말할 때의 정부도 협의의 정부(집행부, 행정부)를 말한다. 정부형태란 일반적으로 권력분립원리가 국가조직에 있어서 어떻게 적용되어 있는지, 즉 권력분립원리의 조직적·구조적 실현형태를 말한다. 구체적으로는 집행부(행정부)와 입법부 간의 관계가 어떠한지를 드러내는 것으로서, 권력분립원리가 집행부(행정부)와 입법부 간의 관계를 설정함에 있어서 실현되어 있는 형태를 말한다.

(2) 정부형태를 흔히 대통령제나 의원내각제 등으로 분류하고 그에 따라 일정한 특징이나 장·단점 등을 거론하는데, 이는 일률적으로 말할 수 있는 것이 아니다. 예컨대 대통령제나 의원내각제로 불리는 정부형태에서도 나라마다 정치문화 등에 따라 국가권력이 행사되는 실제는 다르기 때문에 정부형태의 분류 자체에 큰 의미를 둘 것은 아니다. 이하의 내용은 기본적으로 정부형태를 이해하는데 도움을 제공하는 것일 뿐이며, 정부형태의 특징이나 장·단점 등에 관련한 내용도 일반적으로 거론되는 내용을 언급하는 것이지 반드시 그렇다는 것은 아니다.

2. 분류

(1) 분류기준

정부형태를 분류하는 기준은 집행부(행정부)와 입법부 간의 상호관계이다. 사법부는 직접 국가정책을 결정하거나 집행하는 것은 아니기 때문에 분류기준에서 제외된다.

⑵ 전통적 분류

정부형태에 관한 전통적인 분류는 집행부(행정부)와 입법부 간의 상호관계가 성립·존속·기능에 있어서 엄격하게 분립되어 있으면 대통령제, 상호 의존하는 관계에 있으면 의원내각제로 분류한다.

⑶ 회의정부제와 이원정부제

회의정부제(의회정부제)란 집행부(행정부)와 입법부가 융합되어 있거나 집행부(행정부)가 입법부에 종속하는 정부형태를 말한다. 예컨대 스위스 연방정부의 정부형태가 이에 해당한다. 이원정부제(이원집정부제)란 대통령제적 요소와 의원내각제적 요소가 혼합된 절충형 정부형태이다. 이 정부형태에서는, 집행부(행정부)가 대통령과 내각 두 기구로 구성되고, 평상시에는 외교·국방에 관한 권한은 대통령이 내정에 관한 권한은 수상이 행사하며, 비상시에는 대통령이 집행부(행정부)에 관한 전권을 행사한다. 예컨대 프랑스 제5공화국 정부형태가 이에 해당한다. 이원정부제는 변형된 의원내각제, 준대통령제, 반대통령제 등으로 불리기도 한다.

Ⅱ. 대통령제

1. 의의

⑴ 대통령제란 행정부와 입법부 간의 상호관계가 성립·존속·기능에 있어서 엄격하게 분립되어 있는 정부형태로서, 의회로부터 독립하고 의회에 대해서 책임을 지지 않으며 국민에 의해서 직선되는 대통령을 중심으로 국정이 운영되는 정부형태를 말한다.

⑵ 대통령제는 몽테스키외의 3권분립론에 의거하여 1787년의 미국연방헌법에서 최초로 마련된 제도로서 미국에서 비교적 성공적으로 운용되고 있다고 평가받는다. 하지만 오늘날 정당국가화의 진행에 따라 정당을 통한 권력통합 현상이 문제되고 있다.

⑶ 의원내각제에서 국가권력의 민주적 정당성 확보는 일원적이다. 즉 의회가 국민으로부터 직접 민주적 정당성을 획득하며, 그 의회의 다수세력이 내각을 구성한다. 하지만, 대통령제에서 국가권력의 민주적 정당성 확보는 이원적이다.

즉 대통령과 의회는 각각 국민으로부터 직접 민주적 정당성을 획득한다.

2. 특징

(1) 의회와 행정부는 성립과 존속에 있어서 상호 독립적이다. 대통령은 국민으로부터 직접 선출되며 임기동안 직무를 수행하고 의회에 대해 책임을 지지 않는다. 의회의 내각불신임권이나 대통령의 의회해산권은 인정되지 않는다.

(2) 행정부는 일원적 구조로 되어 있다. 대통령은 국가원수와 행정부 수반의 지위를 겸한다. 부통령제를 취하며 부통령은 대통령 궐위시에 대통령직을 승계한다. 내각은 자문기관이다.

(3) 의회와 행정부는 기능상 독립적이다. 대통령과 내각구성원(각료)은 의원을 겸직할 수 없다. 정부의 법률안 제출권과 내각구성원(각료)의 의회출석발언권이 인정되지 않는다.

(4) 의회와 행정부는 상호 견제함으로써 권력적 균형을 유지한다. 행정부는 의회에 대하여 법률안거부권, 예산안편성·제출권, 행정입법권 등으로 견제한다. 의회는 행정부에 대하여 여러 가지 동의권·승인권, 국정감사·조사권, 예산안심의·의결권, 행정부구성원에 대한 탄핵소추권 등으로 견제한다.

3. 장·단점

(1) 장점

① 대통령은 임기중 의회에 대해 책임을 지지 않기 때문에, 행정부가 안정적이다. 따라서 국가정책의 계속성이 유지될 수 있고, 행정부의 강력한 정책수행이 가능하다. ② 대통령은 법률안거부권을 통하여 의회 다수파의 횡포나 경솔한 입법을 방지할 수 있다.

(2) 단점

① 대통령이 강력한 권한을 갖고 있는데 반하여 의회에 대해 책임을 지지 않기 때문에, 대통령의 독재가 행해질 우려가 있다. ② 의회 다수당과 대통령 소속 정당이 일치하지 않을 경우, 행정부와 의회가 대립하여 입법이 행해지지 않거나 예산안 통과가 이루어지지 않으면, 국정의 원활한 수행이 어려워질 수 있다.

Ⅲ. 의원내각제

1. 의의 및 유형

(1) 의의

의원내각제란 의회정치의 모국인 영국에서 유래하는 정부형태로서, 의회와 행정부(내각)가 법적으로 분리되어 있지만 의회에서 선출되고 의회에 대해 정치적 책임을 지는 내각을 중심으로 국정이 운영되는 정부형태를 말한다. 의회와 행정부(내각)가 상호 의존적이기 때문에 의회와 행정부(내각)가 상호 독립적인 대통령제와 대조된다.

(2) 유형

1) 내각책임제　영국의 의원내각제를 내각책임제라고도 한다. 총선 후 다수당의 지도자가 자동적으로 수상이 된다. 다수당의 지도자는 의회와 내각의 실질적 지도자로서 수상이며 동시에 다수당의 당수이다. 영국의 의원내각제는 수상정부제 또는 수상내각제라고 불리기도 한다.

2) 의회우위형 의원내각제　프랑스 제3·4공화국의 의원내각제가 여기에 해당한다. 의회는 내각(정부)에 대하여 불신임권을 행사하지만 내각(정부)은 의회를 해산하지 않는 것이 관례인 제도이다. 한편, 대통령제와 의원내각제를 혼합한 프랑스 제5공화국의 정부형태(이원정부제)를 의원내각제로 분류하기도 한다.

3) 통제된 의원내각제(건설적 불신임제)　독일의 의원내각제가 여기에 해당한다. 의회가 내각을 불신임하고 이에 대해 내각이 의회를 해산함으로써 실시하게 된 총선에서, 과반수를 획득한 정당이 없어 차기 수상을 선출하지 못하는 경우 발생하는 정국 불안정을 방지하기 위해, 의회의 내각불신임권은 의회가 차기 수상을 미리 선출해 놓은 경우에만 행사 가능하도록 함으로써 정국안정을 도모하고 있다. 이러한 제도를 건설적 불신임제라고도 한다.

2. 특징

(1) 이원적 행정부

내각(행정부)의 실질적 권한은 수상에게 있다. 국왕 또는 대통령이 상징적이고 중립적인 국가원수로 존재하고 국왕이나 대통령은 의례적이고 형식적인 국가 대표권만을 갖는다.

(2) 내각과 의회의 상호의존

의회의 다수가 내각을 구성하고 의원과 각료의 겸직이 허용되며, 의회는 내각을 불신임할 수 있고 내각은 의회를 해산할 수 있다. 정부(내각)는 법률안제출권을 행사할 수 있으며, 각료의 국회출석·발언권이 인정된다.

3. 장·단점

(1) 장점

① 의회와 내각이 함께 행동함으로써 신속한 국정처리가 가능하다. ② 의회의 내각불신임을 통해 의회가 내각에 대해 책임을 묻는 것이 가능하기 때문에, 대통령이 의회에 대해 책임을 지지 않는 대통령제보다 책임정치를 실현하기가 용이하다. ③ 의회와 내각이 대립할 경우 국정불안이 발생하는데, 내각불신임과 의회해산을 통해 신속한 해결이 가능하다. ④ 의회의 내각불신임에 대해 신경쓸 수밖에 없으므로, 내각은 유능한 인재를 기용할 가능성이 높다.

(2) 단점

① 군소정당이 난립하여 어느 한 정당이 다수당을 형성하지 못하는 경우, 정국이 혼란스러울 수 있다. ② 의회의 내각불신임에 대해 신경쓸 수밖에 없으므로, 내각은 의회 눈치를 보면서 강력하고 소신있는 정책집행을 못할 수 있다. ③ 내각과 의회 다수당이 한통속으로 다수의 횡포를 행할 수 있다.

Ⅳ. 우리나라의 정부형태

현행헌법은 국회에 대해 책임을 지지 않는 대통령제를 기본으로 하고 의원내각제적 요소를 가미하고 있다. 부통령제를 두고 있지 않고 대통령에게 강력한 국가긴급권이 부여되어 있으며 의원내각제적 요소도 가미되어 있다는 것 등을 고려할 때, 우리나라의 정부형태는 변형된 대통령제 또는 절충형 대통령제라고 부를 수 있을 것이다.

1. 대통령제적 요소

① 대통령은 국가원수이며 동시에 집행부 수반으로서, 집행에 관하여 최고의 권한을 행사하고 최종적 책임을 진다(제66조 제1항, 제4항). ② 대통령은 국민에 의해 직선됨으로써 국민으로부터 직접 대표성을 부여받는다(제67조 제1항). 대통령은 5년의 임기동안 탄핵소추의 경우를 제외하고는 국회에 대해 정치적 책임을 지지 않는다(제65조, 제70조). ③ 대통령은 국회해산권을 갖지 않으며 국회도 대통령에 대한 불신임결의를 할 수 없다. 대통령은 법률안거부권을 보유하고 있다(제53조 제2항).

2. 의원내각제적 요소

① 국회의 동의를 받아 대통령이 임명하는 국무총리가 있다. 국무총리는 대통령의 명을 받아 행정각부를 통할한다(제86조). ② 국회는 국무총리와 국무위원에 대한 해임을 대통령에게 건의할 수 있다(제63조 제1항). ③ 정부에게도 법률안제출권이 있다(제52조). ④ 국무총리·국무위원 또는 정부위원은 국회나 그 위원회에 출석하여 국정처리상황을 보고하거나 의견을 진술하고 질문에 응답할 수 있으며, 국회나 그 위원회는 이들에게 출석·답변을 요구할 수 있다(제62조). ⑤ 헌법은 국회의원의 국무위원 겸직을 금지하고 있지 않으며(제43조), 국회법 제29조 제1항에서도 국회의원의 국무총리·국무위원 겸직을 허용하고 있다.

3. 우리나라 대통령제의 문제점

(1) 대통령 선거방법

1) 현행헌법은 대통령직선제를 채택하였지만, 상대다수대표제를 채택함으로써 대통령의 민주적 정당성 확보에 있어서 문제점을 갖고 있다. 예컨대 4명의 대통령후보가 있는 대통령선거에서 어느 후보도 과반수 득표를 못하였을지라도, 상대적으로 단지 1표라도 더 많이 획득한 후보가 당선될 수 있기 때문에, 전체

적으로 보면 소수만을 대표하는 대통령이 당선될 수 있다.

2) 현행헌법은 대통령선거에서 최고득표자가 2인 이상인 때에는 국회의 재적의원 과반수가 출석한 공개회의에서 다수표를 얻은 자를 당선자로 하고 있다. 최고득표자가 2인 이상인 경우, 즉 2인 이상의 최고득표 동점자가 나올 확률이 극히 희박한 것이기는 하지만, 유권자인 국민이 아니라 국회에서 다수결로 당선자를 결정하는 것은, 국민이 직접 대통령을 선출한다는 대통령직선제의 취지에 비추어 볼 때 문제점이라고 할 수 있다.

3) 대통령선거방법의 개선책으로는 1차투표에서 과반수득표자가 없을 경우 결선투표를 하는 제도가 거론된다. 즉 대통령선거에서 과반수득표자가 없을 경우에는, 1위 득표자와 2위 득표자를 놓고 결선투표를 하여 다수득표자를 당선자로 결정함으로써 민주적 정당성을 제고할 수 있다. 이러한 결선투표제는 헌법개정 사항이다.

(2) 5년 단임제

대통령이 임기 5년의 단임이기 때문에 책임정치 실현에 어려움이 있다. 즉 대통령의 임기중 실정에 대해 책임을 추궁할 수단이 없다. 임기 4년의 1차 중임일 경우 현직 대통령의 재선을 위한 선거에서, 국민은 대통령의 실정에 대해 심판할 기회를 갖는다. 국민에 의해 직선되어 강력한 민주적 정당성을 갖는 대통령이라면 중임을 허용하는 것이 대통령직선제의 취지에 맞는다. 독재 우려는 대통령에 대한 권력통제 장치를 보강함으로써 해결하는 게 바람직하다. 한편, 5년 단임제가 우리나라 헌정사에서 대통령의 장기집권이라는 불행했던 사실을 사라지게 해주었다는 점에서 긍정적인 평가가 내려지기도 한다.

(3) 대통령 권한대행

현행헌법은 기본적으로 대통령제를 취하면서 부통령제를 두고 있지 않다. 헌법 제71조는 "대통령이 궐위되거나 사고로 인하여 직무를 수행할 수 없을 때에는 국무총리, 법률이 정한 국무위원의 순서로 그 권한을 대행한다."라고 규정함으로써, 국민으로부터 직접 민주적 정당성을 부여받지 못한 국무총리 또는 국무위원이 대통령 권한대행을 하게 하고 있다. 기본적으로 대통령제를 취하는 정부형태에서는 부통령제를 둠으로써 민주적 정당성 문제가 발생할 소지를 줄여야 한다.

제2장 국회

제1절 의회제도

Ⅰ. 의회와 의회주의

1. 의의

⑴ 의회란 국민으로부터 선출된 의원을 본질적 구성요소로 하는 합의제 국가기관을 말한다. 의회는 입법 및 중요한 국가적 사항에 대한 결정을 임무로 하는데, 본래의 임무가 입법이기 때문에 입법부라고 하며, 우리나라에서는 국회라고 부른다.

⑵ 의회주의 또는 의회정치란 국민으로부터 선출된 의원을 본질적 구성요소로 하는 의회가 집행부와 권력적 균형을 유지하면서, 입법 및 중요한 국가적 사항에 대한 결정을 행함으로써 국정에 참여하는 정치원리 또는 정치방식을 말한다.

2. 의회주의의 기본원리

의회주의의 기본원리로는 ① 국민대표의 원리이다. 이는 의회가 입법이나 중요한 국가적 사항을 결정할 때 국민의 의사에 따라야 한다는 것이다. ② 공개와 토론의 원리이다. 이는 의회가 의사결정을 할 때에는 공개적으로 이성적인 토론을 거쳐야 한다는 것이다. ③ 다수결 원리이다. 이는 공개적으로 이성적인 토론을 거친 후 표결로써 의회의 의사결정이 이루어져야 한다는 것이다.

Ⅱ. 의회제도의 위기와 대응책

1. 위기요인

(1) 정당국가적 경향이다. 오늘날 정당국가적 경향이 강화되면서 전체 국민의 대표자인 의원이 정당지도부의 명령과 지시에 구속받는 상황이 전개되고 있다. 의회활동의 공개를 통한 정책결정의 투명화 및 의회 내에서의 토론이 공허해지고 있다.

(2) 국가기능의 확대이다. 근대의 소극국가(야경국가)에서 오늘날 적극국가(사회국가, 행정국가)로 전개되면서 국가의 기능이 양적으로 확대되고 질적으로 전문화·복잡화되고 있다. 이러한 상황에서 전문지식이 부족한 의원들은 입법의 주도권을 행정부에게 넘겨주고 있다.

(3) 선거제도의 결함이다. 선거제도의 결함으로 인하여 게리맨더링이나 불평등선거가 이루어지면 의원의 국민대표성이 약화된다. 또한 다수대표제나 비례대표제가 갖고 있는 결함 때문에 특정계층이 과다대표되거나 과소대표되는 상황이 발생하여 의회의 전국민대표성이 약화되고 있다.

(4) 선거의 성격 변화이다. 의원선거가 입후보자 개개인의 인물을 평가하는 인물선거에서, 오늘날의 정당국가 상황에서는 정당지도자나 정당의 정책에 대한 신임투표적 성격으로 바뀌었다. 그에 따라 각계 각층의 훌륭한 인물이 선출되는 현상이 줄어들고, 수준이 낮은 인물이 정당(지도부)에 대한 충성을 무기로 공천받아 의회에 진출하는 현상이 많아짐으로써, 의원의 질이 저하되고 의원과 선거인 간의 직접적인 유대가 약해졌다.

(5) 회의체기관의 한계이다. 의회에서의 무제한 토론으로 인한 의사운영의 비효율성, 의원들의 회의불참 등 불성실한 태도나 국민 뜻에 반하는 의정활동으로 인한 의원에 대한 국민의 신뢰저하, 다수의 횡포, 계층간 이해관계가 복잡화·다원화함에 따른 계급 간 갈등 악화 등 회의체기관의 한계가 드러났다.

2. 대응책

(1) 정당국가적 경향으로 인한 의원의 정당기속에 대해서는 의원이 개별적으

로 대의활동을 할 뿐만 아니라 정당소속 의원들이 국민 전체의 이익에 반하지 않는 한 집단적으로도 대의활동을 한다는 이론을 채택하는 것, 정당의 당내민주주의 실현을 통해 정당기속의 민주적 정당성을 강화하는 것 등이 있다.

(2) 국가기능의 확대, 즉 적극국가(사회국가, 행정국가)화로 인한 의원의 전문성 부족을 보완하는 방법으로는 직능대표제를 통한 전문인의 의회진출을 확대하는 것, 상임위원회 중심으로 국회를 운영하는 것, 의원 자신의 개선노력뿐만 아니라 의원을 보좌하는 입법전문위원 및 보좌관을 확대하는 것 등이 있다.

(3) 선거제도의 결함으로 인한 문제를 해결하는 방법은 선거제도 자체를 개선하는 것이다. 특히 국민 각 계층의 이익이 제대로 대표될 수 있도록 비례대표제를 개선함으로써 정당 소속 의원집단의 집단적 대의활동이 민주적 정당성을 갖추도록 하는 것, 소선거구에서의 상대다수대표 선거제도를 절대다수대표 선거제도로 개선하는 것 등이 있다.

(4) 회의체기관의 한계로 인한 문제를 해결하는 방법으로는 비효율적인 국회운영을 개선하기 위해 상임위원회 중심으로 국회를 운영하는 것, 다수의 횡포를 예방하기 위해 야당의 지위를 강화하는 것, 사회국가(정의국가)의 실질적 실현을 통하여 계층 간의 대립과 갈등을 해소하는 것, 의원의 불성실하거나 국민 뜻에 반하는 의정활동을 보정하기 위해 국민소환 등의 직접민주주의적 요소를 도입하는 것 등이 있다.

Ⅲ. 의회의 구성형태

의회를 구성하는 형태에는 양원제와 단원제가 있다. 나라에 따라 의회를 2개의 합의체(양원제)로 구성하기도 하고 하나의 합의체(단원제)로 구성하기도 한다. 양원제든 단원제든 각 나라마다 자신의 정치상황에 따라 만들어진 것이기 때문에 어느 것이 좋다고 단정적으로 말할 수는 없으며, 양원제와 단원제의 장·단점도 일반적으로 거론되는 내용을 서술한 것일 뿐 반드시 그렇다는 것은 아니다.

1. 양원제

(1) 양원제란 의회를 2개의 상호 독립한 합의체로 구성하고 각각 독립적으로

활동하게 하는 제도를 말하며, 국가적 의사결정에 있어서 양원의 일치된 의사를 요구하기도 하고 그렇지 않기도 하다. 양원제는 영국에 그 기원을 두고 있다.

(2) 양원제에서 하원은, 국민이 직접 선출한 의원으로 구성된다. 상원은, 예컨대 영국의 경우 세습제 또는 임명제 의원으로 구성되며 상원의원은 일종의 명예직이고 의회는 하원중심으로 운영된다. 연방국가인 미국의 경우 각 주에서 2명씩 대표로 선출된 의원으로 구성되며 하원과 함께 의회활동을 한다. 연방국가인 독일의 경우 주별 인구비례에 따라 임명된 주정부의 대표들로 구성되며 상원격인 연방참사원에서 각 주의 대표들은 주의 위임과 지시에 구속되고 의회는 상대적으로 하원중심으로 운영된다. 우리나라 헌법사상 1차·2차 개정헌법(실제로 구성하지 않음)과 제2공화국 헌법(1960)에서 민의원(하원)과 참의원(상원)의 양원제를 채택하였다. 제2공화국 헌법에서의 의회는 상대적으로 민의원 중심이었다.

(3) 양원제의 장·단점으로는 대체로 다음을 든다. 장점으로는, ① 신중한 국정심의가 행해질 수 있다는 것, ② 연방국가의 경우 주의 이익을 대표할 수 있다는 것, ③ 상원이 원로원의 기능을 수행하는 경우 하원의 급진적인 개혁에 대해 완충역할을 할 수 있다는 것, ④ 상원을 직능대표로 구성하여 국가기능의 변화에 대응할 수 있고 직능단체의 이익을 대표할 수 있다는 것 등이다. 단점으로는, ① 국정처리가 지연될 수 있다는 것, ② 예산이 많이 소요된다는 것, ③ 하원에 대한 상원의 견제가 지나칠 경우 하원의 대정부견제 기능이 약화될 수 있다는 것, ④ 양원의 의결이 일치하면 제2원이 쓸모없는 존재가 되고 의결이 불일치하면 제2원이 해로운 존재가 된다는 것 등이다.

2. 단원제

(1) 단원제란 의회를 하나의 합의체기관으로 구성하여 독립적으로 의회의 기능을 수행하게 하는 제도를 말한다. 단원제에서는 의회가 국민으로부터 직선된 의원으로 구성되는 것이 일반적이다. "제1원과 제2원이 같은 결정을 한다면 제2원은 쓸모없는 존재이고, 제1원과 제2원이 다른 결정을 한다면 제2원은 해로운 존재"라고 시에예스(Sieyès)가 강조한 것이 단원제의 사상적 유래로 평가되고 있다. 단원제를 채택한 최초의 헌법은 1791년의 프랑스헌법으로 알려지고 있다. 우리나라는 제헌헌법과 제5차 개정헌법(제3공화국 헌법) 이래 단원제를 채택하고

있다.

(2) 단원제의 장·단점으로는 대체로 다음을 든다. 장점으로는, ① 신속한 국정처리가 가능하다는 것, ② 예산을 절약할 수 있다는 것, ③ 국민의 뜻이 국정에 직접 반영될 수 있다는 것 등이다. 단점으로는, ① 경솔한 국정심의가 행해질 수 있다는 것, ② 의회가 정부에 대해 횡포를 부릴 수 있다는 것 등이다.

제 2 절 국회의 헌법상 지위

국회의 헌법상 지위는 국가형태가 단일국가인지 연방국가인지 정부형태가 의원내각제인지 대통령제인지에 따라 차이가 있다. 이처럼 국회의 헌법상 지위는 나라마다 다르지만, 민주국가에서의 의회는 국민의 대표기관, 입법기관 및 국정통제기관이라는 공통된 지위가 있다.

Ⅰ. 국민대표기관으로서의 지위

1. 대표의 의미와 성격

(1) 국회는 국민으로부터 직접 선출된 의원들이 국민을 대신하여 국가의사를 결정하는 기관이다. 국회는 각 계층의 국민들을 대표하는 의원들이 공개된 장소에서 토론과 타협을 거쳐 국가의사를 결정하는 기관으로서 대의제원리를 충실하게 실현할 수 있는 기관이다.

(2) 국회가 국민을 대표한다고 할 때 대표의 성격에 관하여 법적 대표설과 정치적 대표설이 있다. 정치적 대표설이 다수설이다. 헌법이 국회의원에게 명령적 위임(강제적 위임)을 규정하고 있지 않고, 의회의 본질, 연혁, 실태에 비추어 볼 때, 의원은 오직 자기 양심에만 구속되며 국민을 정치적으로 대표한다고 보는 견해가 타당하다.

2. 대표기관으로서의 지위의 변질

오늘날의 정당국가에서 의원의 정당기속으로 말미암아 의원이 국민을 대표한다기보다 소속 정당을 대표하는 양상이 전개되고 있다. 전술했듯이 당내민주주의 실현 등의 개선이 필요하다.

II. 입법기관으로서의 지위

1. 국회의 입법기관성

헌법 제40조는 "입법권은 국회에 속한다."라고 규정함으로써 국회가 입법기관임을 명시하고 있다. 입법기관으로서의 지위는 국회의 가장 본질적인 지위이다.

2. 국회입법원칙의 예외

국회가 입법기관이라는 것이 모든 종류의 법규범을 의회가 독점하는 유일 입법기관성을 의미하는 것은 아니다. 헌법은 헌법정책상, 예컨대 대통령령·총리령·부령 등의 행정입법권의 경우처럼, 실질적 입법권의 일부를 다른 국가기관에게 부여하고 있다.

3. 입법기관으로서의 국회의 지위 저하

오늘날 행정국가화(정당국가화) 현상과 국회의원의 전문성 부족으로 인하여 국회에서 법률을 제정할 때, 정부의 의도대로 법률안이 통과되는 국회의 통법부화 현상 및 위임입법의 증대 등이 발생하고 있다.

III. 국정통제기관으로서의 지위

1. 국회기능의 변화

오늘날 국회의 국민대표기관이나 입법기관으로서의 지위가 저하되고, 상대적으로 집행부를 감시·비판·견제하는 국정통제기관으로서의 지위가 부각되고 있다.

2. 헌법상 국정통제방법

(1) 국회는 정부에 대해서 국무총리임명동의권(제86조), 국정감사·조사권(제61조), 국무총리·국무위원해임건의권(제63조), 탄핵소추권(제65조), 국무총리·국무위원·정부위원에 대한 국회출석·답변요구권(제62조), 예산안심의·의결권(제54조), 긴급재정경제처분·명령 및 긴급명령에 대한 승인권(제76조), 계엄해제요구권(제77조), 재정적 부담을 지우는 조약의 체결·비준에 대한 동의권(제60조) 등의 통제권을 갖고 있다.

(2) 국회는 사법부(법원과 헌법재판소)에 대해서 대법원장·대법관과 헌법재판소장임명동의권(제104조, 제111조), 헌법재판소재판관3인선출권(제111조), 법원과 헌법재판소의 설치·조직에 관한 법률제정권(제102조, 제113조), 국정감사·조사권(제61조), 탄핵소추권(제65조) 등의 통제권을 갖고 있다.

제 3 절 국회의 구성과 운영

Ⅰ. 국회의원의 선거

현행헌법상 국회는 단원제를 취하고 있다. 국회는 국민의 보통·평등·직접·비밀 선거에 의하여 선출된 국회의원으로 구성한다. 국회의원의 수는 법률로 정하되 200인 이상으로 한다. 국회의원의 선거구와 비례대표제 기타 선거에 관한 사항은 법률로 정한다. 국회의원의 임기는 4년으로 한다(제41조－제42조). 국회의 의원정수는 지역구국회의원 254명과 비례대표국회의원 46명을 합하여 300명으로 한다(공직선거법 제21조 제1항). 지역구선거는 소선거구·상대다수대표제이다. 비례대표선거는 정당별 후보명부에 대한 별도의 정당투표에 의하고, 전국을 단위로 한다.

II. 국회의 내부조직

1. 국회의장과 부의장

(1) 국회는 의장 1인과 부의장 2인을 선출한다(제48조). 의장과 부의장은 국회에서 무기명투표로 선거하고 재적의원 과반수의 득표로 당선된다(국회법 제15조). 의장과 부의장의 임기는 2년으로 한다. 의장이 사고가 있을 때에는 의장이 지정하는 부의장이 그 직무를 대리한다(법 제9조, 제12조). 의장과 부의장은 국회의 동의를 받아 그 직을 사임할 수 있다(법 제19조).

(2) 의장은 국회를 대표하고 의사를 정리하며, 질서를 유지하고 사무를 감독한다(국회법 제10조). 이에 따라 의장은 임시회집회공고권(법 제5조), 의사일정작성·변경권(법 제76조－제78조), 위원회출석·발언권(법 제11조, 표결에는 참가할 수 없다), 국회에서 의결된 의안의 정부이송권(법 제98조 제1항), 대통령이 확정된 법률을 공포하지 않을 때의 법률공포권(법 제98조 제3항), 폐회중 의원의 사직허가권(법 제135조 제1항 단서), 방청허가권(법 제152조 제1항) 등의 권한을 갖는다.

2. 국회의 위원회

(1) 위원회제도의 의의

1) 국회의 위원회란 본회의에서 법률안 등의 의안을 심의하기에 앞서 관련 사항에 대해 전문적인 지식을 가진 소수의 의원들로 하여금 미리 심사하게 함으로써, 본회의의 의사진행을 원활하게 하기 위해 구성된 소수 의원들의 합의체기관을 말한다.

2) 위원회의 역할은 국회의 예비적 심사기관으로서 회부된 안건을 심사하고 그 결과를 본회의에 보고하여 본회의의 판단자료를 제공하는 데 있다. 우리나라 국회의 법률안 심의는 본회의 중심이 아니라 소관 상임위원회 중심으로 이루어진다.

(2) 위원회제도의 종류

1) 상임위원회는 상설적으로 설치된 위원회로서, 그 소관에 속하는 의안과 청원 등의 심사, 그 밖에 법률에서 정하는 직무를 수행한다(법 제36조). 현재 17

개의 상임위원회가 있다(국회법 제37조).

2) 특별위원회는 둘 이상의 상임위원회와 관련된 안건이거나 특히 필요하다고 인정한 안건을 효율적으로 심사하기 위하여 본회의의 의결로 두는 위원회이다. 국회법에 규정된 특별위원회는 예산결산특별위원회, 윤리특별위원회, 인사청문특별위원회가 있다(법 제45조－제46조, 제46조의3).

3) 그밖에 위원회가 소관 사항을 전문적·효율적으로 심의하기 위하여 위원회 내에 두는 소위원회(법 제57조), 이견을 조정하기 위한 안건조정위원회(법 제57조의2), 다른 위원회와 의견을 교환하기 위한 연석회의(법 제63조) 등이 있다.

⑶ 위원회제도의 장·단점

1) 장점 ① 소수의 의원들로 구성된 위원회는 상대적으로 의안처리의 효율성을 높일 수 있다. ② 상대적으로 전문적인 지식을 가진 의원들이 안건을 심의함으로써 전문적인 사안에 대해 대응할 수 있다.

2) 단점 위원회제도가 악용되거나 잘못 운영될 경우에는, ① 안건처리 과정에서 위원회와 관련 행정부서 간에 밀착현상이 나타날 수 있으며 이로 인하여 위원회가 행정부 관료의 출장소로 변질하여 국회의 정부통제기능이 약화될 수 있다. ② 이에 따라 위원회가 각 행정부서의 이익을 대표하는 기관으로 전락할 수 있다. ③ 각종 이익집단들이 관련 위원회에 로비를 함으로써 의안처리의 공정성이 약화될 수 있다. ④ 위원회에서 당파적 대립이 심할 경우 당리당략적인 의사진행방해가 쉽게 행해질 수 있다. ⑤ 의원이 자신이 속한 위원회 의안이 아닌 안건에 대해서는 심의를 제대로 할 기회를 갖지 못하게 되기 때문에, 국회의원 전체가 모든 의안에 대해 심의함으로써 입법 및 국가의사를 결정하는 국회 본래의 기능이 약화될 수 있다.

3. 교섭단체

⑴ 의의

교섭단체는 원칙적으로 같은 정당에 소속된 의원들로 구성되는 국회 내의 정치단체, 정당 또는 정파를 말한다. 교섭단체는 국회의 의사진행을 효율적으로 만드는 기능을 수행한다. 의원이 교섭단체에 지나치게 기속되는 경우 의원의 자유위임적 국민대표로서의 임무수행이 방해받는 역기능이 야기된다.

⑵ 구성

국회에 20명 이상의 소속 의원을 가진 정당은 하나의 교섭단체가 된다. 그러나 다른 교섭단체에 속하지 아니하는 20명 이상의 의원으로 따로 교섭단체를 구성할 수 있다(국회법 제33조 제1항). 교섭단체의 기관으로는 대표의원(원내대표)과 의원총회가 있다.

Ⅲ. 국회의 운영과 회의원칙

1. 집회, 휴회 및 폐회

⑴ 입법기, 회기 및 회계연도

입법기(의회기)란 국회의원 총선거를 통하여 구성된 국회에서 국회의원들의 임기개시일부터 임기만료일까지의 기간 또는 국회가 해산되기까지의 기간을 말한다. 회기란 입법기(의회기) 안에서 의회가 실제로 활동하는 기간, 즉 집회일부터 폐회일까지의 기간을 말한다. 국회의 회기에는 정기회와 임시회가 있다. 회계연도란 국가의 예산을 편성하고 집행하는데 있어서 기준이 되는 기간을 말한다. 우리나라의 회계연도는 매년 1월 1일에 시작하여 12월 31일에 종료한다(국가재정법 제2조, 국가회계법 제5조).

⑵ 정기회와 임시회

1) 정기회란 매년 1회 정기적으로 소집되는 회의를 말한다. 정기회는 매년 1회 9월 1일에 집회한다. 그러나 그 날이 공휴일이면 그 다음 날에 집회한다(국회법 제4조). 정기회의 회기는 100일을 초과할 수 없다(제47조 제2항).

2) 임시회란 필요한 경우 수시로 이루어지는 집회 또는 국회의원 총선거가 있는 달을 제외한 2월·3월·4월·5월 및 6월 1일과 8월 16일에 집회하는 회의를 말한다(국회법 제5조의2). 임시회는 대통령 또는 국회재적의원 4분의 1 이상의 요구에 의하여 집회한다. 임시회의 회기는 30일을 초과할 수 없다. 대통령이 임시회의 집회를 요구할 때에는 기간과 집회요구의 이유를 명시하여야 한다(제47조 제1항－제3항). 임시회의 회기는 의결로 정하되, 의결로 이를 연장할 수 있다(국회법 제7조 제1항).

2. 정족수

정족수란 회의를 성립시켜 진행하기 위해 또는 회의에서 의결을 하기 위해 필요한 최소한의 출석자 수 및 찬성자 수를 말한다. 정족수는 다수결원리에 의해 운영되는 국회 회의에서 절차적 정당성 및 민주적 정당성을 확보하는데 기여한다. 정족수에는 의사정족수와 의결정족수가 있다.

(1) 의사정족수

의사정족수란 회의가 성립하고 회의를 진행하기 위해 필요한, 즉 의안을 심의하는데 필요한 최소한의 출석자 수를 말한다. 본회의는 재적의원 5분의 1 이상의 출석으로 개의한다(국회법 제73조 제1항). 위원회도 재적위원 5분의 1 이상의 출석으로 개회한다(법 제54조).

(2) 의결정족수

1) 의결정족수란 회의에서 의안을 심의한 후 의결을 하기 위해 필요한 최소한의 출석자 및 찬성자의 수를 말한다. 의결정족수는 일반의결정족수와 특별의결정족수가 있다.

2) 일반의결정족수란 일반적인 경우에 적용되는 의결정족수를 말한다. 국회는 헌법 또는 법률에 특별한 규정이 없는 한 재적의원 과반수의 출석과 출석의원 과반수의 찬성으로 의결한다. 가부동수인 때에는 부결된 것으로 본다(제49조). 위원회도 재적위원 과반수의 출석과 출석위원 과반수의 찬성으로 의결한다(국회법 제54조).

3) 특별의결정족수란 신중을 요하는 특별한 경우에 적용되는 의결정족수를 말한다. 헌법이 규정하고 있는 특별의결정족수의 예를 들면 ① 재적의원 과반수의 출석과 출석의원 3분의 2 이상의 찬성(법률안재의결－제53조 제4항), ② 재적의원 과반수의 찬성(국무총리·국무위원 해임건의－제63조, 대통령 이외의 자 탄핵소추의결－제65조 제2항, 계엄의 해제요구－제77조 제5항), ③ 재적의원 3분의 2 이상의 찬성(의원제명－제64조 제3항, 대통령탄핵소추의결－제65조 제2항, 헌법개정안의결－제130조 제1항) 등이 있다. 국회법이 규정하고 있는 특별의결정족수의 예를 들면 ① 재적의원 5분의 3 이상의 찬성(국회에서의 무제한토론의 종결－법 제106조의2 제6항, 신속처리안건지정－법 제85조의2 제1항), ② 재적의원 과반수의 찬

성(의장·부의장선거－법 제15조 제1항), ③ 안건의 소관 위원회 재적위원 5분의 3 이상 찬성(신속처리안건지정－법 제85조의2 제1항), ④ 법사위 재적위원 5분의 3 이상 찬성(심사지연법률안에 대한 본회의 부의 요구－법 제86조 제3항) 등이 있다.

3. 회의의 원칙

국회는 국민의 대표기관으로서 입법 및 국가의 중요사항에 대하여 의사를 결정한다. 국회는 의사를 진행함에 있어서 민주성과 효율성을 확보하기 위해 의사공개의 원칙, 다수결원칙, 회기계속의 원칙, 일사부재의의 원칙에 의거하고 있다.

(1) 의사공개의 원칙

1) 원칙적 공개 헌법 제50조 제1항은 "국회의 회의는 공개한다."라고 하여 의사공개의 원칙을 규정하고 있다. 국회의 의사를 공개하는 것은 헌법의 기본원리인 민주주의 원리로부터 나오는 요청으로서, 주권자인 국민이 대표기관인 국회의 활동에 대해 감시·비판함으로써 책임정치를 실현하기 위한 필수조건이다. 국회는 원칙적으로 모든 회의의 의사절차를 공개해야 한다.

2) 예외적 비공개 헌법 제50조 제1항 단서는 "다만, 출석의원 과반수의 찬성이 있거나 의장이 국가의 안전보장을 위하여 필요하다고 인정할 때에는 공개하지 아니할 수 있다."라고 하여 예외적으로 비공개를 규정하고 있다. 그리고 공개하지 아니한 회의내용의 공표에 관하여는 따로 법률로 정한다(제50조 제2항). 그런데 정보위원회의 회의는 공개하지 않는다는 국회법 규정은, 정보위원회의 회의 일체를 비공개하도록 정함으로써 정보위원회 활동에 대한 국민의 감시와 견제를 사실상 불가능하게 하여 국민의 알 권리를 침해한다.[1)]

(2) 다수결원칙

1) 헌법은 민주주의원리에 따라 다수결원칙을 규정하고 있다. 다수결원칙은 다수결의 절차와 내용이 헌법에 합치한다는 것을 전제한다. 다수결의 원리를 실현하는 국회의 의결방식은 헌법 제49조의 일반의결정족수를 기본으로 한다. 헌법 제49조에 따라 어떠한 사항을 일반정족수로 의결할지 특별정족수로 의결할

1) 헌재 2022. 1. 27. 2018헌마1162.

지 여부는 국회 스스로 판단하여 법률에 정할 사항이다.

2) 다수결원칙은 소수파의 참여를 보장하는 것이기도 하기 때문에, 국회의 장이 야당의원들에게 본회의 개의일시를 적법하게 통지하지 않아 야당의원들이 법률안의 심의·표결과정에 참여하지 못하게 되었다면 이로써 야당의원들의 법률안 심의·표결권이 침해된 것이다. 또한 다수결원칙은 의사결정 과정의 합리성과 정당성을 전제로 한 것이기 때문에, 표결과정의 현저한 무질서와 불합리 내지 불공정이 표결 결과의 정당성에 영향을 미쳤을 개연성이 있다면 이로써 국회의원의 표결권이 침해된 것이다.[2)]

(3) 회기계속의 원칙

헌법은 회기계속의 원칙을 채택하고 있다. 즉 국회에 제출된 법률안 기타의 의안은 회기중에 의결되지 못한 이유로 폐기되지 아니한다(제51조). 회기계속의 원칙은 같은 의회기(입법기) 내에서만 적용되기 때문에 국회의원의 임기가 만료된 때에는 회기가 계속되지 않는다(제51조 단서).

(4) 일사부재의의 원칙

1) 일사부재의의 원칙이란 한 번 부결된 안건은 같은 회기 중에 다시 다루지 않는다는 원칙이다. 국회법 제92조는 "부결된 안건은 같은 회기 중에 다시 발의하거나 제출할 수 없다."라고 하여 일사부재의의 원칙을 명시하고 있다. 일사부재의의 원칙은 의사진행의 효율성을 높이고 소수파의 의도적인 의사진행방해를 막기 위한 것이다.

2) 예컨대 출석의원 과반수의 찬성을 얻지 못한 경우뿐만 아니라, 투표가 종료되어 재적의원 과반수의 출석에 미달되었음이 확인된 경우에도, 국회의 의사는 부결로 확정된 것이기 때문에,[3)] 이 경우 부결된 안건을 같은 회기 중에 다시 발의하거나 제출할 수 없다.

---

2) 헌재 1997. 7. 16. 96헌라2; 헌재 2009. 10. 29. 2009헌라8.

3) 헌재 2009. 10. 29. 2009헌라8 등.

제 4 절 국회의 권한

Ⅰ. 입법에 관한 권한

1. 입법의 개념과 국회중심입법의 원칙

(1) 입법의 개념

입법이란 법규범을 제정하는 것을 말한다. 입법은 모든 법규범의 제정을 포괄하는 개념이기 때문에, 법률·명령·규칙·조례 등을 제정하는 것이 모두 입법에 포함된다. 그래서 국회입법·행정입법·사법입법·자치입법이라는 표현이 가능하다.

(2) 국회중심입법의 원칙

헌법 제40조는 "입법권은 국회에 속한다."라고 하여 국회의 입법권을 명시하고 있다. 여기서의 입법이란 국회가 헌법이 규정한 입법절차에 따라 '법률'의 형식으로 법규범을 제정하는 것을 말한다. 기본권 실현에 의미가 있는 모든 사항을 비롯하여, 공동체에 중대한 영향을 미치거나 공동체에서 논란의 대상이 되는 사항들은 반드시 국회가 '법률'의 형식으로 제정해야 한다. 헌법은 다른 국가기관에게도 실질적 입법권의 일부를 부여하고 있기 때문에(예컨대 대통령령·총리령·부령 등의 행정입법권), "입법권은 국회에 속한다."라는 헌법규정은 국회중심입법의 원칙을 밝히고 있는 것이다.

2. 법률제정권

(1) 법률의 개념과 국회의 입법형성권

법률이란 국회가 헌법이 규정한 입법절차에 따라 심의·의결하고 대통령이 서명·공포함으로써 효력이 발생하는 법규범을 말한다. 법률은 국회가 '법률'의 형식으로 제정하는 법규범이며, 법체계에 있어서 헌법에 다음가는 효력상 서열을 가지고, 하위 법규범(명령·규칙·자치법규) 및 행정처분 등의 효력근거이다. 국회는 국민의 권리와 의무에 관련된 사항(법규사항)과 헌법이 법률로 정하도록 명시한 사항(법률사항)뿐만 아니라, 헌법을 실현하기 위하여 필요하다고 판단하는 사항에 대하여 법률로 규정할 수 있는 폭 넓은 입법형성권을 가진다.

⑵ 법률의 일반성과 추상성

법률은 원칙적으로 일반적·추상적이어야 한다. 이는 헌법상 평등원칙에 의거한 것이다. 일반적이란 법률이 불특정 다수의 사람을 규율대상으로 삼는 것을 말하고 추상적이란 법률이 불특정 다수의 사건을 규율대상으로 삼는 것을 말한다.

⑶ 처분적 법률의 문제

처분적 법률이란 일반적·추상적 사항을 규율대상으로 삼는 것이 아니라 개별적·구체적 사항을 규율대상으로 삼는 법률을 말한다. 처분적 법률에는 특정한 사람들을 규율대상으로 삼는 개별인적 법률(개인대상법률), 특정한 사건을 규율대상으로 삼는 개별사건적 법률이 있다. 오늘날의 사회국가(행정국가) 상황에서 구체적 사회문제의 해결을 위해 합리적 사유가 있다면 처분적 법률도 평등원칙이나 권력분립원리에 반하지 않을 수 있다.

⑷ 법률의 제정절차

1) 법률안 제출　　국회의원과 정부는 법률안을 제출할 수 있다(제52조). 국회의 위원회는 그 소관에 속하는 사항에 관하여 법률안과 그 밖의 의안을 제출할 수 있다(국회법 제51조 제1항). 의원은 10명 이상의 찬성으로 의안을 발의할 수 있다(법 제79조 제1항). 정부가 법률안을 제출하는 경우에는 국무회의의 심의(제89조 제3호)를 거치고 국무총리와 관계 국무위원이 부서한 후 대통령이 문서로 국회의장에게 제출한다.

2) 법률안 심의·의결　　① 제출된 법률안은 해당 상임위원회 및 법제사법위원회를 거쳐 본회의에서 질의·토론 후 표결한다. 위원회에서 법률안의 심사를 마치거나 입안을 하였을 때에는 법제사법위원회에 회부하여 체계와 자구에 대한 심사를 거쳐야 한다. 법제사법위원회는 회부된 법률안에 대하여 체계와 자구의 심사 범위를 벗어나 심사하여서는 아니 된다(국회법 제86조 제1항, 제5항). 국회는 헌법 또는 법률에 특별한 규정이 없는 한 재적의원 과반수의 출석과 출석의원 과반수의 찬성으로 의결한다. 가부동수인 때에는 부결된 것으로 본다(제49조).

② 위원회의 심사를 거치지 않고 바로 본회의에 상정된 법률안의 경우에 국회의장이 질의·토론을 생략하고 곧바로 표결처리한 것은, 국회의원의 질의·토

론의 기회를 봉쇄하는 것으로서, 국회의원의 심의·표결권을 침해한 것이다.[4] 국회에서 여·야간의 물리적 충돌을 방지하고 합리적 의사진행을 위하여, 국회의장의 직권상정제한·신속처리제도(패스트트랙)·합법적 의사진행방해제도(필리버스터) 등을 내용으로 하는 국회법개정(이른바 '국회선진화법')이 이루어졌다.

3) 대통령의 법률안공포 또는 거부권 행사 국회에서 의결된 법률안은 정부에 이송되어 15일 이내에 대통령이 공포한다. 법률안에 이의가 있을 때에는 대통령은 15일 이내에 이의서를 붙여 국회로 환부하고, 그 재의를 요구할 수 있다. 국회의 폐회중에도 또한 같다(제53조 제1항－제2항).

4) 국회의 재의결과 법률확정 재의의 요구가 있을 때에는 국회는 재의에 붙이고, 재적의원과반수의 출석과 출석의원 3분의 2 이상의 찬성으로 전과 같은 의결을 하면 그 법률안은 법률로서 확정된다. 대통령이 정부이송 후 15일 이내에 공포나 재의의 요구를 하지 아니한 때에도 그 법률안은 법률로서 확정된다(제53조 제4항－제5항).

5) 공포 및 효력발생 대통령의 서명은 법률의 성립요건이고, 공포는 법률의 효력발생요건이다. 대통령의 법률안거부권 행사의 경우에는 국회의 재의결이 법률의 성립요건이다. 대통령은 확정된 법률을 지체없이 공포하여야 한다. 대통령이 15일 이내에 공포나 재의의 요구를 하지 아니하여 법률이 확정된 후 또는 국회의 재의결에 의한 확정법률이 정부에 이송된 후 5일 이내에 대통령이 공포하지 아니할 때에는 국회의장이 이를 공포한다. 법률은 특별한 규정이 없는 한 공포한 날로부터 20일을 경과함으로써 효력을 발생한다(제53조 제6항－제7항).

6) 입법절차에 대한 헌법재판소의 통제 국회의 자율권도 헌법이나 법률을 위반하지 않는 범위내에서 허용되기 때문에, 국회의 입법절차에 대해서도 헌법재판소의 통제권이 미친다.

3. 헌법개정안 의결권

국회는 국회재적의원 과반수의 발의로 헌법개정안을 제안할 수 있고, 재적의원 3분의 2 이상의 찬성으로 헌법개정안을 의결할 수 있다(제128조, 제130조).

---

4) 헌재 2009. 10. 29. 2009헌라8.

공고된 헌법개정안에 대한 수정의결은 허용되지 않는다. 헌법개정의 중요성 때문에, 헌법개정안은 기명투표로 표결한다(국회법 제112조 제4항).

4. 조약의 체결·비준에 대한 동의권

국회는 조약의 체결·비준에 대한 동의권을 가진다. 즉 국회는 상호원조 또는 안전보장에 관한 조약, 중요한 국제조직에 관한 조약, 우호통상항해조약, 주권의 제약에 관한 조약, 강화조약, 국가나 국민에게 중대한 재정적 부담을 지우는 조약 또는 입법사항에 관한 조약의 체결·비준에 대한 동의권을 가진다(제60조 제1항).

5. 국회규칙제정권

국회는 법률에 저촉되지 아니하는 범위 안에서 의사와 내부규율에 관한 규칙을 제정할 수 있다(제64조 제1항). 이는 국회의 자율권에 해당하는 것이지만, 동시에 국회의 입법기능에도 해당한다.

Ⅱ. 재정에 관한 권한

1. 조세에 관한 권한

(1) 조세의 개념과 기능

1) 조세는 국가 또는 지방자치단체가 재정수요를 충족시키거나 경제적·사회적 특수정책의 실현을 위하여 국민 또는 주민에 대하여 아무런 특별한 반대급부 없이 강제적으로 부과징수하는 과징금을 말한다. 조세에는 국세와 지방세가 있으며, 국세에는 국세기본법·국세징수법이 지방세에는 지방세기본법·지방세법·지방세징수법이 적용된다.

2) 조세는 제재 내지 처벌을 목적으로 하는 벌금·과료·과태료 등과 구별되며, 반대급부를 전제로 하는 사용료·수수료 등과 구별되고, 특정 공익사업과 이해관계있는 자로부터 부과·징수하는 부담금과 구별된다.

3) 오늘날 조세는 국가의 재정수요를 충족시킨다고 하는 본래의 기능 외에도 소득의 재분배, 자원의 적정배분, 경기의 조정 등 여러 가지 기능을 가지고

있다. 따라서 국민의 조세부담을 정할 때에는 재정·경제·사회정책 등 국정전반에 걸친 종합적인 정책판단을 필요로 한다.[5)]

(2) 조세법률주의

1) 의의 헌법 제38조는 "모든 국민은 법률이 정하는 바에 의하여 납세의 의무를 진다."라고 하고, 헌법 제59조는 "조세의 종목과 세율은 법률로 정한다."라고 하여 조세법률주의를 규정하고 있다. 조세법률주의란 국가가 국민에게 조세를 부과·징수하기 위해서는 법률에 근거가 있어야 하며, 국민도 법률에 근거가 없는 조세납부를 요구받지 않는다는 원칙을 말한다.

2) 과세요건법정주의와 과세요건명확주의 조세법률주의는 형식적 측면에서 과세요건법정주의와 과세요건명확주의를 내용으로 한다. 과세요건법정주의란 과세요건을 법률로 규정해야 한다는 원칙이다. 따라서 납세의무자·과세물건·과세표준·과세기간·세율 등의 과세요건과 조세의 부과·징수절차 등은 법률로써 규정해야 한다. 과세요건명확주의란 과세요건에 관한 법률규정이 명확해야 한다는 원칙이다. 불명확한 규정은 과세관청의 자의적인 해석·집행을 야기할 수 있기 때문이다. 조세법률주의는 과세요건 법정주의 및 과세요건 명확주의라는 형식적 측면뿐만 아니라 실질적 측면에서 조세법의 목적이나 내용이 기본권 보장의 헌법이념과 이를 뒷받침하는 헌법상의 제 원칙에 합치될 것을 요구한다.[6)]

3) 조세의 위임입법 조세법률주의는 위임입법을 금지하지 않는다. 경제현실의 변화나 전문적 기술의 발달 등에 신속하게 대응해야 하는 세부적인 사항에 대한 규율은, 법률보다 더 탄력성이 있는 대통령령 등 하위법규에 이를 위임할 필요가 있다. 조세법에 있어서 다양한 사실관계를 규율하거나 사실관계가 수시로 변화될 것이 예상될 때에는 위임의 명확성의 요건은 완화된다.

4) 조세법률주의의 예외 조세법률주의의 예외로는 조약에 의한 관세의 부과·징수, 대통령의 긴급재정·경제명령에 의한 조세의 부과·징수 등이 있다.

(3) 조세평등주의

조세평등주의는 조세의 부과와 징수는 납세자의 담세능력에 상응하여 공정하고 평등하게 이루어져야 하고, 합리적인 이유 없이 특정의 납세의무자를 불리

5) 헌재 2001. 12. 20. 2000헌바54.
6) 헌재 2012. 2. 23. 2011헌가8.

하게 차별하거나 우대하는 것은 허용되지 않는다는 원칙이다. 조세평등주의는 헌법 제11조 평등원칙의 조세법적 표현이다.

2. 예산안심의·의결권

헌법 제54조 제1항은 "국회는 국가의 예산안을 심의·확정한다."라고 하여 국회의 예산안심의·의결권을 규정하고 있다.

⑴ 예산의 의의

예산이란 1회계연도에 있어서 예상되는 세입과 세출을 계상·편성하여 국회의 의결로써 성립하는 법규범의 일종을 말한다. 예산의 존재형식에는 예산을 법률의 형식으로 의결하는 예산법률주의와 예산이라는 특별한 형식으로 의결하는 예산비법률주의가 있다. 우리나라는 예산비법률주의에 해당한다.

⑵ 예산과 법률의 차이

예산과 법률은 법규범의 일종이라는 점에서 공통성을 갖는다. 하지만 다음의 점에서 구별된다. ① 예산은 예산이라는 형식으로 의결되고, 법률은 법률이라는 형식으로 의결된다. ② 예산은 1회계연도에 있어서 국가의 재정행위를 규율대상으로 삼고, 법률은 일반국민을 규율대상으로 삼는다. ③ 예산은 의결로써 효력이 발생하고, 법률은 공포가 효력발생요건이다. ④ 예산은 정부만이 제안할 수 있고, 국회는 정부의 동의없이 지출예산 각 항의 금액을 증가하거나 새 비목을 설치할 수 없으며, 대통령은 국회가 의결한 예산에 대해 거부권을 행사할 수 없다. 반면에 법률은 국회의원 또는 정부가 제안하고, 국회는 법률안을 수정할 수 있으며, 대통령은 국회가 의결한 법률안에 대해 거부권을 행사할 수 있다.

⑶ 예산과 법률의 관계

1) 예산과 법률은 상호 밀접한 관계가 있다. 법률이 있어도 예산의 뒷받침이 없으면 법률이 제 기능을 수행할 수 없고, 예산이 있어도 예산을 집행할 근거법률이 없으면 예산도 제 기능을 수행할 수 없다.

2) 따라서 예산과 법률이 불일치하는 상황이 발생하지 않도록 예산안 편성과 의결 과정에서 세심한 주의가 필요하다. 그럼에도 불구하고 예산과 법률이 불일치하는 상황이 발생하면 예비비제도 및 추가경정예산제도의 활용, 법률시행의 연기·일시유예 또는 필요한 법률의 조속한 제정 등을 통해 그 불일치를 해소

해야 한다.

⑷ 예산의 효력

예산은 1회계연도 내에서만 효력을 가진다(예산1년주의). 예산은 국가의 재정행위만을 구속한다. 예산은 법률을 변경하지 못한다.

⑸ 예산의 성립

1) 예산은 편성·제출·심의·의결의 절차를 밟아 성립한다. 정부는 회계연도마다 예산안을 편성하여 회계연도 개시 90일전까지 국회에 제출해야 한다(제54조 제2항). 예산안의 심의·의결은 정부의 시정연설청취, 예산안 소관상임위원회의 심사, 예산결산특별위원회의 심사, 본회의에서의 의결이라는 절차를 밟는다.

2) 국회는 예산안을 심의하여 회계연도 개시 30일전까지 이를 의결하여야 한다(제54조 제2항). 예산심의에 있어서, 첫째, 정부의 동의가 없으면 각 항의 금액을 증액하거나 새 비목을 설치할 수 없고(제57조), 둘째, 예산안에 대한 수정동의는 의원 50명 이상의 찬성이 있어야 하며(국회법 제95조 제1항 단서). 셋째, 정부가 연한을 정하여 계속비로서 이미 국회의 의결을 얻은 항목은 수정할 수 없다(제55조).

3) 국회가 의결 후 정부에 이송한 예산은 대통령이 서명하고 국무총리와 관계국무위원이 부서한 후 관보에 게재함으로써 공포한다. 예산은 국회의 의결로써 효력이 발생하며, 관보에 게재함으로써 공포하는 것은 효력발생요건이 아니다.

⑹ 예산관련 제도

1) 준예산(임시예산, 잠정예산) 국가의 기능마비를 예방하기 위한 준예산제도가 있다. 새로운 회계연도가 개시될 때까지 예산안이 의결되지 못한 때에는 정부는 국회에서 예산안이 의결될 때까지, ① 헌법이나 법률에 의하여 설치된 기관 또는 시설의 유지·운영, ② 법률상 지출의무의 이행, ③ 이미 예산으로 승인된 사업의 계속 등의 목적을 위한 경비는 전년도 예산에 준하여 집행할 수 있다(제54조 제3항).

2) 계속비 한 회계연도를 넘어 계속하여 지출할 필요가 있을 때에는 정부는 연한을 정하여 계속비로서 국회의 의결을 얻어야 한다(제55조 제1항). 계속비란 완성에 수년이 필요한 공사나 제조 및 연구개발사업의 경우 그 경비의 총액과 연부액을 정하여 미리 국회의 의결을 얻은 범위 안에서 수년도에 걸쳐서 지출할 수 있는 경비를 말한다(국가재정법 제23조).

3) 예비비 정부는 예측할 수 없는 예산 외의 지출 또는 예산초과지출에 충당하기 위하여 일반회계 예산총액의 100분의 1 이내의 금액을 예비비로 세입세출예산에 계상할 수 있다. 다만, 예산총칙 등에 따라 미리 사용목적을 지정해 놓은 예비비는 본문에도 불구하고 별도로 세입세출예산에 계상할 수 있다. 그러나 공무원의 보수 인상을 위한 인건비 충당을 위하여는 예비비의 사용목적을 지정할 수 없다(국가재정법 제22조).

4) 추가경정예산 정부는 예산에 변경을 가할 필요가 있을 때에는 추가경정예산안을 편성하여 국회에 제출할 수 있다(제56조). 추가경정예산은 예비비로는 해결할 수 없는 사유가 발생했을 때 추가적으로 세입·세출을 할 수 있게 하기 위한 것이다. 추가경정예산안의 제출시기와 심의기간에 관해서는 제한이 없다. 심의방법과 절차는 본예산안에 준한다.

3. 결산심사권

국회는 정부의 예산집행에 대한 사후심사로서 결산심사권을 가진다. 감사원은 세입·세출의 결산을 매년 검사하여 대통령과 차년도 국회에 그 결과를 보고하여야 한다(제99조). 국회는 결산에 대한 심의·의결을 정기회 개회 전까지 완료하여야 한다(국회법 제128조의2). 결산의 심사 결과 위법하거나 부당한 사항이 있는 경우에 국회는 본회의 의결 후 정부 또는 해당 기관에 변상 및 징계조치 등 그 시정을 요구하고, 정부 또는 해당 기관은 시정 요구를 받은 사항을 지체 없이 처리하여 그 결과를 국회에 보고하여야 한다(법 제84조 제2항 제2문).

4. 정부의 중요 재정행위에 대한 권한

국회는 정부의 중요한 재정행위에 대하여 동의·승인권을 갖는다. 정부의 국채모집에 대한 동의권(제58조 전단), 예산외에 국가의 부담이 될 계약체결에 대한 동의권(제58조 후단), 국가나 국민에게 중대한 재정적 부담을 지우는 조약 또는 입법사항에 관한 조약의 체결·비준에 대한 동의권(제60조 제1항), 예비비지출에 대한 승인권(제55조 제2항 제2문), 대통령의 긴급재정경제처분·명령에 대한 승인권(제76조) 등이 여기에 해당한다. 여기서의 동의는 사전동의를, 승인은 사후승인을 말한다.

Ⅲ. 헌법기관구성에 관한 권한

국회는 대통령결선투표권(제67조 제2항), 헌법재판소 재판관 3인 선출권(제111조 제3항), 중앙선거관리위원회 위원 3인 선출권(제114조 제2항), 국무총리임명에 대한 동의권(제86조 제1항), 대법원장·대법관 임명에 대한 동의권(제104조 제1항－제2항), 헌법재판소장 임명에 대한 동의권(제111조 제4항), 감사원장 임명에 대한 동의권(제98조 제2항) 등을 갖고 있다.

헌법기관이 아니고 법률에 의해 설치된 국가기관이지만 중요한 국가기관의 구성에도 국회는 관여하고 있다. 즉 국회는 국가인권위원회 위원 4인 선출권(국가인권위원회법 제5조 제2항 제1호), 방송통신위원회 위원 3인 추천권(방통위법 제5조 제2항) 등을 갖고 있다. 또한 국회는 인사청문회를 통해 국가기관의 구성에 관여하고 있다.

Ⅳ. 국정통제에 관한 권한

국정통제권이란 국회가 집행부 및 사법부의 합헌적 권력행사를 확보하기 위해 이들에 대해 감시·비판·견제하는 권한을 말한다. 헌법은 국회의 국정통제권에 관하여 국정감사·조사권, 탄핵소추권 등 여러 규정을 두고 있다.

1. 국정감사·조사권

⑴ 헌법규정 및 의의

1) 헌법 제61조는 "① 국회는 국정을 감사하거나 특정한 국정사안에 대하여 조사할 수 있으며, 이에 필요한 서류의 제출 또는 증인의 출석과 증언이나 의견의 진술을 요구할 수 있다. ② 국정감사 및 조사에 관한 절차 기타 필요한 사항은 법률로 정한다."라고 하여 국정감사·조사권을 규정하고 있다. 그리고 국회의 국정감사와 국정조사에 관하여 국회법에서 정한 것을 제외하고는 「국정감사 및 조사에 관한 법률」에서 정하는 바에 따른다(국회법 제127조).

2) 국정감사·조사권은 국회가 국정을 통제하는 유효한 수단으로서 국정 전반에 대하여 감사하거나 또는 특정한 국정사안에 대하여 조사할 수 있는 권한을

말한다. 국정감사는 국정전반에 관하여 소관 상임위원회별로 매년 정기적으로 감사대상기관에 대하여 포괄적으로 행하는 감사이다. 국정조사는 국회재적의원 4분의 1 이상의 요구가 있는 때에 특별위원회 또는 상임위원회가 특정한 국정사안에 관하여 행하는 조사이다(국감국조법 제2조 제1항, 제3조 제1항).

3) 국정감사권은 매년 예산안심의에 선행하여 행사되는 포괄적 통제권이고, 국정조사권은 특정한 국정사안에 대해 수시로 행사되는 제한적 통제권이다. 국정감사권은 국정조사권보다 강화된 국정통제권이라고 할 수 있다. 국정감사에 대해서는 감사대상이 포괄적이어서 전문성이 부족한 국회의원이 감사를 제대로 못한다거나 피감기관의 업무가 마비된다는 등의 비판이 있다.

⑵ 주체, 시기 및 기간

1) 주체 국회는 국정전반에 관하여 소관 상임위원회별로 매년 정기회 집회일 이전에 국정감사 시작일부터 30일 이내의 기간을 정하여 감사를 실시한다. 다만, 본회의 의결로 정기회 기간 중에 감사를 실시할 수 있다(법 제2조 제1항). 국회는 재적의원 4분의 1 이상의 요구가 있는 때에는 조사위원회(특별위원회 또는 상임위원회)로 하여금 국정의 특정사안에 관하여 국정조사를 하게 한다(법 제3조 제1항).

2) 시기 및 기간 국정감사는 국정전반에 관하여 소관 상임위원회별로 매년 정기회 집회일 이전에 국정감사 시작일부터 30일 이내의 기간을 정하여 실시한다. 다만, 본회의 의결로 정기회 기간 중에 감사를 실시할 수 있다(법 제2조 제1항). 국정조사는 국회재적의원 4분의 1 이상의 요구가 있는 때에 하는 것으로서, 시기 및 기간의 제한이 없다.

⑶ 범위와 대상기관

국정감사는 국정 전반을 대상으로 하기 때문에 그 범위가 포괄적이고, 국정조사는 특정사안을 대상으로 하기 때문에 그 범위가 한정적이다. 국정감사의 대상기관은 포괄적이다(법 제7조). 국정조사의 대상기관은 국회 본회의 의결로써 승인받은 조사계획서에 기재된 기관에 한정된다.

⑷ 방법

1) 감사 및 조사는 공개한다. 다만, 위원회의 의결로 달리 정할 수 있다(법 제12조). 감사 또는 조사는 위원회에서 정하는 바에 따라 국회 또는 감사·조사

대상 현장이나 그 밖의 장소에서 할 수 있다(국감국조법 제11조). 위원회, 소위원회 또는 반은 감사 또는 조사를 위하여 서류제출요구, 증인·감정인·참고인의 출석요구, 검증을 할 수 있다(법 제10조 제1항). 국정감사나 국정조사를 위한 위원회는 증인이 정당한 이유 없이 출석하지 아니하는 때에는 그 의결로 해당 증인에 대하여 지정한 장소까지 동행할 것을 명령할 수 있다. 동행명령을 할 때에는 위원회의 위원장이 동행명령장을 발부한다(국회증언감정법 제6조 제1항－제2항). 정당한 이유 없이 출석하지 아니한 증인 등에 대해서는 형사처벌이 가해진다(법 제12조).

2) 국회는 본회의 의결로 감사 또는 조사 결과를 처리한다. 국회가 감사 결과를 처리하는 경우에는 감사 종료 후 90일 이내에 의결하여야 한다. 국회는 감사 또는 조사 결과 위법하거나 부당한 사항이 있을 때에는 그 정도에 따라 정부 또는 해당 기관에 변상, 징계조치, 제도개선, 예산조정 등 시정을 요구하고, 정부 또는 해당 기관에서 처리함이 타당하다고 인정되는 사항은 정부 또는 해당 기관에 이송한다. 정부 또는 해당 기관은 시정요구를 받거나 이송받은 사항을 지체 없이 처리하고 그 결과를 국회에 보고하여야 한다(국감국조법 제16조 제1항－제4항).

⑸ 한계

1) 권력분립상 한계　감사 또는 조사는 계속 중인 재판 또는 수사 중인 사건의 소추에 관여할 목적으로 행사되어서는 아니 된다(법 제8조). 지방자치단체 중 특별시·광역시·도의 경우 국가위임사무와 국가가 보조금 등 예산을 지원하는 사업에 한하여 감사의 대상이 된다(법 제7조 제2호). 즉 시·도의 경우 (국가의 예산지원을 받지 않는)고유사무는 감사대상이 아니다.

2) 기본권 보장상 한계　감사 또는 조사는 국민의 기본권을 침해해서는 안 된다. 특히 국가작용과 관계없는 개인의 사생활에 대해서는 감사·조사할 수 없다(법 제8조). 의원 및 사무보조자는 감사 또는 조사를 통하여 알게 된 비밀을 정당한 사유 없이 누설해서는 아니 된다(법 제14조 제2항). 국회에서 증언하는 증인은 변호사인 변호인을 대동할 수 있다(국회증언감정법 제9조 제1항).

3) 국가기밀상 한계　국회로부터 공무원 또는 공무원이었던 사람이 증언의 요구를 받거나, 국가기관이 서류 등의 제출을 요구받은 경우에 증언할 사실이나

제출할 서류 등의 내용이 직무상 비밀에 속한다는 이유로 증언이나 서류 등의 제출을 거부할 수 없다. 다만, 군사·외교·대북관계의 국가기밀에 관한 사항으로서 그 발표로 말미암아 국가안위에 중대한 영향을 미칠 수 있음이 명백하다고 주무부장관(대통령 및 국무총리의 소속기관에서는 해당 관서의 장)이 증언 등의 요구를 받은 날부터 5일 이내에 소명하는 경우에는 그러하지 아니하다(국회증언감정법 제4조 제1항).

2. 탄핵소추권

(1) 탄핵소추의 의의와 기능

헌법 제65조 제1항은 "대통령·국무총리·국무위원·행정각부의 장·헌법재판소 재판관·법관·중앙선거관리위원회 위원·감사원장·감사위원 기타 법률이 정한 공무원이 그 직무집행에 있어서 헌법이나 법률을 위배한 때에는 국회는 탄핵의 소추를 의결할 수 있다."라고 하여 국회의 탄핵소추권을 규정하고 있다. 탄핵소추는 통상의 사법절차나 징계절차로 책임을 추궁하기 어려운 대통령이나 고위공직자에 대하여 국회가 국민의 대표로서 책임을 추궁하는 제도이다.[7] 탄핵제도는 대통령을 비롯한 고위공직자의 헌법침해로부터 헌법을 보호하는 기능을 수행하며, 동시에 집행부통제 및 사법부통제 기능도 수행한다.

(2) 탄핵소추의 대상과 사유

탄핵소추의 대상은 대통령·국무총리·국무위원·행정각부의 장·헌법재판소 재판관·법관·중앙선거관리위원회 위원·감사원장·감사위원 기타 법률이 정한 공무원이다. 탄핵소추의 사유는 '직무집행에 있어서의 헌법이나 법률 위배'이다. 직무집행에 있어서의 행위이므로 공직취임전이나 퇴직후의 행위는 여기에 해당하지 않는다. 그리고 여기서의 '헌법이나 법률 위배'는 파면을 정당화할 정도의 '중대한 법위반'을 의미한다.

(3) 탄핵소추의 절차와 효과

1) 탄핵소추는 국회재적의원 3분의 1 이상의 발의가 있어야 하며, 그 의결은 국회재적의원 과반수의 찬성이 있어야 한다. 다만, 대통령에 대한 탄핵소추는

---

7) 탄핵에 관하여 자세한 것은 **제4편 헌법재판소 제5장 탄핵심판** 부분 참조.

국회재적의원 과반수의 발의와 국회재적의원 3분의 2 이상의 찬성이 있어야 한다(제65조 제2항). 한편, 대통령권한대행 국무총리에 대한 탄핵소추 의결정족수는 국회재적의원 과반수의 찬성이다.

2) 헌법재판소는, 대통령권한대행 국무총리에 대한 탄핵소추사건에서, "국무총리는 헌법 제86조에 따라 그 임명에 국회의 동의를 얻어 대통령이 임명하기는 하지만, 이는 국민으로부터 직접 선출된 대통령의 민주적 정당성과 비교하여 상당히 축소된 간접적인 민주적 정당성만을 보유하고 있어, 대통령 권한대행자로서 국무총리는 대통령과는 확연히 구분되는 지위에 있다. 헌법 제71조가 규정하는 대통령 권한대행은 헌법과 법령상으로 대행자에게 미리 예정된 기능과 과업의 수행을 의미하는 것이지, 이로써 '권한대행' 또는 '권한대행자'라는 공직이나 지위가 새로이 창설되는 것이라 볼 수 없다. 여기에 해당 공직의 박탈을 통하여 헌법을 수호하고자 하는 탄핵심판 제도의 취지를 종합하면, 대통령의 권한을 대행하는 국무총리에 대한 탄핵소추에는 본래의 신분상 지위에 따라 헌법 제65조 제2항 본문에 의한 의결정족수(재적과반수)를 적용함이 타당하다."[8]고 판시하였다.

3) 탄핵소추의 의결을 받은 자는 탄핵심판이 있을 때까지 그 권한행사가 정지된다(제65조 제3항).

3. 국무총리·국무위원 해임건의권

(1) 헌법 제63조는 "① 국회는 국무총리 또는 국무위원의 해임을 대통령에게 건의할 수 있다. ② 제1항의 해임건의는 국회재적의원 3분의 1 이상의 발의에 의하여 국회재적의원 과반수의 찬성이 있어야 한다."라고 하여 국회의 국무총리·국무위원 해임건의권을 규정하고 있다. 이는 대통령이나 정부에 대한 국회의 통제수단으로 작용한다.

(2) 해임건의의 사유에 대해서는 헌법상 규정이 없다. 사유에 제한이 없기 때문에, 법적 사유이든 정치적 사유이든 해임건의의 사유가 된다. 국회가 국무총리·국무위원 해임건의권을 행사하는데 있어서 횟수의 제한은 없다. 국회는 국무총리 또는 국무위원의 전부, 일부 또는 특정 1인을 대상으로 하여 해임을 건의

8) 헌재 2025. 3. 24. 2024헌나9.

할 수 있다. 국회의 국무총리·국무위원 해임건의는 대통령을 구속하지 못한다.

4. 국무총리·국무위원에 대한 국회출석요구권 및 질문권

헌법 제62조는 "① 국무총리·국무위원 또는 정부위원은 국회나 그 위원회에 출석하여 국정처리상황을 보고하거나 의견을 진술하고 질문에 응답할 수 있다. ② 국회나 그 위원회의 요구가 있을 때에는 국무총리·국무위원 또는 정부위원은 출석·답변하여야 하며, 국무총리 또는 국무위원이 출석요구를 받은 때에는 국무위원 또는 정부위원으로 하여금 출석·답변하게 할 수 있다."라고 하여 국회의 국무총리·국무위원에 대한 국회출석요구권 및 질문권을 규정하고 있다. 이는 대통령이나 정부에 대한 국회의 통제수단으로 작용한다. 출석요구를 받은 국무총리, 국무위원 또는 정부위원은 출석하여 답변을 해야 한다. 국무총리나 국무위원은 의장 또는 위원장의 승인을 받아 국무총리는 국무위원으로 하여금, 국무위원은 정부위원으로 하여금 대리하여 출석·답변하게 할 수 있다.

5. 대통령의 국가긴급권 행사에 대한 통제권

대통령은 긴급재정경제처분·명령 또는 긴급명령을 한 때에는 지체없이 국회에 보고하여 그 승인을 얻어야 한다(제76조 제3항). 대통령이 계엄을 선포한 때에는 지체없이 국회에 통고하여야 하며, 국회가 재적의원 과반수의 찬성으로 계엄의 해제를 요구한 때에는 대통령은 이를 해제하여야 한다(제77조 제4항－제5항).

6. 기타

그밖에 국회는 조약의 체결·비준에 대한 동의권, 선전포고, 국군의 외국에의 파견 또는 외국군대의 대한민국 영역안에서의 주류에 대한 동의권을 가지며(제60조), 대통령의 일반사면에 대한 동의권(제79조 제2항)을 가진다.

V. 자율권

1. 헌법규정 및 의의

헌법 제64조는 "① 국회는 법률에 저촉되지 아니하는 범위안에서 의사와 내부규율에 관한 규칙을 제정할 수 있다. ② 국회는 의원의 자격을 심사하며, 의원을 징계할 수 있다. ③ 의원을 제명하려면 국회재적의원 3분의 2 이상의 찬성이 있어야 한다. ④ 제2항과 제3항의 처분에 대하여는 법원에 제소할 수 없다."라고 하여 국회의 자율권을 규정하고 있다. 국회의 자율권이란 국회가 집행부나 사법부의 간섭이나 개입없이 독자적으로 자신의 조직·활동·내부규율 등에 관하여 결정할 수 있는 권한을 말한다. 국회의 자율권은 국민의 대표기관인 국회가 갖는 권한 내지 기능의 실효성을 높이기 위한 것이다. 헌법과 국회법은 국회의 자율권으로서 규칙자율권, 조직자율권, 의사자율권, 질서자율권, 신분자율권 등을 규정하고 있다.

2. 규칙자율권(국회규칙제정권)

국회는 법률에 저촉되지 아니하는 범위 안에서 의사와 내부규율에 관한 규칙을 제정할 수 있다. '의사와 내부규율에 관한' 사항은 사실상 국회의 자율권에 해당하는 모든 사항을 포괄한다. 국회규칙은 국회가 자율적으로 제정하는 국회의 자율입법이고, '법률에 저촉되지 아니하는 범위 안에서' 제정하는 법률시행세칙에 해당한다. 국회규칙은 그 형식적 효력이 법규명령 또는 규칙(행정규칙)에 해당한다. 국회규칙 중에서 대외적 효력을 갖는 사항은 법규명령에 해당하고, 국회 내부사항만을 규율하고 대외적 효력이 없는 국회규칙은 규칙(행정규칙)에 해당한다. 국회규칙의 대부분은 국회 구성원(국회의원과 직원)만을 구속하는 (행정부의 행정규칙에 해당하는)내규이다. 다만, 예컨대 국회방청규칙 같은 경우는 제3자인 방청인에 대해서도 구속력을 갖는다. 국회규칙은 의원의 임기나 회기와 상관없이 제정시부터 폐지시까지 효력을 갖는다.

3. 조직자율권

국회는 자신의 내부조직을 할 수 있는 조직자율권을 가진다. 국회는 의장 1인과 부의장 2인을 선출하고(제48조), 상임위원회를 구성하며(국회법 제48조), 국회사무처를 조직한다(법 제21조).

4. 의사자율권

헌법과 국회법에서 국회의 의사에 관하여 따로 규정이 없는 사항에 대해서는, 국회가 국회규칙으로 정하든지 아니면 스스로 의사에 관한 관행을 확립하든지 하여 의사를 자율적으로 결정한다.

5. 질서자율권

국회는 국회 내에서 질서유지를 위해 필요한 조치들을 자율적으로 결정할 수 있다. 국회의장이나 위원회 위원장은 질서유지권이나 경호권을 행사함으로써 질서자율권을 실현한다. 의원이 본회의 또는 위원회의 회의장에서 국회법 또는 국회규칙을 위반하여 회의장의 질서를 어지럽혔을 때에는 의장이나 위원장은 경고나 제지를 할 수 있다(국회법 제145조 제1항). 국회의 경호를 위하여 국회에 경위를 둔다. 의장은 국회의 경호를 위하여 필요할 때에는 정부에 경찰공무원의 파견을 요구할 수 있다(법 제144조 제1항 – 제2항).

6. 신분자율권

국회는 국회의원의 신분에 관한 중요한 사항에 대하여 자율적으로 결정한다. 국회의 신분자율권이 무한한 독점적 권한은 아니다. 예컨대 헌법재판소의 정당해산결정에 따라 국회의원은 그 신분을 상실할 수 있다.

(1) 자격심사

자격심사는 국회의원으로서의 자격을 심사하는 것이다. 예컨대 공직선거법 제192조는 피선거권상실로 인한 당선무효 등에 관하여 규정하고 있는데, 이러한 경우 국회는 자격심사를 할 수 있다. 자격심사와 당선소송이 동시에 진행되는 것도 가능하다. 국회 본회의는 심사대상 의원의 자격 유무를 의결로 결정하되, 그 자격이 없는 것으로 의결할 때에는 재적의원 3분의 2 이상의 찬성이 있어야 한다(국회법 제142조 제3항).

(2) 징계

국회는 일정한 사유가 있을 때 의원을 징계할 수 있다. 징계의 종류는 공개회의에서의 경고, 공개회의에서의 사과, 30일(겸직금지 또는 영리업무종사금지 위반시 90일)이내의 출석정지, 제명 등이 있다. 의원을 제명하려면 국회재적의원 3분의 2 이상의 찬성이 있어야 한다(제64조 제3항). 징계로 제명된 사람은 그로 인하여 궐원된 의원의 보궐선거에서 후보자가 될 수 없다(국회법 제164조).

(3) 법원에 제소불가

1) 자격심사, 제명을 포함한 징계에 대해서는 법원에 제소할 수 없다(제64조 제4항). 이는 국회의 자율권을 존중하여 재판청구권의 예외를 규정한 것으로 볼 수 있다.

2) 한편, 법원에 제소할 수는 없지만, 헌법재판소에 헌법소원심판을 청구할 수 있는지 문제된다. 이에 대해서는 법원에 제소할 수 없다는 헌법규정의 취지에 비추어 동일한 사법절차인 헌법소원심판청구도 할 수 없다는 견해가 가능하다. 반면에 재판청구권의 예외 규정은 엄격하게 해석해야 하고, 법원과 헌법재판소는 헌법에 장을 달리하여 규정되어 있으며, 법원의 사법기능(사실심·법률심)과 헌법재판소의 사법기능(헌법심)은 동일한 것이 아니라는 점 등을 고려할 때, 헌법소원심판청구를 할 수 있다는 견해[9]도 가능하다. 생각건대 위 헌법소원심판청구를 할 수 있다는 견해의 논거 외에, 다수당의 횡포로 소수당 의원이 제명되었던 역사적 경험을 고려할 때, 헌법재판소에 헌법소원심판을 청구하는 것은 가능하다고 본다.

7. 자율권의 한계

국회의 자율권도 헌법과 법률의 범위 내에서만 인정된다. 따라서 헌법이나 법률을 위반한 국회의 자율권 행사는 정당성을 인정받지 못한다.

---

9) 권영성, 헌법학원론, 법문사, 2011, 939-940면(특히 제명의 경우에 헌법소원이 가능하다고 한다).

제 5 절 국회의원의 지위, 권한 및 특권

Ⅰ. 국회의원의 헌법상 지위

1. 국회 구성원으로서의 지위

헌법 제41조 제1항은 "국회는 국민의 보통·평등·직접·비밀선거에 의하여 선출된 국회의원으로 구성한다."라고 하여 국회의원이 국회의 구성원임을 규정하고 있다. 국회의원은 국회 구성원으로서의 지위에서 국회의 운영 및 활동에 관하여 권한과 권리를 가지며 의무를 부담한다.

2. 국민 대표자로서의 지위

(1) 국회의원은 전체 국민의 대표자이다. 국회의원은 국민으로부터 직접 선출된 헌법기관으로서 국회의원 각자가 주권 행사를 위임받은 대표기관이다. 국회의원은 특정 개인이나 선거구민을 대표하는 것이 아니라, 국민 전체를 대표하기 때문에, 특정한 개인이나 집단의 이익을 위해 활동해선 안 된다.

(2) 헌법 제7조 제1항의 "공무원은 국민전체에 대한 봉사자이며, 국민에 대해 책임을 진다."라는 규정, 제45조의 "국회의원은 국회에서 직무상 행한 발언과 표결에 관하여 국회 외에서 책임을 지지 아니한다."라는 규정 및 제46조 제2항의 "국회의원은 국가이익을 우선하여 양심에 따라 직무를 행한다."라는 규정들을 종합하여 볼 때, 헌법은 국회의원을 자유위임(무기속위임)의 원칙하에 두었다.[10)]

3. 정당 대표자로서의 지위

정당에 소속한 국회의원은 정당원으로서 소속 정당을 대표하는 지위에 있다. 오늘날 정당 소속 국회의원은 소속 정당을 위해 활동하는 정당 대표자로서의 지위와 국민 대표자로서의 지위라는 이중적 지위를 가진다.

---

10) 헌재 1994. 4. 28. 92헌마153.

4. 국민 대표자로서의 지위와 정당 대표자로서의 지위의 관계

국회의원이 의원활동을 함에 있어서 국민 대표자로서의 지위와 정당 대표자로서의 지위가 충돌하는 상황이 발생할 경우, 어느 지위를 우선하여 직무를 수행할 것인지 문제된다. 헌법 제45조는 "국회의원은 국회에서 직무상 행한 발언과 표결에 관하여 국회 외에서 책임을 지지 아니한다."라고 하여 국회의원의 발언·표결의 자유를, 제46조 제2항은 "국회의원은 국가이익을 우선하여 양심에 따라 직무를 행한다."라고 하여 국가이익우선의무를 규정하고 있기 때문에, 국민 대표자로서의 지위가 우선한다. 국회법도 제114조의2에서 "의원은 국민의 대표자로서 소속 정당의 의사에 기속되지 아니하고 양심에 따라 투표한다."라고 하여 국회의원의 자유투표를 규정하고 있다. 국회의원이 국가이익우선의무에 위반하여 소속 정당이익을 우선시킬 경우, 이에 대하여 법적 책임을 물을 수는 없고 정치적 책임을 물을 수밖에 없다.

Ⅱ. 의원자격의 발생과 소멸

1. 의원자격의 발생

국회의원은 헌법과 법률이 정한 임기개시와 동시에 의원자격이 발생한다. 국회의원의 임기는 4년이며, 총선거에 의한 전임의원의 임기만료일의 다음 날부터 개시된다. 다만, 의원의 임기가 개시된 후에 실시하는 선거에 의한 의원의 임기는 당선이 결정된 때부터 개시되며 전임자의 잔임기간으로 한다(제42조, 공직선거법 제14조 제2항).

2. 의원자격의 소멸

의원자격이 소멸하는 경우는 다음과 같다.

(1) 의원의 임기만료

(2) 선거무효 또는 당선무효 판결의 확정

(3) 퇴직(국회법 제136조).

1) 사직원을 제출하여 공직선거후보자로 등록되었을 때

2) 법률에 규정된 피선거권이 없게 되었을 때(예컨대 형벌확정으로 인한 피선거권 상실)

(4) 사직

국회는 의결로 의원의 사직을 허가할 수 있다. 다만, 폐회 중에는 의장이 허가할 수 있다(국회법 제135조 제1항).

(5) 제명

국회는 재적의원 3분의 2 이상의 찬성으로 의원을 제명할 수 있다(제64조 제3항).

(6) 자격심사

국회는 의원의 자격을 심사할 수 있고, 국회 본회의는 심사대상 의원의 자격유무를 의결로 결정하되, 그 자격이 없는 것으로 의결할 때에는 재적의원 3분의 2 이상의 찬성이 있어야 한다(제64조 제2항, 국회법 제142조 제3항).

(7) 당적변경과 정당해산

1) 비례대표국회의원이 소속정당의 합당·해산 또는 제명 외의 사유로 당적을 이탈·변경하거나 2 이상의 당적을 가지고 있는 때에는 퇴직된다. 다만, 비례대표국회의원이 국회의장으로 당선되어 「국회법」 규정에 의하여 당적을 이탈한 경우에는 그러하지 아니하다(공직선거법 제192조 제4항).

2) 헌법재판소의 정당해산결정이 있는 경우, 그 정당 소속 국회의원의 의원직은 당선 방식을 불문하고 (지역구의원이든 비례대표의원이든) 모두 상실된다.[11)]

Ⅲ. 국회의원의 권한과 의무

1. 국회의 운영과 활동에 관한 권한

국회의원의 권한은 국회의원이 직무를 수행하기 위해 갖는 것으로서, 이러한 권한을 침해받은 경우에는 헌법재판소에 권한쟁의심판을 청구할 수 있다. 국회의원의 권한으로서 대표적인 것은 법률안제출권(제52조) 및 법률안심의·표결권[12)]이 있다. 그리고 국회임시회집회요구권(제47조 제1항), 각종 의안발의권(제65

11) 헌재 2014. 12. 19. 2013헌다1.

12) 국회의원의 법률안 심의·표결권은 비록 헌법에는 이에 관한 명문의 규정이 없지만 의회민주주

조 제2항, 제128조), 질문·질의권(제62조, 국회법 제93조, 제108조),[13] 토론권(국회법 제93조), 표결권(제49조) 등이 있다.

2. 국회의원의 권리

의원은 따로 법률에서 정하는 바에 따라 수당과 여비를 받는다(국회법 제30조). 국회의원수당법은 수당(세비), 입법활동비, 특별활동비, 여비를 규정하고 있다.

3. 국회의원의 의무

국회의원은 헌법상 의무로서 겸직금지의무, 청렴·국익우선의 의무, 지위남용금지의무가 있다(제43조, 제46조). 국회의원은 국회법상 의무로서 품위유지의무, 영리업무종사금지의무, 출석의무, 법령등준수의무, 회의장출입방해금지의무 등이 있다(제25조, 제29조의2, 제155조 제12호, 제146조등, 제148조의3).

Ⅳ. 국회의원의 특권

국회의원이 외부의 압력이나 탄압에서 벗어나 소신껏 자신의 임무를 수행하는 것을 보장하기 위해, 헌법은 불체포특권과 면책특권이라는 특별한 보호를 규정하고 있다. 의원의 특권은 의원의 대표로서의 활동을 보호하는 것이고 결과적으로 국회의 활동을 보호하는 것이 된다. 의원의 특권은 영국의 헌정사에서 유래한다. 즉 절대군주는 의회를 탄압하는 수단으로 불법체포·구금이라는 방법을 사용했고 의회의 자구적인 투쟁의 결과 불체포특권이 법적으로 보장되기에 이르렀다. 또한 의회에서 의원들이 자유롭게 토론하고 의회의 독립성을 보장하며 야당을 보호함으로써 의원의 대표활동을 보호하기 위해 면책특권이 법적으로 보장되기에 이르렀다. 영국 헌정사에서 유래한 의원의 특권은 헌법 차원에서는 미국

의의 원리, 입법권을 국회에 귀속시키고 있는 헌법 제40조, 국민에 의하여 선출되는 국회의원으로 국회를 구성한다고 규정하고 있는 헌법 제41조 제1항으로부터 당연히 도출되는 헌법상의 권한이다(헌재 1997. 7. 16. 96헌라2).

13) 질문은 국정전반·긴급현안에 대하여 정부를 상대로 구두 또는 서면으로 물어보는 것을 말하고, 질의는 현재 의제가 되어있는 의안에 대하여 발의자나 관계자를 상대로 의문사항이나 자세한 내용을 물어보는 것을 말한다.

연방헌법에 최초로 성문화되었고, 다른 나라들도 이를 헌법에 수용하기에 이르렀다.

1. 불체포특권

(1) 헌법규정 및 의의

헌법 제44조는 "① 국회의원은 현행범인인 경우를 제외하고는 회기 중 국회의 동의없이 체포 또는 구금되지 아니한다. ② 국회의원이 회기 전에 체포 또는 구금된 때에는 현행범인이 아닌 한 국회의 요구가 있으면 회기 중 석방된다."라고 하여 국회의원의 불체포특권을 규정하고 있다. 국회의원의 불체포특권이란 현행범인이 아닌 한, 의원은 회기 중 국회의 동의없이 체포 또는 구금되지 아니하고, 회기 전에 체포 또는 구금된 경우에도 국회의 요구가 있으면 회기 중 석방될 수 있는 특권을 말한다. 오늘날의 민주국가에서 불체포특권은 의원을 과잉보호하고 형사사법의 기능을 저해한다는 비판이 존재한다. 반면에 민주국가임을 내세우지만 실질적으로는 집권세력이 독재적이거나 권위적인 나라에서는 불체포특권의 중요성이 계속 강조된다.

(2) 불체포특권의 법적 성질

불체포특권은 국회의원이라는 신분 때문에 인정되는 특권이다. 불체포특권은 면책특권과 달리 형사책임을 면제하는 것이 아니며, 회기 중에 한하여 일시적으로 체포를 유예받는 특권이다. 따라서 회기 중이라도 불구속 상태에서의 수사·기소·재판진행은 가능하다.

(3) 불체포특권의 내용

1) 회기 중에 한정 국회의원은 현행범인인 경우를 제외하고는 회기 중 국회의 동의없이 체포 또는 구금되지 아니한다. 회기 중이라도 국회의 체포동의가 있으면 불체포특권은 적용되지 않으며, 의원을 체포·구금할 수 있다. 국회가 체포에 동의할 것인지 여부는 국회의 재량이다. 회기 전에 체포·구금한 경우에도, 현행범인이 아닌 한, 국회의 요구가 있으면 회기 중 석방해야 한다. 석방은 회기 중에 한하기 때문에 회기가 끝난 후 다시 구금할 수 있다. 한편, 회기 중이든 아니든, 계엄 시행 중 국회의원은 현행범인인 경우를 제외하고는 체포 또는 구금되지 아니한다(계엄법 제13조 제1항). 국회가 계엄해제를 요구하기 위하여 본회의

를 개의하는 경우, 현행범인 국회의원을 체포 또는 구금하고 있는 행정기관 등은 국회의원이 해당 안건을 심의하기 위한 본회의에 출석할 수 있도록 조치하여야 한다(계엄법 제13조 제2항). 계엄 시행 중에는 국회의 체포동의권이 없다. 이는 비상사태에서 국회의원의 신변보장을 강화한다는 취지이다.

2) 현행범인 제외 현행범인에게는 불체포특권이 적용되지 않는다. 경위나 경찰공무원은 국회 안에 현행범인이 있을 때에는 체포한 후 의장의 지시를 받아야 한다. 다만, 회의장 안에서는 의장의 명령 없이 의원을 체포할 수 없다(국회법 제150조).

2. 면책특권(발언·표결의 자유)

(1) 헌법규정 및 의의

헌법 제45조는 "국회의원은 국회에서 직무상 행한 발언과 표결에 관하여 국회 외에서 책임을 지지 아니한다."라고 하여 국회의원의 면책특권(발언·표결의 자유)을 규정하고 있다. 즉 국회의원의 면책특권이란 국회에서 직무상 행한 발언과 표결에 관하여 국회 외에서 책임을 지지 않는 특권을 말한다. 국회의원의 면책특권은 국회의원이 국민의 대표자로서 국회 내에서 자유롭게 발언하고 표결할 수 있도록 보장함으로써, 국회가 입법 및 국정통제 등 헌법에 의하여 부여된 권한을 적정하게 행사하고 그 기능을 원활하게 수행할 수 있도록 보장하는 데 그 취지가 있다.[14)]

(2) 면책특권의 법적 성질

면책특권은 일체의 법적 책임을 면제해주는 것이다. 설혹 국회의원이 국회에서 직무상 행한 발언이 형법상 구성요건해당성과 위법성을 갖추고 있을지라도, 책임을 면제해 주는 책임면제의 특권이다. 회기 중 국회의 체포동의가 가능한 불체포특권과 달리, 면책특권은 국회가 의결로써 그 효력을 제한할 수 없다.

(3) 면책특권의 주체

면책특권의 주체는 국회의원이다. 국회의원이 국무총리 또는 국무위원을 겸직하고 있는 경우에는, 의원 자격으로 행한 발언과 표결에 대해서만 면책특권이

---

14) 대법원 2007. 1. 12. 선고 2005다57752.

인정된다.

(4) 면책의 대상과 범위

1) 면책의 대상은 '국회에서', '직무상 행한', '발언과 표결'이다. 여기서 '국회'란 국회의사당이라는 건물뿐만 아니라 국회 경계 밖의 다른 공간일지라도 국회가 자신의 기능(예컨대 본회의나 위원회 회의)을 수행하고 있는 장소이면 어디든 해당된다. '발언'이란 의제에 관한 의사표현을 말하고, '표결'이란 의제에 관한 찬·반 의사표현을 말한다. '직무행위'란 직무수행 그 자체는 물론이고 직무행위와 관련이 있는 직무부수행위도 포함한다. 즉 국회의원의 면책특권의 대상이 되는 행위는 직무상의 발언과 표결이라는 의사표현행위 자체에 국한되지 아니하고 이에 통상적으로 부수하여 행하여지는 행위까지 포함한다. 그와 같은 부수행위인지 여부는 구체적인 행위의 목적, 장소, 태양 등을 종합하여 개별적으로 판단한다.

2) 예컨대 대정부질문 30분 전에 국회 내 기자실에 발언 원고를 배포한 행위는 직무부수행위에 해당한다. 한편, 면책특권의 목적 및 취지 등에 비추어 볼 때, 발언 내용 자체에 의하더라도 직무와는 아무런 관련이 없음이 분명하거나, 명백히 허위임을 알면서도 허위의 사실을 적시하여 타인의 명예를 훼손하는 경우는 면책특권의 대상이 될 수 없다. 하지만, 발언 내용이 허위라는 점을 인식하지 못하였다면 비록 발언 내용에 다소 근거가 부족하거나 진위 여부를 확인하기 위한 조사를 제대로 하지 않았다고 하더라도, 그것이 직무수행의 일환으로 이루어진 것인 이상 이는 면책특권의 대상이 된다.[15)]

(5) 면책의 효과

면책특권은 '국회 외에서' 적용되기 때문에, 국회 내에서의 징계책임까지 면제되는 것은 아니다. 또 국회 외에서의 정치적 책임까지 면제되는 것은 아니기 때문에, 예컨대 소속 정당에 의한 징계처분이 행해질 수 있다. 국회 외에서 민사책임 및 형사책임 등 일체의 법적 책임을 지지 않는다. 면책은 국회의원의 임기 중은 물론이고 임기만료 후에도 적용된다.

---

15) 대법원 1992. 9. 22. 선고 91도3317; 대법원 2007. 1. 12. 선고 2005다57752.

제3장 정부

헌법 제66조 제4항은 "행정권은 대통령을 수반으로 하는 정부에 속한다."라고 규정하고 있다. 현행헌법상 정부형태는 변형된 또는 절충형 대통령제라고 할 수 있다. 헌법은 집행기관인 정부(제4장)를 대통령(제1절)과 행정부(제2절)로 나누어 규정하고 있다. 즉 여기서 정부는 대통령과 행정부를 포괄하는 집행부를 의미한다.

제1절 대통령

Ⅰ. 대통령의 헌법상 지위

1. 국가원수로서의 지위

헌법 제66조 제1항은 "대통령은 국가의 원수이며, 외국에 대하여 국가를 대표한다."라고 하여 대통령이 국가의 원수임을 밝히고 있다. 대통령은 국가의 원수로서 대외적인 국제관계에서 국가를 대표하고, 대내적인 국내관계에서는 국민의 통일성과 전체성을 대표하는 국정의 최고책임자이다. 대통령의 국가원수로서의 지위는 다시 외국에 대하여 국가를 대표하는 지위, 국가와 헌법을 수호하는 지위, 국정조정권자로서의 지위, 헌법기관구성권자로서의 지위로 나눌 수 있다.

2. 집행부수반으로서의 지위

대통령은 집행부(정부)의 수반이다. 집행부(정부)수반이란 집행의 최종결정권자를 의미한다. 따라서 대통령은 집행에 관하여 최종적인 결정권을 행사한다. 대통령의 집행부수반으로서의 지위는 다시 집행부의 최고책임자로서의 지위, 집행부조직권자로서의 지위, 국무회의의장으로서의 지위로 나눌 수 있다.

3. 국민대표기관으로서의 지위

현행헌법은 대의민주주의를 원칙으로 하고 있다. 대의민주주의에서 대통령은 국회와 더불어 국민을 대표하는 기관이다. 대통령은 국민으로부터 직선되기 때문에 민주적 정당성을 갖고 있다. 국민대표기관으로서의 국회는 다양한 계층의 이익을 토론과 타협을 통해 국가의사를 결정하는 합의체기관이지만, 국민대표기관으로서의 대통령은 단독으로 국가의사를 결정하며 최종적·통일적 국가이익을 대표한다.

Ⅱ. 대통령의 신분

1. 대통령 선거와 임기

(1) 선거의 방법

1) 대통령은 국민의 보통·평등·직접·비밀선거에 의하여 선출한다. 대통령 선거에서 최고득표자가 2인 이상인 때에는 국회의 재적의원 과반수가 출석한 공개회의에서 다수표를 얻은 자를 당선자로 한다. 대통령후보자가 1인일 때에는 그 득표수가 선거권자 총수의 3분의 1 이상이 아니면 대통령으로 당선될 수 없다(제67조 제1항–제3항).

2) 대통령 선거의 방법은 원칙적 직선제와 예외적 국회간선제이다. 대통령의 임기가 만료되는 때에는 임기만료 70일 내지 40일 전에 후임자를 선거하며, 선거일은 그 임기만료일 전 70일 이후 첫번째 수요일이다(제68조, 공직선거법 제34조 제1항 제1호). 대통령이 궐위된 때 또는 대통령 당선자가 사망하거나 판결 기타의 사유로 그 자격을 상실한 때에는 60일 이내에 후임자를 선거한다(제68조).

(2) 선거권, 피선거권 및 후보자

1) 18세 이상의 국민은 대통령 선거권이 있다(공직선거법 제15조 제1항). 대통령으로 선거될 수 있는 자는 국회의원의 피선거권이 있고 선거일 현재 40세에 달하여야 하며, 5년 이상 국내에 거주하고 있어야 한다. 이 경우 공무로 외국에 파견된 기간과 국내에 주소를 두고 일정기간 외국에 체류한 기간은 국내거주기간으로 본다(제67조 제4항, 공직선거법 제16조 제1항). 공직선거법 제18조와 제19

조는 선거권과 피선거권의 결격사유를 규정하고 있다.

2) 대통령 선거에는 정당의 추천을 받아 입후보하거나 무소속으로 입후보할 수 있다. 정당은 대통령후보자를 1인만 추천할 수 있다. 무소속후보자가 되고자 하는 자는, 5 이상의 시·도에 나누어 하나의 시·도에 주민등록이 되어 있는 선거권자의 수를 700인 이상으로 한 3천500인 이상 6천인 이하의 선거권자의 추천을 받아야 한다(공직선거법 제47조 제1항, 제48조 제2항 제1호).

(3) 대통령 당선인

대통령당선인이란 대통령 선거에서 당선인으로 결정된 사람을 말한다. 대통령당선인은 대통령당선인으로 결정된 때부터 대통령 임기 시작일 전날까지 그 지위를 갖는다. 대통령당선인은 대통령직 인수를 위하여 필요한 권한을 갖는다(대통령직인수법 제2조－제3조). 대통령당선인은 대통령 임기 시작 전에 국회의 인사청문 절차를 거치게 하기 위하여 국무총리 및 국무위원 후보자를 지명할 수 있다. 이 경우 국무위원 후보자에 대하여는 국무총리 후보자의 추천이 있어야 한다(법 제5조 제1항).

(4) 임기

대통령의 임기는 5년으로 하며, 중임할 수 없다(제70조). 대통령의 임기연장 또는 중임변경을 위한 헌법개정은 그 헌법개정 제안 당시의 대통령에 대하여는 효력이 없다(제128조 제2항). 대통령의 임기는 전임대통령의 임기만료일의 다음날 0시부터 개시된다. 다만, 전임자의 임기가 만료된 후에 실시하는 선거와 궐위로 인한 선거에 의한 대통령의 임기는 당선이 결정된 때부터 개시된다(공직선거법 제14조 제1항). 이 경우 후임자의 임기는 새로이 5년이 개시된다.

2. 대통령 권한대행

(1) 헌법규정 및 의의

헌법 제71조는 “대통령이 궐위되거나 사고로 인하여 직무를 수행할 수 없을 때에는 국무총리, 법률이 정한 국무위원의 순서로 그 권한을 대행한다.”라고 규정하고 있다. 대통령 권한대행제도는 대통령 유고시 잠정적으로 헌법이 일정한 자로 하여금 대통령의 권한과 의무를 대신 수행하도록 함으로써 국정공백을 방지하기 위한 제도이다. 헌법상 대통령 권한대행제도는 여러 흠결을 내포하고 있다. 예컨대 대통령 권한대행 사유의 판단권자, 사고시 대통령이 의사표시를 할 수 없는 경우의 권한대행의 기간 등에 관한 규정이 없어 입법적 보완이 필요하다. 무엇보다도 대통령 권한대행자의 민주적 정당성이 매우 취약하다는 문제점이 많이 거론된다.[1)]

⑵ 권한대행의 사유, 판단권자, 순서 및 기간

1) 사유 '궐위'란 사망, 사임, 탄핵결정으로 인한 파면, 대통령취임 후 피선자격 상실 및 판결 기타의 사유로 자격을 상실한 때 등의 이유로 대통령이 대통령직에서 이탈한 모든 상태를 말한다. '사고로 인하여 직무를 수행할 수 없을 때'란 대통령이 재직하고 있지만 대통령권한을 행사하는 것이 불가능한 모든 상태를 말한다.

2) 판단권자 ① 사망, 사임, 탄핵결정으로 인한 파면 등의 사유로 대통령직이 '궐위'된 경우는 객관적으로 판명되기 때문에 이러한 사유에 대한 판단권자의 판단이 있어야 궐위의 효과가 발생한다고 할 수 없다. 궐위라는 사실의 발생으로 헌법 제71조에 의해 권한대행자에게 당연히 대통령의 권한을 대행하는 권한이 발생한다.

② '사고로 인하여 직무를 수행할 수 없을 때'에는 '사고의 발생'과 '직무수행의 불능'이라는 2가지 요건이 충족되어야 한다. '사고'의 유형은 매우 다양하고, '직무수행의 불능' 여부도 객관적으로 명백하지 않은 경우가 있으므로 판단권자의 판단이 중요한 역할을 한다. 현행법은 누가 판단권을 갖는지에 대하여 아무런 규정을 두고 있지 않기 때문에, 입법적 보완이 필요하다.

3) 순서 헌법 제71조에 따르면, 대통령 유고시 대통령권한대행은 국무총리, 법률이 정한 국무위원의 순서로 그 권한을 대행한다.

4) 기간 ① 대통령이 '궐위'된 경우에 대통령권한대행자의 권한대행기간에 관하여 헌법에 규정이 없다. 헌법 제68조 제2항은 "대통령이 궐위된 때 또는 대통령 당선자가 사망하거나 판결 기타의 사유로 그 자격을 상실한 때에는 60일 이내에 후임자를 선거한다."라고 규정함으로써, 대통령이 궐위된 때에는 60일 이내에 후임자를 선거하도록 규정하고 있을 뿐이다.

---

1) 박승호, 대통령 권한대행에 관한 몇 가지 쟁점, 아주법학 제10권 제4호, 2017. 2, 121면 이하.

② '사고로 인하여 직무를 수행할 수 없을 때'의 권한대행 기간에 대해서도 역시 헌법에 규정이 없다. 이에 관하여, 국무회의의 심의를 거쳐 권한대행 기간을 결정해야 한다는 견해, 헌법정책상 헌법재판소가 결정하도록 해야 한다는 견해 등이 있다. 현실적으로는 상황을 고려하여 국무회의에서 결정하게 될 것이다.

(3) 권한대행의 권한범위(직무범위)

1) 대통령 권한대행의 권한범위(직무범위)에 대해서는 견해가 나뉜다. 대통령 권한대행은 권한대행의 취약한 민주적 정당성·잠정성 때문에 현상유지적 권한만을 행사할 수 있다는 견해가 다수설이다.

2) 생각건대 대통령 권한대행은 대통령 직무를 수행하기 위해 필요한 모든 권한을 행사할 수 있다는 견해가 타당하다. 즉 대통령 권한대행은, 사실상·정치상의 문제에 따라 권한행사에 많은 제약을 받기는 하겠지만, 궐위든 사고든 상황에 따라 대통령의 권한 모두를 행사할 수 있다. 헌법은 대통령 권한대행의 권한행사에 대하여 아무런 제한을 두고 있지 않다. 헌법적 근거없이 권한대행의 권한범위를 제한하는 것은 위헌문제를 야기할 수밖에 없다. 다만, 대통령 권한대행자는 권한대행이 잠정적이라는 것과 자신의 민주적 정당성이 취약하다는 근본적인 문제를 자각하면서, 불필요하거나 과도한 권한행사가 없도록 신중하게 직무를 수행해야 한다.

3. 대통령의 신분상 특권과 의무

(1) 대통령의 형사상 불소추 특권

1) 헌법 제84조는 "대통령은 내란 또는 외환의 죄를 범한 경우를 제외하고는 재직중 형사상의 소추를 받지 아니한다."라고 하여 대통령의 형사상 불소추 특권을 규정하고 있다. 대통령의 불소추특권은 대통령이라는 중요한 직책의 원활한 수행을 보장하기 위한 것이다.

2) 대통령의 불소추특권은 '재직 중'에만 인정된다. 재직 중의 범죄뿐만 아니라 취임 전의 범죄에 대해서도 재직 중에는 소추를 받지 않는다. 그러나 퇴직 후에는 소추가 가능하다. 재직 중이라도 민사상 책임은 면제되지 않는다.

3) '내란 또는 외환의 죄를 범한 경우'에는 불소추특권이 인정되지 않기 때문에, 소추가 가능하다. 불소추특권이 인정되는 죄를 범한 경우, 헌법규정은 바

로 공소시효진행을 가로막는 국가의 소추권 행사의 법률상 장애사유에 해당하므로, 대통령의 재직 중에는 공소시효의 진행이 당연히 정지된다.[2)]

⑵ 대통령의 의무

대통령은 헌법상 직무상 의무와 겸직금지의무가 있다. 즉 대통령은 '헌법을 준수하고 국가를 보위하며 조국의 평화적 통일과 국민의 자유와 복리의 증진 및 민족문화의 창달에 노력하여 대통령으로서의 직책을 성실히 수행할' 직무상 의무가 있다(제69조). 그리고 대통령은 국무총리·국무위원·행정각부의 장 기타 법률이 정하는 공사의 직을 겸할 수 없는 겸직금지의무가 있다(제83조).

⑶ 전직대통령에 대한 예우

전직대통령의 신분과 예우에 관하여는 법률로 정한다(제85조). 이에 관하여 전직대통령예우에관한법률이 있다. 그러나 ① 재직 중 탄핵결정을 받아 퇴임한 경우, ② 금고 이상의 형이 확정된 경우, ③ 형사처분을 회피할 목적으로 외국정부에 도피처 또는 보호를 요청한 경우, ④ 대한민국의 국적을 상실한 경우에는 필요한 기간의 경호 및 경비를 제외하고는 전직대통령으로서의 예우를 하지 않는다(전직대통령법 제7조 제2항).

Ⅲ. 대통령의 권한

1. 국가긴급권

⑴ 일반론

1) 의의 전쟁·내란·경제공황·천재지변 등 헌법상의 정상적인 수단으로는 극복이 불가능한 심각한 위험상태를 국가비상사태라고 하며, 이를 극복하기 위하여 발동될 수 있는 예외적인 수단으로서의 비상적 권한을 국가긴급권이라 한다. 국가긴급권은 역사적으로 남용되어 왔다. 비상사태의 효율적 극복과 국가긴급권의 남용 방지를 위해 헌법에 근거규정을 두는 것이 필요하다. 현행헌법은 제76조와 제77조에서 국가긴급권을 규정하고 있다.

2) 목적과 한계 국가긴급권은 헌법질서의 유지·회복이라는 소극적 목적

---

2) 헌재 1995. 1. 20. 94헌마246.

을 위해서만 발동될 수 있다. 이러한 소극적 목적에 위배되는 국가긴급권 발동과 유지는 금지된다. 국가긴급권은 필요한 최소한도의 범위 내에서 행사되어야 한다.

3) 국가긴급권 통제 국가긴급권 남용을 방지하기 위해서는 국가긴급권 행사에 대해 의회의 사전동의나 사후승인, 의회나 법원(헌법재판소)의 사후 책임추궁 등을 통해 통제가 행해져야 한다. 국가긴급권 남용에 대한 의회나 법원(헌법재판소)의 통제가 실효성이 없을 경우에는 결국 국민의 헌법수호의지가 중요하다.

⑵ 긴급재정경제처분·명령권

대통령은 내우·외환·천재·지변 또는 중대한 재정·경제상의 위기에 있어서 국가의 안전보장 또는 공공의 안녕질서를 유지하기 위하여 긴급한 조치가 필요하고 국회의 집회를 기다릴 여유가 없을 때에 한하여 최소한으로 필요한 재정·경제상의 처분을 하거나 이에 관하여 법률의 효력을 가지는 명령을 발할 수 있다(제76조 제1항).

1) 발동요건 대통령의 긴급재정경제처분·명령의 발동요건은 다음과 같다. ① 내우·외환·천재·지변 또는 중대한 재정·경제상의 위기에 있어서, ② 국가의 안전보장 또는 공공의 안녕질서를 유지하기 위하여 긴급한 조치가 필요하고, ③ 국회의 집회를 기다릴 여유가 없을 때라는 요건이 충족되어야 한다. 이러한 요건이 충족되었는지에 대한 1차적 판단은 대통령이 한다. 요건충족 여부는 사후통제의 대상이 된다. 그리고 절차적으로는 국무회의의 심의를 거쳐야 한다(제89조 제5호).

2) 내용, 형식 및 효력 ① 긴급재정경제처분·명령은 재정사항과 경제사항만을 그 내용으로 할 수 있다. ② 긴급재정경제처분·명령은 긴급재정경제처분과 긴급재정경제명령이라는 2가지 형식으로 행해진다. ③ 긴급재정경제처분은 구체적·개별적 규율이고, 긴급재정경제명령은 일반적·추상적 규율이다. 긴급재정경제처분은 처분의 효력을 갖는다. 긴급재정경제명령은 법률의 효력을 갖는다. 긴급재정경제처분이 법률의 효력을 나타내기 위해서는, 법률의 효력을 갖는 긴급재정경제명령의 형식으로 행해져야 한다. 긴급재정경제명령은 법률의 효력을 갖기 때문에 기존의 법률을 개정·폐지할 수 있으며, 국민의 재정·경제 생활영역에 관한 자유와 권리를 규율하거나 기타 법률사항을 규율하는 것이 가능하다.

3) 통제

① **사전통제** 긴급재정경제처분·명령은 국무회의의 심의를 거쳐야 하고(제89조 제5호), 국무총리와 관계 국무위원이 부서한 문서로써 해야 한다(제82조).

② **사후통제** ㉠ 긴급재정경제처분·명령을 한 때에는 지체없이 국회에 보고하여 그 승인을 얻어야 하고, 승인을 얻지 못한 때에는 그 처분 또는 명령은 그때부터 효력을 상실한다. 이 경우 그 명령에 의하여 개정 또는 폐지되었던 법률은 그 명령이 승인을 얻지 못한 때부터 당연히 효력을 회복한다. 대통령은 이러한 사유를 지체없이 공포하여야 한다(제76조 제3항－제5항). ㉡ 긴급재정경제처분은 법원의 통제, 명령은 법원과 헌법재판소에 의한 구체적 규범통제 및 헌법재판소의 헌법소원심판을 통한 통제의 대상이 된다.

⑶ 긴급명령권

대통령은 국가의 안위에 관계되는 중대한 교전상태에 있어서 국가를 보위하기 위하여 긴급한 조치가 필요하고 국회의 집회가 불가능한 때에 한하여 법률의 효력을 가지는 명령을 발할 수 있다(제76조 제2항).

1) 발동요건 대통령의 긴급명령의 발동요건은 다음과 같다. ① 국가의 안위에 관계되는 중대한 교전상태에 있어서, ② 국가를 보위하기 위하여 긴급한 조치가 필요하고, ③ 국회의 집회가 불가능한 때라는 요건이 충족되어야 한다. 이러한 요건이 충족되었는지에 대한 1차적 판단은 대통령이 한다. 요건충족 여부는 사후통제의 대상이 된다. 그리고 절차적으로는 국무회의의 심의를 거쳐야 한다(제89조 제5호).

2) 내용, 형식 및 효력 ① 재정·경제 사항만을 규율대상으로 하는 긴급재정경제명령과 달리, 긴급명령은 비상사태 극복을 위해 필요한 모든 법률사항을 규율대상으로 한다. ② 긴급명령은 일반적·추상적 규율의 형식이다. ③ 긴급명령은 법률의 효력을 가진다.

3) 통제 통제의 내용은 긴급재정경제처분·명령의 경우와 같다.

⑷ 계엄선포권

대통령은 전시·사변 또는 이에 준하는 국가비상사태에 있어서 병력으로써 군사상의 필요에 응하거나 공공의 안녕질서를 유지할 필요가 있을 때에는 법률이 정하는 바에 의하여 계엄을 선포할 수 있다(제77조 제1항).

여기서 '전시'란 상대국이나 교전단체에 대하여 선전포고나 대적행위를 한 때부터 그 상대국이나 교전단체와 휴전협정이 성립된 때까지의 기간을 말하고, '사변'이란 국토를 참절하거나 헌법질서를 문란하게 할 목적으로 봉기한 모든 형태의 무장반란집단의 폭동을 의미한다. 헌법상 국가긴급권의 인정 취지와 헌법 제77조 제1항의 문언을 고려할 때, '전시·사변에 준하는 국가비상사태'란 전쟁에 해당되지 아니하는 외적의 침입, 국토를 참절하거나 헌법질서를 문란하게 할 목적이 없는 무장 또는 비무장의 집단 또는 군중에 의한 사회질서교란, 자연적 재난으로 인한 사회질서교란 등으로 인하여 국가의 존립이나 헌법질서의 유지가 위태롭게 되어 평상시의 헌법질서에 따른 권력행사방법으로는 대처할 수 없는 중대한 위기상황을 말한다.[3)]

이에 관하여 계엄법이 제정되어 있다. 계엄이란 행정·사법 분야에서의 군정을 의미하며, 긴급재정경제명령이나 긴급명령과 달리 긴급입법으로서의 성격이 없고, 긴급재정경제처분·명령이나 긴급명령은 헌법에 따라 직접 효력을 발생하지만 계엄선포권은 헌법상 권한이지만 헌법에 따라 제정된 계엄법에 따라 발동된다.

1) 발동요건 ① 대통령의 계엄선포의 요건은 다음과 같다. ㉠ 전시·사변 또는 이에 준하는 국가비상사태에 있어서, ㉡ 병력으로써 군사상의 필요에 응하거나 공공의 안녕질서를 유지할 필요가 있을 때라는 요건이 충족되어야 한다.

② 헌법재판소는 "특히, 비상계엄선포가 헌법과 계엄법에 따른 실체적 요건을 충족하기 위해서는 첫째, 전시·사변 또는 이에 준하는 국가비상사태로 적과 교전 상태에 있거나 사회질서가 극도로 교란되어 행정 및 사법 기능의 수행이 현저히 곤란한 상황이 현실적으로 발생하여야 하고, 둘째, 병력으로써 군사상의 필요에 응하거나 공공의 안녕질서를 유지할 필요가 있어야 하며, 셋째, 비상계엄 선포의 목적이 군사상 필요에 따르거나 공공의 안녕질서를 유지하기 위한 것이어야 한다. 따라서 비상계엄은 위와 같은 위기상황이 현실적으로 발생하였으나 경력(警力)만으로는 이를 수습할 수 없는 경우에 병력으로써 기존질서를 유지·회복하기 위하여 선포할 수 있는 것이므로, 위기상황이 발생할 우려가 있다는 이

3) 헌재 2025. 4. 4. 2024헌나8.

유만으로 사전적·예방적으로 선포할 수는 없고, 공공복리의 증진과 같은 적극적 목적을 위하여 선포할 수도 없다."[4]라고 판시하였다.

③ 이러한 요건이 충족되었는지에 대한 1차적 판단은 대통령이 한다. 요건 충족 여부는 사후통제의 대상이 된다. 그리고 절차적으로는 국무회의의 심의를 거쳐야 한다(제89조 제5호). 또한 계엄법이 규정하는 바에 따라야 한다. 즉 대통령이 계엄을 선포할 때에는 그 이유, 종류, 시행일시, 시행지역 및 계엄사령관을 공고하여야 한다(계엄법 제3조).

2) 계엄의 종류　계엄은 비상계엄과 경비계엄으로 한다(제77조 제2항). ① 비상계엄은 대통령이 전시·사변 또는 이에 준하는 국가비상사태 시 적과 교전 상태에 있거나 사회질서가 극도로 교란되어 행정 및 사법 기능의 수행이 현저히 곤란한 경우에 군사상 필요에 따르거나 공공의 안녕질서를 유지하기 위하여 선포한다(계엄법 제2조 제2항). ② 경비계엄은 대통령이 전시·사변 또는 이에 준하는 국가비상사태 시 사회질서가 교란되어 일반 행정기관만으로는 치안을 확보할 수 없는 경우에 공공의 안녕질서를 유지하기 위하여 선포한다(법 제2조 제3항). ③ 대통령은 계엄의 종류, 시행지역 또는 계엄사령관을 변경할 수 있다(법 제2조 제4항).

3) 내용 및 효력

① **비상계엄**　㉠ 비상계엄의 선포와 동시에 계엄사령관은 계엄지역의 모든 행정사무와 사법사무를 관장한다(법 제7조 제1항).

㉡ 비상계엄이 선포된 때에는 법률이 정하는 바에 의하여 영장제도, 언론·출판·집회·결사의 자유, 정부나 법원의 권한에 관하여 특별한 조치를 할 수 있다(제77조 제3항). 이는 기본권 보장과 권력분립에 관하여 예외를 규정한 것이다. 그런데 계엄법 제9조 제1항은 "비상계엄지역에서 계엄사령관은 군사상 필요할 때에는 체포·구금·압수·수색·언론·출판·집회·결사 또는 단체행동에 대하여 특별한 조치를 할 수 있다."라고 하여 헌법에 명시되지 않은 '단체행동'을 규정하고 있다. 이에 대하여 헌법규정을 예시규정으로 보는지 한정적 열거규정으로 보는지에 따라 합헌론과 위헌론으로 견해가 나뉜다.

---

4) 헌재 2025. 4. 4. 2024헌나8.

㉢ 비상계엄지역에서 계엄사령관은 법률에서 정하는 바에 따라 동원 또는 징발을 할 수 있으며, 필요한 경우에는 군수로 제공할 물품의 조사·등록과 반출금지를 명할 수 있다. 비상계엄지역에서 계엄사령관은 작전상 부득이한 경우에는 국민의 재산을 파괴 또는 소각할 수 있다. 계엄사령관이 국민의 재산을 파괴 또는 소각하려는 경우에는 미리 그 사유, 지역, 대상 등 필요한 사항을 그 재산의 소재지를 관할하는 행정기관과 그 재산의 소유자, 점유자 또는 관리자에게 통보하거나 공고하여야 한다(계엄법 제9조 제2항–제4항).

㉣ 비상계엄하의 군사재판은 군인·군무원의 범죄나 군사에 관한 간첩죄의 경우와 초병·초소·유독음식물공급·포로에 관한 죄중 법률이 정한 경우에 한하여 단심으로 할 수 있다. 다만, 사형을 선고한 경우에는 그러하지 아니하다(제110조 제4항).

㉤ 비상계엄하에서도 국회의원의 불체포특권이 보장된다. 즉 계엄 시행 중 국회의원은 현행범인인 경우를 제외하고는 체포 또는 구금되지 아니한다(법 제13조). 윤석열대통령 탄핵사건에서, 헌법재판소는, "피청구인은 군경을 투입하여 국회의장 및 국회의원들이 국회에 자유롭게 출입하는 것을 방해하는 한편 이들을 끌어내라고 지시함으로써, 계엄해제요구권을 비롯한 국회의 권한행사가 제대로 이루어지지 못하게 하려고 하였다. 피청구인의 이와 같은 행위는, 국민의 대표기관인 국회에 계엄해제요구권을 부여한 헌법 제77조 제5항을 위반한 것일 뿐만 아니라, 국회가 제 기능을 충실히 실현할 수 없도록 하는 것으로서 대의민주주의와 권력분립원칙에 정면으로 반하고, 국민의 대표인 국회의원의 심의·표결권 등 헌법상 권한 및 계엄의 상황에서 특별히 중요한 의미를 지니는 국회의원의 불체포특권을 침해한 것이다."[5]라고 판시하였다.

② **경비계엄** 경비계엄의 선포와 동시에 계엄사령관은 계엄지역의 군사에 관한 행정사무와 사법사무를 관장한다(법 제7조 제2항).

4) 통제

① **사전통제** 대통령이 계엄을 선포하거나 변경하고자 할 때에는 국무회의의 심의를 거쳐야 한다. 이 경우 국무회의의 일시·장소, 출석자의 수 및 성명,

5) 헌재 2025. 4. 4. 2024헌나8.

발언 내용 등을 기록한 회의록을 즉시 작성하여야 한다(제89조 제5호–제6호, 계엄법 제2조 제5항). 계엄선포는 국방부장관 또는 행정안전부장관이 국무총리를 거쳐 대통령에게 건의할 수 있으며(계엄법 제2조 제6항), 계엄의 선포나 해제도 국무총리와 관계 국무위원이 부서한 문서로써(제82조) 해야 한다. 계엄사령관은 현역 장성급 장교 중에서 국방부장관이 추천한 사람을 국무회의의 심의를 거쳐 대통령이 임명한다(법 제5조 제1항).

② **사후통제** ㉠ 계엄을 선포하였을 때에는 대통령은 지체없이 국회에 통고하여야 한다. 대통령의 계엄 선포에 대한 국회 통고 시에 국무회의 회의록을 국회에 제출하여야 한다(제77조 제4항, 계엄법 제4조 제1항). 헌법이 대통령에게 국회 통고 의무를 부여한 취지는 국회가 헌법 제77조 제5항에 따라 부여받은 계엄해제요구권을 적시에 행사할 수 있도록 보장하기 위한 것이므로, 대국민담화가 방송을 통하여 생중계되는지 여부와 관계없이 대통령은 국회에 공식적인 통고를 할 의무를 부담한다.[6] 국회가 폐회 중일 때에는 대통령은 지체 없이 국회에 집회를 요구하여야 한다(제77조 제4항, 계엄법 제4조).

㉡ 국회가 재적의원 과반수의 찬성으로 계엄의 해제를 요구한 때에는 대통령은 이를 해제하여야 한다(제77조 제5항). 긴급재정경제처분·명령이나 긴급명령에 대한 국회의 승인은 일반의결정족수이지만, 계엄해제요구의 의결정족수는 재적과반수 찬성으로 가중되어 있다.

㉢ 계엄 시행 중에 국회의 권한 행사를 보장하기 위하여 계엄사령관의 지휘·감독을 받는 군인, 경찰 및 정보·보안기관 직원 등은 국회 경내에 출입할 수 없다. 다만, 국회의장이 요청하거나 허가한 경우에는 그러하지 아니하다(법 제13조의2).

㉣ 누구든지 계엄 선포 이후 국회의원 및 국회 소속 공무원의 국회 경내 출입 및 회의를 방해하여서는 아니된다(법 제11조의2). 국방부장관, 계엄사령관 및 각 행정기관의 장은 계엄 해제 이후 계엄 관련 지휘·감독 사항 및 사무 내용 등을 국회에 보고하여야 한다(법 제11조의3).

㉤ 계엄이 해제된 날부터 모든 행정사무와 사법사무는 평상상태로 복귀한다. 비상계엄 시행 중 군사법원에 계속 중인 재판사건의 관할은 비상계엄 해제

---

6) 헌재 2025. 4. 4. 2024헌나8.

와 동시에 일반법원에 속한다(계엄법 제12조).

ⓑ 대통령의 계엄선포는 국회의 통제뿐만 아니라 법원과 헌법재판소의 통제대상이다. 또 비상계엄시 특별한 조치로 인하여 기본권을 침해받은 국민은 헌법소원심판을 청구할 수 있다.

2. 헌법개정과 국민투표에 관한 권한

(1) 헌법개정에 관한 권한

대통령은 헌법개정을 발의하여 헌법개정안을 제출할 수 있다. 제안된 헌법개정안은 대통령이 20일 이상의 기간 이를 공고하여야 한다. 국민투표에서 헌법개정이 확정되면, 대통령은 즉시 이를 공포하여야 한다(제128조－제130조).

(2) 국민투표에 관한 권한

1) 헌법규정 및 의의　　헌법 제72조는 "대통령은 필요하다고 인정할 때에는 외교·국방·통일 기타 국가안위에 관한 중요정책을 국민투표에 붙일 수 있다." 라고 하여 대통령의 국민투표부의권을 규정하고 있다. 국민투표는 레퍼렌덤(협의의 국민표결)과 플레비시트(신임투표적 국민결정)를 포함하는 개념으로 사용된다. 중요정책국민투표(제72조)는 레퍼렌덤이다.

2) 국민투표의 대상　　국민투표의 대상은 '외교·국방·통일 기타 국가안위에 관한 중요정책'이다. 이 규정은 예시규정이며, 대통령이 국가안위에 관한 중요정책이라고 판단하는 것이라면 어느 것이든지 투표대상이 될 수 있다. 국민투표에 부칠지 여부를 결정하는 것은 전적으로 대통령의 판단에 달려있다. 즉 헌법개정국민투표가 필수적 국민투표인데 반하여, 중요정책국민투표는 임의적 국민투표이다. 대통령의 신임투표가 허용되는지에 관하여 긍정설과 부정설이 대립하며, 헌법재판소는 우리 헌법상 대통령의 신임투표는 허용되지 않는다고 판시하였다.[7)]

3) 국민투표의 방법과 절차　　국가안위에 관한 중요정책에 대한 국민투표는 찬반으로 결정하는 것이 일반적이다. 국민투표의 방법과 절차에 관하여 국민투표법이 구체적으로 규정하고 있다.

---

7) 헌재 2004. 5. 14. 2004헌나1.

3. 헌법기관 구성에 관한 권한

대통령은 헌법기관의 구성에 관여할 권한이 있다. 대통령은 국회의 동의를 얻어 대법원장을 임명하고, 대법원장의 제청과 국회의 동의를 얻어 대법관을 임명한다(제104조 제1항－제2항). 대통령은 헌법재판소 재판관을 임명한다. 대통령은 국회의 동의를 얻어 재판관 중에서 헌법재판소의 장을 임명한다. 9인의 재판관중 3인은 국회에서 선출하는 자를, 3인은 대법원장이 지명하는 자를 임명한다(제111조 제2항－제4항). 대통령은 중앙선거관리위원회 위원 9인 중 3인을 임명한다. 9인의 위원 중 3인은 국회에서 선출하고, 3인은 대법원장이 지명한다. 위원장은 위원 중에서 호선한다(제114조 제2항). 대통령은 국회의 동의를 얻어 감사원장을 임명하고, 감사원장의 제청으로 감사위원을 임명한다(제98조 제2항－제3항).

4. 국회와 입법에 관한 권한

⑴ 국회에 관한 권한

1) 국회 임시회집회요구권 대통령은 국회 임시회 집회를 요구할 수 있다. 대통령이 임시회의 집회를 요구할 때에는 기간과 집회요구의 이유를 명시하여야 한다(제47조 제1항, 제3항). 대통령이 국회 임시회 집회를 요구할 때에는 국무회의의 심의를 거쳐야 한다(제89조 제7호).

2) 국회출석·발언권 대통령은 국회에 출석하여 발언하거나 서한으로 의견을 표시할 수 있다(제81조). 대통령의 국회출석·발언권은 대통령의 권한이며 의무는 아니다. 따라서 국회가 대통령이 국회에 출석하여 발언하거나 서한으로 의견을 표시할 것을 요구할 수 없다.

⑵ 법률제정에 관한 권한

1) 법률안제출권 대통령은 국무회의의 심의를 거쳐 법률안을 제출할 수 있다(제52조, 제89조 제3호).

2) 법률공포권 ① 국회에서 의결된 법률안은 정부에 이송되어 15일 이내에 대통령이 공포한다. 대통령이 거부권을 행사하여 국회가 재의결함으로써 확정된 법률을 대통령은 지체없이 공포하여야 한다. 국회가 재의결하여 확정된 법

률이 정부에 이송된 후 5일 이내에 대통령이 공포하지 아니할 때에는 국회의장이 이를 공포한다(제53조 제1항, 제6항).

② 국회에서 의결된 법률안이 정부에 이송되어 15일 이내에 대통령이 공포나 재의의 요구를 하지 아니한 때에도 그 법률안은 법률로서 확정되며, 확정된 후 5일 이내에 대통령이 공포하지 아니할 때에는 국회의장이 이를 공포한다(제53조 제5항－제6항).

③ 법률은 특별한 규정이 없는 한 공포한 날로부터 20일을 경과함으로써 효력을 발생한다(제53조 제7항). 그러나 국민의 권리 제한 또는 의무 부과와 직접 관련되는 법률은 긴급히 시행해야 할 특별한 사유가 있는 경우를 제외하고는 공포일부터 적어도 30일이 경과한 날부터 시행한다(법령공포법 제13조의2).

3) 법률안거부권 ① ㉠ 법률안거부권이란 국회에서 의결하여 정부에 이송된 법률안에 대해 대통령이 이의가 있을 때 해당 법률안에 대해 거부하는 권한을 말한다. 이는 원래 미국 대통령제에서 법률안제출권이 없는 정부가 국회의 부당한 입법 또는 집행 곤란한 입법을 방지하기 위해 발달해 온 제도이다. 그런데 현행헌법은 대통령에게 법률안제출권까지 인정하고 있기 때문에, 대통령이 법률안거부권을 남용할 경우 국회의 입법권은 유명무실해질 수 있다. 법률안거부권은 국회의 경솔이나 횡포를 방지하려는 것일 뿐이므로 대통령은 법률안거부권을 남용하지 않도록 주의해야 한다.

㉡ 법률안거부권을 행사할 수 있는 사유에 관하여 헌법은 아무런 규정도 두고 있지 않다. 법률안거부권의 남용은 탄핵소추의 사유가 된다고 본다. 대체로 법률안거부권을 행사할 수 있는 사유로는,[8] 첫째, 법률안이 헌법에 위반되는 경우, 둘째, (재정적 이유 등으로)법률안의 집행이 불가능한 경우, 셋째, 법률안이 공익 내지 국익에 반하는 경우, 넷째, 법률안이 집행부에 대한 부당한 정치적 공세인 경우 등이 거론된다.

② 법률안거부의 유형으로는 환부거부와 보류거부가 있다. ㉠ 환부거부란 국회에서 의결하여 정부에 이송된 법률안에 대해 이의가 있을 때 대통령이 이의서를 붙여 국회에 환부하고 국회의 재의를 요구하는 것을 말한다. 우리 헌법은

---

8) 예컨대, 권영성, 헌법학원론, 법문사, 2011, 1006면; 김하열, 헌법강의, 박영사, 2025, 914면; 허영, 한국헌법론, 박영사, 2025, 1095면.

환부거부를 규정하고 있다. 즉 국회에서 의결되어 정부에 이송된 법률안에 대해 이의가 있을 때에는, 대통령은 법률안이 정부에 이송된 후 15일 이내에 이의서를 붙여 국회로 환부하고, 그 재의를 요구할 수 있다. 국회의 폐회 중에도 또한 같다. 대통령은 법률안의 일부에 대하여 또는 법률안을 수정하여 재의를 요구할 수 없다. 국회에서 의결된 법률안이 정부에 이송된 후 15일 이내에 대통령이 공포나 재의의 요구를 하지 아니한 경우, 그 법률안은 법률로서 확정된다(제53조 제2항－제5항).

㉡ 보류거부란 환부거부가 허용되는 기간에 국회의 폐회로 인하여 대통령이 지정된 기일 내에 국회에 대해 법률안의 재의를 요구할 수 없는 경우에, 대통령이 법률안을 공포하지 않은 채 가지고 있으면 법률안이 자동적으로 폐기되는 것을 말한다. 미국연방헌법은 보류거부를 인정하고 있다. 우리 헌법상 보류거부가 허용되는지에 관하여 전면부정설과 부분긍정설이 대립한다. 부분긍정설은 국회의원의 임기가 만료하여 국회가 폐회된 경우에는 환부할 국회가 존재하지 않기 때문에 이런 경우에는 보류거부가 인정된다고 한다.

(3) 행정입법에 관한 권한

대통령은 법률에서 구체적으로 범위를 정하여 위임받은 사항과 법률을 집행하기 위하여 필요한 사항에 관하여 대통령령을 발할 수 있다(제75조).

1) 행정입법의 의의 및 필요성 ① 행정입법이란 행정권이 일반적·추상적 규범을 정립하는 작용, 즉 행정권에 의한 입법을 말한다. 대통령은 집행부의 수반으로서 명령제정권 또는 행정입법권을 가진다.

② 국민의 자유와 권리에 관한 사항(법규사항)은 원칙적으로 국회가 법률의 형식으로 규율해야 한다. 그러나 오늘날의 행정국가·사회국가에서는 국민의 권리·의무에 관한 것이라 하여 모든 사항을 국회에서 제정한 법률만으로 규정하는 것은 불가능하다. 현대 행정 영역이 복잡·다기하고 상황의 변화에 따라 다양한 방식으로 적절히 대처할 필요성이 요구되는 반면, 국회의 기술적·전문적 능력이나 시간적 적응능력에는 한계가 있기 때문이다.[9] 특히 복지행정이 확대되는 오늘날의 행정국가·사회국가 상황에서 급부행정 법규의 경우 또는 규율대상이 지극히 복잡·다양하거나 수시로 변화하는 성질의 것인 경우에는, 국회의 입법을

9) 헌재 1997. 5. 29. 94헌바22.

기다릴 여유가 없거나 국회의 입법으로 규율하기에 부적절한 경우가 있다. 이러한 경우에는 행정부 스스로 법과 기준을 정해 집행할 필요성이 있다.

2) 행정입법의 종류 행정입법은 분류기준에 따라 여러 가지로 나눌 수 있지만, 여기서는 대외적 구속력의 존재 여부를 기준으로 하는 법규명령과 행정규칙(행정명령), 내용을 기준으로 하는 위임명령과 집행명령에 대해서만 살펴본다.

① **법규명령과 행정규칙(행정명령)**

㉠ 법규명령

법규명령이란 행정권이 헌법에 근거를 두고 국민의 권리와 의무에 관한 사항(법규사항)을 정립하는 법규범을 말하며, 대외적 구속력이 있다. 법규명령은 내용에 따라 위임명령과 집행명령으로 나누어지며, 제정주체에 따라 대통령령, 총리령, 부령으로 나누어진다. 대통령령은 시행령으로 총리령·부령은 시행규칙으로 제정되는 것이 보통이다.

㉡ 행정규칙(행정명령)

i) 행정규칙(행정명령)이란 행정권이 국민의 권리·의무와 관계없는 비법규사항을 정립하는 것으로서, 행정조직 내부에서만 효력을 갖고 대외적 구속력이 없는 규칙을 말한다.

ii) 그런데 행정규칙이 예외적으로 대외적 구속력을 갖는 경우가 있다. 첫째, 법령보충적 행정규칙의 경우이다. 즉 법령의 직접적인 위임에 따라 수임행정기관이 그 법령을 시행하는데 필요한 구체적 사항을 정한 것이면, 그 제정형식은 비록 법규명령이 아닌 고시, 훈령, 예규 등과 같은 행정규칙이더라도, 그것이 상위법령의 위임한계를 벗어나지 아니하는 한, 상위법령과 결합하여 대외적인 구속력을 갖는 법규명령으로서 기능을 수행하게 된다.[10] 둘째, 행정기관이 자기구속을 당하는 경우이다. 즉 재량권 행사의 준칙인 규칙이 그 정한 바에 따라 되풀이 시행되어 행정관행이 확립되면 평등의 원칙이나 신뢰보호의 원칙에 따라 행정기관은 그 상대방에 대한 관계에서 그 규칙에 따라야 할 자기구속을 당하게 되는데, 이러한 경우에는 행정규칙이 대외적인 구속력을 가지게 된다.[11]

iii) 행정규칙은 행정부가 헌법이나 법률의 근거 없이도 자신의 고유권한

10) 헌재 1992. 6. 26. 91헌마25.
11) 헌재 1990. 9. 3. 90헌마13.

에 의거하여 제정할 수 있는 행정입법이다. 행정규칙은 훈령, 예규, 고시, 지침 등 다양한 이름으로 제정된다. 부령은 법규명령으로서 행정각부의 장이 제정하지만, 행정규칙은 감사원, 처·청의 장 등 일반행정관청뿐만 아니라 국립대학의 총·학장도 제정할 수 있다.

② **위임명령과 집행명령**

㉠ 위임명령

i) 위임명령이란 헌법에 근거하여 법률에서 위임한 사항을 규율하는 법규명령을 말한다. '법률에서 위임한 사항'이란 법률이 스스로 규정하지 않고 '대통령령으로 정하도록 수권한 사항'을 말한다. 헌법 제75조는 "대통령은 법률에서 구체적으로 범위를 정하여 위임받은 사항과 법률을 집행하기 위하여 필요한 사항에 관하여 대통령령을 발할 수 있다."라고 하여 대통령이 위임명령을 제정할 수 있음을 밝히고 있다. 또한 헌법 제95조는 "국무총리 또는 행정각부의 장은 소관사무에 관하여 법률이나 대통령령의 위임 또는 직권으로 총리령 또는 부령을 발할 수 있다."라고 규정하고 있다.

ii) 위임명령은 '법률에서 위임한 사항'을 규율하는 법규명령이기 때문에, 위임한 법률(모법)에 종속한다. 따라서 위임명령은 모법에 위반하는 사항을 규정할 수 없으며, 모법이 소멸하면 위임명령도 소멸한다. 위임명령은, 집행명령과 달리, 법률이 위임한 범위 안에서 법률이 스스로 규정하지 않은 입법사항을 규정할 수 있다.

iii) 포괄적 위임입법은 허용되지 않는다. 헌법은 '법률에서 구체적으로 범위를 정하여 위임받은 사항'에 한하여 위임입법을 허용하고 있다(제75조). 이는 행정입법의 필요성이 인정될지라도 아무런 제한없이 행정입법을 허용하면 개인의 자유와 권리가 침해될 위험이 있기 때문에, 행정입법에 제한을 가하는 것이다.

iv) '법률에서 구체적으로 범위를 정하여 위임받은 사항'이란 법률에 이미 대통령령으로 규정될 내용 및 범위의 기본사항이 구체적으로 규정되어 있어서 누구라도 당해 법률로부터 대통령령에 규정될 내용의 대강을 예측할 수 있어야 함을 의미한다. 위임의 구체성·명확성 유무는 관련 법조항 전체를 종합해서 판단해야 하고 위임된 사항의 성질에 따라 구체적·개별적으로 검토해야 한다. 특히 급부행정 법규의 경우 또는 규율대상이 지극히 다양하거나 수시로 변화하는

성질의 것일 때에는 위임의 구체성·명확성 요건이 완화될 수 있다.[12)]

v) 형벌법규의 위임은 죄형법정주의에 따라 원칙적으로 허용되지 않는다. 예외적으로 허용될 경우에는 그 요건과 범위가 보다 엄격하게 제한적으로 적용되어야 한다. 따라서 형벌법규 위임의 예외적 허용은 첫째, 특히 긴급한 필요가 있거나 미리 법률로써 자세히 정할 수 없는 부득이한 사정이 있는 경우에 한정되어야 하며, 둘째, 이러한 경우에도 법률에서 범죄의 구성요건은 처벌대상 행위가 어떠한 것일 거라고 예측할 수 있을 정도로 구체적으로 정하고, 셋째, 형벌의 종류 및 그 상한과 폭을 명백히 규정해야 한다.[13)]

vi) 위임입법이 불가피할지라도, 헌법이 법률로 정하도록 규정한 사항, 즉 국회전속적 입법사항은 위임의 대상이 되지 않는다. 예컨대 국적취득의 요건(제2조 제1항), 조세의 종목과 세율(제59조), 지방자치단체의 종류(제117조 제2항) 등은 헌법이 법률로 정하도록 명시하고 있기 때문에 이러한 사항에 대한 법률의 위임은 허용되지 않는다.

vii) 위임명령(대통령령)이 '법률에서 위임한 사항'에 관하여 대강을 정하고 그 중의 특정 사항을 범위를 정하여 하위법령(예컨대 총리령이나 부령)에 다시 위임하는 것은 허용된다. 그러나 법률에서 위임받은 사항을 전혀 규정하지 않고 재위임하는 것은 수권법의 내용변경을 초래하는 것이기 때문에 허용되지 않는다.[14)]

viii) 법률이 입법사항을 고시 등의 행정규칙에 위임하는 것(법령보충적 행정규칙)도 헌법적으로 허용된다. 다만, 행정규칙은 법규명령과 같은 엄격한 제·개정절차를 요하지 않기 때문에, 기본권을 제한하는 내용에 대해서는 법규명령(대통령령, 총리령, 부령)에 위임함이 바람직하고, 부득이 고시와 같은 형식으로 위임을 할 때에는 적어도 전문적·기술적 사항이나 경미한 사항으로서 업무의 성질상 위임이 불가피한 사항에 한정된다.[15)]

ix) 조례에 대한 법률의 위임은 포괄적인 것도 가능하다. 헌법이 지방자치단체에 대해 포괄적인 자치권을 보장하고 있는 취지로 볼 때 조례제정권에 대한 지나친 제약은 바람직하지 않으므로 조례에 대한 법률의 위임은 법규명령에 대

12) 헌재 2009. 12. 29. 2008헌바48.
13) 헌재 1997. 5. 29. 94헌바22.
14) 헌재 1996. 2. 29. 94헌마213; 헌재 2008. 4. 24. 2007헌마1456.
15) 헌재 2004. 10. 28. 99헌바91; 헌재 2016. 2. 25. 2015헌바191.

한 법률의 위임과 같이 반드시 구체적으로 범위를 정하여 할 필요가 없으며 포괄적인 것으로 족하다.[16)]

㉡ 집행명령

i) 집행명령이란 헌법을 근거로 법률을 집행하는데 필요한 세부적인 사항을 정하는 법규명령을 말한다. 헌법 제75조는 "대통령은 … 법률을 집행하기 위하여 필요한 사항에 관하여 대통령령을 발할 수 있다."라고 하여 대통령의 집행명령제정권을 규정하고 있다. 집행부는 자신의 고유한 권한으로 법률을 집행할 수 있지만, 전체 집행기관의 통일적이고 합리적인 법률집행을 위한 일반준칙으로서 집행명령이 제정된다.

ii) 집행명령은 법규명령이며, 모법에 종속되고, 모법에 규정이 없는 새로운 입법사항을 규정하지 못하며, 모법을 변경하거나 보충할 수 없다.

3) 행정입법권에 대한 통제

① **기관 내부에서의 통제** 대통령이 위임명령과 집행명령을 발하기 위해서는 국무회의의 심의를 거쳐야 하며(제89조 제3호), 국무총리와 관계 국무위원이 부서해야 한다(제82조).

② **기관 간의 통제** ㉠ 국회는 대통령령의 근거 법률을 개폐하거나 국회의 집행부 통제기능을 수행함으로써 행정입법권을 통제할 수 있다. 그리고 대통령령 등의 국회제출제도가 있다(국회법 제98조의2).

㉡ 법원은 헌법 제107조 제2항에 따라 명령·규칙의 위헌·위법 여부를 심사한다. 여기서의 명령·규칙은 모든 법규명령을 말한다.

㉢ 헌법재판소는 명령·규칙이 집행행위의 매개없이 직접 국민의 기본권을 침해할 경우에는 헌법소원심판을 통해 통제한다.

5. 사법에 관한 권한

(1) 위헌정당해산제소권

1) 헌법은 방어적 민주주의의 수단으로 위헌정당해산제도를 규정하고 있다. 즉 정당의 목적이나 활동이 민주적 기본질서에 위배될 때에는 정부는 헌법재판

---

16) 헌재 1995. 4. 20. 92헌마264; 헌재 2019. 11. 28. 2017헌마1356.

소에 그 해산을 제소할 수 있고, 정당은 헌법재판소의 심판에 의하여 해산된다(제8조 제4항). 대통령은 정부의 수반으로서 국무회의의 심의를 거쳐 국무총리와 관계 국무위원이 부서한 문서로써 위헌정당해산제소권을 행사할 수 있다. 위헌정당해산제소권을 행사할 것인지 여부는 대통령의 재량에 달려 있다.

2) 대통령의 위헌정당해산제소권은 신중히 행사되어야 한다. 왜냐하면 오늘날의 정당국가적 민주주의에서 정당의 중요성, 자유롭고 다양한 의견의 표출 및 토론의 중요성 등을 고려할 때, 정당의 생존 여부는 민주적 공개토론과 주권자의 판단에 맡기는 것이 민주주의 실현에 더 효과적일 수 있으며, 위헌정당해산제소권의 남용은 민주주의를 방어하는 것이 아니라 오히려 민주주의를 죽일 수 있기 때문이다.

(2) 사면권

헌법 제79조는 "① 대통령은 법률이 정하는 바에 의하여 사면·감형 또는 복권을 명할 수 있다. ② 일반사면을 명하려면 국회의 동의를 얻어야 한다. ③ 사면·감형 및 복권에 관한 사항은 법률로 정한다."라고 하여 대통령의 사면·감형·복권에 관한 권한을 규정하고 있다. 이에 관하여 사면법이 제정되어 있다.

1) 사면권의 의의, 연혁 및 대상 ① (협의의)사면은 형의 선고의 효력 또는 공소권을 상실시키거나, 형의 집행을 면제시키는 국가원수의 고유한 권한을 말한다. 이는 사법부의 판단을 변경하는 제도로서 권력분립의 원리에 대한 예외가 된다. 광의의 사면은 협의의 사면과 감형 및 복권까지 포괄하는 개념이다. ② 사면제도는 역사적으로 절대군주인 국왕의 은사권에서 유래하였으며, 대부분의 근대국가에서도 유지되어 왔고, 대통령제국가에서는 미국을 효시로 대통령에게 사면권이 부여되어 있다. ③ 사면의 대상은 범죄를 범한 자, 행정법규 위반에 대한 범칙 또는 과벌을 받거나 받을 자, 징계법규에 따른 징계 또는 징벌을 받거나 받을 자이다(사면법 제3조－제4조).

2) 사면권의 내용

① **협의의 사면권** i) 사면은 일반사면과 특별사면으로 구분한다. 일반사면이란 범죄의 종류를 지정해서 해당 범죄를 저지른 모든 범죄인에 대하여, 형의 선고의 효과의 전부 또는 일부를 소멸시키거나 아직 형의 선고를 받지 아니한 자에 대한 공소권을 소멸시키는 것을 말한다. 일반사면은 대통령령으로써 하

고 국무회의의 심의를 거쳐서 국회의 동의를 얻어야 한다.

ii) 특별사면이란 이미 형을 선고받은 자에 대하여 형의 집행을 면제하는 것을 말한다. 특별사면은 대통령의 명으로써 한다. 법무부장관은 대통령에게 특별사면, 특정한 자에 대한 감형 및 복권을 상신하며, 사면심사위원회의 심사를 거쳐야 한다(사면법 제21조, 제10조). 검찰총장은 직권으로 또는 형의 집행을 지휘한 검찰청 검사의 보고 또는 수형자가 수감되어 있는 교정시설의 장의 보고에 의하여 법무부장관에게 특별사면 또는 특정한 자에 대한 감형을 상신할 것을 신청할 수 있다(법 제11조).

iii) 형의 선고에 따른 기성의 효과는 사면, 감형 및 복권으로 인하여 변경되지 아니한다(법 제5조 제2항).

② 감형권　　감형권이란 형을 선고받은 자에 대하여 선고받은 형을 경감하거나, 형의 집행을 경감하는 국가원수 고유의 권한을 말한다. 감형에도 일반감형과 특별감형이 있다. 대통령령으로써 하는 일반감형은, 일반사면과 달리, 국회의 동의를 요하지 않는다.

③ 복권권　　복권권이란 죄를 범하여 형을 선고받은 자가 형 선고의 효력으로 인하여 상실되거나 정지된 자격을 회복시켜 주는 국가원수 고유의 권한을 말한다. 복권에도 일반복권과 특별복권이 있다. 복권은 형의 집행이 끝나지 아니한 자 또는 집행이 면제되지 아니한 자에 대하여는 하지 아니한다(법 제6조). 대통령령으로써 하는 일반복권은, 일반사면과 달리, 국회의 동의를 요하지 않는다.

6. 집행에 관한 권한

헌법 제66조 제4항은 "행정권은 대통령을 수반으로 하는 정부에 속한다."라고 규정하고 있다. 여기서 행정은 본질적으로 법 아래에서 법을 집행하는 것으로서 입법작용과 사법작용을 제외한 모든 형식의 국가작용을 말한다. 그리고 협의의 행정과 대통령의 이른바 통치행위를 포괄하는 개념인 집행을 뜻한다. 협의의 행정이 집행의 핵심적인 내용이다.

(1) 집행에 관한 최고 결정권 및 집행권

대통령은 정부의 수반으로서 집행에 관한 최고 결정권 및 집행권을 갖는다. 대통령은 자신의 권한과 책임하에 집행을 수행하며, 행정각부를 지휘·감독한다.

대통령은 법률을 집행하는 권한을 가지며 필요한 경우에는 위임명령과 집행명령을 발할 수 있다(제75조).

(2) 외교에 관한 권한

대통령은 국가의 원수로서 외국에 대하여 국가를 대표한다(제66조 제1항). 대통령은 조약을 체결·비준하고, 외교사절을 신임·접수 또는 파견하며, 선전포고와 강화를 한다(제73조). 외교사절이란 국가를 대표하여 외국과 교섭하기 위해 외국에 파견된 자를 말하고, 신임이란 외국에 파견하는 우리 외교사절에게 신임장을 수여하는 것을 말하며, 접수란 우리나라에 파견된 외국의 외교사절에게 우리나라에서 외교활동을 할 수 있게 승인하는 것을 말하고, 파견이란 외교사절을 외국이나 국제조직에 보내는 것을 말한다. 중요한 조약의 체결·비준, 선전포고, 국군의 외국에의 파견 또는 외국군대의 대한민국 영역안에서의 주류에 대해서는 국회의 동의를 얻어야 한다(제60조).

(3) 공무원임면권

대통령은 헌법과 법률이 정하는 바에 의하여 공무원을 임면한다(제78조). 임면은 임명, 면직, 보직, 전직, 휴직, 징계처분 등을 포함하는 넓은 개념이다. 대통령의 공무원임면권은 헌법과 법률에 따른 일정한 제약이 있다. 먼저, 임명에 대한 제약이 있다. 예컨대 임명에 일정한 자격이 요구되는 공무원은 해당 자격을 갖춘 사람에 한해서만 임명할 수 있으며, 임명에 일정한 자의 제청을 요하는 공무원은 제청이 있어야 임명할 수 있다. 다음에, 면직에 대한 제약이 있다. 예컨대 헌법과 법률에 의하여 신분이 보장되는 공무원은 헌법과 법률이 정하는 면직사유(탄핵, 형벌, 징계처분 등)가 없는 한 임의로 면직시킬 수 없다.

(4) 국군통수권

헌법 제74조 제1항은 "대통령은 헌법과 법률이 정하는 바에 의하여 국군을 통수한다."라고 규정함으로써, 대통령이 국군의 최고사령관이자 최고의 지휘·명령권자임을 밝히고 있다. 국군통수권은 군령과 군정에 관한 권한을 포괄한다. 여기서 군령이란 국방목적을 위하여 군을 현실적으로 지휘·명령하고 통솔하는 용병작용을, 군정이란 군을 조직·유지·관리하는 양병작용을 말한다.

(5) 영전수여권

대통령은 법률이 정하는 바에 의하여 훈장 기타의 영전을 수여한다(제80조).

훈장등의 영전은 이를 받은 자에게만 효력이 있고, 어떠한 특권도 이에 따르지 아니한다(제11조 제3항). 이에 관한 법률로 상훈법이 있다.

7. 대통령의 권한행사의 절차와 방법

대통령의 권한행사의 절차와 방법으로는, 자문기관의 자문, 국무회의의 심의, 국회의 동의 또는 승인, 국무총리와 관계 국무위원의 부서, 문서에 의한 행위 등이 있다. 이러한 절차와 방법은 동시에 대통령의 권한행사에 대한 행정부 내부에서의 통제로 작용하기도 한다. 그 밖에 행정부 외부에서의 통제로는, 예컨대 국회의 탄핵소추권, 법원의 행정입법에 대한 위헌·위법 심사, 헌법재판소의 탄핵심판권 등이 있으며, 최종적으로 국민의 저항권이 있다.

제 2 절 행정부

Ⅰ. 국무총리

1. 헌법규정 및 의의

⑴ 헌법 제86조는 "① 국무총리는 국회의 동의를 얻어 대통령이 임명한다. ② 국무총리는 대통령을 보좌하며, 행정에 관하여 대통령의 명을 받아 행정각부를 통할한다. ③ 군인은 현역을 면한 후가 아니면 국무총리로 임명될 수 없다." 라고 하여 국무총리제를 규정하고 있다.

⑵ 현행헌법이 국무총리제를 두고 있는 것의 제도적 의의는, 부통령제를 두고 있지 않기 때문에 대통령 유고시의 권한대행자가 필요하다는 점, 대통령을 보좌하고 그 의견을 받들어 정부를 통할·조정하는 보좌기관이 필요하다는 점 등에서 찾을 수 있다.[17)]

2. 국무총리의 헌법상 지위

⑴ 국무총리는 대통령 보좌기관으로서의 지위를 갖는다. 국무총리는 대통령

17) 헌재 1994. 4. 28. 89헌마221.

을 보좌하며, 행정에 관하여 대통령의 명을 받아 행정각부를 통할한다(제86조 제2항). 국무총리는 국무위원의 임명을 제청하며(제87조 제1항), 국무위원 중에서 행정각부의 장의 임명을 제청한다(제94조). 국무총리는 대통령이 문서로써 하는 모든 국법상 행위에 부서할 권한과 의무가 있다(제82조).

(2) 국무총리는 집행부 제2인자로서의 지위를 갖는다.

(3) 국무총리는 국무회의의 부의장으로서의 지위를 갖는다. 국무총리는 국무위원 임명제청권과 해임건의권을 가진다.

(4) 국무총리는 중앙행정관청으로서의 지위를 갖는다. 국무총리는 소관사무에 관하여 법률이나 대통령령의 위임 또는 직권으로 총리령을 발할 수 있다(제95조).

(5) 국무총리는 대통령 권한대행권자로서의 지위를 갖는다. 국무총리는 대통령이 궐위되거나 사고로 인하여 직무를 수행할 수 없을 때 제1순위 권한대행권자이다. 국무회의에서도 국무회의 의장의 권한을 대행한다.

3. 국무총리의 신분, 직무대행 및 권한

(1) 국무총리는 국회의 동의를 얻어 대통령이 임명한다(제86조 제1항). 군인은 현역을 면한 후가 아니면 국무총리로 임명될 수 없다(제86조 제3항).

(2) 국무총리는 국회의원을 겸직할 수 있다(제43조, 국회법 제29조, 제39조). 대통령은 자유롭게 국무총리를 해임할 수 있다. 국회는 국무총리의 해임을 대통령에게 건의할 수 있다. 국회의 해임건의는 대통령을 구속하지 못한다.

(3) 국무총리가 사고로 직무를 수행할 수 없는 경우에는 기획재정부장관이 겸임하는 부총리, 교육부장관이 겸임하는 부총리의 순으로 직무를 대행하고, 국무총리와 부총리가 모두 사고로 직무를 수행할 수 없는 경우에는 대통령의 지명이 있으면 그 지명을 받은 국무위원이, 지명이 없는 경우에는 정부조직법 제26조 제1항에 규정된 순서에 따른 국무위원이 그 직무를 대행한다(정부조직법 제22조).

(4) 국무총리는 제1순위 대통령 권한대행권, 행정각부 통할권, 부서권, 국무위원·행정각부의 장 임명제청권, 국무위원 해임건의권, 국무회의에서의 심의권, 총리령제정권, 국회출석·발언권 등을 가진다.

Ⅱ. 국무위원

헌법 제87조는 "① 국무위원은 국무총리의 제청으로 대통령이 임명한다. ② 국무위원은 국정에 관하여 대통령을 보좌하며, 국무회의의 구성원으로서 국정을 심의한다. ③ 국무총리는 국무위원의 해임을 대통령에게 건의할 수 있다. ④ 군인은 현역을 면한 후가 아니면 국무위원으로 임명될 수 없다."라고 규정하고 있다.

1. 국무위원의 헌법상 지위

⑴ 국무위원은 대통령 보좌기관으로서 국정에 관하여 대통령을 보좌한다. 행정각부의 장은 국무위원 중에서 임명되기 때문에, 국무위원은 특별한 경우를 제외하고는 행정각부의 장의 지위에서 대통령을 보좌한다. 국무위원의 대통령 보좌책임을 명백히 하기 위하여 대통령이 문서로써 하는 국법상 행위에 부서할 권한과 의무가 있다.

⑵ 국무위원은 국무회의의 구성원으로서 집행부의 중요정책을 심의한다. 국무위원은 정무직으로 하며 의장에게 의안을 제출하고 국무회의의 소집을 요구할 수 있으며(정부조직법 제12조 제3항), 그 심의와 의결에 참여한다.

2. 국무위원의 신분 및 권한

⑴ 국무위원은 국무총리의 제청으로 대통령이 임명한다. 국무위원의 수는 15인 이상 30인 이하이다. 군인은 현역을 면한 후가 아니면 국무위원으로 임명될 수 없다. 국회의원은 국무위원을 겸직할 수 있다. 행정각부의 장은 국무위원 중에서 국무총리의 제청으로 대통령이 임명한다. 대통령은 자유롭게 국무위원을 해임할 수 있다. 국무총리는 국무위원의 해임을 대통령에게 건의할 수 있다. 국회도 대통령에게 국무위원의 해임을 건의할 수 있지만, 이 건의가 법적 구속력을 갖지는 못한다.

⑵ 국무위원은 국무회의 소집요구권·의안제출권, 국무회의 출석·발언권 및 심의·의결권, 대통령 권한대행권, 국무회의 의장 직무대행권, 부서권, 국회 출석·발언권 등을 가진다.

Ⅲ. 국무회의

1. 헌법규정 및 의의

⑴ 헌법 제88조는 "① 국무회의는 정부의 권한에 속하는 중요한 정책을 심의한다. ② 국무회의는 대통령·국무총리와 15인 이상 30인 이하의 국무위원으로 구성한다. ③ 대통령은 국무회의의 의장이 되고, 국무총리는 부의장이 된다." 라고 규정하고 있고, 제89조는 국무회의의 심의사항을 상세하게 규정하고 있다.

⑵ 미국식 대통령제에서의 국무회의(각료회의)는 임의기관이고 자문기관이다. 의원내각제에서의 국무회의(내각)는 집행에 관한 권한을 실질적으로 행사하는 합의제 의결기관이다. 이원정부제에서의 국무회의는 평시에는 의원내각제에서의 내각의 성격을 갖고, 비상시에는 대통령제에서의 각료회의의 성격을 갖는다. 헌법상 국무회의의 제도적 의의는 대통령이 신중하게 정책을 결정하고, 집행부가 통일적으로 정책을 집행하며, 대통령의 독선적인 권한행사를 예방하려는 데 있다.

2. 국무회의의 헌법상 지위

국무회의는 반드시 설치해야 하는 헌법상 필수기관이다. 국무회의는 대통령·국무총리와 15인 이상 30인 이하의 국무위원으로 구성되는 회의체기관이다. 국무회의는 최고의 정책심의기관이다. 국무회의는 의결기관이 아니고 심의기관이기 때문에, 정책을 심의하는데 그치고 다수결로 의결하지 못한다. 국무회의가 회의체기관이므로 의결을 할지라도, 이는 의원내각제에서 내각이 의결한다는 의미에서의 의결이 아니다.

3. 국무회의의 구성과 운영

국무회의는 대통령·국무총리와 15인 이상 30인 이하의 국무위원으로 구성한다. 대통령은 국무회의의 의장이 되고, 국무총리는 부의장이 된다(제88조). 대통령은 국무회의 의장으로서 회의를 소집하고 이를 주재한다. 의장이 사고로 직무를 수행할 수 없는 경우에는 부의장인 국무총리가 그 직무를 대행하고, 의장과 부의장이 모두 사고로 직무를 수행할 수 없는 경우에는 기획재정부장관이 겸임하는 부총리, 교육부장관이 겸임하는 부총리 및 정부조직법 제26조 제1항에 규정된 순서에 따라 국무위원이 그 직무를 대행한다(정부조직법 제12조).

4. 국무회의 심의의 효과

국무회의는 심의기관이지 의결기관이 아니기 때문에, 국무회의에서의 심의내용은 대통령을 구속하지 못한다. 헌법 제89조는 국무회의의 심의사항을 규정하고 있다. 헌법에 규정된 국무회의의 심의사항임에도 불구하고, 국무회의의 심의를 거치지 않은 대통령의 국법상 행위는 절차적 헌법위반으로서 무효이다.

Ⅳ. 대통령의 자문기구

1. 국가안전보장회의

국가안전보장에 관련되는 대외정책·군사정책과 국내정책의 수립에 관하여 국무회의의 심의에 앞서 대통령의 자문에 응하기 위하여 국가안전보장회의를 둔다. 국가안전보장회의는 대통령이 주재한다. 국가안전보장회의의 조직·직무범위 기타 필요한 사항은 법률로 정한다(제91조). 국가안전보장회의는 필수기관이다.

2. 국가원로자문회의

국정의 중요한 사항에 관한 대통령의 자문에 응하기 위하여 국가원로로 구성되는 국가원로자문회의를 둘 수 있다. 국가원로자문회의의 의장은 직전대통령이 된다. 다만, 직전대통령이 없을 때에는 대통령이 지명한다. 국가원로자문회의는 임의기관이며, 현재 설치되어 있지 않다.

3. 민주평화통일자문회의

평화통일정책의 수립에 관한 대통령의 자문에 응하기 위하여 민주평화통일자문회의를 둘 수 있다. 민주평화통일자문회의는 임의기관이다.

4. 국민경제자문회의

국민경제의 발전을 위한 중요정책의 수립에 관하여 대통령의 자문에 응하기 위하여 국민경제자문회의를 둘 수 있다. 국민경제자문회의는 임의기관이다.

5. 국가과학기술자문회의

국가는 과학기술의 혁신과 정보 및 인력의 개발을 통하여 국민경제의 발전에 노력하여야 하며, 이러한 목적을 달성하기 위하여 필요한 자문기구를 둘 수 있다(제127조 제1항, 제3항). 국가과학기술자문회의는 임의기관이다.

V. 행정각부

1. 헌법규정 및 의의

행정각부의 장은 국무위원 중에서 국무총리의 제청으로 대통령이 임명한다. 행정각부의 장은 소관사무에 관하여 법률이나 대통령령의 위임 또는 직권으로 부령을 발할 수 있다. 행정각부의 설치·조직과 직무범위는 법률로 정한다(제94조－제96조). 행정각부는 정부(집행부)의 구성단위이다. 행정각부는 대통령 및 대통령의 명을 받은 국무총리의 통할하에 집행부의 권한에 속하는 소관사무를 집행하는 중앙행정기관이다.

2. 행정각부의 설치·조직과 직무범위

행정각부의 설치·조직과 직무범위는 법률로 정한다(제96조). 이에 관한 법률이 정부조직법이며, 정부조직법 제26조 제1항은 19개 행정각부를 규정하고 있다. 장관은 소관사무에 관하여 지방행정의 장을 지휘·감독한다(정부조직법 제26조 제3항).

3. 행정각부의 장의 지위와 권한

(1) 지위

행정각부의 장은 국무위원과 행정각부의 장이라는 이중적 지위를 갖는다. 국무위원과 행정각부의 장은 지위상 차이가 있다. 즉 첫째, 국무위원은 국무회의의 구성원이고 행정각부의 장은 소관사무를 집행하는 중앙행정기관이며, 둘째, 국무위원은 국무회의에서 다른 구성원과 동등한 지위를 갖지만 행정각부의 장은 대통령 및 대통령의 명을 받은 국무총리의 지휘와 감독을 받고, 셋째, 국무위원은 사무에 한계가 없지만 행정각부의 장은 자신의 부의 소관사무만을 담당한다.

(2) 권한

행정각부의 장은 독임제 행정관청으로서 소관사무를 통할하고 소속공무원을 지휘·감독한다(정부조직법 제7조 제1항). 행정각부의 장은 소관사무에 관하여 법률이나 대통령령의 위임 또는 직권으로 부령을 발할 수 있다(제95조). 그 밖에 행정각부의 장은 자신의 부에 소속하는 5급 이상 공무원 및 고위공무원단에 속하는 일반직공무원에 대한 임용제청권과 6급이하 공무원에 대한 임용권(국가공무원법 제32조), 그리고 국무위원으로서 국무회의에 의안을 제출할 권한을 가진다.

VI. 감사원

1. 헌법규정 및 의의

헌법은 제97조 내지 제100조에서 감사원에 관하여 규정하고 있다. 즉 헌법 제97조는 감사원의 권한과 지위를, 제98조는 감사원의 구성을, 제99조는 감사원의 결산검사보고의무를, 제100조는 감사원법의 헌법적 근거를 규정하고 있다. 감사원은 국가예산집행에 대한 회계검사와 공무원의 직무에 대한 감찰을 담당하는 기관이다. 독립된 기관으로서 감사원을 둔 것은 행정을 통제하고 행정의 능률성을 확보하기 위한 것이다.

2. 감사원의 헌법상 지위

(1) 감사원은 조직상으로는 대통령에 소속된 중앙행정기관이다.

(2) 감사원은 헌법이 구성, 권한 및 의무에 관하여 직접 규정하고 있으며, 반드시 설치해야 하는 필수적 헌법기관이다.

(3) 감사원은 독립기관으로서 외부의 간섭이나 지시를 받지 않고 독자적으로 감사업무를 수행한다. 감사원은 조직상 대통령에 소속되어 있기는 하지만, 기능

상으로는 대통령으로부터 독립하여 활동하는 헌법기관이다.

(4) 감사원은 감사원장과 감사위원으로 구성되는 감사위원회의에서 업무를 처리하는 합의제기관이다(감사원법 제11조 이하). 감사원장과 감사위원은 법적으로 동등한 지위에서 업무에 관하여 합의한다. 감사위원회는 의결권이 없는 국무회의와 달리 의결권을 갖고 있다. 의결권은 감사업무 처리의 신중성·공정성을 높여주는 기능을 수행한다.

3. 감사원의 구성

감사원은 원장을 포함한 5인 이상 11인 이하의 감사위원으로 구성한다(제98조 제1항). 감사원은 감사원장을 포함한 7명의 감사위원으로 구성한다(감사원법 제3조). 감사원장은 국회의 동의를 얻어 대통령이 임명하고, 그 임기는 4년으로 하며, 1차에 한하여 중임할 수 있다. 감사위원은 원장의 제청으로 대통령이 임명하고, 그 임기는 4년으로 하며, 1차에 한하여 중임할 수 있다(제98조 제2항－제3항).

4. 감사원의 권한

(1) 감사원은 국가의 세입·세출의 결산, 국가 및 법률이 정한 단체의 회계검사를 한다(제97조). 감사원은 세입·세출의 결산을 매년 검사하여 대통령과 차년도국회에 그 결과를 보고하여야 한다(제99조).

(2) 감사원은 행정기관 및 공무원(국회·법원·헌법재판소 소속 공무원은 제외)의 직무를 감찰한다(제97조). 감사원법 제24조는 행정기관 및 공무원의 직무에 관한 감찰사항을 규정하고 있다. 직무감찰은 비위적발에 관한 비위감찰권뿐만 아니라 행정운영상의 모순이나 문제점을 찾아내기 위한 행정감사권까지 포함한다.

한편, 감사원의 선거관리위원회에 대한 직무감찰이 헌법 및 감사원법상 허용될 수 있는지에 관하여, 헌법재판소는, 선거관리위원회를 독립적 헌법기관으로 설치한 헌법개정권자의 의사 및 헌법 제97조를 비롯한 헌법의 체계 등을 종합할 때, 우리 헌법의 해석상 감사원이 선거관리위원회와 같은 독립적인 헌법기관에 대하여 직무감찰을 하는 것은 허용될 수 없으며, 이는 헌법의 해석에서 직접 도출되는 내용이므로, 입법을 통하여 이를 개정할 수는 없다고 판시하였다.[18]

18) 헌재 2025. 2. 27. 2023헌라5.

5. 심사청구 및 국민감사청구

(1) 감사원의 감사를 받는 자의 직무에 관한 처분이나 그 밖에 감사원규칙으로 정하는 행위에 관하여 이해관계가 있는 자는 감사원에 그 심사의 청구를 할 수 있다(감사원법 제43조 제1항).

(2) 18세 이상의 국민은 공공기관의 사무처리가 법령위반 또는 부패행위로 인하여 공익을 현저히 해하는 경우 대통령령으로 정하는 일정한 수 이상의 국민의 연서로 감사원에 감사를 청구할 수 있다. 다만, 국회·법원·헌법재판소·선거관리위원회 또는 감사원의 사무에 대하여는 국회의장·대법원장·헌법재판소장·중앙선거관리위원회 위원장 또는 감사원장에게 감사를 청구하여야 한다(부패방지권익위법 제72조 제1항).

제 3 절 선거관리위원회

Ⅰ. 헌법규정 및 의의

1. 헌법규정

헌법은 정부(제4장)와 별개의 장(제7장)에서 선거관리위원회에 대해 규정하고 있다. 즉 제114조 제1항에서 "선거와 국민투표의 공정한 관리 및 정당에 관한 사무를 처리하기 위하여 선거관리위원회를 둔다."라고 하고, 제2항은 중앙선거관리위원회의 구성을, 제3항 내지 제5항은 위원의 임기·정치적 중립성·신분보장을, 제6항은 규칙제정권을, 제7항은 각급선거관리위원회의 조직·직무범위 관련 사항을 법률로 정함을 규정하고 있다. 이에 관하여 선거관리위원회법이 있다. 그리고 제115조는 각급 선거관리위원회의 대행정지시권을, 제116조는 선거운동·선거경비를 규정하고 있다.

2. 의의

선거관리의 목적은 선거의 공정성을 확보하는 것이다. 선거와 국민투표 관리는 그 성질상 집행작용에 해당한다. 그러나 선거와 국민투표 관리를 집행부가 전적으로 담당하면 선거와 국민투표의 공정성 확보를 장담하기 어렵다. 그래서 헌법은 선거관리위원회를 집행부로부터 독립한 헌법기관으로 하여, 집권세력이 선거와 국민투표 관리를 악용하는 것을 예방하고 있다.

Ⅱ. 선거관리위원회의 헌법상 지위 및 구성

1. 선거관리위원회의 헌법상 지위

(1) 선거관리위원회는 헌법이 구성과 권한 등을 규정하고 있는 필수적 헌법기관이다.

(2) 선거관리위원회는 독립기관이다. 선거관리위원회가 수행하는 직무에 외부의 간섭은 허용되지 않는다. 위원은 정당에 가입하거나 정치에 관여할 수 없다. 위원은 탄핵 또는 금고 이상의 형의 선고에 의하지 아니하고는 파면되지 아니한다(제114조 제4항－제5항).

(3) 선거관리위원회는 합의제기관이다. 위원장과 위원들은 직무에 관한 합의에 있어서 법적으로 동등한 지위에 있다.

2. 선거관리위원회의 구성

(1) 중앙선거관리위원회는 대통령이 임명하는 3인, 국회에서 선출하는 3인과 대법원장이 지명하는 3인의 위원으로 구성한다. 위원장은 위원중에서 호선한다. 위원의 임기는 6년으로 한다(제114조 제2항－제3항).

(2) 각급 선거관리위원회의 조직·직무범위 기타 필요한 사항은 법률로 정한다(제114조 제7항). 이에 관하여 선거관리위원회법이 있다. 중앙선거관리위원회 밑에 있는 각급 선거관리위원회에는 특별시·광역시·도선거관리위원회(9인), 구·시·군선거관리위원회(9인), 읍·면·동선거관리위원회(7인)가 있다(선거관리위원회법 제2조).

Ⅲ. 선거관리위원회의 권한과 의무

1. 권한

(1) 선거관리위원회는 국가 및 지방자치단체의 선거에 관한 사무, 국민투표에 관한 사무, 정당에 관한 사무, 「공공단체등 위탁선거에 관한 법률」에 따른 위탁선거에 관한 사무, 기타 법령으로 정하는 사무를 행한다(선거관리위원회법 제3조). 그리고 중앙선거관리위원회는 정치자금의 배분, 즉 기탁금의 배분과 지급·보조금의 배분과 지급(정치자금법 제23조, 제27조)을 하며, 규칙제정권(제114조 제6항)을 가진다. 중앙선거관리위원회는 선거관리위원회의 사무를 통할·관리한다(선거관리위원회법 제3조 제3항).

(2) 각급 선거관리위원회는 선거인명부의 작성등 선거사무와 국민투표사무에 관하여 관계 행정기관에 필요한 지시를 할 수 있다. 지시를 받은 당해 행정기관은 이에 응하여야 한다(제115조). 각급 선거관리위원회는 사무를 수행함에 있어서 하급선거관리위원회를 지휘·감독한다(선거관리위원회법 제3조 제3항).

(3) 중앙선거관리위원회는 법령의 범위 안에서 선거관리·국민투표관리 또는 정당사무에 관한 규칙을 제정할 수 있으며, 법률에 저촉되지 아니하는 범위 안에서 내부규율에 관한 규칙을 제정할 수 있다(제114조 제6항).

2. 의무

선거관리위원회는 선거계도의 의무가 있다. 각급선거관리위원회는 선거권자의 주권의식의 앙양을 위하여 상시계도를 실시하여야 한다. 선거 또는 국민투표가 있을 때에는 각급선거관리위원회는 그 주관하에 문서·도화·시설물·신문·방송등의 방법으로 투표방법·기권방지 기타 선거 또는 국민투표에 관하여 필요한 계도를 실시하여야 한다. 중앙선거관리위원회는 상시계도를 위한 사업을 적당하다고 인정하는 단체에 위탁하여 행하게 할 수 있다(선거관리위원회법 제14조).

Ⅳ. 선거공영제

헌법 제116조는 "① 선거운동은 각급 선거관리위원회의 관리하에 법률이 정하는 범위안에서 하되, 균등한 기회가 보장되어야 한다. ② 선거에 관한 경비는 법률이 정하는 경우를 제외하고는 정당 또는 후보자에게 부담시킬 수 없다."라고 하여 선거운동의 기회균등 원칙과 선거비용의 국고부담 원칙을 규정하고 있다. 선거공영제는 선거운동의 기회균등 원칙과 선거비용의 국고부담 원칙을 내용으로 한다. 선거운동의 기회균등은 평등선거의 원칙을 실현하기 위한 것인데, 선거운동에 대한 지나친 제한은 오히려 정치적 표현의 자유를 침해할 수 있다. 선거비용의 국고부담은 선거비용을 경감시킴으로써 금권선거를 예방할 수 있다. 선거법은 선거비용의 법정한도액, 즉 정당 또는 후보자가 부담하는 선거비용제한액을 규정하고 있다(공직선거법 제121조).

제4장 법원

제1절 사법권의 개념, 범위 및 한계

Ⅰ. 사법권의 개념

1. 개념

사법이란 법적 분쟁이 있거나 법이 침해된 경우에 제소에 기초하여 제3의 독립적 기관이 특별한 절차에 따라 법을 해석·적용하여 유권적이고 구속적이며 자주적으로 결정을 내리는 국가작용을 말한다. 이러한 임무를 수행하는 국가권력이 사법권이다. 현행헌법은 사법권을 법원과 헌법재판소에 나누어 부여하고 있다. 헌법 제101조 제1항의 "사법권은 법관으로 구성된 법원에 속한다."에서 사법권은 법원에 부여된 사법권을 의미한다.

2. 법원의 헌법상 지위

(1) 법원은 사법기관으로서의 지위를 갖는다. 법원은 법관으로 구성되고 재판절차에 따라 사법권을 행사하는 것을 본질적 임무로 하는 국가기관을 말한다. 헌법 제101조 제1항은 "사법권은 법관으로 구성된 법원에 속한다."라고 하여 법원이 사법기관임을 명시하고 있다. 제101조 제1항에 따라 헌법에 다른 규정이 없는 한, 사법권은 원칙적으로 법원이 행사한다. 그러나 예외가 있다. 예컨대 ① 위헌법률심판, 탄핵심판, 정당해산심판, 권한쟁의심판, 헌법소원심판은 헌법재판소의 관할이다(제111조 제1항). ② 국회의원의 자격심사나 징계는 국회의 자율에 맡기고 있다(제64조 제2항). ③ 국민은 대한민국의 영역안에서는 중대한 군사상 기밀·초병·초소·유독음식물공급·포로·군용물에 관한 죄중 법률이 정한 경우와 비상계엄이 선포된 경우에는 군사법원의 재판을 받으며(제27조 제2

항), 비상계엄하의 군사재판은 군인·군무원의 범죄나 군사에 관한 간첩죄의 경우와 초병·초소·유독음식물공급·포로에 관한 죄중 법률이 정한 경우에 한하여 단심으로 할 수 있다. 다만, 사형을 선고한 경우에는 그러하지 아니하다(제110조 제4항). 여기서 단심이 허용되는 경우에는 대법원조차 관할권이 없다. ④ 행정소송의 전심절차인 행정심판은 사법절차를 준용하여 행정기관이 담당할 수 있다(제107조 제3항). ⑤ 사면·감형 및 복권은 대통령의 권한사항이다(제79조).

(2) 법원은 소극적·중립적 권력으로서의 지위를 갖는다. 법원은 일방 당사자의 청구에 기초해서만 사법권을 행사하는 소극적 권력이다. 법원은 입법부나 집행부로부터 독립된 중립적 권력이다. 헌법 제103조도 "법관은 헌법과 법률에 의하여 그 양심에 따라 독립하여 심판한다."라고 하여 사법권의 독립을 강조하고 있다. 이는 동시에 법원이 중립적 권력이고 또 그러해야 한다는 것을 말하고 있다.

(3) 법원은 헌법수호자로서의 지위를 갖는다. 헌법재판은 헌법재판소가 담당하고 있기 때문에, 헌법의 수호자 기능은 주로 헌법재판소가 담당한다. 법원은 명령·규칙·처분의 위헌·위법 심사, 헌법재판소에의 위헌법률심판의 제청, 선거소송 등을 통하여 헌법수호자의 기능을 수행한다.

(4) 법원은 기본권보장기관으로서의 지위를 갖는다. 법원은 재판을 통해 국민의 자유와 권리를 보장하는 기능을 수행한다. 법원이 기본권 보장자로서의 역할을 수행하는 것은, 특히 집행부의 자의적 권력행사를 통해 이루어지는 기본권 침해의 경우이다.

II. 사법권의 범위

1. 법원의 사법권

헌법에 다른 규정이 없는 한, 사법권은 원칙적으로 법원에 속한다. 그리고 헌법재판권도 사법권이며, 위헌법률심판권, 탄핵심판권, 정당해산심판권, 권한쟁의심판권, 헌법소원심판권의 5가지 관할권은 헌법재판소에 전속한다. 헌법재판권은 제4편 헌법재판소 부분에서 따로 다루고, 이하에서는 법원의 사법권에 속하는 대표적인 것들을 본다.

2. 민사재판

민사재판은 사인 상호간의 생활관계, 즉 재산관계나 신분관계에 관한 법적 분쟁을 해결하기 위한 재판이다. 민사소송은 재판절차가 중심적인 부분이다. 넓은 의미의 민사소송에는 예컨대 강제집행과 보전처분, 채무자 회생 및 파산, 조정 등의 부수절차, 등기, 경매 등도 포함된다.

3. 형사재판

형사재판은 국가가 소추한 범죄인에 대하여 유죄 여부를 판단하고 유죄일 경우 처벌 정도를 결정하는 재판이다. 형사소송은 공판절차가 중심적인 부분이다. 넓은 의미의 형사소송에는 예컨대 수사단계에서의 영장발부, 약식절차, 즉결심판 등이 포함된다.

4. 가사재판

가사재판은 사인 간의 신분관계에서 발생하는 분쟁(예컨대 혼인의 무효·취소, 이혼의 무효·취소, 재판상 이혼, 입양의 무효·취소, 파양의 무효·취소, 친생자관계존부확인)을 해결하기 위한 재판이다. 가사소송은 그 성질상 민사소송에 속하지만, 분쟁의 특수성을 고려하여 소송절차는 가사소송법이 따로 정하고 있으며, 가정법원의 전속관할이다.

5. 행정재판

행정재판은 위법한 행정작용에 관하여 발생한 법적 분쟁을 해결하기 위한 재판이다. 즉 행정소송은 행정청의 위법한 처분 그 밖에 공권력의 행사·불행사 등으로 인한 국민의 권리 또는 이익의 침해를 구제하고, 공법상의 권리관계 또는 법적용에 관한 다툼을 해결하기 위한 사법기능이다. 행정소송에는 항고소송, 당사자소송, 민중소송, 기관소송의 4가지가 있다.

6. 특허재판

특허재판은 특허, 실용신안, 디자인, 상표 등의 산업재산권 영역에서 발생하는 법적 분쟁을 해결하기 위한 재판이다. 법원조직법은 고등법원급의 특허법원을 따로 설치해서 특허재판의 제1심을 담당하게 하였다.

7. 기타

(1) 법률에 대한 위헌심사권

사법은 헌법에 구속받기 때문에, 법관은 법률의 위헌 여부를 심사한 후, 합헌이라고 판단하는 법률만을 적용해야 한다. 법관이 재판을 함에 있어 당해 사건에 적용될 법률이 헌법에 위반된다고 판단할 경우에는, 스스로 위헌결정을 할 수 없다. 즉 법률이 헌법에 위반되는 여부가 재판의 전제가 된 경우에는 법원은 헌법재판소에 제청하여 그 심판에 의하여 재판한다(제107조 제1항). 요컨대, 법원은 법률에 대한 위헌심사권을 갖지만, 위헌결정권은 헌법재판소가 갖는다.

(2) 명령·규칙에 대한 위헌·위법결정권

명령·규칙이 헌법이나 법률에 위반되는 여부가 재판의 전제가 된 경우에는 대법원은 이를 최종적으로 심사할 권한을 가진다(제107조 제2항). 이는 사법권을 행사하는 모든 법원이 갖는 권한으로서, 법관이 재판할 구체적 사건을 해결하기 위해, 명령·규칙의 위헌·위법 여부를 선결문제로 판단하는 구체적·부수적 규범통제권이다.

(3) 선거재판

선거재판은 선거의 효력이나 당선의 효력에 관한 법적 분쟁을 선거소송, 당선소송을 통하여 해결하는 재판이다. 대통령선거, 국회의원선거, 비례대표시·도의원선거, 시·도지사선거 및 교육감선거에 관한 소송은 대법원이 관할한다. 지역구시·도의원선거, 자치구·시·군의원선거 및 자치구·시·군의 장 선거에 관한 소송은 고등법원이 1심으로 관할한다.

(4) 지방자치법상 소송

지방자치법은 다음의 소송을 대법원의 관할로 규정하고 있다. 지방자치단체의 장은 자치사무에 관한 명령이나 처분에 대한 감독기관의 취소 또는 정지에 대하여 이의가 있으면 그 취소처분 또는 정지처분을 통보받은 날부터 15일 이내에 대법원에 소(訴)를 제기할 수 있다(지방자치법 제188조). 지방자치단체의 장은 감독기관의 직무이행명령에 이의가 있으면 이행명령서를 접수한 날부터 15일 이내에 대법원에 소를 제기할 수 있고, 이행명령의 집행을 정지하게 하는 집행정지결정을 신청할 수 있다(법 제189조). 지방자치단체의 장은 지방의회가 재의결한 사항이 법령에 위반된다고 판단되면 재의결된 날부터 20일 이내에 대법원에 소를 제기할 수 있고, 그 의결의 집행을 정지하게 하는 집행정지결정을 신청할 수 있다(법 제192조 제4항). 주무부장관이나 시·도지사는 재의결된 사항이 법령에 위반된다고 판단됨에도 불구하고 해당 지방자치단체의 장이 소를 제기하지 아니하면 그 지방자치단체의 장에게 제소를 지시하거나 대법원에 직접 제소하고 집행정지결정을 신청할 수 있다(법 제192조 제5항).

(5) 규칙제정권

대법원은 법률에 저촉되지 아니하는 범위 안에서 소송에 관한 절차, 법원의 내부규율과 사무처리에 관한 규칙을 제정할 수 있다(제108조). 대법원의 규칙제정권은 실질적 의미의 입법권이다. 대법원규칙은 그 형식적 효력이 법규명령 또는 규칙(행정규칙)에 해당한다. 소송절차에 관한 대법원규칙 중에서 대외적 효력을 갖는 사항은 법규명령에 해당하고, 법원의 내부사항만을 규율하고 대외적 효력이 없는 사항은 규칙(행정규칙)에 해당한다.

Ⅲ. 사법권의 한계

1. 사법본질상 한계

사법의 본질상, 법원이 재판을 하기 위해서는, 우선 제소(청구)가 있어야 한다. 이러한 제소(청구)에 대해 법원이 재판을 하기 위해서는, 구체적인 법적 분쟁이 있는 사건이 있어야 하고(사건성), 제소자가 정당한 당사자 자격이 있어야 하며(당사자적격), 당사자가 소송을 수행할 실질적 이익이 있어야 하고(소의 이익), 사건이 현재 재판을 하기에 적합해야(사건의 성숙성) 한다. 따라서 이러한 요건이 구비되지 못한 경우 법원은 재판을 할 수 없다.

2. 관할권상 한계

(1) 헌법상 한계

헌법재판소의 관할 사항(제111조 제1항), 국회의원의 자격심사 등 국회의 자율 사항(제64조), 군사법원의 재판사항(제27조 제2항, 제110조 제4항), 행정소송의 전심절차인 행정심판(제107조 제3항), 대통령의 사면권(제79조) 등은 법원의 관할 사항이 아니다.

(2) 국제법상 한계

국제법상 외교특권을 누리는 자에 대해서는 법원의 사법권이 미치지 못한다. 외교특권이란 외교관 등이 체재국의 법적용을 받지 않고 자신의 본국법의 적용을 받는 국제법상의 특권을 말한다.

3. 기능상 한계

법원은 사법작용을 수행하는 사법기관이기 때문에, 사법기능을 벗어나는 재판을 할 수 없다. 즉 법원은 예컨대 의회를 대신하여 법률을 제정하거나, 대통령을 대신하여 대통령의 권한을 행사하거나, 헌법재판소를 대신하여 헌법재판소가 수행하는 헌법심을 수행할 수 없다. 기능상 한계와 관련하여 이른바 통치행위에 대한 사법심사가 문제된다. 이른바 통치행위가 사법권의 한계에 해당하는지 여부는 제4편 헌법재판소, '헌법재판의 한계' 부분에서 다시 다룬다.

제 2 절 사법권의 독립

Ⅰ. 헌법규정 및 의의

1. 헌법규정

헌법은 사법권의 독립을 규정하고 있다. 제101조 제1항은 법원(사법부)의 독립을, 제103조는 법관의 독립을 규정하고 있다. 법원(사법부)의 독립과 관련하여, 제102조 제3항은 법원조직의 법률주의를, 제108조는 대법원의 규칙제정권을 규정하고 있다. 법관의 독립과 관련하여, 제101조 제3항은 법관자격의 법정주의를, 제105조는 법관의 임기제와 연임제를, 제106조는 법관의 신분상 독립을 규정하고 있다.

2. 사법권 독립의 의의

(1) 사법권의 독립이란 법관이 재판을 함에 있어서 누구의 간섭이나 지시도 받지 않고 오직 헌법과 법률에 의하여 그 양심에 따라 독립하여 심판하는 것을 말한다. 사법권의 독립은 궁극적으로 법관이 독립적으로 재판하는 것, 즉 판결의 자유를 위한 것이다. 사법권의 독립은 법원(사법부)의 독립과 법관의 독립을 내용으로 한다.

(2) 사법권의 독립은 원래 전제군주에 의한 자의적인 재판이나 행정기관에 의한 행정재판을 배제함으로써 공정한 재판을 실현하려는 것이었다. 오늘날 사법권의 독립은 입법부나 집행부로부터 독립한 법원이 헌법과 법률에 의하여 그 양심에 따라 공정하게 재판함으로써 국민의 자유와 권리를 보장하려는데 그 제도적 의의가 있다.

Ⅱ. 법원(사법부)의 독립

1. 의의

법원(사법부)의 독립이란 법원의 구성이나 조직이 입법부나 집행부로부터 독립해야 한다는 것을 말한다. 오늘날 권력분립원리를 규정하고 있는 민주국가 헌법에서 법원의 독립은 당연한 것으로 간주된다.

2. 내용

(1) 입법부로부터의 독립

법원의 독립은 입법부(의회)로부터의 독립을 뜻한다. 권력분립원리에 따라 법원의 구성이나 조직은 입법부와 상호 독립적이어야 한다. 의원과 법관은 겸직할 수 없고, 의회는 법률로써만 법원의 조직을 규율할 수 있고, 의회가 재판에 개입하거나 특정인을 처벌하는 법률(재판적 법률)을 제정할 수 없다. 법관이 법률에 의하여 재판하는 것은 법치주의 원리에 따른 것으로서, 법원이 국회에 예속된다는 것을 의미하지 않는다. 그리고 헌법은 대법원의 규칙제정권(제108조)을 규정함으로써 법원의 국회로부터의 독립을 보장하고 있다.

(2) 집행부로부터의 독립

법원의 독립은 집행부로부터의 독립을 뜻한다. 권력분립원리에 따라 법원의 구성이나 조직은 집행부와 상호 독립적이어야 한다. 사법권의 독립은 전제군주시대의 내각사법(관방사법)에 대한 투쟁을 통해 이룬 것이기 때문에, 법원의 집행부로부터의 독립은 사법권독립의 본질적 요소이다. 집행부 구성원과 법관은 겸직할 수 없고, 법원이 행정처분을 할 수 없듯이 집행부도 재판에 관여할 수 없다.

3. 한계

대법원 구성에 대통령 및 국회가 관여한다는 점, 법원의 예산편성권은 집행부가 갖는다는 점, 법원조직 법정주의에 따라 국회는 법률로써 법원의 조직을 규율할 수 있다는 점 등은 법원의 조직상 독립에 제약으로 작용한다.

III. 법관의 독립

1. 법관의 직무상 독립(물적 독립)

헌법 제103조는 "법관은 헌법과 법률에 의하여 그 양심에 따라 독립하여 심판한다."라고 하여 법관의 직무상 독립을 규정하고 있다.

(1) 의의

법관의 직무상 독립이란 법관이 재판을 함에 있어서 법원 내·외부의 간섭이나 지시 없이 재판한다는 것을 말한다. 특히 집행부로부터의 간섭이나 지시 없이 재판한다는 것이 중요하다. 법관은 오직 헌법과 법률 그리고 법관으로서의 양심에만 구속된다.

(2) 헌법과 법률에 의한 심판

1) 법관은 재판을 함에 있어서 헌법에 구속된다. 법관은 재판을 함에 있어서 헌법에 구속되기 때문에, 특히 사법을 해석·적용할 때 기본권의 의미와 작용을 고려해야 한다. 따라서 법관은 사인 간의 분쟁을 재판할 때, 기본권의 대사인적

효력을 고려해야 한다.

2) 법관은 재판을 함에 있어서 법률에 구속된다. 여기서 법률은 형식적 의미의 법률뿐만 아니라 실질적 의미의 법률(예컨대 법규명령인 대통령령·부령)까지 포함하며, 국내법과 동일한 효력을 갖는 조약과 일반적으로 승인된 국제법규도 포함하고, 법률의 효력을 갖는 긴급재정경제명령·긴급명령도 포함한다. 형사재판에서는 죄형법정주의에 따라 형식적 의미의 법률만을 의미하고, 예외적으로 법률의 효력을 갖는 긴급재정경제명령·긴급명령을 포함한다. 법률은 헌법에 합치하는 것이어야 한다. 법관은 자신이 재판할 사건에 적용될 법률이 위헌이라고 판단할 경우, 헌법재판소에 위헌법률심판을 제청하여 헌법재판소의 결정에 따라 재판해야 한다. 그리고 법관은 자신이 재판할 사건에 적용될 명령·규칙이 위헌·위법이라고 판단할 경우, 법원의 규범통제권을 행사하여 그 적용을 배제해야 한다.

⑶ 양심에 따른 심판

여기서 '양심'이란 법관으로서의 양심을 말하며, 헌법 제19조(양심의 자유)가 보장하는 양심이 아니다. 법관이 따라야 하는 양심은 인간으로서 갖는 양심이 아니라, 재판을 직무로 하는 법관에게 요구되는 직무수행상 양심, 즉 법관으로서의 양심이다. 법관으로서의 양심과 인간으로서 갖는 양심이 충돌할 경우, 법관은 법관으로서의 양심을 우선시켜야 한다.

⑷ 심판에 있어서의 독립

'독립하여 심판한다'라는 것은, 법관이 재판을 함에 있어서 헌법과 법률 및 자신의 양심 이외에는 누구의 간섭이나 지시도 받지 않으며, 재판결과에 대해서도 형사상·징계상의 책임을 추궁당하지 않는다는 것을 뜻한다. 여기서 '독립'은 법원 외부로부터의 독립과 법원 내부로부터의 독립을 포함한다.

1) 법원 외부로부터의 독립

① **다른 국가기관으로부터의 독립** 법관은 재판을 함에 있어서 다른 국가기관의 간섭이나 지시를 받지 않아야 하고, 다른 국가기관도 법관의 재판에 개입해서는 안 된다.

② **소송당사자로부터의 독립** 법관은 재판을 함에 있어서 소송당사자로부터 독립해야 한다. 소송당사자로부터의 독립을 위해 소송법은 법관의 제척·기

피·회피 제도를 규정하고 있다.

③ **사회적·정치적 세력으로부터의 독립** 법관은 재판을 함에 있어서 사회적·정치적 세력으로부터 독립해야 한다. 재판에 대한 비판은 재판 자체에 대한 간섭이나 법관에게 위협을 가하는 것이어서는 안 된다. 다만, 재판에 대한 학문적 비판(예컨대 판례평석)은 가능하다.

2) 법원 내부로부터의 독립 ① 법관은 법원 내부로부터 독립해야 한다. 대법원장이나 각급 법원장 등의 사법행정에 관한 지휘·감독권이, 법관의 재판에 간섭해서는 안 된다. 합의부 재판에 있어서 법관은 독립하여 직권을 행사하며 재판장이나 다른 법관의 간섭이나 지시를 받지 않는다. 단독재판에 있어서도 법관은 사법행정권자나 다른 법관의 간섭이나 지시를 받지 않는다. 또한 대법원장의 사법행정권 중 특히 인사권으로부터의 독립도 중요하게 고려되어야 한다.

② 법원조직법 제8조는 "상급법원 재판에서의 판단은 해당 사건에 관하여 하급심을 기속한다."라고 규정하고 있다. 이 규정은 하급심이 상급법원의 지시에 따라 재판해야 한다는 것을 의미하는 것이 아니다. 예컨대 대법원이 고등법원의 판결에 대해 파기환송의 판결을 내린 경우, 대법원의 법적 판단은 해당 사건에 관하여 고등법원의 재판을 기속한다는 의미이다. 이러한 상급심재판의 기속력은 심급제에 따른 것으로서 법관의 직무상 독립에 반하는 것이 아니다.

2. 법관의 신분상 독립(인적 독립)

(1) 의의

법관의 신분상 독립이란 법관인사의 독립, 법관자격의 법률주의, 법관의 임기보장 등을 통하여 법관의 신분을 보장하는 것을 말한다. 재판이 독립적으로 공정하게 행해지기 위해서는 법관의 신분이 보장되어야 하기 때문에, 법관의 신분상 독립은 법관의 직무상 독립을 실현하기 위한 수단이다.

(2) 법관인사의 독립

법관의 독립성을 확보하기 위해서는 법관인사가 객관적이고 공정해야 한다. 그러기 위해서는 법관인사가 법원의 자율에 맡겨져 있어야 한다. 대법원장과 대법관이 아닌 법관은 대법관회의의 동의를 얻어 대법원장이 임명한다(제104조). 판사의 보직은 대법원장이 행한다(법원조직법 제44조 제1항).

⑶ 법관자격의 법률주의

법관의 자격은 법률로 정한다(제101조 제3항). 판사는 5년 이상 ① 판사·검사·변호사, ② 변호사 자격이 있는 사람으로서 국가기관, 지방자치단체, 「공공기관의 운영에 관한 법률」 제4조에 따른 공공기관, 그 밖의 법인에서 법률에 관한 사무에 종사한 사람, ③ 변호사 자격이 있는 사람으로서 공인된 대학의 법률학 조교수 이상으로 재직한 사람 중에서 임용한다. 이 경우 20년 이상 위 ①②③의 직에 있던 사람 중에서 특정 재판사무만을 담당하는 판사를 임용할 수 있다. 판사의 임용에는 성별, 연령, 법조경력의 종류 및 기간, 전문분야 등 국민의 다양한 기대와 요청에 부응하기 위한 사항을 적극 반영하여야 한다(법원조직법 제42조 제2항, 제4항).

⑷ 법관의 임기보장 및 정년제

대법원장의 임기는 6년으로 하며, 중임할 수 없다. 대법관의 임기는 6년으로 하며, 법률이 정하는 바에 의하여 연임할 수 있다. 대법원장과 대법관이 아닌 법관의 임기는 10년으로 하며, 법률이 정하는 바에 의하여 연임할 수 있다(제105조 제1항－제3항). 대법원장과 대법관의 정년은 각각 70세, 판사의 정년은 65세로 한다(법원조직법 제45조 제4항).

⑸ 법관의 신분보장

법관은 탄핵 또는 금고 이상의 형의 선고에 의하지 아니하고는 파면되지 아니하며, 징계처분에 의하지 아니하고는 정직·감봉 기타 불리한 처분을 받지 아니한다(제106조 제1항). 법관이 중대한 심신상의 장해로 직무를 수행할 수 없을 때에는 법률이 정하는 바에 의하여 퇴직하게 할 수 있다(제106조 제2항).

제 3 절 법원의 조직과 권한

법원은 최고법원인 대법원과 각급법원으로 조직된다(제101조 제2항). 대법원과 각급법원의 조직은 법률로 정한다(제102조 제3항). 이에 관하여 법원조직법이 있다. 법원조직법에 의하면 법원에는 대법원, 고등법원, 특허법원, 지방법원, 가정법원, 행정법원, 회생법원의 7가지가 있다.

Ⅰ. 대법원

1. 대법원의 헌법상 지위

⑴ 대법원은 최고법원으로서의 지위를 갖는다. 대법원은 일반법원 중에서 최고법원이다. 또한, 대법원은 특별법원인 군사법원과의 관계에서도, 비상계엄 하에 단심으로 하는 군사재판의 경우(제110조 제4항)가 아닌 한, 최고법원으로서의 지위를 갖는다. 헌법 제110조 제2항은 "군사법원의 상고심은 대법원에서 관할한다."라고 하여 이를 명시하고 있다.

⑵ 대법원은 일반법원 중에서 최종심의 기본권보장기관이며 헌법수호기관이다.

⑶ 대법원은 최고사법행정기관으로서의 지위를 갖는다. 사법행정은 법원의 본질적 임무인 재판작용이 아니고, 재판을 수행하는데 필요한 행정업무를 담당하는 행정작용이다. 대법원장은 사법행정사무를 총괄하며, 사법행정사무에 관하여 관계 공무원을 지휘·감독한다(법원조직법 제9조 제1항).

2. 대법원의 조직

⑴ 대법원 구성

대법원은 대법원장과 대법관으로 구성된다. 대법원장은 국회의 동의를 얻어 대통령이 임명한다. 대법관은 대법원장의 제청으로 국회의 동의를 얻어 대통령이 임명한다(제104조 제1항–제2항). 대법관의 수는 대법원장을 포함하여 14명으로 한다(법원조직법 제4조 제2항). 대법원에 법률이 정하는 바에 의하여 대법관이 아닌 법관을 둘 수 있다(제102조 제2항). 대법원에 재판업무를 보조하는 기관으로서 재판연구관을 둔다(법원조직법 제24조 제1항).

⑵ 대법원 내부조직

1) 대법관회의 대법관회의는 대법관으로 구성되며, 대법원장이 그 의장이 된다. 대법관회의는 대법관 전원의 3분의 2 이상의 출석과 출석인원 과반수의 찬성으로 의결한다. 의장은 의결에서 표결권을 가지며, 가부동수일 때에는 결정권을 가진다(법 제16조).

2) 대법관전원합의체 대법원에는 대법관 전원의 3분의 2 이상으로 구성되고 대법원장이 재판장이 되는 대법관전원합의체를 둔다(법원조직법 제7조). 합의심판은 헌법 및 법률에 다른 규정이 없으면 과반수로 결정한다(법 제66조 제1항). 대법원 재판서에는 합의에 관여한 모든 대법관의 의견을 표시하여야 한다(법 제15조).

3) 부 대법원에 부를 둘 수 있다(제102조 제2항). 대법원장은 필요하다고 인정하는 경우에 특정한 부로 하여금 행정·조세·노동·군사·특허 등의 사건을 전담하여 심판하게 할 수 있다(법원조직법 제7조 제2항).

4) 대법원부설기관 대법원에 법원행정처, 사법연수원, 사법정책연구원, 법원공무원교육원, 법원도서관, 대법원장비서실과 대법관비서관, 사법정책자문위원회, 법관인사위원회, 대법관후보추천위원회를 둔다.

3. 대법원의 권한

대법원은 ① 고등법원 또는 항소법원·특허법원의 판결에 대한 상고사건, ② 항고법원·고등법원 또는 항소법원·특허법원의 결정·명령에 대한 재항고사건, ③ 다른 법률에 따라 대법원의 권한에 속하는 사건을 종심으로 심판한다(법 제14조). 그리고 대법원은 규칙제정권, 위헌·위법명령·규칙심사권, 위헌법률심판제청권 등을 갖는다.

Ⅱ. 고등법원

고등법원은 판사로 구성되며, 고등법원장을 둔다. 고등법원에 부를 두며, 고등법원의 심판권은 판사 3명으로 구성된 합의부에서 행사하고, 그 부의 재판에서 그 부의 판사 1인이 재판장이 된다(법 제7조 제3항, 제26조－제27조).

고등법원은, 특허법원의 권한에 속하는 사건은 제외하고, ① 지방법원 합의부, 가정법원 합의부, 회생법원 합의부 또는 행정법원의 제1심 판결·심판·결정·명령에 대한 항소 또는 항고사건, ② 지방법원단독판사, 가정법원단독판사의 제1심 판결·심판·결정·명령에 대한 항소 또는 항고사건으로서 형사사건을 제외한 사건 중 대법원규칙으로 정하는 사건, ③ 다른 법률에 따라 고등법원의 권한에 속하는 사건을 심판한다(법 제28조).

Ⅲ. 특허법원

특허법원은 판사로 구성되며, 특허법원장을 둔다. 특허법원에 부를 두며, 특허법원의 심판권은 판사 3명으로 구성된 합의부에서 행사하고, 그 부의 재판에서 그 부의 판사 1인이 재판장이 된다(법원조직법 제7조 제3항, 제28조의2－제28조의3).

특허법원은 ① 「특허법」, 「실용신안법」, 「디자인보호법」 및 「상표법」에서 정하는 제1심사건, ② 「민사소송법」에 따른 특허권등침해소송의 항소사건, ③ 다른 법률에 따라 특허법원의 권한에 속하는 사건을 심판한다(법 제28조의4).

Ⅳ. 지방법원

1. 지방법원 본원의 조직과 권한

(1) 지방법원은 판사로 구성되며, 지방법원장을 둔다. 지방법원에 부를 두며, 부에 부장판사를 둘 수 있다. 부의 구성원 중 1인은 그 부의 재판에서 재판장이 되며, 지방법원장의 지휘에 따라 그 부의 사무를 감독한다(법 제29조－제30조, 제27조). 지방법원 및 가정법원의 사무의 일부를 처리하게 하기 위하여 그 관할구역에 지원과 가정지원, 시·군법원 및 등기소를 둘 수 있다(법 제3조 제2항).

(2) 지방법원의 심판권은 단독판사가 행하는 것이 원칙이지만, 합의심판을 하여야 하는 경우에는 판사 3명으로 구성된 합의부에서 심판권을 행사한다(법 제7조 제4항－제5항). 지방법원은 제1심법원으로서 합의부는 ① 합의부에서 심판할 것으로 합의부가 결정한 사건, ② 민사사건에 관하여는 대법원규칙으로 정하는 사건, ③ 사형, 무기 또는 단기 1년 이상의 징역 또는 금고에 해당하는 사건(병역법위반사건 등 일부 제외), ④ ③의 사건과 동시에 심판할 공범사건, ⑤ 지방법원 판사에 대한 제척·기피사건, ⑥ 다른 법률에 따라 지방법원 합의부의 권한에 속하는 사건 등을 심판한다(법 제32조 제1항). 단독판사는 ① 민사사건에 관하여는 대법원규칙으로 정하는 사건, ② 형사사건에 관하여는 절도·폭행사건 등과 단기 1년 미만의 징역이나 금고·벌금형에 처할 사건 등 합의부의 관할에 속하지 않는 사건을 심판한다(법 제32조 제1항). 그리고 소속 지방법원장의 명령을 받아 소속

법원의 관할사무와 관계없이 즉결심판청구사건을 심판할 수 있다(즉결심판법 제3조의2). 지방법원은 제2심법원으로서, 지방법원단독판사의 판결·결정·명령에 대한 항소 또는 항고사건 중 제28조 제2호에 해당하지 아니하는 사건을 제2심으로 심판한다(법원조직법 제32조 제2항).

2. 지방법원지원의 조직과 권한

(1) 지방법원지원은 판사로 구성되며, 지원장을 둔다. 지원에 부를 둘 수 있다(법 제31조).

(2) 지방법원지원 합의부가 제1심법원으로 갖는 심판권은, 지방법원 본원 합의부와 같다. 특히 춘천지방법원 강릉지원 합의부는 지방법원단독판사의 판결·결정·명령에 대한 항소 또는 항고사건 중 제28조 제2호에 해당하지 아니하는 사건을 제2심으로 심판한다(법 제32조 제1항－제2항). 지방법원지원의 단독판사가 제1심으로 갖는 심판권은 본원의 경우와 같다.

3. 시·군법원의 조직과 권한

(1) 대법원장은 지방법원 또는 그 지원 소속 판사 중에서 그 관할구역에 있는 시·군법원의 판사를 지명하여 시·군법원의 관할사건을 심판하게 한다. 이 경우 1명의 판사를 둘 이상의 시·군법원의 판사로 지명할 수 있다(법 제33조 제1항).

(2) 시·군법원은 ① 「소액사건심판법」을 적용받는 민사사건, ② 화해·독촉 및 조정에 관한 사건, ③ 20만원 이하의 벌금 또는 구류나 과료에 처할 범죄사건, ④ 「가족관계의 등록 등에 관한 법률」 제75조에 따른 협의상 이혼의 확인사건을 심판한다. 위 ②와 ③에 해당하는 사건이 불복신청으로 제1심법원에 계속하게 된 경우에는 그 지역을 관할하는 지방법원 또는 그 지원이 관할한다. 다만, 「소액사건심판법」을 적용받는 사건은 그 시·군법원에서 관할한다. 그리고 ③에 해당하는 범죄사건에 대해서는 즉결심판을 한다(법 제34조).

V. 가정법원

가정법원은 판사로 구성되며, 가정법원장을 둔다. 가정법원에 부를 두며, 부에 부장판사를 둘 수 있다. 부의 구성원 중 1인은 그 부의 재판에서 재판장이 되며, 가정법원장의 지휘에 따라 그 부의 사무를 감독한다(법원조직법 제37조－제38조). 가정법원의 사무의 일부를 처리하게 하기 위하여 그 관할구역에 가정지원을 둘 수 있다(법 제3조 제2항).

가정법원 및 가정법원지원의 합의부는 ①「가사소송법」에서 정한 가사소송과 마류 가사비송사건 중 대법원규칙으로 정하는 사건, ② 가정법원판사에 대한 제척·기피사건, ③ 다른 법률에 따라 가정법원 합의부의 권한에 속하는 사건을 제1심으로 심판한다(법 제40조 제1항). 가정법원 본원 합의부 및 춘천가정법원 강릉지원 합의부는 가정법원단독판사의 판결·심판·결정·명령에 대한 항소 또는 항고사건 중 제28조제2호에 해당하지 아니하는 사건을 제2심으로 심판한다(법 제40조 제2항). 가정법원과 가정법원지원의 단독판사는 가사소송법에 의한 조정사건(가사소송법 제49조)과 가사소송법 제2조(가정법원의 관장사항)에서 합의부의 심판권에 속하지 않는 사건을 심판한다.

VI. 행정법원

행정법원은 판사로 구성되며, 행정법원장을 둔다. 행정법원에 부를 두며, 부에 부장판사를 둘 수 있다. 부의 구성원 중 1인은 그 부의 재판에서 재판장이 되며, 행정법원장의 지휘에 따라 그 부의 사무를 감독한다(법원조직법 제40조의2－제40조의3). 행정법원의 심판권은 판사 3명으로 구성된 합의부에서 행사한다. 다만, 단독판사가 심판할 것으로 행정법원 합의부가 결정한 사건의 심판권은 단독판사가 행사한다(법 제7조 제3항).

행정법원은「행정소송법」에서 정한 행정사건과 다른 법률에 따라 행정법원의 권한에 속하는 사건을 제1심으로 심판한다(법 제40조의4).

Ⅶ. 회생법원

회생법원은 판사로 구성되며, 회생법원장을 둔다. 회생법원에 부를 두며, 부에 부장판사를 둘 수 있다. 부의 구성원 중 1인은 그 부의 재판에서 재판장이 되며, 회생법원장의 지휘에 따라 그 부의 사무를 감독한다(법원조직법 제40조의5－제40조의6).

회생법원의 합의부는 ① 「채무자 회생 및 파산에 관한 법률」에 따라 회생법원 합의부의 권한에 속하는 사건, ② 합의부에서 심판할 것으로 합의부가 결정한 사건, ③ 회생법원판사에 대한 제척·기피사건 및 「채무자 회생 및 파산에 관한 법률」 제16조에 따른 관리위원에 대한 기피사건, ④ 다른 법률에 따라 회생법원 합의부의 권한에 속하는 사건을 제1심으로 심판한다(법 제40조의7 제1항). 회생법원 합의부는 회생법원단독판사의 판결·결정·명령에 대한 항소 또는 항고사건을 제2심으로 심판한다(법 제40조의7 제2항).

Ⅷ. 특별법원(군사법원)

1. 특별법원의 의의

특별법원이란 법관자격이 없는 자가 재판을 담당하거나 대법원을 최종심으로 하지 않는 법원, 즉 예외법원을 말한다. 현행헌법상 군사법원이 특별법원이다. 특별법원은 헌법이 직접 규정하는 군사법원의 경우를 제외하고 법률로 설치할 수 없다.

2. 군사법원

(1) 헌법규정 및 의의

1) 헌법 제110조는 "① 군사재판을 관할하기 위하여 특별법원으로서 군사법원을 둘 수 있다. ② 군사법원의 상고심은 대법원에서 관할한다. ③ 군사법원의 조직·권한 및 재판관의 자격은 법률로 정한다. ④ 비상계엄하의 군사재판은 군인·군무원의 범죄나 군사에 관한 간첩죄의 경우와 초병·초소·유독음식물공급·포로에 관한 죄중 법률이 정한 경우에 한하여 단심으로 할 수 있다. 다만, 사형을 선

고한 경우에는 그러하지 아니하다."라고 하여 군사법원에 관하여 규정하고 있다.

2) 이에 관하여 군사법원법이 있다. 군사법원은 군사재판을 담당하는 특별법원이며, 군사재판의 특수성을 고려해서 설치된다. 군사법원의 재판에 대해서는 대법원에 상고가 인정되지만, 그 재판은 헌법과 법률이 정한 법관의 자격이 없는 국군장교에 의해서 행해진다.

⑵ 군사법원의 지위와 헌법적 한계

헌법 제110조 제1항에서 "특별법원으로서 군사법원을 둘 수 있다."는 의미는 군사법원을 일반법원과 조직·권한 및 재판관의 자격을 달리하여 특별법원으로 설치할 수 있다는 뜻이다. 그러나 법률로 군사법원의 조직 권한 및 재판관의 자격을 일반법원과 달리 정할 수 있다고 하여도, 그것이 아무런 한계없이 입법자의 자의에 맡겨질 수는 없다. 즉 사법권의 독립 등 헌법의 근본원리에 위반되거나 재판청구권, 평등권, 신체의 자유 등 기본권의 본질적 내용을 침해해서는 안될 헌법적 한계가 있다.[1)]

⑶ 군사법원의 조직과 관할

1) 조직 군사법원법 개정[2)]으로 고등군사법원은 폐지되었고 일반법원에서 항소심을 담당한다. ① 군사법원은 국방부장관 소속으로 하며, 중앙지역군사법원(소재지: 서울)·제1지역군사법원(소재지: 충남)·제2지역군사법원(소재지: 경기도)·제3지역군사법원(소재지: 강원도) 및 제4지역군사법원(소재지: 대구광역시)으로 구분하여 설치한다(군사법원법 제6조 제1항). ② 군사법원에 군사법원장을 두며, 군사법원장은 군판사로 한다(법 제7조 제1항－제2항). 군사법원에 부(部)를 두고, 부에 부장(部長)군판사를 둔다. 이 경우 군사법원장은 부장군판사를 겸할 수 있다. 부

1) 헌재 1996. 10. 31. 93헌바25.
2) 2021.9.24. 개정되어 2022.7.1. 시행된 군사법원법의 개정이유는 다음과 같다: 군 사법(司法)제도에 대한 국민적 신뢰를 회복하고 피해자의 인권보장과 사법정의의 실현이라는 헌법적 가치를 구현하기 위하여 성폭력범죄, 군인등의 사망사건 관련 범죄 및 군인등이 그 신분취득 전에 저지른 범죄에 대해서는 군사법원의 재판권에서 제외하여 일반 법원이 재판권을 행사하도록 하고, 군 사법제도 개혁을 통한 사법의 독립성과 군 장병의 공정한 재판을 받을 권리를 실질적으로 보장하기 위하여 1심 군사재판을 담당하는 군사법원을 국방부장관 소속으로 설치하며, 고등군사법원을 폐지하여 일반 법원에서 항소심을 담당하게 하고, 수사의 공정성 및 군검찰의 독립성을 확보하기 위하여 국방부장관 및 각 군 참모총장 소속으로 검찰단을 설치하며, 관할관 및 심판관 제도를 폐지하고, 군검사가 구속영장을 청구할 때 부대의 장의 승인을 받는 제도를 폐지하는 등 군 장병의 재판받을 권리와 군조직의 특수성이 조화된 사법체계를 확립하는 동시에 기존 제도의 운영상 나타난 일부 미비점을 개선·보완하려는 것이다.

장군판사는 그 부의 재판에서 재판장이 되며, 군사법원장의 지휘에 따라 그 부의 사무를 감독한다(군사법원법 제8조). ③ 군사법원에서는 군판사 3명을 재판관으로 하며, 약식절차에서는 군판사 1명을 재판관으로 한다(법 제22조). ④ 군판사의 인사에 관한 중요한 사항을 심의하기 위하여 국방부에 군판사인사위원회를 둔다(법 제22조의2). 군판사는 군판사인사위원회의 심의를 거치고 군사법원운영위원회의 동의를 받아 국방부장관이 임명하며, 군판사의 소속은 국방부로 한다(법 제23조). ⑤ 군사법원장은 군법무관으로서 15년 이상 복무한 영관급 이상의 장교 중에서 임명하고, 군판사는 군법무관으로서 10년 이상 복무한 영관급 이상의 장교 중에서 임명한다(법 제24조).

2) 관할 군인 또는 군무원이 아닌 국민은 중대한 군사상 기밀 등 예외적인 경우에만 군사법원의 재판을 받는다(제27조 제2항). ① 군사법원은 군인, 군무원, 사관학생, 동원예비군 등의 군형법위반사건, 국군부대가 관리하고 있는 포로가 범한 죄, 계엄법이 규정하는 범죄, 군사기밀보호법 제13조의 죄와 그 미수범에 대하여 재판권을 가진다(군사법원법 제2조－제3조). ② 그러나 성폭력범죄, 군인등의 사망사건 관련 범죄 및 군인등이 그 신분취득 전에 저지른 범죄는 군사법원이 아니라 일반법원이 재판권을 행사한다(법 제2조 제2항). ③ 대법원은 (군사법원에 재판권이 있는 사건을 심판하는)고등법원 판결의 상고사건 및 결정·명령에 대한 재항고사건에 대하여 심판한다(법 제9조). ④ (군사법원에 재판권이 있는 사건을 심판하는)고등법원은 군사법원의 재판에 대한 항소사건, 항고사건 및 그 밖에 다른 법률에 따라 고등법원의 권한에 속하는 사건에 대하여 심판한다. (군사법원에 재판권이 있는 사건을 심판하는)고등법원은 서울고등법원에 둔다(법 제10조).

제 4 절 사법의 절차와 운영

Ⅰ. 재판의 심급제

1. 심급제의 의의

(1) 법적 분쟁에 대해 법원의 1회의 판단에 그치지 않고 다른 법원의 판단을 받을 수 있게 하는 경우에, 법원들 사이의 재판의 순서를 심급이라 한다. 심급제는 법관의 오판, 즉 사실판단이나 법적용에서의 잘못을 다른 심급의 법원의 재판을 통해 교정함으로써, 공정한 재판 궁극적으로 국민의 자유와 권리를 보호하기 위한 제도이다.

(2) 헌법이 대법원을 최고법원으로 규정하였다고 하여 대법원이 곧바로 모든 사건을 상고심으로서 관할해야 하는 것은 아니다. '헌법과 법률이 정하는 법관에 의하여 법률에 의한 재판을 받을 권리'가 사건의 경중을 가리지 않고 모든 사건에 대하여 대법원의 재판을 받을 권리를 의미하는 것은 아니다.

(3) 심급제도는 사법에 의한 권리보호에 관하여 한정된 법발견자원의 합리적인 분배의 문제이며, 동시에 재판의 적정과 신속이라는 서로 상반되는 두 가지의 요청을 어떻게 조화시키느냐의 문제이기 때문에, 원칙적으로 입법자의 형성의 자유에 속한다.[3] 현행헌법과 법률에 따르면, 3심제·2심제·단심제가 모두 채택되어 있다.

2. 3심제의 원칙

(1) 헌법은 심급제를 규정하고 있지만 반드시 3심제이어야 한다는 규정은 없다. 법원조직법은 3심제의 원칙을 규정하고 있다. 따라서 보통의 경우, 예컨대 민사·형사 사건의 경우, 지방법원 합의부 → 고등법원 → 대법원으로 진행되며, 지방법원 단독판사 → 지방법원 합의부 → 대법원으로 진행된다.

3) 헌재 2007. 7. 26. 2006헌마551; 헌재 2012. 5. 31. 2010헌마625.

(2) 3심제의 원칙은 심리불속행제도에 의해 부분적으로 제한되고 있다. 즉 상고심절차에 관한 특례법 제4조(심리의 불속행)는 상고이유에 관한 주장이, 예컨대 원심판결이 헌법에 위반되거나 법률 등에 대해 대법원 판례와 상반되게 해석한 경우에 해당하지 않으면, 법률 등의 해석에 관하여 대법원 판례가 없거나 대법원 판례를 변경할 필요가 있는 경우에 해당하지 않으면 또는 그 주장 자체로 보아 이유가 없거나 원심판결과 관계가 없거나 원심판결에 영향을 미치지 않는 경우라면, 대법원은 더 나아가 심리를 하지 아니하고 판결로 상고를 기각한다고 규정하고 있다.

3. 3심제의 예외

(1) 단심제

1) 대통령선거소송 등　대통령선거, 국회의원선거, 비례대표시·도의원선거, 시·도지사선거, 교육감선거에 관한 소송은 대법원의 전속관할이기 때문에 단심제이다(공직선거법 제222조－제223조, 교육자치법 제49조). 선거에 관한 소송에 있어서 수소법원은 소가 제기된 날부터 180일 이내에 처리하여야 한다(공직선거법 제225조).

2) 비상계엄하의 군사재판　비상계엄하의 군사재판은 군인·군무원의 범죄나 군사에 관한 간첩죄의 경우와 초병·초소·유독음식물공급·포로에 관한 죄중 법률이 정한 경우에 한하여 단심으로 할 수 있다. 다만, 사형을 선고한 경우에는 그러하지 아니하다(제110조 제4항).

3) 지방자치법상 소송　지방자치법 제188조(위법·부당한 명령·처분의 시정), 제189조(지방자치단체의 장에 대한 직무이행명령), 제192조(지방의회의 의결에 대한 재의요구와 제소)에 따른 소송도 대법원의 전속관할로 단심제이다.

(2) 2심제

1) 특허심판원의 심결(결정)에 대한 소송은 고등법원급의 특허법원이 1심이고 대법원이 2심이다(특허법 제186조). 특허청 소속 특허심판원에서 수행하는 특허심판은 사실상 제1심 법원의 역할을 하고 있다.

2) 지역구 시·도의원, 자치구·시·군의원 및 자치구·시·군의 장의 선거에 관한 소송은 고등법원이 1심이고 대법원이 2심이다(공직선거법 제222조－제223조).

3) 해양수산부장관 소속의 해양안전심판원은 해양사고사건을 심판하는데, 지방심판원의 재결에 불복하는 경우에는 중앙심판원에 제2심을 청구할 수 있다(해양사고심판법 제3조, 제58조 제1항). 중앙심판원의 재결에 대한 소송은 중앙심판원의 소재지를 관할하는 고등법원이 1심이고 대법원이 2심이다(법 제74조 제1항).

Ⅱ. 재판의 공개제

1. 헌법규정 및 의의

헌법 제109조는 "재판의 심리와 판결은 공개한다. 다만, 심리는 국가의 안전보장 또는 안녕질서를 방해하거나 선량한 풍속을 해할 염려가 있을 때에는 법원의 결정으로 공개하지 아니할 수 있다."라고 하여 재판의 공개제를 규정하고 있다. 헌법이 재판을 공개하도록 한 것은 재판의 공정성을 확보하고, 재판에 대한 국민의 신뢰를 확보하며, 소송당사자의 기본권 보장을 확보하려는 것이다.

2. 재판공개의 원칙

(1) 재판은 공개하는 것이 원칙이다. "재판의 심리와 판결은 공개한다."는 것은 재판의 심리와 판결의 선고에 대하여 소송당사자뿐만 아니라 일반인의 방청을 허용한다는 것을 의미한다. 여기서 심리란 법관 앞에서 원고와 피고가 신문을 받고 증거를 제시하며 변론하는 것을 말한다. 예컨대 민사소송이나 형사소송에서의 구두변론은 심리의 핵심이다. 판결이란 심리를 한 후 사건의 실체에 대해 법관이 내리는 판단을 말한다.

(2) 공개대상은 심리와 판결이기 때문에, 공판준비절차, 심판의 합의과정, 결정이나 명령, 비송사건절차 등은 공개대상이 아니다. 한편, 법정의 수용능력을 고려하여 방청인 수를 제한하는 것은 재판공개의 원칙에 반하는 것이 아니다. 재판공개의 원칙에 위반하면 항소나 상고이유가 된다. 예컨대 형사소송법은 공판의 공개에 관한 규정에 위반한 때(법 제361조의5)를 항소이유로 규정하고 있고, 민사소송법은 변론을 공개하는 규정에 어긋난 때(법 제424조)를 절대적 상고이유로 규정하고 있다.

3. 재판공개의 예외

(1) 공익을 위한 경우

심리는 국가의 안전보장 또는 안녕질서를 방해하거나 선량한 풍속을 해할 염려가 있을 때에는 법원의 결정으로 공개하지 아니할 수 있다(제109조 단서). 법원의 비공개결정은 이유를 밝혀 선고해야 하며, 비공개결정을 한 경우에도 재판장은 적당하다고 인정되는 사람에 대해서는 법정 안에 있는 것을 허가할 수 있다(법원조직법 제57조 제2항-제3항). 법원이 재판의 비공개를 결정한 경우에도 판결의 선고는 반드시 공개해야 한다.

(2) 소송당사자의 권익을 위한 경우

소송당사자의 권익을 위하여 재판을 비공개하는 경우가 있다. 예컨대 비송사건절차법 제13조와 (가사비송절차의 경우)가사소송법 제34조는 심문의 비공개를 규정하고 있으며, 소년법 제24조 제2항은 심리의 비공개를 규정하고 있다.

Ⅲ. 법정질서의 유지

1. 법정질서유지권의 의의

법정질서유지권은 법정에서 재판을 방해하는 행위를 배제하거나 제지하는 등 법정질서를 유지하기 위하여 재판장이 행사하는 권한을 말한다. 재판공개의 원칙하에서는 법정질서의 유지를 위한 제도적 장치가 필요하다. 법정의 존엄과 질서유지 및 법원청사의 방호를 위하여 대법원과 각급 법원에 법원보안관리대를 둔다(법원조직법 제55조의2 제1항).

2. 보도의 자유와 재판비판

(1) 보도의 자유와 법정질서유지

1) 재판공개의 원칙에 따라 일반인의 방청이 허용되며, 언론매체는 언론·출판의 자유에 의거하여 재판내용을 보도할 수 있다. 보도의 자유 행사는, 예컨대 공개재판 이전에 피고인에게 불리한 자료를 공연히 보도하는 것처럼, 재판의 공정성을 훼손하지 않도록 보도내용에 주의를 기울여야 한다.

2) 법정에서 행해지는 언론매체의 보도관련 행위는 재판에 방해가 되지 않는 범위 내에서 이루어져야 한다. 그래서 누구든지 법정 안에서는 재판장의 허가 없이 녹화, 촬영, 중계방송 등의 행위를 하지 못한다(법원조직법 제59조).

3) 가정법원에서 처리 중이거나 처리한 사건에 관하여는 성명·연령·직업 및 용모 등을 볼 때 본인이 누구인지 미루어 짐작할 수 있는 정도의 사실이나 사진을 신문, 잡지, 그 밖의 출판물에 게재하거나 방송할 수 없다(가사소송법 제10조). 소년법에 따라 조사 또는 심리 중에 있는 보호사건이나 형사사건에 대하여는 성명·연령·직업·용모 등으로 비추어 볼 때 그 자가 당해 사건의 당사자라고 미루어 짐작할 수 있는 정도의 사실이나 사진을 신문이나 그 밖의 출판물에 싣거나 방송할 수 없다(소년법 제68조 제1항).

⑵ 재판비판

법원의 재판은 모든 국민의 비판의 대상이 된다. 예컨대 학자들의 판례평석이나 언론매체의 재판개선을 위한 판례비판 등은 허용된다. 다만, 재판이 진행중인 사건의 사실심리의 결론을 일정한 결론으로 유도하는 재판비판은 허용되지 않는다.

3. 법정질서유지를 위한 조치

⑴ 법정의 질서유지는 재판장이 담당한다. 재판장은 법정의 존엄과 질서를 해칠 우려가 있는 사람의 입정 금지 또는 퇴정을 명할 수 있고, 그 밖에 법정의 질서유지에 필요한 명령을 할 수 있다(법원조직법 제58조). 재판장은 법정에서의 질서유지를 위하여 필요하다고 인정할 때에는 개정 전후에 상관없이 관할 경찰서장에게 경찰공무원의 파견을 요구할 수 있다. 파견된 경찰공무원은 법정 내외의 질서유지에 관하여 재판장의 지휘를 받는다(법 제60조).

⑵ 법원은 직권으로 법정 내외에서 법정질서유지의 명령에 위반하거나, 재판장의 허가없는 녹화·촬영·중계방송 등 질서위반 행위를 하거나 또는 폭언, 소란 등의 행위로 법원의 심리를 방해하거나 재판의 위신을 현저하게 훼손한 사람에 대하여 결정으로 20일 이내의 감치에 처하거나 100만원 이하의 과태료를 부과할 수 있다. 이 경우 감치와 과태료는 병과할 수 있다. 감치는 경찰서유치장, 교도소 또는 구치소에 유치함으로써 집행한다. 감치결정과 과태료부과결정

에 대해서는 항고 또는 특별항고를 할 수 있다(법원조직법 제61조 제1항, 제3항, 제5항). 감치결정과 과태료부과결정은 질서유지 위반에 대해 부과하는 사법행정상의 질서벌이며 형벌이 아니다.

Ⅳ. 국민의 재판참여

사법권도 주권자인 국민이 위임한 권력이기 때문에, 국민의 통제를 받아야 한다. 국민이 재판에 참여하는 제도로서 예컨대 미국의 배심제와 독일의 참심제가 있다. 우리나라는 사법의 민주적 정당성과 신뢰를 높이기 위하여 국민이 형사재판에 참여하는 제도를 시행하고 있다.

1. 배심제와 참심제

(1) 미국의 배심제는 법조인이 아닌 일반 국민 중에서 법에 따라 선출된 일정수의 배심원으로 구성되는 배심이 기소하거나 심판하는 제도를 말한다. 대배심(기소배심: grand jury)은 기소 여부를 평결하는 배심이며, 소배심(심리배심: trial jury)은 민·형사 소송에서 사실인정 여부를 평결하는 배심이다. 배심원은 법관으로부터 독립하여 평결을 한다.

(2) 독일의 참심제는 법조인이 아닌 일반 국민 중에서 법에 따라 선출된 참심원이 직업 법관과 함께 합의체를 구성하여 재판하는 제도이다. 참심원은 직업법관과 동등하게 표결권을 행사한다.

2. 우리나라의 국민참여재판

(1) 우리나라는 '헌법과 법률이 정한 법관에 의하여 법률에 의한 재판을 받을 권리'를 규정하고 있는 현행헌법을 고려할 때, 미국의 배심제나 독일의 참심제를 도입하기는 어렵다. 우리나라는 국민의 형사재판 참여에 관한 법률이 2008. 1. 1. 부터 시행되고 있다. 국민은 국민참여재판법에 따라 국민참여재판을 받을 권리를 가지며, 국민참여재판에 참여할 권리와 의무를 가진다(국민참여재판법 제3조).

(2) 국민참여재판의 대상사건은 일정형량 이상의 중요한 형사사건으로서, 예컨대 사형, 무기 또는 단기 1년 이상의 징역 또는 금고에 해당하는 사건이다(국민참여재판법 제5조). 법원은 배심원후보예정자명부 중에서 필요한 수의 배심원 후보자를 무작위 추출 방식으로 정하여 배심원과 예비배심원의 선정기일을 통지하여야 한다(법 제23조 제1항). 배심원은 국민참여재판을 하는 사건에 관하여 사실의 인정, 법령의 적용 및 형의 양정에 관한 의견을 제시할 권한이 있다(법 제12조 제1항). 심리에 관여한 배심원은 유·무죄에 관하여 평의하고, 전원의 의견이 일치하면 그에 따라 평결하고, 전원의 의견이 일치하지 아니하는 때에는 다수결의 방법으로 한다. 평결이 유죄인 경우 배심원은 심리에 관여한 판사와 함께 양형에 관하여 토의하고 그에 관한 의견을 개진한다(법 제46조 제2항－제4항). 평결과 의견은 법원을 기속하지 아니한다(법 제46조 제5항).

제4편

헌법재판소

제 1 장 헌법재판 일반론

제 1 절 헌법재판의 의의, 기능 및 종류

Ⅰ. 헌법재판의 의의와 기능

1. 헌법재판의 의의

(1) 헌법재판이란 헌법적 분쟁이 있거나 헌법이 침해된 경우에 청구(제소)에 기초하여 제3의 독립적 기관이 특별한 절차에 따라 헌법을 해석·적용하여 유권적이고 구속적이며 자주적으로 결정을 내리는 국가작용을 말한다. 헌법재판은 민주국가에서 국가권력의 남용으로부터 국민의 기본권을 보호하고 정치권력을 헌법의 틀 안에서 작용하게 만듦으로써 헌법을 실현하는 헌법보호의 중요한 수단이다. 오늘날의 헌법재판제도는 대의제, 권력분립제, 선거제, 공무원제, 지방자치제 등과 같이 통치구조의 불가결한 구성부분으로 인식되고 있다.

(2) 헌법재판에는 협의의 헌법재판과 광의의 헌법재판이 있다. 협의의 헌법재판은 법원이나 헌법재판소가 의회가 제정한 법률이 헌법에 위반되는지 여부를 심사하여 위헌일 경우 그 해당 사건에 법률의 적용을 거부하거나 법률의 효력을 일반적으로 상실시키는 위헌법률심사제를 말한다. 광의의 헌법재판은 헌법적 분쟁이 있거나 헌법이 침해된 경우에 사법절차에 따라 해결하는 재판작용을 말한다. 넓은 의미의 헌법재판에는 구체적·추상적 규범통제, 탄핵심판, 정당해산심판, 권한쟁의심판, 헌법소원심판, 선거소송, 연방과 주 간의 연방국가적 분쟁 등이 포함된다.

2. 헌법재판의 기능

⑴ 헌법재판은 헌법보호기능을 수행한다. 즉 헌법 하위의 규범, 다른 국가권력 또는 아래로부터 헌법이 침해되거나, 헌법문제에 대하여 다툼이 발생하였을 때, 헌법을 보호하고 실현하는 기능을 수행한다.

⑵ 헌법재판은 기본권보호기능을 수행한다. 즉 헌법재판은 국가권력에 의한 기본권 침해로부터 최종적으로 기본권을 보호하는 기능을 수행한다. 특히 헌법소원심판은 기본권보호를 직접 목표로 한다.

⑶ 헌법재판은 권력통제기능을 수행한다. 즉 헌법재판은 정치권력이 헌법질서와 조화를 이루도록 감시하고 견제하는 권력통제기능을 수행하므로 오늘날 권력분립원리의 현대적 실현형태로서 중요한 기능적 권력통제의 장치로 간주된다.

⑷ 헌법재판은 헌법질서의 통일성 확보기능(최종적 헌법해석기능)을 수행한다. 모든 국가기관은 나름대로 헌법을 해석하여 자신의 임무를 수행한다. 그러나 국가기관마다 서로 다른 헌법을 주장한다면 헌법질서의 통일성은 확보될 수 없다. 헌법재판은 이처럼 헌법해석에 있어서 발생하는 견해 차이를 해소하는 유권적·최종적 헌법해석 기능을 수행한다.

⑸ 헌법재판은 정치적 평화보장 및 교육적 기능을 수행한다. 즉 헌법재판은 정치세력들 간의 극단적인 투쟁이 행해지기 전에, 국가가 혼란에 빠지거나 저항권이 행사될 정도의 비상상황이 초래되기 전에, 평화적으로 헌법적 가치를 실현시키는 보루로 작용함으로써, 사회를 통합하고 정치적 평화를 보장하는 기능을 수행한다. 동시에 헌법재판은 설득력 있는 논증에 의거한 결정을 통하여, 국가의 모든 영역에서 국가권력 행사가 헌법적 가치에 입각하여 이루어지도록 유도하는 교육적 기능도 수행한다.

Ⅱ. 헌법재판의 종류

헌법재판은 기준에 따라 다르게 분류할 수 있지만 대체로 규범통제제도, 헌법소원제도, 기관 간 권한쟁의제도, 선거심사제도, 특별한 헌법보호제도, 연방국가적 쟁의제도 등으로 나누어 볼 수 있다.

1. 규범통제제도

규범통제제도란 법령의 위헌여부를 심사해서 위헌법령의 적용을 거부하거나 효력을 상실시킴으로써 최고법인 헌법의 규범력을 지키는 헌법재판을 말한다. 규범통제제도는 헌법재판의 핵심적인 제도로서, 주관적 권리보호보다 객관적 법질서보호에 중점을 두는 일종의 객관적 소송이다.

(1) 사전·예방적 규범통제와 사후·교정적 규범통제

1) 사전·예방적 규범통제 사전·예방적 규범통제는 법령의 공포 전에, 즉 법령이 효력을 발생하기 전에 해당 법령의 위헌여부를 심사해서 위헌법령의 효력발생을 예방하는 제도이다.

2) 사후·교정적 규범통제 사후·교정적 규범통제는 법령이 공포되어 시행을 앞두고 있거나 이미 시행 중인 법령의 위헌여부를 심사해서 위헌법령의 적용을 거부하거나 효력을 상실시키는 제도이다.

(2) 구체적 규범통제와 추상적 규범통제

1) 구체적 규범통제 구체적 규범통제는 법원이 구체적인 사건을 재판함에 있어서 해당 사건에 적용할 법령의 위헌여부가 재판의 전제가 된 경우에 소송당사자의 신청 또는 법원의 직권으로 재판의 전제가 된 법령의 위헌여부를 심사하는 제도이다.

2) 추상적 규범통제 추상적 규범통제는 법률의 위헌여부가 구체적 사건에 있어서 재판의 전제가 되는지와 관계없이, 즉 구체적 쟁송사건을 떠나서, 법률의 위헌여부에 대하여 의견대립이나 의문이 있는 경우 일정한 자의 심판청구에 의하여 그 법률의 위헌여부를 심사하는 제도이다.

(3) 명령·규칙 등에 대한 규범통제

법률에 대한 규범통제 이외에 법률 하위규범, 즉 명령·규칙의 위헌여부를 심사하는 것이 명령·규칙 등에 대한 규범통제이다. 예컨대 헌법 제107조 제2항은 법원의 명령·규칙심사권을 규정하고 있다.

2. 헌법소원제도

헌법소원이란 공권력의 행사 또는 불행사로 인하여 헌법상 보장된 기본권을 침해받은 경우 기본권을 침해받은 자가 자신의 권리구제를 위해 헌법재판소에 심판청구하는 제도이다. 헌법소원은 다른 권리구제절차를 모두 거친 후 청구할 수 있다.

3. 기관 간 권한쟁의제도

기관 간 권한쟁의제도는 국가기관(헌법기관) 상호간에 헌법이 규정한 권한을 둘러싸고 분쟁이 발생한 경우에 권한을 침해당한 기관의 청구에 의하여 헌법상 권한분쟁을 해결하는 헌법재판을 말한다.

4. 선거심사제도

선거소송제도는 선거에 관한 소송을 헌법재판 사항으로 함으로써 대의민주주의에서 선거가 갖는 중요한 기능을 보장하려는 제도이다. 예컨대 독일, 프랑스 등 많은 나라에서 선거소송을 헌법재판 사항으로 하고 있다. 우리나라는 예컨대 대통령선거·국회의원선거에 관한 소송을 대법원의 전속관할로 하고 있다.

5. 특별한 헌법보호제도

규범통제나 헌법소원도 헌법보호에 기여하지만 이들이 간접적으로 헌법보호에 기여하는 제도라면, 직접 헌법보호를 목적으로 하는 제도들이 있다. 예컨대 탄핵심판, 위헌정당해산심판, 헌법장애상태해소심판, 기본권실효심판 등이 여기에 해당한다. 우리나라는 탄핵심판과 위헌정당해산심판을 채택하고 있다.

(1) 탄핵심판제도

탄핵이란 일반적인 사법절차나 징계절차에 따라 소추하거나 징계하기가 곤란한 행정부의 고위직 공무원이나 법관 등과 같이 신분이 보장된 공무원이 직무상 중대한 비위를 범한 경우에 이를 의회가 소추하여 처벌하거나 파면하는 절차를 말한다. 탄핵심판은 형사책임추궁의 성격으로 시작되어 정치적 책임추궁의 성격으로 변화하였다.

(2) 위헌정당해산심판

위헌정당해산심판은 정당의 목적이나 활동이 헌법의 기본적인 가치질서, 즉 민주적 기본질서를 파괴할 경우, 정당활동의 위헌여부를 판단하여 위헌으로 확인되면 해당 정당을 해산하는 결정을 내림으로써 헌법의 기본적인 가치질서를 보호하기 위한 헌법재판이다.

(3) 헌법장애상태해소심판

헌법장애상태해소심판은 헌법장애상태를 해소하여 헌법이 규범력을 온전하게 발휘하게 하는 헌법재판이다. 여기서 헌법장애상태란 예컨대 대통령 사망의 경우처럼 헌법기관이 자신의 임무를 수행하지 못함으로써 헌법이 규범력을 온전히 발휘하지 못하는 상태를 말한다. 프랑스는 정부의 제소에 의해 헌법위원회(헌법재판소)가 대통령이 직무를 수행할 수 없다는 것을 확인한다.

(4) 기본권실효심판

기본권실효심판은 언론·출판·집회·결사의 자유와 같은 기본권을 자유민주적 기본질서를 공격하기 위해 남용하는 사람에 대해 그의 기본권 행사의 위헌여부를 판단하여 위헌으로 판단되면 당사자에게 해당 기본권의 효력을 상실시키는 헌법재판이다.

6. 연방국가적 쟁의

연방국가적 쟁의는 연방국가에서 연방과 주 상호간 또는 주 상호간에 권한을 둘러싼 분쟁을 해결하는 헌법재판이다.

제 2 절 헌법재판제도의 연혁과 유형

Ⅰ. 헌법재판제도의 연혁과 유형

1. 연혁

(1) 미국 연방대법원의 위헌법률심사

1) 미국 연방헌법 제6조 제2항은 주법에 대한 연방법의 우위를 규정하고 있다. 그래서 법원은 주법이 연방법에 위배되는지 여부를 심사할 수 있다. 그런데 법원이 연방법률이 연방헌법에 위배되는지 여부를 심사할 수 있는지 여부에 관하여는 연방헌법에 규정이 없다. 법원이 연방법률의 위헌여부를 심사할 수 있게 된 것은, 1803년 마베리 대 메디슨(Marbury v. Madison) 사건에서 연방대법원이 연방법률에 대해 위헌결정을 한 때부터였다.

2) 마베리 대 메디슨(Marbury v. Madison) 사건의 개요는 다음과 같다. 미국 제2대 대통령 존 애덤스(연방파)는 임기 종료 하루 전 워싱턴 D.C. 구역의 연방법원 판사 42명을 모두 연방파 사람들로 임명했다. 그러나 마베리에게 임명장을 전달하지 못한 채 임기가 종료하였다. 새로 취임한 제3대 토머스 제퍼슨 대통령(공화파)은 아직 전달되지 않은 임명장을 전달하지 말 것을 명했다. 임명장을 받지 못한 마베리는 연방법률인 법원조직법(Judiciary Act)을 근거로 직무집행영장을 발부하여 새 국무장관인 제임스 메디슨에게 임명장을 전달하도록 명령해 달라고 연방대법원에 소송을 제기하였다. 연방대법원은 직무집행영장 발부권은 연방헌법만이 연방대법원에 부여할 수 있는 권한인데, 이를 연방법률인 법원조직법(Judiciary Act)이 규정한 것은 헌법에 위반된다고 판시하였다.

3) 요컨대 미국 연방대법원은 1803년 마베리 대 메디슨(Marbury v. Madison) 사건에서 헌법은 최고의 법규범이고 헌법에 위반되는 국가작용은 효력이 없다는 것을 전제로 헌법을 해석할 사법권의 권한에 의거하여 의회가 제정한 법률을 위헌이라고 선언하였다. 이후 오늘날까지 법원은 위헌법률심사를 계속 수행해 오고 있다.

(2) 유럽의 헌법재판

1) 유럽에서는 늦게까지 군주주권론과 국가주권론이 영향을 미친 까닭에 헌법재판제도가 미국보다 늦게 도입되었다. 유럽의 헌법재판소제도는 오스트리아의 1920년 연방헌법이 헌법재판소를 설치한 것으로부터 시작되었다. 동 헌법재판소는 연방법률의 위헌여부를 심판할 권한을 가졌다. 프랑스는 1946년 제4공화국 헌법부터 정치기관의 성격을 갖는 헌법위원회를 설치하였고, 헌법위원회는 법률에 대한 사전·예방적 위헌법률심판권, (2008년 헌법개정 이후) 사후·교정적 위헌법률심판권 및 선거소송심판권을 갖고 있다.

2) 제2차 세계대전 이후에야 비로소 헌법재판제도가 본격적으로 일반화하기 시작하였다. 독일 기본법은 일반법원과 별도로 헌법재판에 관한 특별 관할권을 갖는 연방헌법재판소를 규정하였다. 위헌법률심판(구체적규범통제, 추상적규범통제), 정당해산심판, 탄핵심판, 권한쟁의심판, 헌법소원심판 등을 주요 관할사항으로 하는 독일연방헌법재판소는 헌법재판제도의 모범으로 꼽히며 많은 나라로 파급되었다.

2. 유형(헌법재판 담당기관)

(1) 법원형(분산형)

법원형은 3권분립에 의거해 사법권을 행사하는 법원이 위헌법률심판권(헌법재판권)을 행사하는 유형이다. 위헌법률심판권이 개별 법원들에 분산되어 있어 분산형이라고도 한다. 법원이 위헌법률심판권(헌법재판권)을 행사하는 나라로는 미국, 캐나다, 호주, 인도, 일본 등을 들 수 있고 우리나라도 제3공화국 헌법이 미국식을 채택한 바 있다.

(2) 헌법재판소형(집중형, 독립기관형)

헌법재판소형은 법원으로부터 독립된 헌법재판소가 헌법재판을 담당하는 유형이다. 헌법재판권이 개별 법원들에 분산되어 있지 않고 헌법재판소에 집중되어 있어 집중형이라고도 하며, 법원으로부터 독립된 기관이 헌법재판권을 갖기 때문에 독립기관형이라고도 한다. 법원으로부터 독립된 헌법재판소가 헌법재판권을 행사하는 나라로는 독일, 오스트리아, 이탈리아, 스페인, 포르투갈, 그리고 우리나라 등을 들 수 있다. 헌법재판소형은 광의의 헌법재판, 즉 위헌법률심판,

탄핵심판, 정당해산심판, 권한쟁의심판, 헌법소원심판, 선거소송심판 등을 관할사항으로 하는 것이 보통이다.

(3) 제3의 기관형

제3의 기관형은 법원도 아니고 헌법재판소도 아닌 특수한 성격을 갖는 제3의 기관이 헌법재판을 담당하는 유형이다. 그리스의 최고특별법원, 이란의 헌법수호위원회 등이 여기에 해당한다. 프랑스의 헌법위원회는 대통령, 상원 및 하원 의장이 각각 3명씩 임명하는 9인의 위원으로 구성되며, 9인의 임명직 위원 외에 직전 대통령이 종신 당연직 위원이 된다. 보통 법학교수나 법조인이 위원으로 임명되는데, 정치인도 위원이 될 수 있다. 프랑스의 헌법위원회는 제3의 기관형(정치기관형)으로 분류되기도 하고, 규범통제가 활성화하면서 헌법재판소형으로 분류되기도 한다.

Ⅱ. 우리나라 헌법재판의 역사

1. 제1공화국 헌법

제1공화국 헌법은 '제5장 법원'에 법원과 헌법위원회를 함께 규정하였다. 그리고 탄핵재판에 관하여는 따로 탄핵재판소를 설치하였다. 헌법위원회는 부통령을 위원장으로 하고 대법관 5인과 국회의원 5인의 위원으로 구성하고, 법률이 헌법에 위반되는 여부가 재판의 전제가 되는 때에는 법원은 헌법위원회에 제청하여 그 결정에 의하여 재판한다(구체적 규범통제). 헌법위원회는 6건의 위헌법률심사를 하였으며, 그중 2건의 위헌결정(대법원에 재판을 청구할 권리를 박탈한 '농지개혁법', 역시 대법원에 재판을 청구할 권리를 박탈한 '비상사태하의 범죄처벌에 관한 특별조치령')을 내렸다.

2. 제2공화국 헌법

제2공화국 헌법은 법원(제7장)과 독립한 장(제8장)에 헌법재판소를 규정하였다. 9인의 심판관으로 구성되는 헌법재판소는 법률의 위헌여부심사, 헌법에 관한 최종적 해석, 국가기관 간의 권한쟁의, 정당의 해산, 탄핵재판, 대통령, 대법원장과 대법관의 선거에 관한 소송 등을 관할사항으로 하였다. 1961. 4. 17.에 헌법재판소법도 제정되었는데, 헌법재판소법은 1개월 만에 5·16 군사쿠데타가 발생하여 헌법재판소가 구성되지도 못하고 효력을 상실하였다.

3. 제3공화국 헌법

제3공화국 헌법은 법원이 위헌법률심판을 담당하는 미국식의 사법심사제를 채택하였다. 다만 탄핵심판에 관하여는 따로 탄핵심판위원회를 두었다. 위헌법률심판이 하급법원에서는 비교적 활발하게 이루어졌으나 대법원에서는 활성화되지 못하였다. 대법원이 위헌판결한 것은 국가배상법 제2조 제1항 단서(이중배상금지)와 법원조직법 제59조 제1항 단서(대법원위헌심사권 제한: 과반수결정 → 3분의 2 이상 결정으로 변경)에 대한 것이 유일(2개 법률 동시 위헌판결)하다. 한편, 법률 하위규범에 대한 것으로, 징발재산보상에관한대통령령 제2조 위헌결정이 있는데, 이는 보상금은 매년 예산 범위 안에서 지급하도록 규정하고 있는 것이 헌법상 정당한 보상(완전보상) 위반이라는 이유로 위헌으로 판시되었다.

4. 제4공화국 헌법

제4공화국 헌법은 법원(제7장)과 독립된 장(제8장)에 별도로 헌법위원회를 규정하였다. 그러나 하급법원의 위헌법률심판제청에 대해 대법원이 불송부결정을 할 수 있었고, 그 결과 사실상 대법원이 합헌결정권을 행사하였다. 이러한 헌법규정의 제도적 제한과 당시의 헌정 상황으로 인하여 대법원은 위헌법률심판제청이나 제청송부를 한 것이 한 건도 없었다. 제4공화국 헌법에서의 헌법위원회는 어떠한 결정례도 남기지 못하고 명목상으로만 존재하는 휴면기관에 불과하였다.

5. 제5공화국 헌법

제5공화국에서도 제4공화국에서와 마찬가지의 헌법규정과 헌정 상황으로 인하여 헌법위원회는 명목상으로만 존재하는 기관이었다.

6. 제6공화국 헌법(현행헌법)

1988. 2. 25.에 효력을 발생한 현행헌법에 의거하여 헌법재판소가 설치되었다. 헌법재판소는 민주화 진행과 더불어 활발하게 활동해 왔다.

제 3 절 헌법재판과 민주주의

Ⅰ. 헌법재판의 민주적 정당성

1. 민주주의와 헌법재판의 갈등

헌법재판은 국민대표기관인 의회가 다수결로써 의결한 법률을 무효화하거나 국민의 다수가 선출한 대통령의 행위를 위헌으로 선언한다. 이러한 헌법재판소의 행위는 민주주의원리에 위반된다는 비판이 오래전부터 존재한다. 민주주의와 헌법재판의 갈등은 헌법재판소 재판관 선출 내지 임명 방법의 개선, 헌법재판의 한계의 명확화 등의 방법으로써 해결하는 것이 필요하다. 그러나 구체적 사례를 놓고 보면 헌법재판의 민주적 정당성이 부정될 수 있는 경우들이 있지만, 일반적으로 헌법재판은 민주주의원리에 위반되지 않는다. 즉 헌법재판은 민주적 정당성이 있다.

2. 기능적 및 제도적 민주적 정당성

헌법재판은 기능적 및 제도적 민주적 정당성을 갖는다. 우리 헌법 제1조 제2항은 "… 모든 권력은 국민으로부터 나온다."라고 규정함으로써 입법권, 집행권, (헌법재판권을 포함하는)사법권을 헌법제정자 스스로가 구성하였다. 따라서 국민은 독자적인 기능과 기관들로서의 입법권, 집행권, (헌법재판권을 포함하는)사법권을 통해 자신으로부터 비롯되는 국가권력을 행사한다. 즉 헌법재판권은 그 자체 민주적으로 권한이 부여된 국가권력의 행사로서 승인되어 있다.

3. 조직적 – 인적 민주적 정당성

헌법재판은 조직적 – 인적 민주적 정당성을 갖는다. 헌법재판소 구성원(재판관)들의 민주적 정당성은, 그들에게 헌법재판 업무를 위임한, 중단되지 않고 국민으로 거슬러 올라가는 정당성의 사슬 속에 존재한다. 국민이 직접적으로 임명했든 간접적으로 임명했든, 비록 직접적인 임명이 보다 높은 민주적 정당성을 부여할지라도, 모두 동등하게 허용된다.

4. 실질적 - 내용적 민주적 정당성

헌법재판은 실질적 - 내용적 민주적 정당성을 갖는다. 헌법재판소는 결정을 함에 있어서 그 기준으로서 헌법에만 구속된다. 헌법재판소가 헌법에 구속되어 헌법에 따른 결정을 한다면 그 결정에 민주적 정당성을 매개하는 것은 바로 '헌법'이다. 헌법이 헌법재판소 결정의 기초를 제공하는 경우 및 그러한 한에서만, 그 기초 위에서 행해지는 헌법재판소 결정은 민주적으로 정당화된다. 즉 헌법재판소가 내린 결정은, 그것이 헌법으로부터 도출된다는 것이 설득력 있는 이유에 의해 논증되는 경우에만, 민주적 정당성을 가질 수 있다.

II. 헌법재판에서의 사법소극주의와 사법적극주의

헌법재판은 헌법분쟁이나 헌법침해 사건에서 헌법을 해석·적용하는 작용이다. 헌법의 해석·적용은 헌법이 갖는 규범구조적 특성(개방성, 추상성 등) 때문에, 헌법보다 구체적으로 규정되어 있는 일반법률의 해석·적용보다 해석자의 헌법철학에 크게 영향을 받는다. 헌법재판 사안에서 헌법재판을 수행하는 헌법철학으로서 사법소극주의와 사법적극주의가 있다.

1. 사법소극주의

(1) 사법소극주의는 기본적으로 보수적 입장에 의거하고 있다. 사법부는 국민으로부터 선출된 의회의 법률제정이나 대통령의 행위에 대하여 그것이 기존의 선례나 국민의 법감정에 명백하게 반하지 않는다면 사법부는 개입을 자제해야 한다는 이론이다.

(2) 사법소극주의는 국민으로부터 선출되지 않고 국민에게 정치적 책임을 지지 않는 사법부(헌법재판소)의 민주적 정당성이 취약하다는 점, 재판 사안에 대한 사법부의 전문성이 부족하다는 점, 정치적 사건에 개입함으로써 사법의 정치화 및 이로 인한 사법부의 독립성 위협 등이 초래될 수 있다는 점 등을 논거로 한다.

(3) 사법소극주의는 재판할 사안을 포기하는 것으로서 헌법이 부여한 임무를 포기하는 것이기 때문에 위헌이라는 점, 재판을 안 한다는 것은 기성의 상태를 인정하게 되어 그 자체가 어느 한쪽 편을 드는 것이라는 점 등의 비판을 받는다.

2. 사법적극주의

(1) 사법적극주의는 기본적으로 진보적 입장에 의거하고 있다. 사법부가 단지 기존의 선례에 구속되어 소극적으로 재판해서는 안 되고, 시대변화와 역사발전에 기여할 수 있도록 헌법을 능동적·탄력적으로 해석하여 의회의 법률제정이나 대통령의 행위의 합헌성을 판단해야 한다는 이론이다.

(2) 사법적극주의는 사법권은 헌법이 부여한 권한이고 다수의 횡포를 방지하여 소수보호의 기능을 수행하기 때문에 사법부도 민주적 정당성을 갖는다는 점, 오늘날 정당국가화 현상으로 인한 입법부와 집행부의 권력융화에 대한 견제 및 헌법수호자 기능 수행의 적극성이 요청된다는 점 등을 논거로 한다.

(3) 사법적극주의는 정치영역에서 담당할 문제를 사법부가 결정함으로써 '법관에 의한 통치'를 초래하여 민주주의에 반한다는 점, 법원은 법을 해석·적용하는 재판기관일 뿐 초실정법적 기관은 될 수 없다는 점 등의 비판을 받는다.

제 4 절 헌법재판의 본질과 한계

Ⅰ. 헌법재판의 본질(법적 성격)

1. 문제제기

헌법재판은 사안에 따라 국회의 법률을 무효화하거나 대통령의 정치행위를 취소하는 등 전통적으로 법원이 수행하던 법률의 해석·적용 기능과 동일시하기 어려운 헌법의 해석·적용 기능을 수행한다. 이러한 헌법재판의 본질이 사법인지 아니면 사법과 다른 그 무엇인지 문제된다. 압도적 다수의 학자들은 헌법재판의 본질을 사법작용이라고 한다.

2. 학설

(1) 정치작용설

칼 슈미트는 헌법을 정치적 결단이라고 이해한다. 그는 헌법(근본적 결단)과 헌법률(기타의 결단)을 구분하여, 헌법률에 대한 분쟁을 해결하는 것은 문제성 있는 사법일 뿐이라고 하여 헌법재판 대상에서 제외한다. 그는 헌법재판은 근본적 결단인 헌법문제에 대한 다툼, 즉 헌법분쟁(최고국가기관들 예컨대 의회와 정부 간의 분쟁)을 전제로 하고 있는데, 진정한 헌법분쟁은 항상 정치적 분쟁이라고 한다. 이러한 분쟁을 해결하는 것은 사법작용이 아니라 정치적 결단을 행하는 것으로서 정치작용이라고 한다.

(2) 입법작용설

이 견해는 특히 헌법재판의 규범통제작용을 놓고 주장된다. 즉 헌법은 법률과 다른 구조적인 특성(개방성, 추상성 등)을 가지고 있기 때문에, 헌법해석은 일반법률을 해석하는 방법과 다른 해석방법을 취하게 되는데, 이때 법률해석과는 달리 헌법해석은 법창조적 기능을 수행하게 된다고 한다. 위헌법률심판(규범통제)은 헌법을 보충하고 그 내용을 형성하는 기능이기 때문에 이는 입법이지 사법이 아니라고 한다. 즉 헌법재판에서는 구체적인 사안과 관련하여 법이 형성되는 것이 아니라, 입법자가 하는 것처럼 구체적인 사안을 도외시하고 일반적인 고려를 행하기 때문에 사법이 아니라 입법이라고 한다.

(3) 사법작용설

1) 과거에 법실증주의자들이 주장하던 사법작용설은 헌법재판도 다른 재판과 마찬가지로 법인식작용으로서 사법작용이라고 하였다. 이 견해는 헌법의 규범구조와 법률의 규범구조를 동일시하여 헌법해석도 법률해석과 동일한 방법으로 하면 된다고 하였다. 따라서 사비니의 법률해석방법(문법적, 논리적, 역사적, 체계적 해석)이 헌법해석에도 그대로 적용된다고 하였다.

2) 그러나 오늘날 압도적 다수의 학자들이 주장하는 사법작용설은 과거에 법실증주의자들이 주장하던 사법작용설과 논거를 달리한다. 즉 헌법과 법률의 규범구조는 다르다고 한다. 헌법은 1차적으로 법이며, 헌법분쟁이 있거나 헌법이 침해된 경우 행해지는 헌법재판은 전적으로 법적문제만을 다루는 것이라고

한다. 즉 헌법분쟁은 정치적 분쟁이 아니라 법적분쟁이며, 법적분쟁에 대해 법적결정을 내리는 헌법재판은 사법작용이라고 한다.

(4) 제4의 국가작용설

이 견해는 헌법재판은 국가의 통치권 행사가 언제나 헌법정신에 따라 행해질 수 있도록 입법·행정·사법 등의 국가작용을 통제하는 기능이기 때문에 사법작용일 수도 없고 입법작용일 수도 없을 뿐만 아니라 그렇다고 행정작용일 수도 없는 독특한 성격을 갖는 제4의 국가작용이라고 한다.

3. 소결

(1) 헌법재판을 할 때 행해지는 헌법해석은 헌법의 특성(개방성, 추상성 등)으로 말미암아 일반법률의 해석방법으로는 해석이 불가능하다. 즉 헌법해석은 해설적 방법이 아니라 보충적 방법이 필요하다. 그래서 헌법재판소가 행하는 헌법해석은 창조적 성격을 갖게 되지만, 그러나 모든 해석은 창조적 성격을 갖는다. 다만 헌법해석은 헌법에 명시적으로 또는 내재적으로 존재하는 헌법원리로부터의 법의 구체화이며 법의 도출인 것이다. 즉 헌법해석은 구체화인 것이다. 또한 헌법의 특성(정치성)으로 말미암아 헌법재판은 정치성을 강하게 갖는다. 그러나 법원의 재판도 사안에 따라 예컨대 내란죄·외환죄 사건의 경우(기타 정치적 갈등이 심각한 사건 등)에 그 재판은 정치성을 띤다. 다만, 일반적으로 법원의 재판보다 헌법재판이 더 강하게 더 빈번하게 정치성을 띨 뿐이다.

(2) 헌법재판소에 의해 결정되어야 할 문제들이 헌법해석을 통하여 해결이 가능한 한, 따라서 재판이 가능한 한, 이들 문제들의 법적문제로서의 성격은 유지되어야 하며 그 결정도 법적결정으로서 유지되어야 한다. 헌법재판은 헌법을 해석·적용하는 사법작용이다. 사법이란 법적 분쟁이 있거나 법이 침해된 경우에 청구(제소)에 기초하여 제3의 독립적 기관이 특별한 절차에 따라 법을 해석·적용하여 유권적이고 구속적이며 자주적으로 결정을 내리는 작용을 말한다고 할 때, 헌법재판은 이러한 사법에 해당한다. 즉 헌법재판의 본질은 전적으로 사법작용이다. '정치적' 사법작용이라는 식의 수식어('정치적')는 불필요하다.

Ⅱ. 헌법재판의 한계

헌법재판은 사법작용이기 때문에, 헌법재판의 한계로는 사실상의 한계, 관할권상의 한계, 기능상의 한계, 사법판단적격상의 한계, 사법본질상의 한계 등을 들 수 있다.

1. 사실상의 한계

(1) 헌법재판소는 자신의 결정을 강제할 방법이 없다. 다른 국가권력이 헌법재판소 결정을 무시하는 경우 헌법재판소는 어찌할 방법이 없다. 헌법재판은 다른 국가권력의 자발적 존중에 의존하며, 헌법에 의거하여 설득력있게 논증하는 결정을 통해 자발적 존중을 유발할 수 있을 뿐이다.

(2) 예컨대 현존 정치체제를 거부하고 다른 체제로 대치하고자 하는 강력한 세력이 존재한다면, 이들은 현행헌법질서 자체를 부정하는 것이므로 헌법재판은 사실상의 한계에 직면한다. 또 정치적 분쟁을 헌법재판소가 해결할 수 있는 것은 당해 분쟁이 지나치게 심각한 것이 아니고 현행헌법질서에 관한 기본적인 합의를 의심스럽게 만드는 것이 아닌 경우에 한하기 때문에, 헌법재판이 심각한 정치적 위기조차 해결할 수 있는 것은 아니다.

2. 관할권상의 한계

(1) 헌법규정상 헌법재판소의 권한

헌법재판소는 헌법과 법률에 의해 주어진 관할권 범위 내에서만 재판할 수 있다. 즉 헌법재판소는 제111조 제1항이 규정하고 있는 위헌법률심판권, 탄핵심판권, 정당해산심판권, 권한쟁의심판권 및 헌법소원심판권의 5가지 심판권만 행사할 수 있다.

(2) 법원과 헌법재판소의 권한관계

1) 사법부의 2원적 구조 현행헌법상 사법부는 법원과 헌법재판소의 2원적 구조로 되어 있다. 법원과 헌법재판소는 각각 헌법이 부여하고 있는 사법권을 행사한다.

2) 명령·규칙의 위헌여부 심사권 명령·규칙의 위헌여부 심사권이 법원에 전속하는 것인지 문제된다. 헌법 제107조 제2항은 "명령·규칙 또는 처분이 헌법이나 법률에 위반되는 여부가 재판의 전제가 된 경우에는 대법원은 이를 최종적으로 심사할 권한을 가진다."라고 하여 재판의 전제가 된 경우 대법원의 최종적 심사권을 규정하고 있다. 그러나 재판의 전제가 된 경우가 아니라, 명령·규칙이 집행행위의 매개없이 직접 국민의 기본권을 침해하는 경우에는 명령·규칙에 대한 헌법소원심판을 청구하는 것이 가능하다.

3) 헌법재판소의 한정위헌결정 문제 ① 헌법재판소는 규범통제절차에서의 위헌결정으로서 단순위헌, 헌법불합치, 한정위헌, 한정합헌 결정을 내리고 있다. 한정위헌·한정합헌 결정은 헌법합치적 법률해석에 의거하여 법률규정 자체의 축소없이 위헌인 부분을 배제하는 질적일부무효(질적일부위헌)에 해당한다.

② 그런데 대법원은 헌법재판소의 한정위헌결정을 인정하지 않는다. 즉 구체적인 사건에서 법령의 해석·적용에 관한 권한은 대법원을 최고법원으로 하는 법원에 전속한다. 헌법재판소가 특정한 '법률해석'이 헌법에 위반된다고 표명한 의견은 헌법재판소의 권한 범위를 뚜렷이 넘어선 것으로서 법원을 기속할 수 없다고 판시하였다.[1]

③ 그러나 법률의 의미는 결국 개별·구체화된 법률해석에 의해 확인되는 것이므로 법률과 법률의 해석을 구분할 수는 없고, 재판의 전제가 된 법률에 대한 규범통제는 해석에 의해 구체화된 법률의 의미와 내용에 대한 헌법적 통제로서 헌법재판소의 고유권한이며, 헌법합치적 법률해석의 원칙상 법률조항 중 위헌성이 있는 부분에 한정하여 위헌결정을 하는 것은 입법권에 대한 자제와 존중으로서 당연하고 불가피한 결론이다. 그리고 이러한 한정위헌결정을 구하는 한정위헌청구는 원칙적으로 적법하다.[2]

4) 헌법재판소의 형벌규정에 대한 헌법불합치결정 문제 ① 헌법재판소는 법률규정이 위헌일 경우에도 법적 안정성을 위해 심판대상법률의 효력상실을 제한하는 헌법불합치결정을 내리고 있다. 그런데 비형벌규정에 대해서는 헌법불합치결정이 문제되지 않지만, 형벌규정에 대해서는 헌법불합치결정이 문제된다. 왜냐

1) 대법원 2013. 3. 28. 선고 2012재두299.
2) 헌재 2012. 12. 27. 2011헌바117.

하면 헌법재판소법 제47조 제3항에 따라, 형벌규정에 대해 위헌결정이 내려지면 해당 규정은 소급하여 효력을 상실하기 때문이다.

② 그런데 헌법재판소는 헌법재판소법 제47조 제3항에도 불구하고 형벌규정에 대해 헌법불합치결정을 내리면서 적용중지를 명하거나 기한을 정해 잠정적용을 명하는 결정을 내리고 있다.

③ 이에 대해 대법원은 헌법재판소 결정과 달리 재판하고 있다. 즉 헌법불합치결정은 위헌결정이며, 형벌에 관한 법률조항에 대하여 위헌결정이 선고된 경우, 그 조항은 소급하여 효력을 상실한다. 헌법재판소가 헌법불합치결정의 주문에서 심판대상 형벌규정이 개정될 때까지 계속 적용되고, 이유 중 결론에서 개정시한까지 개선입법이 이루어지지 않는 경우 그 다음 날부터 효력을 상실하도록 하였더라도, 헌법불합치결정을 위헌결정으로 보는 이상 이와 달리 해석할 여지가 없다. 따라서 형벌에 관한 법률조항이 소급하여 효력을 상실한 경우에 당해 조항을 적용하여 공소가 제기된 피고사건은, 범죄로 되지 아니한 때에 해당하고, 법원은 이에 대하여 형사소송법 제325조 전단에 따라 무죄를 선고하여야 한다고 판시하였다.[3)]

④ 생각건대, 비형벌규정에 대한 헌법불합치결정은 가능하다. 그러나 형벌규정에 대해 헌법불합치결정을 내리는 것은, 특히 잠정적용을 명하는 것은, 위헌인 형벌규정을 계속적용해서 처벌하라는 것이기 때문에 실질적 법치주의에 반하며, 형벌규정에 대한 위헌결정의 소급효를 규정한 헌법재판소법의 명문규정에 반한다. 헌법재판소의 형벌규정에 대한 헌법불합치결정을 대법원이 따르지 않는 것에 대해, 단지 헌법재판소 결정의 집행문제(헌법불합치결정의 기속력 문제)라고 보는 견해가 있을 수도 있지만, 이는 헌법재판소에게 형벌규정에 대한 헌법불합치결정권이 있는지의 문제이기 때문에, 법원과 헌법재판소의 권한관계로 다루는 것이 맞다고 본다. 요컨대 헌법재판소가 형벌규정에 대해 헌법불합치결정을 내리면서 적용중지나 잠정적용을 명하는 것은 헌법과 법률에 위반된다.

3) 대법원 2009. 1. 15. 선고 2004도7111; 대법원 2011. 6. 23. 선고 2008도7562.

3. 기능상의 한계

(1) 의의

1) 헌법재판소는 사법작용을 수행하는 사법기관으로서 사법기능에 따른 한계를 지니기 때문에, 사법기능을 벗어나는 재판을 할 수 없다. 즉 헌법재판소는 예컨대 의회를 대신하여 법률을 제정하거나, 대통령을 대신하여 대통령의 권한을 행사하거나, 일반법원을 대신하여 구체적인 사건에 대해 재판할 수 없다.

2) 기능상의 한계의 맥락에서 이른바 통치행위에 대한 사법심사가 문제된다. 이른바 통치행위에 대해서는 아래에서 '사법판단적격상의 한계'로 따로 다룬다. 여기서는 헌법재판의 기능적 한계를 밝히는 기능법적 관점을 몇가지만 간략하게 살펴본다.

(2) 기능법적 관점

1) 행위규범과 통제규범의 구별 헌법규정은 입법부나 행정부에게는 헌법을 실현하라는 행위규범으로 작용하지만, 헌법재판소에게는 입법부나 행정부의 행위의 합헌성을 심사하는 통제규범으로 작용한다. 예컨대 사회적 기본권은, 입법부나 행정부에 대해서는 국가의 여러 가지 여건을 고려하여 모든 국민이 인간의 존엄성에 맞는 건강하고 문화적인 생활을 누릴 수 있도록 행위해야 한다는 행위규범으로 작용하지만, 헌법재판소에게는 입법부나 행정부가 사회적 기본권 실현을 위해 객관적으로 필요한 최소한의 조치를 취할 의무를 다했는지를 기준으로 국가기관의 행위의 합헌성을 심사해야 한다는 통제규범으로 작용한다.

2) 입법자의 형성의 자유 입법자는 헌법을 실현함에 있어서 원칙적으로 넓은 형성의 자유를 갖는다. 입법자에게 넓은 형성의 자유가 인정되는 경우에 헌법재판소의 통제강도는 완화된다. 예컨대 헌법이 일정한 사항을 법률로 규정할 것을 입법자에게 위임해 놓은 경우에는 거의 대부분 입법자에게 폭 넓은 형성의 자유가 인정된다.[4] 다만, 구체적인 사안에서 기본권관련성의 정도에 따라 헌법재판소의 통제강도는 강화될 수 있다.

---

4) 방승주, 헌법강의 I, 박영사, 2021, 40면.

3) 변형결정 헌법재판소는 법적 안정성이나 입법권 존중을 위해 단순위헌결정만이 아니라 변형결정을 내린다. 이는 헌법재판소가 자신의 기능적 한계를 준수하는 방법이다. 즉 헌법재판소가 다루는 사건들은 정치적·사회적 파급력이 크기 때문에, 헌법재판소는 자신이 내린 결정이 초래할 결과에 대한 책임의 관점을 고려해야 하고 또한 입법권을 존중해야 한다. 그래서 단순위헌결정만이 아니라 사안에 따라 헌법불합치결정, 한정위헌결정, 한정합헌결정 등을 내리게 된다.

① **헌법불합치결정** 헌법재판소는 법률에 대한 단순위헌결정(무효선언)이 초래할 법적 불안정성을 예방하기 위하여 헌법불합치를 선언하고 잠정적용을 명하기도 한다. 또 예컨대 평등원칙 관련하여, 본질적으로 같은 A, B 두 집단에 대해 A집단에게는 일정한 혜택을 주고 B집단에게는 혜택을 배제하는 법률이 있을 경우, 평등원칙위반을 해소하는 방법으로는 A, B 두 집단 모두에게 동일한 혜택을 부여하거나, A집단에게 주던 혜택을 더 이상 주지 않음으로써 A, B 두 집단 모두를 혜택에서 배제하는 방법 등이 있을 수 있다. 이처럼 위헌성을 제거하는 방법이 여러 가지가 있을 경우, 그 결정을 하는 것은 헌법재판소의 일이 아니라 입법자가 여러 가지 여건을 고려하여 결정할 일이기 때문에, 헌법재판소는 단순위헌결정을 내리는 것이 아니라 헌법불합치결정을 내리고 입법자에게 개선의무를 부과한다.

② **한정위헌·한정합헌 결정(헌법합치적 법률해석)** 헌법재판소는 헌법합치적 법률해석에 의거하여 한정위헌·한정합헌 결정을 내린다. 한정위헌·한정합헌 결정은 헌법합치적 해석이 가능한 경우 입법권을 존중하여 단순위헌결정(무효선언)을 내리지 않는 것이다. 한정위헌·한정합헌 결정은 법규정의 문언에 변경없이 일정한 해석을 위헌이라고 배제하는 것이다. 한정위헌결정의 경우, 헌법재판소는 예컨대 민법 제764조의 '명예회복에 적당한 처분'에 사죄광고를 포함시키는 것은 헌법에 위반된다고 결정한다.[5] 한정합헌결정의 경우, 헌법재판소는 예컨대 국가보안법 제7조[6] 제5항은 그 소정행위가 국가의 존립·안전을 위태롭게

---

5) 헌재 1991. 4. 1. 89헌마160.

6) 당시 (90헌가11 사건의) 심판대상이었던 국가보안법 제7조(찬양·고무등) "① 반국가단체나 그 구성원 또는 그 지령을 받은 자의 활동을 찬양·고무 또는 이에 동조하거나 기타의 방법으로 반국가단체를 이롭게 한 자는 7년 이하의 징역에 처한다. ⑤ 제1항 내지 제4항의 행위를 할 목적으로 문서·도화 기타의 표현물을 제작·수입·복사·소지·운반·반포·판매 또는 취득한 자는 그

하거나 자유민주적 기본질서에 위해를 줄 경우에 적용된다고 할 것이므로 이러한 해석하에 헌법에 위반되지 아니한다고 결정한다.[7)]

4. 사법판단적격상의 한계 – 이른바 통치행위에 대한 헌법재판

헌법재판소에 심판이 청구되어 헌법재판소가 심판청구된 사건에 대해 재판을 하고 싶어도 재판의 기준으로 삼을 수 있는 (헌)법적 기준이 존재하지 않는 경우가 있다. 이러한 경우에 헌법재판소는 재판을 할 수 없으며, 이러한 사건은 소위 사법판단적격(justiciability)이 없으므로, 즉 판단의 기초로 삼을 수 있는 기준이 없으므로, 헌법재판소는 각하결정을 내려야 한다. 그러므로 이러한 경우 헌법재판은 사법판단적격상의 한계에 부딪히게 된다. 예컨대 우리나라가 과거에 구소련·중국과 수교를 맺을 당시를 놓고 생각할 때, 이러한 수교를 맺는 것이 헌법에 위반되는지 여부에 대해 다툼이 있는 경우를 생각할 수 있다. 이러한 문제는 사법부에 그 해결이 맡겨진 문제가 아니라 순수하게 정치적으로만 결정할 수 있는 문제이다. 따라서 이러한 경우 헌법재판소는 재판의 기준으로 삼을 수 있는 (헌)법적 기준이 존재하지 않기 때문에, 즉 사법판단적격이 없기 때문에, 심사할 수 없다. 전통적으로 사법심사의 대상으로 삼기에 부적합한 행위로서 이른바 통치행위가 거론된다. 과연 이른바 통치행위는 사법심사의 대상으로 삼기에 부적합한, 즉 사법판단적격이 없는 행위인지 살펴본다.

(1) 통치행위의 개념

대체로 이른바 통치행위란 "고도의 정치성을 띤 국가 최고기관(대통령, 의회)의 행위로서 그 성질상 사법심사의 대상으로 삼기에 부적합한 행위"라고 할 수 있다. 예컨대 대통령이 국가긴급권을 행사하거나, 국군을 외국에 파병하거나, 남북통일을 위하여 남북정상회담을 개최하거나 하는 등의 문제에 관하여 (헌)법위반 여부가 다투어져서 사법권이 이에 대해 재판을 해야 하는 경우가 발생할 수 있다. 이러한 경우들은 전통적으로 이른바 통치행위(정치문제)라고 지칭되며, 사법부가 심사대상에서 제외하는 것이 바람직하다는 게 종래의 다수설과 판례이다.

각 항에 정한 형에 처한다."

7) 헌재 1990. 6. 25. 90헌가11.

(2) 학설과 판례

1) 학설 학설은 통치행위부정설과 통치행위긍정설로 크게 나뉜다. 통치행위 부정설은 실질적 법치주의가 지배하는 헌법국가에서 모든 국가작용은 법의 구속을 받으므로 고도의 정치성을 띠는 최고국가기관의 행위라고 해서 법의 구속에서 벗어난다고 일반적으로 말할 수는 없다는 입장이다. 따라서 사법심사에서 배제되는 행위라는 의미에서의 이른바 통치행위를 부정한다. 통치행위긍정설은 다시 권력분립설(내재적 제약설), 자유재량행위설, 사법자제설 등으로 나뉘는데, 우리나라의 다수설은 사법자제설이다. 권력분립설(내재적 제약설)은 권력분립원칙에 따라 법원의 권한에는 내재적 제약이 있기 때문에, 이른바 통치행위에 대해서 법원은 개입하지 않아야 한다는 입장이다. 자유재량행위설은 이른바 통치행위는 정치문제이고 정치문제는 통치권자의 자유재량행위이므로 사법심사 대상에서 제외되어야 한다는 입장이다. 그러나 오늘날 자유재량행위도 사법심사의 대상으로서 재량권의 일탈·남용에 대해 위법하다는 판단을 받는다. 사법자제설은 이른바 통치행위(정치문제)도 원칙적으로 사법심사의 대상이 되지만 사법심사를 함으로써 오히려 사법부가 정치화할 위험이 초래되고 사법권독립을 약화시키는 부정적 결과를 가져오거나, 사법심사로 말미암아 커다란 국가적 손해가 발생될 수 있으므로 사법부 스스로가 정책적으로 이른바 통치행위(정치문제)에 대한 심사를 자제해야 한다는 입장이다.

2) 판례

① **대법원 판례** 대법원은 이른바 통치행위에 대한 사법적 심사에 있어서 소극적 입장에서 점차로 전향적으로 변화하였고, 통치행위를 인정할지라도 법원의 임무를 포기하는 것이 되지 않도록 그 인정을 신중하게 해야 하며 그 판단은 오로지 사법부만에 의해야 한다고 판시하였다.[8)]

② **헌법재판소 판례** ㉠ 헌법재판소는 이른바 통치행위에 대하여 대법원보다는 적극적으로 사법심사에 임하였다고 볼 수 있지만, 태도가 일관되게 확고부동하지는 않다. 헌법재판소는 대통령의 긴급재정경제명령은 이른바 통치행위에 속하지만, 비록 고도의 정치적 결단에 의하여 행해지는 국가작용이라 할지라

---

8) 대법원 2004. 3. 26. 선고 2003도7878.

도, 그것이 국민의 기본권 침해와 직접 관련되는 경우에는 당연히 헌법재판소의 심판대상이 된다고 판시하였다.[9] 그 후 일반사병 이라크파병 결정은 그 성격상 국방 및 외교에 관련된 고도의 정치적 결단을 요하는 문제로서, 헌법과 법률이 정한 절차를 지켜 이루어진 것임이 명백하므로, 대통령과 국회의 판단은 존중되어야 하고 헌법재판소가 사법적 기준만으로 이를 심판하는 것은 자제되어야 한다고 판시하였다.[10]

㉡ 그러다가 최근에 윤석열 대통령 탄핵사건에서, 헌법재판소는, "대통령의 계엄 선포권은 전시·사변 또는 이에 준하는 국가비상사태에 있어서 병력으로써 군사상의 필요에 응하거나 공공의 안녕질서를 유지할 필요가 있을 때 발동되는 국가긴급권으로, 그 행사에 대통령의 고도의 정치적 결단을 요한다고 볼 수 있다. 그러나 국가긴급권은 평상시의 헌법질서에 따른 권력행사방법만으로는 대처할 수 없는 중대한 위기상황에 대비하여 헌법이 중대한 예외로서 인정한 비상수단이므로, 헌법이 정한 국가긴급권의 발동요건·사후통제 및 국가긴급권에 내재하는 본질적 한계는 엄격히 준수되어야 한다. 계엄의 선포에 관해서는 헌법 제77조 및 계엄법에서 그 요건과 절차, 사후통제 등에 대하여 규정하고 있고, 탄핵심판절차는 고위공직자가 권한을 남용하여 헌법이나 법률을 위반하는 경우 그 권한을 박탈함으로써 헌법질서를 지키는 헌법재판이라는 점을 고려하면, 비록 이 사건 계엄 선포가 고도의 정치적 결단을 요하는 행위라 하더라도 탄핵심판절차에서 그 헌법 및 법률 위반 여부를 심사할 수 있다고 봄이 상당하다. 따라서 이 사건 계엄 선포행위가 통치행위이므로 사법심사의 대상이 될 수 없다는 피청구인의 주장은 받아들일 수 없다."[11]라고 판시함으로써 이른바 통치행위에 대해서도 (헌)법적 심사기준이 있다면 사법심사의 대상이 된다는 것을 분명히 하였다.

⑶ 미국의 정치문제 법리

1) 미국에서의 이른바 정치문제법리(Political Question Doctrine)는, 정치문제는 사법부가 판단할 사항이 아니라는 이론이다. 미국연방대법원은 정치문제 여부를 결정할 유용한 기준을 명백하게 밝히지 못했다. 물론 Baker v. Carr 사건에서

9) 헌재 1996. 2. 29. 93헌마186.
10) 헌재 2004. 4. 29. 2003헌마814.
11) 헌재 2025. 4. 4. 2024헌나8.

정치문제 여부를 판단하는 6가지 기준[12]을 밝히기는 하였지만 이 기준들은 정치문제 여부를 밝히는데 있어서 일반적인 타당성을 갖지 못한다는 비판이 많다.[13]

2) 미국연방대법원은 정치문제법리에 대해 일관성있는 태도를 취하지 않았다. 미연방대법원은 정치문제법리를 사건별로 적용해 왔기 때문에, 이 법리는 어떠한 통일적인 지침을 제공하지 못한다. 통제를 할 것인지 안할 것인지를 사법부가 마음대로 결정한다면 그것은 사법부가 스스로 정치적 결정을 하는 게 될 것이고, 더욱이 통제해야 할 사안에 대해 통제를 하지 않는다면 행위자는 자동적으로 정당성을 인정받게 되므로[14] 이 또한 사법부가 어느 한쪽 편을 들어주는 정치를 한 것이 된다.

3) 사법판단적격 여부에 결정적인 것은 심사대상의 본질이 정치적인지 비정치적인지가 아니라, 국가기관들에게 권한행사의 근거를 부여하고 동시에 어느 범위까지 그들이 책임을 져야 하는지 여부에 대하여 규정하고 있는 (헌)법규정이다.[15] 이른바 정치문제법리는 일반적으로 사법판단적격상의 한계로 인정될 수 없는 것이다. 정치문제도 법적으로 형성할 수 있고 따라서 사법판단적격이 있을 수 있다.[16]

(4) 사법자제설 비판

1) 사법부자제란 말 그대로 법관의 자기억제를 의미한다. 사법부가 자신에게 결정권이 있음에도 불구하고 결정하지 않는 것은, 사법부가 헌법이 부여한 권한을 위반하는 것이다. 더욱이 사법부자제라는 말은 사법부가 무엇을 어떻게

12) 헌법규정상 명백하게 동등한 정치기관에게 문제해결이 위임된 경우, 문제를 해결하기 위해 사법부가 발견하고 적용할 기준이 없는 경우, 분명히 비사법적 재량이 먼저 정책적 결정을 함이 없이는 재판하는 것이 불가능한 경우, 동등한 정부부문에 대해 행해져야 할 존중을 하지 않는다고 표명함이 없이는 법원이 독립적인 문제해결을 떠맡는 것이 불가능한 경우, 이미 행해진 정치적 결정을 절대적으로 고수할 특별한 필요성이 있는 경우, 하나의 문제에 대해 다양한 기관들이 다양한 견해표명을 함으로써 사회적 혼란이 야기될 가능성이 있는 경우, Baker v. Carr, 369 U.S. 186, 217(1962).

13) Erwin Chemerinsky, Constitutional Law: Principles and Policies, Aspen Publishers, 2006, p. 129.

14) K. Stern, Verfassungsgerichtsbarkeit zwischen Recht und Politik, Westdeutscher Verlag, 1980, S. 31ff.

15) Ch. Gusy, Parlamentarischer Gesetzgeber und Bundesverfassungsgericht, Berlin, 1985. S. 57.

16) U. Scheuner, Probleme und Verantwortungen der Verfassungsgerichtsbarkeit in der Bundesrepublik, in: P. Häberle(Hg.), Verfassungsgerichtsbarkeit, Darmstadt, 1976, S. 203.

하라는 것인지 분명하게 밝혀주지 못하는 매우 애매모호한 말이다. 즉 사법부자제 명령은 윤곽도 없고 내용도 없다. 사법부자제 명령이 어떠한 일반적인 기준도 제공해 주지 못하며 그때그때의 사건에 따라 사법부 구성원의 성향에 헌법재판의 한계가 전적으로 의존하게 된다는 것이 미국과 독일의 판례에서도 드러난다.[17)]

2) 헌법재판소가 자신의 임무와 기능, 즉 헌법보호 특히 기본권보호라는 기능을 수행하기 위해서는 자제를 해야 하는 것이 아니라, 오히려 다른 국가권력과 갈등이 초래될지라도 이를 무릅쓰고 단호하게 통제활동을 수행해야 하기 때문에, 자제요청은 일반적 타당성을 가질 수 없다. 더욱이 사법부자제는 이미 다수가 행사한 권력행사의 결과를 그대로 받아들이게 되기 쉬우므로 기존 상태에 유리하고, 자신의 주장을 강력하게 부각시키지 못하는 그때그때의 소수에게 불리하다. 따라서 사법부자제는 특히 헌법의 특성(개방성, 추상성 등)에 비추어 볼 때, 헌법재판소 재판관 개인의 성향이 재판결과에 영향을 미칠 수밖에 없는 한, 상대적 타당성만을 가질 뿐이다. 사법부자제를 일반원칙으로 사용하는 것은 헌법재판이 무엇을 할 수 있고 무엇을 할 수 없는지를 알려주는 데 도움이 되지 못한다.

3) 결국 헌법재판소가 수행하는 기능에 따른 한계, 즉 헌법재판의 기능적 한계를 밝혀서 일정한 사안이 기능적 한계에 속하므로 헌법재판소가 결정을 내릴 수 없다는 식으로 문제를 해결하는 것이 바람직하다. 물론 기능적 한계 역시 명확하게 밝혀지기는 어렵다. 그래서 헌법이 헌법재판소에게 부여한 임무와 기능을 준수해야 한다는 원칙을 발전시키고 구체화하는 것이 필요하게 된다. 권력분립원리와 헌법이 헌법재판소에게 부여한 임무의 내용이 이러한 기능적 한계를 설정하는 지침으로 작용할 수 있다. 먼저, 권력분립원리와 관련하여, 헌법재판의 기능적 한계는 다른 기관의 임무를 존중하고 다른 기관과 조화를 이루어야 한다

---

17) 미연방대법원 판례가 일관성이 없다는 것은 이미 전술했으며, 독일연방헌법재판소의 경우도 마찬가지인데 예컨대 극단적으로 사법부자제를 한 사례로 공동결정판결(BVerfGE 50, 290ff.), 도청판결(BVerfGE 30, 1ff.), 급진주의자결정(BVerfGE 39, 334ff.) 등을 들 수 있고 그 반대의 사례로는 대학판결(BVerfGE 36, 79ff.), 낙태판결(BVerfGE 39, 1ff.), 세비판결(BVerfGE 40, 296ff.) 등을 들 수 있다. 한편 우리나라 헌법재판소의 경우에도 재판관 개인의 성향에 따라 사건에 대한 결정태도가 좌우된다는 것은 주지의 사실이다.

는 요청이며, 이러한 한계가 책임과 관련하여 불변이며 고정적일 수는 없다. 권력분립원리라는 것도 기능적 한계설정을 위하여 추상적인 지침일 뿐이기는 하지만, 권한의 한계설정의 필요성을 밝히는 데에는 항상 적합하다. 다음에, 헌법이 헌법재판소에게 부여한 임무와 관련하여, 임무의 첫번째 것은 객관적 법보호는 물론 주관적 권리보호 특히 기본권보호라는 의미에서 헌법보호이다. 기본권보호는 헌법 최고의 정신으로서 공권력 행사가 기본권의 핵심을 강하게 침해할수록 헌법이 헌법재판소에게 부여한 임무인 헌법보호 특히 기본권보호의 필요성과 중요성은 더욱 더 커질 것이며, 그러한 공권력 행사가 헌법에 합치하는지 여부를 결정할 헌법재판소의 의무도 더욱 더 포괄적으로 될 것이다. 따라서 헌법재판소가 통제활동을 할 수 있는 한계도 고정적으로 밝혀질 수 없다. 하지만 도대체 무엇을 말하는지 알 수 없는 사법부자제 명령보다는, 각 문제집단과 사례군에 대하여 기능에 맞게 단계화된 통제의 척도와 통제의 관점을 개발함으로써 일반적이며 명확한 헌법재판의 한계가 밝혀질 수 있을 것이다.

(5) 소결

이른바 통치행위(정치문제)는 헌법재판의 한계에 속하는 것이 아니다. 모든 국가작용은 헌법에 의한 통제를 받아야 하며, 헌법재판소가 판단의 기준으로 삼을 수 있는 (헌)법적기준이 존재하는 한 헌법재판소는 재판해야 한다. 물론 이른바 통치행위라고 불리는 것들 중에 그에 대한 (헌)법적 심사기준이 없는 것들이 있다. 그것들은 바로 사법판단적격상의 한계에 해당하는 경우들이다. 요컨대 사법판단적격상의 한계에 해당하는지 여부는 심판대상에 대한 (헌)법적 심사기준이 있는지 여부에 좌우되는 것이다.

5. 사법본질상의 한계

헌법재판은 사법작용이고 헌법재판소도 사법기관, 즉 (헌법)법원이므로 심판청구(제소)가 있어야 헌법재판소는 재판을 개시할 수 있으며, 그 밖에 헌법재판소에 심판을 청구하기 위한 청구요건(일반법원의 경우에는 재판에 요구되는 소송요건), 예컨대 청구인적격(당사자적격), 권리보호이익(소의 이익)과 같은 요건이 구비되어야 헌법재판소는 재판을 할 수 있다. 그러므로 이러한 요건이 구비되지 못하면 헌법재판은 이루어질 수 없다.

제 2 장 헌법재판소의 헌법상 지위, 구성과 조직

제 1 절 헌법재판소의 헌법상 지위

Ⅰ. 헌법재판기관으로서의 지위

헌법재판소는 헌법재판을 담당하는 기관이다. 즉 헌법재판소는 위헌법률심판권, 탄핵심판권, 정당해산심판권, 권한쟁의심판권, 헌법소원심판권의 5가지 권한을 갖고 이에 대한 재판을 수행한다.

Ⅱ. 헌법보호기관으로서의 지위

헌법은 헌법보호를 위해 특히 헌법재판소를 규정하고 있다. 헌법재판소는 헌법분쟁이 있거나 헌법이 침해된 경우 이를 해결하여 헌법질서를 유지하고 수호하는 작용을 한다. 특히 국가권력의 헌법침해로부터 헌법을 보호하는 중요한 작용을 한다.

Ⅲ. 기본권 보장기관으로서의 지위

헌법재판소는 국민의 기본권을 보장하는 기관이다. 헌법재판소는 예컨대 위헌법률심판이나 헌법소원심판을 통해 국민의 침해된 기본권을 구제하는 기능을 수행한다. 특히 헌법소원심판은 기본권 보장을 목표로 하는 제도이다.

Ⅳ. 권력통제기관으로서의 지위

헌법재판소는 권력을 통제하는 기관이다. 예컨대 국회가 제정한 법률의 위헌여부를 심판함으로써 국회의 위헌적인 입법권을 통제하며, 대통령을 비롯한 고위공직자가 헌법이나 법률을 위배한 때에 탄핵심판을 통하여 고위공직자의 직무집행을 통제하고, 공권력의 행사 또는 불행사로 인한 기본권 침해에 대해 헌법소원심판을 통해 공권력을 통제한다.

Ⅴ. 최종적 헌법해석기관으로서의 지위

헌법재판소는 최종적인 헌법해석기관이다. 모든 국가기관은 자신의 임무를 수행하는데 있어서 헌법을 해석할 권한과 의무를 가진다. 예컨대 국회는 자신의 헌법해석에 의거하여 헌법에 합치하는 법률을 제정하지만, 헌법재판소는 위헌법률심판 등 관련 심판에서 국회의 헌법해석이 헌법에 반하는 경우 이 법률을 위헌결정함으로써 헌법해석에 있어서 최종적인 권한을 행사한다.

제 2 절 헌법재판소의 구성과 조직

Ⅰ. 헌법재판소의 구성

1. 구성

(1) 헌법재판소는 법관의 자격을 가진 9인의 재판관으로 구성하며, 재판관은 대통령이 임명한다(제111조 제2항). 9인의 재판관중 3인은 국회에서 선출하는 자를, 3인은 대법원장이 지명하는 자를 임명한다(제111조 제3항). 국회에서 선출하는 3인과 대법원장이 지명하는 3인에 대한 대통령의 임명권은 형식적인 것으로서 선출되거나 지명된 재판관을 대통령은 임명해야 한다.[1] 대통령이 자신의 고

1) 국회의 재판관 선출권은 독자적이고 실질적인 것이며, 대통령은 국회가 재판관으로 선출한 사람의 임명을 임의로 거부하거나 선별하여 임명할 수 없고, 다만 헌법과 법률이 정한 자격요건을

유한 권한으로 임명하는 재판관은 3인이다.

⑵ 헌법재판소의 장은 국회의 동의를 얻어 재판관중에서 대통령이 임명한다(제111조 제4항). 헌법재판소장은 재판부의 재판장이 된다. 헌법재판소장도 평의에 있어서는 다른 재판관과 동등한 지위에서 재판부를 구성하는 1인일 뿐이다.

2. 재판관의 자격과 신분

⑴ 재판관은 ① 판사, 검사, 변호사, ② 변호사 자격이 있는 사람으로서 국가기관, 국영·공영 기업체, 「공공기관의 운영에 관한 법률」 제4조에 따른 공공기관 또는 그 밖의 법인에서 법률에 관한 사무에 종사한 사람, ③ 변호사 자격이 있는 사람으로서 공인된 대학의 법률학 조교수 이상의 직에 있던 사람 중에서 해당하는 직에 15년 이상 있던 40세 이상인 사람 중에서 임명한다. 위의 둘 이상의 직에 있던 사람의 재직기간은 합산한다(헌법재판소법 제5조 제1항).

⑵ 헌법재판소 재판관의 임기는 6년이며, 법률이 정하는 바에 의하여 연임할 수 있다(제112조 제1항). 재판관의 정년은 70세이다(법 제7조 제2항). 재판관이 정년에 달하면 임기 전이라도 퇴임한다.

⑶ 재판관은 헌법과 법률에 의하여 양심에 따라 독립하여 심판한다(법 제4조). 헌법재판소 재판관은 탄핵 또는 금고 이상의 형의 선고에 의하지 아니하고는 파면되지 아니한다(제112조 제3항). 헌법재판소 재판관은 정당에 가입하거나 정치에 관여할 수 없다(제112조 제2항).

Ⅱ. 헌법재판소의 조직

1. 헌법재판소장

⑴ 헌법재판소장은 헌법재판소를 대표하고, 헌법재판소의 사무를 총괄하며, 소속 공무원을 지휘·감독한다(법 제12조 제3항).

갖추지 못한 사람이 재판관으로 선출되거나 그 선출과정에 의회민주주의를 원칙으로 하는 헌법 및 국회법 등 법률을 위반한 하자가 있는 경우에 한하여 임명을 보류하고 재선출을 요구할 수 있을 뿐이며, 대통령의 재판관 임명권 행사는 그의 권한인 동시에 헌법기관인 헌법재판소가 구성되어 그 기능을 다할 수 있도록 할 헌법상 의무에 해당한다(헌재 2025. 2. 27. 2025헌라1).

(2) 헌법재판소장이 일시적인 사고로 인하여 직무를 수행할 수 없을 때에는 재판관 중 임명일자 순으로 그 권한을 대행한다. 다만, 임명일자가 같을 때에는 연장자 순으로 대행한다(헌법재판소법 제12조의2 제1항). 헌법재판소장이 궐위되거나 1개월 이상 사고로 인하여 직무를 수행할 수 없을 때에는 재판관 중 재판관회의에서 선출된 사람이 그 권한을 대행한다. 다만, 그 권한대행자가 선출될 때까지는 제1항에 해당하는 사람이 권한을 대행한다(법 제12조의2 제2항). 제2항 단서의 권한대행자는 제2항의 사유가 생긴 날부터 7일 이내에 제2항 본문의 권한대행자를 선출하기 위한 재판관회의를 소집하여야 한다(법 제12조의2 제3항). 제2항 본문의 권한대행자는 재판관 전원의 3분의 2를 초과하는 인원의 출석과 출석인원 과반수의 찬성으로 선출한다. 다만, 1차 투표결과 피선자가 없을 때에는 최고득표자와 차점자에 대하여 결선투표를 하여 그 중 다수득표자를 피선자로 하되, 다수득표자가 2명 이상일 때에는 연장자를 피선자로 한다(법 제12조의2 제4항).

(3) 헌법재판소장의 대우와 보수는 대법원장의 예에 따르며, 재판관은 정무직으로 하고 그 대우와 보수는 대법관의 예에 따른다(법 제15조).

2. 재판관회의

재판관회의는 재판관 전원으로 구성하며, 헌법재판소장이 의장이 된다. 재판관회의는 재판관 전원의 3분의 2를 초과하는 인원의 출석과 출석인원 과반수의 찬성으로 의결한다. 의장은 의결에서 표결권을 가진다. 재판관회의의 의결을 거쳐야 하는 사항은, 헌법재판소규칙의 제정과 개정, 제10조의2에 따른 입법 의견의 제출에 관한 사항, 예산 요구, 예비금 지출과 결산에 관한 사항, 사무처장, 사무차장, 헌법재판연구원장, 헌법연구관 및 3급 이상 공무원의 임면에 관한 사항, 특히 중요하다고 인정되는 사항으로서 헌법재판소장이 재판관회의에 부치는 사항 등이다(법 제16조 제1항－제4항).

3. 보조기관

헌법재판의 보조기관으로서, 헌법연구관, 헌법연구관보, 헌법연구위원, 헌법연구원, 헌법재판연구원, 사무처 등이 있다(법 제17조－제19조의4).

제 3 장 일반심판절차

제 1 절 서설

헌법재판소법은 심판절차에 관하여 제3장에서 일반심판절차를 제4장에서 특별심판절차를 규정하고 있다. 제3장 일반심판절차는 헌법재판소의 5가지 심판사항에 대하여 공통적으로 적용되는 절차를 규정하고 있고, 제4장 특별심판절차는 헌법재판소의 5가지 심판사항에 대하여 각 심판별로 적용되는 절차를 규정하고 있다.

헌법재판소법 제40조는 "① 헌법재판소의 심판절차에 관하여는 이 법에 특별한 규정이 있는 경우를 제외하고는 헌법재판의 성질에 반하지 아니하는 한도에서 민사소송에 관한 법령을 준용한다. 이 경우 탄핵심판의 경우에는 형사소송에 관한 법령을 준용하고, 권한쟁의심판 및 헌법소원심판의 경우에는 「행정소송법」을 함께 준용한다. ② 제1항 후단의 경우에 형사소송에 관한 법령 또는 「행정소송법」이 민사소송에 관한 법령에 저촉될 때에는 민사소송에 관한 법령은 준용하지 아니한다."라고 규정하고 있다.

제 2 절 재판부와 당사자

Ⅰ. 재판부

1. 전원재판부 및 지정재판부

헌법재판소법에 특별한 규정이 있는 경우를 제외하고는 헌법재판소의 심판은 재판관 전원으로 구성되는 재판부에서 관장한다(헌법재판소법 제22조 제1항). 헌법재판소장은 헌법재판소에 재판관 3명으로 구성되는 지정재판부를 두어 헌법소원심판의 사전심사를 담당하게 할 수 있다(법 제72조 제1항).

2. 제척·기피·회피

재판의 독립성과 공정성을 확보하기 위하여, 헌법재판소법은 재판관의 제척·기피·회피를 규정하고 있다(법 제24조). 재판관이 일정한 사유에 해당하는 경우에는 그 직무집행에서 제척(除斥)되며, 재판관에게 공정한 심판을 기대하기 어려운 사정이 있는 경우 당사자는 기피신청을 할 수 있고, 재판관은 제척 또는 기피의 사유가 있는 경우에는 재판장의 허가를 받아 회피할 수 있다.

Ⅱ. 당사자, 참가인과 이해관계인, 대표자와 대리인

1. 당사자

헌법재판에서의 당사자는, 자신의 이름으로 심판을 청구하는 청구인과 그 상대방인 피청구인이다. 헌법재판에서의 당사자(청구인과 피청구인)는 심판유형에 따라 다르다. 헌법재판은 객관적 헌법질서 보장이라는 객관적 기능을 수행하기 때문에 직권심리주의가 적용되며, 민사소송과 달리 처분권주의와 변론주의가 제약을 받고 소송당사자의 절차상 지위는 민사소송에서보다 약화된다.

2. 참가인과 이해관계인

(1) 소송참가란 소송당사자 아닌 제3자가 자신의 이익을 보호하기 위하여 다른 사람들 간의 소송에 관여하는 것을 말한다. 헌법재판소법 제40조에 따라 헌법재판의 성질에 반하지 않는 한도 내에서 민사소송법이나 행정소송법 상의 소송참가에 관한 규정이 헌법재판소 심판절차에 준용된다.

(2) 헌법재판소가 내리는 결정에 이해관계를 갖는 이해관계인도 심판절차에 참여할 수 있다. 예컨대 헌법소원의 심판에 이해관계가 있는 국가기관 또는 공공단체와 법무부장관은 헌법재판소에 그 심판에 관한 의견서를 제출할 수 있다(법 제74조 제1항).

3. 대표자와 대리인

(1) 각종 심판절차에서 정부가 당사자(참가인을 포함한다)인 경우에는 법무부 장관이 이를 대표한다(헌법재판소법 제25조 제1항).

(2) 각종 심판절차에서 당사자인 국가기관 또는 지방자치단체는 변호사 또는 변호사의 자격이 있는 소속 직원을 대리인으로 선임하여 심판을 수행하게 할 수 있다(법 제25조 제2항). 각종 심판절차에서 당사자인 사인(私人)은 변호사를 대리인으로 선임하지 아니하면 심판청구를 하거나 심판 수행을 하지 못한다(변호사 강제주의). 다만, 그가 변호사의 자격이 있는 경우에는 그러하지 아니하다(법 제25조 제3항).

제 3 절 심판청구 및 심리

Ⅰ. 심판청구와 심판대상

1. 심판청구

(1) 헌법재판소에의 심판청구는 심판절차별로 정하여진 청구서를 헌법재판소에 제출함으로써 한다. 다만, 위헌법률심판에서는 법원의 제청서, 탄핵심판에서는 국회의 소추의결서의 정본으로 청구서를 갈음한다(법 제26조). 헌법재판소가 청구서를 접수한 때에는 지체 없이 그 등본을 피청구기관 또는 피청구인에게 송달하여야 한다(법 제27조). 청구서 또는 보정 서면을 송달받은 피청구인은 헌법재판소에 답변서를 제출할 수 있다(법 제29조).

(2) 심판청구를 하면 중복제소가 금지된다. 청구인이 심판청구를 변경하는 것은 허용된다. 다만, 예컨대 헌법소원의 경우 청구기간의 준수 여부는 변경된 청구서가 제출된 시점을 기준으로 판단한다.

2. 심판대상

심판대상은 심판유형에 따라 달리 파악된다. 심판대상은 1차적으로 청구인의 심판청구에 의해서 정해진다. 그러나 헌법재판은 주관적 권리보장뿐만 아니라 객관적 헌법질서보장의 기능을 수행하기 때문에, 헌법재판소의 심판절차에서는 직권심리주의가 적용된다. 따라서 헌법재판소는 청구인의 심판청구에 구속받지 않고 심판대상을 확정한다.[1)]

Ⅱ. 심리

1. 심리방식, 의견서제출 및 증거조사

(1) 탄핵의 심판, 정당해산의 심판 및 권한쟁의의 심판은 구두변론에 의한다. 위헌법률의 심판과 헌법소원에 관한 심판은 서면심리에 의한다. 다만, 재판부는 필요하다고 인정하는 경우에는 변론을 열어 당사자, 이해관계인, 그 밖의 참고인의 진술을 들을 수 있다(헌법재판소법 제30조 제1항－제2항).

(2) 위헌법률심판과 헌법재판소법 제68조 제2항에 의한 헌법소원에서 당해 소송사건의 당사자 및 법무부장관은 헌법재판소에 법률의 위헌 여부에 대한 의견서를 제출할 수 있다(법 제44조). 헌법소원의 심판에 이해관계가 있는 국가기관 또는 공공단체와 법무부장관은 헌법재판소에 그 심판에 관한 의견서를 제출할 수 있다(법 제74조 제1항).

(3) 재판부는 사건의 심리를 위하여 필요하다고 인정하는 경우에는 직권 또는 당사자의 신청에 의하여, 증거조사 및 자료제출요구 등을 할 수 있다(법 제31조－제32조).

1) 헌재 2022. 2. 24. 2020헌마290.

2. 평의

(1) 의의

평의란 헌법재판소가 사건에 대한 심리의 최종단계에서 재판의 최종결론을 내리기 위해 재판관회의에서 재판관들이 의견을 제시하고 토론하고 표결하는 것을 말한다. 평의는 공개하지 아니한다(헌법재판소법 제34조 제1항 단서). 그러나 심판에 관여한 재판관은 결정서에 의견을 표시하여야 한다(법 제36조 제3항). 재판장은 평의의 정리를 담당한다(법 제35조 제1항).

(2) 평결방식

1) 평결의 진행 평의에서 표결(평결)에 들어가면 먼저 주심재판관이 의견을 내고, 다음에 마지막에 임명된 후임재판관부터 순서대로 의견을 제시한 후, 끝으로 재판장이 의견을 제시하는 방법으로 평결이 이루어진다.

2) 평결방식 평결방식에는 쟁점별 평결방식과 주문별 평결방식이 있다. 헌법재판소는 주문별 평결방식을 취하고 있다.

① 쟁점별 평결방식은 심판청구가 적법한지 여부에 관한 판단(본안전판단)과 심판청구가 이유있는지 여부에 관한 판단(본안판단)을 구별해서, 쟁점별로 평결하는 방식이다. 이 방식에 따르면 먼저 적법성에 대해 표결하여 재판관 과반수가 적법하다는 의견이면 적법성은 인정되는 것이고, 다음 단계에서 이유있는지 여부를 판단하는데 이때 적법성을 부정한 재판관도 다 함께 참여해서 이유있는지 여부를 표결하여 결론을 내린다.

② 주문별 평결방식은 재판의 최종결론(주문)에 초점을 맞추어 함께 표결해서 주문을 결정하는 방식이다. 이 방식에 따르면 적법성을 부정한, 즉 각하의견을 낸 재판관은 이유있는지 여부를 판단하는 본안판단의 표결에는 참여하지 않는다.

③ 헌법재판소가 취하는 주문별 평결방식은 헌법재판의 임무수행에 장애를 초래한다는 비판이 있다. 예컨대 법률의 위헌결정이나 헌법소원 인용결정에는 재판관 6인 이상의 찬성이 있어야 하는데, 적법성 판단에서 각하의견을 낸 재판관이 본안판단에 참여하지 않음으로 인해 위헌결정이나 인용결정이 내려질 가능성이 적어지기 때문에, 주문별 평결방식을 쟁점별 평결방식으로 변경하는 것이

보다 합리적이다.

3) 주문별 평결방식에서의 주문결정 ① 현재 헌법재판소가 취하고 있는 주문별 평결방식은, 재판관 의견이 다양하게 나뉘어 어느 의견도 결정정족수를 충족시키지 못할 경우, 주문결정에 어려움이 있다. 이러한 경우 헌법재판소법 제40조(준용규정)에 따라 법원조직법 제66조(합의의 방법)를 준용하여 주문을 결정한다. 즉 어느 의견도 결정정족수를 충족시키지 못한 경우에는, 결정정족수를 채울 때까지, 청구인에게 가장 유리한 견해의 수에 그 다음으로 유리한 견해의 수를 더해 나간다.

② 예컨대 위헌법률심판에서 재판관 의견이 단순위헌 2인, 헌법불합치 5인, 합헌 2인인 경우, 청구인에게 가장 유리한 견해는 단순위헌(2인)이기 때문에, 여기에 헌법불합치(5인)를 더해 최종적으로 헌법불합치 의견이 주문으로 결정된다. 또 헌법소원심판에서 재판관 의견이 인용(기본권 침해) 3인, 기각 3인, 각하 3인인 경우, 청구인에게 가장 유리한 견해는 인용(3인)이기 때문에, 여기에 기각(3인)을 더해 최종적으로 기각 의견이 주문으로 결정된다.

3. 정족수, 심판의 장소 및 공개

(1) 정족수

1) 정족수에는 심리정족수와 결정정족수가 있다. 심리정족수란 헌법재판소가 사건의 심리를 개시하기 위해 필요한 재판관의 수를 말한다. 결정정족수란 헌법재판소가 사건에 대한 심리를 마치고 최종 결정을 내리기 위해 필요한 재판관의 수를 말한다.

2) 재판부는 재판관 7명 이상의 출석으로 사건을 심리한다. 재판부는 종국심리에 관여한 재판관 과반수의 찬성으로 사건에 관한 결정을 한다. 다만, ① 법률의 위헌결정, 탄핵의 결정, 정당해산의 결정 또는 헌법소원에 관한 인용결정을 하는 경우, ② 종전에 헌법재판소가 판시한 헌법 또는 법률의 해석 적용에 관한 의견을 변경하는 경우 등에는 재판관 6명 이상의 찬성이 있어야 한다(헌법재판소법 제23조).

(2) 심판의 장소 및 공개

심판의 변론과 종국결정의 선고는 심판정에서 한다. 다만, 헌법재판소장이 필요하다고 인정하는 경우에는 심판정 외의 장소에서 변론 또는 종국결정의 선고를 할 수 있다(헌법재판소법 제33조). 심판의 변론과 결정의 선고는 공개한다. 다만, 서면심리와 평의는 공개하지 아니한다(법 제34조 제1항).

4. 심판의 지휘, 비용 및 기간

재판장은 심판정의 질서와 변론의 지휘 및 평의의 정리를 담당한다(법 제35조 제1항). 헌법재판소의 심판비용은 국가부담으로 한다. 다만, 당사자의 신청에 의한 증거조사의 비용은 헌법재판소규칙으로 정하는 바에 따라 그 신청인에게 부담시킬 수 있다. 헌법재판소는 헌법소원심판의 청구인에 대하여 헌법재판소규칙으로 정하는 공탁금의 납부를 명할 수 있다(법 제37조 제1항－제2항). 헌법재판소는 심판사건을 접수한 날부터 180일 이내에 종국결정의 선고를 하여야 한다. 다만, 재판관의 궐위로 7명의 출석이 불가능한 경우에는 그 궐위된 기간은 심판기간에 산입하지 아니한다(법 제38조). 헌법재판소는 '180일 이내'의 심판기간을 훈시규정으로 보고 있다.

제 4 절 종국결정

Ⅰ. 종국결정의 의의와 유형

재판부가 심리를 마쳤을 때에는 재판부의 종국적 판단으로서 종국결정을 한다(법 제36조 제1항). 종국결정은 언제나 '결정'의 형식으로 한다. 종국결정의 유형은 심판종류에 따라 다르지만, 일반적으로 심판청구가 적법성요건을 갖추지 못한 경우에는 각하결정을 하고, 적법성요건은 갖추었지만 이유가 없는 경우에는 기각결정을 하며, 이유가 있으면 인용결정을 한다.

Ⅱ. 결정서

종국결정을 할 때에는 ① 사건번호와 사건명, ② 당사자와 심판수행자 또는 대리인의 표시, ③ 주문(主文), ④ 이유, ⑤ 결정일을 적은 결정서를 작성하고 심판에 관여한 재판관 전원이 이에 서명날인하여야 한다. 심판에 관여한 재판관은 결정서에 의견을 표시하여야 한다(헌법재판소법 제36조 제2항－제3항). 종국결정이 선고되면 서기는 지체 없이 결정서 정본을 작성하여 당사자에게 송달하여야 한다(법 제36조 제4항). 종국결정은 헌법재판소규칙으로 정하는 바에 따라 관보에 게재하거나 그 밖의 방법으로 공시한다(법 제36조 제5항).

Ⅲ. 종국결정의 효력

1. 불가변력(자기기속력)

헌법재판소가 종국결정을 내리면 동일한 심판에서 이를 취소·변경할 수 없다. 단 명백한 오류가 있을시 경정결정을 할 수 있다. 불가변력은 동일한 심판에 대해 미치는 효력으로서, 헌법재판소는 자신이 내린 종국결정에 구속된다. 이 점에서 불가변력은 뒤에 청구되는 심판과의 관계에서 문제되는 기판력과 구분된다.

2. 불가쟁력(형식적 확정력)

(1) 헌법재판소의 종국결정이 선고되면 이 종국결정에 대해 더 이상 다툴 방법이 없다. 예외적으로 재심이 허용되는지 문제된다. 헌법재판소법은 재심의 허용 여부에 관하여 별도의 명문규정을 두고 있지 않다. 재심의 허용여부 내지 허용정도 등은 심판절차의 종류에 따라서 개별적으로 판단될 수밖에 없다.

(2) 예컨대 결정의 효력이 당사자에게만 미치는 공권력작용에 대한 권리구제형 헌법소원심판에서는, '헌법재판소의 결정에 영향을 미칠 중대한 사항에 관하여 판단을 유탈한 때', 그리고 재판부의 구성이 위법한 경우와 같이 절차상 중대하고도 명백한 위법이 있는 경우에는 재심이 허용된다.[2)]

(3) 또 정당해산심판에서는 재심이 허용된다. 즉 정당해산심판은 원칙적으로 해당 정당에게만 그 효력이 미치며, 정당해산결정은 대체정당이나 유사정당의 설립까지 금지하는 효력을 가지므로 오류가 드러난 결정을 바로잡지 못한다면

2) 헌재 2001. 9. 27. 2001헌아3; 헌재 2007. 1. 16. 2006헌아65.

장래 세대의 정치적 의사결정에까지 부당한 제약을 초래할 수 있기 때문이다.[3)]

3. 기판력(실질적 확정력)

⑴ 기판력이란 확정판결의 내용이 발휘하는 효력이다. 기판력은 당사자 및 후소를 내용적으로 구속한다. 이미 선고된 종국결정과 같은 사항이 나중에 문제되면, 당사자나 헌법재판소는 이와 모순·저촉되는 주장이나 결정을 할 수 없다. 기판력의 본질은 대체로 반복금지의 일사부재리로 보고 있다. 기판력은 당해 심판보다는 뒤에 청구되는 심판에 있어서 당사자 및 헌법재판소를 내용적으로 구속한다는 점에서, 당해 심판에서 결정을 내린 헌법재판소 자신에 관계되는 불가변력이나 당해 심판에서 당사자에 관계되는 불가쟁력과 구분된다.

⑵ 기판력의 객관적 범위로서, 원칙적으로 결정주문에 포함된 것에 한하여 기판력이 인정된다. 그리고 예외적으로 주문 파악에 필요한 범위에서 주문과 불가분의 관계에 있는 이유가 기판력을 가진다. 기판력의 주관적 범위로서, 소송당사자와 소송에 참여한 이해관계인에 기판력이 미치고, 예외적으로 소송승계인에게 기판력이 미칠 수 있다. 기판력의 시간적 범위로서, 헌법재판에는 직권심리주의가 적용되므로 결정선고 시의 사실관계 및 법률관계에 관하여 기판력이 발생한다.

4. 기속력

⑴ 기속력이란 헌법재판소의 종국결정이 국가권력을 구속하는 힘을 말한다. 기속력에 따라 국가기관 및 지방자치단체는 종국결정을 존중하고 종국결정에 반하는 행위를 반복해서는 안 되는 반복금지의무를 진다. 기속력은 헌법재판소의 모든 종국결정에 인정되는 것이 아니고, 헌법재판소법이 특별히 규정하는 경우에만 인정된다. 헌법재판소법은 법률의 위헌결정, 권한쟁의심판의 결정, 헌법소원의 인용결정은 국가기관과 지방자치단체를 기속한다고 규정하고 있다.

⑵ 기속력의 객관적 범위로서, 기속력은 주문과 핵심적인 결정이유에 미친다. 주문에 대해서는 견해가 일치되어 있지만, 핵심적인 결정이유에도 기속력이

3) 헌재 2016. 5. 26. 2015헌아20.

미치는지에 관하여는 긍정설과 부정설의 대립이 있다. 헌법재판소는, 설령 결정이유에까지 기속력을 인정한다고 할지라도, 결정주문을 뒷받침하는 결정이유에 대하여 적어도 위헌결정의 정족수인 재판관 6인 이상의 찬성이 있어야 하고, 이에 미달할 경우에는 결정이유에 대하여 기속력을 인정할 여지가 없다고 판시하였다.[4] 기속력의 주관적 범위로서, 기속력은 법원을 비롯한 모든 국가기관과 지방자치단체에 미친다.

(3) 반복입법의 문제가 있다. 즉 헌법재판소가 위헌결정한 법률규정을 국회가 반복해서 입법하는 것이 허용되는가 하는 문제이다. 학설은 대체로 기속력에 따라 반복입법은 금지되지만 정당한 사유가 있을 경우에는 반복입법이 허용된다고 한다. 헌법재판소는 위헌결정의 기속력이 반복입법을 금지하는지에 관하여 명시적인 입장표명을 하지 않았다.

5. 법률에 대한 위헌결정의 일반적 효력

(1) 위헌법률심판과 헌법소원심판에서 헌법재판소가 내린 법률의 위헌결정은, 국가기관과 지방자치단체뿐만 아니라, 모든 사람에게도 그 효력이 미치는 일반적 효력을 가진다. 따라서 위헌결정된 법률은 더 이상 법으로서의 기능을 수행하지 못하며, 일반 국민은 헌법재판소가 위헌결정한 법률에 더 이상 구속받지 않는다.

(2) 법률의 위헌결정은 원칙적 장래효와 예외적 소급효를 가진다. 형벌규정에 대한 위헌결정의 경우에 인정되는 예외적 소급효는, 종전에 합헌으로 결정한 사건이 있는 경우에는 그 결정이 있는 날의 다음 날로 소급하여 효력을 상실하도록 하는 소급효제한이 있다.

6. 집행력

헌법재판소의 결정은 강제집행에 의해 실현할 수 있는 집행력이 없다. 이는 헌법재판의 특성이다. 헌법의 규범력을 실현하는 헌법재판제도가 실질적으로 그 기능을 수행하기 위해서는, 모든 국가기관의 헌법수호의지, 궁극적으로 국민의

---

4) 헌재 2008. 10. 30. 2006헌마1098.

헌법수호의지가 크게 작용한다. 다만, 헌법재판소법 제60조는 "정당의 해산을 명하는 헌법재판소의 결정은 중앙선거관리위원회가 「정당법」에 따라 집행한다." 라고 하여 유일하게 정당해산결정의 집행을 규정하고 있다. 헌법재판의 실효성 확보를 위해 헌법재판소법에 집행력에 관한 규정을 두는 것이 필요하다.

제 5 절 가처분

Ⅰ. 의의, 기능 및 근거

1. 의의

가처분이란 본안재판의 실효성 확보 및 잠정적인 권리보호를 위해 사전조치가 필요할 경우 본안재판 이전에 취해지는 잠정적인 조치를 말한다. 가처분은 헌법재판이 진행되는 동안에 쟁점이 되는 법률관계가 기정사실로 확정되거나 청구인에게 중대하고 회복할 수 없는 손해가 발생해서, 청구인의 청구가 인용되는 종국결정이 내려져도 그 실효성이 없게 되거나 청구인에게 무의미한 상황이 초래되는 것을 예방하는데 그 취지가 있다.

2. 기능

가처분은 종국재판을 선취(先取)하지 않고 법률관계나 법적상태를 잠정적으로 규율하는 데 기여한다. 먼저, 가처분은 본안재판(종국결정)의 실효성을 확보하는 기능을 수행하며, 이는 가처분의 우선적인 기능이다. 또한, 가처분은 잠정적으로 기본권을 보호하는 기능을 수행한다.

3. 근거

헌법재판소법은 정당해산심판에 관한 제57조(가처분), 권한쟁의심판에 관한 제65조(가처분)에서 명시적으로 가처분 규정을 두고 있다. 그리고 위헌법률심판에 관한 제42조(재판의 정지 등)와 탄핵심판에 관한 제50조(권한 행사의 정지)에서 명시적인 가처분규정은 아니지만 가처분의 효과를 발휘하는 유사한 규정을 두고 있다. 그런데 헌법재판소법은 헌법소원심판에서의 가처분에 관하여 아무런 규정을 두고 있지 않다. 헌법재판소는 헌법소원심판청구사건에서도 가처분은 허용된다고 판시하였다.[5] 사법적 권리구제를 내용으로 하는 법치주의에 비추어, 헌법의 규범력 확보 및 기본권 보장을 위해 본안재판이 무의미하게 되지 않아야 하기 때문에, 모든 재판은 가처분 권한을 갖는다고 할 것이다.

Ⅱ. 가처분의 적법요건

1. 본안심판청구와의 관계

가처분신청과 관련된 본안사건은 헌법재판소의 관할권에 속하는 것이어야 한다. 가처분신청은 원칙적으로 적법한 본안소송을 전제한다. 다만 본안심판의 청구 전에 가처분신청부터 하는 것은, 본안심판 청구가 확실히 전제되고, 중대한 손해발생을 예방하고 공권력 행사가 급박한 경우에, 예외적으로 허용된다. 본안심판청구가 명백히 부적법하거나 이유없지 않아야 한다.

2. 당사자

이미 계류중이거나 앞으로 계류될 본안사건의 당사자는 가처분신청을 할 수 있다.

3. 권리보호이익

신청인은 잠정적인 권리구제의 필요성에 관련된 권리보호이익이 있어야 한다. 본안재판이 적시에 선고될 수 있는 경우에는 권리보호이익이 없다. 가처분신청으로써 본안재판을 선취(先取)하는 것, 즉 가처분결정이 본안재판이 내려진 것과 같은 결과를 낳는 것은 허용되지 않는다. 가처분의 목적을 다른 방법으로 달성할 수 있는 경우에는 권리보호이익이 인정되지 않는다.

---

5) 헌재 2006. 2. 23. 2005헌사754.

Ⅲ. 가처분 사유

헌법재판소는 가처분신청이 적법요건을 충족시켜도 가처분 사유가 존재해야 가처분결정을 내린다. 즉 헌법재판소는 회복하기 어려운 손해의 예방, 긴급한 필요 및 공공복리에 중대한 영향을 미칠 우려가 없을 것이라는 사유가 존재해야 가처분결정을 내린다.

1. 회복하기 어려운 중대한 손해의 예방

가처분을 하지 않으면 신청인이나 공공복리에 회복하기 어려운 손해가 발생할 염려가 있어야 한다.

2. 긴급한 필요

가처분은 회복하기 어려운 손해의 예방을 위해 긴급하게 필요한 것이어야 한다.

3. 공공복리에 중대한 영향을 미칠 우려가 없을 것

가처분은 공공복리에 중대한 영향을 미칠 우려가 없어야 한다. 헌법재판소는 법령의 효력을 정지시키는 가처분은 비록 일반적인 보전의 필요성이 인정된다고 하더라도 공공복리에 중대한 영향을 미칠 우려가 있을 때에는 인용되어서는 안 된다고 판시하였다.[6]

4. 이익형량

(1) 원칙

가처분 사유가 존재하는지 여부는 이익형량을 통해 판단된다. 헌법재판소는 가처분을 인용한 뒤 종국결정에서 청구가 기각되었을 때 발생하게 될 불이익과 가처분을 기각한 뒤 청구가 인용되었을 때 발생하게 될 불이익을 비교형량하여 후자의 불이익이 전자의 불이익보다 클 경우 가처분을 인용할 수 있다고 판시하

---

6) 헌재 2002. 4. 25. 2002헌사129.

였다.[7] 즉 가처분결정을 내리는 것이 가처분신청을 기각하는 것보다 더 불이익이 적다고 판단될 때, 가처분신청이 인용될 수 있다.

(2) 이익형량과 본안심판청구의 승소가능성

가처분결정을 내릴 것인지 여부를 판단할 때, 본안심판청구의 승소가능성은 고려되지 않는다. 그런데 실무상으로는 본안심판청구의 승소가능성에 대해 대략적으로라도 판단이 행해진다고 볼 수 있다. 대체로 가처분신청이 인용되면 본안심판청구에서도 승소하고, 가처분신청이 기각되면 본안심판청구에서도 패소하는 경우가 많다.

Ⅳ. 가처분 절차

1. 신청 또는 직권

당사자의 가처분신청으로 가처분 절차가 개시된다. 신청기간의 제한은 없다. 가처분절차에도 변호사강제주의가 적용된다. 당사자는 가처분신청을 취하할 수 있다. 본안심판청구가 계류중일 때에는 헌법재판소는 직권으로 가처분결정을 할 수 있다.

2. 심리

가처분 재판은 구두변론을 거쳐야 하지만 긴급하고 신속하게 조치를 취할 필요성이 있을 경우에는, 구두변론을 생략하고 가처분 재판을 할 수 있다.

3. 가처분 취소

헌법재판소는 가처분결정을 내린 후, 가처분 사유가 소멸되었다고 판단할 경우에는 당사자의 신청이나 직권으로 가처분을 취소할 수 있다.

---

7) 헌재 2025. 4. 16. 2025헌사399.

V. 가처분결정

1. 결정의 주체

(1) 가처분 결정은 본안사건을 재판하는 전원재판부가 행한다. 가처분신청에 대한 재판은 일반 심판정족수에 따라, 재판관 7명 이상의 출석으로 사건을 심리하고, 종국심리에 관여한 재판관 과반수의 찬성으로 결정한다(헌법재판소법 제23조).

(2) 헌법소원심판에서 지정재판부가 본안심판청구를 각하하면서 동시에 가처분신청을 기각[8]하거나 각하[9]할 수 있다.

(3) 가처분신청이 적법요건을 충족시키지 못한 경우에는 각하결정이 내려진다. 가처분신청이 적법요건은 충족시켰지만 가처분사유가 인정되지 않으면 기각결정이 내려진다. 가처분신청에 의한 경우이든 직권에 의한 경우이든, 가처분사유가 인정되면 가처분결정이 내려진다.

2. 가처분결정(가처분신청 인용) 사례

가처분결정의 내용은 사안에 따라 다양하다. 가처분결정이 내려진, 즉 가처분신청이 인용된 몇 가지 사례를 들면 다음과 같다.

(1) 사법시험 제1차시험을 4회 응시한 자는 마지막 응시 이후 4년간 제1차시험에 다시 응시할 수 없도록 하는 사법시험령 규정의 효력정지를 구하는 가처분신청 사건이 있다.[10]

(2) 군사법원법에 따라 재판을 받는 미결수용자의 면회 횟수를 주 2회로 정하고 있는 군행형법시행령 규정의 효력정지를 구하는 가처분신청 사건이 있다.[11]

(3) 입국불허결정을 받은 외국인이 인천공항출입국관리사무소장(피신청인)을 상대로 인신보호청구의 소 및 난민인정심사불회부결정취소의 소를 제기한 후 그

---

8) 예컨대 헌재 1997. 12. 17. 97헌사189; 헌재 1997. 12. 23. 97헌사200; 헌재 2010. 7. 6. 2010헌사485. 이에 대해서는 각하하는 게 원칙이라는 비판(허영, 헌법소송법론, 박영사, 2023, 191면)이 있다.
9) 예컨대 헌재 2019. 7. 2. 2019헌사482.
10) 헌재 2000. 12. 8. 2000헌사471.
11) 헌재 2002. 4. 25. 2002헌사129.

소송수행을 위하여 변호인접견신청을 하였으나 피신청인이 이를 거부한 사안에서, 주위적으로 변호인 접견신청을 허가하고, 예비적으로 이 사건 접견신청 거부행위의 효력을 본안사건 종국결정시까지 정지한다는 내용의 결정을 구하는 효력정지 가처분 신청 사건이 있다(임시의 지위를 정하는 가처분 – 피신청인으로 하여금 난민신청을 한 외국인에게 변호인접견신청을 즉시 허가하도록 명령).[12)]

(4) 법무부장관에게 변호사시험의 합격자가 결정되면 즉시 합격자의 성명을 공개하는 방법으로 공고하도록 하는 변호사시험법 제11조 중 '명단을 공고' 가운데 성명 공개에 관한 부분의 효력을 본안 사건의 종국결정 선고 시까지 정지할 것을 구하는 효력정지 가처분신청 사건이 있다.[13)]

(5) 방송통신위원회 위원장인 신청인이, 국회에 의해 탄핵소추되었고, 헌법재판소법 제23조 제1항은 재판관 7명 이상의 출석으로 사건을 심리한다고 규정하고 있는데, 재판관 9명 중 3명의 임기가 곧(2024. 10. 17.) 종료된다. 따라서 위 재판관 3명이 퇴임하여 재판관의 공석 상태가 된다면 신청인에 대한 탄핵심판의 심리를 더 이상 할 수 없다. 이에 헌법재판소법 제23조 제1항이 신청인의 재판청구권 등을 침해한다고 주장하며 헌법소원심판을 청구함과 동시에 위 본안 사건의 종국결정 선고 시까지 헌법재판소법 제23조 제1항의 효력정지를 구하는 가처분신청 사건이 있다.

헌법재판소는 "이 사건 가처분신청은 본안심판이 명백히 부적법하거나 이유 없는 경우에 해당한다고 보기 어렵다. 국회의 탄핵소추 의결을 받은 신청인은 헌법재판소의 탄핵심판이 있을 때까지 그 권한행사가 정지된다. 따라서 신청인으로서는 헌법재판소법 제23조 제1항으로 인하여 회복하기 어려운 중대한 손해를 입을 위험이 있고, 3명의 재판관 퇴임이 임박한 만큼 손해를 방지할 긴급한 필요도 인정된다.

가처분을 인용하더라도 이는 의결정족수가 아니라 심리정족수에 대한 것에 불과하므로, 공석인 재판관이 임명되기를 기다려 결정을 할 수도 있다. 다만 보다 신속한 결정을 위하여 후임 재판관이 임명되기 전에 쟁점을 정리하고 증거조사를 하는 등 사건을 성숙시킬 필요가 있다. 그런데 가처분신청을 기각하면, 그

12) 헌재 2014. 6. 5. 2014헌사592.
13) 헌재 2018. 4. 6. 2018헌사242.

후 본안심판의 종국결정에서 청구가 인용되더라도 이러한 절차를 제때에 진행하지 못하여 신청인의 신속한 재판을 받을 권리 등 기본권은 이미 침해된 이후이므로 이를 회복하기는 매우 어렵다.

결국 이 사건에서 가처분을 인용한 뒤 종국결정에서 청구가 기각되었을 때 발생하게 될 불이익보다 가처분을 기각한 뒤 청구가 인용되었을 때 발생하게 될 불이익이 더 크다. 다만 이 사건에서는 재판관이 임기만료로 퇴직하여 재판관의 공석 상태가 된 경우가 문제되는 것이고 신청인이 실질적으로 다투고자 하는 바도 이와 같으므로 헌법재판소법 제23조 제1항 중 재판관이 임기만료로 퇴직하여 재판관의 공석 상태가 된 경우에 적용되는 부분에 한하여 그 효력을 정지함이 상당하다."[14]라고 판시하였다.

(6) 최근의 사례로, 대통령 권한대행 국무총리(피신청인)가 임기만료로 퇴임할 예정인 헌법재판소 재판관의 후임자로 2인(후보자)을 지명한 사안에서, 위 지명행위에 기초한 일체의 임명절차의 속행을 본안 사건의 종국결정 선고 시까지 정지할 것인지 여부에 관한 효력정지 가처분신청 사건이 있다.

헌법재판소는 "대통령의 권한을 대행하는 국무총리가 재판관을 지명하여 임명할 권한을 행사할 수 있다고 단정할 수 없고, 만약 그러한 권한이 없다면 헌법소원심판을 청구하여 그 사건이 계속 중인 신청인은 재판을 받을 권리를 침해받게 될 수 있다. 피신청인이 이 사건 후보자를 재판관으로 지명함으로써 그 임명절차가 공식적으로 개시된 이상, 피신청인이 가까운 장래에 이 사건 후보자를 재판관으로 임명할 것임이 확실히 예측된다고 볼 수 있으므로, 이 사건 가처분신청의 본안심판이 명백히 부적법하거나 이유 없다고 단정할 수 없다.

피신청인이 이 사건 후보자를 재판관으로 임명하고 나면, 신청인이 적시에 이 사건 후보자의 재판관 지위를 다투거나 이 사건 후보자가 심리에 관여하는 것을 막을 수 있을지 불분명하고, 종국결정이 선고되는 경우 재심이 허용되지 않을 가능성도 존재하므로, 신청인은 회복하기 어려운 중대한 손해를 입을 위험이 있고, 손해를 방지할 긴급한 필요도 인정된다.

가처분을 인용할 경우 재판관 2인의 임명이 지연될 것이나, 7인의 재판관이 사건을 심리하여 결정할 수 있다. 반면 가처분이 기각되었다가 종국결정에서 청

14) 헌재 2024. 10. 14. 2024헌사1250.

구가 인용될 경우 이 사건 후보자가 관여한 결정 등의 효력에 의문이 제기되는 등 헌법재판소의 심판 기능 등에 극심한 혼란이 발생하게 되고, 만일 재심이 허용되지 않는다면 헌법재판의 규범력이 현저히 약화될 것이며, 재심이 허용되는 경우에도 법적 안정성을 심각하게 저해할 수 있다. 결국 이 사건에서 가처분을 인용한 뒤 종국결정에서 청구가 기각되었을 때 발생하게 될 불이익보다 가처분을 기각한 뒤 청구가 인용되었을 때 발생하게 될 불이익이 더 크므로, 이 사건 신청을 인용함이 상당하다."[15]라고 판시하였다.

3. 가처분 결정의 효력

가처분결정은 가처분결정의 내용대로 법률관계를 형성하는 효력을 갖는다. 가처분결정은 당해사건에 관하여 당사자인 피청구인을 기속한다. 따라서 피청구인은 동일한 내용의 새로운 처분을 할 수 없다. 또한 가처분은 모든 국가기관을 기속하며 주문에 달리 정함이 없는 한 본안사건에 대한 결정이 있을 때까지 기속력을 가진다.[16]

15) 헌재 2025. 4. 16. 2025헌사399.

16) 김하열, 헌법소송법, 박영사, 2023, 191면; 정연주, 헌법소송론, 법영사, 2015, 99면; 정종섭, 헌법소송법, 박영사, 2014, 226면; 허영, 헌법소송법론, 박영사, 2023, 197면; 홍성방, 헌법소송법, 박영사, 2015, 87면.

제 4 장 위헌법률심판

제 1 절 의의 및 특징

Ⅰ. 의의

위헌법률심판이란 법률이 헌법에 위반되는지 여부를 헌법재판소가 심사해서 법률이 헌법에 위반되는 것으로 인정되는 경우에 그 법률의 효력을 상실시키는 헌법재판의 핵심적인 제도이다.

헌법 제107조 제1항은 "법률이 헌법에 위반되는 여부가 재판의 전제가 된 경우에는 법원은 헌법재판소에 제청하여 그 심판에 의하여 재판한다."라고 규정하고, 제111조 제1항 제1호 및 헌법재판소법 제41조 내지 제47조는 위헌법률심판에 관하여 규정하고 있다.

위헌법률심판은 구체적 사건에 대한 법원의 재판을 계기로 행해지는 구체적 규범통제로서 재판부수적 규범통제라고도 하며 객관적 소송으로서의 성질을 갖는다.

Ⅱ. 특징

1. 규범통제의 관할분리

우리 헌법은 법률에 대한 위헌심사권은 법원에 부여하고 위헌결정권은 헌법재판소에 부여하고 있다. 그리고 법률에 대한 규범통제는 헌법재판소가 행하지만 명령·규칙에 대한 규범통제는 법원이 행하며, 명령·규칙이 직접 국민의 기본권을 침해하는 경우에 청구되는 헌법소원심판의 경우에 헌법재판소가 명령·규칙의 위헌여부를 심판한다.

2. 규범통제형 헌법소원

헌법재판소법 제68조 제2항에 따라, 소송당사자가 당해 사건에 적용될 법률에 대해 위헌법률심판제청신청을 하였으나 법원이 제청신청을 기각하는 경우 소송당사자가 직접 헌법재판소에 헌법소원심판을 청구할 수 있는데, 이는 형식은 헌법소원이지만 그 실질은 위헌법률심판에 해당한다. 이 제도는 우리나라의 독특한 제도로서 법원의 재판에 대한 헌법소원이 인정되지 않는 것을 보완하는 의미를 갖는다.

제 2 절 위헌법률심판의 제청절차

당해 사건을 담당하는 법원(군사법원 포함)은 직권 또는 당사자의 신청에 의한 결정으로 헌법재판소에 법률의 위헌여부의 심판을 제청한다(헌법재판소법 제41조 제1항). 대법원 외의 법원이 제청을 할 때에는 대법원을 거쳐야 한다(법 제41조 제5항).

Ⅰ. 직권제청과 신청제청

1. 직권제청

위헌법률심판의 제청권자는 구체적 사건을 담당해서 재판하는 법원(군사법원 포함)이다. 따라서 각 심급에서 구체적인 소송을 담당하는 단독판사 또는 합의부는 제청권을 갖는 법원이다.

2. 신청제청

(1) 소송당사자의 제청신청

법원에 구체적인 사건이 계속 중인 경우 당해 소송사건의 당사자는, 법원에 재판의 전제가 된 법률의 위헌여부의 심판을 헌법재판소에 제청할 것을 신청할 수 있다(법 제41조 제1항).

(2) 제청신청 기각과 규범통제형 헌법소원

1) 당해 법원이 소송당사자의 제청신청을 받아들이지 않고 이를 기각하면, 소송당사자는 헌법재판소법 제68조 제2항에 따라 헌법소원심판을 청구할 수 있다. 이 경우의 헌법소원은 헌법재판소법 제68조 제1항의 권리구제형 헌법소원과는 그 본질을 달리하는 규범통제형 헌법소원으로서 헌법재판소는 적법성판단에서 재판의 전제성을 기준으로 판단한다.

2) 제청신청이 기각된 경우 소송당사자는 당해 사건의 소송절차에서 동일한 사유를 이유로 다시 위헌여부심판의 제청을 신청할 수 없다(헌법재판소법 제68조 제2항 제2문). '당해 사건의 소송절차'란 동일한 심급의 소송절차뿐만 아니라 상소심의 소송절차를 포함한다.[1)]

Ⅱ. 제청의 효과

법원이 법률의 위헌여부의 심판을 헌법재판소에 제청한 때에는 당해 소송사건의 재판은 헌법재판소의 위헌여부의 결정이 있을 때까지 정지된다. 다만, 법원이 긴급하다고 인정하는 경우에는 종국재판 외의 소송절차[2)]를 진행할 수 있다(법 제42조 제1항).

그러나 소송당사자의 제청신청이 기각된 경우에는 재판은 정지되지 않고 계속 진행된다.

Ⅲ. 제청철회 및 청구취하

법원이 제청을 한 후에 소송당사자의 소취하 등의 사유로 위헌법률심판 제청을 철회하거나, 소송당사자가 규범통제형 헌법소원심판을 청구한 후에 당해 소송에서의 승소가 확정되어 재판의 전제성이 없어져 소송당사자가 규범통제형 헌법소원심판 청구를 취하한 때에는, 헌법재판소는 중요한 헌법문제의 해명을 위해서 예외적으로 본안판단을 하는 경우가 아니라면, 더 이상의 재판 없이 위

1) 헌재 2007. 7. 26. 2006헌바40.
2) 예컨대 보석허가결정, 증거신청에 대한 결정 등 종국재판 외의 결정이나 명령.

헌심판절차가 종료된 것으로 처리한다.

제 3 절 위헌법률심판의 적법성 요건

Ⅰ. 제청권자(법원)

대한민국의 '법원'만이 법률의 위헌여부 심판을 헌법재판소에 제청할 수 있다. 법원조직법 제3조의 법원과 군사재판을 관할하는 군사법원이 여기에 해당한다.

Ⅱ. 제청대상 규범

1. 법률

(1) 원칙적으로 대한민국 국회가 입법절차에 의거한 의결을 거쳐 제정된 이른바 '형식적 의미의 법률'만이 제청대상이 된다.

(2) 특별한 사정이 없는 한 현재 시행중이거나 과거에 시행되었던 것이어야 하고, 제청 당시에 공포는 되었으나 시행되지 않은 법률은 제청대상이 아니다.

(3) 이미 위헌결정된 법률 또는 법률의 조항은 효력을 상실하였으므로 제청대상이 아니다.

(4) 폐지된 법률에 대한 제청은 원칙적으로 부적법하지만, 폐지된 법률이라도 당해 소송사건에 적용될 수 있어 재판의 전제성이 인정되는 경우에는 예외적으로 제청대상이 될 수 있다.

2. 관습법

법률과 같은 효력을 가지는 관습법의 경우 (헌법재판소법 제68조 제2항의)헌법소원심판의 대상이 되고 단지 형식적 의미의 법률이 아니라는 이유로 예외가 될 수 없다.[3)]

---

3) 헌재 2013. 2. 28. 2009헌바129; 헌재 2020. 10. 29. 2017헌바208.

3. 입법부작위

(1) 위헌법률심판은 재판의 전제가 되는 법률의 위헌여부에 대해 심판하는 것이므로 입법을 전혀 하지 않은 이른바 진정입법부작위는 제청대상이 될 수 없다.

(2) 다만, 국회가 입법을 하였지만 법률이 불완전하거나 불충분하게 제정된 이른바 부진정입법부작위는 그 불완전한 법률 그 자체를 제청해야 한다.

4. 긴급명령, 긴급재정경제명령, 조약 및 일반적으로 승인된 국제법규

헌법 제76조의 긴급명령과 긴급재정경제명령은 형식적 의미의 법률은 아니지만 법률의 효력을 가지므로 제청대상이 된다. 그리고 법률의 효력을 갖는 조약 및 일반적으로 승인된 국제법규도 제청대상이 된다.

5. 제청대상이 아닌 규범

(1) 헌법규정은 실정법규정과 법리상 재판의 전제성이 있을 수 없으므로 제청대상이 아니다. 그리고 헌법재판소는 개별적 헌법규정 상호간에 효력상의 차등이 없다고 한다.

(2) 명령·규칙 및 조례는 위헌여부에 대해 법원 스스로 판단할 수 있으므로 제청대상이 아니다.

Ⅲ. 재판의 전제성

1. 재판의 전제성

(1) 위헌법률심판 제청이 적법하려면 법원에 계속중인 구체적 사건에 적용할 법률이 헌법에 위반되는지 여부가 재판의 전제가 되어야 한다. '재판의 전제성'이라 함은 첫째, 구체적인 사건이 법원에 계속중이어야 하고, 둘째, 위헌여부가 문제되는 법률이 당해 소송사건의 재판에 적용되는 것이어야 하며, 셋째, 그 법률이 헌법에 위반되는지 여부에 따라 당해 사건을 담당하는 법원이 다른 내용의 재판을 하게 되는 경우를 말한다.

(2) 여기서 다른 내용의 재판을 하게 되는 경우라 함은 원칙적으로 법원이

심리중인 당해 사건의 재판의 결론이나 주문에 어떤 영향을 주는 경우뿐만 아니라, 문제된 법률의 위헌여부가 비록 재판의 주문 자체에는 아무런 영향을 주지 않는다고 하더라도 재판의 내용과 효력에 관한 법률적 의미가 달라지는 경우도 포함된다.[4)]

2. 재판의 전제성 심사

(1) 원칙 - 제청법원의 견해 존중

헌법재판소는 재판의 전제성 심사에 있어서, 원칙적으로 제청법원의 법률적 견해를 존중한다.

(2) 예외 - 제청법원의 견해와 달리 판단

1) 헌법재판소는 재판의 전제성에 관한 제청법원의 법률적 견해가 명백히 유지될 수 없을 때에는 이를 직권으로 조사할 수 있다. 헌법재판소가 직권으로 조사한 결과 재판의 전제성이 없다고 판단되면 법원의 제청을 부적법한 것으로 각하할 수 있다.[5)]

2) 또 헌법재판소는 ① 헌법문제가 선결문제가 되는 경우나, ② 헌법재판소가 판례를 통하여 구체화한 헌법규정의 내용이 당해 사건에서 적용되는 경우에는 제청법원의 견해에 구속받지 아니하고 스스로 제청법원의 판단에 대해 심사할 수 있다.[6)]

3. 법률의 위헌성에 대한 합리적인 의심

법원은 문제되는 법률조항이 담당법관 스스로의 법적 견해에 의하여 단순한 의심을 넘어선 합리적인 위헌의 의심이 있으면 위헌여부심판을 제청해야 한다.

4) 헌재 2000. 6. 29. 99헌바66.
5) 헌재 2019. 4. 11. 2017헌가34.
6) 헌재 1994. 6. 30. 92헌가18.

4. 심판시 재판의 전제성 유지

(1) 원칙

재판의 전제성은 원칙적으로 법원이 위헌법률심판을 제청할 당시만이 아니라 헌법재판소의 위헌법률심판시에도 존재해야 한다.

(2) 예외

헌법재판소는 당해 소송사건이 종료되어 재판의 전제성이 소멸되거나 또는 규범통제형 헌법소원이 인용될지라도 당해 소송사건에 영향을 미칠 수 없어 재판의 전제성이 없는 경우에도, 헌법적 해명이 긴요한 사안인 경우에는 예외적으로 본안판단을 하고 있다.

Ⅳ. 일사부재리원칙과 결정의 기속력

1. 일사부재리 원칙

헌법재판소는 이미 심판을 거친 동일한 사건에 대하여는 다시 심판할 수 없다(헌법재판소법 제39조).

2. 결정의 기속력

(1) 위헌결정의 기속력

헌법재판소가 어느 법률을 위헌결정하면 헌법재판소법 제47조 제1항과 제75조 제6항에 따라 모든 법원은 헌법재판소의 위헌결정에 기속되기 때문에 위헌결정된 법률을 제청하는 것은 부적법하다.

(2) 합헌결정의 기속력

합헌결정은 기속력이 없다. 헌법재판소는 이미 합헌으로 결정된 법률에 대한 위헌제청을 받아들여 본안판단을 여러 번 함으로써, 합헌결정의 기속력을 인정하지 않고 있다.

(3) 한정합헌결정의 경우

헌법재판소는 한정합헌결정을 내린 법률규정에 대해 다시 위헌법률심판(규범통제형 헌법소원심판)이 청구된 경우에도 부적법 각하하지 않고 본안판단을 하

여 다시 한정합헌을 선고하였다.[7)]

제 4 절 심사기준 및 심판대상의 확정

I. 심사기준

1. 헌법

(1) 위헌법률심판은 심판청구된 법률이 헌법에 위반되는지 여부를 심판하는 객관적 소송의 성질을 갖는 것이므로, 당해 소송의 당사자들에게 기본권을 보장하는 헌법규정만이 심사기준이 되는 것은 아니고 헌법의 모든 규정이 심사기준이 된다.

(2) 심사기준으로서의 헌법에는 헌법의 개별규정뿐만 아니라 개별규정들의 바탕에 놓여 있는 헌법의 기본원리들이나 기본적 결단들이 포함된다. 그러므로 예컨대 법치주의원리나 민주주의원리에 위반됨을 이유로 위헌결정을 할 수 있다.

(3) 관습헌법의 문제가 있다. 헌법재판소는 신행정수도건설특별조치법에 대한 위헌심사에서 우리나라의 수도가 서울이라는 사실을 일종의 관습헌법이라고 판시하면서 관습헌법을 심사기준으로 삼은 바 있다.[8)] 그러나 이 결정에 대해서는 존재하지도 않는 관습헌법을 심사기준으로 삼았다는 이유 등으로 많은 학자들의 비판이 있다.

2. 위헌심사의 관점

헌법재판소는 법률의 위헌여부를 심사할 때, 제청법원이나 규범통제형 헌법소원심판 청구인이 주장하는 법적 관점뿐만 아니라 심판대상 규범의 법적효과를 고려하여, 모든 헌법적 관점에서 심사한다.

---

7) 헌재 1997. 1. 16. 89헌마240; 헌재 1998. 8. 27. 97헌바85.
8) 헌재 2004. 10. 21. 2004헌마554.

Ⅱ. 심판대상의 확정

1. 원칙

헌법재판소는 원칙적으로 법원이 제청한 법률 또는 법률조항만을 위헌법률심판의 대상으로 삼을 수 있다. 이는 규범통제형 헌법소원심판에서도 마찬가지이다.

2. 예외 - 제한, 확장 및 변경

(1) 심판대상의 제한

제청법원이나 규범통제형 헌법소원심판 청구인이 심판대상을 정확하게 한정하지 않고, 당해 법률조항 전부 또는 법률 전부에 대해 제청하거나 심판청구하는 경우가 있다. 이 경우 헌법재판소는 결정이유에서 재판의 전제성이 없는 부분을 배제하고 전제성이 인정되는 부분에 심판대상을 제한하여 확정한다. 주문에서는 제한하여 확정된 심판대상에 대해서만 판단한다.

(2) 심판대상의 확장

1) 헌법재판소는 법적 명확성, 법적 안정성, 법의 통일성, 소송경제 등의 관점에서, 법원이 제청한 법률 또는 법률조항에 심판대상을 한정하지 않고, 다른 법률 또는 법률조항에까지 확장해서 심판한다.

2) 예컨대 ① 법원이 어느 조항 전체를 제청하고 그 조항 전체에 대해 동일한 심사척도가 적용될 경우에는 당해사건에 적용되지 않을 내용이 들어 있는 경우에도 그 조항 전체로 심판대상을 확장할 수 있다. ② 법원이 제청한 법률조항과 체계적으로 밀접한 관련이 있는 법률조항은 법원이 제청하지 않았어도 헌법재판소가 심판대상으로 삼을 수 있다. ③ 행정형벌규정에서 흔히 보듯이 구성요건규정과 형벌규정이 별개의 규정인 경우 법원이 구성요건규정만을 제청하였어도 헌법재판소는 구성요건규정뿐만 아니라 형벌규정까지 함께 심판대상으로 삼을 수 있다. ④ 법원이 제청하지는 않았지만 제청한 법률조항을 적용하기 위해 전제가 되는 법률조항도 심판대상으로 삼을 수 있다.[9]

9) 헌재 1996. 10. 4. 93헌가13; 헌재 1996. 11. 28. 96헌가13; 헌재 1999. 3. 25. 98헌가111; 헌재 2001. 1. 18. 2000헌바29.

⑶ 심판대상의 변경

1) 규범통제형 헌법소원심판에서 청구인이 심판대상에 관하여 착오를 일으키는 경우가 있다. 이 경우 헌법재판소는 청구인의 청구이유, 법원에서의 위법률심판제청신청사건의 경과, 당해 사건 재판과의 관련성의 정도, 이해관계기관의 의견 등을 종합적으로 고려하여 직권으로 심판대상을 변경하여 확정할 수 있다.

2) 관련하여, 권리구제형 헌법소원심판에서도 헌법재판소가 직권으로 청구인의 청구취지와 달리 심판대상을 변경하여 확정할 수 있다. 즉 헌법재판소는 심판청구서에 기재된 청구취지에 구애됨이 없이 청구인의 주장요지를 종합적으로 판단하여 심판대상을 확정한다.[10)]

제 5 절 종국결정과 그 효과

Ⅰ. 각하결정

법원의 제청이 적법성요건을 갖추지 못하면 헌법재판소는 각하결정을 내린다. 보통 "이 사건 위헌여부심판제청을 각하한다.", "…에 대한 위헌여부심판제청을 각하한다."로 주문을 표시한다.

Ⅱ. 합헌결정

헌법재판소가 본안심리를 거친 후 심판대상 법률이 헌법에 위반되지 않는다고 판단할 경우에는 합헌결정을 한다. 보통 "…은 헌법에 위반되지 아니한다."로 주문을 표시한다.

10) 헌재 1998. 10. 15. 98헌마168.

Ⅲ. 단순위헌결정

1. 위헌결정의 범위

(1) 헌법재판소가 내리는 위헌결정의 범위는 심판대상과 일치하는 것이 원칙이다. 즉 제청법원이 어느 법률조항을 위헌제청했고, 헌법재판소가 그 법률조항을 심판대상으로 삼아 위헌결정한 경우, 심판대상과 위헌결정의 범위는 일치한다. 그러나 헌법재판소가 심판대상을 제한, 확장, 변경하는 경우에는 위헌결정의 범위도 제한, 확장, 변경에 따라 달라지고, 제청법원이 제청한 법률조항과 위헌결정의 범위가 다르게 된다. 예컨대 제청법원이 어느 법률조항을 위헌제청했는데 헌법재판소가 다른 법률조항에까지 심판대상을 확장하여 그에 대해 위헌결정한 경우, 위헌결정의 범위는 위헌제청된 법률조항을 넘어 확장된 심판대상까지 포함한다. 그러나 이 경우 적어도 헌법재판소의 심판대상과 위헌결정의 범위는 일치한다.

(2) 그런데 심판대상과 위헌결정의 범위가 예외적으로 불일치하는 경우가 있다. 즉 ① 법률조항의 위헌결정으로 인하여 해당 법률 전부를 시행할 수 없다고 인정될 때에는 그 전부에 대하여 위헌결정을 할 수 있다(헌법재판소법 제45조 단서). ② 심판대상인 법률조항을 위헌결정하면, 이 조항과 밀접한 특별한 관계에 있는 같은 법률의 다른 조항도 계속 적용할 수 없는 경우에는, 그에 대해서도 함께 위헌결정할 수 있다.[11]

2. 위헌결정의 효력

헌법재판소의 법률에 대한 위헌결정에는 단순위헌결정, 한정합헌결정, 한정위헌결정, 헌법불합치결정이 있다.

(1) 기속력

1) 법률의 위헌결정은 법원 기타 국가기관 및 지방자치단체를 기속한다(법 제47조 제1항). 기속력은 결정주문뿐만 아니라 핵심적인 결정이유에도 미친다.

---

11) 헌재 2001. 7. 19. 2000헌마91.

2) 법원은 위헌결정된 법률 또는 법률의 조항을 적용할 수 없고, 반복해서 위헌제청하는 것도 허용되지 않는다. 행정기관과 지방자치단체는 헌법재판소가 위헌으로 결정한 법률 또는 법률의 조항을 근거로 하여 집행작용을 수행할 수 없다. 국회는 위헌결정된 법률 또는 법률의 조항에 대해 반복입법을 하는 것이 허용되지 않지만, 예외적으로 특별한 정당한 사유가 있는 경우에는 반복입법을 할 수 있다.

(2) 일반적 효력

헌법재판소가 위헌으로 결정한 법률 또는 법률의 조항은 효력을 상실하여 더 이상 국민에게 법으로서의 기능을 수행할 수 없다. 따라서 위헌법률에 근거를 둔 권리주장이나 의무부담은 있을 수 없다.

(3) 효력발생시기

위헌결정이 원칙적으로 장래효를 갖는지 소급효를 갖는지는 입법정책의 문제이다. 우리 입법자는 원칙적 장래효 예외적 소급효를 규정함으로써 법적 안정성을 정의보다 상대적으로 더 중시하는 태도를 취하였다.

1) 비형벌규정에 대한 위헌결정

① **원칙적 장래효** 위헌으로 결정된 법률 또는 법률의 조항은 그 결정이 있는 날부터 효력을 상실한다(헌법재판소법 제47조 제2항).

② **해석을 통한 예외적 소급효** 효력이 다양할 수밖에 없는 위헌결정의 특수성 때문에 예외적으로 부분적인 소급효가 인정된다. 헌법재판소는 구체적 규범통제의 실효성 보장의 견지에서 ㉠ 법원의 제청·헌법소원의 청구 등을 통하여 헌법재판소에 법률의 위헌결정을 위한 계기를 부여한 당해사건 ㉡ 위헌결정이 있기 전에 이와 동종의 위헌 여부에 관하여 헌법재판소에 위헌제청을 하였거나 법원에 위헌제청신청을 한 경우의 당해 사건 ㉢ 따로 위헌제청신청을 아니하였지만 당해 법률 또는 법률의 조항이 재판의 전제가 되어 법원에 계속 중인 사건 ㉣ 당사자의 권리구제를 위한 구체적 타당성의 요청이 현저한 반면에 소급효를 인정하여도 법적 안정성을 침해할 우려가 없고 나아가 구법에 의하여 형성된 기득권자의 이익이 해쳐질 사안이 아닌 경우[12]에는 소급효를 인정하고 있다.

12) 헌재 1993. 5. 13. 92헌가10.

한편, 대법원은 위 ㉣에 대해서만 표현을 달리하고 있다. 즉 '위헌결정 이후에 위와 같은 이유로 제소된 일반사건'에도 소급효가 미친다고 하였고, 다만, 법적 안정성이나 당사자의 신뢰보호를 위해 불가피한 경우 소급효가 제한된다고 하였다.[13)]

2) 형벌규정에 대한 위헌결정

① **소급효** ㉠ 위헌으로 결정된 형벌에 관한 법률 또는 법률의 조항은 소급하여 그 효력을 상실한다. 위헌으로 결정된 법률 또는 법률의 조항에 근거한 유죄의 확정판결에 대하여는 재심을 청구할 수 있다(헌법재판소법 제47조 제3항－제4항).

㉡ 그러나 실체적인 형벌조항에 한하여 소급효가 인정되고 형사소송절차에 관한 절차법적인 법률조항의 경우에는 소급효가 인정되지 않는다.[14)]

㉢ 또 형벌에 관한 법률 또는 법률조항이라도 그것이 위헌으로 결정될 경우 오히려 형사처벌을 받지 않았던 자들에게 형사상의 불이익이 미치게 되는 경우에는 죄형법정주의의 원칙상 소급효가 인정되지 않는다.[15)]

② **소급효 제한** ㉠ 형벌규정에 대한 위헌결정의 경우에 헌법재판소법 제47조 제3항 단서는 "다만 해당 법률 또는 법률의 조항에 대하여 종전에 합헌으로 결정한 사건이 있는 경우에는 그 결정이 있는 날의 다음 날로 소급하여 효력을 상실한다."라고 규정함으로써 소급효를 제한하고 있다.

㉡ 헌법재판소는 "현재의 상황에서는 위헌이더라도 과거의 어느 시점에서 합헌결정이 있었던 형벌조항에 대하여는 위헌결정의 소급효를 제한함으로써 그 동안 쌓아 온 규범에 대한 사회적인 신뢰와 법적 안정성을 확보하는 것이 중요하다는 입법자의 결단에 따라 위헌결정의 소급효를 제한한 것이므로, 이러한 소급효 제한이 불합리하다고 보기는 어렵다."[16)]라고 하여, 헌법재판소법 제47조 제3항 단서에 대해 합헌결정을 내렸다.

㉢ 그러나 형벌영역에서는 법적 안정성보다 정의가 상대적으로 우위라는

---

13) 대법원 1994. 10. 25. 선고 93다42740; 대법원 2005. 11. 10. 선고 2005두5628; 대법원 2006. 6. 9. 선고 2006두1296.
14) 헌재 2012. 11. 29. 2012헌마53.
15) 헌재 1997. 1. 16. 90헌마110.
16) 헌재 2016. 4. 28. 2015헌바216.

것, 범죄와 형벌은 법률로 규정해야 한다는 죄형법정주의 등을 고려해야 한다. 소급효를 제한하지 않을 경우 발생할 수 있는 형사보상금으로 인한 국가재정부담이나 재심으로 인한 법원의 업무부담 등을 이유로 소급효를 제한하는 것은 정당성이 없다.[17)]

Ⅳ. 한정합헌결정과 한정위헌결정

한정합헌결정이나 한정위헌결정은 구체적규범통제에서 행해지는 헌법합치적 법률해석의 결과로서 나타나는 이른바 변형결정이다. 법률 또는 법률의 조항에서 특정한 부분을 제거하는 양적 일부위헌결정(양적일부무효)이 아니라, 위헌적인 해석방법을 배제함으로써 위헌성을 제거하는 이른바 질적 일부위헌결정(질적일부무효)이다. 한정합헌결정을 할 것인지 한정위헌결정을 할 것인지는 사안에 따라 헌법재판소가 결정할 문제이다.

1. 한정합헌결정

한정합헌결정은 심판대상이 된 법률조문을 해석함에 있어서 다의적 해석이 가능한 경우에 위헌적인 해석가능성을 배제하고 헌법에 맞는 특정한 내용으로 해석·적용하는 한 합헌이라고 결정하는 변형결정이다. 보통 "…라고 해석하는 한 헌법에 위반되지 아니한다." 또는 "…라는 해석 하에 헌법에 위반되지 아니한다."라고 주문을 표시한다. 한정합헌결정도 위헌결정의 하나이므로 기속력을 갖는다.

2. 한정위헌결정(부분위헌결정)

(1) 한정위헌결정은 심판대상이 된 법률조문을 해석함에 있어서 다의적 해석이 가능한 경우에 특정한 내용으로 해석·적용하는 한 위헌이라고 결정하는 변형결정이다. 보통 "…로 해석하는 한 헌법에 위반된다.", "…하는 범위 내에서 헌법에 위반된다.", "…로 해석하는 한도 내에서 헌법에 위반된다." 또는 "…를 포함시키는 것은 헌법에 위반된다."라고 주문을 표시한다.

---

17) 같은 취지, 김하열, 헌법소송법, 박영사, 2023, 350면 이하.

(2) 한정위헌결정도 위헌결정의 하나이므로 기속력을 갖는다. 그러나 대법원은 한정위헌결정의 기속력을 부정한다. 즉 대법원은 한정위헌결정의 경우에는 법률조항의 문언이 변경되지 않으므로 법률조항의 의미를 밝히는 법률해석일 뿐이고, 한정위헌결정에 표현되어 있는 헌법재판소의 법률해석에 대한 견해는 법원에 전속되어 있는 법령의 해석·적용 권한에 대하여 어떠한 영향을 미치거나 기속력도 가질 수 없다고 하였다.[18] 그러나 대법원의 판단은 옳지 않다. 법률해석이 법원의 고유한 권한일지라도 위헌적인 해석을 배제하는 권한은 헌법에 의해서 헌법재판소가 갖는다.

(3) 예컨대 헌법재판소는 집회및시위에관한법률에서의 야간 옥외집회 또는 시위금지 규정에 대해 한정위헌결정을 내렸다.[19] 그러나 대법원은 이를 한정위헌결정(질적일부무효)이 아니라 일부위헌결정(양적일부무효)으로 보아 위헌결정의 효력(소급효)을 인정하였다.[20]

(4) 한편, 최근에 헌법재판소는 한정위헌결정에서의 주문 표현을 기존의 방식과 달리하고 있다.

예컨대 ① 과거사 국가배상청구 '소멸시효' 사건에서, "민법 제166조 제1항, 제766조 제2항 중 '진실·화해를 위한 과거사정리 기본법' 제2조 제1항 제3호, 제4호에 규정된 사건에 적용되는 부분은 헌법에 위반된다."[21]라고 표현하였고, ② 과거사 민주화보상법 '재판상 화해 간주' 사건에서, "구 '민주화운동 관련자 명예회복 및 보상 등에 관한 법률' 제18조 제2항의 '민주화운동과 관련하여 입은 피해' 중 불법행위로 인한 정신적 손해에 관한 부분은 헌법에 위반된다."[22]라고 표현하였으며, ③ 헌법재판소법 제68조 제1항 등 '위헌확인' 사건에서, "헌법재판소법 제68조 제1항 본문 중 '법원의 재판' 가운데 '법률에 대한 위헌결정의 기속력에 반하는 재판' 부분은 헌법에 위반된다."[23]라고 표현하였다.

이처럼 주문 표현을 달리하는 것은, 대법원이 한정위헌결정을 부정하기 때

18) 대법원 1996. 4. 9. 선고 95누11405.
19) 헌재 2014. 3. 27. 2010헌가2; 헌재 2014. 4. 24. 2011헌가29.
20) 대법원 2014. 7. 10. 선고 2011도1602.
21) 헌재 2018. 8. 30. 2014헌바148.
22) 헌재 2018. 8. 30. 2014헌바180.
23) 헌재 2022. 6. 30. 2014헌마760.

문에 부정해서는 안 된다는 의사표시로서, 한정위헌(질적일부위헌/질적일부무효)이 실질적으로 부분위헌(단순위헌)이라는 것을 강조하려는 것으로 보인다.

V. 헌법불합치결정

1. 비형벌규정에 대한 헌법불합치결정

(1) 종래의 헌법불합치결정 설명

1) 헌법불합치결정은 헌법재판소가 위헌심판을 한 결과 심판대상이 위헌이라는 결론에 이르렀지만, 단순위헌결정을 내려 심판대상 법률 또는 법률의 조항을 실효시킬 경우 발생할 법적공백상태나 법생활혼란을 방지하고, 입법자에게 개선을 촉구하기 위해 헌법에 합치하지 않는다고 선언하는 변형결정이다. 헌법불합치결정의 본질은 단순위헌결정이다.

2) 헌법불합치결정은 심판대상이 위헌이지만 그 형식적 존속을 유지시키면서 입법자로 하여금 법률의 위헌성을 제거하도록 의무를 부과하고, 입법자가 입법을 개선할 때까지 국가기관에게 헌법불합치결정된 법률의 적용을 중지하고 개선된 신법의 적용을 명하거나 시한을 정해 잠정적용하게 하는 효력을 갖는다.

(2) 주문형식

헌법재판소가 헌법불합치결정에서 취하는 주문형식으로는 적용중지와 (잠정적)계속적용의 경우로 나눌 수 있다.

1) 적용중지 ① 헌법재판소가 헌법불합치결정을 내리면서 적용중지를 명하는 경우, 법적용기관은 헌법불합치결정된 법률을 더 이상 적용해서는 안 되며 헌법불합치결정의 취지에 따라 새로이 마련된 개선신법을 적용해야 한다. 여기서 헌법불합치결정된 법률의 적용중지와 개선신법의 소급적용이 핵심이다.

② 시한부 적용중지의 경우가 있다. 예컨대 "1. 민법 제809조 제1항은 헌법에 합치되지 아니한다. 2. 위 법률조항은 입법자가 1998. 12. 31.까지 개정하지 아니하면 1999. 1. 1. 그 효력을 상실한다. 법원 기타 국가기관 및 지방자치단체는 입법자가 개정할 때까지 위 법률조항의 적용을 중지하여야 한다."[24)]

③ 시한없는 적용중지의 경우가 있다. 예컨대 "민법 제847조 제1항 중 '그 출

24) 헌재 1997. 7. 16. 95헌가6.

생을 안 날로부터 1년내' 부분은 헌법에 합치되지 아니한다.",[25] "토지초과이득세법은 헌법에 합치되지 아니한다."[26] 이 경우 주문 또는 결정이유에서 그 적용·시행을 중지시키되 그 형식적 존속만을 잠정적으로 유지시킨다는 취지를 밝힌다.

2) (잠정적)계속적용 ① 헌법재판소가 헌법불합치결정을 내리면서 (잠정적) 계속적용을 명하는 경우가 있다. 이는 단순위헌결정을 내림으로써 법적 공백이 발생하게 되는데, 이러한 법적 공백 상태보다 위헌적인 법률조항을 잠정적으로 적용하는 것이, 헌법적으로 더 나을 때 행해진다. 헌법재판소가 (잠정적)계속적용을 명하는 경우, 당해사건조차도 위헌법률의 적용을 받는다.[27] 그러나 개선신법에서 경과규정으로 소급적용을 규정하는 것은 가능하다.

② 시한부 효력유지(잠정적 계속적용)의 경우가 있다. 예컨대 "1. 국회의원선거법 제33조 및 제34조는 헌법에 합치되지 아니한다. 2. 위 법률 조항은 1991년 5월말을 시한으로 입법자가 개정할 때까지 그 효력을 지속한다."[28] 헌법재판소는 헌법불합치결정을 내리면서 이러한 주문형식을 많이 사용하고 있다.

③ 시한없는 효력유지(계속적용)의 경우가 있다. 예컨대 "공직선거법 제38조 제3항 및 제158조 제4항은 헌법에 합치되지 아니한다. 위 법률조항들은 입법자가 개정할 때까지 계속 적용된다."[29]

⑶ 헌법불합치결정의 정당화사유

1) 헌법불합치결정을 정당화하는 헌법적 사유로는 ① 단순위헌결정을 함으로써 법률조항을 실효시키는 것이 법적공백이나 법생활혼란을 초래할 우려가 있는 경우, ② 일정한 범위의 국민에게 혜택을 주는 법률이 평등원칙에 위반되는 경우 등을 들 수 있다.

2) 한편, 헌법재판소는 자유권을 침해하는 법률이 합헌부분과 위헌부분의 경계가 불분명한 경우에도 이를 헌법불합치결정의 정당화사유로 들고 있다.[30]

---

25) 헌재 1997. 3. 27. 95헌가14.
26) 헌재 1994. 7. 29. 92헌바49.
27) (잠정적)계속적용 헌법불합치결정의 경우에, 법원이 당해 사건에 한하여는 위헌결정의 소급효를 인정해야 한다고 판시하면서 당사자를 구제한 사례가 있다(대법원 1991. 6. 11. 선고 90다5450).
28) 헌재 1989. 9. 8. 88헌가6; 헌재 2018. 8. 30. 2016헌마344; 헌재 2024. 6. 27. 2021헌가19; 헌재 2025. 1. 23. 2021헌마886.
29) 헌재 2007. 6. 28. 2005헌마772.
30) 헌재 2002. 5. 30. 2000헌마81.

그러나 이에 대해서는 비판이 많다. 자유권 제한은 과잉금지원칙 위반이 문제되는 것이며 과잉금지원칙 위반의 경우에도 헌법불합치결정을 하는 것은 단순위헌결정을 무의미하게 만들 수 있기 때문에, 이러한 경우에는 단순위헌결정을 내리는 것이 타당하다.[31)]

⑷ 헌법불합치결정의 효력

1) 헌법불합치결정의 본질은 단순위헌결정이므로 결정의 기속력, 일반적효력은 단순위헌결정과 동일하다. 그리고 적용중지의 경우, 단순위헌결정에 적용되는 소급효가 헌법불합치결정에 그대로 적용된다. 다만, 법률의 위헌성을 입법자가 개선하였을 때 그 개선된 입법의 소급효를 의미한다. 그리고 (잠정적)계속적용의 경우, 단순위헌결정에 적용되는 소급효가 적용되지 않고 당해사건조차 위헌법률의 적용을 받는다. 다만, 개선신법에서 경과규정으로 소급효를 규정하면 그에 따른다.

2) 한편, 헌법재판소는, 헌재가 어느 법률규정에 대해 헌법불합치결정(잠정적 계속적용)을 내렸는데, 개정신법에서 신법 조항의 소급적용을 위한 경과규정을 두지 않은 경우, 이는 종전 헌법불합치결정의 취지에도 어긋나고 평등원칙에 위반된다고 다시 헌법불합치결정(적용중지)을 내렸다.

예컨대 ① 출퇴근 재해 사건에서, 헌법재판소는, 통상의 출퇴근 재해에 대한 보상에 있어 혜택근로자[32)]와 비혜택근로자[33)]를 구별하여, 혜택근로자의 출퇴근 재해만 업무상 재해로 인정하는 산업재해보상보험법 규정은, 합리적 이유 없이 비혜택근로자에게 경제적 불이익을 주어 이들을 자의적으로 차별하는 것이므로, 헌법상 평등원칙에 위배된다(헌법불합치, 잠정적 계속적용)고 판시하였다.[34)] 그런데 이러한 불합리한 차별을 개선한 개정신법에서 신법 조항을 시행일 이후의 재해부터 적용하고 소급적용을 위한 경과규정을 두지 않았는데, 헌법재판소는, 종전 헌법불합치결정일 이후 개정법 시행일 전에 통상의 출퇴근 사고를 당한 비혜

---

31) 헌재 2019. 4. 11. 2017헌바127(재판관 3인의 단순위헌의견); 김하열, 헌법소송법, 박영사, 2023, 381면; 한수웅, 헌법학, 법문사, 2014, 1398면.

32) 사업주가 제공하거나 그에 준하는 교통수단을 이용하여 출퇴근하는 산재보험가입근로자.

33) 도보나 자기 소유 교통수단 또는 대중교통수단 등을 이용하여 통상의 출퇴근을 하는 산재보험가입근로자.

34) 헌재 2016. 9. 29. 2014헌바254.

택근로자를 보호하기 위한 최소한의 조치도 취하지 않은 것은, 산재보험의 재정상황 등 실무적 여건이나 경제상황 등을 고려한 것이라고 하더라도, 그 차별을 정당화할 만한 합리적인 이유가 있는 것으로 보기 어렵고, 종전 헌법불합치결정의 취지에도 어긋나며, 평등원칙에 위반된다(헌법불합치, 적용중지)고 판시하였다.[35)]

또, ② 국민연금법 분할연금[36)] 사건에서, 헌법재판소는, 법률혼 관계에 있었지만 별거·가출 등으로 실질적인 혼인관계가 존재하지 않았던 기간을 일률적으로 혼인 기간에 포함시켜 분할연금을 산정하도록 하는 국민연금법 규정은, 혼인 중 쌍방의 협력으로 형성된 공동재산의 청산·분배라는 분할연금제도의 재산권적 성격을 몰각시키는 것으로서 노령연금 수급권자의 재산권을 침해한다(헌법불합치, 잠정적 계속적용)고 판시하였다.[37)] 그런데 헌법불합치결정에 따른 개선입법이 소급적용을 규정하지 않고, 개정규정을 신법 조항 시행 후 최초로 분할연금 지급 사유가 발생한 경우부터 적용하도록 규정하였는데, 헌법재판소는, 실질적인 혼인관계가 해소되어 분할연금의 기초가 되는 노령연금 수급권 형성에 아무런 기여가 없는 경우에는 노령연금 분할을 청구할 전제를 갖추지 못한 것으로 볼 수 있다는 점에서 분할연금 지급 사유 발생 시점이 신법 조항 시행일 전인 경우와 후인 경우 사이에 아무런 차이가 없으므로, 분할연금 지급 사유 발생시점이 신법 조항 시행일 전·후인지와 같은 우연한 사정을 기준으로 달리 취급하는 것은 합리적인 이유를 찾기 어렵고, 종전 헌법불합치결정의 취지에도 어긋나며, 따라서 심판대상조항은 평등원칙에 위반된다(헌법불합치, 적용중지)고 판시하였다.[38)]

2. 형벌규정에 대한 헌법불합치결정

문제는 형벌규정에 대한 헌법불합치결정이다.

---

35) 헌재 2019. 9. 26. 2018헌바218.
36) 심판대상 국민연금법 규정: 혼인 기간(배우자의 가입기간 중의 혼인 기간)이 5년 이상인 자가, 일정한 요건(1. 배우자와 이혼하였을 것 2. 배우자였던 사람이 노령연금 수급권자일 것 3. 60세가 되었을 것)을 모두 갖추면 그때부터 그가 생존하는 동안 배우자였던 자의 노령연금을 분할한 일정한 금액의 연금(이하 "분할연금"이라 한다)을 받을 수 있다.
37) 헌재 2016. 12. 29. 2015헌바182.
38) 헌재 2024. 5. 30. 2019헌가29.

⑴ 헌법재판소 판례

헌법재판소는 형벌규정에 대해서도 비형벌규정에 대해서와 마찬가지로 적용중지[39] 헌법불합치결정뿐만 아니라 (잠정적)계속적용[40] 헌법불합치결정을 하고 있다.

⑵ 대법원 판례

대법원은 헌법불합치결정은 위헌결정에 해당하기 때문에, 헌법불합치결정된 형벌규정은 소급하여 효력을 상실하고, 헌법불합치결정된 형벌규정에 위반하였다는 이유로 기소된 피고사건은 범죄로 되지 아니한 때에 해당하기 때문에 무죄라고 판시하였다. 그리고 헌법재판소가 시한부 계속적용을 명했고 개정시한이 아직 지나지 않았어도, 헌법불합치결정된 형벌규정은 이미 소급해서 효력을 상실했기 때문에, 해당 형벌규정을 적용할 수 없어 무죄판결이 선고되어야 한다고 판시하였다.[41] 요컨대 대법원은 형벌규정에 대한 헌법불합치결정을 단순위헌결정과 마찬가지로 취급하고 있다.

⑶ 학설

학설은 형벌규정에 대한 헌법불합치결정은 허용되지 않는다는 견해와 허용된다는 견해가 대립하고 있다. 생각건대 형벌규정에 대한 헌법불합치결정은 허용되지 않으며, 헌법재판소 판례는 개선되어야 한다. 형법은 법적 안정성보다 정의가 우위에 서는 영역이며 엄격한 죄형법정주의(명확성원칙)가 지배하는 영역이다. 위헌부분과 합헌부분의 경계가 불분명하면 그 자체로 명확성원칙 위반이다. 헌법불합치결정은 위헌결정이며, 헌법재판소법 제47조 제3항에 따르면 위헌으로 결정된 형벌규정은 소급하여 그 효력을 상실한다. 헌법불합치결정된 형벌규정을 (잠정적)계속적용하는 것은 실질적 법치주의에 반하고, 형벌규정에 대한 위헌결정의 소급효를 규정한 헌법재판소법의 명문규정에 반한다. 그리고 적용중지 헌법불합치결정 후에 개선신법을 소급적용하는 것은 형벌불소급원칙에 반한다. 요컨대 헌법재판소가 형벌규정에 대해 헌법불합치결정을 내리면서 적용중지나 잠정적용을 명하는 것은 헌법과 법률에 위반된다.

---

39) 헌재 2004. 5. 27. 2003헌가1.

40) 헌재 2019. 4. 11. 2017헌바127.

41) 대법원 2011. 6. 23. 선고 2008도7562; 대법원 2020. 6. 4. 선고 2018도17454.

제 6 절 규범통제형 헌법소원

Ⅰ. 의의 및 법적 성격

1. 의의

헌법재판소법 제68조 제2항은 "법률의 위헌여부심판의 제청신청이 기각된 때에는 그 신청을 한 당사자는 헌법재판소에 헌법소원심판을 청구할 수 있다." 라고 규정하고 있다. 헌법재판소법 제68조 제2항의 헌법소원을 규범통제형 헌법소원 또는 위헌심사형 헌법소원이라 부르기도 한다. 규범통제형 헌법소원은 우리나라의 독특한 제도이며, 재판에 대한 헌법소원이 허용되지 않는 것을 보완하고 있다.

2. 법적 성격

규범통제형 헌법소원(헌법재판소법 제68조 제2항의 헌법소원, 위헌심사형 헌법소원)은 그 형식은 헌법소원이다. 그래서 헌법재판소 지정재판부에 의한 사전심사를 거쳐야 하며, 변호사강제주의가 적용된다. 규범통제형 헌법소원은 소송당사자의 위헌제청신청을 법원이 기각하면, 개인이 헌법재판소에 헌법소원의 형식으로 법률의 위헌여부를 심판해 달라고 청구하는 것으로서, 형식은 헌법소원이지만 그 실질은 위헌법률심판이다.

Ⅱ. 청구대상

청구대상은 위헌법률심판의 대상과 같다.

법원의 위헌제청신청기각결정의 대상이 된 규정만이 청구대상이다. 다만 위헌제청신청기각결정의 대상이 되지 아니한 규정들이 대상이 된 규정들과 상호 필연적 연관관계가 있는 경우에는 대상이 되지 아니한 규정도 심판대상으로 삼

을 수 있다.[42)]

III. 소송당사자의 위헌법률심판제청신청에 대한 기각결정

1. 제청신청

(1) 규범통제형 헌법소원심판은 소송당사자가 위헌법률심판제청신청을 하였으나 당해 법원이 이 신청을 기각한 경우에 청구할 수 있기 때문에, 제청신청을 기각당한 소송당사자만이 헌법소원심판을 청구할 수 있고 제청신청을 하지 않았던 당사자는 헌법소원심판을 청구할 수 없다.

(2) 규범통제형 헌법소원심판을 청구한 자는 당해 사건의 소송절차에서 동일한 사유를 이유로 다시 위헌여부심판의 제청을 신청할 수 없다(헌법재판소법 제68조 제2항). 여기서 당해 사건의 소송절차란 상소심에서의 소송절차를 포함한다.

2. 기각결정

(1) 규범통제형 헌법소원심판은 소송당사자가 위헌법률심판제청신청을 하였으나 당해 법원이 이 신청을 기각한 경우에 청구할 수 있다. 여기서 기각결정에는 제청신청대상 법률의 위헌여부 판단(실체적 판단)뿐만 아니라 제청신청의 적법성판단도 포함한다.

(2) 따라서 법원이 실질적으로 헌법문제에 관한 판단을 했으므로 제청신청을 기각하여야 함에도 불구하고 각하결정이라는 재판형식으로 배척한 경우, 재판의 전제성이 없다는 이유로 각하결정을 한 경우, 소송당사자의 위헌제청신청이 한정위헌을 청구하는 것이라는 이유로 각하한 경우, 관습법은 헌법재판소의 위헌법률심판의 대상이 아니라는 이유로 제청신청을 각하한 경우 등에도 헌법재판소법 제68조 제2항에 의한 헌법소원심판의 청구는 허용된다.[43)]

(3) 요컨대 법원의 재판형식이 제청신청을 기각한 것이든 각하한 것이든 규

42) 헌재 2001. 1. 18. 2000헌바29; 헌재 2001. 2. 22. 99헌바93.

43) 헌재 1989. 12. 18. 89헌마32; 헌재 1999. 12. 23. 98헌바33; 헌재 2009. 5. 28. 2007헌바24; 헌재 2013. 2. 28. 2009헌바129.

범통제형 헌법소원 자체는 허용된다.

Ⅳ. 재판의 전제성

1. 의의

규범통제형 헌법소원심판을 청구하려면 청구대상인 법률이 당해 사건의 재판에 전제가 되어야 한다. 규범통제형 헌법소원심판에서의 재판의 전제성은 위헌법률심판에서와 같다.

2. 재판의 부정지로 인한 차이

(1) 규범통제형 헌법소원심판의 경우에는 당해 소송사건이 헌법소원심판 청구로 정지되지 않기 때문에, 헌법소원심판의 종국결정 이전에 당해 소송사건이 확정되어 종료되는 경우가 있을 수 있다. 그러나 규범통제형 헌법소원이 인용된 경우에는 당해 헌법소원과 관련된 소송사건이 이미 확정된 때라도 당사자는 재심을 청구할 수 있으므로, 판결이 확정되었어도 재판의 전제성이 소멸된다고 볼 수 없다.

(2) 규범통제형 헌법소원심판 청구 후, 당해 소송에서 청구인의 승소가 확정된 경우, 당해 소송사건이 소의 취하로 인하여 종료된 경우에는 재판의 전제성이 부정된다. 규범통제형 헌법소원이 인용되어도 당해 사건에 영향을 미칠 수 없는 것이라면 재판의 전제성이 없지만, 예외적으로 기본권침해 사례의 반복방지 및 헌법적 해명을 위하여 위헌여부의 본안판단을 한다.[44]

Ⅴ. 청구기간

규범통제형 헌법소원심판의 청구는 위헌여부심판의 제청신청을 기각하는 결정을 통지받은 날부터 30일 이내에 청구하여야 한다(헌법재판소법 제69조 제2항).

44) 헌재 2001. 4. 26. 98헌바79.

Ⅵ. 한정위헌청구의 적법성

1. 문제의 소재

규범통제형 헌법소원에서 청구인이 한정위헌을 청구하는 것이 적법한지 문제된다. 대법원은 한정위헌청구의 적법성을 부정한다. 즉 소송당사자가 한정위헌을 제청신청한 경우 한정위헌제청신청을 각하하였다.[45)]

2. 헌법재판소 판례

헌법재판소는 한정위헌청구의 적법성을 원칙적으로 인정한다. 즉 법률의 의미는 결국 개별·구체화된 법률해석에 의해 확인되는 것이므로 법률과 법률의 해석을 구분할 수는 없고, 재판의 전제가 된 법률에 대한 규범통제는 해석에 의해 구체화된 법률의 의미와 내용에 대한 헌법적 통제로서 헌법재판소의 고유권한이며, 헌법합치적 법률해석의 원칙상 법률조항 중 위헌성이 있는 부분에 한정하여 위헌결정을 하는 것은 입법권에 대한 자제와 존중으로서 당연하고 불가피한 결론이므로, 이러한 한정위헌결정을 구하는 한정위헌청구는 원칙적으로 적법하다고 하였다. 다만, 재판소원을 금지하는 헌법재판소법 제68조 제1항의 취지에 비추어, 개별·구체적 사건에서 단순히 법률조항의 포섭이나 적용의 문제를 다투거나, 의미있는 헌법문제에 대한 주장없이 단지 재판결과를 다투는 헌법소원심판청구는 여전히 허용되지 않는다.[46)]

45) 대법원 2007. 7. 22. 선고 2007초기14.
46) 헌재 2012. 12. 27. 2011헌바117.

제 5 장 탄핵심판

제 1 절 의의와 기능

헌법 제65조는 "① 대통령·국무총리·국무위원·행정각부의 장·헌법재판소 재판관·법관·중앙선거관리위원회 위원·감사원장·감사위원 기타 법률이 정한 공무원이 그 직무집행에 있어서 헌법이나 법률을 위배한 때에는 국회는 탄핵의 소추를 의결할 수 있다. ② 제1항의 탄핵소추는 국회재적의원 3분의 1 이상의 발의가 있어야 하며, 그 의결은 국회재적의원 과반수의 찬성이 있어야 한다. 다만, 대통령에 대한 탄핵소추는 국회재적의원 과반수의 발의와 국회재적의원 3분의 2 이상의 찬성이 있어야 한다. ③ 탄핵소추의 의결을 받은 자는 탄핵심판이 있을 때까지 그 권한행사가 정지된다. ④ 탄핵결정은 공직으로부터 파면함에 그친다. 그러나, 이에 의하여 민사상이나 형사상의 책임이 면제되지는 아니한다." 라고 하여 국회의 탄핵소추권을 규정하고 있고, 제111조 제1항 제2호는 헌법재판소의 탄핵심판권을 규정하고 있다.

탄핵이란 일반적인 사법절차나 징계절차에 따라 소추하거나 징계하기가 곤란한 행정부의 고위직 공무원이나 법관 등과 같이 신분이 보장된 공무원이 직무상 중대한 비위를 범한 경우에 이를 의회가 소추하여 처벌하거나 파면하는 절차를 말한다. 현행헌법상 탄핵제도는 행정부와 사법부의 고위공직자에 의한 헌법침해로부터 헌법을 수호하고 유지하기 위한 제도이다. 헌법 제65조는 행정부와 사법부의 고위공직자에 의한 헌법위반이나 법률위반에 대하여 탄핵소추의 가능성을 규정함으로써, 그들에 의한 헌법위반을 경고하고 사전에 방지하는 기능을 수행하며, 국민에 의하여 국가권력을 위임받은 국가기관이 그 권한을 남용하여 헌법이나 법률에 위반하는 경우에는 다시 그 권한을 박탈하는 기능을 수행한다.[1)]

1) 헌재 2004. 5. 14. 2004헌나1.

제 2 절 탄핵대상과 탄핵사유

Ⅰ. 탄핵대상

헌법 제65조 제1항은 "대통령 · 국무총리 · 국무위원 · 행정각부의 장 · 헌법재판소 재판관 · 법관 · 중앙선거관리위원회 위원 · 감사원장 · 감사위원 기타 법률이 정한 공무원"을 탄핵대상자로 규정하고 있다.

법률규정에 의해 탄핵대상자가 추가될 수 있다. 예컨대 검찰청법 제37조에 의한 검사, 경찰법 제14조 제5항에 의한 경찰청장, 선거관리위원회법 제9조에 의한 각급선거관리위원회 위원, 방통위법 제6조 제5항에 의한 방송통신위원회 위원장 등이 있다.

Ⅱ. 탄핵사유(중대한 법위반)

1. 직무집행에 있어서 헌법이나 법률을 위배한 때

⑴ 헌법 제65조는 대통령이 '그 직무집행에 있어서 헌법이나 법률을 위배한 때'를 탄핵사유로 규정하고 있다.

⑵ 여기에서 '직무'란 법제상 소관 직무에 속하는 고유 업무와 사회통념상 이와 관련된 업무를 말하고, 법령에 근거한 행위뿐만 아니라 예컨대 대통령의 경우, 대통령의 지위에서 국정수행과 관련하여 행하는 모든 행위를 포괄하는 개념이다.

⑶ 또 '헌법'에는 명문의 헌법 규정뿐만 아니라 헌법재판소의 결정에 따라 형성되어 확립된 불문헌법도 포함되고, '법률'에는 형식적 의미의 법률과 이와 동등한 효력을 가지는 국제조약 및 일반적으로 승인된 국제법규 등이 포함된다.[2)]

---

2) 헌재 2004. 5. 14. 2004헌나1; 헌재 2017. 3. 10. 2016헌나1; 헌재 2025. 4. 4. 2024헌나8.

2. 헌법이나 법률 위배의 중대성(중대한 법위반)

⑴ 헌법재판소법 제53조 제1항은 '탄핵심판 청구가 이유 있는 경우' 피청구인을 파면하는 결정을 선고하도록 규정하고 있다. '탄핵심판청구가 이유 있는 경우'란 모든 법위반의 경우가 아니라 단지 공직자의 파면을 정당화할 정도로 '중대한' 법위반의 경우를 말한다.

⑵ 윤석열 대통령 탄핵사건에서, 헌법재판소는, "대통령의 파면을 정당화할 수 있는 헌법이나 법률 위배의 중대성을 판단하는 기준은 탄핵심판절차가 헌법을 수호하기 위한 제도라는 관점과 파면결정이 대통령에게 부여한 국민의 신임을 박탈한다는 관점에서 찾을 수 있다. 탄핵심판절차가 궁극적으로 헌법의 수호에 기여하는 절차라는 관점에서 보면, 파면결정을 통하여 손상된 헌법질서를 회복하는 것이 요청될 정도로 대통령의 법 위배 행위가 헌법 수호의 관점에서 중대한 의미를 가지는 경우에 비로소 파면결정이 정당화된다. 또 대통령이 국민으로부터 직접 민주적 정당성을 부여받은 대의기관이라는 관점에서 보면, 대통령에게 부여한 국민의 신임을 임기 중 박탈하여야 할 정도로 대통령이 법 위배 행위를 통하여 국민의 신임을 배반한 경우에 한하여 대통령에 대한 탄핵사유가 존재한다고 보아야 한다."[3]라고 판시하였다. 그리고 피청구인(윤석열 대통령)의 위헌·위법행위는 국민의 신임을 배반한 것으로 헌법수호의 관점에서 용납될 수 없는 중대한 법 위반행위에 해당하기 때문에 파면한다고 판시하였다.

⑶ 반면에, 예컨대 검사(손준성) 탄핵사건에서, 헌법재판소는, 피청구인의 헌법 및 법률 위반을 인정하면서도, 피청구인의 법 위반 행위가 헌법질서에 미치는 부정적 영향이나 해악의 정도가 중대하여 피청구인에게 간접적으로 부여된 국민의 신임을 박탈해야 할 정도에 이르렀다고 보기는 어려우므로, 피청구인의 파면을 정당화하는 사유가 존재한다고 볼 수 없다는 이유로 기각 결정을 선고하였다.[4]

3) 헌재 2025. 4. 4. 2024헌나8.
4) 헌재 2025. 7. 17. 2023헌나3.

제 3 절 탄핵소추

Ⅰ. 탄핵소추의 발의와 의결

탄핵소추는 국회재적의원 3분의 1 이상의 발의가 있어야 하며, 그 의결은 국회재적의원 과반수의 찬성이 있어야 한다. 다만, 대통령에 대한 탄핵소추는 국회재적의원 과반수의 발의와 재적의원 3분의 2 이상의 찬성이 있어야 한다(제65조 제2항).

Ⅱ. 탄핵소추 의결의 효과

1. 권한정지, 사직원 접수 및 해임 금지

⑴ 탄핵소추의 의결을 받은 자는 탄핵심판이 있을 때까지 그 권한행사가 정지된다(제65조 제3항). 소추의결서가 피소추자에게 송달되었을 때 소추된 사람의 권한 행사는 정지된다(국회법 제134조 제2항 전단).

⑵ 소추의결서가 송달되면, 임명권자는 소추된 사람의 사직원을 접수하거나 소추된 사람을 해임할 수 없다(법 제134조 제2항).

⑶ 피청구인이 결정 선고 전에 해당 공직에서 파면되었을 때에는 헌법재판소는 심판청구를 기각하여야 한다(헌법재판소법 제53조 제2항).

2. 관련문제

⑴ 임명권자 없는 경우의 사임

예컨대 임명권자 없는 대통령이 소추된 경우 사임이 가능한지, 가능하다면 사임후 탄핵심판절차는 어떻게 되는지 문제된다. 이에 관하여 탄핵심판제도의 취지에 비추어 사임은 불가능하다는 견해와 사임 금지 규정이 없으므로 가능하다는 견해로 나뉜다. 생각건대 대통령의 경우 사임을 금지하는 규정이 없기 때문에 사임은 가능하지만, 사임에도 불구하고 탄핵심판절차는 진행되고 사안에 따라 각하, 기각, 인용 결정 모두 가능하다고 본다. 헌법적 해명이익이 인정되면 헌법재판소는 본안판단을 해야 할 것이다.

(2) 탄핵소추 후 임기만료의 경우

1) 헌법재판소의 탄핵심판 계속 중 피청구인이 임기만료로 퇴직한 경우, 탄핵심판청구가 적법한지 여부가 문제된다. 이에 관하여 헌정사상 최초의 법관 탄핵사건[5]이 있다. 이 사건에서 헌법재판소 법정의견은, 피청구인이 임기만료로 퇴직하여 파면할 수 없다면, 탄핵심판의 이익이 없다는 이유로 각하결정을 하였다.

2) 반면에, 재판관 3인(유남석, 이석태, 김기영)의 인용의견은, 최초의 법관 탄핵 사건에서, 헌법재판소가 우리 헌법질서 내에서 재판 독립의 의의나 법관의 헌법적 책임 등을 규명하게 된다면, 앞으로 발생할 수 있는 법관의 재판상 독립 침해 문제를 사전에 경고하여 이를 미리 예방할 수 있기 때문에, 헌법적 해명의 필요성이 인정되어 심판의 이익이 있다고 하였고, 피청구인의 행위는 법관의 재판상 독립을 위반하는 중대한 헌법위반행위이므로 피청구인을 파면해야 하는데, 임기만료로 퇴직하여 그 직에서 파면할 수 없으므로, 피청구인의 행위가 중대한 헌법위반에 해당함을 확인하는 것에 그칠 수밖에 없다고 하였다. 생각건대 이 사건은, 피청구인이 퇴직하여 파면결정을 내리지 못할지라도, 헌법적 해명의 필요성이 인정되기 때문에, 심판의 이익이 있다.

제 4 절 탄핵심판의 심리

Ⅰ. 당사자 및 심판대상

1. 당사자

국회의 탄핵소추 의결을 받은 자가 탄핵심판절차에서 피청구인이 된다. 그런데 청구인이 누구인지 문제된다. 헌법재판소법 제49조[6]에 따라 소추위원인 국

---

5) 헌재 2021. 10. 28. 2021헌나1.

6) 헌법재판소법 제49조(소추위원) "① 탄핵심판에서는 국회 법제사법위원회의 위원장이 소추위원

회법제사법위원회 위원장이 청구인이라는 견해와 국회 자신이 당사자라는 견해가 있다. 생각건대 탄핵제도는 국회가 탄핵의 주체이고 소추위원은 현실적으로 국회를 대표하여 소송을 수행하는 것이기 때문에, 국회 자신이 당사자(청구인)이다.

2. 심판대상

탄핵심판의 심판대상은 소추사유이다. 소추사유는 한 가지일 수도 있고 여러 가지일 수도 있다. 어느 경우든 그 사유들을 모두 종합적으로 고려하여 파면할 만한 헌법 또는 법률 위반이 있는지를 가리게 된다.

Ⅱ. 준용법령, 절차정지 및 구두변론

탄핵심판은 형사소송에 관한 법령을 준용한다(헌법재판소법 제40조). 피청구인에 대한 탄핵심판 청구와 동일한 사유로 형사소송이 진행되고 있는 경우에는 재판부는 심판절차를 정지할 수 있다(법 제51조). 탄핵심판은 구두변론에 의한다(법 제30조 제1항).

Ⅲ. 탄핵소추사유의 추가·철회·변경

1. 기존 소추사유와의 동일성

국회가 탄핵심판을 청구한 뒤 별도의 의결절차 없이 소추사유를 추가하거나 기존의 소추사유와 동일성이 인정되지 않는 정도로 소추사유를 변경하는 것은 허용되지 않는다.[7)]

2. 동일한 사실에 대한 적용 법조문의 추가·철회·변경

헌법재판소는 소추의결서에서 그 위반을 주장하는 '법규정의 판단'에 관하여는 원칙적으로 구속을 받지 않고 청구인이 그 위반을 주장한 법규정 외에 다

이 된다. ② 소추위원은 헌법재판소에 소추의결서의 정본을 제출하여 탄핵심판을 청구하며, 심판의 변론에서 피청구인을 신문할 수 있다."

7) 헌재 2017. 3. 10. 2016헌나1; 헌재 2025. 1. 23. 2024헌나1.

른 관련 법규정에 근거하여 탄핵의 원인이 된 사실관계를 판단할 수 있으므로, 동일한 사실에 대하여 단순히 적용법조문을 추가·철회·변경하는 것은 '소추사유'의 추가·철회·변경에 해당하지 아니한다.[8)]

3. 법률위반 사실관계를 헌법위반으로 포섭

청구인이 내란죄 등 형법 위반 행위로 구성하였던 사실관계를 헌법 위반으로 포섭하는 것은, 소추의결서에 기재하였던 기본적 사실관계는 동일하게 유지하면서 그 위반을 주장하는 법조문을 철회 또는 변경하는 것에 지나지 않으므로, 허용되지 않는 소추사유의 철회 내지 변경에 해당하지 않는다.[9)]

Ⅳ. 탄핵소추의 적법성과 탄핵사유에 대한 실체적 심사

1. 탄핵소추의 적법성 심사

⑴ 국회의 탄핵소추는 적법하게 이루어져야 한다. 따라서 국회의 탄핵소추의결에 절차상 명백한 하자가 있다면 국회의 자율권일지라도 심사하여 적법성 여부를 판단해야 한다. 헌법재판소는 탄핵소추의 적법성을 심사하면서도 국회의 절차상 자율권을 넓게 인정해 주는 입장을 취하고 있다.[10)]

⑵ 탄핵소추사유는 그 대상 사실을 다른 사실과 명백하게 구분할 수 있을 정도의 구체적 사실이 기재되면 충분하다. 탄핵소추의 발의가 있을 때 그 사유 등에 대한 조사 여부는 국회의 재량이다. 탄핵소추안을 각 소추사유별로 나누어 발의하거나 여러 소추사유를 포함하여 하나의 안으로 발의하거나 모두 가능하다.

⑶ 국회의 탄핵소추의결에 따라 피소추자 개인의 기본권이 침해되는 것이 아니기 때문에, 국가기관이 국민에 대하여 공권력을 행사할 때 준수해야 하는 법원칙으로 형성된 적법절차의 원칙을 국가기관에 대하여 헌법을 수호하고자 하는 탄핵소추절차에 직접 적용할 수 없다.[11)]

⑷ 대통령의 '직책을 성실히 수행할 의무'는 헌법적 의무에 해당하지만, 사

8) 헌재 2025. 4. 4. 2024헌나8.
9) 헌재 2025. 4. 4. 2024헌나8.
10) 헌재 2004. 5. 14. 2004헌나1; 헌재 2017. 3. 10. 2016헌나1; 헌재 2025. 4. 4. 2024헌나8.
11) 헌재 2025. 4. 4. 2024헌나8.

법적 판단의 대상이 되기는 어렵다. 정치적 무능력이나 정책결정상의 잘못 등 직책수행의 성실성여부는 그 자체로서 소추사유가 될 수 없어, 탄핵심판절차의 판단대상이 되지 않는다.[12)]

(5) 탄핵소추의 발의가 헌법이나 법률의 규정에 위반되거나 소추권의 남용에 이르렀다는 등의 특별한 사정이 없는 한, 단지 대통령에 대한 탄핵소추요건이 엄격하다는 이유만으로 탄핵소추안의 발의 횟수를 1회로 제한하기는 어렵다.[13)]

(6) 계엄이 국회의 해제 요구로 단시간 안에 해제되었다 하더라도, 계엄으로 인하여 이미 탄핵사유가 발생했기 때문에, 피청구인에 대한 탄핵 여부를 심판할 이익이 부정되지 않는다.[14)]

(7) 탄핵소추안의 의결 과정에서 헌법과 법률에 정한 절차가 준수되었고, 피소추자의 헌법 내지 법률 위반 행위가 일정한 수준 이상 소명되었다면, 해당 탄핵소추의결의 주요한 목적은 그에 대한 피소추자의 법적 책임을 추궁하고 동종의 위반 행위가 재발하는 것을 예방함으로써 헌법을 수호·유지하기 위한 것으로 보아야 한다. 설령 탄핵소추의 의결에 일부 정치적 목적이나 동기가 내포되어 있다 하더라도 이러한 사정만으로 탄핵소추권이 남용되었다고 볼 수 없다.[15)]

2. 탄핵사유에 대한 실체적 심사

(1) 헌법재판소는 소추의결서에 표시된 소추사유에 한정하여 피청구인이 헌법이나 법률을 위배했는지 여부를 판단하며, 이 경우 소추의결서에 표시된 헌법 또는 법률조항에 국한하지 않고 종합적으로 헌법이나 법률을 위배했는지 여부를 판단한다.

(2) 피청구인의 행위가 헌법이나 법률을 위반한 경우, 그것이 파면을 정당화할 만한 정도인지 판단해야 한다.

12) 헌재 2017. 3. 10. 2016헌나1.
13) 헌재 2025. 4. 4. 2024헌나8.
14) 헌재 2025. 4. 4. 2024헌나8.
15) 헌재 2025. 1. 23. 2024헌나1; 헌재 2025. 4. 4. 2024헌나8.

V. 탄핵심판청구의 취하

탄핵심판 청구인은 국회이므로 취하권자도 국회라고 할 것이며, 소추위원이 독자적으로 청구를 취하할 수는 없다. 청구취하도 역시 국회의 의결을 거쳐야 한다. 탄핵심판청구의 취하는 피청구인의 동의를 요한다. 취하는 탄핵심판의 결정 선고전까지 할 수 있다.

제 5 절 탄핵심판의 결정

Ⅰ. 유형

헌법재판소는 탄핵심판의 심리를 마친 때에는 종국결정을 한다. 종국결정에는 탄핵심판 청구가 적법요건을 갖추지 못하여 내리는 각하결정이 있고 이 경우 주문은 "이 사건 심판청구를 각하한다."로 표시하며, 청구가 이유 없는 경우에 내리는 기각결정이 있고 이 경우 주문은 "이 사건 심판청구를 기각한다."로 표시한다. 심판청구가 이유 있는 경우에는 파면결정을 하며, 이 경우 주문은 "피청구인 …를 파면한다."로 표시한다. 파면결정은 재판관 6인 이상의 찬성이 필요하다(제113조 제1항).

Ⅱ. 결정의 효력

헌법재판소가 내린 종국결정은 불가변력(자기구속력), 불가쟁력(형식적 확정력), 기판력(실질적 확정력)을 가진다.

파면결정(탄핵결정)이 선고되면 선고 시부터 피청구인은 해당 공직에서 파면된다. 탄핵결정은 피청구인의 민사상 또는 형사상의 책임을 면제하지 아니하며, 탄핵결정에 의하여 파면된 사람은 결정선고가 있은 날부터 5년이 지나지 아니하면 공무원이 될 수 없다(헌법재판소법 제54조).

대통령이 재직 중 탄핵결정을 받아 퇴임한 경우에는 필요한 기간의 경호 및 경비를 제외하고는 전직대통령으로서의 예우를 받지 못한다(전직대통령 예우에 관한 법률 제7조 제2항).

헌법재판소의 탄핵결정에 대해 대통령이 사면할 수 없다는 것이 통설이다.

제 6 장　정당해산심판

제 1 절　의의와 기능

헌법 제8조 제4항은 "정당의 목적이나 활동이 민주적 기본질서에 위배될 때에는 정부는 헌법재판소에 그 해산을 제소할 수 있고, 정당은 헌법재판소의 심판에 의하여 해산된다."라고 규정하고 있고, 헌법 제111조 제1항 제3호는 정당해산심판을 헌법재판소의 관장사항으로 규정하고 있다.

정당해산심판제도는 민주주의의 적에게는 민주주의를 허용하지 않겠다는 이른바 방어적 민주주의의 표현으로서, 정당의 목적이나 활동이 민주적 기본질서에 위배되는 경우 헌법재판소의 심판에 의하여 위헌정당을 해산하는 제도이다. 즉 헌법의 적으로부터 헌법을 보호하고자 하는 헌법보호 수단으로서 중요한 의의를 갖는다.

정당해산심판제도는 정당을 해산하고자 할 경우에도 헌법재판소의 심판에 의하지 아니하고는 할 수 없도록 함으로써 일반 결사에 비하여 정당을 특별히 보호하는 기능을 수행한다. 그러나 동시에 정당의 목적이나 활동이 헌법적 한계를 넘어설 경우 해산될 수도 있음을 밝힘으로써, 정당으로 하여금 스스로 민주주의에 적합하게 행동하게 하는 기능을 수행한다.

제 2 절　정당해산심판의 청구 및 가처분

헌법 제8조 제4항과 헌법재판소법 제55조에 따라 정당해산심판의 청구는 정부만이 할 수 있으며, 여기서의 정부는 대통령을 수반으로 하는 집행부(행정부)를 말한다. 정부가 정당해산심판을 청구하려면 반드시 국무회의의 심의를 거쳐야 한다(제89조 제14호, 헌법재판소법 제55조). 정부의 정당해산심판 청구권 행사는 재량행위이다.

헌법재판소는 정당해산심판의 청구를 받은 때에는 직권 또는 청구인의 신청에 의하여 종국결정의 선고 시까지 피청구인의 활동을 정지하는 결정을 할 수 있다(헌법재판소법 제57조). 헌법재판소가 가처분결정을 한 때에는 헌법재판소장이 그 사실을 국회와 중앙선거관리위원회에 통지하여야 한다(법 제58조).

제 3 절 정당해산의 사유

정당은 그 목적이나 활동이 민주적 기본질서에 위배되면 정당해산심판에 의하여 해산된다. 여기서 '정당의 목적이나 활동', '민주적 기본질서', '민주적 기본질서 위배' 등이 무엇을 의미하는지 문제된다.

I. 정당의 목적이나 활동

'정당의 목적'이란, 어떤 정당이 추구하는 정치적 방향이나 지향점 혹은 현실 속에서 구현하고자 하는 정치적 계획 등을 통칭한다. 이는 주로 정당의 공식적인 강령이나 당헌의 내용을 통해 드러나겠지만, 그밖에 정당대표나 주요 당직자 등의 공식적 발언, 정당의 기관지나 선전자료와 같은 간행물, 정당의 의사결정과정에서 일정한 영향력을 가지거나 정당의 이념으로부터 영향을 받은 당원들의 행위 등도 정당의 목적을 파악하는 데에 도움이 될 수 있다. 한편 '정당의 활동'이란, 정당 기관의 행위나 주요 정당관계자, 당원 등의 행위로서 그 정당에게 귀속시킬 수 있는 활동 일반을 의미한다.[1] 그런데 정당해산사유로서 '목적과 활동'이 민주적 기본질서에 위배되는지 여부를 판단할 때, '목적'과 '활동'을 분명하게 구분하여 다룰 수 있는 것은 아니다. 목적과 활동은 상호 연관되어 있으므로 정당해산사유를 판단할 때 함께 섞여서 다루어질 수밖에 없을 것이다.

1) 헌재 2014. 12. 19. 2013헌다1.

Ⅱ. 민주적 기본질서

헌법은 전문에서 '자유민주적 기본질서'라는 표현을 쓰고 있고, 제4조 평화통일조항에서도 '자유민주적 기본질서'라는 표현을 쓰고 있다. 그래서 제8조 제4항의 '민주적 기본질서'가 '자유민주적 기본질서'와 동일한 것인지 아니면 그와 다른 그 무엇을 의미하는지에 대하여 문제된다. 학설은 '민주적 기본질서'와 '자유민주적 기본질서'를 구별하는 견해, 양자를 구별하면서 '자유민주적 기본질서'를 우선시하는 견해, 그리고 양자의 구별을 부정하는 견해 등으로 나뉘는데, 다수설은 양자의 구별을 부정하고 있다.

헌법재판소는 "헌법 제8조 제4항이 의미하는 '민주적 기본질서'는, 개인의 자율적 이성을 신뢰하고 모든 정치적 견해들이 각각 상대적 진리성과 합리성을 지닌다고 전제하는 다원적 세계관에 입각한 것으로서, 모든 폭력적·자의적 지배를 배제하고, 다수를 존중하면서도 소수를 배려하는 민주적 의사결정과 자유·평등을 기본원리로 하여 구성되고 운영되는 정치적 질서를 말하며, 구체적으로는 국민주권의 원리, 기본적 인권의 존중, 권력분립제도, 복수정당제도 등이 현행헌법상 주요한 요소라고 볼 수 있다."[2]라고 판시하였다.

Ⅲ. 민주적 기본질서에 위배

'민주적 기본질서에 위배'된다는 정당해산사유는 엄격하게 해석해야 한다. 그렇지 않으면 정부·여당(집권당)이 야당을 탄압하는 수단으로 정당해산제도가 악용될 가능성이 있고, 민주주의의 적으로부터 민주주의를 지키고자 하는 정당해산심판제도가 오히려 민주주의를 파괴하는 제도로 역기능을 수행할 가능성이 있기 때문이다. 민주적 기본질서에 '위배'란, 민주적 기본질서에 대한 단순한 위반이나 저촉을 의미하는 것이 아니라, 민주사회의 불가결한 요소인 정당의 존립을 제약해야 할 만큼 그 정당의 목적이나 활동이 우리 사회의 민주적 기본질서에 대하여 실질적인 해악을 끼칠 수 있는 구체적 위험성을 초래하는 경우를 가리킨다.[3]

---

2) 헌재 2014. 12. 19. 2013헌다1.
3) 헌재 2014. 12. 19. 2013헌다1.

제 4 절 종국결정

Ⅰ. 유형

정당해산심판의 종국결정으로는 심판청구가 적법요건을 갖추지 못한 경우에 행해지는 각하결정이 있고 그 주문은 "이 사건 청구를 각하한다."로 표시될 것이다. 또 심판청구가 이유 없을 경우 행해지는 기각결정이 있으며 그 주문은 "이 사건 청구를 기각한다."로 표시될 것이다. 그리고 심판청구가 이유 있을 경우 행해지는 인용결정이 있는데 그 주문은 "피청구인 …당을 해산한다."로 표시될 것이다. 정당해산결정을 할 경우에는 재판관 6인 이상의 찬성이 있어야 한다(제113조 제1항).

Ⅱ. 일반적 효력

헌법재판소가 내린 종국결정은 불가변력(자기구속력), 불가쟁력(형식적 확정력), 기판력(실질적 확정력)을 가진다. 정부가 동일한 정당에 대해 동일한 해산사유를 이유로 정당해산심판을 청구하는 것은 일사부재리에 반하기 때문에 허용되지 않는다. 새로운 사유로 청구하는 것은 허용된다. 정당해산심판의 결정에 대해서는 재심이 허용된다.

Ⅲ. 해산결정의 효력

1. 창설적 효력

정당은 헌법재판소가 해산결정을 선고한 때에 해산된다(헌법재판소법 제59조). 즉 정당해산의 효과는 헌법재판소의 해산결정으로 비로소 발생하는 창설적 효력이다. 정당의 부분조직이나 기타 정당활동을 뒷받침한 모든 정당관련 조직도 해산된다.

2. 대체정당 창당 금지

'대체정당'의 창당이 금지된다. 정당이 헌법재판소의 결정으로 해산된 때에는 해산된 정당의 강령(또는 기본정책)과 동일하거나 유사한 것으로 정당을 창당하지 못한다(정당법 제40조). 그리고 해산결정된 정당의 명칭과 같은 명칭은 정당의 명칭으로 다시 사용하지 못한다(법 제41조 제2항).

3. 해산된 정당의 잔여재산 국고귀속

헌법재판소의 해산결정에 의하여 해산된 정당의 잔여재산은 국고에 귀속한다(법 제48조 제2항).

4. 해산정당소속 국회의원의 의원직 상실

정당해산결정이 있는 경우 그 정당 소속 국회의원의 의원직은 당선 방식을 불문하고 모두 상실된다.[4] 해산정당 소속 국회의원의 의원직을 상실시키지 않는 경우 정당해산결정의 실효성을 확보할 수 없기 때문이다.

Ⅳ. 해산결정의 집행

정당의 해산을 명하는 헌법재판소의 결정은 중앙선거관리위원회가 정당법에 따라 집행한다(헌법재판소법 제60조). 헌법재판소로부터 정당해산결정의 통지를 받은 중앙선거관리위원회는 그 정당의 등록을 말소하고 지체없이 그 뜻을 공고한다(정당법 제47조).

---

4) 헌재 2014. 12. 19. 2013헌다1.

제 7 장　권한쟁의심판

제 1 절　의의, 특징 및 기능

Ⅰ. 의의

권한쟁의심판이란 국가기관 상호간, 국가기관과 지방자치단체 간 및 지방자치단체 상호간에 헌법상 또는 법률상 부여된 권한의 유무나 범위에 관한 다툼이 있을 때, 헌법재판소가 헌법해석을 통하여 그 분쟁을 해결함으로써, 국가와 지방자치단체의 원활한 기능수행과 권력 사이의 균형유지를 도모하여, 헌법질서를 수호·유지하며 궁극적으로 국민의 자유와 권리를 보장하고자 하는 제도이다.

Ⅱ. 특징

우리나라의 권한쟁의심판은 독특한 특징을 가지고 있다. 첫째, 권한쟁의심판에 동일한 법주체 안에서의 기관간 권한쟁의에 해당하는 국가기관 상호간의 권한쟁의와 상이한 법주체인 국가기관과 지방자치단체 간 및 지방자치단체 상호간의 권한쟁의가 섞여 있다. 둘째, 권한쟁의의 대상이 되는 법적분쟁에 헌법상 권한분쟁뿐만 아니라 법률상 권한분쟁도 포함된다. 법률상 권한분쟁도 포함되므로 법원의 행정소송 관할권과 중복될 가능성이 있다. 셋째, 권한쟁의심판은 쟁의당사자의 주관적 권한의 보호와 객관적 법질서 보호를 동시에 추구하므로 주관적 소송과 객관적 소송으로서의 성격을 모두 가지고 있다. 넷째, 권한쟁의심판은 헌법재판소가 관할하는 것을 원칙으로 하고 있다. 즉 행정소송법 제3조 제4호 단서는 헌법재판소의 관장사항으로 되는 소송은 기관소송에서 제외함으로써 권한쟁의에 관한 한 헌법재판소가 원칙적이고 포괄적인 관할권을 갖는다.

Ⅲ. 기능

권한쟁의심판은 일반적으로 당사자 간의 권한분쟁을 해결함으로써 객관적 법질서를 보호하고, 권력 내지 권력기관 간의 견제와 균형을 꾀하며, 궁극적으로 국민의 자유와 권리를 보호하는 기능을 수행한다.

제 2 절 권한쟁의심판과 관련소송의 관계

Ⅰ. 권한쟁의심판과 기관소송

행정소송법상 기관소송은 국가 또는 공공단체의 기관 상호간에 있어서의 권한의 존부 또는 그 행사에 관한 다툼이 있을 때에 이에 대하여 제기하는 소송이다. 국가기관 상호간의 권한쟁의는 기관소송에 해당하지만 행정소송법 제3조 제4호 단서에 따라 헌법재판소가 원칙적으로 관할권을 행사한다. 행정소송법상 기관소송은 보충적으로 관할권을 갖는다.

공공단체(지방자치단체)의 기관 상호간의 권한쟁의는 헌법재판소의 관장사항이 아니고 기관소송의 대상이며, 현행법상 예로는 지방자치단체의 장과 지방의회 간의 기관소송(지방자치법 제192조 제4항), 교육감과 시·도의회 간의 기관소송(교육자치법 제28조 제3항)이 있다.

Ⅱ. 권한쟁의심판과 지방자치법상의 소송

1. 지방자치법 제188조(위법·부당한 명령·처분의 시정)의 소송

(1) 지방자치법 제188조에 따르면 지방자치단체의 장의 위법·부당한 명령이나 처분에 대해 주무부장관이나 시·도지사가 시정을 명하고 이에 따르지 않을 경우 이를 취소하거나 정지할 수 있는데, 이때 이의가 있는 지방자치단체의 장은 취소처분이나 정지처분을 통보받은 날부터 15일 이내에 대법원에 제소할 수 있다.

(2) 그런데 이러한 경우 주무부장관이나 시·도지사가 행하는 취소처분이나 정지처분은 지방자치단체의 자치권을 침해할 소지가 있다. 그러므로 지방자치단체는 권한쟁의심판을 청구할 수도 있을 것이다. 그러면 대법원에의 제소와 권한쟁의심판청구가 중복될 수 있는데 중복제소가 있다면 헌법재판소가 우선적인 관할권을 갖는다.

2. 지방자치법 제189조(직무이행명령)의 소송

(1) 지방자치법 제189조에 따르면, 주무부장관이나 시·도지사는 지방자치단체의 장이 국가위임사무 또는 시·도위임사무의 관리와 집행을 명백히 게을리하면 이에 관하여 직무이행명령을 내릴 수 있는데, 이에 대해 이의가 있는 지방자치단체의 장은 이행명령서를 접수한 날부터 15일 이내에 대법원에 제소할 수 있다.

(2) 여기서 문제되는 것은 자치사무가 아니라 위임사무이므로 지방자치단체는 하위 국가기관 또는 하위 지방자치단체의 지위에서 상위의 국가기관이나 지방자치단체를 상대로 제소하는 것이다. 따라서 이러한 소송은 기관소송의 성질을 갖는 것이므로 권한쟁의심판과 관할 중복의 문제는 발생하지 않는다.

제 3 절 권한쟁의심판의 적법성요건

Ⅰ. 당사자

1. 국가기관 상호간의 권한쟁의심판

(1) 헌법재판소법 제62조 제1항 제1호는 '국회, 정부, 법원 및 중앙선거관리위원회 상호간의 권한쟁의심판'을 국가기관 상호간의 권한쟁의심판으로 규정하고 있다. 국가기관에 해당하는지 여부는, 그 국가기관이 헌법에 의하여 설치되고 헌법과 법률에 의하여 독자적인 권한을 부여받고 있는지 여부, 헌법에 의하여 설치된 국가기관 상호간의 권한쟁의를 해결할 수 있는 적당한 기관이나 방법이 있는지 여부 등을 종합적으로 고려해야 하고, 헌법재판소법 제62조 제1항 제1호의 규정도 한정적·열거적인 조항이 아니라 예시적인 조항이다.[1)]

1) 헌재 1997. 7. 16. 96헌라2.

⑵ 당사자가 될 수 있는 국가기관을 예시하면 다음과 같다. 첫째, 국회의 경우, 전체로서의 국회,[2] 국회의장, 국회의원, 국회의 각 위원회, 상임위원회 위원장 등을 들 수 있다. 한편, 국회부의장, 원내교섭단체, 소위원회 및 그 위원장은 당사자능력이 인정되지 않는다. 둘째, 정부의 경우, 전체로서의 정부, 대통령, 국무총리, 행정각부의 장, 국무위원, 감사원 등을 들 수 있다. 셋째, 대법원과 각급법원, 중앙선거관리위원회[3]와 각급선거관리위원회는 명문 규정상 당사자가 될 수 있다. 한편, 헌법재판소는 어느 누구도 자신이 당사자인 사건에서 재판관이 될 수 없다는 자연적 정의에 따라 당사자가 되지 못한다. 그리고 예컨대 국가인권위원회처럼 오직 법률에만 설치근거를 둔 국가기관은 당사자능력이 부정된다.

2. 국가기관과 지방자치단체 간의 권한쟁의심판

헌법재판소법 제62조 제1항 제2호는 국가기관과 지방자치단체 간의 권한쟁의심판을 '정부와 특별시·광역시·특별자치시·도 또는 특별자치도 간의 권한쟁의심판, 정부와 시·군 또는 자치구 간의 권한쟁의심판'으로 규정하고 있다. 여기서의 '정부'도 예시적인 것이다.

3. 지방자치단체 상호간의 권한쟁의심판

헌법재판소법 제62조 제1항 제3호는 지방자치단체 상호간의 권한쟁의심판을 '특별시·광역시·특별자치시·도 또는 특별자치도 상호간의 권한쟁의심판, 시·군 또는 자치구 상호간의 권한쟁의심판, 특별시·광역시·특별자치시·도 또

---

2) 참고로, 대통령 권한대행의 국회 선출 재판관 임명부작위 사건에서, 권한쟁의심판을 청구하기 위하여 청구인(국회)의 본회의 의결이 필요한지에 관하여, 헌법재판소는, 청구인이 "권한쟁의심판을 통해 보호하고자 하는 권한과 관련하여 이미 본회의 의결을 통해 그 권한 실현 의사를 결정하고 나아가 그와 같이 결정된 의사가 다른 국가기관에 의하여 침해되었음을 확인한 경우에는, 청구인을 대표하는 국회의장은 그 대표권에 기하여 청구인의 권한침해에 대한 방어적 행위로서 해당 국가기관을 상대로 권한쟁의심판을 청구할 수 있고, 권한쟁의심판을 청구하기 위한 별도의 본회의 의결은 필요하지 않다."(헌재 2025. 2. 27. 2025헌라1)라고 판시하였다.

3) 감사원의 '선거관리위원회 채용 등 인력관리실태' 직무감찰에 대한 중앙선거관리위원회와 감사원 간의 권한쟁의 사건에서, 헌법재판소는, 헌법 및 감사원법상 피청구인(감사원)에게 청구인(중앙선거관리위원회)에 대한 직무감찰권이 부여되어 있지 않은바, 피청구인이 2023. 6. 1.부터 2025. 2. 25.까지 청구인에 대하여 실시한 '선거관리위원회 채용 등 인력관리실태'에 관한 직무감찰은 헌법 및 선거관리위원회법에 의하여 부여받은 청구인의 독립적인 업무 수행에 관한 권한을 침해한 것이라고 판시하였다(헌재 2025. 2. 27. 2023헌라5).

는 특별자치도와 시·군 또는 자치구 간의 권한쟁의심판'이라고 규정하고 있다. 지방자치단체의 기관은 법규정상 당사자가 될 수 없다. 지방자치단체 상호간의 권한쟁의심판에서 당사자는 특별시, 광역시, 특별자치시, 도, 특별자치도, 시, 군, 자치구이며 각 지방자치단체의 장이 대표한다.

4. 교육·학예에 관한 지방자치단체의 사무에 관한 특칙

권한쟁의가 교육자치법 제2조에 따른 교육·학예에 관한 지방자치단체의 사무에 관한 것인 경우에는 교육감이 권한쟁의심판의 당사자가 된다(헌법재판소법 제62조 제2항).

Ⅱ. 청구사유

1. 법규정

헌법재판소법 제61조 제1항은 "국가기관 상호간, 국가기관과 지방자치단체 간 및 지방자치단체 상호간에 권한의 유무 또는 범위에 관하여 다툼이 있을 때에는 해당 국가기관 또는 지방자치단체는 헌법재판소에 권한쟁의심판을 청구할 수 있다."라고 하고, 제2항은 "제1항의 심판청구는 피청구인의 처분 또는 부작위가 헌법 또는 법률에 의하여 부여받은 청구인의 권한을 침해하였거나 침해할 현저한 위험이 있는 경우에만 할 수 있다."라고 규정하고 있다.

2. 청구인적격

⑴ 권한을 침해받은 자

'헌법 또는 법률에 의하여 부여받은 권한'을 가진 자가 권한을 침해받은 경우에 자신의 권한침해를 다투며 권한쟁의심판을 청구할 수 있는 청구인적격을 가진다.

⑵ 제3자 소송담당의 문제

1) 이른바 '제3자 소송담당'의 문제, 즉 당사자능력이 있는 기관의 부분기관이 자신이 속한 기관의 권한이 침해되었음을 다투면서 자신의 이름으로 권한쟁의심판을 청구할 수 있는지의 문제가 있다. 예컨대 국회의원이 국회의 권한침해

를 자신의 이름으로 심판청구할 수 있는지의 문제이다.

2) 헌법재판소는, 명문의 규정이 없다는 점, 다수결원리와 의회주의 본질에 어긋난다는 점, 남용의 우려가 있다는 점 등의 이유로, 권한쟁의심판에서 국회의 구성원인 국회의원이 국회의 권한침해를 주장하여 심판청구를 하는 이른바 '제3자 소송담당'은 허용되지 않는다고 판시하였다.[4)]

3) 학설은 견해가 나뉜다. 생각건대 정부와 의회 다수파가 정치적 이해관계를 공유하는 상황에서 의회 다수파의 횡포(묵인)로 인해, 의회의 대정부통제 기능이 상실되는 것을 막고, 소수보호 및 여당과 야당 간 기능적 권력통제를 위해, 교섭단체 내지 그에 준하는 실체를 갖춘 의원 집단에게 이른바 '제3자 소송담당'의 자격을 인정하는 게 필요하다.

3. 피청구인적격

피청구인은 자신의 처분 또는 부작위로 인하여 청구인의 권한침해나 권한침해의 현저한 위험을 야기한 자이다. 이러한 피청구인을 상대로 해서만 권한쟁의심판이 청구되어야 한다.

4. 처분 또는 부작위

(1) 여기서의 '처분'은 개별적 행위뿐만 아니라 일반적 규범정립행위도 포함한다. 입법영역에서의 처분은 법률제정과 관련된 행위, 예컨대 국회의장의 법률안가결선포행위를 포함한다. 행정영역에서의 처분은 행정소송법상의 처분은 물론 법규명령 제정행위와 개별적 행위를 포함한다. 사실행위도 청구인의 권한을 침해했거나 침해할 현저한 위험을 야기하여 법적으로 문제되는 때에는 이에 해당한다.

(2) 여기서의 '부작위'는 단순한 사실상의 부작위가 아니고, 헌법상 또는 법률상의 작위의무가 존재하는데도 불구하고 이를 이행하지 않는 법적 부작위를 말한다.

---

4) 헌재 2015. 11. 26. 2013헌라3; 헌재 2016. 4. 28. 2015헌라5.

5. 권한의 침해 또는 침해의 현저한 위험성

(1) '권한의 침해'란 청구인의 권한이 박탈당하거나, 권한의 일부가 잠식되거나, 권한행사에 진지한 장애를 받거나, 기타 청구인의 권한법적 지위가 불리하게 되는 경우로서 과거에 발생하였거나 현재까지 지속되는 침해를 말한다. '침해의 현저한 위험성'이란 경험칙상 조만간 권한침해가 발생할 개연성이 매우 높은 상황을 말한다. 그런데 헌법재판소는 '장래처분'을 대상으로 하는 심판청구에 대해서도 예외적으로 권한침해 위험을 사전에 보호해 줄 필요성이 큰 경우에 아무런 처분이 없더라도 장차의 개연성을 이유로 권한쟁의심판을 허용한 적이 있다.[5)]

(2) 적법성 판단 부분에서는, '침해'요건은 청구인의 권한이 구체적으로 관련되어 침해가능성이 있으면 그것으로 족하고 실제로 위헌·위법한 권한침해가 존재하는지 여부는 본안판단 사항이다.

예컨대 ① '검사의 수사권 축소 등에 관한 권한쟁의 사건'에서, 헌법재판소는, 헌법상 (검사의)영장신청권 조항은, 수사과정에서 남용될 수 있는 강제수사를 '법률전문가인 검사'가 합리적으로 '통제'하기 위하여 도입된 것으로서, 헌법상 검사의 영장신청권 조항에서 '헌법상 검사의 수사권'까지 도출되지 않으며, 국회의 입법행위로 그 내용과 범위가 형성된 검사의 '법률상 권한(수사권·소추권)'이 법률개정행위로 침해될 가능성은 없다고 판시하였다.[6)]

② 탄핵소추안 철회 및 재발의 권한쟁의 사건에서, 헌법재판소는, 국회의장이 방송통신위원회 위원장 및 검사 2명에 대한 탄핵소추안의 철회요구를 수리한 행위 및 위 탄핵소추안과 동일한 내용으로 다시 발의된 위 검사 2명에 대한 탄핵소추안을 국회 본회의에서 안건으로 상정하여 표결을 실시한 후 가결을 선포한 행위는, 모두 국회의원인 청구인들의 심의·표결권을 침해할 가능성이 없다고 판시하였다.[7)]

---

5) 헌재 2004. 9. 23. 2000헌라2.
6) 헌재 2023. 3. 23. 2022헌라4.
7) 헌재 2024. 3. 28. 2023헌라9.

Ⅲ. 권리보호이익과 청구기간

권한쟁의심판의 경우도 권리보호이익이 있어야 한다. 그러나 권리보호이익이 없어도 예외적으로 반복위험성이나 헌법적 해명의 필요성이 있을 경우에는 심판이익이 있다.

권한쟁의심판은 그 사유가 있음을 안 날부터 60일 이내에, 그 사유가 있은 날부터 180일 이내에 청구하여야 한다. 이 기간은 불변기간으로 한다(헌법재판소법 제63조).

제 4 절 권한쟁의심판의 결정과 그 효력

Ⅰ. 가처분

헌법재판소법 제65조는 "헌법재판소가 권한쟁의심판의 청구를 받았을 때에는 직권 또는 청구인의 신청에 의하여 종국결정의 선고 시까지 심판 대상이 된 피청구인의 처분의 효력을 정지하는 결정을 할 수 있다."라고 하여 가처분을 규정하고 있다. 가처분결정은 심판대상이 된 피청구인의 처분의 효력을 정지하는 내용의 결정이다.

그 밖에 행정소송법(법 제23조-제24조)과 민사집행법(법 제300조)에 따라 기타의 가처분결정도 할 수 있다. 예컨대 처분의 집행정지 또는 절차의 속행정지, 다툼의 대상이 된 권리관계에 대한 임시조치 등도 할 수 있을 것이다.

헌법재판소의 가처분결정은 권한쟁의심판의 당사자, 모든 국가기관과 지방자치단체를 기속하는 효력을 가진다(헌법재판소법 제67조 제1항).

Ⅱ. 종국결정의 내용

종국결정에는 적법요건을 갖추지 못한 경우에 내리는 각하결정, 적법요건은 갖추었으나 이유가 없어서 내리는 기각결정 및 청구를 받아들이는 인용결정이 있다. 인용결정은 권한의 유무 및 범위 확인결정, 처분취소결정 또는 무효확인결정, 부작위위법확인결정 등이 있다. 여기서는 인용결정만을 나누어 본다.

1. 권한의 유무 및 범위 확인결정

(1) 헌법재판소는 심판의 대상이 된 국가기관 또는 지방자치단체의 권한의 유무 또는 범위에 관하여 판단한다(헌법재판소법 제66조 제1항). 헌법상의 권한뿐만 아니라 법률상의 권한의 유무와 범위도 다툼의 대상이 된다. 다투어지고 있는 특정 권한이 누구에게 있는지, 그 범위는 어느 정도인지 등에 대해 헌법재판소가 판단하게 된다. 이 경우 주문은 "…권한은 …에게 속한다(속하지 않는다)." 또는 "…의 권한에는 …권한이 포함된다(포함되지 않는다)."라는 형태로 표시된다.

(2) 하지만 권한쟁의는 주로 피청구인의 권한행사가 청구인의 권한을 침해했는지 여부를 다루게 된다. 이 경우 인용결정의 주문은 "피청구인의 처분은 헌법(또는 법률)에 의하여 부여된 청구인의 …권한을 침해한 것이다."라는 형태로 표시된다.

2. 처분의 취소 또는 무효확인결정

(1) 헌법재판소는 권한침해의 원인이 된 피청구인의 처분을 취소하거나 그 무효를 확인할 수 있다(법 제66조 제2항).

(2) 어느 경우에 취소 또는 무효확인 결정을 할 수 있는지에 대해, 헌법재판소는 처분에 중대하고 명백한 하자가 있으면 무효라고 함으로써[8] 이른바 중대명백설을 취하고 있다.

(3) 취소 또는 무효확인 결정을 할 경우 주문은 "피청구인의 처분을 취소한다." 또는 "피청구인의 처분이 무효임을 확인한다."라는 형태로 표시된다.

3. 부작위위법확인결정

(1) 피청구인이 헌법 또는 법률상 부여된 작위의무를 위반한 부작위로 인하여 청구인의 권한이 침해된 경우 헌법재판소는 부작위위법확인결정을 한다. 헌

8) 헌재 1999. 7. 22. 98헌라4.

법재판소가 부작위에 대한 심판청구를 인용하는 결정을 한 때에는 피청구인은 결정취지에 따른 처분을 하여야 한다(헌법재판소법 제66조 제2항).

(2) 부작위위법확인결정의 주문은 "피청구인이 헌법(또는 법률)에 의한 작위의무를 이행하지 않은 것은 위헌(위법)임을 확인한다." 또는 "피청구인의 … 부작위는 청구인의 …권한을 침해한 것이다."라는 형태로 표시된다.

(3) 예컨대 대통령 권한대행의 국회 선출 재판관 임명부작위 사건에서, 헌법재판소는, "피청구인이 대통령 권한대행으로서 2024. 12. 26. 청구인이 헌법재판소 재판관으로 선출한 마은혁을 헌법재판소 재판관으로 임명하지 아니한 부작위는 헌법에 의하여 부여된 청구인의 헌법재판소 재판관 선출을 통한 헌법재판소 구성권을 침해한 것이다."[9]라고 주문을 판시하였다.

Ⅲ. 종국결정의 효력

권한쟁의심판에서 헌법재판소가 내린 종국결정은 모든 국가기관과 지방자치단체를 기속하며(법 제67조 제1항), 불가변력(자기구속력), 불가쟁력(형식적 확정력), 기판력(실질적 확정력)을 가진다.

피청구인은 위헌 또는 위법한 행위를 반복해서는 안 되고 자신이 야기한 위헌·위법 상태를 제거하여 합헌·합법 상태를 회복할 의무를 부담한다. 부작위의 경우 피청구인은 결정취지에 따른 처분을 하여야 한다.

국가기관 또는 지방자치단체의 처분을 취소하는 결정은 그 처분의 상대방에 대하여 이미 생긴 효력에 영향을 미치지 아니한다(법 제67조 제2항).

9) 헌재 2025. 2. 27. 2025헌라1.

제 8 장 헌법소원심판

제 1 절 헌법소원의 의의

I. 헌법소원의 개념

1. 개념

헌법소원은 공권력의 행사 또는 불행사로 인하여 헌법상 보장된 기본권을 침해받은 자가 법원의 재판을 제외하고 헌법재판소에 권리구제를 청구하는 제도이다. 다만, 다른 법률에 구제절차가 있는 경우에는 그 절차를 모두 거친 후에 청구할 수 있다(헌법재판소법 제68조 제1항). 이것이 본래적 의미의 헌법소원이다. 한편, 헌법재판소법 제68조 제2항의 헌법소원(규범통제형 헌법소원)은 형식만 헌법소원일 뿐, 실질은 위헌법률심판이며, 위헌법률심판 부분에서 다루었다.

2. 재판소원 제외의 문제

현행헌법은 헌정사상 최초로 제111조 제1항 제5호에 "법률이 정하는 헌법소원에 관한 심판"을 규정하였고, 헌법재판소법 제68조 내지 제75조에서 구체적으로 규정하고 있다. 그러나 헌법에서 헌법소원에 관한 본질적인 내용을 규정했어야 함에도 불구하고, 법률에 모든 것을 정하게 위임한 것은 헌법사항까지도 법률에 위임했다는 점 및 이로써 법률이 법원의 재판을 헌법소원의 대상에서 제외했다는 점에서 문제가 적지 않다. 헌법소원제도의 모국이라 할 수 있는 독일의 경우, 헌법이 직접 명시적으로 '공권력'이 헌법소원의 대상임을 밝히고 있기 때문에, 공권력은 모두 헌법소원의 대상이다. 따라서 독일의 헌법소원은, 법률(헌법재판소법)에서 법원의 재판을 헌법소원의 대상에서 제외한 우리나라와 달리 입법권, 집행권, 사법권 모두 헌법소원의 대상이 된다. 특히 사법권, 즉 법원의 재판에 대한 헌법소원이 헌법소원 중에서 압도적 다수를 차지한다.

Ⅱ. 헌법소원의 기능, 성격 및 종류

1. 기능 및 성격

(1) 헌법소원은 1차적으로 기본권 보장기능을 수행한다. 즉 헌법소원을 통하여 기본권을 침해당한 기본권 주체의 권리를 구제하는 기능을 수행한다. 그래서 헌법소원은 1차적으로 기본권 주체의 주관적 권리를 보호하는 주관적 소송으로서의 성격을 갖는다.

(2) 헌법소원은 기본권을 침해하는 공권력 작용을 취소하거나 위헌확인을 함으로써 헌법질서를 수호·유지하는 기능을 수행한다. 기본권은 주관적 권리인 동시에 헌법에 규정된 헌법질서이기도 하므로 헌법소원은 객관적 법질서를 보장하는 객관적 소송으로서의 성격을 갖는다.

2. 종류

현행법상 헌법소원은 권리구제형 헌법소원(헌법재판소법 제68조 제1항)과 규범통제형 헌법소원(법 제68조 제2항) 2가지가 있다. 그러나 규범통제형 헌법소원은 본래적 의미의 헌법소원이 아니다.

Ⅲ. 사전심사

1. 의의, 기능 및 지정재판부

(1) 의의 및 기능

권리구제형 헌법소원이든 규범통제형 헌법소원이든 헌법재판소에 심판청구가 행해지면 사전심사를 거쳐야 한다. 사전심사제도는 헌법소원의 남소방지를 위한 것으로 심판할 의미가 있는 청구를 미리 가려 기본권 보호와 헌법질서의 수호·유지에 기여하는 기능을 수행한다.

(2) 지정재판부

헌법소원에 대한 사전심사는 지정재판부가 담당한다. 재판관 3인으로 구성되는 지정재판부가 헌법소원심판 사건을 배당받으면 사전심사를 하는데, 사전심사는 본안판단을 하는 것이 아니라 헌법소원심판청구가 적법한지 여부만을 심리한다.

2. 각하대상

지정재판부는 ① 다른 법률에 따른 구제절차가 있는 경우 그 절차를 모두 거치지 아니하거나 또는 법원의 재판에 대하여 헌법소원의 심판이 청구된 경우, ② 청구기간이 지난 후 헌법소원심판이 청구된 경우, ③ 대리인의 선임 없이 청구된 경우, ④ 그 밖에 헌법소원심판의 청구가 부적법하고 그 흠결을 보정할 수 없는 경우에는, 지정재판부 재판관 전원의 일치된 의견에 의한 결정으로 헌법소원의 심판청구를 각하한다(헌법재판소법 제72조 제3항).

3. 심판회부결정

지정재판부 재판관 3인이 헌법소원심판청구가 적법성요건을 구비하지 못했다고 일치된 의견으로 각하결정을 할 수 있지만, 1인이라도 반대하는 경우에는 전원재판부에 회부하게 된다(법 제72조 제4항 제1문). 헌법소원심판 청구후 30일이 지날 때까지 각하결정이 없는 때에는 심판회부결정이 있는 것으로 본다(법 제72조 제4항 제2문).

제 2 절 권리구제형 헌법소원심판의 적법성요건

I. 청구인

헌법소원심판은 기본권 침해를 받은 자가 청구하는 것이기 때문에, 기본권 주체만이 헌법소원심판을 청구할 수 있는 청구인능력을 갖는다.

1. 자연인

(1) 대한민국 국민은 누구나 헌법소원심판을 청구할 수 있다. 태아는 생명권이나 상속권 등 기본권 주체로 인정되는 범위 안에서 헌법소원심판을 청구할 수 있다.

(2) 외국인은 기본권 주체로 인정되는 범위 안에서 헌법소원심판을 청구할 수 있다. 외국인의 기본권 주체성 여부는 기본권의 성질에 좌우된다. 예컨대 인간의 존엄과 가치, 행복추구권, 평등권과 같은 '인간의 권리'로서의 성격을 갖는 기본권들이 외국인에게 인정된다. 근로의 권리 중 인간의 존엄성 보장에 필요한 최소한의 근로조건을 요구할 수 있는 '일할 환경에 관한 권리' 역시 외국인에게 보장되고, 고용허가를 받아 우리 사회에서 정당한 노동인력으로서 지위를 부여받은 외국인들의 직장선택의 자유도 인간의 권리로서 보장된다.[1)]

(3) 헌법소원심판청구인이 사망하면 기본권은 보통 일신전속적이므로 헌법재판소에 계속중인 헌법소원심판은 종료된다. 하지만 일신전속성이 약한 재산권의 경우에는 청구인 사망 후에도 그 상속인에 의한 헌법소원절차의 수계가 가능하다.

2. 사법인과 권리능력없는 사단·재단

(1) '법인격 있는 사법상의 사단이나 재단'은 해당 기본권 성질상 법인에게 기본권 주체가 인정되는 범위 안에서 헌법소원심판의 청구인능력을 가진다.

(2) '법인이 아닌 사단이나 재단(권리능력없는 사단·재단)'도 대표자의 정함이 있고 독립된 사회적 조직체로서 활동하는 때에는 성질상 법인이 누릴 수 있는 기본권을 침해당하게 되면 그의 이름으로 헌법소원심판을 청구할 수 있다. 예컨대 노동조합이나 정당이 여기에 해당한다.

1) 헌재 2016. 3. 31. 2014헌마367; 헌재 2011. 9. 29. 2009헌마351.

3. 공법인

⑴ 원칙

공법인은, 기본권에 구속되고 기본권을 실현해야 하는, 기본권의 수범자이지 기본권의 주체가 아니므로 헌법소원심판의 청구인능력을 갖지 못한다. 즉 국가나 국가기관 또는 국가조직의 일부나 공법인은 공권력 행사의 주체로서 국민의 기본권을 보호 내지 실현해야 할 책임과 의무를 지는 지위에 있는 기본권의 수범자이지 기본권의 주체가 아니다.[2)]

⑵ 예외

1) 공법인도 예외적으로 국가와의 관계에서 기본권 주체로서의 지위와 기능을 가지는 경우가 있다. 즉 국·공립대학이나 공영방송국과 같이 공법인이 기본권이 보호하는 영역에 속해 있고, 국가에 대해 독립성을 가지고 있는 독자적인 기구로서, 해당 기본권 영역에서 개인들의 기본권 실현에도 기여하는 경우에는 헌법소원심판의 청구인능력을 가진다.

2) 예컨대 공법상의 영조물인 국립대학교는 공권력 행사의 주체인 동시에 학문의 자유와 대학의 자율권의 주체로 인정된다. 공법인인 한국방송공사(KBS)도 언론·출판의 자유(방송·방영의 자유)의 주체로서 헌법소원심판의 청구인능력을 가진다.[3)]

3) 축협중앙회처럼 공법인성과 사법인성을 함께 가지는 특수법인도 개별적으로 판단하여 기본권 주체성이 인정되는 경우 헌법소원심판을 청구할 수 있다.[4)]

4) 국회의원이나 지방자치단체의 장이 피선거권 제한을 다투면서 청구하는 헌법소원심판은 그들이 사인으로서의 지위에서 청구하는 것이므로 적법하다. 대통령도 국민의 한 사람으로서 제한적으로나마 기본권의 주체가 될 수 있고, 소속정당을 위하여 정당활동을 할 수 있는 사인으로서의 지위와 관련해서는 기본권 주체성을 갖는다.[5)]

---

2) 헌재 1994. 12. 29. 93헌마120; 헌재 1998. 3. 26. 96헌마345.
3) 헌재 1992. 10. 1. 92헌마68; 헌재 1999. 5. 27. 98헌바70; 헌재 2015. 12. 23. 2014헌마1149.
4) 헌재 2000. 6. 1. 99헌마553.
5) 헌재 2008. 1. 17. 2007헌마700.

Ⅱ. 공권력의 행사 또는 불행사의 존재

헌법소원의 대상은 공권력의 행사 또는 불행사이다. 여기에서 '공권력'이란 입법권, 행정권, 사법권을 행사하는 모든 국가기관·공공단체 등의 고권적 작용을 말하고, 그 행사 또는 불행사로 국민의 권리와 의무에 대하여 직접적인 법률효과를 발생시켜 청구인의 법률관계 내지 법적 지위를 불리하게 변화시키는 것이어야 한다. 따라서 국가기관, 행정기관이나 행정청, 공법상의 사단·재단 등의 공법인, 국립대학교와 같은 영조물, 공무수탁사인 등이 공권력 행사의 주체가 될 수 있다.

1. 입법작용

(1) 법률

1) 일반적 효력을 갖는 법률은 보통 집행부의 집행행위를 통하여 현실에서 그 효력을 발휘하며, 이 경우에 집행행위에 의한 기본권 침해가 발생하기도 한다. 집행행위에 의한 기본권 침해는 집행행위(예컨대 행정처분)를 대상으로 권리구제를 도모하게 되며, 이러한 경우의 권리구제는 보통 법원에 소송을 제기하는 방법을 취하게 된다.

2) 그런데 법률이 집행부의 집행행위 없이 직접 국민의 기본권을 침해하는 경우가 있다. 예컨대 이른바 인터넷실명제 사건[6]이 있다. 즉 인터넷게시판을 설치·운영하는 정보통신서비스 제공자에게 본인확인조치의무를 부과하여, 게시판 이용자로 하여금 본인확인절차를 거쳐야만 게시판을 이용할 수 있도록 하는 정보통신망법 규정은, 집행부의 집행행위 없이 직접 국민의 기본권을 침해하는 경우로서, 인터넷게시판 이용자의 표현의 자유와 개인정보자기결정권을 침해하는 것으로 위헌결정이 내려졌다.

3) 이처럼 법률(규정)이 집행행위 없이 직접 기본권을 침해하는 경우에, 법률(규정) 자체의 효력을 다투는 것을 소송물로 하여 법원에 소송을 제기하는 방법은 없다. 이때에는 법률(규정) 자체를 소원대상으로 하는 법률에 대한 헌법소

6) 헌재 2012. 8. 23. 2010헌마47.

원이 유일한 권리구제방법이다. 이러한 법률에 대한 헌법소원(법률소원)은 구체적인 집행행위 없이 법률 또는 법률조항에 의하여 자기가·현재·직접 기본권을 침해받은 자가 청구할 수 있다. 여기서 말하는 기본권의 침해의 직접성이란 집행행위에 의하지 아니하고 법률 그 자체에 의하여 자유의 제한, 의무의 부과, 권리 또는 법적 지위의 박탈이 생긴 경우를 뜻한다.[7)]

4) 법률은 현재 시행 중인 유효한 것이어야 하지만, 발효전이라도 이미 공포되어 있고 청구인이 불이익을 입게 될 수 있음을 충분히 예측할 수 있는 경우에는 청구대상이 되며, 법률안이 국회 본회의에서 가결되고 공포 전이라도 공포될 것이 확실히 예상되는 경우에는 청구대상이 된다.[8)]

5) 법률에 대한 헌법소원에서 헌법재판소는 법률이 헌법소원심판 청구인의 기본권을 침해하는지 여부를 판단하는데, 기본권 침해 여부에 대한 판단은 해당 법률(규정)의 위헌여부를 판단하는 것이기 때문에, 실질적으로 위헌법률심판의 기능을 수행한다. 헌법재판소도 위 이른바 인터넷실명제 사건 주문에서 "…법 제…조는 헌법에 위반된다."라고 판시하여 위헌법률심판의 경우와 마찬가지로 다루고 있다.

⑵ 조약·국제법규 및 긴급재정·경제명령과 긴급명령

헌법에 의하여 체결·공포된 조약과 일반적으로 승인된 국제법규는 국내법과 같은 효력을 가지므로 헌법소원의 대상이 된다. 대통령이 국가긴급권 행사로서 발하는 긴급재정·경제명령과 긴급명령은 법률의 효력을 가지므로 헌법소원의 대상이 된다.

⑶ 입법부작위

1) 입법부작위에는 ① 입법자가 헌법상 입법의무가 있는 어떤 사항에 관하여 전혀 입법을 하지 않음으로써 입법행위의 흠결이 있는 경우(진정입법부작위), ② 입법자가 어떤 사항에 관하여 입법은 하였으나 그 입법의 내용·범위·절차 등이 당해 사항을 불완전·불충분 또는 불공정하게 규율함으로써 입법행위에 결함이 있는 경우(부진정입법부작위) 등이 있다.

2) 진정입법부작위의 경우는 제한적으로만 헌법소원의 대상이 된다. 헌법재

---

7) 헌재 1994. 12. 29. 94헌마201.
8) 헌재 1994. 12. 29. 94헌마201; 헌재 2016. 7. 28. 2015헌마236.

판소는 "헌법에서 기본권 보장을 위해 법령에 명시적인 입법위임을 하였음에도 입법자가 장기간 이를 방치하고 있거나, 헌법해석상 특정인에게 구체적인 기본권이 생겨 이를 보장하기 위한 국가의 행위의무 내지 보호의무가 발생하였음이 명백함에도 입법자가 전혀 아무런 입법조치를 취하고 있지 않은 경우에만"[9) 헌법소원의 대상이 된다고 하였다. 예컨대 군정법령에 근거를 둔 사설철도주식의 수용에 대해 보상에 관한 법률을 제정해야 할 입법자의 헌법상 명시된 입법의무가 발생했는데도, 30년이 지나도록 입법을 하지 않은 입법자의 부작위는, 입법의무의 불이행으로서 보상청구권이 확정된 자의 헌법상 재산권을 침해한다.[10)]

3) 부진정입법부작위의 경우는 결함이 있는 당해 규정 자체를 직접 대상으로 하여 그것이 평등원칙에 위반된다는 등 헌법위반을 내세워 적극적인 헌법소원을 청구해야 한다. 예컨대 공직선거법이 국내에 주민등록이 되어 있지 않은 재외국민에 대하여 국내에서 실시하는 선거에 참여할 수 있는 절차를 규정하지 않은 경우, (입법부작위가 아니라) 해당 법률규정을 대상으로 헌법소원을 청구해야 한다.[11)]

2. 행정작용

행정작용에 대해서는 헌법소원의 보충성원칙과 재판소원금지규정 때문에 청구대상이 적다. 즉 행정소송에 의하여 권리구제를 받을 수 없거나 행정소송을 거친다 하더라도 구제받을 가능성이 없어서 보충성의 예외가 인정되는 경우로 한정된다.

⑴ 이른바 통치행위

1) 헌법재판소는, ① (금융실명제 실시를 위한)긴급재정명령 등 위헌확인 사건[12)]에서, 고도의 정치적 결단을 요하는 이른바 통치행위일지라도, 그것이 국민의 '기본권 침해와 직접 관련되는 경우에는' 당연히 헌법재판소의 심판대상이 된다고 판시하였고, ② 일반사병이라크파병 위헌확인 사건[13)]에서, 외국에의 국

9) 헌재 1989. 3. 17. 88헌마1.
10) 헌재 1994. 12. 29. 89헌마2.
11) 헌재 2007. 6. 28. 2004헌마644.
12) 헌재 1996. 2. 29. 93헌마186.
13) 헌재 2004. 4. 29. 2003헌마814.

군의 파견결정은 고도의 정치적 결단을 요하는 문제로서, 사법적 기준만으로 이를 심판하는 것은 자제되어야 한다고 판시함으로써 이른바 사법적자제를 취하였다.

2) 그러다가 최근에, 헌법재판소는, 윤석열 대통령 탄핵사건[14)]에서, 탄핵심판절차는 고위공직자가 권한을 남용하여 헌법이나 법률을 위반하는 경우 그 권한을 박탈함으로써 헌법질서를 지키는 헌법재판이라는 점을 고려하면, 비록 계엄 선포가 고도의 정치적 결단을 요하는 행위라 하더라도, 탄핵심판절차에서 그 헌법 및 법률 위반 여부를 심사할 수 있고, 따라서 계엄 선포행위가 통치행위이므로 사법심사의 대상이 될 수 없다는 피청구인의 주장은 받아들일 수 없다고 판시함으로써, 이른바 통치행위도 사법심사의 대상이 됨을 분명히 하였다.

3) 요컨대 이른바 통치행위도 국민의 기본권을 침해하는 경우에는 헌법소원의 대상이 된다.

⑵ 행정입법

1) 명령·규칙 등이 집행행위의 매개없이 직접 기본권을 침해하는 경우에 헌법소원의 대상이 된다. 또한 행정입법은 아니지만, 국회규칙, 선거관리위원회규칙 등이 집행행위 매개없이 직접 기본권을 침해하는 경우에도 헌법소원의 대상이 된다.

2) 행정규칙(행정명령)은 행정조직 내부에서만 효력을 갖고 대외적인 구속력도 없는 것이므로 원칙적으로 헌법소원의 대상이 아니다. 하지만 다음과 같은 경우에는 예외적으로 청구대상이 된다.

① **법령보충적 행정규칙** 상위법령의 직접적인 위임에 따라 수임행정기관이 그 법령을 시행하는데 필요한 구체적 사항을 정한 것이면, 그 제정형식은 비록 법규명령이 아닌 고시·훈령·예규 등과 같은 행정규칙이더라도 그것이 상위법령의 위임한계를 벗어나지 아니하는 한, 상위법령과 결합하여 대외적인 구속력을 갖는 법규명령으로서 작용하게 되는데 이러한 경우에는 헌법소원의 대상이 된다.[15)]

② **자기구속의 법리** 계호근무준칙처럼 계호교도관이 재량의 여지없이 행정규칙에 따라야 할 자기구속을 당해 그 행정규칙이 대외적 구속력을 갖게 되는

14) 헌재 2025. 4. 4. 2024헌나8.
15) 헌재 1992. 6. 26. 91헌마25; 헌재 2008. 11. 27. 2005헌마161; 헌재 2018. 5. 31. 2015헌마853.

경우나, 재량권 행사의 준칙인 규칙이 반복 시행되어 행정관행이 성립되면 평등원칙이나 신뢰보호원칙에 따라 행정기관은 행정 상대방과의 관계에서 행정규칙에 따라야 할 자기구속을 당해 그 행정규칙이 대외적구속력을 갖게 되는 경우에는 헌법소원의 대상이 된다.[16)]

(3) 행정입법부작위

1) 행정입법부작위로 인해 기본권 침해가 발생하면 헌법소원의 대상이 된다. 행정입법부작위도 국회입법부작위와 마찬가지로 진정행정입법부작위와 부진정행정입법부작위가 있다.

2) 진정행정입법부작위의 경우는, 행정청에게 시행령을 제정(개정)할 법적의무가 있어야 하고, 상당한 기간이 지났음에도 불구하고, 명령제정(개정)권이 행사되지 않아야, 청구대상이 된다.

3) 부진정행정입법부작위의 경우는 불완전하고 불충분한 행정입법을 대상으로 직접 적극적인 헌법소원심판을 청구해야 한다.

(4) 자치입법(조례, 규칙)

1) 조례는 지방자치단체가 자치입법권에 의거하여 자주적으로 지방의회의 의결을 거쳐 제정한 법규이기 때문에, 조례 자체로 인하여 자기가·현재·직접 기본권을 침해받은 자는 그 조례에 대해 헌법소원심판을 청구할 수 있다. 예컨대 학교 구성원으로 하여금 성별 등의 사유를 이유로 한 차별적 언사나 행동, 혐오적 표현 등을 통해 다른 사람의 인권을 침해하지 못하도록 하는 서울시 학생인권조례 규정에 대해, 조례 자체가 기본권을 침해한다는 이유로 헌법소원심판이 청구되었고, 이 사건에서 헌법재판소는 조례규정이 표현의 자유를 침해하지 않는다고 판시하였다.[17)]

2) 지방자치단체의 장이 제정하는 규칙 자체로 인하여 자기가·현재·직접 기본권을 침해받은 자는 그 규칙에 대해 헌법소원심판을 청구할 수 있다.[18)]

(5) 행정계획, 공고 및 행정지도

1) 행정계획은 사실상의 준비행위나 사전안내 또는 행정기관 내부의 지침에

---

16) 헌재 2005. 5. 26. 2004헌마49; 헌재 2011. 10. 25. 2009헌마588.
17) 헌재 2019. 11. 28. 2017헌마1356.
18) 헌재 2009. 10. 29. 2009헌마127.

지나지 않기 때문에 통상 행정처분이나 공권력의 행사는 아니다. 따라서 공권력 행사인지 여부는 행정계획의 구체적 성격을 고려하여 개별적으로 판단해야 한다. 예컨대 서울대입시요강의 경우는, 그 내용이 국민의 기본권에 직접 영향을 미치는 것이고, 앞으로 법령의 뒷받침에 의해 그대로 실시될 것이 틀림없을 것으로 예상되며, 그로 인해 직접적으로 기본권 침해를 받은 사람에게는 사실상의 규범작용으로 인한 위험성이 발생했다고 보아야 하므로, 헌법소원의 대상이 되는 공권력 행사에 해당한다.[19]

2) 행정청이 행하는 공고는 개별 공고의 내용과 관련 법령의 규정에 따라 구체적으로 판단해야 한다. 공고가 형성적 성질을 가져서 기본권 주체에게 구체적인 법적효과를 발생하는 경우에는 공고도 공권력 행사에 해당한다. 예컨대 지방고등고시 응시연령에 대한 공고는, 이 공고에 따라 응시연령의 범위 등이 비로소 확정되고 응시자격제한 등의 구체적 효과가 발생하므로, 헌법소원의 대상이 된다.[20]

3) 행정지도는 법적효과를 발생시키지 않는 사실행위로서 그 자체 처분성을 인정할 수 없어 항고소송의 대상이 되지 않는다. 그러나 행정지도일지라도 그에 따르지 않을 경우 일정한 불이익조치를 예정하고 있어 사실상 상대방에게 그에 따를 의무를 부과하는 것과 마찬가지여서 단순한 행정지도로서의 한계를 넘어 규제적·구속적 성격을 갖게 되는 경우에는 공권력의 행사에 해당한다. 예컨대 행정기관인 방송통신심의위원회의 시정요구는, 이에 따르지 않는 정보통신서비스제공자 등에게 일정한 법적조치를 예정하고 있으므로, 단순한 행정지도로서의 한계를 넘어 규제적·구속적 성격을 갖는 것으로서 헌법소원의 대상이 된다.[21]

⑹ 행정청의 기타행위

1) 권력적 사실행위 ① 행정상의 사실행위는 경고, 권고와 같은 정보제공이나 단순한 지식표시로서의 행정지도와 같이 대외적 구속력이 없는 '비권력적 사실행위'와 행정청이 우월적 지위에서 일방적으로 강제하는 '권력적 사실행위'로 나뉘고, 그 중 권력적 사실행위는 다른 법률에 의한 구제수단이 없기 때문에

---

19) 헌재 1992. 10. 1. 92헌마68; 헌재 2003. 6. 26. 2002헌마402; 헌재 2011. 12. 29. 2009헌마330.
20) 헌재 2000. 1. 27. 99헌마123.
21) 헌재 2023. 10. 26. 2019헌마158.

헌법소원의 대상이 되는 공권력의 행사에 해당한다.

② 일반적으로 어떤 행위가 헌법소원 대상이 되는 권력적 사실행위에 해당하는지 여부는 당해 행정주체와 상대방과의 관계, 그 사실행위에 대한 상대방의 의사·관여정도·태도, 그 사실행위의 목적·경위, 법령에 의한 명령·강제수단의 발동가부 등 그 행위가 행하여질 당시의 구체적인 사정을 종합적으로 고려하여 개별적으로 판단해야 한다.[22]

③ 예컨대 교도소장의 미결수용자의 서신에 대한 검열·지연발송·지연교부 행위, 유치장관리자가 현행범으로 체포된 피의자에게 차폐시설이 불충분한 화장실을 사용하도록 한 행위, 경찰서장이 피의자들을 유치장에 수용하는 과정에서 실시한 정밀신체수색행위, 교정시설 내 과밀수용행위, 검찰수사관이 피의자신문시 변호인에게 피의자후방착석을 요구한 행위 등은 권력적 사실행위로서 헌법소원의 대상이 된다.

2) 행정청의 부작위　① 행정권력의 부작위에 대한 헌법소원은 공권력의 주체에게 헌법에서 유래하는 작위의무가 특별히 구체적으로 규정되어 이에 의거하여 기본권의 주체가 행정행위 내지 공권력의 행사를 청구할 수 있음에도 공권력의 주체가 그 의무를 해태하는 경우에만 허용된다.

② 여기서 말하는 '공권력의 주체에게 헌법에서 유래하는 작위의무가 특별히 구체적으로 규정되어'가 의미하는 바는, 첫째, 헌법상 명문으로 공권력 주체의 작위의무가 규정되어 있는 경우, 둘째, 헌법의 해석상 공권력 주체의 작위의무가 도출되는 경우, 셋째, 공권력 주체의 작위의무가 법령에 구체적으로 규정되어 있는 경우 등을 포괄하고 있는 것으로 볼 수 있다.[23]

③ 예컨대 외교통상부장관이 일본군위안부의 일본국에 대한 배상청구권 문제를 한일협정 제3조의 절차에 따라 해결하지 않고 있는 부작위,[24] 공정거래위원회가 공정거래법위반행위에 대하여 심사한 결과 위법성·가벌성이 중대하고

22) 헌재 2012. 7. 26. 2011헌마332.

23) 헌재 2011. 8. 30. 2006헌마788.

24) "청구인들이 일본국에 대하여 가지는 일본군위안부로서의 배상청구권이 '대한민국과 일본국 간의 재산 및 청구권에 관한 문제의 해결과 경제협력에 관한 협정' 제2조 제1항에 의하여 소멸되었는지 여부에 관한 한·일 양국 간 해석상 분쟁을 위 협정 제3조가 정한 절차에 따라 해결하지 아니하고 있는 피청구인(외교통상부장관)의 부작위는 위헌임을 확인한다."(헌재 2011. 8. 30. 2006헌마788)

피해정도가 현저하여 형사처벌 안 하면 법목적 실현이 불가능한 사안에서 시정명령만을 발하고 형사처벌을 위한 고발을 하지 아니한 행정부작위[25] 등은 헌법소원의 대상이 된다.

3) 행정청의 거부행위 국민이 행정청에 대하여 자신의 신청에 따른 행위를 해줄 것을 요구할 권리가 있는데도, 행정청이 신청에 따른 행위를 거부하는 경우, 그 거부행위도 헌법소원의 대상이 된다. 예컨대 부패방지권익위법상의 국민감사청구제도에 따라 행해진 감사청구에 대해 기각결정을 내린 것은, 공권력의 주체인 감사원의 고권적 처분이라는 점에서 헌법소원의 대상이 되는 공권력의 행사이다.[26]

(7) 원행정처분

행정처분을 심판대상으로 한 법원의 재판이 확정된 경우에는, 법원의 재판이 (법률에 대한 위헌결정의 기속력에 반하는 재판으로서) 헌법재판소가 위헌으로 결정한 법령을 적용하여 국민의 기본권을 침해한 결과 헌법소원심판에 의하여 그 재판 자체가 취소되는 경우에 한하여, 당해 행정처분(원행정처분)에 대한 헌법소원심판청구가 허용된다.[27]

(8) 검찰작용

1) 형사소송법 제260조(재정신청)는 재정신청대상을 모든 고소사건 범죄로 규정하고 있으므로, '고소권자로서 고소를 한 자(형법 제123조부터 제126조까지의 죄에 대하여는 고발을 한 자를 포함)'의 고소사건에 대한 검사의 불기소처분은 헌법소원의 대상이 아닌 법원의 통제대상이다.

2) 피의자는 재정신청을 할 수 없기 때문에 검찰의 기소유예, 기소중지, 군검찰관의 기소유예에 대해 헌법소원심판을 청구할 수 있다. 고소하지 않은 형사피해자는 재정신청을 못하고 다른 구제방법도 없기 때문에, 헌법소원심판을 청구

25) "공정거래위원회는 심사의 결과 인정되는 공정거래법위반행위에 대하여 일응 고발을 할 것인가의 여부를 결정할 재량권을 갖는다고 보아야 할 것이나, 공정거래법이 추구하는 법목적에 비추어 행위의 위법성과 가벌성이 중대하고 피해의 정도가 현저하여 형벌을 적용하지 아니하면 법목적의 실현이 불가능하다고 봄이 객관적으로 상당한 사안에 있어서는 공정거래위원회로서는 그에 대하여 당연히 고발을 하여야 할 의무가 있고 이러한 작위의무에 위반한 고발권의 불행사는 명백히 자의적인 것으로서 당해 위반행위로 인한 피해자의 평등권과 재판절차진술권을 침해하는 것이라고 보아야 한다."(헌재 1995. 7. 21. 94헌마136)

26) 헌재 2006. 2. 23. 2004헌마414.

27) 헌재 1997. 12. 24. 96헌마172; 헌재 1998. 5. 28. 91헌마98.

할 수 있다. 검사가 고소사건을 고소사건으로 수리하지 아니하고 진정사건으로 수리하여 공람종결처분한 경우, 이 공람종결처분은 헌법소원의 대상이 된다.[28]

3. 사법작용

⑴ 법원의 재판

1) 헌법재판소법 제68조 제1항은 "공권력의 행사 또는 불행사로 인하여 헌법상 보장된 기본권을 침해받은 자는 법원의 재판을 제외하고는 헌법재판소에 헌법소원심판을 청구할 수 있다."라고 규정하여 법원의 재판을 헌법소원의 대상에서 제외하고 있다.

2) 헌법재판소는 이 규정에 대해, 헌법재판소가 위헌결정한 법률을 적용함으로써 국민의 기본권을 침해한 법원의 재판도 제외되는 것으로 해석하는 한 헌법에 위반된다고 하여 한정위헌결정을 내렸다.[29] 그리고 위헌결정된 법률을 적용한 해당 재판은 위헌결정의 기속력에 반하는 재판이므로 이에 대한 헌법소원은 허용되고, 기본권을 침해하는 해당 재판을 헌법재판소법 제75조 제3항에 따라 취소하였다.

3) 그리고 더 나아가, 헌법재판소는 재판관 전원의 일치된 의견으로, 재판소원금지조항(헌법재판소법 제68조 제1항)의 적용 영역에서 '법률에 대한 위헌결정의 기속력에 반하는 재판' 부분을 모두 제외하기 위해서는 해당 부분에 대한 별도의 위헌결정이 필요하다고 판단하고, '법원의 재판'을 헌법소원심판의 대상에서 원칙적으로 제외하고 있는 재판소원금지조항에서 '법률에 대한 위헌결정의 기속력에 반하는 재판' 부분에 대하여 위헌결정을 선고함으로써, 헌법이 부여한 헌법재판소의 법률에 대한 위헌심사권의 의미와 일부위헌결정으로서 한정위헌결정의 효력을 분명히 하였다.[30] 그리고 재심청구를 기각함으로써 헌법재판소의 한정위헌결정의 기속력을 부인한 법원의 재판을, 재판청구권을 침해하였다는 이유로 취소하였다.[31]

---

28) 헌재 1999. 1. 28. 98헌마85.
29) 헌재 1997. 12. 24. 96헌마172.
30) 헌재 2022. 6. 30. 2014헌마760 – 결정주문: 1. 헌법재판소법 제68조 제1항 본문 중 '법원의 재판' 가운데 '법률에 대한 위헌결정의 기속력에 반하는 재판' 부분은 헌법에 위반된다.
31) 헌재 2022. 6. 30. 2014헌마760; 헌재 2022. 7. 21. 2013헌마242; 헌재 2022. 7. 21. 2013헌마496; 헌재 2022. 7. 21. 2013헌마497.

4) 요컨대 '법률에 대한 위헌결정의 기속력에 반하는 재판'은 예외적으로 헌법소원의 대상이 된다. 즉 헌법재판소가 위헌결정한 법령을 적용함으로써 국민의 기본권을 침해한 재판은 예외적으로 헌법소원의 대상이 되고, 더 나아가 예컨대 형벌규정 위반으로 유죄확정판결 받은 사람이 자신에게 적용되었던 형벌규정 부분이 한정위헌결정되어 법원에 재심을 청구하였는데 이 재심청구를 기각한 법원의 재판도 '법률에 대한 위헌결정의 기속력에 반하는 재판'으로서 예외적으로 헌법소원의 대상이 된다.

(2) 사법입법작용

대법원규칙의 제정이나 동 규칙제정의 부작위도 헌법소원심판의 청구요건을 갖추는 한, 다른 공권력에 의한 입법행위 또는 입법부작위와 마찬가지로 헌법소원의 대상이 된다.

Ⅲ. 기본권 침해

1. 헌법상 보장된 기본권

(1) 헌법상 보장된 기본권이란 헌법 제2장 '국민의 권리와 의무'에 규정된 기본권이 주된 것이지만, 그 밖에도 기본권적 성질을 갖는 헌법상의 자유와 권리는 모두 해당된다. 예컨대 헌법 제8조의 정당조항, 제116조의 평등한 선거운동, 공영선거의 원칙도 개인의 기본권의 근거가 될 수 있다. 따라서 어떤 헌법규범이 개인의 기본권을 보장하고 있는지는, 결국 개별 헌법규정들의 해석을 통해 밝혀져야 할 것이다.[32)]

(2) 그런데 제도적 보장은 기본권과 구별된다. 즉 제도적 보장은 객관적 제도를 헌법에 규정하여 당해 제도의 본질을 유지하려는 객관적 법규범이라는 점에서 기본권과 구별된다. 그리고 '입법권'은 국회의 권한이지 국민의 기본권이 아니다. 지방자치법 제18조에서 규정하는 '주민투표권'은 법률상 권리이지 기본권이 아니다.

---

32) 헌재 2001. 3. 21. 99헌마139.

2. 기본권 침해 가능성

⑴ 기본권 침해란 공권력의 행사 또는 불행사로 인해서 헌법상 허용되지 않는, 자유의 제한, 의무의 부과, 권리 또는 법적 지위의 박탈이 생긴 경우를 말한다. 따라서 공권력 행사가 개인의 법적 지위에 아무런 영향을 미치지 않는다면 기본권 침해 가능성이 없으므로 그 공권력 행사는 헌법소원의 대상이 되지 않는다.

⑵ 예컨대 교섭단체에 정책연구위원을 둔다는 법률규정은, 교섭단체를 구성한 의원·정당과 그렇지 못한 의원·정당을 차별하는 것이어서, 교섭단체를 구성하지 못한 의원·정당에게 기본권 침해 가능성이 인정된다.[33] 반면에, 강원도지사가 혁신도시 입지로 원주시를 선정함으로써 해당 지역 주민들이 받는 이익 내지 혜택은, 공공정책의 실행으로 인하여 주어지는 사실적·경제적인 것이며, 선정되지 않은 지역주민들은 그러한 이익 내지 혜택에서 배제되었어도 기본권 침해의 가능성이 없다.[34]

Ⅳ. 법적 관련성

기본권을 침해하는 공권력 작용과 헌법소원심판 청구인 간에는 법적인 관련성이 있어야 한다. 즉 청구인은 자기가, 현재, 직접 기본권을 침해당한 경우라야 헌법소원심판을 청구할 수 있다.

1. 자기관련성

⑴ 자기관련성이란 공권력의 행사 또는 불행사로 인하여 청구인 스스로가 법적으로 관련되어야 한다는 것을 말한다. 즉 청구인 자신이 기본권을 침해당해야 한다. 예컨대 농림수산식품부 고시인 '미국산 쇠고기 수입위생조건'은 소비자의 생명·신체의 안전을 보호하기 위한 것이어서, 쇠고기 소비자는 이 고시가 생명·신체의 안전에 대한 보호의무를 위반함으로 인하여 초래되는 기본권 침해와

---

33) 헌재 2008. 3. 27. 2004헌마654.
34) 헌재 2006. 12. 28. 2006헌마312.

자기관련성이 있다.[35)]

(2) 제3자는 특별한 사정이 없는 한 기본권 침해에 직접 관련되었다고 볼 수 없다. 하지만 법률에 의한 기본권 침해의 경우에, 제3자의 자기관련성은, 법규정에서의 제한이나 금지가 제3자에게 미치는 효과나 진지성의 정도 등을 종합적으로 고려하여 판단해야 한다. 예컨대 방송광고와 사전심의제도 및 심의기준을 규정하는 법령은 광고표현물의 제작에 참여하는 광고인들을 수규자로 하는 것은 아니지만, 광고인들은 광고제작에서 사실상 심의기준의 제약을 받고 있으므로 자기관련성을 갖는다.[36)]

(3) 한편 제3자가 자신의 이름으로 타인의 이익을 위하여 헌법소원을 청구할 수 있는가의 문제가 있다. 이른바 제3자 소송담당의 문제이다. 헌법재판소는 단체가 단체구성원을 위하여 단체 자신의 이름으로 헌법소원심판을 청구한 경우에, 단체와 그 구성원은 서로 별개의 독립된 권리주체이므로 단체가 구성원의 권리구제를 위하여 그를 대신하여 헌법소원심판을 청구할 수 없다고 하였다.[37)]

2. 현재성

(1) 현재성이란 기본권을 침해하는 공권력작용과 청구인이 현재 관련이 있어야 한다는 것을 말한다. 즉 장래 어느 때인가 관련될 수 있다는 것만으로는 부족하고 현실적인 실제의 기본권 침해를 의미한다.

(2) 다만 기본권 침해가 장래에 발생하더라도 그 침해가 틀림없을 것으로 현재 확실히 예측된다면 기본권구제의 실효성을 위하여 현재성이 인정된다. 예컨대 국가공무원 공채시험에 응시하고자 하는 준비생에게 제대군인가산점제도나 국가유공자가산점제도에 의한 기본권 침해의 현재성이 인정되었다.[38)]

3. 직접성

(1) 기본권 침해의 직접성이란 집행행위에 의하지 아니하고 법률 그 자체에 의하여 자유의 제한, 의무의 부과, 권리 또는 법적 지위의 박탈이 생긴 경우를

35) 헌재 2008. 12. 26. 2008헌마419.
36) 헌재 1997. 9. 25. 96헌마133; 헌재 1998. 11. 26. 94헌마207.
37) 헌재 1991. 6. 3. 90헌마56.
38) 헌재 1999. 12. 23. 98헌마363; 헌재 2001. 2. 22. 2000헌마25.

말한다. 따라서 법률에 근거한 구체적인 집행행위를 통하여 비로소 기본권 침해의 법률효과가 발생하는 경우에는 직접성이 없다. 여기서 말하는 집행행위에는 입법행위도 포함되므로, 법률규정이 행정입법, 자치조례 등의 위임입법 내지 하위규범의 시행을 예정하고 있는 경우에는 당해 법률규정의 직접성은 인정되지 않는다.[39)]

(2) 예컨대 권리침해 주장자의 요청이 있는 경우 정보통신서비스제공자(사인)가 삭제·임시조치 등 필요한 조치를 하도록 의무지우는 규정은, 그 사인의 행위로 인해 정보게재자의 기본권이 제한될 것이 법규정에 의해 이미 결정되어 있으므로 이 규정은 기본권을 직접 제한하고 있다.[40)]

(3) 집행행위가 존재하는 경우라도, 그 집행행위를 대상으로 하는 구제절차가 없거나, 구제절차가 있다고 하더라도 권리구제의 기대가능성이 없고 다만 기본권 침해를 당한 청구인에게 불필요한 우회절차를 강요하는 것밖에 되지 않는 경우에는, 당해 법률을 직접 헌법소원의 대상으로 삼을 수 있다.[41)]

(4) 법규범이 집행행위를 예정하고 있더라도, 법규범의 내용이 집행행위 이전에 이미 국민의 권리관계를 직접 변동시키거나 국민의 법적 지위를 결정적으로 정하는 것이어서, 국민의 권리관계가 집행행위의 유무나 내용에 의하여 좌우될 수 없을 정도로 확정된 상태라면, 그 법규범의 권리침해의 직접성이 인정된다.[42)]

(5) 법률이 국민에게 일정한 행위의무 또는 부작위의무를 규정한 후 이를 위반할 경우 제재수단으로서 형벌 또는 행정벌 등을 부과할 것을 정한 경우에, 별도의 집행행위가 없어도 제재의 근거가 되는 법률은 기본권 침해의 직접성이 인정된다. 형벌이나 행정벌은 집행행위가 아니라 법률위반에 대한 제재이고, 그 법률의 시행 자체로 행위의무 또는 부작위의무가 발생하기 때문이다.[43)]

---

39) 헌재 2018. 7. 26. 2016헌마930; 헌재 2019. 4. 11. 2017헌마736.
40) 헌재 2012. 5. 31. 2010헌마88.
41) 헌재 1997. 8. 21. 96헌마48.
42) 헌재 1997. 7. 16. 97헌마38.
43) 헌재 1998. 3. 26. 97헌마194.

V. 보충성

1. 의의

헌법소원심판은 다른 법률에 구제절차가 있는 경우에는 그 절차를 모두 거친 후에만 청구할 수 있다. 이것을 보충성원칙 또는 보충성요건이라고 한다. 즉 헌법소원은 기본권 침해에 대한 예비적이고 보충적인 최후의 구제수단이므로, 법률이 정한 다른 권리구제수단을 모두 사용했는데도 구제가 안 된 경우에 비로소 헌법소원심판을 청구할 수 있다는 것이다.

2. 보충성과 재판소원금지

공권력작용으로 인한 기본권 침해의 경우에 권리구제는 보통 행정쟁송절차를 통해 이루어지는데, 그 종착지는 법원의 재판이 될 것이다. 즉 보충성요건을 갖추려고 다른 법률에 정한 구제절차를 거치면 보통 법원의 재판으로 귀결된다. 그런데 헌법재판소법 제68조 제1항은 법원의 재판을 헌법소원의 대상에서 제외하고 있는데, 이는 보충성원칙의 본질과 조화를 이룰 수 없는 것으로서, 우리 헌법소원제도는 커다란 문제점을 지니고 있다.

3. 보충성의 예외

(1) 헌법소원심판을 청구하려면 먼저 다른 법률에 정한 구제절차를 거쳐야 하지만, 권리구제절차가 없거나 권리구제절차를 먼저 거칠 것을 기대하기 어렵다면, 보충성원칙의 예외가 인정된다.

(2) 먼저, 사전에 권리구제절차를 거칠 것을 기대하기 어려운 경우이다. 즉 ① 헌법소원심판청구인이 그의 불이익으로 돌릴 수 없는 정당한 이유있는 착오로 전심절차를 밟지 않은 경우, ② 전심절차로 권리가 구제될 가능성이 거의 없거나, ③ 권리구제절차가 허용되는지 여부가 객관적으로 불확실하여 전심절차 이행의 기대가능성이 없을 때[44]에는 보충성의 예외로 바로 헌법소원심판을 청구할 수 있다.

44) 헌재 1989. 9. 4. 88헌마22; 헌재 1991. 5. 13. 90헌마133; 헌재 2000. 2. 24. 99헌마96.

(3) 다음에, 법률상 권리구제절차가 없는 경우이다. 예컨대 법령이 집행행위 없이 직접 기본권을 침해하는 경우에는 다른 법률에 권리구제절차가 없다. 또 행정입법부작위, 세무대학장의 교수 '재임용추천거부행위'와 같은 총·학장의 임용제청이나 그 철회, 공정거래위원회의 무혐의처분, 검사의 등사거부행위 등은 행정소송의 대상이 아니기 때문에 권리구제절차가 없다. 이런 경우에는 곧바로 헌법소원심판을 청구할 수 있다.

Ⅵ. 청구기간

1. 의의

헌법재판소법 제69조 제1항은 "제68조 제1항에 따른 헌법소원의 심판은 그 사유가 있음을 안 날부터 90일 이내에, 그 사유가 있는 날부터 1년 이내에 청구하여야 한다. 다만, 다른 법률에 따른 구제절차를 거친 헌법소원의 심판은 그 최종결정을 통지받은 날부터 30일 이내에 청구하여야 한다."라고 규정하고 있다. 헌법소원심판을 일정한 기간 내에 청구하도록 청구기간을 둔 것은, 법적 안정성에 대한 고려 때문이다. 헌법소원심판의 청구기간은 도달주의에 따라 계산한다. 따라서 헌법재판소에 심판청구서가 도달된 날부터 기산한다.

2. 유형

(1) 다른 법률이 정하는 권리구제절차를 거친 경우

다른 법률에 따른 구제절차를 거친 헌법소원의 심판은 그 최종결정을 통지받은 날부터 30일 이내에 청구하여야 한다(헌법재판소법 제69조 제1항 단서). 예컨대 형사소송법 제260조가 규정하는 재정신청이 불가능한 검찰의 불기소처분의 경우는, 검찰청법 제10조가 항고·재항고 절차를 규정하고 있으므로 이 권리구제절차를 거친 후, 즉 검찰총장의 재항고기각결정을 통지받은 날부터 30일 이내에 헌법소원심판을 청구해야 한다.

(2) 다른 법률에 권리구제절차가 없는 경우

다른 법률이 정하는 권리구제절차가 없거나 보충성요건에 대한 예외가 인정되어 다른 법률이 정하는 권리구제절차를 거칠 필요가 없는 경우에는, 그 사유가 있음을 안 날부터 90일 이내에 그 사유가 있는 날부터 1년 이내에 헌법소원심판을 청구하여야 한다(헌법재판소법 제69조 제1항 본문). 여기서 90일 기간과 1년 기간 중 어느 하나라도 경과하였으면 청구는 부적법하다. 여기서 '사유가 있음을 안 날'이란 공권력 행사에 의한 기본권 침해의 사실관계를 특정할 수 있을 정도로 현실적으로 인식하여 심판청구가 가능해진 경우를 말한다. 그리고 '사유가 있는 날'이란 공권력 행사에 의해서 기본권 침해가 발생한 날을 말한다.

⑶ 부작위에 대한 경우

공권력의 불행사로 인한 기본권 침해는 그 불행사가 계속되는 한 기본권 침해가 계속된다. 그런데 입법부작위의 경우가 대부분이므로 진정입법부작위와 부진정입법부작위로 나누어 보면 다음과 같다. 진정입법부작위의 경우는 입법이 행해지지 않는 한 기본권 침해는 계속되고 있는 것이므로, 청구기간의 제한없이 언제든지 헌법소원심판을 청구할 수 있다. 그러나 부진정입법부작위의 경우는 불완전한 입법 자체를 대상으로 적극적인 헌법소원심판을 청구해야 하므로 청구기간이 적용된다.

3. 법령소원의 청구기간

⑴ 법령시행과 동시에 기본권 침해를 받게 되는 경우

법령에 대한 헌법소원의 청구기간은, 우선 그 법률의 시행과 동시에 기본권의 침해를 받게 되는 경우에는 그 법률이 시행된 사실을 안 날부터 90일 이내에, 법률이 시행된 날부터 1년 이내에 헌법소원심판을 청구해야 한다.

⑵ 법령시행 후에 기본권 침해를 받게 되는 경우

1) 법령시행 후에 비로소 그 법령에 해당하는 사유가 발생하여 기본권 침해를 받게 되는 경우에는, 그 사유가 발생하였음을 안 날부터 90일 이내에 그 사유가 발생한 날부터 1년 이내에 헌법소원심판을 청구해야 한다. 예컨대 감정평가법인의 사원은 30인 이상으로 한다는 법령이 이미 시행되고 있는 상태에서, 청구인이 감정평가사의 자격을 취득한 경우, 청구인은 이때에 비로소 법령에 해당하는 사유가 발생하여 자기의 기본권의 침해를 받게 되었고 그 사유를 알게 된 것이므로, 감정평가사의 자격을 취득한 날부터 청구기간(90일)을 기산한다.[45)]

---

45) 헌재 1996. 8. 29. 94헌마113.

2) 그런데 법령시행 후에 비로소 그 법령에 해당하는 사유가 발생하여 기본권 침해를 받게 되는 경우라도 사유발생일이 아니라 법령시행일부터 청구기간을 기산하는 예외적인 경우가 있다. ① 법률의 시행으로 인하여 즉시 청구인의 법적 지위가 변경되는 효과가 있는 경우에는, 법률시행일부터 청구기간을 기산해야 한다. 예컨대 중등교원의 정년을 65세에서 62세로 변경하는 법률규정이 시행된 경우, 62세에 달하지 않은 중등교원은 62세에 달하지 않았어도 법률시행일부터 법적지위가 변경되었으므로, 법률시행일부터 청구기간을 기산한다.[46] ② 법령을 시행함에 있어서 부칙에 경과규정으로 시행의 유예기간을 둔 경우, 법령에 의한 기본권 침해는 부칙의 유예기간과 상관없이 이미 법령시행일에 발생하므로, 법령시행일부터 청구기간을 기산한다.[47]

(3) 현재성 요건과 청구기간

현재성 요건은 현재의 기본권 침해를 요한다. 그런데 아직 기본권 침해는 없으나 장래에 확실히 기본권 침해가 예측되므로 미리 앞당겨 현재의 법적 관련성을 인정하는 경우에는, 청구기간 준수는 문제되지 않는다. 예컨대 국가공무원시험 준비생이 제대군인가산점제를 다투면서 헌법소원심판을 청구한 경우에, 이들이 응시할 경우 가산점제도가 적용될 것임은 심판청구 당시에 이미 확실히 예측되기 때문에, 기본권 침해의 현재성이 인정된다.

4. 청구기간 도과와 정당한 사유

(1) 청구기간이 도과되었어도 정당한 사유가 있는 때에는 청구의 적법성이 인정된다. '정당한 사유'라 함은 청구기간 도과의 원인 등 여러 가지 사정을 종합하여 지연된 심판청구를 허용하는 것이 사회통념상으로 보아 상당한 경우를 뜻한다. 일반적으로 천재 기타 피할 수 없는 사정과 같은 객관적 불능의 사유와 이에 준할 수 있는 사유뿐만 아니라 일반적 주의를 다하여도 그 기간을 준수할 수 없는 사유를 포함한다.

(2) 예컨대 검사가 기소유예처분을 하면서 피의자인 청구인에게 통지하지 않았다면, 피의자가 불기소처분이 있음을 알 수 없었고 이에 대해 과실이나 책임

46) 헌재 2002. 1. 31. 2000헌마274.
47) 헌재 1996. 3. 28. 93헌마198.

이 있다고 할 수 없으므로 청구기간이 지나 청구한 데에 정당한 사유가 있다.[48]

5. 청구취지 변경과 청구기간

헌법소원심판의 청구취지가 변경된 경우에는 추가 또는 변경된 청구서가 제출된 시점을 기준으로 청구기간 준수여부를 판단한다.

6. 국선대리인선임신청과 청구기간

(1) 헌법소원심판 청구인이 국선대리인을 선임하여 줄 것을 신청하는 경우에는 국선대리인의 선임신청이 있는 날을 기준으로 청구기간을 계산한다(헌법재판소법 제70조 제1항 2문).

(2) 헌법소원심판 청구서를 제출하기 전에 국선대리인 선임신청을 먼저 한 경우에, 헌법재판소가 국선대리인을 선정하지 아니한다는 결정을 한 때에는, 신청인이 선임신청을 한 날부터 위 결정을 통지받은 날까지의 기간은 청구기간에 산입하지 아니한다(법 제70조 제4항).

Ⅶ. 권리보호이익

헌법소원심판은 국민의 기본권 침해를 구제해주는 주관적 권리보장을 1차적인 기능으로 수행한다. 따라서 권리보호이익이 있어야 헌법소원심판청구는 적법하다.

그러나 헌법소원심판은 주관적 권리보장과 동시에 객관적 헌법질서 보장도 그 기능으로 수행하므로, 청구인의 주관적 권리구제에는 도움이 되지 아니한다 하더라도, 같은 유형의 침해행위가 반복될 위험이 있고, 헌법질서의 수호·유지를 위해 그에 대한 헌법적 해명이 긴요한 사항에 대하여는 심판이익을 인정한다.

48) 헌재 2001. 12. 20. 2001헌마39.

Ⅷ. 일사부재리 및 변호사강제주의

1. 일사부재리

헌법재판소는 이미 심판을 거친 동일한 사건에 대하여는 다시 심판할 수 없다(헌법재판소법 제39조). 관련하여, 헌법재판소가 요건흠결을 이유로 부적법각하 결정을 내린 경우에, 그 요건을 보정하지 아니한 채로 동일한 내용의 심판청구를 되풀이하는 것은 허용되지 않는다.

2. 변호사강제주의

각종 심판절차에서 당사자인 사인(私人)은 변호사를 대리인으로 선임하지 아니하면 심판청구를 하거나 심판 수행을 하지 못한다. 다만, 그가 변호사의 자격이 있는 경우에는 그러하지 아니하다(법 제25조 제3항).

제 3 절 종국결정

Ⅰ. 종국결정의 유형과 정족수

1. 유형

재판부가 심리를 마치면 종국결정을 한다. 종국결정으로는 각하결정, 기각 또는 합헌결정, 인용 또는 위헌결정, 심판절차종료선언 등의 4가지가 있다.

2. 정족수

재판부는 종국심리에 관여한 재판관 과반수의 찬성으로 종국결정을 하는데, 다만 헌법소원을 인용하는 결정을 하는 경우와 종전에 헌법재판소가 판시한 헌법 또는 법률의 해석적용에 관한 의견을 변경하는 경우에는 재판관 6인 이상의 찬성이 있어야 한다(법 제23조 제2항).

II. 인용결정

1. 개요

(1) 헌법재판소가 권리구제형 헌법소원을 인용할 때에는 인용결정서의 주문에서 침해된 기본권과 침해의 원인이 된 공권력의 행사 또는 불행사를 특정하여야 한다(헌법재판소법 제75조 제2항). 이 경우에 헌법재판소는 기본권 침해의 원인이 된 공권력의 행사를 취소하거나 그 불행사가 위헌임을 확인할 수 있다(법 제75조 제3항). 그런데 법령소원을 인용하는 경우에는 주문에 침해된 기본권을 표시하지 않고 심판대상 규정이 합헌인지 위헌인지 여부를 표시하는데, 이는 법령소원에 있어서의 객관적 법질서 보장이라는 성질을 더 부각시키려는 것이다.[49]

(2) 권리구제형 헌법소원을 인용하는 경우에 헌법재판소는 공권력의 행사 또는 불행사가 위헌인 법률 또는 법률의 조항에 기인한 것이라고 인정될 때에는 인용결정에서 해당 법률 또는 법률의 조항이 위헌임을 선고할 수 있다(법 제75조 제5항). 이런 경우를 '부수적 규범통제'라고 부르기도 한다. 예컨대 헌법재판소는 변호인의 조력을 받을 권리 침해가 문제된 사건의 결정 주문에서, 국가안전기획부 면회실에서, 피의자가 그의 변호인과 접견할 때 국가안전기획부 소속직원(수사관)이 참여하여 대화내용을 듣거나 기록한 것은, 변호인의 조력을 받을 권리를 침해한 것으로서 위헌임을 확인하고, 동시에 국가안전기획부 소속직원(수사관)이 위 행위를 한 근거가 되는 행형법(형집행법) 규정이 위헌이라고 선고하였다.[50]

2. 인용결정의 효력과 유형

(1) 헌법소원의 인용결정은 모든 국가기관과 지방자치단체를 기속한다(법 제75조 제1항). 헌법재판소가 공권력의 불행사에 대한 헌법소원을 인용하는 결정을 한 때에는 피청구인은 결정취지에 따라 새로운 처분을 하여야 한다(법 제75조 제4항).

(2) 실질적으로 규범통제에 해당하는 경우, 즉 ① 규범통제형 헌법소원을 인

49) 헌재 1991. 3. 11. 91헌마21.
50) 헌재 1992. 1. 28. 91헌마111.

용하는 경우, ② 권리구제형 헌법소원에서 법령소원을 인용하는 경우(이 경우에는 헌법재판소법 제45조<위헌결정>와 제47조<위헌결정의 효력>를 준용한다는 명문규정 없음), ③ 헌법재판소법 제75조 제5항에 따른 부수적 규범통제의 경우에는, 단순위헌결정, 한정합헌결정, 한정위헌결정, 헌법불합치결정 등이 모두 가능하다. 이 경우 당사자는 위헌으로 결정된 법령에 근거를 둔 유죄의 확정판결에 대하여 또는 해당 헌법소원과 관련된 소송사건이 이미 확정된 때에는 재심을 청구할 수 있다(법 제75조 제6항-제7항, 제47조 제4항).

(3) 인용결정의 유형으로는, 공권력행사 취소결정, 공권력행사 위헌확인결정, 공권력불행사 위헌확인결정, 단순위헌결정, 헌법불합치결정, 한정위헌결정, 한정합헌결정 등이 있다.

Ⅲ. 심판절차종료선언

심판절차종료선언은 청구인이 사망하였거나 청구인이 심판청구를 취하한 경우에, 심판절차가 종료되었는지 여부가 불분명하므로, 이를 분명히 밝히기 위해 하는 결정이다. 청구인이 사망한 경우에는 헌법재판소에 계속된 헌법소원은 종료되는 것이 보통이다. 그러나 예컨대 재산권처럼 비교적 일신전속성이 약한 기본권의 경우에는 청구인이 사망한 후 그 상속인에 의한 헌법소원절차의 수계가 가능하다.

청구인의 심판청구 취하로 심판절차종료선언이 행해진 예로는 이른바 '5·18 불기소사건'[51]이 있다. 그러나 이 사건에서 반대의견은, 청구인의 권리구제에는 도움이 되지 않을지라도 헌법질서의 수호·유지를 위하여 중요한 의미가 있는 경우에는, 예외적으로 청구인이 심판청구를 취하하여도 심판절차는 종료되지 않는다고 하였다.

51) 헌재 1995. 12. 15. 95헌마221.

판례색인

[헌법재판소]

[대법원]

[하급심]

[독일판례]

[미국판례]

사항색인

[ㅅ]

저자소개

박승호는 고려대학교 법과대학 및 동 대학원을 졸업(법학석사, 법학박사)하였다. 헌법재판소 헌법연구원, 전북대학교 교수, William & Mary Law School Visiting Scholar(2003–2005)를 거쳐, 현재 숙명여자대학교 법과대학 교수로 근무하고 있다. 사법시험, 행정부 9급·7급·5급 공무원시험, 국회 9급·5급 공무원시험 등 각종 시험의 위원으로 활동하였다. 저서로는 「헌법재판연구(Ⅰ)」, 「헌법주석(법원, 경제질서 등)」(공저) 및 「노년기, 자기결정권」(공저)이 있고, "혐오표현의 개념과 규제방법", "형벌규정에 대한 헌법불합치결정" 등의 논문이 있다.

제3판
헌법학개론

초판발행 2022년 8월 20일
제3판발행 2025년 8월 20일

지은이 박승호
펴낸이 안종만·안상준

편 집 장유나
기획/마케팅 장규식
표지디자인 권아린
제 작 고철민·김원표

펴낸곳 (주) 박영사
서울특별시 금천구 가산디지털2로 53, 210호(가산동, 한라시그마밸리)
등록 1959. 3. 11. 제300-1959-1호(倫)
전 화 02)733-6771
f a x 02)736-4818
e-mail pys@pybook.co.kr
homepage www.pybook.co.kr
ISBN 979-11-303-2472-2 93360

정 가 38,000원